SIMON WAGNER

# Ökokonten und Flächenpools

D1699673

Schriften zum Umweltrecht

Herausgegeben von Prof. Dr. Michael Kloepfer, Berlin

Band 153

# Ökokonten und Flächenpools

Die rechtlichen Grundlagen, Möglichkeiten
und Grenzen der Flächen- und Maßnahmenbevorratung
als Ausgleichsmethoden im Rahmen der Eingriffsregelung
im Städtebaurecht

Von

Simon Wagner

Duncker & Humblot · Berlin

Der Fachbereich Rechtswissenschaft der Universität Konstanz
hat diese Arbeit im Jahre 2006 als Dissertation angenommen.

Bibliografische Information der Deutschen Nationalbibliothek

Die Deutsche Nationalbibliothek verzeichnet diese Publikation in
der Deutschen Nationalbibliografie; detaillierte bibliografische Daten
sind im Internet über http://dnb.d-nb.de abrufbar.

ISSN 0935-4247
ISBN 978-3-428-12402-2

Gedruckt auf alterungsbeständigem (säurefreiem) Papier
entsprechend ISO 9706 ∞

Internet: http://www.duncker-humblot.de

*Meinen Eltern*

# Vorwort

Die vorliegende Arbeit ist von der Universität Konstanz, Fachbereich Rechtswissenschaft, als Dissertation angenommen worden. Das Erstgutachten hat Prof. Dr. Dieter Lorenz übernommen, das Zweitgutachten Prof. Dr. Jörg Ennuschat. Die mündliche Doktorprüfung fand am 6. November 2006 statt.

Die Arbeit wurde im März 2006 abgeschlossen und befindet sich inhaltlich weitestgehend auf diesem zeitlichen Stand. Eine gründliche inhaltliche Auseinandersetzung mit danach ergangener Rechtsprechung und später publiziertem Schrifttum konnte nur eingeschränkt stattfinden. Spätere Gesetzesänderungen (insbesondere die Novellierung des Landesnaturschutzgesetzes Baden-Württembergs), Urteile und Aufsätze habe ich vor der Drucklegung lediglich nachrichtlich einarbeiten können; die Arbeit befindet sich insoweit auf dem Stand vom Oktober 2006.

Zu großen Dank verpflichtet bin ich meinem Doktorvater, Prof. Dr. Dieter Lorenz, nicht nur für die Aufgeschlossenheit und Neugier, mit der er meinem gewählten Thema begegnet ist, und unsere zahlreichen fruchtbaren Diskussionen. Meine langjährige Zeit an seinem Lehrstuhl, zuerst als wissenschaftliche Hilfskraft und dann als wissenschaftlicher Mitarbeiter, hat mich sowohl fachlich-akademisch als auch menschlich ungemein geprägt und bereichert. Prof. Dr. Ennuschat danke ich für die sehr zügige Erstellung des Zweitgutachtens und seine wertvollen Hinweise. Prof. Dr. Martin Ibler danke ich für seine langjährige akademische Förderung.

Meinen Freunden Björn Jesse und Ursel Reich möchte ich für viele konstruktive Diskussionen, ihre Unterstützung und ihre Hilfe bei den Korrekturarbeiten danken. Der größte Dank gebührt aber Charlotte Marx, die mir in der nicht immer einfachen Studiums-, Examens- und Promotionszeit ein großartiger Rückhalt war und ist.

Gewidmet ist die Arbeit in großer Liebe und Dankbarkeit meinen Eltern Doris und Christoph.

Konstanz, im November 2006                                    *Simon Wagner*

# Inhaltsverzeichnis

# Abkürzungsverzeichnis

Im Folgenden nicht genannte Abkürzungen folgen den üblichen Abkürzungen des Kirchner/Butz'schen Abkürzungslexikon (Hildebert Kirchner/Cornelie Butz, Abkürzungsverzeichnis der Rechtssprache, 5. Auflage, Berlin 2003)

| | |
|---|---|
| a. A. | anderer Ansicht |
| AcP | Archiv für die civilistische Praxis (Zeitschrift) |
| a. E. | am Ende |
| AöR | Archiv des öffentlichen Rechts (Zeitschrift) |
| Az. | Aktenzeichen |
| BauGB | Baugesetzbuch |
| BauR | Baurecht (Zeitschrift) |
| BauROG | Bau- und Raumordnungsgesetz 1998 |
| BayGKZ | Bayerisches Gesetz über kommunale Zusammenarbeit |
| BayGO | Bayerische Gemeindeordnung |
| bayStiftungsG | bayerisches Stiftungsgesetz |
| BayVBl. | Bayerische Verwaltungsblätter |
| BbgNatSchG | Brandenburgisches Naturschutzgesetz |
| BGBl. | Bundesgesetzblatt |
| BGH | Bundesgerichtshof |
| BGHZ | Amtliche Sammlung der Entscheidungen des Bundesgerichtshofs in Zivilsachen |
| BNatSchG | Bundesnaturschutzgesetz |
| BrandGKG | Gesetz über kommunale Gemeinschaftsarbeit |
| BrandGO | Brandenburgische Gemeindeordnung |
| BR-Drs. | Bundesrats-Drucksache |
| BT-Drs. | Bundestags-Drucksache |
| BVerfGE | Amtliche Sammlung der Entscheidungen des Bundesverfassungsgerichts |
| BVerwG | Bundesverwaltungsgericht |
| BVerwGE | Amtliche Sammlung der Entscheidungen des Bundesverwaltungsgerichts |
| B.-W. | Baden-Württemberg |
| BWGZ | Die Gemeinde. Zeitschrift für die Städte und Gemeinden für Stadträte, Gemeinderäte und Ortschaftsräte – Organ des Gemeindetags Baden-Württemberg |
| Ders. | Derselbe |
| Dies. | Dieselbe/dieselben |

| | |
|---|---|
| DÖV | Die öffentliche Verwaltung (Zeitschrift) |
| DV | Die Verwaltung (Zeitschrift) |
| DVBl. | Deutsches Verwaltungsblatt (Zeitschrift) |
| EAG Bau | Europarechts-Anpassungsgesetz zum Baugesetzbuch 2004 |
| ESVGH | Amtliche Sammlung der Entscheidungen der Verwaltungs-gerichtshöfe von Hessen (Kassel) und Baden-Württemberg (Mannheim) |
| f. | folgende Seite |
| ff. | folgende Seiten |
| FFH | Flora-Fauna-Habitat |
| FlurBerG | Flurbereinigungsgesetz |
| Fn. | Fußnote |
| FS | Festschrift |
| G | Gesetz |
| GBl. | Gesetzblatt |
| GemO B.-W | Gemeindeordnung Baden-Württemberg |
| GemO Rh.-Pf. | Gemeindeordnung Rheinland-Pfalz |
| GemO S.-A. | Gemeindeordnung Sachsen-Anhalt |
| GemOHVO | Haushaltsverordnung zur Gemeindeordnung |
| GKG N.-W. | Gesetz über kommunale Gemeinschaftsarbeit in Nordrhein-Westfalen |
| GKG S.-A. | Gesetz über kommunale Zusammenarbeit des Landes Sachsen-Anhalt |
| GKZ | Gesetz über kommunale Zusammenarbeit |
| GKZ S.-H. | Gesetz über kommunale Zusammenarbeit Schleswig-Holstein |
| GMBl. | Gemeinsames Ministerialblatt |
| GuL | Garten und Landschaft (Zeitschrift) |
| GVBl. | Gesetz- und Verordnungsblatt |
| ha | Hektar |
| HessGKG | Hessisches Gesetz über kommunale Gemeinschaftsarbeit |
| HessGO | Hessische Gemeindeordnung |
| HessNatSchG | Hessisches Naturschutzgesetz |
| h. M. | herrschende Meinung |
| Hrsg. | Herausgeber |
| i. V. m. | in Verbindung mit |
| JuS | Juristische Schulung (Zeitschrift) |
| JZ | Juristenzeitung |
| Kap. | Kapitel |
| KStZ | Kommunale Steuerzeitschrift |
| LBO | Landesbauordnung |
| lit. | Buchstabe; Literatur |
| LKrO | Landkreisordnung |
| LKV | Landes- und Kommunalverwaltung (Zeitschrift) |

| | |
|---|---|
| LT-Drs. | Landtags-Drucksache |
| LVG | Landesverwaltungsgesetz |
| m. w. N. | mit weiteren Nachweisen |
| NatSchG | Naturschutzgesetz |
| NdsGO | Niedersächsische Gemeindeordnung |
| NdsKomZG | Niedersächsisches Gesetz über kommunale Zusammenarbeit |
| NJW | Neue juristische Wochenschrift (Zeitschrift) |
| NuL | Naturschutz und Landschaftsplanung (Zeitschrift) |
| NuR | Natur und Recht (Zeitschrift) |
| NVwZ | Neue Zeitschrift für Verwaltungsrecht (Zeitschrift) |
| NVwZ-RR | Neue Zeitschrift für Verwaltungsrecht: Rechtsprechungs-Report (Zeitschrift) |
| NWVBl | Verwaltungsblätter für Nordrhein-Westfalen (Zeitschrift) |
| NZG | Neue Zeitschrift für Gesellschaftsrecht (Zeitschrift) |
| ÖPNV | öffentlicher Personennahverkehr |
| OVG | Oberverwaltungsgericht |
| RGZ | Amtliche Sammlung der Entscheidungen des Reichsgerichts in Zivilsachen |
| ROG | Raumordnungsgesetz |
| Rspr. | Rechtsprechung |
| S. | Seite |
| S.-A. | Sachsen-Anhalt |
| SaarlGKG | Saarländisches Gesetz über kommunale Gemeinschaftsarbeit |
| SaarlKSG | Saarländisches Kommunalselbstverwaltungsgesetz |
| SächsGKZ | Sächsisches Gesetz über kommunale Zusammenarbeit |
| SächsGO | Sächsische Gemeindeordnung |
| SächsVBl. | Sächsische Verwaltungsblätter (Zeitschrift) |
| S.-H. | Schleswig-Holstein |
| StiftungsG | Stiftungsgesetz |
| ThürGKG | Thüringisches Gesetz über kommunale Gemeinschaftsarbeit |
| U. | Urteil |
| UPR | Umwelt- und Planungsrecht (Zeitschrift) |
| v. | vom |
| VBlBW | Verwaltungsblätter für Baden-Württemberg (Zeitschrift) |
| VerwArch | Verwaltungsarchiv (Zeitschrift) |
| VG | Verwaltungsgericht |
| VGH | Verwaltungsgerichtshof |
| Vgl. | vergleiche |
| VO | Verordnung |
| VVDStRL | Veröffentlichungen der deutschen Staatsrechtslehrer |
| VwGO | Verwaltungsgerichtsordnung |
| WiVerw | Wirtschaft und Verwaltung (Zeitschrift) |

| | |
|---|---|
| z. B. | Zum Beispiel |
| ZfAUR | Zeitschrift für Agrar- und Umweltrecht |
| ZfBR | Zeitschrift für Baurecht |
| ZHR | Zeitschrift für das gesamte Handelsrecht und Wirtschaftsrecht |
| ZUR | Zeitschrift für Umweltrecht |
| ZVG | Gesetz über die Zwangsversteigerung und -verwaltung |
| ZweckVerbG R.-P. | Zweckverbandsgesetz Rheinland-Pfalz |

# § 1 Einleitung

## A. Anlass der Arbeit

In der Bundesrepublik Deutschland wächst die Zahl der Siedlungs- und Verkehrsflächen beständig. Zwischen 1950 und 1997 haben sich diese Flächen im Gebiet der alten Bundesländer auf nunmehr fast 12% der Gesamtfläche der BRD mehr als verdoppelt. Bis Ende 2002 wurden 4,48 Millionen Hektar Fläche auf diese Weise genutzt. Dies entspricht einem Zuwachs seit 1993 um 11%. Pro Tag nehmen die Siedlungs- und Verkehrsflächen um 100 bis 130 Hektar zu, mit steigender Tendenz. Plastisch ausgedrückt, entspricht dies einer Zunahme in der Größenordnung von etwa 400 Fußballfeldern.[1] Etwa die Hälfte dieser Flächen ist versiegelt;[2] die Versiegelung erfolgt in der Größenordnung von etwa 130 Fußballfeldern täglich.[3]

Die Folgen dieser Zunahme der Siedlungs- und Verkehrsflächen sind gravierend. Die Umwelt wird zerschnitten, wodurch Lebensräume für Tiere und Pflanzen fragmentiert werden. Das steigende Verkehrsaufkommen bringt Lärm- und Schadstoffbelastungen; der Energieverbrauch steigt und mit ihm der Ausstoß des klimatisch höchst problematischen Kohlendioxids. Versiegelte Flächen gefährden den Wasserhaushalt und das Grundwasser; sie stellen bei Hochwasser ein Überschwemmungsrisiko dar.[4] Die Auswirkungen dieser Flächenumwidmung auf den Menschen sind durch erhebliche Qualitätsverluste für den Freizeit- und Erholungswert der Landschaft ebenfalls schwerwiegend.[5]

90 Prozent dieser zusätzlichen Flächeninanspruchnahme sind alleine auf das ständige Wachstum der Siedlungsgebiete zurückzuführen.[6] Hier liegt eine große Herausforderung für den Städtebau und die Stadtentwicklung.

---

[1] Pressemitteilung des Bundesamts für Naturschutz vom 4.6.2002.

[2] Quelle: Hintergrundpapier „Flächenverbrauch – ein Problem mit wirtschaftlichen Folgen" des Bundesamts für Naturschutz, abrufbar unter www.umweltbundesamt.de/uba-info-presse/hintergrund/.

[3] Sachverständigenrat für Umweltfragen, Umweltgutachten 2000, Tz. 453.

[4] Ausführlich zu den Folgen der Bericht der Landesanstalt für Umwelt Baden-Württemberg unter http://www2.lfu.baden-wuerttemberg.de/lfu/abt5/landschaftszerschneidung/pdf/bericht.pdf.

[5] Vgl. insgesamt den Bericht der Enquete-Kommission „Schutz des Menschen und der Umwelt" des Deutschen Bundestags in BT-Drs. 13/11200, insb. S. 264.

## B. Untersuchte Fragestellung und Ziel der Untersuchung

Die Fachdisziplinen der Ökologie, Landschaftsplanung und Landschaftsarchitektur haben sich mit dieser Problematik befasst und in den letzten zehn Jahren verschiedene Modelle zur Bewältigung der Problematik des Flächenverbrauchs entwickelt. In der Praxis haben sich die Modelle des Flächenpools und des Ökokontos durchgesetzt (vgl. dazu rechtstatsächlich in § 2). Sie wurden als Hilfsmittel entwickelt, um die Beeinträchtigungen der Natur abzumildern und auszugleichen, welche die Realisierung von Infrastrukturmaßnahmen nach sich zieht.

Zahlreiche Gemeinden setzen diese Ausgleichsmodelle ein, um die Beeinträchtigungen der Natur, die durch die Bebauung der Gemeindegemarkung entstehen, auszugleichen. Der Einsatz dieser Modelle ist indes insofern problematisch, als die Konzepte des Ökokontos und des Flächenpools aus der landschaftsplanerischen Praxis heraus entstanden sind. Sie sind nicht in Hinblick auf bestimmte Rechtsinstitute entwickelt worden, orientieren sich also weniger an einer leichten rechtlichen Vollziehbarkeit, sondern vielmehr an ökologisch-faktischen Notwendigkeiten. Daher ist der rechtliche Rahmen, in dem der Einsatz dieser Modelle erfolgt, ungeklärt. Klar ist nur, dass die städtebauliche Eingriffsregelung die Gemeinde dazu verpflichtet, einen Ausgleich für diejenigen Naturbeeinträchtigungen zu schaffen, die durch die Realisierung von Aussagen (Festsetzungen, Darstellungen) eines Bauleitplanes auftreten werden. Wenn die Gemeinde – wie in der Praxis zunehmend zu beobachten – hierzu die Ausgleichsmodelle Ökokonto oder Flächenpool nutzen will, so muss sie die rechtlichen Vorgaben der naturschutzrechtlichen und städtebaulichen Eingriffsregelung beachten. Dies ist aber schwierig, weil das Baugesetzbuch keine direkten Aussagen zu den Modellen Ökokonto und Flächenpool macht. Beide Modelle sind zwar vom Gesetzgeber im Prinzip anerkannt und gewollt; dennoch sind sie gesetzlich nur rudimentär und fragmentarisch geregelt. Um ihre Einrichtung, ihren Betrieb und vor allem um ihre konkrete Handhabung im Planaufstellungsverfahren ranken sich viele bisher ungeklärte Probleme.

Es ist daher zunächst notwendig, sowohl die naturschutzrechtliche als auch die auf ihr basierende, sie aber weiterentwickelnde städtebauliche Eingriffsregelung zu analysieren und ihre jeweiligen Rechtmäßigkeitsanforderungen an den Ausgleich herauszuarbeiten sowie die Möglichkeiten ihres Vollzugs aufzuzeigen. Diese hier noch abstrakten, allgemeinen Anforderungen an einen rechtmäßigen Ausgleich von Naturbeeinträchtigungen, die für

---

[6] Quelle: Hintergrundpapier „Flächenverbrauch – ein Problem mit wirtschaftlichen Folgen" des Bundesamts für Naturschutz, abrufbar unter www.umweltbundesamt. de/uba-info-presse/hintergrund/, S. 2.

alle möglichen Arten des Ausgleichs gelten, müssen dann auf die speziellen Ausgleichsmodelle des Ökokontos und Flächenpools angewendet werden. Mit dem gesetzlich vorgesehenen Ausgleichsinstrumentarium des BauGB muss ein Weg gefunden werden, die landschaftsplanerischen Konzepte eines Ökokontos oder eines Flächenpools rechtmäßig zu realisieren. In dieser fehlenden normativen Durchdringung besteht die Forschungslücke, welche die vorliegende Arbeit schließen möchte.

Ziel der Untersuchung ist es, aus der Systematik und den Rechtmäßigkeitsanforderungen, die BNatSchG und BauGB für die städtebaulichen Eingriffsregelung formulieren, die bauplanungsrechtlichen Grundlagen, aber auch die gesetzlichen Grenzen der Anwendung der Ausgleichsmodelle Ökokonto und Flächenpool zu entwickeln. Diese von Landschaftsplanern und -architekten entwickelten Konzepte sollen so gleichsam in das Instrumentarium und die Dogmatik des Bauplanungsrechts übersetzt und eingeordnet werden. Weiter sollen die verschiedenen planungsrechtlichen Möglichkeiten einer solchen Übersetzung aufgezeigt und auf ihre rechtliche und praktische Tauglichkeit hin überprüft werden. Neben der Problematik der Integration dieser Modelle in den Vollzug der städtebaulichen Eingriffsregelung werden auch die (Rechts-)Fragen der praktischen Einrichtung und des Betriebs dieser Modelle angesprochen. Beide Modelle, das Ökokonto und der Flächenpool, sollen durch diese Arbeit aus ihrem primär landschaftsplanerischen Hintergrund herausgelöst und durch die breit angelegte Untersuchung der mit diesen Modellen einhergehenden Rechtsfragen umfassend verrechtlicht werden.

Die Arbeit verfolgt neben diesem theoretisch-dogmatischen Anspruch auch ein ganz praktisches Ziel. Sie will einer Gemeinde, die ihre Ausgleichstätigkeit durch die Einrichtung eines Ökokontos oder eines Flächenpools erleichtern will, als konkrete und umfassende Anleitung dazu und dem Praktiker in Bauleitplanung als Wegweiser durch die Vielzahl der damit verbundenen schwierigen Rechtsfragen dienen. Daher finden an manchen Stellen auch Aspekte und Argumente der (kommunal-)politischen und ökonomischen Opportunität Eingang in die Arbeit.

## C. Gang der Untersuchung

Die Darstellung ist in sechs große Kapitel (§§ 1–6) gegliedert. Nach der Einleitung (§ 1) stellt § 2 die Konzepte einer Flächen- und Maßnahmenbevorratung in Flächenpools und Ökokonten zum Zwecke der Kompensation von Eingriffen in Natur und Landschaft vor. Dieser Abschnitt hat rechtstatsächlichen Charakter, da eine umfassende Bestandsaufnahme der in der Bundesrepublik existierenden Ausgleichsprojekte dieser Art erfolgt. Daneben findet aber auch eine Analyse des existierenden normativen Rahmens statt, in dem sich diese beschriebenen Projekte bewegen.

Da es sich zeigen wird, dass Ökokonten und Flächenpools im Städtebaurecht nur rudimentär geregelt sind und die städtebauliche Eingriffsregelung auf die Flächen- und Maßnahmenbevorratung nicht ausgelegt ist, ist es notwendig, umfassend den normativen Rahmen dieser Ausgleichskonzepte herauszuarbeiten. Dies geschieht in den §§ 3 und 4. Im § 3 wird zunächst abstrakt und grundlegend herausgearbeitet, welche generellen Anforderungen die naturschutzrechtliche Eingriffsregelung nach den §§ 18 ff. BNatSchG an den Eingriffsausgleich stellt und auf welchen Prinzipien dieser Ausgleich beruht. Die hier erarbeiteten Grundsätze und Prinzipien prägen nämlich die Auslegung der Eingriffsregelung im Naturschutzrecht als auch im Städtebaurecht maßgeblich. § 4 analysiert sodann die Umsetzung der Eingriffsregelung im Städtebaurecht. Die Rechtmäßigkeitsvoraussetzungen und Möglichkeiten des bauplanerischen Eingriffsausgleichs werden hier allgemein untersucht.

Das Herzstück der Arbeit bildet schließlich der § 5. Er zeigt die de lege lata existierenden rechtlichen Möglichkeiten zur Realisierung, Finanzierung und Nutzung der Ökokonten und Flächenpools im Kontext des Städtebaurechts auf und formuliert konkret die Anforderungen an ihre rechtmäßige Nutzung. Auch der Rechtsschutz gegen ihre Verwendung im Rahmen der Bauleitplanung wird behandelt.

Die Untersuchung baut ihre Kapitelfolge also vom Abstrakten zum Konkreten auf. Zunächst werden – ganz abstrakt – die Rechtmäßigkeitsanforderungen des Instituts der Eingriffsregelung überhaupt aufgezeigt (§ 3), dann – schon etwas konkreter – die allgemeinen Rechtmäßigkeitsanforderungen und Umsetzungmöglichkeiten im Städtebaurecht (§ 4) und schließlich erfolgt die konkrete Anwendung dieser postulierten Grundsätze auf Ökokonten und Flächenpools (§ 5).

Zum Thema dieser Arbeit, den „Ökokonten und Flächenpools", findet sich in den §§ 3 und 4 der Arbeit kaum etwas. Gleichwohl sind diese von zentraler, grundlegender Bedeutung für das Thema. Denn sie stecken den rechtlichen Rahmen ab, in dem sich die Ausgleichsmodelle Ökokonto und Flächenpool bewegen, und formulieren die rechtlichen Anforderungen an die Rechtmäßigkeit eines Ausgleichs, der unter Nutzung dieser Modelle erfolgt.

Die Arbeit schließt in § 6 mit einer kurzen Zusammenfassung ihrer wesentlichen Aussagen in Thesen.

## § 2 Begriff, Konzept und rechtstatsächliche Nutzung des Ökokontos und Flächenpools

Seit Mitte der neunziger Jahre des letzten Jahrhunderts wird das Rechtsinstitut „Eingriffsregelung" hinsichtlich ihrer ökologischen Effektivität zunehmend kritisch betrachtet. Insbesondere die Fachdisziplinen der Ökologie und der Landschaftsarchitektur/-planung konstatieren zunehmend eine Kompensationspraxis, welche zwar den – in § 3 der Arbeit noch zu beschreibenden – rechtlichen Anforderungen aus § 19 Abs. 2 BNatSchG genügt, aber dem ursprünglichen Sinn der Eingriffsregelung, Natur und Landschaft dynamisch in ihrem Bestand zu schützen, weitestgehend nicht mehr gerecht wird.[1]

Hauptproblem der Umsetzung der Kompensationsverpflichtung des Verursachers ist die Verfügbarkeit geeigneter Ausgleichsflächen.[2] Im Genehmigungsverfahren der jeweiligen Eingriffe beziehungsweise im Aufstellungsverfahren eines Eingriffsbebauungsplans ist mit der Prüfung der Eingriffsregelung auch über die Kompensationsmaßnahmen zu entscheiden (vgl. unten in § 3 bei C. VII.). Regelmäßig wird bei dieser Entscheidung über die Kompensationspflicht ermittelt, welche Maßnahmen auf welchen Flächen die Voraussetzungen von § 19 Abs. 2 BNatSchG erfüllen würden; sodann prüft die Genehmigungsbehörde beziehungsweise die planende Gemeinde die Verfügbarkeit dieser Flächen. Die letztendliche Verpflichtung

---

[1] Empirisch dazu an Hand von Studien über durchgeführte Kompensationsmaßnahmen *Balla/Brauns/Herberg/Pufahl/Schkade,* NuL 2000, 137; *Dierßen/Reck,* NuL 1998, 341; *Hoppenstedt/Runge,* NuL 1998, 75 (78); *Preisler-Holl/Ammermann/Böhme/Henkel/Meyer,* Planerische Vorsorge, S. 49 ff., 126 und 135; *Laepple,* in: Laufener Seminarbeiträge, 3/1996, S. 105 ff.; *Wiese-Evert,* NuL 1997, 328 ff.; kritisch auch *Louis,* NuR 2004, 714 (716); *Wolf,* ZUR 1998, 183 (185); *ders.,* NuR 2001, 481 (489); *ders.,* NuR 2004, 6 (8); *Anger,* UPR 2004, 7; *Stich,* BauR 2003, 1308; speziell zur Bauleitplanung *Jessel,* NuL 1998, 219 f. und *Wiesner,* UVP-Report 1998, 118; vgl. allgemein zur ökologischen Wirksamkeit der Eingriffsregelung *Wernick,* Erfolgskontrolle zu Ausgleich und Ersatz nach § 8 BNatSchG bei Straßenbauvorhaben, passim.

[2] Vgl. die Stellungnahme des Bundesrats zum Regierungsentwurf des BauROG, BR-Drs. 635/96, S. 77 bei Nr. 82; *Mitschang,* ZfBR 1995, 240; *Müller-Pfannenstiel/Brunken-Winkler/Köppel/Straßer,* NuL 1998, 182; *Balla/Brauns/Herberg/Pufahl/Schkade,* NuL 2000, 137 (141); *Müller-Pfannenstiel/Rößling,* NuL 2000, 106 (107); *Bruns/Herberg/Köppel,* in: FS Kenneweg, S. 57 (58); *Britz,* UPR 1999, 205 (206); *Wilke,* UVP-Report 2001, 5; *Louis,* NuR 2004, 714 (716).

der Verursacher zu bestimmten Maßnahmen der Kompensation richtet sich primär nach dieser Verfügbarkeit. Es ergibt sich dann oft das Bild, dass verstreut auf viele verschiedene Flächen nur kleinräumig wirkende Kompensationsmaßnahmen durchgeführt werden.[3] Aus ökologischer Sicht ist diese Vorgehensweise uneffektiv. Sie stellt sich eher als ein pflichtgemäßes Abarbeiten lästiger gesetzlicher Pflichten dar als eine konzeptionelle Neugestaltung von Natur und Landschaft. Die Kompensationsflächen stehen isoliert für sich; die Neugestaltung der verschiedenen Naturfunktionen bleibt auf kleine Flächen begrenzt und kann nur zufällige, nicht aber geplante Wechselwirkungen mit benachbarten Flächen entfalten. Es entsteht ein zusammenhangloses Flickwerk aus kaum funktionsfähigen Kompensationsflächen, das modernen ökologischen Erkenntnissen selten entspricht.[4]

Dieses Kardinalproblem der Flächenverfügbarkeit beruht zum einen auf der mangelnden Akzeptanz der Festsetzung von Kompensationsflächen. Landwirte und Grundstückseigentümer sehen sich häufig durch die ökologische Aufwertung der Fläche an einer ertragreichen Nutzung ihres als Kompensationsfläche vorgesehenen Grundstücks gehindert und sind daher nicht daran interessiert, die Fläche zur Nutzung als Kompensationsfläche zur Verfügung zu stellen.[5] Ausreichende Geldmittel zum Ankauf der vorgesehenen Flächen stehen den öffentlichen Kassen der Planungsträger regelmäßig nicht zur Verfügung. Zum anderen scheitert die Verfügbarkeit von Flächen oft daran, dass sie bereits bebaut, für eine Bebauung vorgesehen oder von einer Fachplanung erfasst sind.[6] In Ballungsgebieten fehlen zudem häufig geeignete Kompensationsflächen auf Grund der hohen Verdichtung.[7] Gibt es einmal doch geeignete Kompensationsflächen in einem Ballungsgebiet, so konkurrieren um diese wenigen geeigneten Flächen verschiedene Träger der Bauleit- und Fachplanung. In Ballungsgebieten entsteht so ein Nachfrageüberhang bei knappem Flächenangebot, was überhöhte Grundstückspreise für geeignete Kompensationsflächen nach sich zieht. Aber nicht nur in Ballungsgebieten sind Kompensationsflächen teuer. Ganz allgemein reagiert der Bodenmarkt sehr rasch, sobald das Kompensationsbedürfnis im Zuge

---

[3] Dies zeigt deutlich die Analyse von *Schwoon,* Sicherung, Pflege und Kontrolle von Kompensationsmaßnahmen am Beispiel von Straßenbauvorhaben des Bundes und des Landes Niedersachsen, Diplomarbeit an der Universität Hannover, 1996: Bei Ausgleichs- und Ersatzmaßnahmen im Straßenbaubereich sind 56% der Kompensationsflächen kleiner als 1 ha und nur 15% größer als 5 ha.

[4] *Müller-Pfannenstiel/Brunken-Winkler/Köppel/Straßer,* NuL 1998, 182 (183); *Müller-Pfannenstiel/Rößling,* NuL 2000, 106 (107); *Pröbstl,* GuL 2001, 25 (26); *Morgenroth,* NuL 1998, 60.

[5] *Straßer/Gutsmiedl,* UVP-Report 2001, 15 (17); *Pröbstl,* GuL 2001, 25 (26); *Aichele/Bitz,* UVP-Report 2001, 25.

[6] *Mitschang,* ZfBR 1995, 240.

[7] Statt vieler *Aichele/Bitz,* UVP-Report 2001, 25.

eines Eingriffsvorhabens bekannt wird. Die geeigneten Kompensationsflächen steigen rapide im Preis und nähern sich rasch den – hohen – Preisen von Baulandflächen an.[8]

Diese Schwierigkeiten, geeignete Flächen zu beschaffen, haben zur Konsequenz, dass sich die Kompensation primär nach der Verfügbarkeit der Flächen und nicht nach ihrer ökologischen Eignung richtet. Daher entsteht das beschriebene konzeptionslose und daher ökologisch ineffektive Nebeneinander isolierter Flächen. Die Kompensationsmaßnahmen verschiedener Eingriffe in der Region werden nicht koordiniert, sondern meist unabhängig voneinander geplant.[9] Ein räumliches, abgestimmtes Gesamtkonzept der Kompensation fehlt. Dazu kommen – wohl der defizitären Personalausstattung der Naturschutzbehörden oder dem fehlenden politischen Willen geschuldete – fehlende Kontrollen der planfestgestellten oder bebauungsplanerisch festgesetzten Kompensationsmaßnahmen;[10] diese fehlende Kontrolle zieht auch auf Grund mangelnder Akzeptanz der Eingriffsregelung auf Grund der beschriebenen Schwierigkeiten dann eine mangelnde Umsetzung dieser Maßnahmen durch die Eingriffsverursacher nach sich.[11]

Aus diesen beschriebenen Schwierigkeiten heraus erkannte die Landschaftsplanung das Bedürfnis nach neuen Formen der Eingriffskompensation, die imstande sein sollten, diese Hindernisse zu überwinden oder zu vermeiden. Seit Mitte der 1990er Jahre haben sich aus der planerischen Diskussion heraus zwei Modelle der Eingriffskompensation herauskristallisiert, zum einen der „Flächenpool", zum anderen das „Ökokonto". Sie haben sich in der planerischen Praxis bereits überwiegend durchgesetzt. Während die Planungspraxis regen Gebrauch von diesen für sie praktikablen modernen Instrumenten macht, ist noch völlig ungeklärt, ob diese Modelle mit den rechtlichen Anforderungen, welche das BNatSchG (dazu im § 3) und das BauGB (dazu im § 4) an die Eingriffskompensation stellen, vereinbar sind und wie sie ausgestaltet werden müssen, um die rechtlichen Voraussetzungen an die Kompensation zu erfüllen. Bevor dies im § 5 untersucht wird, soll zunächst im Folgenden die Grundkonzeption dieser moder-

---

[8] *Mitschang*, ZfBR 1995, 240; vgl. auch *ders.*, NuL 1997, 273 (279).

[9] *Müller-Pfannenstiel/Brunken-Winkler/Köppel/Straßer*, NuL 1998, 182; *Müller-Pfannenstiel/Rößling*, NuL 2000, 106 (107).

[10] *Dierßen/Reck*, NuL 1998, 341; *Balla/Brauns/Herberg/Pufahl/Schkade*, NuL 2000, 137 (142) Müller-*Pfannenstiel/Brunken-Winkler/Köppel/Straßer*, NuL 1998, 182; vgl. ausführlich *Jessel*, in: Laufener Seminarbeiträge 1/99, S. 5 ff. Dieser Tagungsband mit dem Titel „Ausgleich und Ersatz – Planung ja, Umsetzung vielleicht, Kontrolle nein?" beschreibt anschaulich die Defizite beim Vollzug der Eingriffsregelung durch die Planungspraxis durch zahlreiche Beispiele.

[11] *Müller-Pfannenstiel/Brunken-Winkler/Köppel/Straßer*, NuL 1998, 182; *Müller-Pfannenstiel/Rößling*, NuL 2000, 107; *Laepple*, in: Laufener Seminarbeiträge 3/1996, S. 105 ff.

nen Kompensationsmaßnahmen und ihre Praktikabilität zur Eingriffskompensation in Bau- und Fachplanung dargestellt werden.

## A. Flächenpools

Neben dem Begriff des „Ökokontos" benutzt die Planungspraxis das Modell des „Flächenpools" zunehmend, bietet es doch eine Reihe von Vorteilen (bei II.), denen aber auch Nachteile gegenüberstehen (bei III.). Vor alledem ist aber zunächst bei (I.) auf das grundlegende Konzept des Flächenpools als moderner Methode der Kompensation einzugehen.

### I. Flächenpools als moderne Form des Ausgleichs

Der Begriff des Flächenpools wird weithin benutzt, um eine bestimmte Art und Weise der Kompensation zu beschreiben. Nicht immer ist jedoch eindeutig klar, was im jeweiligen konkreten Fall damit gemeint ist. Betrachtet man die Planungspraxis näher, so lässt sich schnell erkennen, dass der Begriff der Flächenpools lediglich einen Oberbegriff darstellt, unter den sich verschiedene Varianten der gemeinsamen Idee eines Grundprinzips subsumieren lassen.

#### 1. Begriff und Funktionsprinzip eines Flächenpools

Dieses Grundprinzip der Funktionsweise eines Flächenpools ist die Bevorratung von Flächen. Im Hinblick auf später erfolgende Eingriffe werden zeitlich vor dem Eingriff gezielt Flächen beschafft, die kompensationsgeeignet sind und auf denen die Eingriffskompensation später einmal stattfinden kann. Dieses gezielte Ansammeln von Flächen geschieht nach einem bestimmten ökologischen Konzept. Die Verwendung des Wortbestandteils „Pool" bringt schon begrifflich zum Ausdruck, dass es sich um eine Gesamtheit von Flächen handelt, gleichsam ein „Sammelbecken", das je nach Bedarf geleert und wieder aufgefüllt werden kann. Der Gedanke dieses Kompensationsmodells ist es, im Laufe der Zeit gezielt kompensationsgeeignete Flächen anzusammeln, so dass später bei kompensationspflichtigen Eingriffen eine breite Palette an geeigneten Flächen zur Kompensation bereit steht, aus der nur die jeweils passende Fläche herausgesucht zu werden braucht. Dieses gezielte Ansammeln und Bevorraten von Flächen wird auch als Flächenmanagement[12] bezeichnet.

---

[12] Vgl. *Bunzel*, Bauleitplanung und Flächenmanagement bei Eingriffen in Natur und Landschaft, S. 105. *Ders./Böhme*, Interkommunales Kompensationsmanagement, S. 21, definieren den Begriff als „die aktive, konzeptionell und strategisch angelegte

Das Grundprinzip der Flächenbevorratung erfährt nun in der Praxis drei besondere Ausformungen.

### a) Reine Flächenbevorratung im Hinblick auf konkrete Projekte

Die ursprüngliche Form des Flächenpools hat sich aus den oben beschriebenen Schwierigkeiten der Flächenbeschaffung entwickelt. Um diese Schwierigkeiten zu umgehen, begann man, sobald sich herausstellte, dass in den nächsten Jahren mit größeren naturbeeinträchtigenden Projekten zu rechnen sei, damit, gezielt Flächen zu beschaffen, um die zwar noch nicht konkret geplanten, aber dennoch zu erwartenden Projekte und ihre Naturbeeinträchtigungen leichter kompensieren zu können. Diese verhältnismäßig einfache und wenig entwickelte Form der Flächenbevorratung bezieht sich also nur auf konkrete, in die Natur eingreifende Projekte, die in der nächsten Zeit (Monate, Jahre) zu erwarten sind, die sich aber noch nicht im Stadium der konkreten Planung befinden. Bei Projekten, die sich bereits im Planungsverfahren befinden, kann dagegen nicht mehr von einer Flächenbevorratung gesprochen werden, da hier die Beschaffung von Flächen bereits aus einem akuten Kompensationsbedürfnis entspringt und sich diese Beschaffung bereits als Umsetzung der jeweils konkreten Kompensationsverpflichtung darstellt und die oben beschriebenen Schwierigkeiten zu gewärtigen hat.

Die gesamte Vorgehensweise der Flächenbevorratung ist auf dieses jeweils erwartbare Projekt hin ausgerichtet; es findet keine Bevorratung für weitere Projekte statt. Außerdem werden ausschließlich Flächen beschafft, um diese später für das in Aussicht stehende Projekt und die Kompensationspflicht zur Verfügung zu stellen; es werden dagegen keine vorgezogenen Ausgleichsmaßnahmen durchgeführt. Es handelt sich insoweit um eine reine Flächenbevorratung für konkrete Projekte.

Beispiel: Die Straßenbaubehörde rechnet auf Grund der politischen Situation in einer Region damit, dass der seit langem anstehende Ausbau einer Ortsumgehung in wenigen Jahren stattfinden wird. Sie kauft daher von den Landwirten der Region Flächen, um diese Flächen später bei Abarbeitung der Eingriffsregelung im Huckepack-Verfahren in der Planfeststellung der Ortsumgehung problemlos zur Verfügung zu haben und um nicht in unter Umständen langwierige und planfeststellungsverzögernde Verhandlungen mit den Landwirten über den Kauf und den Preis der Flächen verwickelt zu werden.

---

Beschaffung und rechtliche Sicherung von Kompensationsflächen, die rechtliche und praktische Organisation der Maßnahmenumsetzung, der Nutzung und Unterhaltung der Kompensationsflächen sowie deren dauerhafte verantwortliche Beobachtung".

### b) Abstrakte, reine Flächenbevorratung unabhängig
### von konkreten Projekten

Eine weiter entwickelte Form des Flächenpools geht darüber hinaus. Diese Variation des Themas „Flächenbevorratung" beschränkt sich nicht auf die gezielte Beschaffung von Kompensationsflächen für ein schon erwartbares, konkretes Vorhaben, sondern beschafft gezielt Flächen, um einen Vorrat für die Kompensation noch nicht im einzeln erwartbarer und faktisch feststehender Eingriffe zu schaffen. Die Flächenbevorratung erfolgt also unabhängig von einzelnen Projekten, daher abstrakt. Es soll so im Wege vorsorgender und vorausschauender Kompensationsplanung eine Palette an geeigneten Kompensationsflächen geschaffen werden, die bei künftig einmal stattfinden Eingriffen nur aktiviert zu werden braucht und dem Eingriffsverursacher gleich ohne weitere Umstände zur Verfügung steht.

Auch hier werden lediglich Flächen beschafft, nicht aber vorgezogene Kompensationsmaßnahmen durchgeführt. Es handelt sich daher um eine reine, abstrakt gehaltene Flächenbevorratung.

Beispiel: Die Straßenbaubehörde kauft bei günstigen Gelegenheiten von Landwirten billige Flächen und schafft sich so ein stetig wachsendes Portfolio mit verschiedenen Flächen, die in den kommenden Jahren und Jahrzehnten bei künftigen Straßenbauvorhaben als Kompensationsflächen dienen sollen.

### c) Flächen- und Maßnahmenbevorratung im Hinblick
### auf konkrete Projekte

Die dritte Variante baut auf der zuerst dargestellten Variante der konkreten Flächenbeschaffung auf und erweitert diese Variante um eine Neuerung. Ausgehend von der zuerst dargestellten Variante der Flächenbeschaffung mit Blick auf konkret erwartbare Projekte werden hier geeignete Kompensationsflächen bevorratet. Der entscheidende qualitative Unterschied zu den anderen Varianten des Flächenpools liegt hier nun darin, dass es nicht bei einer reinen Flächenbeschaffung bleibt, sondern dass auf diesen bevorrateten Flächen gezielt Naturaufwertungsmaßnahmen durchgeführt werden. Es handelt sich hier gewissermaßen um vorgezogene Kompensationsmaßnahmen. Bereits im Vorgriff auf den sich schon am planerischen Horizont abzeichnenden Eingriff werden Flächen angesammelt und auf diesen Flächen gezielte Aufwertungsmaßnahmen durchgeführt, um die so ökologisch aufgewerteten Flächen später bei der Planung und Genehmigung des Eingriffes als Kompensationsmaßnahmen zu verwenden und auf die Kompensationspflicht anrechnen zu lassen.

Beispiel: Die zuständige Straßenbaubehörde rechnet auf Grund der politischen Situation in einer Region damit, dass in den nächsten Jahren ein Teilabschnitt einer Bundesstraße mit einer bestimmten, bekannten Trassenführung geplant werden wird. Im Hinblick auf diesen voraussichtlich erfolgenden Ausbau der Bundesstraße kauft sie von Landwirten bisher als Ackerland genutzte Flächen an und legt auf diesen Flächen Biotope an; außerdem siedelt sie einige Tierarten in den neu angelegten Biotopen an, die den Naturabschnitten ähneln, die von der später zu realisierenden Trassenführung durchschnitten werden. Erfolgt später die Planfeststellung der Straße, so berücksichtigt die Straßenbaubehörde bei der Abarbeitung der Eingriffsregelung im Huckepack-Verfahren in der Planfeststellung (siehe unten in § 3 bei C. VII.) bei der Festsetzung der Kompensationspflicht diese bereits angelegten Biotope mit ihren neuen Tierpopulationen und verringert die Kompensationslast entsprechend.

Im Detail kann das Grundmodell eines Flächenpools, gleich auf welcher der drei angeführten Varianten es basiert, recht unterschiedlich variiert werden. So können die Flächen des Pools räumlich konzentriert als großes, zusammenhängendes Gebiet angelegt sein; ebenso denkbar ist aber, dass die Poolflächen nicht zusammenhängen und verstreut liegen. In diesem letzteren Falle ist der Pool nicht im Sinne eines räumlichen Phänomens sichtbar, sondern beschränkt sich lediglich auf einen – gleichsam institutionalisierten – Kompensationsflächenkataster. Weiter kann die Nutzung auf Eingriffe durch Bau- oder Fachplanung beschränkt sein; es ist aber möglich, Pools einzurichten, die für beide Eingriffsregimes zur Verfügung stehen. Die Nutzung kann außerdem auch durchaus überregional und/oder interkommunal erfolgen. Ferner ist es möglich, die Trägerschaft des Pools unterschiedlich zu gestalten. Denkbar ist der hoheitliche, öffentlich-rechtliche Betrieb, etwa durch eine planende Stadt, eine Naturschutzbehörde oder Formen der mittelbaren Staatsverwaltung (eine Landesstiftung Umweltschutz oder eine Anstalt für Naturschutz etwa). Ebenso möglich sind aber auch (organisations-)privatisierte Formen des Betriebs, etwa als Flächenpool-GmbH oder Flächenpool-AG (dazu noch unten in § 5 bei II. 3. b)). Es ist auch denkbar, dass Private einen Flächenpool errichten und Planungsträgern Kompensationsmöglichkeiten verkaufen, so dass diese privat errichteten Pools in Konkurrenz zu den öffentlich-rechtlichen Pools treten. Schließlich kann der Eingriffsverursacher, eine privatrechtliche AG etwa, selbst freiwillig Flächen bevorraten und so quasi „ökologische Rücklagen", also einen Flächenpool für ihre später beabsichtigten Eingriffsvorhaben bilden. Zur Eingriffskompensation nicht benötigte, aber bereits bevorratete Flächen können dann später entgeltlich anderen Eingriffsverursachern zur Kompensation überlassen werden.[13]

---

[13] Einen solchen Handel mit „Kompensationspunkten" oder „Ökopunkten" sehen einige Landesgesetze bereits vor. Vgl. dazu die Zusammenstellung bei *Wagner*, VBlBW 2006, 50 (57).

## 2. Die Entwicklung des Flächenpools als modernes Kompensationsmodell

Im Gegensatz zum modernen Kompensationsmodell des „Ökokontos", dessen Entwicklung sich relativ genau zeitlich festlegen lässt (dazu s. u. bei II. 1. b)), ist es kaum möglich, die Entwicklung des Flächenpools exakt zu datieren. Ungefähr seit Mitte der 1990er Jahre tritt dieses Kompensationsmodell häufiger in der landschaftsplanerischen Literatur auf, ohne dass eine literarische Initialzündung, vergleichbar dem Ökokonto-Erlass in Rheinland-Pfalz,[14] festzustellen ist. Insbesondere in den Jahren 1997–2002 erschien eine Vielzahl von landschaftsplanerischen Publikationen, die sich aus ökologischer und planungspraktischer Sicht mit dem Thema beschäftigten. Sicher fest steht lediglich, dass der Begriff des Flächenpools zeitlich erst nach der Entwicklung der Grundkonzeption des Ökokontos entstanden ist.[15]

Das BauROG 1998 kann als Versuch gedeutet werden, diese landschaftsplanerischen Tendenzen zur Flexibilisierung[16] aufzunehmen und das grundlegende Prinzip des Flächenpools, die Flächenbevorratung, gesetzlich zu verankern. Zwar bezieht sich die Begründung ausdrücklich auf die Einführung des Ökokontos; damals war die begriffliche Abgrenzung zwischen Flächenpool und Ökokonto indes noch unscharf und nicht eindeutig in der Praxis etabliert.[17] Die neu eingeführten Möglichkeiten der räumlichen Entkopplung zwischen Ausgleich und Eingriff sollten allerdings ausdrücklich dazu dienen, der Gemeinde eine größere Zahl an Ausgleichsoptionen zur Verfügung zu stellen.[18] Dieses Ziel kann auch mit einem Flächenpool erreicht werden. Festzuhalten ist daher jedenfalls, dass das Prinzip der Flächenbevorratung mit den Instrumenten, welche das BauROG in das BauGB eingeführt hat, praktikabel durchzuführen ist (dazu noch näher unten in § 5 bei B. II. und III.). Man kann also durchaus davon sprechen, dass seit 1998 das Prinzip des Flächenpools zwar nicht ausdrücklich, aber doch zumindest implizit gesetzgeberische Weihen erhalten hat und im BauGB mittelbar geregelt ist.

Die BNatSchG-Novelle 2002 befasst sich ebenso wenig wie das EAG Bau 2004 mit dem Flächenpool, so dass dieses moderne Instrument der

---

[14] Dazu unter B. I.

[15] *Bruns/Herberg/Köppel*, FS Kenneweg, S. 57 (61).

[16] Zu diesen planerischen Tendenzen umfassend aus landschaftsplanerischer Sicht *Arbeitskreis Eingriffsregelung TU Berlin (Hrsg.)*, Flexibilisierung der Eingriffsregelung, passim.

[17] Zu den missverständlichen Terminologien vgl. *Bruns/Herberg/Köppel*, UVP-Report 2001, 9 in Fn. 2; *dies.*, Konstruktiver Einsatz von naturschutzrechtlichen Kompensationsmaßnahmen, S. 45 ff.

[18] Vgl. BT-Drs. 13/6392, S. 36.

Kompensation nach wie vor nicht ausdrücklich gesetzlich geregelt ist. Auch auf der Ebene der Landesgesetzgebung enthalten die Landesnaturschutzgesetze, sofern sie moderne Kompensationsmaßnahmen regeln, ganz überwiegend Aussagen über Ökokonten, nicht aber über Flächenpools.[19] Eine Ausnahme bildet nur das brandenburgische Naturschutzgesetz, das in § 14 S. 2 BbgNatSchG Maßnahmen- und Flächenpools erwähnt.

### 3. Die Akzeptanz und tatsächliche Nutzung des Flächenpools in der Planungspraxis

Die Planungspraxis hat von dem neuen Kompensationsinstrument regen Gebrauch gemacht. Bis 2002 sind in Deutschland etwa 650 Flächenpools entstanden.[20] Da es sich um eine neuartige Methode der Kompensation handelt, sind einige dieser Flächenpools naturschutzfachlich genau beobachtet und unter wissenschaftlicher Begleitung des Bundesamtes für Naturschutz und verschiedener Forschungsinstitutionen eingerichtet worden.[21] Mittlerweile hat das Instrument des Flächenpools die Pilotphase der wissenschaftlichen Erforschung und Erprobung hinter sich und befindet sich in einer Phase der allgemeinen Einführung. Zahllose Planungsträger, Kommunen und Regionen versuchen, mit diesem Modell ihre Schwierigkeiten bei der Eingriffskompensation zu überwinden. Dabei handelt es sich sowohl um naturschutzrechtliche Konstellationen im Rahmen der Abarbeitung der §§ 18 ff. BNatSchG im Fachplanungsrecht als auch um die Bewältigung der Eingriffsproblematik im Rahmen der städtebaulichen Eingriffsregelung. Bei beiden Regimes der Eingriffsregelung greift die Praxis gerne und häufig auf Flächenpools zurück; oft wird auch für beide Regimes ein gemeinsamer Pool benutzt und so die naturschutzrechtliche mit der städtebaulichen Kompensation verschränkt.[22]

Insbesondere Planungsträger in den neuen Ländern, wo die große Zahl an durchgeführten Investitionen einen entsprechenden Kompensationsbedarf

---

[19] Vgl. dazu die bei B. I. 2. zitierten gesetzlichen Regelungen.

[20] Die Zahl beruht auf einer empirischen Erhebung des Deutschen Instituts für Urbanistik, in: *Böhme/Bunzel/Deiwick/Herberg/Köppel (Hrsg.)*, Statuskonferenz Flächen- und Maßnahmenpools, Teil B Statuskonferenz, S. 101; *Bunzel/Böhme*, Interkommunales Kompensationsmanagement, S. 15.

[21] Dokumentiert sind diese Forschungsprojekte unter anderem in den Studien von *Bunzel/Böhme*, Interkommunales Kompensationsmanagement, passim; *Böhme/Bruns/Bunzel/Herberg/Köppel*, Flächen- und Maßnahmenpools in Deutschland, passim; *Ott*, Bevorratung von Flächen und Maßnahmen, passim; *Bruns/Herberg/Köppel*, Konstruktiver Einsatz von naturschutzrechtlichen Kompensationsmaßnahmen, passim.

[22] So etwa der Flächenpool Bochum oder das Ökokonto Altenburger Land, vgl. *Böhme/Bruns/Bunzel/Herberg/Köppel*, Flächenpools in Deutschland, S. 21 und 23.

hervorgerufen hat, benutzen das Instrument sehr oft. Aber auch im Gebiet der alten Bundesrepublik wächst das Modell des Flächenpools zu einer Standardmaßnahme der Eingriffskompensation heran und hat sich durchgesetzt. Beispielhaft[23] sollen, um einen Überblick über die breite regionale Verbreitung des Modells in nahezu allen Bundesländern zu geben, einige Orte, an denen Flächenpools landschaftsplanerisch begleitet im Einsatz sind, aufgezählt werden: Hannover (Nds.),[24] Region Mittlere Havel (Bbg.),[25] Landkreis Wesermarsch (Nds.),[26] Hameln (Nds.),[27] Bramsche/Osnabrück (Nds.),[28] Leipzig (Sachs.),[29] Regionalpark Rhein-Main/Ballungsraum Frankfurt a. M. (Hess.),[30] Potsdam und Cottbus (Bbg.),[31] Städtequartett Damme/Diepholz/Lohne/Vechta (Nds.),[32] Bingen/Rheinauen (Rh.-Pf.),[33] Landkreis Ravensburg (B.-W.),[34] Essen (N.-W.),[35] Bochum (N.-W.),[36] Oberhausen (N.-W.),[37] Calw/Oberreichenbach (B.-W.),[38] Perleberg/Stepenitzniederung

---

[23] Eine umfassende empirische Betrachtung bietet die Studie „Flächen- und Maßnahmenpools in Deutschland" von *Böhme/Bruns/Bunzel/Herberg/Köppel*, Bonn-Bad Godesberg 2005.

[24] *Böhme/Bunzel/Deiwick/Herberg/Köppel (Hrsg.)*, Statuskonferenz Flächen- und Maßnahmenpools, Teil B Statuskonferenz, S. 107 ff.; *Böhme/Bruns/Bunzel/Herberg/Köppel*, Flächen- und Maßnahmenpools in Deutschland, S. 24.

[25] *Böhme/Bunzel/Deiwick/Herberg/Köppel (Hrsg.)*, ebenda, S. 131 ff.; *Müller-Pfannenstiel/Brunken-Winkler/Köppel/Straßer*, NuL 1998, 182 (186 f.); *Bruns/Herberg/Köppel*, UVP-Report 2001, 9 (10).

[26] *Böhme/Bunzel/Deiwick/Herberg/Köppel (Hrsg.)*, Statuskonferenz Flächen- und Maßnahmenpools, Teil B Statuskonferenz, S. 197 ff.; *Bruns/Herberg/Köppel*, UVP-Report 2001, 9 (10); *Bunzel/Böhme*, Interkommunales Kompensationsmanagement, S. 52 ff.

[27] *Böhme/Bunzel/Deiwick/Herberg/Köppel (Hrsg.)*, Statuskonferenz Flächen- und Maßnahmenpools, Teil B Statuskonferenz, S. 201 ff.

[28] Ebenda, S. 221.

[29] *Bunzel/Böhme*, Interkommunales Kompensationsmanagement, S. 32 ff.

[30] *Böhme/Bunzel/Deiwick/Herberg/Köppel (Hrsg.)*, Statuskonferenz Flächen- und Maßnahmenpools, Teil B Statuskonferenz, S. 246 ff.; *Bruns/Herberg/Köppel*, UVP-Report 2001, 9 (10); *Bunzel/Böhme*, Interkommunales Kompensationsmanagement, S. 27 ff.

[31] *Jordan*, in: Landschaftsplanung.Net 01/2000 (auch zu anderen Pools in Brandenburg); *Bruns/Herberg/Köppel*, UVP-Report 2001, 9 (10); *Steffen*, in: Arbeitskreis Eingriffsregelung TU Berlin (Hrsg.), Flexibilisierung der Eingriffsregelung, S. 13 ff.

[32] *Müller-Pfannenstiel/Brunken-Winkler/Köppel/Straßer*, NuL 1998, 182 (187 f.); *Ott*, Bevorratung von Flächen, S. 15.

[33] *Schnug-Bögerding*, GuL 1998, 23 ff.; *Aichele/Bitz*, UVP-Report 2001, 25 ff.

[34] *Bruns/Herberg/Köppel*, UVP-Report 2001, 9 (10).

[35] *Ott*, Bevorratung von Flächen, S. 10.

[36] *Böhme/Bruns/Bunzel/Herberg/Köppel*, Flächen- und Maßnahmenpools in Deutschland, S. 23.

[37] *Bruns/Herberg/Köppel*, UVP-Report 2001, 9 (10).

[38] Ebenda.

(Bbg.),[39] Ökologischer Bodenfonds des Kommunalverbandes Ruhrgebiet,[40] Landkreis Grafschaft Bentheim (Nds.),[41] Braunschweig (Nds.),[42] Ludwigshafen (Rh.-Pf.),[43] Öhringen (B.-W.)[44], Mainz (Rh.-Pf.)[45].

## II. Vorteile dieses Kompensationsmodells

Die Vorteile des Flächenpools als Form der Eingriffskompensation ergeben sich aus den oben angeführten Schwierigkeiten der praktischen Umsetzung der Kompensationspflicht, da diese Kompensationskonzeption aus dem Bestreben heraus entwickelt wurde, diese beschriebenen Schwierigkeiten zu lösen. Die Flächenbevorratung dient hauptsächlich dazu, das Problem der fehlenden Verfügbarkeit geeigneter Flächen zu umgehen. Diese für den Flächenpool grundlegende Problemlösungsstrategie bringt ganz unterschiedliche Vorteile für die jeweils am Planungsverfahren Beteiligten mit sich.

### 1. Vorteile für den Naturschutz

Die Kompensationspflicht des Eingriffsverursachers als Erscheinungsform des Verursacherprinzips[46] zwingt ihn dazu, naturverbessernde Maßnahmen selbst vorzunehmen oder auf seine Kosten vornehmen zu lassen. Diese Kompensationslast mobilisiert unter Umständen erhebliche Finanzmittel. Das Konzept des Flächenpools ermöglicht es nun, die naturaufwertenden Maßnahmen fokussiert auf bestimmten Flächen vorzunehmen, die besonders entwicklungsbedürftig sind. Es können ökologische Projekte gezielt durchgeführt oder entwickelt werden.[47] So können Projekte mit Hilfe der Eingriffsregelung gefördert werden, gleichsam als Finanzierungshilfe, für die sonst kein Geld bereitstünde. Die Umsetzung der Kompensationspflicht er-

---

[39] *Straßer/Gutsmiedl*, UVP-Report 2001, 15 ff.; *Bunzel/Böhme*, Interkommunales Kompensationsmanagement, S. 42; *Ott*, Bevorratung von Flächen, S. 10.

[40] *Bunzel/Böhme*, Interkommunales Kompensationsmanagement, S. 37 ff.

[41] Ebenda, S. 48.

[42] *Ott*, Bevorratung von Flächen, S. 9.

[43] *Böhme/Bruns/Bunzel/Herberg/Köppel*, Flächen- und Maßnahmenpools in Deutschland, S. 23.

[44] Ebenda, S. 28.

[45] *Bruns/Herberg/Köppel*, Konstruktiver Einsatz von naturschutzrechtlichen Kompensationsmaßnahmen, S. 76.

[46] Siehe dazu unten in § 3 bei C. II. und in § 4 bei C. III. 2. b) dd).

[47] *Straßer/Gutsmiedl*, UVP-Report 2001, 15; *Pröbstl*, GuL 2001, 25 (26); *Müller-Pfannenstiel/Brunken-Winkler/Köppel/Straßer*, NuL 1998, 182 (183). Ein gutes Beispiel dafür ist die Entwicklung des Regionalparks Rhein-Main, bei der über die Eingriffsregelung Projekte der Naherholung durchgeführt werden. Vgl. zu diesem Projekt *Bunzel/Böhme*, Interkommunales Kompensationsmanagement, S. 27 ff.

folgt nicht wahllos nach dem Gießkannenprinzip, sondern gezielt und naturschutzfachlich koordiniert. Naturaufwertende Maßnahmen können räumlich
gebündelt und auf bestimmte Entwicklungsräume konzentriert werden. So
kann auch europäischen Vorgaben genügt werden: Das Natura2000-Konzept
fordert die Herstellung von Trittsteinbiotopen und Pufferflächen, die einen
räumlichen Verbund großräumiger ökologischer Achsen bilden sollen (Art. 3
Abs. 1 FFH-Richtlinie).[48] Flächenpools sind geradezu ideal geeignet, diese
Achsen herzustellen.[49] Eine Abkehr von der nachsorgeorientierten, flicken-
teppichartigen, auf einzelne Grundstücke bezogenen Kompensationspraxis
durch Errichtung eines ökologisch-konzeptionellen Flächenmanagements
stärkt außerdem das Vorsorgeprinzip[50] als tragende Säule der Eingriffsregelung.[51] Flächenpools sind außerdem in der Lage, die von unterschiedlichen
Eingriffen hervorgerufenen Kompensationsbedürfnisse zu bündeln und zu
koordinieren, so dass verschiedene Eingriffe nicht „aneinander vorbei", sondern vielmehr zentral gesteuert und so ökologisch effektiver kompensiert
werden können. Ferner lösen Flächenpools ein gravierendes Problem der
Eingriffsregelung, indem sie die Möglichkeit bieten, die dauerhafte Pflege
der im Rahmen der Kompensation entwickelten Biotope zu institutiona-
lisieren. Mit herkömmlichen Methoden der Kompensation ist dies nicht
möglich, da die Verpflichtung zur Pflege dem Verursacher nur sehr eingeschränkt auferlegt werden kann.[52] Bei Nutzung eines Pools kann die langfristige Pflege dagegen zentral vom Betreiber des Pools wahrgenommen
werden. Abgesehen von dieser Institutionalisierung der Pflege erleichtern
und verbilligen die großen Flächen eines Pools die Pflegemaßnahmen erheblich, verglichen mit dem Aufwand, der für die Pflege vieler einzelner
kleiner Flächen getrieben werden muss.[53] Außerdem entfällt der Anreiz für
Gemeinden, auf künftig von ihnen als Ausgleichsflächen vorgesehenen Gebieten ökologisch positive Entwicklungen zu unterbinden oder gar gezielt
zu verschlechtern (etwa durch intensive Bewirtschaftung oder die Umwandlung von Grünland in Acker), um sie dann später wieder aufwerten zu können und sie so als Ausgleichsmaßnahmen anrechnen zu können.[54] Schließ-

---

[48] Vgl. dazu *Schink,* in: FS Hoppe, S. 589 (592); *Gellermann,* Natura 2000,
S. 13 f.

[49] *Wilke,* UVP-Report 2001, 15; *Müller-Pfannenstiel,* in: Laufener Seminarbeiträge 1/99, S. 89 (90).

[50] Dazu noch unten in § 3 bei C. III.

[51] *Pröbstl,* GuL 2001, 25 (26); *Müller-Pfannenstiel/Brunken-Winkler/Köppel/
Straßer,* NuL 1998, 182 (183).

[52] Siehe dazu ausführlich unten in § 5 bei C. II. 1.

[53] *Pröbstl,* GuL 2001, 25 (26); *Müller-Pfannenstiel/Brunken-Winkler/Köppel/
Straßer,* NuL 1998, 182 (183).

[54] Man spricht hier vom sogenannten „Schwarzhalten" der Flächen, vgl. *Louis,*
NuR 1998, 113 (118 in Fn. 46); *W. Breuer,* NuL 2001, 113 (116). Dieses Schwarz-

lich vergrößert das Prinzip der Flächenbevorratung die Zahl der Kompensationsoptionen, die der Planungsträger bei seiner abschließenden Entscheidung über den Eingriff berücksichtigen muss. Die Wahrscheinlichkeit, dass nicht irgendeine, sondern eine ökologisch effektive Kompensationsentscheidung getroffen wird, erhöht sich durch die Möglichkeit der Nutzung eines Flächenpools wesentlich.

## 2. Vorteile für die Planungsträger

Die oben zuerst genannte positive Wirkung für den Naturschutz, gezielt bestimmte ökologische Projekte durchzuführen, erweist sich auch für Planungsträger, insbesondere für Gemeinden, als vorteilhaft. Denn auf diese Weise können städtebauliche Ziele, sofern sie kompensationsgeeignet sind, über die Eingriffsregelung verwirklicht und vor allem finanziert werden. Zu nennen sind hier vor allem Projekte der Landschaftspflege und der Naherholung, die als Kompensationsmaßnahmen der Wiederherstellung der Erholungsfunktion von Natur und Landschaft dienen.[55] Praxisbeispiel für eine solche Nutzung eines Flächenpools ist der Regionalpark Rhein-Main, wo verschiedene Gemeinden einen Pool betreiben und gemeinsame Projekte der Naherholung damit realisieren.[56] Denkbar ist auch die Durchführung von Maßnahmen zum Hochwasserschutz (Schutzwälder, bepflanzte Wälle etc.). Bei der Realisierung solcher Projekte der Naherholung ist aber strikt die Kompensationseignung der durchgeführten Maßnahmen zu beachten,[57] die hier meist in der Wiederherstellung der Erholungsfunktion liegen wird. Das Gros der hier zur Realisierung solcher Landschaftsparks vorzunehmenden Maßnahmen erfüllt diese Voraussetzung indes nicht.[58]

Daneben vermeidet eine rechtzeitig durchgeführte Flächenbevorratung die Abhängigkeit der Gemeinde vom Bodenmarkt.[59] Kompensationsflächen

---

halten ist rechtswidrig, da es einen Eingriff darstellt, meist ohne weiteres unter das Vermeidegebot fällt und außerdem gegen den allgemeinen Biotopschutz des BNatSchG verstößt. Gleichwohl tritt dieses Phänomen in der Praxis häufig auf. Vgl. auch VG Stuttgart, U. v. 21.10.1998, Az. K 3411/98.

[55] Vgl. dazu *Bruns/Herberg/Köppel*, Konstruktiver Einsatz von naturschutzrechtlichen Kompensationsmaßnahmen, passim, insbesondere S. 38 ff.

[56] Vgl. dazu ausführlich *Bunzel/Böhme*, Interkommunales Kompensationsmanagement, S. 27 ff.

[57] Dazu noch ausführlich unten in § 5 bei B. I.

[58] Beispielsweise die Anlage von Radwegen, Fahrrad- oder Bootsverleih, Denkmalpflege, Beschilderung oder die Verbesserung des ÖPNV. Eine Übersicht über die naturschutzfachliche Eignung der zur Parkanlage nötigen Maßnahmen findet sich bei *Bruns/Herberg/Köppel*, Konstruktiver Einsatz von naturschutzrechtlichen Kompensationsmaßnahmen, S. 38 ff.

[59] *Mitschang*, NuL 1997, 273 (279).

können ohne den Zeitdruck eines nahen, genehmigungsfähigen Eingriffes gesucht werden;[60] weil der Eingriff noch nicht feststeht, sind die Flächen auch noch nicht als Kompensationsflächen im Gespräch und daher noch nicht entsprechend verteuert. Insbesondere in Ballungsgebieten, wo geeignete Flächen ohnehin knapp sind, kann so in Ruhe nach billigen, kompensationsgeeigneten Flächen gesucht werden. Können billige Flächen beschafft werden, wirkt sich dies auch auf die Kosten der Kompensation insgesamt aus. Die Durchführung der Kompensationspflicht aus § 19 Abs. 2 BNatSchG wird auf diese Weise billiger. Da die Kommunen die Kosten der Kompensation regelmäßig auf die Eingriffsverursacher abwälzen,[61] werden so mittelbar auch die Verursacher finanziell entlastet. Da so Investitionen durch Eingriffe billiger werden, stellt die Nutzung eines Flächenpools zur Kompensation einen Standortvorteil der jeweiligen Gemeinde oder Region im Konkurrenzkampf mit anderen Standorten um die Ansiedlung von Investitionsprojekten mit Arbeitsplätzen dar.[62]

Einen weiteren Standortvorteil bietet die Nutzung eines Flächenpools dadurch, dass Planungsprozesse massiv beschleunigt werden können. Denn im Planungsverfahren muss nicht erst langwierig nach geeigneten Flächen zur Kompensation gesucht, deren Aufwertungspotenzial untersucht und bewertet wird sowie ein Kompensationskonzept entwickelt werden. Durch die Nutzung eines Pools stehen vielmehr bereits bewertete und untersuchte Flächen sowie ein vorstrukturiertes Kompensationskonzept zur Verfügung, auf das sich die Genehmigungsbehörde beziehungsweise die bauleitplanende Stadt nur zu stützen braucht. Dies verkürzt die Entscheidungsprozesse bei der Abarbeitung der Anforderungen der jeweiligen Eingriffsregelungs-Regimes (naturschutzrechtlich wie bauplanungsrechtlich) erheblich. Für potenzielle Investoren gewinnen diese Standorte dadurch erheblich an Attraktivität, gelten doch überlange Planungsverfahren als Haupthindernis für Investitionen.[63]

Die Nutzung eines Flächenpools im Planungsverfahren mindert auch Konfliktpotenziale, die in Planungen üblicherweise auftreten. Zu nennen sind hier vor allem die meist widerstreitenden Interessen von Investoren, Naturschutzbehörden und Planungsbetroffenen, welche die Planungsbehörde

---

[60] *Bruns/Herberg/Köppel*, in: FS Kenneweg, S. 57 (60).

[61] Näher zur Finanzierung des Ausgleichs unten in § 5 bei C.

[62] Es sind auch Fälle bekannt, wo die Gemeinden die – unter Umständen erheblichen – gesamten Kosten des städtebaulichen Ausgleichs selbst übernommen haben, um potenzielle Investoren nicht abzuschrecken, vgl. *Balla/Brauns/Herberg/Pufahl/Schkade*, NuL 2000, 137 (141).

[63] Vgl. dazu zusammenfassend statt vieler *Bonk*, NVwZ 1997, 320 ff. m.w.N. in Fn. 4 und 14 und den Gesetzentwurf der Bundesregierung zur Planungsbeschleunigung, BT-Drs. 16/54.

in der Öffentlichkeits- und Behördenbeteiligung zu moderieren und in ihrer planerischen Abwägung zum Ausgleich zu bringen hat. Bei der Festsetzung der Kompensationspflicht stellt sich dieses widerstreitende Geflecht von Interessen zumeist so dar, dass der Investor an einer möglichst geringen Kompensationslast und die Naturschutzbehörden an einer möglichst weitreichenden und effektiven Kompensation interessiert sind. Als planungsbetroffen sind überdies noch die Interessen der Landwirte zu berücksichtigen, da auf deren Flächen zumeist die Kompensationsmaßnahmen stattfinden. Zum einen kostet die Auflösung dieses Interessengeflechts wertvolle Planungszeit, was sich investitionshindernd auswirkt; zum anderen zieht sie die Gefahr verzögernder Klagen abwägungsunterlegener Parteien gegen das Vorhaben nach sich. Flächenpools bieten die Möglichkeit, dieses Interessengeflecht zumindest teilweise aus dem Planungsverfahren herauszunehmen und bereits zeitlich vor etwaigen konkreten Planungen aufzulösen. Bei der Einrichtung von Flächenpools können die soeben dargestellten Belange des Naturschutzes sowie die Interessen von Landwirten und Investoren unabhängig von konkreten Planungsverfahren berücksichtigt werden (dazu sogleich unter c) und d)). Dadurch wird die ohnehin komplexe planerische Abwägungsentscheidung verfahrensrechtlich hinsichtlich der Beteiligung und materiell hinsichtlich der Kompensationspflicht von Eingriffen entlastet.

Zusammengefasst bietet die Nutzung von Flächenpools den Planungsträgern, also planfeststellenden Behörden und Gemeinden, Standortvorteile gegenüber konkurrierenden Standorten.

### 3. Vorteile für die Investoren

Inwiefern die Nutzung von Flächenpools investitionsfreundlich ist, wurde soeben dargelegt. Zusammengefasst bringt diese moderne Kompensationsmethode Grundlagen für eine Verschlankung und Beschleunigung der Planungsverfahren mit sich. Außerdem wird die Durchführung der Kompensation billiger durch die Möglichkeit, Flächen zeitig zu bevorraten und günstige Gelegenheiten des Bodenmarktes frühzeitig auszunutzen. Ein weiterer Vorteil darf nicht unerwähnt bleiben: Da wie dargestellt die Eingriffsregelung im Rahmen der Nutzung von Flächenpools durchaus als Finanzierungsinstrument für konkrete Naturschutz- oder Landschaftspflegeprojekte genutzt werden kann, ist es den eingriffsverursachenden Unternehmen möglich, ihre wegen der Verursachereigenschaft ohnehin bestehende Verpflichtung zur Kompensation werbewirksam als Unterstützung des Naturschutzes umzuetikettieren. Unternehmen können sich so als „Sponsor" eines bestimmten Projektes präsentieren, auf diese Weise ihrer von Teilen der Öffentlichkeit zugeschriebenen Rolle als „Naturzerstörer" entschlüpfen und sich ein Image als am Naturschutz interessiertes Unternehmen verleihen. Diese Funktion der Flächenpools, welche dieses Sponsoring erst ermöglichen, dürfte für die Werbeabteilungen der Unternehmen hochinteressant sein. Die Eingriffsregelung kann so in der Wahrnehmung der Investoren vom ungeliebten Investitionshindernis zum werbewirksamen PR-Instrument werden.

### 4. Vorteile für die Landwirtschaft

Oben wurden bereits die Landwirte erwähnt, die ebenfalls von der Errichtung eines Flächenpools profitieren können. In der planerischen Abwägung über ein Eingriffsvorhaben müssen planende Stellen die Belange der Landwirte insofern berücksichtigen, als die nötigen Kompensationsmaßnahmen zumeist auf Flächen stattfinden sollen, die landwirtschaftlich genutzt werden. Die effektive, wirtschaftlich sinnvolle landwirtschaftliche Nutzung der Flächen wird so unter Umständen erheblich erschwert.[64]

Flächenpools können dieses grundsätzliche Konfliktpotenzial zwischen landwirtschaftlichem Nutzung- und ökologischem Kompensationsinteresse insofern lösen, als sie zum einen die Kompensationsmaßnahmen räumlich auf bestimmte Gebiete konzentrieren. Die Landwirte erhalten so eine gewisse Planungssicherheit hinsichtlich der landwirtschaftlich ertragreichen Nutzbarkeit ihrer Flächen; Nutzungskonkurrenzen werden in einem gewissen Maße minimiert. Zum anderen ist eine Kooperation zwischen dem Poolträger und der Landwirtschaft möglich. Landwirte können dem Flächenpool solche Flächen, die sie nur schwer landwirtschaftlich ertragreich nutzen können (so genannte Grenzertragsflächen), entgeltlich zur Nutzung als Kompensationsfläche zur Verfügung stellen.[65]

Durch diese Möglichkeit, unrentable landwirtschaftliche Flächen in einen Pool einzustellen, können Landwirte neue Erwerbschancen erschließen. So ist es denkbar, dass ein Landwirt gewerbsmäßig anbietet, die nötigen Kompensationsmaßnahmen vorzunehmen und seine Flächen ökologisch bewirtschaftet oder die landwirtschaftliche Nutzung völlig aufgibt und sich auf naturschützende oder landschaftspflegende Maßnahmen verlegt. So können

---

[64] Landwirte befürchten häufig, dass eine kompensationsgeeignete, weniger intensive Bewirtschaftung durch Einschränkung der Düngung und restriktive Düngung die Flächen vernässt und die Verbreitung von Unkraut fördert, vgl. *Straßer/Gutsmiedl*, UVP-Report 2001, 15 (16 f.)

[65] Vgl. allgemein zur Rolle der Landwirtschaft für die Eingriffsregelung den Beitrag von *Straßer* mit dem Titel „Landwirtschaft und Kompensationsaufgabe" in Bunzel/Deiwick/Herberg/Köppel (Hrsg.), Statuskonferenz Flächen- und Maßnahmenpools, Teil B Statuskonferenz, S. 213 ff.; *Bunzel/Böhme*, Interkommunales Kompensationsmanagement, S. 242 ff. und *Müller-Pfannenstiel/Pieck/Stein*, NuL 2004, 304 ff.

Landwirte eine aktive Rolle bei der Erfüllung der Kompensationspflicht des Eingriffsverursachers spielen.[66]

In der Praxis arbeitet bereits ein solches Modell mit Erfolg, bei dem ein Hof in eine Stiftung überführt wurde, die entgeltlich Flächen bevorratet, also einen privaten Flächenpool betreibt, und anbietet, nötige Kompensationsmaßnahmen durchzuführen.[67] Ein weiterer Hof ist in einen Flächenpool umgewandelt worden, organisiert als privatrechtliche GmbH unter Beteiligung des Hessischen Bauernverbandes.[68] Diese Beispiele zeigen, dass sich die Landwirtschaft mit Flächenpools erfolgreich und rentabel im Bereich der Eingriffskompensation engagieren kann.

### III. Nachteile dieses Kompensationsmodells

Im Gegensatz zur Nutzung des Ökokonto-Modells[69] bringt die Nutzung eines Flächenpools zur Eingriffskompensation weniger Nachteile für den Naturschutz mit sich.[70] Es ist möglich, dass die Nutzung eines Pools zu einer Konzentration der naturschützerischen Bestrebungen auf die ordnungsgemäße Einrichtung und den korrekten Betrieb eines Pools führt, so dass andere, von der Eingriffsregelung unabhängige Naturschutzmaßnahmen in der Priorität der Behörden sinken und vernachlässigt werden können. Naturschutz besteht eben nicht nur aus der Anwendung der Eingriffsregelung. Eine Vernachlässigung der anderen naturschützerischen Maßnahmen scheint daher wahrscheinlich, weil die Eingriffsregelung ein für Naturschutzmaßnahmen vergleichsweise hohes Finanzvolumen zu mobilisieren vermag. Das Budget für Kompensationsmaßnahmen ist regelmäßig höher als die für sonstige Naturschutzmaßnahmen zur Verfügung stehenden Finanzmittel; dies vor allem deshalb, weil die Verursacher die Kompensation finanzieren müssen und die Kasse der Naturschutzbehörden unangetastet bleibt. Allerdings lässt sich dieses Argument ebenso gut umkehren: Eben weil die Kompensationsmaßnahmen verursacherfinanziert sind, bleibt den Naturschutzbehörden mehr Geld für sonstige Naturschutzmaßnahmen außerhalb der Eingriffsregelung.

---

[66] Ausführlich *Stephany*, ZfAUR 2003, 361 ff., insb. zur steuerlichen Behandlung dieser neuen Erwerbsmöglichkeiten.

[67] Es handelt sich um die gemeinnützige „Stiftung Hof Hasemann" in Bramsche bei Osnabrück, wo die 86 ha großen Flächen des Hofes vollständig in einen Flächenpool umgewandelt worden sind. Vgl. dazu ausführlich den Beitrag des Landwirts und Stifters *Hasemann,* in: Böhme/Bunzel/Deiwick/Herberg/Köppel (Hrsg.), Statuskonferenz Flächen- und Maßnahmenpools, Teil B Statuskonferenz, S. 220.

[68] Hof Graß GmbH in der Gemeinde Hungen/Landkreis Gießen (Hessen) mit 110 ha umgewandelten Flächen.

[69] Dazu unten bei B. III.

[70] *W. Breuer,* NuL 2001, 113 betrachtet Flächenpools sogar als „für den Naturschutz uneingeschränkt vorteilhaft".

Zuzugeben ist aber, dass die Einrichtung eines Flächenpools erhebliches Know-How und erhebliche Personalmittel verlangt; dass sich dies negativ auf das behördliche Engagement jenseits von Maßnahmen außerhalb der Eingriffsregelung auswirken kann, ist nicht völlig fernliegend. Die Anwendung der Eingriffsregelung ist nur ein Ausschnitt aus dem naturschutzrechtlichen Handlungsarsenal. Für die Bauleitplanung bringt dies der Rat der Sachverständigen für Umweltfragen deutlich zum Ausdruck: „Der Beitrag der Städte und Gemeinden zur nachhaltigen Sicherung der Lebensgrundlagen [darf sich] nicht in der Anwendung der Eingriffsregelung erschöpfen".[71]

Neben dieser Gefahr einer Überhöhung der Eingriffsregelung und einer Entwicklung der Eingriffsregelung zum nur mehr einzig relevanten Instrument des Naturschutzes ist ferner kritisch anzumerken, dass die Einrichtung von Flächenpools unter Umständen dazu führen kann, dass Eingriffe einfacher und bedenkenloser als ohne Nutzung eines Pools genehmigt werden können, weil ja im Pool ausreichend Kompensationsflächen zur Verfügung stehen. Der ökologisch grundsätzlich vorteilhafte Grundgedanke eines Flächenpools würde auf diese Weise konterkariert. Die Eingriffsregelung soll Natur und Landschaft durch Beschränkung sonst ungehemmter Naturbeeinträchtigung dynamisch schützen, das Entstehen von Beeinträchtigungen aber nicht auch noch fördern und forcieren. Dieser Sinn der Eingriffsregelung droht durch unbedachte Nutzung des Modells des Flächenpools verloren zu gehen. Die Eingriffsregelung ist eben kein bloßes Flächenbeschaffungs- oder Finanzierungsinstrument des Naturschutzes.[72] Die rechtlichen Anforderungen der Kompensation aus § 19 Abs. 2 BNatSchG müssen exakt eingehalten werden;[73] die Kompensation darf nicht in Beliebigkeit abgleiten. Flächenpools können auf Grund der Erleichterung der Kompensation dazu führen, dass die rechtlichen Anforderungen an die Kompensation laxer behandelt und nicht ausreichend beachtet werden, insbesondere wenn bereits Flächen in erheblichem Umfang in einen Pool eingestellt worden sind und nun der Druck besteht, die bevorrateten Flächen zu nutzen, gleich ob die rechtlichen Voraussetzungen für eine Anerkennung als Kompensation vorliegen oder nicht.[74]

Schließlich ist noch auf den wohl gravierendsten Nachteil eines Flächenpools hinzuweisen: Flächenbevorratung bedeutet frühzeitige Beschaffung geeigneter Flächen. Diese Beschaffung kostet Geld. Je mehr Flächen bevor-

---

[71] *Rat der Sachverständigen für Umweltfragen,* Umweltgutachten 2000, 225 Nr. 405 und 231 Nr. 411.

[72] So zu Recht ausdrücklich *W. Breuer,* NuL 2001, 113 ff.

[73] Ausführlich dazu unten in § 5 bei B. I.

[74] Die Praxis zeigt hier zum Teil bedenkliche Ansätze, beliebig umweltschützende Maßnahmen als Kompensationsmaßnahmen zu deklarieren, vgl. nur *Bruns/ Herberg/Köppel,* FS Kenneweg, S. 57 (73).

ratet werden, desto höhere Finanzmittel müssen aufgewendet werden. Diese Kosten der Bevorratung können erst dann als Realisierung der Finanzierungsverantwortung des Verursachers[75] von ihm refinanziert werden, wenn tatsächlich Eingriffe anstehen und die Anerkennung als Kompensationsfläche erfolgt ist. Bei Flächenpools ist es aber zumeist so, dass die Eingriffe eben noch nicht feststehen und die Verursacher noch nicht absehbar sind. Dies bedeutet, dass die Betreiber eines Pools erhebliche finanzielle Vorleistungen erbringen müssen, um einen Pool aufzubauen.[76] Ohne ausreichendes Startkapital ist die Flächenbevorratung nicht praktikabel vorzunehmen. Angesichts der teilweise dramatischen Situation der öffentlichen Haushalte stellt sich diese Frage der Vorfinanzierung eines Pools als wohl gravierendstes Problem einer effektiven Flächenbevorratung in Pools dar. Verschärft wird diese ohnehin problematische Situation dadurch, dass der Bodenmarkt regelmäßig auf die verstärkte Beschaffung von kompensationsgeeigneten Flächen reagieren wird. Je mehr solcher Flächen innerhalb kurzer Zeit angekauft werden, desto teurer werden die Flächen. Der Flächenpool-Betreiber kann dieses Problem durch eine Entzerrung des zeitlichen Rahmens der Flächenbeschaffung umgehen; andere Organisationen hingegen, die von der Eingriffsregelung unabhängige Naturschutzmaßnahmen betreiben, können durch die zeitweise nachfragebedingte Verteuerung der Grundstücke empfindlich gestört werden.

## B. Ökokonten

Neben den Flächenpools hat sich in der planerischen Praxis eine weitere moderne Kompensationsform entwickelt, das Ökokonto. In der gleichen Vorgehensweise wie bei der Darstellung des Flächenpools sollen zunächst der Begriff des Ökokontos erläutert und die Entwicklung dieses Kompensationskonzepts aufgezeigt werden (I.), dann sind Vorteile (II.) und Nachteile (III.) dieser Methode in den Blick zu nehmen.

### I. Ökokonten als moderne Form des Ausgleichs

*1. Der Begriff des Ökokontos und das Konzept*
*dieser Ausgleichsmethode*

Um die Grundidee des Ökokontos aufzuzeigen, ist es noch einmal notwendig, sich an Hand der obigen Darstellung klar zu machen, welche Va-

---

[75] Dazu siehe unten im § 3 bei C. II. und im § 4 bei C. III. 2. dd) und ee) (4).

[76] Vgl. dazu *Herberg/Köppel,* in: Böhme/Bunzel/Deiwick/Herberg/Köppel (Hrsg.), Statuskonferenz Flächen- und Maßnahmenpools, Teil A Statusbericht, S. 47 ff. und *Krämer,* UVP-Report 2001, 18 (20).

rianten der Flächenpools es gibt. Das Prinzip des Ökokontos baut zunächst einmal auf der Grundidee des Flächenpools auf, Flächen zu bevorraten. Über die Flächenbevorratung hinaus erfolgt beim Ökokonto auch eine Bevorratung von Maßnahmen, also eine vorgezogene Aufwertung der Natur. Dies alles ist soweit noch nichts Neues, weil dieses Programm oben bei A. I. 1. c)) als Flächenpool-Variante beschrieben ist.

Das entscheidende Wesensmerkmal eines Ökokontos und dessen fundamentaler Unterschied zum Flächenpool ist aber die Abstrahierung der vorgezogenen Naturaufwertungsmaßnahmen von einem konkreten Eingriff.[77] Maßnahmen zur ökologischen Aufwertung der Natur werden völlig unabhängig von bereits in Aussicht stehenden, konkreten Eingriffsvorhaben vorgenommen; eine Zuordnung dieser Maßnahmen zu Eingriffen findet im Zeitpunkt der Durchführung der Aufwertungsmaßnahmen noch nicht statt. Auf diese Weise sammeln sich viele verschiedene durchgeführte Aufwertungsmaßnahmen an, die später, wenn es um die Genehmigung eines Eingriffsvorhabens oder einen Bauleitplan geht, zur Verfügung stehen. Dort muss dann nur auf das gefüllte Ökokonto zurückgegriffen und aus der Palette der durchgeführten Naturaufwertungsmaßnahmen diejenige herausgesucht werden, welche für die Kompensation der vom Eingriffsvorhaben hervorgerufenen Naturbeeinträchtigungen geeignet ist. Das Ökokonto trennt also die Kompensationsmaßnahmen von den Naturbeeinträchtigungen und löst den konsekutiv[78]-zeitlichen Zusammenhang zwischen Eingriff und Kompensation dadurch auf, dass die Kompensation abstrakt zeitlich vorgezogen vor dem Eingriff stattfindet. Es handelt sich um eine eingriffsunabhängige Maßnahmenbevorratung, kombiniert mit einer Flächenbevorratung. Zumindest implizit enthält ein Ökokonto immer auch einen Flächenpool, auch wenn dieser Begriff eigentlich eine Verselbständigung und Institutionalisierung der bevorrateten Flächen als Organisationseinheit nahe legt. Diese Organisationseinheit wird im Falle einer Maßnahmenbevorratung aber in der Praxis ganz überwiegend als Ökokonto bezeichnet.

Strenggenommen ist es nicht richtig – aber gleichwohl in der Planungspraxis etabliert –, von einer vorgezogenen oder vorweggenommenen Kom-

---

[77] Vgl. zum Begriff des Ökokontos *Battefeld*, UVP-Report 2001, 21; *Boeschen*, UVP-Report 2001, 4; *Britz*, UPR 1999, 205 ff.; *Bruns/Herberg/Köppel*, FS Kenneweg, S. 57 (64 f.); *dies.*, UVP-Report 2001, 9 f.; *W. Breuer*, NuL 2001, 113; *Louis*, NuR 2004, 714 (718); *Morgenroth*, NuL 1998, 60 ff.; *Müller-Pfannenstiel/Brunken-Winkler/Köppel/Straßer*, NuL 1998, 182 (183); *Pröbstl*, GuL 2001, 25 ff.; *Wiesner*, UVP-Report 1998, 118 ff.; *Wolf*, NuR 2001, 481 (487); vgl. auch *Mitschang*, ZfBR 1995, 240 f.

[78] Damit ist gemeint, dass bisher immer ein konkretes Eingriffsvorhaben zwingend konkrete Kompensationsmaßnahmen nach sich gezogen hat: Zuerst fand der Eingriff statt, dann dessen Kompensation.

pensation zu sprechen. Zutreffender ist es vielmehr, von vorgezogenen Naturaufwertungsmaßnahmen zu sprechen, die für sich betrachtet noch keine Kompensationsfunktion erfüllen. Zu Kompensationsmaßnahmen werden die vorgezogenen Aufwertungsmaßnahmen erst dann, wenn in der abschließenden Entscheidung über den Eingriff diese vorgezogenen Maßnahmen als Kompensationsmaßnahmen ausgewählt werden. Erst in diesem Moment findet die Zuordnung des Eingriffs zu bestimmten Kompensationsmaßnahmen und damit die Charakterisierung der vorgenommenen Aufwertungsmaßnahmen als Kompensationsmaßnahmen statt.

Grundprinzip des Ökokontos ist also, dass eingriffsunabhängig ein Stück Natur ökologisch gezielt aufgewertet wird. So spart man gewissermaßen „Ökopunkte" an und kann das so angesparte ökologische Potenzial später einmal, wenn es in einer konkreten planerischen Situation zur Kompensation nötig ist, gleichsam wieder abbuchen, um einen dann anstehenden Eingriff auszugleichen. Der später entstehende Kompensationsbedarf wird also mit den bereits früher vorgenommenen Naturaufwertungsmaßnahmen verrechnet. Es geht also trotz der Bezeichnung als „Konto" nicht um Geldbeträge; die der Bankenpraxis entlehnte Bezeichnung verdeutlicht nur das Prinzip des frühzeitigen Ansparens und Abbuchens ökologischen Potenzials.[79] Treffend ist die Bezeichnung als Konto aber insofern, als ein wesentlicher Vorteil dieser Kompensationsmethode in der Möglichkeit der Nutzung einer Art „ökologischen Verzinsung" liegt (dazu näher unten bei B. II.).[80]

## 2. Entwicklung und gesetzliche Regelungen

Im Gegensatz zur Entwicklung des Flächenpools lässt sich die Geburtsstunde des Kompensationsmodells „Ökokonto" recht genau datieren. In Rheinland-Pfalz führte das Ministerium für Umwelt und Forsten das Prinzip der vorgezogenen Maßnahmenbevorratung durch eine Verwaltungsvorschrift, die sich mit der Eingriffsregelung in der Bauleitplanung nach dem BauGB 1993 befasste, ein.[81] Ziel dieser Verwaltungsvorschrift sollte eine

---

[79] Treffender wäre daher eine Bezeichnung als „Ökoflächenkonto".

[80] Verschiedentlich wird Kritik an der Bezeichnung als „Ökokonto" geäußert und eine Bezeichnung als „Maßnahmenbevorratung" bevorzugt, weil die Anlehnung an Begriffe aus der Geldwirtschaft eine Banalisierung des Anliegens der Eingriffsregelung zur Folge habe und die rechtlichen Anforderungen und ökologischen Ziele der Eingriffsregelung nicht auf buchhalterische Vorgänge verkürzt werden und so bei den Planungen ins Hintertreffen geraten könnten, vgl. *Wilke*, UVP-Report 2001, 5 ff. und *W. Breuer*, NuL 2001, 113 (116). Gleichwohl ist der Begriff in der Planungspraxis und in der jüngeren Naturschutzgesetzgebung der Länder etabliert.

[81] Rundschreiben des Ministeriums für Umwelt und Forsten vom 25. Mai 1994, Az. 10215-88021, vgl. dazu ausführlich das Ministerium selbst, in: NuL 1995, 73 f.;

leichtere Handhabung der städtebaulichen Eingriffsregelung nach dem BauGB 1993 sein. Das benachbarte Bundesland Hessen ging bald darauf einen Schritt weiter und institutionalisierte das Ökokonto nicht lediglich verwaltungsintern auf Grund einer Verwaltungsvorschrift, sondern nahm es 1994 in sein Landesnaturschutzgesetz auf (dazu sogleich unten). Etwas später wurde das Ökokonto als Kompensationsfigur auch im Saarland geregelt. Dort sah ein Erlass die fakultative Einrichtung eines Ökokontos durch den Eingriffsverursacher oder aber durch juristische Personen des öffentlichen Rechts vor.[82]

Die Regelung des Ökokontos in diesen drei Ländern stieß eine Diskussion über die Kompensationseignung des Ökokontos in der landschaftsplanerischen Literatur an, die bis heute noch nicht abgeschlossen ist.[83] Überwogen zu Beginn der Diskussion noch die euphorischen Stimmen, welche im Ökokonto den Schlüssel zu einer effektiveren und ökologisch sinnvolleren Kompensation sahen, neigt sich die Waagschale derzeit wohl eher in die andere Richtung. Mittlerweile wird das Ökokonto weit kritischer betrachtet als noch in der Pionierphase Mitte der 1990er Jahre.[84] Verglichen mit dem Kompensationsinstrument des Flächenpools macht die Planungspraxis vom Ökokonto weit weniger Gebrauch.[85] In einem gewissen Gegensatz zu diesem rechtstatsächlichen Befund stehen die jüngeren Novellierungen der Naturschutzkodifikationen einiger Länder. So haben Sachsen-Anhalt, Hessen, Brandenburg, Baden-Württemberg und Schleswig-Holstein in den letzten Jahren das Ökokonto in ihre Naturschutzgesetze aufgenommen und dieses Kompensationsmodell näher geregelt, zum Teil unter Rückgriff auf Verordnungsermächtigungen.

### a) Brandenburg

Das brandenburgische Naturschutzgesetz regelt das Ökokonto in § 14 BbgNatSchG.[86] Dort ist vorgesehen, dass der Eingriffsverursacher naturverbessernde Maßnahmen, die er selbst oder ein Dritter ohne rechtliche Ver-

---

dazu auch *Mitschang*, ZfBR 1994, 240 f. und *Bruns/Herberg/Köppel*, FS Kenneweg, S. 57 (58 f.).

[82] Erlass zur Einführung des Ökokontos im Rahmen der naturschutzrechtlichen Eingriffsregelung vom 19.12.1997, Saarländisches GMBl. 1998, S. 74.

[83] Vgl. dazu nur *Jessel*, NuL 1998, 219 (221); *W. Breuer*, NuL 2001, 113 ff.; *Morgenroth*, NuL 1998, 60 ff.; *Bruns/Herberg/Köppel*, UVP-Report 2001, 9 ff.; *Pröbstl*, GuL 2001, 25 ff.

[84] Exemplarisch *Pröbstl*, GuL 2001, 25 ff. und *W. Breuer*, NuL 2001, 113 ff.

[85] *Bunzel*, in: Böhme/Bunzel/Deiwick/Herberg/Köppel (Hrsg.), Statuskonferenz Flächen- und Maßnahmenpools, Teil B Statuskonferenz, S. 106; *Pröbstl*, GuL 2001, 25 (27 ff.).

[86] Brandenburgisches Naturschutzgesetz vom 26.5.2004, GVBl. I S. 350.

pflichtung vor dem Eingriff vorgenommen hat, auf die Kompensationsverpflichtung anrechnen lassen kann, sofern erstens diese Maßnahmen mit der
Landschaftsplanung übereinstimmen, zweitens der ursprüngliche, nicht verbesserte Zustand der nun aufgewerteten Flächen dokumentiert wurde und
drittens die Nutzung der Grundstücke als Kompensationsgrundstücke rechtlich gesichert ist. Satz 2 der Vorschrift sieht vor, dass diese Maßnahmen
und die dafür benötigten Flächen in Flächen- und Maßnahmenpools[87] zusammengefasst werden sollen. Eine Verordnungsermächtigung zur näheren
Ausgestaltung der Vorgehensweise enthält das brandenburgische Naturschutzgesetz nicht.

### b) Sachsen-Anhalt

In Sachsen-Anhalt ist das Ökokonto in § 20 Abs. 3 des Naturschutzgeset-
zes[88] im Kontext der Verursacherpflichten normiert. Der Gesetzgeber hat
hier in Satz 1, in dem das Grundprinzip festgehalten ist, etwas verursacher-
freundlicher formuliert, weil er einen expliziten Anspruch des Ökokontobe-
treibers auf Anrechnung ohne öffentlich-rechtliche Verpflichtung vorgenommener vorgezogener Aufwertungsmaßnahmen vorsieht.[89] Das Ökokonto
kann für eigene Eingriffsprojekte benutzt oder aber Dritten zur Verfügung
gestellt werden (§ 20 Abs. 3 S. 2 NatSchG S.-A.); der Anspruch auf Anrechnung ist handelbar, obschon dies nicht ausdrücklich so im Gesetz formuliert ist. Gleichwohl folgt es aus dem Umkehrschluss zu § 20 Abs. 3 S. 4
NatSchG S.-A. Im Unterschied zur brandenburgischen Regelung wird auf
eine Dokumentation des Ausgangszustandes der aufgewerteten Flächen als
Voraussetzung des Anspruchs auf Anrechnung verzichtet. Die Übereinstimmung mit den Aussagen der Landschaftsplanung ist nach § 20 Abs. 3
NatSchG S.-A. ebenfalls nicht notwendig. Dafür sieht die sachsen-anhal-
tinische Regelung im Unterschied zur brandenburgischen eine zusätzliche Vo-
raussetzung vor, nämlich die Zustimmung der unteren Naturschutzbehörde
zu der vorgezogenen Aufwertungsmaßnahme. In § 20 Abs. 3 S. 4 NatSchG
S.-A. wird das für Naturschutz zuständige Ministerium zur Regelung des
näheren Verfahrens des Ökokontos durch Rechtsverordnung ermächtigt.
Dort ist in § 8 der Ökokonto-Verordnung (VO über die Anerkennung und
Anrechnung vorzeitig durchgeführter Maßnahmen zur Kompensation von
Eingriffsfolgen)[90] auch ausdrücklich der Handel mit den Anrechnungs-

---

[87] Der Begriff des Maßnahmenpools wird synonym zum Begriff der Ökokontos
verwendet und meint in der Sache dasselbe, nämlich die abstrakte Maßnahmenbevorratung.

[88] Naturschutzgesetz Sachsen-Anhalt vom 23.7.2004, GVBl. S. 454.

[89] Die brandenburgische Regelung freilich sieht auch einen Anspruch auf Anrechnung vor, der lediglich recht verklausuliert als fakultative Anrechnungsmöglichkeit
des Verursachers formuliert ist.

ansprüchen zugelassen. Wichtig ist die Regelung in § 9 dieser Verordnung, wo die Geltung der Verfahrensanforderungen der VO für die Nutzung bevorrateter Maßnahmen durch die Gemeinden im Rahmen der Bauleitplanung ausgeschlossen wird. Die Gemeinden können aber ihre bevorrateten Maßnahmen für Eingriffe außerhalb der Bauleitplanung zur Verfügung stellen, solange die Anforderungen dieser Ökokonto-VO gewahrt sind.

### c) Hessen

Unter den landesrechtlichen Regelungen der modernen Kompensationsmaßnahmen nimmt die hessische Regelung des Ökokontos in § 6b Abs. 5 HessNatSchG eine gewisse Sonderstellung ein. Im Gegensatz zu den vorstehend genannten Normierungen des Ökokontos handelt es sich hier nämlich nicht um eine vollständige Neukodifikation, sondern lediglich um eine im Jahr 2002 erfolgte Modifikation und Modernisierung[91] einer bereits seit 1994 geltenden Regelung.[92]

Bereits 1994 war den hessischen Gemeinden in § 6b Abs. 5 HessNatSchG 1994 der Rechtsanspruch eingeräumt worden, vorlaufend durchgeführte Naturaufwertungsmaßnahmen bei späteren Eingriffen mit dem entstehenden Kompensationsbedarf zu verrechnen. Der Anspruch bestand, sofern die vorweggenommenen Naturaufwertungsmaßnahmen nicht in Umsetzung einer rechtlichen Verpflichtung erfolgt waren und günstige Auswirkungen auf die Schutzgüter des § 5 Abs. 1 HessNatSchG 1994 nach sich zogen. Außerdem mussten sie den Festsetzungen des Landschaftsplanes entsprechen und die untere Naturschutzbehörde musste den Maßnahmen vor ihrer Durchführung zustimmen; außerdem hatten die Gemeinde die günstigen Auswirkungen der Naturaufwertung unverzüglich nach Fertigstellung von der unteren Naturschutzbehörde bewerten zu lassen.[93]

In der Praxis bedeutsam war diese Regelung nur für Projekte, die nach § 8 BNatSchG 1993 in Verbindung mit dem ausfüllenden Landesnaturschutzrecht als Vorhaben der Fachplanung Eingriffe darstellten. Für die Bauleitplanung bestand dieser Anrechnungsanspruch nicht, weil ein solcher Anspruch bundesrechtlich in § 8a BNatSchG 1993 nicht enthalten war und

---

[90] Verordnung über die Anerkennung und Anrechnung vorzeitig durchgeführter Maßnahmen zur Kompensation von Eingriffsfolgen (Ökokonto-Verordnung) vom 21.1.2005, GVBl. S. 24.

[91] Durch Art. 1 des Gesetzes zur Änderung des hessischen Naturschutzrechts vom 18.6.2002, GVBl. I S. 364.

[92] Eingeführt durch Art. 1 des Gesetzes zur Änderung des hessischen Naturschutzrechtes vom 19.12.1994, GVBl. I S. 775.

[93] Ausführlich zur hessischen Regelung des Ökokontos *Krämer,* UVP-Report 2001, 18 ff.

die städtebaulichen Ausgleichsmaßnahmen in der Bauleitplanung städtebaulich erforderlich sein mussten. Die Möglichkeit zu einer Nutzung von § 6 b Abs. 5 HessNatSchG im Rahmen der städtebaulichen Eingriffsregelung ergab sich erst mit dem BauROG 1998, welche das Ökokonto bundesrechtlich einführte. Gleichwohl war hier zu berücksichtigen, dass die Voraussetzungen für den städtebaulichen Ausgleich und damit auch für die Nutzung eines Ökokontos im BauGB geregelt waren, so dass für abweichende Regelungen im hessischen Landesnaturschutzrecht kein Raum blieb. Das Bundesrecht ließ allenfalls Raum für ergänzende Verfahrensregelungen, da sich das BauGB auf die Regelung materieller Anforderungen an das Ökokonto beschränkt.[94] Das genaue Verhältnis zwischen § 6 b Abs. 5 HessNatSchG und den Regelungen des BauGB über das Ökokonto blieb ungeklärt.[95]

Im Jahre 2002 wurde die hessische Ökokonto-Regelung im Zuge der Modernisierung des Naturschutzrechts[96] dann umgestaltet. Neben dem Standort in § 6 b Abs. 5 HessNatSchG blieb auch der gerade beschriebene Katalog von Voraussetzungen an Maßnahmen gleich. Erweitert wurde dagegen der Kreis der möglichen Träger eines Ökokontos. Nicht nur Gemeinden, sondern auch Private und andere öffentliche Stellen können jetzt die Anrechnung vorgezogener Maßnahmen auf den Kompensationsbedarf verlangen. Ferner ermöglicht § 6 b Abs. 5 S. 3 HessNatSchG nun ausdrücklich den Handel mit diesen Ansprüchen auf Anrechnung. Näheres zu diesem Handel kann durch Rechtsverordnung nach § 6 b Abs. 7 Nr. 9 HessNatSchG geregelt werden.[97] Das Verhältnis diese Ökokontoregelung zum Baurecht ist aber nach wie vor im Naturschutzgesetz nicht geregelt, so dass nach wie vor naturschutzrechtliche und städtebauliche Eingriffsregelung nebeneinander stehen und hinsichtlich des Ökokontos ihren jeweils eigenen, unterschiedlichen Anforderungen aus BNatSchG und BauGB[98] folgen.

---

[94] Ausführlich zu diesen materiellen Regelungen unten in § 5.

[95] Allerdings scheint selbst die ergänzende Anwendung der in § 6 b Abs. 5 HessNatSchG vorgesehenen Verfahrensregeln für die Bauleitplanung nur sehr schwer möglich zu sein, weil die Eingriffsregelung im Städtebaurecht im Vergleich zur naturschutzrechtlichen Eingriffsregelung auch verfahrensmäßig stark modifiziert ist. Auf das finale, abwägungsbezogene Entscheidungsprogramm der städtebaulichen Eingriffsregelung (dazu siehe unten in § 4 bei C. II. 4.) und die Planungshoheit der Gemeinde passt die Verfahrensvoraussetzung der Zustimmung durch die untere Naturschutzbehörde nicht.

[96] Die Novellierung diente hauptsächlich der Anpassung an EG-Recht, vgl. Hess. LT-Drs. 15/3544, S. 2 ff. Zur Begründung der Erweiterung der Ökokonto-Regelung siehe Hess. LT-Drs. 15/3644, S. 31.

[97] Die entsprechende Rechtsverordnung ist bei Beendigung des Manuskripts noch nicht ergangen.

[98] Dazu ausführlich unten in § 4 bei C. III. und unten in § 5.

## d) Baden-Württemberg

Seit Januar 2006 regelt auch Baden-Württemberg in § 22 des neuen Landesnaturschutzgesetzes die Maßnahmenbevorratung in einem Ökokonto.[99] Auch hier werden die Details durch eine Verordnung geregelt, welche der Zustimmung des Landtags bedarf.

## e) Die Rechtslage im Bund und den übrigen Ländern

Bei der Betrachtung der Frage, ob das Ökokonto bundesgesetzlich geregelt ist, muss zwischen dem Naturschutz- und dem Städtebaurecht differenziert werden. Im Naturschutzrecht ist keine Regelung erfolgt. Obwohl das Prinzip der Maßnahmenbevorratung bei der BNatSchG-Novelle 2002 bereits bekannt war, hat der Gesetzgeber gleichwohl auf eine Normierung des Prinzips im BNatSchG verzichtet. Bundesrahmenrechtlich sind die Länder daher nicht an Bundesvorgaben gebunden und können ihre Vorstellungen eines Ökokontos nahezu frei regeln. Berücksichtigen müssen sie nur die bindenden Vorgaben des Rahmenrechts für die landesrechtliche Ausfüllung dieses Rahmens. Wenn dem BNatSchG also trotz der Nichtregelung des Ökokontos dennoch Vorgaben für die Ausgestaltung des Ökokonto-Prinzips zu entnehmen sind, so müssen diese Vorgaben zwingend beachtet werden.[100] Daraus folgt zugleich, dass allein diese Nichtregelung nicht zwingend gegen eine Realisierung des Ökokonto-Prinzips spricht. Die Einrichtung von Ökokonten ist auch in den Ländern ohne ökokonto-spezifische landesnaturschutzrechtliche Regelungen möglich, sofern die allgemeinen Grundsätze und Voraussetzungen, welche die naturschutzrechtliche Eingriffsregelung in §§ 18 ff. BNatSchG an Kompensationsmaßnahmen stellt,[101] beachtet werden.

In das Städtebaurecht hingegen hat das Prinzip der Maßnahmenbevorratung bundesrechtlich Einzug gehalten. Mit dem BauROG 1998 ist § 135a Abs. 2 S. 2 BauGB eingeführt worden. Diese Norm ermöglicht es der Gemeinde, die Ausgleichsmaßnahmen anstelle des Vorhabenträgers (§ 135a Abs. 2 S. 1 BauGB) bereits vor den Baumaßnahmen, also der Durchführung des Eingriffes, und bereits vor der Zuordnung zu einem konkreten Ein-

---

[99] Beschlossen wurde das neue Landesnaturschutzgesetz am 30.11.2005 als Art. 1 des Gesetzes zur Neuordnung des Landesnaturschutzrechts und zur Änderung anderer Vorschriften, veröffentlicht am 16.12.2005 in GBl. S. 745, in Kraft gemäß Art. 6 des Gesetzes seit dem 1. Januar 2006. Vgl. auch die Materialien in LT-Drs. 13/4768. Zur Rechtslage hinsichtlich der Ökokonten und Flächenpools vor dem Inkrafttreten dieses neuen Gesetzes vgl. *Wagner,* VBlBW 2006, 50 ff.

[100] Dazu noch ausführlich unten in § 5 bei B. I.

[101] Dazu ausführlich unten im § 3 bei B. II. 2. b).

griffsvorhaben im Bebauungsplan (§ 9 Abs. 1a BauGB) vorzunehmen. Obschon hier das Modell des Ökokontos, anders als in den Landesnaturschutzgesetzen, nicht mit diesem Wort bezeichnet ist, ermöglicht § 135a Abs. 2 S. 2 BauGB genau dieses grundlegende Prinzip des Ökokontos, die Maßnahmenbevorratung. Daher ist für das verselbständigte Teilgebiet der städtebaulichen Eingriffsregelung das Ökokonto-Prinzip bundesgesetzlich in § 135a Abs. 2 S. 2 BauGB geregelt.[102] Das Ökokonto ist daher im Städtebaurecht bundesrechtlich anerkannt und die Möglichkeit zu seiner Nutzung gesetzlich eingeführt.

### 3. Akzeptanz in der Planungspraxis – bereits existierende Modelle

Ähnlich wie beim Modell des Flächenpools hat die Planungspraxis das Ökokonto-Prinzip bereits rege rezipiert und einige Ökokonten eingerichtet. Entgegen manchen Erwartungen findet Kompensation mittels Ökokonten nicht vorwiegend in Ostdeutschland statt, wo im Zuge der Aufbau Ost-Bestrebungen umfangreiche Infrastrukturprojekte und Investitionsvorhaben durchgeführt worden sind, die erheblichen Kompensationsbedarf nach sich gezogen haben. Schwerpunkte der Anwendung dieses Modells liegen vielmehr in Bayern, Niedersachsen und Nordrhein-Westfalen.[103] Generell wird in den alten Bundesländern mehr mit dem Ökokonto kompensiert als in den neuen Bundesländern. Aus den wissenschaftlich begleiteten[104] Projekten sollen stellvertretend folgende Ökokonto-Modelle genannt werden:[105] Stadt Friedrichshafen (Baden-Württemberg),[106] Altenburger Land/Stadt Schmölln (Thüringen), Bad Vilbel bei Frankfurt a. M. (Hessen), Hof Graß in Hungen bei Gießen (Hessen), Stadt Landau (Rheinland-Pfalz), Stadt Landsberg am Lech (Bayern), Stadt Öhringen (Baden-Württemberg), Calw (Baden-Württemberg)[107], Städtequartett Damme/Diepholz/Lohne/Vechta (Niedersachsen),

---

[102] Vgl. dazu auch die Gesetzesbegründung in BT-Drs. 14/6378, S. 49.

[103] *Böhme/Bruns/Bunzel/Herberg/Köppel,* Flächen- und Maßnahmenpools in Deutschland, S. 16, die eine Umfrage in ganz Deutschland durchgeführt haben.

[104] Die Studie „Interkommunales Kompensationsmanagement" von *Bunzel/Böhme* ist auf Veranlassung des Bundesamtes für Naturschutz als F+E-Vorhaben 899 82 410 durchgeführt worden; ebenso die Studie „Flächen- und Maßnahmenpools in Deutschland" von *Böhme/Bruns/Bunzel/Herberg/Köppel* (als F+E-Vorhaben 802 82 120).

[105] Vgl. außerdem ausführlich zum empirischen Befund die Praxisbeispiele aus *Böhme/Bunzel/Deiwick/Herberg/Köppel* (Hrsg.), Statuskonferenz Flächen- und Maßnahmenpools, Teil B Statuskonferenz, S. 107 ff.; *Bunzel/Böhme,* Interkommunales Kompensationsmanagement, passim sowie *Böhme/Bruns/Bunzel/Herberg/Köppel,* Flächenpools in Deutschland, passim.

[106] Vgl. *Stadt Friedrichshafen,* Konzeption zur Umsetzung der Eingriffsregelung, passim.

Stepenitzniederung (Brandenburg), Bingen-Rheinauen (Rheinland-Pfalz)[108], Regionalpark Rhein-Main (Hessen)[109]. Grundsätzlich finden sich Ökokonten eher in hochverdichteten Agglomerationsräumen mit Oberzentren, die mehr als 100 000 Einwohner haben; die Ökokonto-Modelle in ländlichen Räumen werden meist auch von Städten eingesetzt, die eine Funktion als Oberzentrum erfüllen und eine Bevölkerungsdichte von 100 bis 200 Einwohner pro Quadratkilometer aufweisen.[110] Das Ökokonto wird also primär in verdichteten Zentren eingesetzt, wo die oben erwähnte Flächenknappheit regelmäßig ein Problem des Vollzugs der Eingriffsregelung darstellen wird. Die Nachfrage nach modernen Kompensationsmaßnahmen ist hier auf Grund der großen Eingriffsdichte besonders hoch.

Generell ist bei der empirischen Betrachtung der Kompensationsmodelle zu berücksichtigen, dass sich Flächenpools und Ökokonten nicht trennscharf voneinander abgrenzen lassen. Das Ökokonto baut auf dem Prinzip der Flächenbevorratung auf und setzt dieses voraus. Daher sind einige der aufgezählten Ökokonto-Projekte mit den bereits oben bei A. I. c) aufgezählten Flächenpool-Projekten identisch, weil dort teilweise auch eine Maßnahmenbevorratung stattfindet.

Insgesamt ist jedoch eine Tendenz der Praxis festzustellen, die Flächenbevorratung zu bevorzugen und nur vereinzelt vom Ökokonto-Prinzip Gebrauch zu machen und vorgezogene Aufwertungsmaßnahmen durchzuführen.[111] Die Euphorie, mit der die Praxis dieses neuartige Instrument anfangs begrüßt hat, ist mittlerweile einer nüchternen, realistischeren Betrachtung der Vorteile und Risiken dieses Instruments gewichen. Die Zurückhaltung der Planungspraxis verwundert etwas angesichts der breiten Behandlung des Themas im planungspraktischen Schrifttum. Obwohl noch zahlreiche Rechtsfragen des Ökokontos ungelöst sind, sind die gesetzlichen Grundlagen zumindest im Städtebaurecht und teilweise in den Landesnaturschutzgesetzen geschaffen, vor allem, was die Umlagefähigkeit der Kosten der Einrichtung eines Ökokontos angeht (ausführlich zur Finanzierung in § 5 bei C.). Dennoch hat das Prinzip der Maßnahmenbevorratung über zahlreiche Modellprojekte hinaus noch keine allzu weite Verbreitung gefunden.[112] Durchaus vorstellbar ist aber, dass die Einführung des Ökokontos in einigen

---

[107] *Bruns/Herberg/Köppel*, Konstruktiver Einsatz von Kompensationsmaßnahmen, S. 96.

[108] Dazu *Aichele/Bitz,* UVP-Report 2001, 25 ff. und *Schnug-Bögerding*, GuL 1998, 23 ff.

[109] *Bruns/Herberg/Köppel*, Konstruktiver Einsatz von Kompensationsmaßnahmen, S. 92.

[110] *Böhme/Bruns/Bunzel/Herberg/Köppel*, Flächenpools in Deutschland, S. 19 f.

[111] *Bunzel*, in: Böhme/Bunzel/Deiwick/Herberg/Köppel (Hrsg.), Statuskonferenz Flächen- und Maßnahmenpools, Teil B Statuskonferenz, S. 106.

Landesnaturschutzgesetzen die stagnierende Entwicklung der Maßnahmen-bevorratung neu anschiebt.

## II. Vorteile dieses Kompensationsmodells

Zu diesen Vorteilen gilt zunächst das oben bei A. II. zu den günstigen Wirkungen der Flächenpools Gesagte. Da ein Ökokonto eine Bevorratung von Flächen zur Durchführung der vorgezogenen Naturaufwertungsmaßnahmen voraussetzt, teilt es die beschriebenen Vorteile der Flächenbevorratung, die hier nicht wiederholt zu werden brauchen.

Das Prinzip der vorhabenunabhängigen, vorgezogenen Maßnahmendurch-führung führt jedoch noch darüber hinaus zu einem Vorteil, den die reinen Flächenpool-Modelle nicht besitzen. Hauptcharakteristikum des Ökokontos und Unterscheidungsmerkmal zum Flächenpool ist die vorhabenunabhängige Naturaufwertung, die später mit dem Kompensationsbedarf verrechnet wird. Der Zeitraum, der zwischen der Durchführung der Aufwertungsmaßnahmen und der Anrechnung vergeht, kann unter Umständen sehr lang sein; es sind Zeitspannen von wenigen Jahren bis zu über einem Jahrzehnt möglich. In diesen Zeiträumen haben die durchgeführten Maßnahmen die Möglichkeit, sich ökologisch zu entwickeln und sich in die bereits vorhandene Umwelt zu integrieren.[113] Im Idealfall führt dies zu einem Zustand der Natur, der nicht mehr erkennen lässt, dass einmal eine Aufwertungsmaßnahme als Fremdkör-per in den gewachsenen Naturzustand von außen eingeführt worden ist.

Vergleicht man diese Entwicklung der Natur, welche die Konsequenz vorgezogener Kompensationsmaßnahmen ist,[114] mit der herkömmlichen Kompensationsmethodik, die erst gleichzeitig oder nach dem Eingriffsvor-haben kompensiert, so erscheint die Maßnahmenbevorratung in einem Öko-konto ökologisch hochwertiger und sinnvoller. Denn die herkömmliche Kompensation erfolgt erst gleichzeitig mit dem Eingriff, was bedeutet, dass die durch das Eingriffsvorhaben beeinträchtigten Naturfunktionen erst dann kompensiert sein werden, wenn die sich die Kompensation voll entwickelt hat und ihre ökologische Wirksamkeit entfaltet. Die Naturfunktionen wer-den aber bereits mit der Realisierung des Eingriffs beeinträchtigt. So fallen diese beeinträchtigten Naturfunktionen für eine gewisse Zeit, nämlich genau

---

[112] *Aichele/Bitz,* UVP-Report 2001, 25 sprechen von „mangelhafte[r] Umsetzung und Akzeptanz".

[113] Denkbar sind hier beispielsweise die Entfaltung eines neu angelegten Biotops, die Schaffung von Nistplätzen und Lebensräumen für bestimmte Tierarten, das Wachstum landschaftsprägender Elemente wie Wäldchen oder Hecken etc.

[114] Aus ökologischer Sicht jedoch kritisch *Wilke,* UVP-Report 2001, 5 (7); *W. Breuer,* NuL 2001, 113 (116).

die Zeit, bis die Kompensation ökologisch wirkt, mindestens teilweise, meist aber vollständig aus dem Naturhaushalt heraus.[115]

Die Kompensation mit dem Ökokonto vermeidet diesen Ausfall der Naturfunktionen. Dadurch, dass die Kompensationsmaßnahmen vorgezogen werden, haben die Funktionen Zeit, sich zu entwickeln. So existieren die jeweiligen Funktionen gleichsam doppelt, bis der Eingriff realisiert wird und von den doppelten Funktionen eine beeinträchtigt. Die andere Funktion bleibt aber erhalten. So wird im Grundsatz die „Funktions-Lücke" (in der Ökologie als „time lag" bekannt)[116] vermieden, welche die herkömmliche Eingriffskompensation mit sich bringt. Freilich hängt die Entwicklung der Funktionen von der Zeit ab, die zwischen vorgezogener Aufwertung und der Realisierung des Eingriffs vergeht, so dass nicht in jedem Fall von einer vollständigen Vermeidung der Lücke ausgegangen werden kann. Zumindest aber eine teilweise Schließung der Lücke wird regelmäßig der Fall sein. Geeignete Ausweichbiotope in einem fortgeschrittenen Entwicklungsstadium können so im Zeitpunkt des Eingriffs zur Verfügung gestellt werden.

Dieser ökologische Vorteil des Ökokontos gegenüber der herkömmlichen Kompensation wird nun als Argument dafür genutzt, die Kompensationslast des Eingriffsverursachers zu verringern. Durch die Nutzung des Ökokontos wird gegenüber herkömmlichen Kompensationsmethoden ein ökologischer Vorteil erzielt, weshalb es legitim sei, einen Abschlag von der Kompensationslast vorzunehmen.[117] Das Ökokonto führt also dazu, dass dem Eingriffsverursacher bei der Vorhabenzulassung eine im Umfang geringere Kompensationsverpflichtung auferlegt wird als ohne die Nutzung eines Ökokontos. In Anlehnung an den monetären Sprachgebrauch, der schon dem Ökokonto seinen Namen verliehen hat, spricht man hier zum Teil auch von einer „ökologischen Verzinsung".[118]

Diese Verzinsung mit der Verringerung der Kompensationslast macht Ökokonten für Eingriffsverursacher hochattraktiv. Gemeinden und andere

---

[115] Vgl. dazu *Battefeld*, UVP-Report 2001, 21.

[116] Vgl. *Pröbstl*, GuL 2001, 25 (28); *W. Breuer*, NuL 2001, 113 (116); *Straßer/Gutsmiedl*, UVP-Report 2001, 15 (16); *Bruns/Herberg/Köppel*, Konstruktiver Einsatz von naturschutzrechtlichen Kompensationsmaßnahmen, S. 19.

[117] Siehe nur allgemein zu dieser Vorgehensweise *Anger*, UPR 2004, 7 (7 und 10 f.); *Battefeld*, UVP-Report 2001, 21; *W. Breuer*, NuL 2001, 113 (116); *Bruns/Herberg/Köppel*, FS Kenneweg, S. 57 (70); *dies.*, UVP-Report 2001, 9 (12); *Louis*, NuR 2004, 714 (718); *Pröbstl*, GuL 2001, 25 (28); *Straßer/Gutsmiedl*, UVP-Report 2001, 15 (16).

[118] Vgl. nur bei *Straßer/Gutsmiedl*, UVP-Report 2001, 15 (16); *Bruns/Herberg/Köppel*, UVP-Report 2001, 9 (12); *dies.*, FS Kenneweg, S. 57 (70); *Wieser*, UVP-Report 1998, 118 (121); *Battefeld*, UVP-Report 2001, 21.

planende Stellen können daher durch die Einrichtung eines ökologisch ver-
zinsten Ökokontos an Attraktivität für Investoren gewinnen. Für den Naturschutz ist die Schließung der zeitlichen Lücke im Funktionsbestand des Naturhaushalts ebenfalls positiv zu bewerten. Gleichwohl ist die tatsächliche
Nutzung der Möglichkeit einer ökologischen Verzinsung in der Praxis die
Ausnahme.[119] Entsprechend dem oben zur Verbreitung von Flächenpools
und Ökokonten Gesagten überwiegen in der Planungspraxis die Flächenpools ohne vorgezogene Maßnahmenbevorratung.

### III. Nachteile dieses Kompensationsmodells

Trotz der gerade beschriebenen positiven Auswirkungen von Ökokonten
übt die naturschutzfachwissenschaftliche Literatur zum Teil Kritik am
Grundkonzept des Ökokontos. Die geäußerte Skepsis bezieht sich zum einen auf die bereits beschriebenen Nachteile der Flächenbevorratung, die ja
Voraussetzung für das Ökokonto ist. Über die allgemeinen Nachteile der
flächenbezogenen Bevorratungsmethodik hinaus sind jedoch außerdem noch
spezielle Nachteile der maßnahmeorientierten Bevorratung in Ökokonten
festzustellen.

Bereits bei den Flächenpools wurde darauf hingewiesen, dass es unter
Umständen großer finanzieller Aufwendungen bedarf, geeignete Kompensationsflächen zu erwerben. Dieser modellimmanente Nachteil eines Flächenpools wird beim Ökokonto noch weiter verstärkt. Denn hier müssen nicht
nur die Flächen beschafft werden, auf denen vorgezogene Naturaufwertungsmaßnahmen stattfinden sollen; die Aufwertungsmaßnahmen selbst
müssen vorfinanziert werden. Bei herkömmlicher Kompensationsmethodik
trägt der Eingriffsverursacher die Kosten der Kompensation.[120] Bei der Einrichtung eines Ökokontos muss dagegen der Ökokonto-Betreiber die Naturaufwertungsmaßnahmen auf eigene Kosten und eigenes Risiko vorfinanzie-
ren.[121] Dies setzt eine erhebliche Finanzkraft des Betreibers voraus, die insbesondere bei öffentlich-rechtlichen Ökokonto-Betreibern nicht ohne
weiteres gegeben sein muss. Insbesondere im Osten Deutschlands dürfte die

---

[119] *Bunzel*, in: Böhme/Bunzel/Deiwick/Herberg/Köppel (Hrsg.), Statuskonferenz
Flächen- und Maßnahmenpools, Teil B Statuskonferenz, S. 106 bei Nr. 10. Die
empirische Studie von *Böhme/Bruns/Bunzel/Herberg/Köppel*, Flächen- und Maßnahmenpools in Deutschland, spricht ebenfalls von einer eher geringen Nutzung
(S. 182 f.).

[120] Siehe dazu unten im § 3 bei C. II. und im § 4 bei C. III. 2. b) dd).

[121] *Bunzel*, in: Böhme/Bunzel/Deiwick/Herberg/Köppel (Hrsg.), Statuskonferenz
Flächen- und Maßnahmenpools, Teil B Statuskonferenz, S. 106 bei Nr. 9; *Straßer/
Gutsmiedl*, UVP-Report 2001, 15 (16); *Pröbstl*, GuL 2001, 25 (27); *Aichele/Bitz*,
UVP-Report 2001, 25.

angesichts des Investitionsvolumens vergleichsweise geringe Nutzung von Ökokonten auf die ungenügende Finanzkraft der öffentlich-rechtlichen Träger, vor allem der Kommunen, zurückzuführen sein.[122]

Durch die zum Teil erheblichen finanziellen Vorleistungen des Ökokonto-Betreibers ist dieser natürlich daran interessiert, diese Vorleistungen bei Eingriffsverursachern zu refinanzieren. Er wird also versuchen, möglichst viele Eingriffsverursacher zur Nutzung seines Ökokontos anzuhalten, um so die entstandenen Kosten auf diese abwälzen zu können. In der Mehrzahl der Fälle, nämlich dort, wo der Ökokonto-Betreiber mit der für die Zulassung von Eingriffen zuständigen öffentlichen Stelle identisch ist (hauptsächlich in der Bauleitplanung), kann diese Zwang zur Refinanzierung zu einer vermehrten Zulassung von Eingriffen führen. Damit sich die vorgenommenen Investitionen rasch amortisieren, müssen möglichst viele Eingriffe mit dem Ökokonto kompensiert werden; es besteht daher ein Interesse, dass Eingriffe vorgenommen werden. Die naturschutzfachliche Literatur bezeichnet diesen Effekt als „push-Effekt".[123] Der Kardinalgrundsatz der Eingriffsregelung, Eingriffe zu vermeiden (§ 19 Abs. 1 BNatSchG, näher dazu weiter unten in § 3), wird so ins Gegenteil verkehrt. Ökokonten als Kompensationshilfe bergen daher die große Gefahr, dass der Vermeidegrundsatz unter dem Druck des Refinanzierungszwanges überspielt zu werden droht. Diese Gefahr besteht im Grundsatz auch bei Flächenpools; bei Ökokonten ist der Refinanzierungsdruck indes noch höher, weil zusätzlich noch die Kosten für die vorgezogene Maßnahmendurchführung refinanziert werden müssen. Die Kritiker der Ökokonten befürchten eine Aushebelung des Vermeidegrundsatzes, weil die Kompensation bequemer wird und so zu einer leichteren Eingriffszulassung führen könnte.[124] Die Vorfinanzierung der Maßnahmenbevorratung birgt für den Betreiber[125] auch das Risiko, dass sich die Kosten dafür nicht refinanzieren lassen, wenn sich nicht genügend Eingriffsverursacher finden lassen, die zur Nutzung des Ökokontos bereit sind.

Aus ökologischer Sicht scheint das Ökokonto-Konzept bedenklich, weil es zu einer Konzentration der naturschützerischen Anstrengungen auf Maßnahmen führen könnte, die in ein Ökokonto einbuchbar sind. Ökologisch

---

[122] Vgl. *Pröbstl*, GuL 2001, 25 (27).

[123] *Wilke,* UVP-Report 2001, 5 (8); *Ott,* Bevorratung von Flächen, S. 20. Eine empirische Untersuchung (*Böhme/Bruns/Bunzel/Herberg/Köppel,* Flächen- und Maßnahmenpools in Deutschland, S. 166 f.) konnte diesen Effekt jedoch nicht nachweisen.

[124] *Pröbstl,* GuL 2001, 25 (28); *W. Breuer,* in: Böhme/Bunzel/Deiwick/Herberg/Köppel (Hrsg.), Statuskonferenz Flächen- und Maßnahmenpools, Teil B Statuskonferenz, S. 174; *Seiler,* ebenda, S. 112.

[125] Meist stehen hinter den Betreibern die öffentlichen Haushalte, etwa von Landkreisen und Kommunen. Dazu ausführlich unten in § 5 bei A. II.

notwendige, aber gleichwohl nicht ökokonto-taugliche Maßnahmen könnten so leicht vernachlässigt werden, weil sich das ohnehin knappe zur Verfügung stehende Budget auf die Realisierung eines Ökokontos konzentriert. Es droht möglicherweise die Gefahr, dass ohne Eingriffe überhaupt kein dynamischer Naturschutz mehr stattfinden würde, einerseits, weil der Fokus des Interesses und der Konzentration auf dem Ökokonto liegt, zum anderen, weil das Ökokonto eine angenehme Möglichkeit zur Refinanzierung notwendiger Naturschutzmaßnahmen bietet. Denkt man das oben angesprochene Argument mit dem Zwang zur Refinanzierung konsequent weiter, so liegt die Vermutung nicht fern, dass künftig Naturschutzmaßnahmen ausschließlich über die Eingriffsregelung vorgenommen werden. Dies führt zu einer Abhängigkeit des Naturschutzes von Eingriffen. Angesichts der Grundintention der Eingriffsregelung, Beeinträchtigungen von Natur und Landschaft zu vermeiden, erscheint das Konzept eines eingriffsabhängigen, da eingriffsfinanzierten Naturschutzes einigermaßen absurd. Bereits jetzt heißt es in vielen Naturschutzbehörden, dass „ohne Eingriffe im Naturschutz gar nichts laufen würde"[126].

Ferner bestreiten die Kritiker die Wirksamkeit des Prinzips der ökologischen Verzinsung. Die volle Wiederherstellung der Naturfunktionen würde nicht in den wenigen Jahren erreicht, bis ein Eingriff vorgenommen wird, mit dem diese vorgezogene Wiederherstellungsversuche verrechnet werden, sondern die Wiederherstellung brauche Jahrzehnte. Ein Abschlag vom Kompensationsbedarf vorzunehmen erscheine demgegenüber nicht gerechtfertigt.[127]

Ein zentrales Argument der Kritiker des Ökokontos ist der Einwand, der notwendige Funktionszusammenhang zwischen Eingriff und Kompensation werde aufgelöst.[128] Es würden Maßnahmen als vorgezogene Kompensationsmaßnahmen durchgeführt und akzeptiert, die bei herkömmlicher Vorgehensweise keine Chance auf Genehmigung als Kompensationsmaßnahmen hätten. Zunehmend würde die Kompensation beliebig werden; anstelle des Prinzips der dynamischen Wiederherstellung des status quo ante und des alten Bestandes entsprechend dem Bestandsschutzprinzip als Pfeiler der Eingriffsregelung[129] träten beliebige Maßnahmen, die lediglich irgendwie dem Umweltschutz zu Gute kommen würden, aber keineswegs die Anforderungen des § 19 Abs. 2 BNatSchG erfüllen könnten. Die Kompensation drohe in die Beliebigkeit abzurutschen.

---

[126] *W. Breuer,* NuL 2001, 113 (117).

[127] *W. Breuer,* NuL 2001, 113 (116); *Wilke,* UVP-Report 2001, 5 (7).

[128] *W. Breuer,* NuL 2001, 113 (115) mit einem Negativbeispiel, dem Städtequartett Diepholz/Damme/Lohne/Vechta (Niedersachsen).

[129] Dazu siehe unten im § 3 bei C. IV.

Eine weitere Gefahr besteht im Handel mit Ansprüchen auf Verrechnung der vorlaufend durchgeführten Aufwertungsmaßnahmen. Das Vorziehen der Aufwertungsmaßnahmen darf nicht dazu führen, dass der Ökokonto-Betreiber beziehungsweise die Person, die von ihm den Anspruch auf Verrechnung erworben hat, einen Anspruch auf Genehmigung des Vorhabens erhält. Nach wie vor gilt das abgestufte Rechtsfolgenprogramm des § 19 BNatSchG, das auch eine Versagung des Eingriffes nach sich ziehen kann (§ 19 Abs. 3 BNatSchG, ausführlich dazu unten in § 3). Der Eingriffsverursacher kann trotz des Erwerbs eines Verrechnungsanspruches nicht davon ausgehen, dass die dritte Stufe in § 19 Abs. 3 BNatSchG nicht erreicht werden wird, weil ja § 19 Abs. 2 BNatSchG in jedem Fall durch die Nutzung des Ökokontos erfüllt sei. Die rechtlichen Voraussetzungen, die § 19 Abs. 2 BNatSchG an Kompensationsmaßnahmen stellt, dürfen nicht überspielt werden.[130] Gleichwohl dürfte der faktische Druck auf die Genehmigungsbehörde beziehungsweise die planende Gemeinde sehr hoch sein, den Eingriff zu genehmigen oder den Bauleitplan aufzustellen, wenn der Eingriffsverursacher bereits mit hohem finanziellen Aufwand durch Nutzung eines Ökokontos einen Anspruch auf Verrechnung erworben hat. Die Konsequenz muss daher darin bestehen, diese Ansprüche nur dann wirksam entstehen zu lassen, wenn den Anforderungen aus § 19 Abs. 2 BNatSchG Genüge getan ist. Eine nicht kompensationsgeeignete Maßnahme aus einem Ökokonto darf nicht zur Zulassung eines Eingriffs führen.

Schließlich stellen sich noch praktische Probleme. Nicht das Bevorraten von Maßnahmen als solches ist nachteilhaft, im Gegenteil: Aus ökologischer Sicht können nicht genug Aufwertungsmaßnahmen vorgenommen werden. Problematisch ist vielmehr die Anrechnung dieser Maßnahmen auf den Kompensationsbedarf, der vom später stattfindenden Eingriff hervorgerufen wird. Diese Verrechnung setzt notwendigerweise rechnerische Größen voraus. Die Länder, welche eine Ökokonto-Regelung vorsehen, haben dafür sogenannte „Öko-Punkte" gleichsam als „Währung" für das Ökokonto eingeführt.[131] Die zerstörte Natur und die wiederhergestellte Natur werden jeweils nach einem Punktesystem bewertet; das Ökokonto erhält eine gewisse Punktzahl gutgeschrieben. Von dieser Punktzahl wird dann später bei der Eingriffsrealisierung die Punktzahl abgebucht, die den zerstörten Naturfunktionen entspricht. Dieser quasi buchhalterische Umgang mit der Eingriffsregelung wurde in der naturschutzfachlichen Literatur bereits kritisiert und galt eigentlich als überwunden.[132] Seine Hauptprobleme sind unzureichende Bestandsaufnahmen, mangelhafte Prognosen und die fehlende Be-

---

[130] Dazu ausführlich unten in § 5 bei B. I.

[131] § 6b Abs. 7 Nr. 9 HessNatSchG (Verordnungsermächtigung); § 9 Abs. 9 Nr. 1 NatSchG S.-H. (Verordnungsermächtigung); § 14 BbgNatSchG; § 20 Abs. 3 NatSchG S.-A. mit der VO vom 21.1.2005, GBl. S.-A. S. 25.

rücksichtigung funktionaler Zusammenhänge. An die Stelle einer konkreten, verbal-argumentativen Betrachtung der jeweiligen Situation im Planungsgebiet tritt eine formale Addition bzw. Subtraktion von Punkten. Das Ökokonto-Prinzip führt zu einer ungeahnten Renaissance dieses an und für sich überwunden geglaubten rechnerischen Umgangs mit der Eingriffsregelung. Dem Anliegen der Eingriffsregelung, den Bestand der Natur zu schützen, trägt diese Vorgehensweise nicht ausreichend Rechnung.[133]

---

[132] Unten im § 4 bei C. I. 6. a) bb) in Fn. 64; siehe auch § 3 Fn. 111 und Fn. 112.

[133] Vgl. nur *Wilke,* UVP-Report 2001, 5. Ausführlich dazu am in der vorangehenden Fn. genannten Ort.

## § 3 Naturschutzrechtliche Grundsätze und Prinzipien der Eingriffsregelung – Eingriff und Ausgleich im Naturschutzrecht

### A. Entwicklung und Tendenzen der Eingriffsregelung

#### I. Die Entwicklung vom statischen zum dynamischen Naturschutz

Der Schutz der Natur und der Landschaft erfolgte nach der Gründung der Bundesrepublik lange Jahre flächenbezogen.[1] Auf der Basis von räumlich begrenzten Schutzgebietsausweisungen waren einzelne Flächen absolut vor Veränderungen geschützt. Die Idee des Erhalts einer schützenswerten *Fläche* stand im Vordergrund, nicht aber die Idee des Schutzes einer *Funktion* des Naturhaushalts. Insofern war der Schutz von Natur und Landschaft statisch.[2]

Davon wollte sich der Gesetzgeber durch die Einführung der Eingriffsregelung im Jahre 1976[3] lösen. Ziel der Neuregelung war es, nicht mehr lückenhaft einzelne Flächen, sondern Natur und Landschaft lückenlos und flächendeckend zu schützen.[4] Dieses Ziel ließ sich mit dem alten, flächenbezogenen Modell nicht verwirklichen.[5] Daher entschied sich der Gesetzgeber zu einem Paradigmenwechsel im Naturschutz, nämlich weg vom ab-

---

[1] Vgl. zur Entwicklung des Naturschutzes in Deutschland im Überblick *Meßerschmidt,* BNatSchG, Einführung, Rn. 59 ff., insbesondere Rn. 82 ff. sowie ausführlich *Burmeister,* Der Schutz von Natur und Landschaft vor Zerstörung, S. 7–10 und *Gassner,* in: Ramsauer (Hrsg.), Die naturschutzrechtliche Eingriffsregelung, S. 9–14.

[2] *Walter,* Vom statischen zum dynamischen Naturschutz, S. 16.

[3] Durch das Gesetz über Naturschutz und Landschaftspflege (Bundesnaturschutzgesetz) vom 20.12.1976, BGBl. I S. 3574, ber. BGBl. 1977 I S. 650. Zur Gesetzesgeschichte und den Beratungen ausführlich *Meßerschmidt,* BNatSchG, Einführung, Rn. 90–107.

[4] Vgl. den Bericht des Ausschusses für Ernährung, Landwirtschaft und Forsten, BT-Drs. 7/5251 zum Entwurf des BNatSchG, S. 4: „flächendeckender Mindestschutz".

[5] *Walter,* Vom statischen zum dynamischen Naturschutz, S. 17: Konsequenz wären Verstöße gegen das Übermaßverbot und die Verwandlung Deutschlands in ein Landschaftsmuseum gewesen.

soluten Schutz einzelner Flächen hin zu einem Schutz einzelner Funktionen des Naturhaushaltes. Das grundsätzliche Veränderungsverbot innerhalb einzelner Flächen wich der grundsätzlichen Zulässigkeit der Begründung oder Änderung einer Nutzung eines Grundstücks. Die Grundstückseigentümer waren nicht mehr durch naturschutzrechtliche Festsetzungen in der Grundstücksnutzung beschränkt, sondern aktualisierten den naturschutzrechtlichen Schutz ihres Grundstücks erst durch ihre Nutzung, da Anwendungsvoraussetzung der Eingriffsregelung die Nutzung oder Nutzungsänderung eines Grundstücks ist. Dabei sorgt die funktionsbezogene Kompensationspflicht der Eingriffsregelung dafür, dass insgesamt das Gefüge der ökologischen und auf den Menschen bezogenen Funktionen der Natur im Gleichgewicht bleibt. Die Eingriffsregelung schützt nicht eine konkrete Naturfläche, sondern nur die Summe der Funktionen der Naturhaushaltes, die auf einer konkreten Naturfläche existieren. Über diese Regelungstechnik erfolgt ein flächendeckender Mindestschutz von Natur und Landschaft.[6]

Der „fast revolutionäre Ansatz"[7] dieser Neuregelung war, dass der Naturschutz nicht mehr wie bisher hoheitlich erfolgte, indem die Naturschutzbehörden Schutzgebiete auswiesen. Vielmehr erfolgt der Naturschutz nun – gleichrangig[8] neben dem hoheitlichen Instrumentarium – durch Private, die ihre Grundstücke zwar nutzen dürfen, aber dafür Sorge zu tragen haben, dass insgesamt die ökologische Gesamtbilanz trotz der Grundstücksnutzung ausgeglichen bleibt. Auf diesem Wege implementiert der Gesetzgeber das Verursacherprinzip sowie in geringerem Maße[9] das Vorsorgeprinzip im Naturschutzrecht (ausführlich bei C. II. und III.).[10] Überall dort, wo keine besonderen Schutzgebiete ausgewiesen sind oder kein besonderer Flächenschutz erfolgt (mehr als zwei Drittel der Fläche der Bundesrepublik[11]), geschieht flächenbezogener Naturschutz über die Eingriffsregelung. Sie und ihr Vollzug durch die Verwaltung sind daher die zentralen Determinanten

---

[6] *Maaß/Schütte,* in: Koch (Hrsg.), Umweltrecht, S. 310.

[7] *Walter,* Vom statischen zum dynamischen Naturschutz, S. 18.

[8] Auch wenn der beschriebene Paradigmenwechsel stattgefunden hat, gibt es doch keinen Vorrang des funktionsbezogenen Naturschutzes vor dem flächenbezogenen Naturschutz. Beide Varianten stehen gleichrangig nebeneinander, vgl. *Meßerschmidt,* BNatSchG, Vor §§ 18–21, Rn. 9.

[9] Die Eingriffsregelung implementiert das Vorsorgeprinzip deshalb nur in geringerem Maße, da echte Vorsorge über die Erhaltung des status quo hinausgeht, die Eingriffsregelung sich aber im wesentlichen auf den Bestandsschutz beschränkt. Vgl. *Meßerschmidt,* BNatSchG, Vor §§ 18–21, Rn. 4, ungenau insoweit *Louis,* BNatSchG, § 8 Rn. 2.

[10] BT-Drs. 7/886, S. 26 sowie 7/3879, S. 17 und 7/5251, S. 4. Dazu auch *Burmeister,* Der Schutz von Natur und Landschaft vor Zerstörung, S. 10 sowie statt vieler *Meßerschmidt,* BNatSchG, Vor §§ 18–21, Rn. 4.

[11] *Meßerschmidt,* BNatSchG, Vor §§ 18–21, Rn. 15.

des modernen Naturschutzrechts in Deutschland geworden und stellen die Beachtung der Grundsätze aus §§ 1 und 2 BNatSchG sicher.[12]

## II. Gesetzgeberische Änderungen des Regimes der Eingriffsregelung

Obwohl die Eingriffsregelung schon seit über 25 Jahren im BNatSchG geregelt ist, wurde sie durch den Bundesgesetzgeber inhaltlich nur geringfügig verändert, indem eine Anpassung an die Einführung der Umweltverträglichkeitsprüfung erfolgte[13] sowie die Landwirtschaftsklausel geändert wurde[14].

Bedeutsamer war die Beschränkung ihres Anwendungsbereichs durch die Einführung des sogenannten „Baurechtskompromisses" im Jahr 1993[15] (dazu näher im zweiten Kapitel). 1998 änderte der Gesetzgeber die Eingriffsregelung grundlegend, indem er die baurechtlich relevanten Tatbestände aus dem BNatSchG entfernte und ins BauGB einfügte.[16] Im BNatSchG verblieb nur die materielle Kernregelung.[17]

Betrachtet man die Änderungen des BNatSchG und die naturschutzrelevanten Änderungen des BauGB zusammenfassend, so fällt auf, dass in den neunziger Jahren – wohl auf Grund des hohen Investitionsbedarfs in den neuen Bundesländern im Zuge der Wiedervereinigung – ein sehr hohes Tempo bei investitionsfreundlichen Novellen des Bau- und Naturschutzrechts angeschlagen wurde. Die ebenso überfällige[18] wie in weiten Kreisen der Wirtschaft und Landwirtschaft unpopuläre grundlegende Novellierung des BNatSchG ist dagegen lange aufgeschoben worden. Erst 2002 erfolgte

---

[12] So schon *Pielow,* NuR 1979, 15; *Ronellenfitsch,* NuR 1986, 284; *J. Schmidt,* NVwZ 1993, 539 (539). Vgl. auch *Gassner,* Recht der Landschaft, S. 125 in Fn. 1. Zurückhaltender *Meßerschmidt,* BNatSchG, Vor §§ 18–21, Rn. 9.

[13] Durch Art. 6 des Gesetzes vom 12.2.1990 (BGBl. I S. 205) sowie durch das sogenannte „Artikelgesetz" vom 27.7.2001, BGBl. I S. 1950.

[14] Durch das 3. Änderungsgesetz vom 26.8.1998, BGBl. I. S. 2481.

[15] Durch Art. 5 des Investitionserleichterungs- und Wohnbaulandgesetz vom 22.4.1993 (BGBl. I S. 466).

[16] Durch Art. 6 des Bau- und Raumordnungsgesetzes 1998 vom 18.8.1997 (BGBl. I S. 2081).

[17] Dies stellt die Begründung in BR-Drs. 635/96, S. 91 zutreffend fest.

[18] Vgl. dazu die Kritik hinsichtlich der Eingriffsregelung vom *Rat der Sachverständigen für Umweltfragen,* Umweltgutachten 1987, Tz. 458 sowie *Peters/Ranneberg,* Umweltwirksamkeit von Ausgleichs- und Ersatzmaßnahmen nach § 8 BNatSchG, passim und *Haber et al.,* Entwicklung von Methoden zur Beurteilung von Eingriffen nach § 8 BNatSchG, S. 17 f. sowie *A. Schmidt,* FS v. Lersner, S. 351 f. und *Uppenbrink/Riecken,* ZUR 1996, 17 (18).

diese grundlegende Änderung des BNatSchG.[19] Sie löste den unübersichtlichen Regelungskomplex des § 8 BNatSchG a. F. auf und nummerierte die Eingriffsregelung „aus Gründen der Übersichtlichkeit"[20] neu in den §§ 18–21 BNatSchG n. F. Neben dem neuen Standort verband der Gesetzgeber damit auch eine inhaltliche Weiterentwicklung (näher dazu im § 4). Obschon die Eingriffsregelung nun auf den ersten Blick einleuchtend und übersichtlich geregelt zu sein scheint, bringt die Neuregelung in der Anwendung und Auslegung im Vollzug doch eine Reihe schwieriger Fragen mit sich. Diese Fragen stellten sich teilweise bereits zu der alten Gesetzesfassung,[21] teilweise sind sie erst durch die Neufassung der Eingriffsregelung entstanden.[22]

## B. Die gesetzessystematische Struktur der Eingriffsregelung

### I. Der Normenbestand

#### 1. Der Grundsatz: BNatSchG als Rahmenrecht

Die naturschutzrechtliche Eingriffsregelung ist im dritten Abschnitt des Bundesnaturschutzgesetzes in den §§ 18–21 geregelt. Das BNatSchG ist Bundesrahmenrecht, Art. 75 Abs. 1 S. 1 Nr. 3 GG, gilt aber auf Grundlage des Art. 75 Abs. 2 GG punktuell unmittelbar.[23] § 9 BNatSchG regelt, welche Vorschriften des BNatSchG unmittelbar verbindlich sind, erwähnt die Eingriffsregelung aber bis auf den das Verhältnis zum Baurecht regelnden § 21 BNatSchG nicht. Somit stellen sämtliche für die Auslegung der Eingriffsregelung wichtige Normen lediglich Bundesrahmenrecht dar und sind auf die Ausfüllung durch den Landesgesetzgeber angewiesen. Gleichwohl gilt der Kern der Eingriffsregelung – die Eingriffsdefinition – nach Auffassung des BVerwG[24] unmittelbar und steht nicht zur Disposition der Landesgesetzgeber.

---

[19] Durch Art. 1 des Gesetzes zur Neuregelung des Rechts des Naturschutzes und der Landschaftspflege und zur Anpassung anderer Rechtsvorschriften vom 25.3.2002 (BGBl. I S. 1193).

[20] Vgl. BR-Drs. 411/01, S. 85 = BT-Drs. 14/6378.

[21] So zur alten Gesetzesfassung der §§ 8 ff. BNatSchG a. F. *Kuchler*, NuR 1991, 465 (466) im Anschluss an *Ronellenfitsch*, VerwArch 77 (1986), 177 (184).

[22] Einen Problemaufriss bieten *Gellermann*, NVwZ 2002, 1025 (1030) und *Louis*, NuR 2002, 385 (387).

[23] Diese partiell verbindlichen Regelungen sind kompetenzrechtlich zulässig, BVerfGE 43, 291 (343); E 67, 382 (387), nach Einführung des Art. 72 Abs. 2 GG durch Art. 1 Nr. 5 des 42. G. zur Änderung des GG v. 27.10.1994, BGBl. I, S. 3146) allerdings nur noch unter strengen Voraussetzungen, vgl. *Degenhart*, in: Sachs (Hrsg.), GG, Art. 75 Rn. 12a m. w. N.

## 2. Der Normenbestand

An die Stelle der unübersichtlichen Regelung des § 8 BNatSchG a.F. (1976), der das gesamte materielle Regelungsprogramm der Eingriffsregelung enthielt, sind die §§ 18–20 BNatSchG n.F. (2002) getreten. Der 1993 eingeführte und 1997 geänderte § 8a BNatSchG a.F. ist durch § 21 BNatSchG 2002 ersetzt worden. Da sich Schrifttum und Rechtsprechung hauptsächlich mit der Eingriffsregelung nach dem alten BNatSchG auseinandergesetzt haben, ist eine Synopse[25] hilfreich, um das vor der Gesetzesnovelle veröffentlichte Material nachzuvollziehen und die zu § 8 BNatSchG a.F. entwickelten Argumentationen auf die neuen §§ 18–21 BNatSchG n.F. zu übertragen.

| §§ BNatSchG a.F. | §§ BNatSchG n.F. |
|---|---|
| 8  Abs. 1 – Eingriffstatbestand | 18  Abs. 1 – Eingriffstatbestand |
| 8  Abs. 2 S. 1 – Eingriffsfolgen und Verursacherpflichten | 19  Abs. 1 und 2 – Verursacherpflichten |
| 8  Abs. 2 S. 2 – Genehmigungsakzessorietät | 20  Abs. 1 – Genehmigungsakzessorietät |
| 8  Abs. 3 – Eingriffsuntersagung und Abwägungsklausel | 19  Abs. 3 – Eingriffsuntersagung und Abwägungsklausel |
| 8  Abs. 4 – Landschaftspflegerischer Begleitplan | 20  Abs. 4 – Landschaftspflegerischer Begleitplan |
| 8  Abs. 5 – Huckepack-Verfahren (sinngemäß); Benehmensregelung | 20  Abs. 2 und 3 – Huckepackverfahren; Benehmensregelung |
| 8  Abs. 6 – Eingriffe durch Behörden | entfallen; ansatzweise in 20 Abs. 1 Hs. 2, 3. Var. |
| 8  Abs. 7 – Landwirtschaftsklausel | 18  Abs. 2 und 3 – Landwirtschaftsklausel |
| 8  Abs. 8 – Negativ- und Positivlisten | 18  Abs. 4 – Negativ- und Positivlisten |
| 8  Abs. 9 – Weitergehende Vorschriften | 18  Abs. 5 S. 1 und 19 Abs. 4 – weitergehende Regelungen; z.T. auch in 19 Abs. 2 |
| 8  Abs. 10 – Umweltverträglichkeitsprüfung | 20  Abs. 5 – Umweltverträglichkeitsprüfung |
|  | neu und ohne Entsprechung im alten Recht ist die Kompetenzklarstellung in 18 Abs. 4 S. 1 |

---

[24] BVerwGE 85, 348 (354 f.); BVerwG, NVwZ 2001, 560. Zu den praktischen Konsequenzen dieser Auffassung noch später bei II. 2. cc).

[25] Die Synopse orientiert sich an der Darstellung bei *Meßerschmidt*, BNatSchG, Vor §§ 18–21, Rn. 12.

Die früher in der Eingriffsregelung enthaltene Duldungspflicht (§ 10 BNatSchG a. F.) ist jetzt außerhalb der Eingriffsregelung in § 9 BNatSchG n. F. normiert; die früher ebenfalls enthaltenen Pflegepflichten (§ 11 BNatSchG a. F.) wurden mit Rücksicht auf Art. 72 Abs. 2 GG den Ländern überlassen.[26] Die Pflichten, welche die Eingriffsregelung statuiert, sind aber nicht abschließend. Die Länder können weitere naturschutzbezogene Verhaltenspflichten regeln, z. B. Auskunfts-, Melde- und Anzeigepflichten.[27]

Die Eingriffsregelung selbst ist in vier Vorschriften gegliedert. § 18 BNatSchG enthält die Legaldefinition des Eingriffstatbestands. Diese Legaldefinition des Eingriffs in § 18 Abs. 1 BNatSchG ist deshalb von entscheidender Bedeutung, weil § 18 BNatSchG zusammen mit §§ 20, 21 BNatSchG auf diese Weise den Anwendungsbereich und damit das Regime der Eingriffsregelung festlegt. § 18 BNatSchG ist somit eine Schlüsselnorm für das gesamte Naturschutzrecht. Die Vorschrift des § 19 BNatSchG regelt die Rechtsfolgen des Eingriffstatbestands und liefert in Abs. 2 Legaldefinitionen der Begriffe „Ausgleich" und „Ersatz". § 20 BNatSchG behandelt das Verfahren einer Eingriffsprüfung und § 21 BNatSchG schließlich regelt das Verhältnis zum Baurecht.

## II. Normstruktur

Weil nach überkommenem Verständnis die Eingriffsregelung Bestandteil des Zulassungsverfahrens einzelner konkreter Projekte sein soll, ist sie konditional programmiert. Darin liegt der fundamentale Unterschied der naturschutzrechtlichen Eingriffsregelung zur planerisch – also final – programmierten Eingriffsregelung im Bauplanungsrecht. Die naturschutzrechtliche Eingriffsregelung ist kein Instrument der Planung. Ihr konditionales Programm ist in Genehmigungsverfahren, auch in Planfeststellungen, zwingend und bietet – anders als im Baurecht[28] – grundsätzlich keinen Raum für ein Wegwägen der Rechtsfolgen eines Eingriffs. Ein Wegwägen ist nach § 19 Abs. 3 S. 1 BNatSchG erst dann möglich, wenn die vorher zu prüfenden, zwingenden Rechtsfolgen der Abs. 1 und Abs. 2 nicht erfolgreich durchlaufen wurden. Konditional zwingend sind – im Gegensatz zum Baurecht – der Vermeidegrundsatz aus § 19 Abs. 1 BNatSchG und die Kompensationspflicht aus § 19 Abs. 2 BNatSchG; können diese Pflichten erfüllt werden, ist ein Wegwägen wegen der Stufenfolge der Eingriffsregelung nicht möglich, da der Anwendungsbereich des § 19 Abs. 3 S. 1 BNatSchG gar nicht eröffnet ist. Auf Grund des Konditionalprogramms ist zwischen Tatbestand und Rechtsfolge der Eingriffsregelung zu unterscheiden.

---

[26] Vgl. BT-Drs. 14/6378, S. 47.

[27] *Meßerschmidt*, BNatSchG, Vor §§ 18–21, Rn. 1.

[28] Dazu ausführlich unten in § 4 C. II. 4.

## 1. Tatbestand der Eingriffsregelung

Die formellen Voraussetzungen des Tatbestands der Eingriffsregelung sind in § 20 Abs. 1 BNatSchG geregelt, während § 18 Abs. 1 BNatSchG die materiellen Voraussetzungen eines Eingriffs enthält.[29]

### a) Formeller Tatbestand

Die Eingriffsprüfung findet nicht abstrakt und losgelöst von einzelnen Projekten statt. Vielmehr ist ein konkretes Projekt die notwendige Voraussetzung dafür, dass überhaupt geprüft werden kann, ob ein Eingriff in Natur und Landschaft vorliegt. Denn § 20 Abs. 1 BNatSchG regelt, dass die Rechtsfolgen nach § 19 BNatSchG nur dann eintreten können, wenn das Projekt einer behördlichen Entscheidung oder der Anzeige an eine Behörde bedarf. Mithin normiert § 20 Abs. 1 BNatSchG eine verfahrensrechtliche Voraussetzung der Eingriffsregelung.[30] Sie hat zunächst nichts mit der Frage zu tun, ob ein Eingriff vorliegt oder nicht. Sie regelt vielmehr, wann diese Frage überhaupt erst zu stellen ist. Dies rechtfertigt die Bezeichnung als „formeller Tatbestand" im Gegensatz zu den materiellen Voraussetzungen eines Eingriffs.

### b) Materieller Tatbestand

Die materiellen Voraussetzungen regelt § 18 Abs. 1 BNatSchG mit der Legaldefinition des Eingriffs in Natur und Landschaft.[31] Diese Eingriffsdefinition ist komplex und schwierig formuliert. Die innere Struktur dieser Definition ist aber stringent aufgebaut; die einzelnen Prüfungsschritte basieren aufeinander und sind auseinander logisch entwickelt.

Die Eingriffsdefinition besteht, vergleichbar einer Treppe, aus drei Stufen, die aufeinander aufbauen. Die erste und unterste Stufe bildet der sogenannte Verletzungstatbestand (aa)). Auf diese erste Stufe folgt die zweite Stufe, der sogenannte Sachfolgentatbestand (bb)).[32] Die dritte und letzte Stufe schließlich ist die Erheblichkeitsschwelle (cc)). Der auf den ersten

---

[29] *Meßerschmidt*, BNatSchG, § 20, Rn. 1.

[30] Zum sogenannten Huckepack-Verfahren noch unten die Darstellung unter C. VII.

[31] Diese Legaldefinition ist für die Umsetzung durch den Landesgesetzgeber verbindlich, BVerwGE 85, 348 (357).

[32] Die hier verwendete Terminologie folgt *Gassner*, in: Gassner/Bendomir-Kahlo/ Schmidt-Räntsch, BNatSchG, § 8 Rn. 2 und 6 sowie in: *ders.*, Recht der Landschaft, S. 126. In der Literatur (*Meßerschmidt*, BNatSchG, § 19 Rn. 6) findet sich auch der Begriff des „Anknüpfungstatbestands" anstelle des hier verwendeten „Verletzungstatbestand" sowie des „Gefährdungstatbestands" anstelle des hier benützten

Blick weit scheinende Eingriffsbegriff wird durch diese Prüfung hinter-
einandergeschalteter Kriterien von Stufe zu Stufe weiter eingeengt.

### aa) Die erste Stufe: der Verletzungstatbestand

Der Verletzungstatbestand umschreibt den ersten Teil der Eingriffsdefinition in dem Hauptsatz vor dem Komma. Er besteht aus zwei Bestandtei-
len. Erstens muss eine Maßnahme (Normtext: „Veränderung der Gestalt oder
Nutzung") vorliegen. Zweitens muss diese Maßnahme den Schutzgegenstand (Normtext: „Grundfläche oder mit der belebten Bodenschicht in Verbindung stehender Grundwasserspiegel") betreffen.

Der Verletzungstatbestand ist also die Veränderung der Gestalt oder Nutzung von Grundflächen oder die Veränderung des mit der belebten Bodenschicht in Verbindung stehenden Grundwasserspiegels. „Veränderung der
Gestalt" bedeutet die Herstellung eines Zustandes, der auf kausalem plan-
mäßigem menschlichem Handeln beruht, vom bisherigen Zustand abweicht
und nicht der naturwüchsigen Entwicklung entspricht.[33] Nicht erfasst sind
Änderungen, die die Oberflächengestalt der betroffenen Grundfläche unverändert lassen und sich im Rahmen der bisherigen Nutzung bewegen.[34] Eine
Nutzung ist dann geändert, wenn eine bisher prägende Nutzungsart durch
eine andere Nutzungsart ersetzt wird.[35] Der Begriff der Nutzung ist dabei
weit im Sinne der bauplanungsrechtlichen Nutzungsdefinition[36] auszulegen.
Entscheidend ist die naturschutzrechtliche Relevanz der Nutzungsänderung.[37] Veränderungen von Gestalt und Nutzung haben gemeinsam, dass sie
jeweils Flächen betreffen müssen. Nicht erfasst sind daher stoffliche Einwir-
kungen auf Natur und Landschaft, die nicht grundflächenbezogen sind.[38]

### bb) Die zweite Stufe: der Sachfolgentatbestand

Der Begriff des Sachfolgentatbestands meint das, was der Relativsatz in
§ 18 Abs. 1 BNatSchG beschreibt, nämlich den Eintritt einer bestimmten
Wirkung. Der Begriff ist wiederum zweiteilig. Zum einen muss der soeben
beschriebene Verletzungstatbestand eine zumindest potenzielle Beeinträchti-

---

„Sachfolgentatbestand". Ein sachlicher Unterschied ist mit der unterschiedlichen Bezeichnung nicht verbunden.

[33] *Meßerschmidt*, BNatSchG, § 18 Rn. 8. Dort auch zu weiteren Einzelheiten und
zur Kasuistik m.w.N. aus der Rspr.

[34] *Kuschnerus*, NVwZ 1996, 235 (237).

[35] *Gassner*, Recht der Landschaft, S. 127.

[36] Vgl. dazu bei *Rieger*, in: Schrödter (Hrsg.), BauGB, § 29 Rn. 16 ff.

[37] *Meßerschmidt*, BNatSchG, § 18 Rn. 14 ff. mit reichhaltiger Kasuistik.

[38] Zum Flächenbezug der Eingriffsregelung noch unten sub C. VIII.

gung verursachen (Normtext: „beeinträchtigen können"). Zum anderen muss diese Beeinträchtigung zu Lasten eines übergeordneten Schutzgegenstands des Naturschutzrechts gehen (Normtext: „Leistungs- und Funktionsfähigkeit des Naturhaushalts"). Erst wenn dies der Fall ist, kann ein Projekt als Eingriff bezeichnet werden. Wichtig ist hier festzuhalten, dass es noch nicht um die Rechtsfolgen des Verletzungstatbestandes geht, sondern nur um die faktischen Folgen des Verletzungstatbestandes (deswegen „Sachfolgentatbestand"). Allein entscheidend ist also nur, ob der Verletzungstatbestand Folgen für die Leistungsfähigkeit und die Funktionen von Natur und Landschaft haben kann.

Die Leistungsfähigkeit und die Funktionsfähigkeit des Naturhaushalts sind als Schutzgut des § 1 Nr. 1 BNatSchG anerkannt, während die Bewahrung des Landschaftsbildes in der Zielnorm des § 1 BNatSchG nicht direkt angesprochen ist, sondern über § 1 Nr. 4 BNatSchG lediglich der Tendenz nach als Naturschutzaufgabe anerkannt wird.[39] Der Naturhaushalt ist mit seinen einzelnen Schutzgütern in § 10 Abs. 1 Nr. 1 legaldefiniert. Dies bedeutet, dass die Feststellung möglicher Beeinträchtigungen des Naturhaushalts eine umfassende Analyse nötig macht. Nicht jede Beeinträchtigung eines Umweltgutes ist relevant, sondern nur eine Beeinträchtigung der Funktionsfähigkeit des Naturhaushalts, was regelmäßig erhebliche Beeinträchtigungen voraussetzt.[40] Ob dies der Fall ist, kann nur mit Hilfe von Sachverständigen im jeweiligen Einzelfall festgestellt werden. Der Hinweis auf die Leistungs- und Funktionsfähigkeit[41] des Naturhaushalts impliziert nicht, dass dem bedrohten Umweltgut eine tragende und unersetzliche Funktion zukommen muss.[42] Zu betrachten ist auch nicht der Naturhaushalt im Großen und Ganzen, sondern es kommt, wie es § 2 Abs. 1 Nr. 1 BNatSchG klarstellt, auf die konkreten Standortverhältnisse in der jeweiligen abgrenzbaren Raumeinheit an. Während der Verletzungstatbestand wertneutral ist, setzt der Begriff der Beeinträchtigung eine negative Wirkung voraus. Negativ ist die Einwirkung dann, wenn sie mit den in §§ 1, 2 BNatSchG normierten Zwecken und Grundsätzen nicht vereinbar ist.[43]

---

[39] *Meßerschmidt,* BNatSchG, § 1 Rn. 55.

[40] OVG Münster, NVwZ-RR 1994, 645. Ausführlich zu den ökologischen Implikationen des Begriffs *Meßerschmidt,* § 1 Rn. 44 m.w.N.

[41] Zu der Differenzierung zwischen Leistungs- und Funktionsfähigkeit im neuen BNatSchG aus ökologischer Sicht ausführlich *Ellinghoven/Brandenfels,* NuR 2004, 564 (566).

[42] So aber *Fickert,* BayVBl. 1978, 681 (685) und *R. Breuer,* NuR 1980, 89 (92). Dagegen zu Recht *Meßerschmidt,* BNatSchG, § 18 Rn. 23.

[43] OVG Koblenz, NuR 1987, 275. *Meßerschmidt* (BNatSchG, § 18, Rn. 29) kritisiert, dass hier bereits Elemente der Erheblichkeitsprüfung einfließen. Methodisch sauberer sei es, sich auf Tatsachenfeststellungen zu konzentrieren und die normative Bewertung der Erheblichkeitsprüfung vorzubehalten.

Maßnahmen, die der Verbesserung des Naturhaushalts und des Landschaftsbilds dienen, stellen in aller Regel keinen Eingriff dar, solange deren negative Wirkungen kurzfristig und unwesentlich bleiben.[44]

Das zweite Schutzgut der Eingriffsregelung, das Landschaftsbild, bestimmt sich durch die optischen Eindrücke für einen Betrachter.[45] Maßgeblich sind also alle mit dem Auge wahrnehmbaren Zusammenhänge einzelner Landschaftselemente, soweit sie den Eindruck von der Landschaft mitbestimmen.[46] Dazu gehören alle – und nicht nur die ästhetisch positiven, wünschenswerten – Ausprägungen der Erdoberfläche wie Berge, Täler, Gewässer, Wälder und Wiesen bis hin zu Einzelpflanzen, Pflanzengruppen, Tieren und bestimmten Bauwerken.[47] Auch sensorische Faktoren (Vogelgesang, Duft einer Heide, Plätschern von Wasserläufen, Lärmfreiheit etc.) sind erfasst, wenn sie von derart prägender Bedeutung für die Landschaft sind, dass sie die Erholungsfunktion der Landschaft wesentlich mitbestimmen.[48] Das Landschaftsbild ist beeinträchtigt, wenn dessen Veränderung von einem Durchschnittsbetrachter, der für die Schönheit der natürlich gewachsenen Landschaft aufgeschlossen ist, als nachteilig und gestört empfunden wird. Eine Verunstaltung im Sinne von § 35 Abs. 3 S. 1 Nr. 5 BauGB braucht nicht vorzuliegen.[49] Als Kriterien kommen in Frage: Störung der Einheit und Geschlossenheit des Landschaftsbilds, Wirkung des Vorhabens als Fremdkörper, Störung des optischen Beziehungsgefüges einer von naturfremden Einflüssen freien Landschaft; exponierte Stellung usw.[50] Entscheidend ist immer der jeweilige Einzelfall.

Bei der Beurteilung der Sachfolgen ist nicht auf eine hinreichende Wahrscheinlichkeit, sondern vielmehr auf die bloße Möglichkeit einer Beeinträchtigung der Schutzgüter abzustellen.[51] Die Veränderungen müssen jedenfalls geeignet sein, die Beeinträchtigungen der Schutzgüter herbeizuführen.[52] Die Sachfolgen müssen mit dem Verletzungstatbestand kausal verknüpft sein; sowohl mittelbare als auch unmittelbare Folgen sind er-

---

[44] VGH Mannheim, NuR 1997, 449.

[45] BVerwGE 85, 348; OVG Münster, NuR 2000, 51.

[46] OVG Münster, NVwZ-RR 1994, 645.

[47] *Meßerschmidt,* BNatSchG, § 18 Rn. 24.

[48] VGH München, BayVBl. 1993, 563 ff. zum Rauschen eines Wildbachs; *Burmeister,* Schutz von Natur und Landschaft vor Zerstörung, S. 49; *Kuschnerus,* NVwZ 1996, 235 (238); *Louis,* BNatSchG, § 8 Rn. 12. Vorsichtiger *Meßerschmidt,* BNatSchG, § 18 Rn. 24. A. A. *Pielow,* NuR 1979, 15.

[49] VGH Mannheim, NuR 2000, 514; BVerwG, NuR 2002, 360.

[50] Vgl. die Zusammenstellung bei *Meßerschmidt,* BNatSchG, § 18 Rn. 26.

[51] *Gassner,* in: Gassner/Bendomir-Kahlo/Schmidt-Räntsch, § 8 Rn. 6; *Meßerschmidt,* BNatSchG, § 18 Rn. 21. A. A. *Ramsauer,* NuR 1997, 419.

[52] OVG Koblenz, NuR 1987, 275; VGH Mannheim, NVwZ 1988, 116.

fasst.[53] Der Kausalzusammenhang beurteilt sich nach der Äquivalenztheo-
rie, nach der alle Bedingungen als kausal gelten, wenn sie nicht hinweg-
gedacht werden können, ohne dass der Erfolg entfiele. Einschränkungen erfährt die Kausalität durch Gesichtspunkte der Adäquanz.[54]

Die Sachfolgen müssen nicht unbedingt am Ort des Verletzungstatbestands auftreten. Sie beschränken sich auch nicht auf ein bestimmtes Um-
weltmedium (im Unterschied zum Verletzungstatbestand, der grundflächenbezogen ist). So können Beeinträchtigungen von Luft und Wasser einen
Eingriff begründen, wenn sie auf ein flächenbezogenes Projekt zurückzuführen sind und auf Leistungs- und Funktionsfähigkeit des Naturhaushalts
durchschlagen.[55]

Die Differenzierung zwischen Verletzungstatbestand und Sachfolgentatbestand ist wichtig, weil sich die Rechtsfolgen der Eingriffsregelung hauptsächlich auf den Sachfolgentatbestand beziehen (dazu später unter B. II. 2.).
Die Literatur vernachlässigt die Tragweite dieser Differenzierung zuweilen,
wenn sich dort des Öfteren Aussagen finden, die bei der Prüfung der Eingriffsregelung auf die Folgen abstellen, die der „Eingriff" hervorruft. Hier
wird der Begriff „Eingriff" unzulässigerweise mit dem Begriff des Verletzungstatbestandes gleichgestellt. Der Eingriff besteht aber normlogisch aus
Verletzungstatbestand plus Sachfolgentatbestand.

*cc) Die dritte Stufe: die Erheblichkeitsschwelle*

Gemäß § 18 Abs. 1 Hs. 2 a. E. BNatSchG[56] muss die Naturbeeinträchtigung, die unter den Sachfolgentatbestand zu subsumieren ist, überdies er-

---

[53] OVG Münster, NuR 1997, 617; *Gassner,* in: Gassner/Bendomir-Kahlo/
Schmidt-Räntsch, § 8 Rn. 7; *Meßerschmidt,* BNatSchG, § 18 Rn. 21. Früher war
die Frage umstritten, vgl. *Bickel,* DÖV 1989, 937 (938) und *Burmeister,* Der Schutz
von Natur und Landschaft vor Zerstörung, S. 5 f. und S. 74 f. Auslöser dieses
Streits war die Frage, ob Grundwasserabsenkungen zu den Folgen gehörten (vgl.
VG Frankfurt, NuR 1983, 28 einerseits, VG Frankfurt, NuR 1983, 160 andererseits;
ferner OVG Lüneburg, NuR 1997, 253). Durch die Einbeziehung von Grundwasserabsenkungen in die Eingriffsdefinition durch die BNatSchG-Novelle 2002 ist der
wesentliche Anlass für diese Kontroverse entfallen.

[54] Näher zur Kausalitätsproblematik unten bei der Darstellung des Verursacherprinzips bei C. II.

[55] *Meßerschmidt,* BNatSchG, § 18 Rn. 28.

[56] Im Gegensatz zum alten BNatSchG verzichtete die BNatSchG-Novelle in der
Eingriffsdefinition auf das zusätzliche Kriterium der Nachhaltigkeit aus § 8 Abs. 1
BNatSchG a. F., der eine sowohl erhebliche als auch nachhaltige Beeinträchtigung
forderte. Das Kriterium der Nachhaltigkeit wurde vom Gesetzgeber aus der Erwägung heraus gestrichen, dass die Nachhaltigkeit im Kriterium der Erheblichkeit auf-
ginge, da ein nachhaltiger Eingriff stets erheblich sei, BR-Drs. 411/01, S. 87. So in

heblich sein (Normtext: „erheblich beeinträchtigen können"). Die Gerichte versuchen, diesen unbestimmten Rechtsbegriff mit abstrakten Formeln zu konkretisieren. So soll ein Eingriff erheblich sein, wenn eine Beeinträchtigung spürbaren Gewichts vorliegt[57] oder wenn – nach anderer Ansicht – die Beeinträchtigung bereits nicht völlig unwesentlich ist.[58] Beeinträchtigungen des Naturhaushalts seien erheblich, wenn sie von nicht geringer Bedeutung und mit den in §§ 1, 2 BNatSchG bezeichneten Zielen und Grundsätzen unvereinbar sind.[59] Landschaftsbeeinträchtigungen bezeichnen die Gerichte dann als erheblich, wenn ein Vorhaben als Fremdkörper im äußeren Erscheinungsbild der Landschaft in Erscheinung tritt und einen negativ prägenden Einfluss auf das Landschaftsbild hat.[60] Die Literatur versucht das Erheblichkeitskriterium mit ähnlichen Formeln einzugrenzen. So soll eine Beeinträchtigung des Landschaftsbilds erheblich sein, wenn sie einem aufgeschlossenen Beobachter sofort ins Auge fällt.[61] Andere Stimmen stellen auf die Evidenz der Beeinträchtigung ab.[62]

Das Problem dieser abstrakten Formeln liegt darin, dass sie alleine der Praxis bei der Beurteilung des konkreten Einzelfalles durch ihre Offenheit und Vagheit keine klaren Entscheidungsleitlinien an die Hand geben. Die Erheblichkeit einer Beeinträchtigung kann primär nur konkret an Hand einer auf das jeweilige Projekt bezogenen Betrachtung beurteilt werden.[63] Erst nachdem auf das individuelle Projekt bezogene konkrete Beurteilungsparameter gefunden wurden, können oben beschriebene abstrakte Formeln auf den jetzt bereits ermittelten Befund im Sinne einer nachgeschalteten Richtigkeitskontrolle angewandt werden.

Bei dieser konkreten Einzelfallprüfung ist in einem ersten Schritt zu beurteilen, welche Umweltgüter konkret durch den Eingriff betroffen werden und inwieweit daraus Beeinträchtigungen resultieren können.[64] Das Gewicht dieser Beeinträchtigungen ist in einem zweiten Schritt rechtlich zu bewer-

---

der Literatur auch *Meßerschmidt,* BNatSchG, § 18 Rn. 35 m. w. N. Vgl. zum – mittlerweile obsoleten Streit – auch *Gassner,* Recht der Landschaft, S. 128 in Fn. 13.

[57] OVG Münster, NVwZ-RR 1994, 645.

[58] VGH Mannheim, NuR 1981, 132 f.; OVG Koblenz, NuR 1988, 41 (43). Das Problem der Vorbelastung von Gebieten wird hier bei der Erheblichkeitsprüfung angesiedelt, vgl. *Kochenburger/Estler,* UPR 2001, 50 ff.

[59] VGH Mannheim, NVwZ-RR, 1991, 625.

[60] VGH Mannheim, NuR 2000, 514.

[61] *R. Breuer,* NuR 1980, 89 (92).

[62] Siehe die bei *Meßerschmidt,* BNatSchG, § 18 Rn. 32 Genannten.

[63] So auch *Gassner,* Recht der Landschaft, S. 130 und 133; *Meßerschmidt,* BNatSchG, § 18 Rn. 32. Kritisch auch *Berkemann,* NuR 1993, 93 (99), der in diesen abstrakten Formeln eine versteckte und methodisch zweifelhafte Umkehr der Argumentationslast sieht.

[64] Vgl. zum Folgenden ausführlich *Gassner,* Recht der Landschaft, S. 130 ff.

ten. Beide Feststellungen sind sowohl für die Leistungsfähigkeit des Naturhaushalts als auch für das Landschaftsbild vorzunehmen. Zu trennen ist
beim ersten Schritt zwischen dem sogenannten Schutzwürdigkeitsprofil und
dem sogenannten Gefährdungsprofil.[65] Das Schutzwürdigkeitsprofil beschreibt dabei die ökologische Wertigkeit des vorhandenen Naturbestands.[66]
Die Ermittlung dieses Schutzwürdigkeitsprofil erfolgt an Hand wissenschaftlicher Indikatoren und Eckdaten. So dienen als Bewertungsfaktoren
für die Schutzwürdigkeit des vorhandenen Naturbestands: formale Schutzgebietsausweisungen, Biotopkartierungen der Länder,[67] das ökologische Instrument der Bioindikation,[68] vorhandene örtliche oder regionale Landschaftspläne, Arten- und Biotopschutzprogramme. Das Gefährdungsprofil
hingegen beschreibt und bewertet das Schädigungsrisiko, also die Gefahren,
die den im Schutzwürdigkeitsprofil ermittelten Umweltgütern durch das
Eingriffsprojekt drohen. In diese Bewertung fließen baubedingte, anlage-
bedingte, betriebsbedingte und stillegungs- bzw. abbruchsbedingte Wirkungen mit ein.

Das Erheblichkeitskriterium lässt sich demnach beschreiben als Produkt
zweier Parameter, die in der konkreten Einzelfallprüfung nach beschriebe-
nem Modus gewonnen werden, nämlich als Produkt aus Eingriffsintensität
und Eingriffsdauer.[69]

## 2. Rechtsfolgen eines Eingriffs

An das Vorliegen eines Eingriffs im Sinne von § 18 BNatSchG knüpft
§ 19 BNatSchG Rechtsfolgen. Die Eingriffsregelung folgt also einem Konditionalprogramm.[70] Die Rechtsfolgen erfassen – der präventiven Zielsetzung der Eingriffsregelung entsprechend – bevorstehende Eingriffe, die
nach § 20 BNatSchG behördlich kontrolliert werden. Adressat der Rechtsfolgen aus § 19 BNatSchG ist der Verursacher eines Eingriffs. Er ist allerdings nicht direkter Adressat, weil § 19 BNatSchG genau genommen nur
vorschreibt, wozu der Eingriffsverursacher landesrechtlich zu verpflichten

---

[65] Die Unterscheidung stammt vom *Sachverständigenrat für Umweltfragen*, Umweltgutachten 1987, BT-Drs. 11/1568, S. 57.

[66] Dies schließt die Vorbelastungen des Gebiets mit ein. Die umstrittene Frage,
wie diese Vorbelastungen in der Eingriffsprüfung behandelt werden, kann hier am
besten gelöst werden. Vgl. zur Problematik ausführlich *Meßerschmidt*, BNatSchG,
§ 18 Rn. 33.

[67] Dazu *Buchreiter-Schulz/Kreitmayer*, NuR 1991, 107 ff.

[68] Dieses Instrument erlaubt Rückschlüsse aus bestimmten Schlüsselarten auf die
Intaktheit von Ökotopen, vgl. *Riecken*, Planungsbezogene Bioindikation durch Tierarten und Tiergruppen, 1992, passim.

[69] *Meßerschmidt*, BNatSchG, § 18 Rn. 35.

[70] *Kuchler*, NuR 1991, 465. Allgemein dazu *R. Breuer*, AöR 127 (2002), 523 ff.

ist. Deswegen sind sowohl Landesparlamente, die die rahmenrechtliche Eingriffsregelung abstrakt ins Landesrecht transformieren müssen, als auch die Landesbehörden, die im konkreten Einzelfall die Entscheidung über das Vorliegen eines Eingriffs und die Rechtsfolgen treffen müssen, die direkten Adressaten der Rechtsfolgen des § 19 BNatSchG. Dabei sind die Definitionen, die § 19 BNatSchG vorsieht, für die Landesgesetzgeber ebenso wie die Eingriffsdefinition in § 18 Abs. 1 BNatSchG verbindlich.[71] Den Landesgesetzgebern ist aber wegen der landesrechtlichen Öffnungsklausel des § 19 Abs. 4 BNatSchG ein eigenständiger Regelungsbereich eingeräumt, in dem sie Regelungen erlassen können, die weiter gehen als die Rechtsfolgen aus § 19 BNatSchG.[72]

Die Rechtsfolgen aus § 19 BNatSchG sind dreifach abgestuft und bauen aufeinander auf. Sie unterliegen einem logischen Rangverhältnis, das es ausschließt, Rechtsfolgen der höheren Stufen eintreten zu lassen, solange die niederen Prüfungsstufen noch nicht durchlaufen sind.[73] Durch das logische Rangverhältnis besteht kein Wahlrecht zwischen einzelnen Rechtsfolgen; die einzelnen Prüfungsstufen sind methodisch deutlich voneinander abzusetzen.[74] Im einzelnen sieht § 19 BNatSchG drei Rechtsfolgen vor. Auf der ersten Stufe steht das Vermeidegebot aus § 19 Abs. 1 BNatSchG (aa.), worauf auf der zweiten Stufe das Kompensationsgebot aus § 19 Abs. 2 BNatSchG (bb.) folgt. Schließlich bildet die Untersagungsmöglichkeit nach Abwägung aus § 19 Abs. 3 BNatSchG (cc.) die dritte Stufe der Rechtsfolgen der Eingriffsregelung.

### a) Erste Stufe: Vermeidegebot, § 19 Abs. 1 BNatSchG

Zunächst statuiert § 19 Abs. 1 BNatSchG die Pflicht des Eingriffsverursachers, vermeidbare Beeinträchtigungen von Natur und Landschaft zu unterlassen. Das BNatSchG misst dabei dem Begriff der „Vermeidung" einen anderen Sinn bei als die Ökologie. Dieses unterschiedliche Verständnis des Begriffs ist für das Vermeidegebot des § 19 Abs. 1 BNatSchG grundlegend. Im naturwissenschaftlichen Sinne meint Vermeidung die vollständige Unterlassung des Vorhabens und die Unterlassung beziehungsweise Verminderung

---

[71] BVerwGE 85, 348 (356 ff.). Zur Eingriffsdefinition vgl. schon oben unter B. II. 1. b).

[72] Es scheint allerdings sehr fraglich, ob die Länder davon Gebrauch machen werden. Strengere Naturschutzregelungen eines Landes als in anderen Ländern stellen nämlich einen Standortnachteil dar, den die im Wettbewerb um die Ansiedlung infrastrukturell bedeutsamer Großprojekte stehenden Länder wohl kaum in Kauf nehmen werden.

[73] *Gassner,* Recht der Landschaft, S. 145.

[74] BVerwG, UPR 1998, 388; *Berkemann,* NuR 1993, 89 (102).

der Beeinträchtigungen, die das Vorhaben hervorruft. In der oben eingeführten Terminologie bedeutet dies also, dass die Durchführung sowohl des Verletzungs- als auch des Sachfolgentatbestand zu unterlassen ist.

Rechtlich hingegen ist das Vermeidungsgebot kein striktes Unterlassungsgebot. Es enthält lediglich das Gebot, vermeidbare Beeinträchtigungen zu unterlassen. Es geht also nicht um das Vorhaben an sich, also den Verletzungstatbestand, sondern nur um die Folgen, die das Vorhaben verursacht, also den Sachfolgentatbestand. Nur diese Folgen muss der Eingriffsverursacher vermeiden, soweit dies technisch möglich ist. Bei fehlender technischer Möglichkeit oder der Notwendigkeit und damit der Unvermeidbarkeit der beeinträchtigenden Folgen greift die zweite Stufe der Rechtsfolgen ein: die Folgen müssen kompensiert werden. Damit stellt das Gesetz selbst mit der Konstruktion der gestuften Rechtsfolgen klar, dass das Vermeidegebot sich nicht auf den Verletzungstatbestand erstreckt, sondern nur auf unnötige Sachfolgentatbestände. Würde es sich um ein totales Vermeidegebot handeln, wären die weiteren Rechtsfolgestufen des § 19 BNatSchG überflüssig.[75] Das Vermeidegebot bezieht sich demnach nur auf solche Beeinträchtigungen, die über das mit dem Vorhaben zwangsläufig verbundene Eingriffsquantum hinausgehen.[76] Dann ist das Vermeidegebot aber strikt bindend.[77] Grundsätzlich akzeptiert § 19 Abs. 1 BNatSchG den Eingriff also. Es kommt nur darauf an, ob sich für die Verwirklichung des – außerhalb des Naturschutzrechts nach den Vorschriften des jeweiligen Sachrechts vorentschiedenen – Vorhabens eine umweltverträglichere Lösung anbietet.[78] Es müssen also nur unnötige Sachfolgentatbestände unterlassen werden, nicht aber das Vorhaben, der Verletzungstatbestand, selbst. Aus diesem Grunde ist die oben vorgestellte[79] genaue Differenzierung zwischen Verletzungs- und Sachfolgentatbestand so wichtig.

Durch ein Vorhaben verursachte Beeinträchtigungen sind dann vermeidbar, wenn sie zur Durchführung des Verletzungstatbestands nicht geeignet oder erforderlich sind.[80] Es besteht eine technisch-fachliche Optimierungs-

---

[75] *Kuchler*, NuR 1991, 465 (466); *Kuschnerus*, NVwZ 1996, 235 (239).

[76] BVerwG, NuR 1996, 589; *Meßerschmidt*, BNatSchG, § 19 Rn. 8.

[77] Vgl. *Wahl/Hömig*, NVwZ 2006, 161 (168).

[78] Dies ist nach einigen Unklarheiten Anfang der 80er Jahre mittlerweile ganz h.M. geworden, vgl. *R. Breuer*, NuR 1980, 89 (93); *Gaentzsch*, NuR 1986, 89 (91); *Kuschnerus*, NVwZ 1996, 235 (239); *Ramsauer*, NuR 1997, 419 (422); *Ronellenfitsch*, NuR 1986, 284 (286); *Schink*, DVBl. 1992, 1390 (1397); *Meßerschmidt*, BNatSchG, § 19 Rn. 8; *Gassner*, in: Gassner/Bendomir-Kahlo/Schmidt-Räntsch, § 8 Rn. 25. Die Unklarheiten beruhten zum großen Teil auf der Ungenauigkeit des Gesetzgebers, der in § 8 Abs. 2 S. 4 BNatSchG a.F. auf den Ausgleich eines Eingriffs abstellte. In § 19 Abs. 2 S. 2 BNatSchG n.F. ist diese Ungenauigkeit beseitigt; das Gesetz spricht jetzt vom Ausgleich der Beeinträchtigungen.

[79] Unter B. II. 1. b).

pflicht, sofern gleichwertige Alternativen bereitstehen.[81] Dabei kann es sich bei dem Vermeidegebot sowohl um eine bloße Unterlassenspflicht handeln, genauso gut kann der Vorhabenträger aber zu einem aktiven Tun, nämlich zu Minderungsmaßnahmen, verpflichtet werden. Was bei der Eingriffsprüfung aber nicht stattfinden darf, ist eine Bedürfnisprüfung, also eine Betrachtung des Vorhabens unter Gesichtspunkten wirtschaftlicher und sozialer Notwendigkeit.[82] Die Entscheidung darüber, ob ein Vorhaben grundsätzlich stattfinden darf, ist nicht Gegenstand des Vermeidegebots.[83]

Im Verfahren wird das Vermeidegebot so umgesetzt, dass die Behörde nach der Eingriffsprüfung in ihrer Zulassungsentscheidung Nebenbestimmungen festlegt. Die Abgrenzung zwischen Nebenbestimmung und Entscheidung in der Hauptsache erfolgt dabei danach, ob das Vorhaben die Identität, die ihm der Vorhabenträger beimisst, verliert.[84] Ist dies der Fall, stellt sich also die Genehmigungsentscheidung als aliud zum beantragten Vorhaben dar, so handelt es sich um eine Unterlassungsentscheidung der Behörde hinsichtlich des Verletzungstatbestands, die vom Vermeidegebot gerade nicht erfasst ist. Dem Vorhabenträger kann nicht über eine Modifizierung der Genehmigungsunterlagen ein aliud zu seinem Vorhaben aufgezwungen werden. Die Zulassungsbehörde kann inhaltlich auf das Vorhaben und dessen Konzeption nur so Einfluss nehmen, indem sie dem Vorhabenträger eine Ablehnung des Antrags andeutet und gleichzeitig eine Änderung nahe legt.[85]

Grenzen findet das Vermeidegebot im sehr restriktiv auszulegenden (dazu siehe unten bei C. VI.) Verhältnismäßigkeitsgrundsatz. Die Minderungsmaßnahmen müssen geeignet, erforderlich und angemessen sein, um Beeinträch-

---

[80] OVG Koblenz, NuR 1981, 28.

[81] VGH Mannheim, NuR 1987, 31; *Kuchler,* NuR 1991, 465 (466).

[82] So zu Recht *Meßerschmidt,* BNatSchG, § 19 Rn. 14; *Gassner,* Recht der Landschaft, S. 147. Anderer Ansicht noch *Burmeister,* Der Schutz von Natur und Landschaft vor Zerstörung; *Carlsen,* NuR 1984, 48; *Winter,* KJ 1992, 389.

[83] Unklar war lange, ob die Frage nach dem Standort des Vorhabens noch unter das Vermeidegebot fällt, vgl. z.B. *A. Schmidt,* FS v. Lersner, S. 344 (349) einerseits; *Kuschnerus,* NVwZ 1996, 235 (239) und *Fischer-Hüftle,* NuR 1996, 67 andererseits. Höchstrichterlich ist die Frage mittlerweile durch BVerwGE 104, 144 (150 f.) und BVerwG, UPR 1998, 388 dahingehend geklärt, dass die Standortfrage nicht Gegenstand des Vermeidegebots ist. Etwas anderes gilt nur in Natura 2000-Schutzgebieten im Sinne der FFH-Richtlinie, vgl. § 34 Abs. 3 Nr. 2 BNatSchG. Die Ausklammerung der Standortfrage durch die Rechtsprechung überzeugt, da die Frage nach dem Standort systematisch Gegenstand der Planrechtfertigung und des allgemeinen Abwägungsgebots und nicht des Vermeidegebots ist. Kritisch dagegen zu dieser Rspr. *Gassner,* NuR 2004, 560 (561).

[84] *Kuschnerus,* NVwZ 1996, 235 (239).

[85] So *Kuschnerus,* NVwZ 1996, 235 (239) in Fn. 40.

tigungen von Natur und Landschaft zu verringern. Minderungsmaßnahmen sind *ungeeignet,* wenn sie den angestrebten Erfolg, Natur und Landschaft zu schützen, nicht erreichen können. Unzulässig wäre es beispielsweise, Maßnahmen anzuordnen, die zwar zur einer Minderung einer bestimmten Beeinträchtigung führen, aber dabei neue, schwerere Beeinträchtigungen hervorrufen.[86] *Erforderlich* ist eine Maßnahme, wenn es keine gleich effektive Minderungsmaßnahme gibt, die den Verursacher weniger belastet. Entscheidend ist hier das Merkmal der gleichen Effektivität. Auch kostenintensive, sehr belastende Maßnahmen dürfen auf dieser Stufe angeordnet werden, wenn es keine gleich effektiven Minderungsmaßnahmen gibt. Die Kostenintensität ist erst eine Frage der *Angemessenheit.* Bei der Angemessenheitsprüfung sind Art und Gewicht der zu vermeidenden Beeinträchtigungen in Verhältnis zu setzen zu den – meist finanziellen – Belastungen, die dem Vorhabenträger auferlegt werden. Entscheidend ist, dass hier die finanzielle Leistungsfähigkeit des Vorhabenträgers keine Rolle spielt. Die Vermeidbarkeit ist eine Tatsachenfrage, mithin ein objektives und kein subjektives Kriterium, weshalb subjektive Befindlichkeiten des Verursachers keine Rolle spielen dürfen.[87] Deshalb bleibt die Zumutbarkeit von Minderungsmaßnahmen außer Betracht. Nur in offensichtlichen Extremfällen, in denen ein Missverhältnis zwischen finanzieller Belastung und positiven Wirkungen für Natur und Landschaft geradezu ins Auge springt und wegen ihrer Evidenz keiner Diskussion mehr bedarf, ist Platz für die Berücksichtigung der Zumutbarkeit. Ansonsten folgt die Angemessenheit der je-desto-Formel, das heißt, die Vermeidekosten dürfen desto höher sein, je schwerer die Beeinträchtigungen sind.[88]

### b) Zweite Stufe: Kompensationsgebot, § 19 Abs. 2 BNatSchG

Wenn es nicht möglich ist, die Umweltbeeinträchtigungen, die das Projekt hervorruft, zu vermeiden, greift die zweite Stufe der Rechtsfolgen des § 19 BNatSchG Platz: das Kompensationsgebot aus § 19 Abs. 2 BNatSchG.

Das Kompensationsgebot aus § 19 Abs. 2 BNatSchG besagt, dass unvermeidbare Beeinträchtigungen zu kompensieren sind. Für diese Kompensation gibt es zwei Möglichkeiten, die wiederum in einem Rangverhältnis stehen. Primär sollen Ausgleichsmaßnahmen nach § 19 Abs. 2 S. 1 Var. 1 BNatSchG durchgeführt werden; erst sekundär sind Ersatzmaßnahmen nach

---

[86] *Kuchler,* NuR 1991, 465 (467); plastisches Beispiel bei VGH Mannheim, DVBl. 1986, 364 (367).

[87] *Meßerschmidt,* BNatSchG, § 19 Rn. 18.

[88] *Gassner,* Recht der Landschaft, S. 148.

§ 19 Abs. 2 S. 1 Var. 2 BNatSchG vorzunehmen.[89] Weder Verursacher noch Behörde haben demnach ein Wahlrecht zwischen Ausgleichsmaßnahmen oder Ersatzmaßnahmen.[90] Vielmehr müssen mögliche Ausgleichsmaßnahmen erschöpfend durchgeführt werden oder aber sie dürfen nicht möglich sein, bevor auf Ersatzmaßnahmen zurückgegriffen werden darf.[91]

Beide legaldefinierten Möglichkeiten sind nach dem Wortlaut von § 19 Abs. 2 S. 1 a.E. BNatSchG („in sonstiger Weise kompensieren") Kompensationsmaßnahmen.[92] Vor der BNatSchG-Novelle 2002 waren die sekundären Ersatzmaßnahmen nicht legaldefiniert, sondern in das Gesetzgebungsermessen der Länder gestellt. Nunmehr enthält § 19 Abs. 2 BNatSchG bindende Legaldefinitionen sowohl der Ausgleichs- und Ersatzmaßnahmen (§ 19 Abs. 2 S. 1 BNatSchG) als auch des Ausgleichs (§ 19 Abs. 2 S. 2 BNatSchG) und des Ersatzes selbst (§ 19 Abs. 2 S. 3 BNatSchG).

Das Kompensationsgebot wird als zweite Rechtsfolgenstufe einheitlich vor der Abwägung nach § 19 Abs. 3 BNatSchG als dritter Stufe geprüft. Hier liegt ein wesentlicher Unterschied zum alten Naturschutzrecht, wo Ausgleichsmaßnahmen als Tatbestandsmerkmale vor der Abwägung und Ersatzmaßnahmen als Rechtsfolge nach der Abwägung zu prüfen waren. Die einheitliche Regelung der Prüfung vor der Abwägung soll nach der Absicht des Gesetzgebers den Vollzug erleichtern und damit für mehr Rechtsklarheit und eine verbesserte Akzeptanz in der Vollzugspraxis sorgen.[93]

*aa) Ausgleichsmaßnahmen*

Der Begriff des Ausgleichs ist ebenso wie der Begriff der Vermeidung (s. o.) auch in der Ökologie bekannt. Die Naturschutzfachwissenschaft trennt bei ihrer Betrachtung ökologischer Kompensation nicht wie § 19

---

[89] Der Gesetzgeber hat so den von BVerwGE 81, 220 entwickelten Vorrang des Ausgleichs vor dem Ersatz in § 19 Abs. 2 S. 1 BNatSchG ausdrücklich festgeschrieben. Unzutreffend *Wahl/Hönig*, NVwZ 2006, 161 (170), die nicht mehr zwischen Ausgleichs- und Ersatzmaßnahmen unterscheiden und so den klaren Wortlaut der Vorschrift verkennen.

[90] BR-Drs. 411/01, S. 15. Vgl. zur Problematik des Verhältnismäßigkeitsgrundsatzes in der Eingriffsregelung die Darstellung bei C. VI.

[91] Anders noch der – im Gesetz dann nicht verwirklichte – Vorschlag des Verkehrsausschusses des Bundesrats, BR-Drs. 411/01, S. 41, der auf die Rangfolge zwischen Ausgleich und Ersatz verzichten wollte und die Auswahl zwischen beiden nach Wirtschaftlichkeitsaspekten vornehmen wollte.

[92] So auch die Gesetzesbegründung, die zusammenfassend von „Maßnahmen der Naturalkompensation" spricht, BR-Drs. 411/01, S. 89.

[93] BT-Drs. 14/6378, S. 29. Kritisch *Gellermann*, NVwZ 2002, 1025 (1030), der befürchtet, dass wegen der vielfältigen Ersatzmöglichkeiten jetzt auch Vorhaben verwirklicht werden können, die vorher an der Abwägung gescheitert wären.

Abs. 2 BNatSchG zwischen Ausgleich und Ersatz, sondern benutzt lediglich den Überbegriff des ökologischen Ausgleichs.[94] Dieser ökologische Ausgleichsbegriff stellt hohe Anforderungen an die Durchführung entsprechender Maßnahmen. Auf Grund der Komplexität der Natur, der entsprechende Kompensationsmaßnahmen gerecht werden müssen, können nach der Ökologie Eingriffe nur in sehr engen Grenzen ausgeglichen werden.[95] Dies ist nicht der Sinn des Ausgleichsbegriffs, wie ihn § 19 Abs. 2 BNatSchG verwendet. Sinn und Zweck der Eingriffsregelung werden verfehlt, wenn die zentrale Verpflichtung zur Durchführung eines Ausgleichs auf die marginalen Fälle des möglichen naturwissenschaftlichen Ausgleichs beschränkt wird. Daher ist in § 19 Abs. 2 BNatSchG der Ausgleichsbegriff nicht im naturwissenschaftlichen Sinne auszulegen.[96] Vielmehr muss ein eigenständiger, naturschutzrechtlicher Ausgleichsbegriff gefunden werden. Ausgangspunkt dafür ist das Bestreben des Gesetzgebers, praktische Wiedergutmachung der Beeinträchtigung im Rahmen des praktisch Menschenmöglichen zu leisten.[97] Es geht darum, sich dem naturwissenschaftlichen Optimum des Vollausgleichs möglichst weit anzunähern (darum wird der naturschutzrechtliche Ausgleichsbegriff als approximativer Ausgleich bezeichnet).[98]

Nach der Legaldefinition des § 19 Abs. 2 S. 2 BNatSchG ist ein Eingriff ausgeglichen, „wenn und sobald die beeinträchtigten Funktionen des Naturhaushalts wieder hergestellt sind und das Landschaftsbild landschaftsgerecht wiederhergestellt oder neu gestaltet ist.". Diese Definition ist aus kompetenzrechtlichen Gründen bewusst offen formuliert worden. So sollen die Landesgesetzgeber die Möglichkeit haben, den Ausgleichsbegriff selbständig regeln zu können.[99] Maßgeblich ist die Wiederherstellung der Naturfunktionen. Dieser Funktionszusammenhang zwischen Eingriff und Ausgleich enthält eine räumliche, eine inhaltliche und eine zeitliche Komponente.

In inhaltlicher Hinsicht müssen die Ausgleichsmaßnahmen Rahmenbedingungen schaffen für die Entwicklung gleichartiger Verhältnisse wie vor der Beeinträchtigung. Der wiederhergestellte Zustand muss dem ursprünglichen

---

[94]  Zum ökologischen Ausgleichsbegriff *Haber et al.*, S. 82 ff.

[95]  So beispielsweise *Kaule/Schober*, Ausgleichbarkeit von Eingriffen, S. 77; *Kuchler*, NuR 1991, 465 (468); *Fuchs*, Laufener Seminarbeiträge 9/1983, S. 20; *Kaule*, Laufener Seminarbeiträge 9/1983, S. 24.

[96]  *Gassner*, NuR 1984, 81 (83); *Ronellenfitsch*, NuR 1986, 284 (287).

[97]  Ausführlich dazu *Gassner*, NuR 1984, 81 (84 f.).

[98]  Dies ist wohl gemeint, wenn *R. Breuer*, NuR 1980, 89 (94) den Ausgleich als Naturalrestitution versteht. Naturalrestitution ist aber in aller Regel nicht möglich, vgl. *Kolodziejcok*, NuR 1992, 309 (310). Trotzdem bildet die Naturalrestitution das Leitbild, an dem sich der Ausgleichsbegriff orientiert. *Gassner*, Recht der Landschaft, S. 150, vergleicht dies bildhaft mit der Ehe, die auch Dauerbindung als Ziel habe, obschon es ein Scheidungsrecht gibt.

[99]  BR-Drs. 411/01, S. 89.

Zustand vergleichbar sein. Entscheidend ist die Gleichartigkeit des Ausgleichs, nicht die Gleichwertigkeit. Dies folgt daraus, dass gleichwertige Kompensation durch Ersatzmaßnahmen geleistet wird (§ 19 Abs. 2 S. 3 BNatSchG) und die Definition der Ersatzmaßnahme zu der Definition der Ausgleichsmaßnahme wechselbezüglich ist. Wenn also Ersatzmaßnahmen *gleichwertig* kompensieren, müssen Ausgleichsmaßnahmen *gleichartig* kompensieren.[100] Diese Unterscheidung ist für die naturschutzrechtliche Kompensation fundamental.

In zeitlicher Hinsicht muss der Ausgleich innerhalb einer angemessenen Frist stattfinden, § 19 Abs. 3 S. 1 BNatSchG. Ein Ausgleich, der nicht innerhalb dieser angemessenen Frist durchgeführt worden ist, bleibt wirkungslos.[101] Wie lange diese Frist bemessen werden muss, bestimmt sich nach der Größe des Eingriffs und der Schwere der verursachten Funktionsstörungen der Natur und der Prognose, wann diese wiederhergestellt sein könnten. Den zeitlichen Bezug des Ausgleichs bringt auch die Sobald-Klausel aus § 19 Abs. 2 S. 2 Hs. 2 BNatSchG zum Ausdruck. Ein vollständiger Ausgleich liegt danach nicht bereits im Zeitpunkt der Durchführung der Ausgleichsmaßnahme vor, sondern erst, wenn das Ausgleichsziel erreicht ist. Diese Regelung beruht darauf, dass die Wiederherstellung von Naturfunktionen wegen der Dauer natürlicher Entwicklungsprozesse in aller Regel einige Zeit dauert.

Das Gesetz trennt beim Ausgleich zwischen Beeinträchtigungen des Landschaftsbilds und Beeinträchtigungen von Funktionen des Naturhaushalts. Beschrieben wurde bisher der Ausgleich hinsichtlich beeinträchtigter Naturfunktionen. Hinsichtlich des Landschaftsbilds bieten sich dabei zwei Möglichkeiten des Ausgleichs, die Wiederherstellung oder die Neugestaltung.[102] Ausgeglichen sind Beeinträchtigungen des Landschaftsbildes nach oben festgestellten Anforderungen an den Funktionszusammenhang, wenn in dem betroffenen Landschaftsraum zeitnah ein Zustand geschaffen wird, der den vor dem Eingriff bestehenden Zustand in weitest möglicher Annäherung fortführt, und zwar in gleicher Art, mit gleichen Funktionen und ohne Preisgabe wesentlicher Faktoren des optischen Beziehungsgefüges.

---

[100] *Meßerschmidt*, BNatSchG, § 19 Rn. 34. Dies entspricht dem Stand der Diskussion zu § 8 BNatSchG a.F., wo Rspr. und Literatur Ausgleich als gleichartige Kompensation definierten, vgl. *R. Breuer*, NuR 1980, 89 (94); *Fickert*, BayVBl. 1978, 681 (690); aus der Rspr. BVerwGE 85, 348 ff. Ausführlich zum früheren Streitstand *Berkemann*, UTR 20 (1993), S. 93 (113) m.w.N. Zu den Gründen, warum der Gesetzgeber im Gegensatz zu § 19 Abs. 2 S. 3 BNatSchG darauf verzichtete, den Ausgleich als gleichartige Kompensation zu definieren, ausführlich *Meßerschmidt*, ebenda.

[101] BR-Drs. 411/1/01, S. 45.

[102] Für ein Alternativitätsverhältnis dieser beiden Varianten BVerwGE 85, 348. Dagegen *Meßerschmidt*, BNatSchG, § 19 Rn. 39.

Eine fortwährende optische Veränderung schließt den Ausgleich nicht notwendigerweise aus.[103] Komplementär dazu ist ein Ausgleich immer dann gegeben, wenn der Eingriff optisch nicht mehr wahrnehmbar ist.[104] Für den Ausgleich in Form der Neugestaltung des Landschaftsbilds relevant ist das Kriterium der Landschaftsgerechtheit. Hier ist Ausgleichsmaßstab nicht der vorherige Zustand der Landschaft, sondern die Anpassung der Ausgleichsfläche an die übrige Landschaft in der Form, dass diese Fläche so wenig wie möglich als Fremdkörper in Erscheinung treten darf.[105]

Zusammenfassend lässt sich der naturschutzrechtliche Ausgleich also dergestalt beschreiben, dass in dem beeinträchtigten Lebens- und Landschaftsraum ein Zustand herbeigeführt wird, der den früheren Zustand in der gleichen Art und der gleichen Wirkung fortführt.[106] Die vor dem Eingriff im Naturraum vorhandenen Funktionen von Natur und Landschaft sollen langfristig erhalten bleiben, wobei es nicht auf die isolierte Betrachtung einzelner Funktionen ankommt, sondern vielmehr auf eine Gesamtbetrachtung des Naturhaushalts. Im Gesamtergebnis muss ein gleichartig funktionierender Naturhaushalt erreicht werden.[107]

Dieser Ausgleichsbegriff ist striktes Recht und einer Abwägung nicht zugänglich.[108] Als Konsequenz dessen dürfen dem Verursacher Ausgleichsmaßnahmen nicht erlassen werden. Ferner sind Ausgleichsmaßnahmen gerichtlich uneingeschränkt überprüfbar; ein nicht kontrollierbarer Entscheidungsspielraum steht der Verwaltung nicht zu.[109] Die Methodik der Ermittlung des Ausgleichsbedarf ist überwiegend eine Domäne der Ökologie. Rechtliche Anforderungen an das Ermittlungsverfahren gibt es wenige. Weder das BNatSchG noch das jeweilige Fachrecht enthalten verbindliche Bewertungsvorgaben,[110] es gibt keine standardisierten Maßstäbe oder Verfahren.[111] Verfahrensmäßige Voraussetzung ist nur, dass eine Bilanzierung,

---

[103] BVerwGE 85, 348.

[104] OVG Koblenz, NuR 1989, 138.

[105] OVG Lüneburg, NuR 1982, 112.

[106] BVerwG, NuR 1997, 87; vgl. auch VGH Mannheim, NuR 1995, 358.

[107] BVerwG, NuR 2004, 366 (371).

[108] BVerwGE 104, 144; BVerwG, NuR 1993, 125.

[109] VGH Mannheim, NVwZ 1996, 304; *Berkemann*, NuR 1993, 97 (103); *Gassner*, Recht der Landschaft, S. 154.

[110] BVerwG, NuR 2002, 539.

[111] BVerwG, NuR 2002, 341 und jüngst BVerwG, NuR 2004, 366 (372) mit kritischer Besprechung von *Hösch*, NuR 2004, 575. Allerdings gibt es für bestimmte häufige Eingriffsarten Richtlinien und Verwaltungsvorschriften. Eine „TA Eingriff" o. ä. fehlt aber bisher (dafür z. B. *Peters/Ranneberg*, S. 90 und 120). Zu den Bemühungen um eine Standardisierung der Eingriffsbewertung *Lambrecht*, Laufener Seminarbeiträge 2/1996, S. 99 und *Kiemstedt*, Laufener Seminarbeiträge 2/1996, S. 93 ff., jeweils m.w.N.

also eine vergleichende Gegenüberstellung des Zustandes vor dem Eingriff und des prognostizierten Zustands nach dem Eingriff stattfindet.[112] Anlass zu rechtlicher Beanstandung besteht erst, wenn sich diese Bilanzierung oder das verwendete Bewertungsverfahren als unzulängliches oder ungeeignetes Mittel erweist, um den Anforderungen der Ausgleichspflicht gerecht zu werden.[113] Eine mechanisch-rechnerische Gesamtsaldierung von Eingriff und Ausgleich ist unzulässig.[114] Erforderlich ist ferner die Aufstellung eines Ausgleichskonzeptes, das Aussagen über Grund, Ziel und Mittel des Ausgleichs enthält. Dieses Ausgleichskonzept ist auch deshalb wichtig, weil es den Gerichten ermöglicht, die Anwendung der Eingriffsregelung zu kontrollieren. Denn im Ausgleichskonzept sind die Auslöser und die Ziele der Ausgleichsmaßnahmen beschrieben. Diese Ziele finden Eingang in die Verhältnismäßigkeitsprüfung, der die Verpflichtung des Verursachers zur Durchführung von Ausgleichsmaßnahmen unterliegt. Ihm dürfen nur solche Ausgleichsverpflichtungen auferlegt werden, die überhaupt dazu geeignet sind, die im Ausgleichskonzept beschriebenen Beeinträchtigungen auszugleichen und Ziele des Ausgleichs zu erreichen.[115]

*bb) Ersatzmaßnahmen*

Während früher Ersatzmaßnahmen nur landesrechtlich in den Naturschutzgesetzen der Länder geregelt waren, sind sie nunmehr bundeseinheitlich zwingend in § 19 Abs. 2 S. 3 BNatSchG definiert. Dies beruht auf der stetig wachsenden Bedeutung der Ersatzmaßnahmen bei der Anwendung der Eingriffsregelung und der zunehmenden Rechtsunsicherheit durch divergierende Landesregelungen über Ersatzmaßnahmen, die sich investitionshemmend auswirkte.[116] Die nun erfolgte bundeseinheitliche Regelung machte eine Anpassung der Naturschutzgesetze der Länder erforderlich.[117]

Systematisch stehen die Ersatzmaßnahmen im Range den Ausgleichsmaßnahmen nach § 19 Abs. 2 S. 1 Hs. 1 BNatSchG nach; sie dürfen erst durch-

---

[112] Sehr instruktiv zur Vorgehensweise bei der Bilanzierung und mit vielen Beispielen aus der Verwaltungspraxis *Gassner*, Recht der Landschaft, S. 150–155; *Louis*, Rechtliche Anforderungen an die Bewertung von Eingriffen, in: Bauer/Schink (Hrsg.), Die naturschutzrechtliche Eingriffsregelung in der Bauleitplanung, 1996, S. 34 (42 f.); *Eissing/Louis*, NuR 1996, 486 (488).

[113] BVerwG, NuR 2002, 539.

[114] BVerwG, NuR 1997, 446; OVG Koblenz, NuR 1992, 290 (292); VGH Kassel, NuR 1993, 338.

[115] *Gassner*, Recht der Landschaft, S. 153.

[116] *Meßerschmidt*, BNatSchG, § 19 Rn. 53; *Gassner*, Recht der Landschaft, S. 161.

[117] Näher zur landesrechtlichen Umsetzung *Sparwasser/Wöckel*, UPR 2004, 246 ff.

geführt werden, wenn ein Ausgleich nicht möglich ist. Dies folgt schon aus dem Gesetzeswortlaut in § 19 Abs. 2 S. 1 BNatSchG. Dort heißt es, ein-griffsbedingte Beeinträchtigungen seien „vorrangig" auszugleichen. Zwar muss sich dieses Adverb nicht zwingend auf das Verhältnis Ausgleich-Er-satz beziehen; möglich wäre auch ein Bezug auf die Abwägung aus § 19 Abs. 3 BNatSchG oder die landesrechtlichen Instrumente nach § 19 Abs. 4 BNatSchG.[118] Allerdings ergibt sich die Subsidiarität der Abwägung nach § 19 Abs. 3 gegenüber der Kompensation bereits unmittelbar aus § 19 Abs. 3 S. 1 BNatSchG. Außerdem wären, legte man das Adverb „vorran-gig" in diesem beschriebenen Sinne aus, Ausgleich und Ersatz gleichrangig; der Gesetzgeber hätte dann in § 19 Abs. 2 BNatSchG anstelle der Differen-zierung von „Ausgleich" und „Ersatz" eher von „Kompensation" gespro-chen.[119] Der Ausgleich ist dem Ersatz gegenüber also vorrangig.[120]

Auf Grund der strengen Anforderungen an den Ausgleich kommt es oft vor, dass ein Ausgleich nicht möglich ist. Vielerorts kann der für Aus-gleichsmaßnahmen nötige beschriebene enge Zusammenhang von Eingriff und Ausgleich in örtlicher, funktionaler und zeitlicher Hinsicht wegen fak-tischer naturräumlicher Gegebenheiten nicht erreicht werden. Dies darf aber wegen des Verursacherprinzips nicht zu einer Entlastung des Verursachers führen. Das BVerwG formuliert das so: „Eine Besserstellung des Verursa-chers allein deswegen, weil der Eingriff im Einzelfall nicht real ausgleich-bar ist, erscheint jedenfalls aus der Sicht des Naturschutzes nicht einsich-tig."[121] Daher greifen die Ersatzmaßnahmen gewissermaßen als Auffang-maßnahmen ein, wenn Ausgleichsmaßnahmen nicht möglich sind. Den beschriebenen Schwierigkeiten, die den Ausgleichsmaßnahmen entgegenste-hen, trägt der Begriff der Ersatzmaßnahme dadurch Rechnung, dass er den engen Zusammenhang zwischen Eingriff und Kompensation in räumlicher, funktionaler und zeitlicher Hinsicht lockert (dazu sogleich unter cc)).

Beide Arten der Kompensation sind in der Legaldefinition des § 19 Abs. 2 S. 2 und S. 3 BNatSchG parallel strukturiert. Bei den Ersatzmaßnah-men ist allerdings nicht von Wiederherstellung, sondern von gleichwertigem Ersatz die Rede. Die Kompensation muss nicht wie beim Ausgleich gleich-artig sein. Diese Gleichwertigkeit wird in einer umfassenden und gesamt-

---

[118] *Sparwasser/Wöckel*, NVwZ 2004, 1189.

[119] *Sparwasser/Wöckel*, NVwZ 2004, 1189.

[120] Ganz h. M., statt vieler *Gassner*, in: Gassner/Bendomir-Kahlo/Schmidt-Räntsch, BNatSchG, § 19 Rn. 33; *Gellermann*, in: Landmann/Rohmer, Umwelt-recht IV, § 19 BNatSchG Rn. 7 und 19; *ders.*, NVwZ 2002, 1025 (1030); *Meßer-schmidt*, BNatSchG, § 19 Rn. 22; *Sparwasser/Engel/Voßkuhle*, Umweltrecht, § 6 Rn. 137 und 144; *Anger*, NVwZ 2003, 319 (320); *Schillhorn*, BauR 2002, 1800 (1804); *Wolf*, NuR 2001, 481 (483).

[121] BVerwGE 81, 220.

bilanzierenden Betrachtungsweise, die sich von konkret beeinträchtigten Naturfunktionen löst, festgestellt.[122] Es müssen nicht dieselben Funktionen wiederhergestellt werden; es reicht aus, dass ähnliche Funktionen mit ähnlicher Zielsetzung erzeugt werden. Es findet also eine Rekonstruktion oder aber eine Neugestaltung der Umwelt statt.[123] Dies darf aber nicht zur völligen Beliebigkeit der Kompensationsmaßnahmen führen. Die Eingriffsregelung ist kein Alibi dafür, dass ansonsten sinnvolle oder wünschenswerte Naturverbesserungen, die aber überhaupt nichts mit dem Eingriff zu tun haben, durchgeführt werden. Um die Gefahr der Beliebigkeit der Naturverbesserung einzugrenzen, müssen die neu gestalteten oder wiederhergestellten Naturfunktionen in ihrer ökologischen Funktion den durch den Eingriff beeinträchtigten Naturfunktionen äquivalent sein.[124] Aber selbst mit dieser Begrenzung sind die Möglichkeiten, Ersatzmaßnahmen durchzuführen, äußerst vielfältig.[125]

Hinsichtlich des Landschaftsbildes ist als Ersatzmaßnahme nur eine Neugestaltung der Landschaft möglich. Allerdings kommt eine solche Neugestaltung auch als Ausgleichsmaßnahme in Frage, § 19 Abs. 2 S. 2 a.E. BNatSchG. Das nötige Abgrenzungskriterium zwischen Ausgleich und Ersatz ist auch hier – entsprechend dem oben beim Ausgleich Gesagten – die räumliche Entfernung zwischen Eingriffsort und Kompensationsort. Um als Ausgleichsmaßnahme zu gelten, muss die Neugestaltung einen engeren örtlichen Bezug zum Eingriffsort haben, als wenn es sich um eine Ersatzmaßnahme handelt. In letzterem Fall reicht eine lockere, irgendwie geartete Beziehung zum Eingriffsort aus.

Sowohl Ausgleich als auch Ersatz fallen unter den Oberbegriff der Kompensation. Ersatzmaßnahmen sind aber kein Minus zum Ausgleich, sondern stellen ein Aliud dar.[126] Der qualitative Unterschied zu den Ausgleichsmaßnahmen liegt darin, dass Ersatzmaßnahmen hinsichtlich des räumlichen, zeitlichen und inhaltlich-funktionalen Zusammenhangs mit dem Eingriff weiter und flexibler sind als Ausgleichsmaßnahmen (dazu sogleich). Deshalb und wegen des Vorrangs der Ausgleichsmaßnahmen muss bei der Festsetzung von Maßnahmen zur Kompensation strikt darauf geachtet werden, dass Ausgleichs- und Ersatzmaßnahmen getrennt werden. Es muss erkennbar bleiben, welche Maßnahmen dem Ausgleich und welche dem Ersatz zugeordnet sein sollen.[127]

---

[122] BVerwG, NuR 1999, 103.

[123] *Durner*, NuR 2001, 601 (603).

[124] OVG Bremen, NuR 1990, 225.

[125] Beispiele bei *Meßerschmidt*, BNatSchG, § 19 Rn. 62.

[126] *Berkemann*, NuR 1993, 97 (105); *Durner*, NuR 2001, 601 (603); OVG Münster, NuR 1996, 210.

*cc) Der Zusammenhang zwischen Eingriff und Ausgleich
    bzw. Ersatz im Naturschutzrecht*

Die Begriffe der Gleichartigkeit und der Gleichwertigkeit bilden das Begriffspaar, welches die Kompensation nach § 19 Abs. 2 BNatSchG prägt. Ausgleichsmaßnahmen müssen nach der Legaldefinition in § 19 Abs. 2 S. 2 BNatSchG die beeinträchtigten Naturfunktionen gleichartig wiederherstellen, während für Ersatzmaßnahmen eine lediglich gleichwertige Wiederherstellung genügt. Mit diesem Begriffspaar ist der Zusammenhang zwischen Eingriff und Ausgleich angesprochen, der in den beiden Begriffen enthalten ist. Wie oben bereits erwähnt, unterscheiden sich Ausgleich und Ersatz beziehungsweise die definitorischen Begriffe der Gleichartigkeit und der Gleichwertigkeit in den Anforderungen, die sie an diesen Zusammenhang stellen. Indem die Ersatzmaßnahmen den Zusammenhang zwischen Eingriff und Kompensation lockern, tragen sie den Schwierigkeiten Rechnung, welche der Begriff der Gleichartigkeit durch seine enge Bindung an die eingriffsbedingten Naturschädigungen besonders bei größeren Eingriffen durch Großprojekte aufwirft. Denn je tiefer und flächenmäßig umfangreicher die Eingriffe ausfallen, desto schwieriger wird es, einen gleichartigen Ausgleich vorzunehmen. Deshalb findet in das Kompensationsinstrumentarium der Gedanke der Flexibilisierung Eingang, der den Zusammenhang zwischen Eingriff und Kompensation lockert. Dabei ist zwischen dem funktionalen, dem räumlichen und dem zeitlichen Zusammenhang zu differenzieren.

(1)  Der funktionale Zusammenhang

Beim Ausgleich erfordert das Kriterium der Gleichartigkeit, dass Funktionen wiederhergestellt werden, die mit den durch den Eingriff beeinträchtigten Naturfunktionen identisch sind. Dies geht aus dem Wortlaut des § 19 Abs. 2 S. 2 BNatSchG hervor, der ausdrücklich eine Wiederherstellung der beeinträchtigten Funktionen vorsieht. Es können also keine gänzlich anderen Naturfunktionen zum Ausgleich einer konkreten Naturbeeinträchtigung hergestellt werden. Beispielsweise ist die Anlage eines Feuchtbiotops für die Zerstörung eines kleinen Wäldchens als Ausgleichsmaßnahme nicht geeignet, da ein Feuchtbiotop andere Naturfunktionen erfüllt als ein Wäldchen (Habitate für jeweils unterschiedliche Lebewesen; Wechselwirkungen mit der Umgebung und anderen Naturmedien, etwa dem Boden oder der Luft usw.). Der funktionale Zusammenhang ist bei Ausgleichsmaßnahmen also

---

[127] BVerwG, NuR 2001, 216 und NuR 2002, 539. Die in der Praxis oft übliche Zusammenfassung von Ausgleich und Ersatz zu sogenannten „A/E-Maßnahmen" ist daher gesetzeswidrig, vgl. BVerwG, NuR 2001, 216.

streng; notwendig ist eine Identität der beeinträchtigten Naturfunktion mit der durch den Ausgleich erzeugten Naturfunktion.[128]

Gelockert ist dieser strenge Zusammenhang bei den Ersatzmaßnahmen. Diese fordern keine gleichartige, funktionsidentische Wiederherstellung der beeinträchtigten Funktionen, sondern lediglich eine gleichwertige Wiederherstellung dieser Funktionen. Ziel der Ersatzmaßnahmen ist eine ausgeglichene ökologische Gesamtbilanz. Es geht nicht um die Wiederherstellung des status quo ante, sondern es geht um die Wiederherstellung der vorher existierenden Summe der Naturfunktionen in einem bestimmten Raum. Ersatzmaßnahmen wollen der eingriffsbedingten ökologischen Wertminderung eine ökologische Wertsteigerung gegenüberstellen, so dass die Gesamtsumme der Naturfunktionen nach dem Eingriff und vor dem Eingriff gleich bleibt. Maßgebend sind nicht einzelne Naturfunktionen, sondern die Gesamtheit der Naturfunktionen, die in einer wertenden Betrachtung ermittelt wird. Es müssen also nicht die durch den Eingriff konkret zerstörten Naturfunktionen wiederhergestellt werden. Aber es müssen Maßnahmen getroffen werden, die eine anderweitige Kompensation der Eingriffsfolgen herbeiführen und so das Gebiet auf die gleiche ökologische Wertigkeit heben wie vor dem Eingriff und so die bisherige ökologische Gesamtbilanz des Naturhaushalts im jeweiligen Gebiet bewahren. Zwar verschwinden so die konkreten ökologischen Beeinträchtigungen durch den Eingriff nicht; die Aufwertung anderer Funktionen des Naturhaushalts und des Landschaftsbildes mildert aber diese fortbestehenden Beeinträchtigungen ab.[129] Ersatzmaßnahmen wiegen die fortbestehenden Nachteile auf. Ist dieses Aufwiegen bei wertender Betrachtung nicht festzustellen, so ist die Maßnahme nicht gleichwertig und somit keine taugliche Ersatzmaßnahme.

Mit dieser Loslösung vom strengen Funktionszusammenhang zwischen Eingriff und Kompensation wendet sich die Eingriffsregelung ab vom Gedanken der Naturalrestitution. Bei Großprojekten ist der status quo ante der Natur ohnehin unmöglich wieder herzustellen. Der Gedanke der Naturalrestitution ist daher nicht adäquat umsetzbar. Stattdessen verfolgt die Eingriffsregelung ein Kompensationskonzept, bei dem es anstelle der Restitution zerstörter konkreter natürlicher Gegebenheiten um eine funktionelle Betrachtung der Gesamtsumme der Naturfunktionen geht. Die Rechtsfolgen eines Eingriffs beziehen sich nicht mehr auf eine konkret beeinträchtigte Struktur, sondern der Funktion dieser Struktur im Naturhaushalt.[130] Damit eröffnet sich für den Ersatz ein weites Spektrum an Maßnahmen. Entschei-

---

[128] *Meßerschmidt*, BNatSchG, § 19 Rn. 33 f.; *Wolf*, ZUR 1998, 183 (189); *Sparwasser/Wöckel*, NVwZ 2004, 1189 (1191), jeweils m. w. N.

[129] *Wolf*, NuR 2001, 481 (484).

[130] *Wolf*, NuR 2001, 431 (484).

dend ist nicht mehr das konkrete Naturphänomen oder die konkrete Naturfunktion, die beeinträchtigt wird; ausschlaggebend ist die Gesamtsumme
der Naturfunktionen, die nicht beeinträchtigt werden darf. Es kommt also
auf das Ergebnis (= Gesamtsumme) an, nicht mehr auf den Weg zu diesem
Ergebnis (= einzelne Naturfunktionen, die austauschbar sind, solange die
Gesamtsumme stimmt).

Diese Auslegung des Begriffs der Gleichwertigkeit aus § 19 Abs. 2 S. 3
BNatSchG darf aber nicht zu der Annahme führen, der funktionale Zusammenhang zwischen Eingriff und Kompensation sei völlig aufgelöst worden.[131] Die der Eingriffsregelung zu Grunde liegenden Prinzipien verbieten
es anzunehmen, der funktionale Zusammenhang sei vollständig aufgelöst
worden. Denn dieser funktionale Zusammenhang, sei er auch noch so lose,
ermöglicht eine Ableitung der Kompensationsmaßnahme aus dem Eingriff.[132] Verzichtet man auf den Zusammenhang, so wäre es möglich, beliebige Maßnahmen zur Naturverbesserung als Ersatzmaßnahme durchzuführen, solange die Summe der Naturfunktionen gleich bleibt. Die Flexibilisierung der Eingriffsregelung darf aber nicht zu einer solchen Beliebigkeit
führen. Kompensation soll nicht allgemeine Verbesserungen von Natur und
Landschaft herbeiführen, sondern sie muss die im konkreten Eingriffsfall beeinträchtigten Naturfunktionen wiederherstellen. Dies folgt aus dem Projektbezug der Eingriffsregelung[133]. Die Eingriffsregelung stellt ein besonderes
Rechtsfolgenregime für konkrete einzelne Eingriffe in Natur und Landschaft dar. Sie dient nicht dem allgemeinen Schutz von Natur und Landschaft, sondern will – bezogen auf einzelne Projekte – eine Verschlechte-
rung der Natur verhindern. Daher müssen sich auch die Rechtsfolgen eines
Eingriffs an dem konkreten Eingriff und den dadurch bedingten Naturver-
schlechterungen orientieren. Zwar liegt der Eingriffsregelung das Bestands-
schutz- oder Bestandserhaltungsprinzip nicht in seinem strengen, sondern in
einem modifizierten Sinne zu Grunde[134], wonach es auf im Wege der Flexibilisierung des rigiden Verschlechterungsverbots die Wahrung der ökologischen Gesamtbilanz ankommt. Dennoch kommt es nicht nur auf das gene-
rell-summenmäßige Niveau des natürlichen Bestandes an. Es genügt nicht,
dass mindestens eine schwarze Null unter dem Strich der Bilanz bleibt; es
kommt auch auf die einzelnen Bilanzposten an.[135] Denn der besondere

---

[131] So aber *Ronellenfitsch*, NuR 1986, 284 (288); *ders.*, VerwArch 77 (1986), 177
(183) und *Ehrlein*, VBlBW 1990, 121 (124), jeweils ohne nähere Begründung.
Allerdings beziehen sich die Genannten noch auf das BNatSchG a.F., in dem der
Begriff der Gleichwertigkeit noch nicht verwendet wurde. Diese älteren Ansichten
sind also nicht ohne weiteres auf die heutige Rechtslage übertragbar.

[132] *Gassner*, in: Gassner/Bendomir-Kahlo/Schmidt-Räntsch, § 19 Rn. 33.

[133] Dazu noch ausführlich unten bei C. I.

[134] Siehe dazu noch unten bei C. IV.

Wert der Natur liegt gerade auch in der Vielfalt ihrer Funktionen, wie §§ 1 Nr. 4; 2 Abs. 1 Nrn. 8 und 13 BNatSchG zeigen. Daher kann der funktionale Zusammenhang zwischen Eingriff und Kompensation im Begriff der Gleichwertigkeit, der die Ersatzmaßnahmen definiert, nicht vollständig aufgelöst werden. Zwar ist dieser Zusammenhang sehr weit gelockert; dennoch muss es möglich sein, die Ersatzmaßnahme – auf welchem Wege auch immer – aus dem erfolgten Eingriff abzuleiten. Das durch die Ersatzmaßnahme geschaffene Surrogat muss den beeinträchtigten Naturfunktionen stets irgendwie ähnlich sein.[136]

(2) Der räumliche Zusammenhang

Bei Ausgleichsmaßnahmen verlangt das Kriterium der Gleichartigkeit, dass zwischen Eingriff und Ausgleich ein enger Zusammenhang besteht. Während manche Stimmen früher in Erwägung zogen, dass ein Ausgleich nur an dem Ort des Eingriffs selbst stattfinden kann,[137] stellt man heute darauf ab, ob sich die Ausgleichsmaßnahmen in dem Raum auswirken, in dem die mit dem Vorhaben verbundenen Beeinträchtigungen auftreten.[138] Der Ausgleich muss nicht genau an der Stelle des Eingriffs erfolgen. Dies folgt daraus, dass bei umfangreichen Großprojekten wegen der Vielzahl beeinträchtigter Funktionen die Ausgleichsmaßnahmen meist nicht auf dem Gelände des Projektes selbst durchgeführt werden können. Der Begriff der Ausgleichsmaßnahmen wäre dann überflüssig, weil nur noch Ersatzmaßnahmen in Betracht kämen. Daher muss es möglich sein, einen in dieser Hinsicht gelockerten Ausgleich durchzuführen, damit der Ausgleich nicht bedeutungslos wird.

Der Ausgleich, also die Wiederherstellung der Naturfunktionen, kann aber nicht räumlich völlig losgelöst vom Eingriffsort stattfinden. Es sind auf Grund der Komplexität biologischer Zusammenhänge kaum Naturfunktionen denkbar, die ohne räumlichen Bezug zum Eingriffsort wiederhergestellt werden können. Daher sind die für jeden Einzelfall gesondert zu bestimmenden Auswirkungsentfernungen maßgeblich für den räumlichen

---

[135] *Sparwasser/Wöckel*, NVwZ 2004, 1189 (1192).

[136] Im Ergebnis ebenso BVerwG, NVwZ 1999, 532 (534); *Sparwasser/Wöckel*, NVwZ 2004, 1189 (1192); *Gellermann*, in: Landmann/Rohmer, § 19 BNatSchG Rn. 17; *Meßerschmidt*, BNatSchG, § 19 Rn. 35; *Gassner*, Recht der Landschaft, S. 162; *ders.*, in: Gassner/Bendomir-Kahlo/Schmidt-Räntsch, BNatSchG, § 19 Rn. 36; *Sparwasser/Engel/Voßkuhle*, § 6 Rn. 145.

[137] So *Schroeter*, DVBl. 1979, 14 (17).

[138] BVerwG, Az.: 11 A 4.96; BVerwG, NuR 1997, 87; *R. Breuer*, NuR 1980, 89 (94); *Meßerschmidt*, BNatSchG, § 19 Rn. 32. Seit BVerwGE 85, 348 ist dies fast einhellig anerkannt, vgl. z.B. OVG Münster, NVwZ-RR 1995, 10.

Zusammenhang. Ausschlaggebend sind die räumlich funktionellen Verflechtungen der jeweiligen, für das konkrete Projekt individuell zu bestimmenden ökologischen Situation am Eingriffsort.[139] Ein bloß regionaler Zusammenhang indes reicht nicht aus.[140] Die Ausgleichsmaßnahmen müssen in den Naturfunktionen noch dort messbare Wirkungen entfalten, wo der Eingriff stattgefunden hat.[141]

Auch bei den Ersatzmaßnahmen ist neben der funktionalen Lockerung des Zusammenhangs zwischen Eingriff und Kompensation auch der räumliche Zusammenhang gelockert. Ersatzmaßnahmen müssen im Gegensatz zu Ausgleichsmaßnahmen nicht auf den Eingriffsort zurückwirken. Es reicht vielmehr für die Bejahung der Gleichwertigkeit aus, wenn *überhaupt* eine räumliche Beziehung zwischen dem Eingriffsort und dem Ort der Ersatzmaßnahme besteht. Dies beurteilt sich nach den ökologischen Einzelfallgegebenheiten;[142] abstrakte Festsetzungen sind schwierig und wenig zielführend. So ist der räumliche Zusammenhang trotz größerer räumlicher Entfernung dann erfüllt, wenn der Ersatzort durch bioökologische Wechselbeziehungen unmittelbar mit dem Eingriffsort verbunden ist oder einen zusammenhängenden ökologischen Funktionsraum bildet.[143] Als abstrakte Maxime lässt sich aber trotz aller Großzügigkeit, mit welcher der räumliche Bezug zwischen Eingriff und Ersatzmaßnahme zu beurteilen ist,[144] der Grundsatz aufstellen, dass ein wie auch immer gearteter räumlicher Bezug zum Eingriffsort erhalten bleiben muss.[145] Ersatzmaßnahmen dürfen nicht an einem beliebigen Ort durchgeführt werden.[146] Ein bloß regionaler Zusammenhang reicht nicht[147], maßgebend ist, ob ein einheitlicher Naturraum vorliegt.[148] Im Baurecht ist dies grundlegend anders (dazu ausführlich im zweiten Kapitel). Funktionen der Natur sind immer auf einen konkreten Standort bezogen. Daher kann der räumliche Zusammenhang nicht vollständig aufgehoben werden. Der örtliche Bezug ist Natur und Landschaft imma-

---

[139] *Erz,* Laufener Seminarbeiträge, 9/1983, S. 14 ff.

[140] *Meßerschmidt,* BNatSchG, § 19 Rn. 32; *Teßmer,* NuR 2002, 714 (717).

[141] BVerwG, NuR 1997, 87.

[142] BVerwG, NuR 1997, 87.

[143] BVerwG, NuR 1997, 87. Beispielsweise können in einem Flusstal Ersatzmaßnahmen 17 km vom Eingriffsort entfernt erfolgen, BVerwG, NuR 1999, 103. Vgl. auch BVerwG, NuR 2005, 177 f.: 15 km. In anderen Fällen können bereits 800 m problematisch sein, BVerwG, NuR 1997, 87.

[144] Vgl. jüngst BVerwG, NuR 2004, 795 ff. und BVerwG, NuR 2005, 177 f.

[145] So aber – allerdings vor Einführung des Baurechtskompromisses 1993 – *Kuchler,* Naturschutzrechtliche Eingriffsregelung und Bauleitplanung, S. 189; *ders.,* NuR 1991, 465 (471); *Ehrlein,* VBlBW 1990, 121 (124).

[146] BVerwG, NuR 1999, 510.

[147] *Teßmer,* NuR 2002, 714 (717).

[148] BVerwG, NuR 2005, 177 f.

nent.[149] Sie sind immer räumlich-konkret Lebensraum und Lebensgrundlage für die gerade an einem bestimmten Ort angesiedelten Menschen, Tiere und Pflanzen. Die durch das BNatSchG geschützten Gemeinschaftsgüter sind in ihrer jeweiligen örtlichen Vorfindlichkeit verletzbar und entsprechend schutzwürdig.[150] Daher muss sich der Ort der Beeinträchtigung irgendwie in den getroffenen Kompensationsmaßnahmen widerspiegeln; bei den Ersatzmaßnahmen besteht hier ein weit größerer Spielraum als bei den Ausgleichsmaßnahmen.

## (3) Der zeitliche Zusammenhang

Bereits oben erwähnt wurde die Lockerung des Zusammenhangs zwischen Eingriff und Kompensation in örtlicher und funktionaler Sicht. Ungeklärt ist demgegenüber, ob eine Lockerung auch in zeitlicher Hinsicht erfolgen kann. Nach dem herkömmlichen Verständnis und der hergebrachten Praxis der naturschutzrechtlichen Eingriffsregelung fand in zeitlicher Hinsicht erst der Eingriff, also die Verwirklichung eines Projekts statt. Erst danach, seltener gleichzeitig, wurden die nötigen Kompensationsmaßnahmen durchgeführt.[151] Im Zuge der Entwicklung moderner Kompensationsmechanismen (dazu ausführlich im dritten Kapitel) stellt sich die Frage, ob Kompensationsmaßnahmen auch vor der Realisierung des den Eingriff darstellenden Projekts durchgeführt werden können oder ob dieser Modus der Kompensation nicht gegen tragende Grundsätze der Eingriffsregelung verstößt.[152]

Ein eher schwaches Argument gegen die Lockerung des zeitlichen Zusammenhangs zwischen Eingriff und Kompensation ist die Betrachtung des

---

[149] *Sparwasser/Wöckel*, NVwZ 2004, 1189 (1192).

[150] BVerwGE 81, 220 (221).

[151] Für eine zeitliche Entkopplung kommen zwei Arten von zeitlichen Verschiebungen in Betracht. Entweder man führt die Kompensation vor dem Eingriff durch oder man lockert den Zusammenhang zwischen Kompensation und Eingriff dahingehend, dass die Kompensation zeitlich erst lange nach dem Eingriff erfolgt. Dieses Kompensationsmodell findet sich beispielsweise im BBergG umgesetzt, wo das Konzept der bergrechtlichen Wiedernutzbarmachung nach § 55 Abs. 1 Nr. 7 BBergG eine Lockerung der Zeitspanne zwischen Eingriff und Kompensation vorsieht. Dieses Modell der zeitlich nachgeschalteten Entscheidung über den Ausgleich ist aber für die Eingriffsregelung nicht anwendbar. Denn so würde ein wesentliches Prinzip (dazu s. bei C. III.) der Eingriffsregelung, das Vorsorgeprinzip, ins Gegenteil verkehrt; statt Vorsorge würde Nachsorge betrieben. Das Vorsorgeprinzip verlangt von der Eingriffsregelung, dass Art und Umfang der erforderlichen Kompensation schon in der planerischen Entscheidung im Sinne eines planerischen Junktims abschließend festgelegt werden, vgl. *Wolf,* NuR 2001, 482 (487).

[152] Ausführlich dazu monografisch *Anger,* Die ökologische Bevorratung, passim, der seine Ergebnisse kompakt in UPR 2004, 7 ff. vorstellt. Die Rechtsprechung hat sich zu diesem Problemkreis noch nicht geäußert.

Wortlauts. Der Begriff der „Kompensation von Eingriffen" könnte nahe legen, dass eine Kompensation im Wortsinne nicht erfolgen kann, wenn der Eingriff noch gar nicht stattgefunden hat. Zwingend ist diese Einsicht aber nicht. Das Wort „Kompensation" kann genauso als Gattungs- oder als Sammelbegriff für eine bestimmte Art von Maßnahmen betrachtet werden. Eine nähere Bestimmung dieses Gattungsbegriffs könnte über beschreibende Attribute wie „vorweggenommene Kompensation" oder „nachgelagerte Kompensation" erfolgen.

Gewichtiger ist demgegenüber das Argument, dass eine Vorwegnahme der Kompensationsmaßnahmen gegen das Bestandsschutzprinzip als Grundprinzip der Eingriffsregelung verstoßen könnte. Ziel der Eingriffsregelung ist es, den vorhandenen Bestand der Natur und der Landschaft zu schützen. Als Konsequenz dessen ist der Gesamtbestand von Natur und Landschaft vor dem Eingriff so weit als möglich wiederherzustellen. Grundaussage des Bestandsschutzprinzips ist also, dass Kompensationsmaßnahmen das ökologische Ausgangsniveau der Natur erhalten müssen. Führt man nun Kompensationsmaßnahmen vor dem Eingriff durch, so werden diese durchgeführten Maßnahmen zum Bestandteil dieses Ausgangsniveaus. Kompensationsmaßnahmen müssen aber das Niveau, das nach dem Eingriff gesunken ist, wieder auf den Stand vor dem Eingriff heben. Was aber im Ausgangsniveau enthalten ist, kann nicht gleichzeitig zu dieser Wiederherstellung des Ausgangsniveaus beitragen.[153] So kann beispielsweise ein Ausgleich aus diesen Erwägungen heraus nicht dadurch erfolgen, dass vorhandene, ökologisch hochwertige Flächen lediglich nicht verändert werden oder unter Schutz gestellt werden.[154] Kompensationsmaßnahmen, die vor dem Eingriff erfolgen, werden Bestandteil des vor dem Eingriff bestehenden Natur- und Landschaftsniveaus und taugen deshalb nicht zu dessen Wiederherstellung.

Diese Argumentation legt aber das Bestandsschutzprinzip zu eng aus und übersieht einen entscheidenden Punkt. Denn das Bestandsschutzprinzip fordert nicht die Wiederherstellung des Naturbestandes, der *vor* der Realisierung des Eingriffs besteht, sondern vielmehr eine Wiederherstellung des Naturbestandes, wie er *ohne* Realisierung des Eingriffs bestehen würde. Dieser Unterschied ist normalerweise marginal und bleibt regelmäßig ohne Konsequenz für die Auswahl der Kompensationsmaßnahmen. Allerdings wird der Unterschied hier in diesem Punkt ausnahmsweise einmal relevant. Als Folge dieser Erkenntnis müssen bei der Bestimmung des ökologischen Ausgangsniveaus alle Veränderungen, auch die positiven, ausgeblendet werden, die mit dem Eingriff in Zusammenhang stehen.[155] Vorweggenommene

---

[153] *Anger,* UPR 2004, 7 (9).
[154] *Heinke,* S. 106; BVerwG, UPR 1997, 36.
[155] *Anger,* UPR 2004, 7 (9) und *ders.,* Die ökologische Bevorratung, S. 26.

Kompensationsmaßnahmen stehen in Zusammenhang mit dem später erfolgenden Eingriff, weil sie diesen naturschutzrechtlich erst ermöglichen sollen. Die Existenz der vorweggenommenen Maßnahmen ist nur durch den später vorzunehmenden Eingriff bedingt. Bei der Bestimmung des durch die Eingriffsregelung und das Bestandsschutzprinzip geschützten Niveaus sind diese Maßnahmen daher außer acht zu lassen. Stattdessen ist bei der Bestandsaufnahme der zu schützenden Natur hypothetisch zu fragen, in welchem Zustand Natur und Landschaft sich befinden würden, wenn die vorweggenommenen Maßnahmen nicht durchgeführt worden wären. Die Antwort auf diese hypothetische Frage ist das Schutzgut der Eingriffsprüfung im jeweils konkreten Fall.

Teleologische Erwägungen stützen dieses Verständnis des Bestandsschutzprinzips. Denn durch zeitliche Vorwegnahme von Kompensationsmaßnahmen können Lücken im Bestandsschutz geschlossen werden, welche die Eingriffsregelung im Zuge der herkömmlichen Kompensation in Kauf nimmt. In der Praxis der Eingriffsregelung kommt es oft vor, dass Projekte wegen des überwiegenden Allgemeininteresses auf Grund der Abwägung nach § 19 Abs. 3 BNatSchG verwirklicht werden, obwohl keine geeigneten Ausgleichs- und Ersatzflächen zur Verfügung stehen. In der Folge werden keine umweltwirksamen Maßnahmen durchgeführt, sondern meist zahlen die Eingriffsverursacher einen finanziellen Ausgleich nach Maßgabe des Landesrechts, das die Öffnungsklausel des § 19 Abs. 4 BNatSchG umsetzt. Die zeitlich vorgelagerte Durchführung von Kompensationsmaßnahmen vermeidet dieses Problem. Durch frühzeitige Planung und Durchführung entsprechender Maßnahmen zu einem Zeitpunkt, in dem noch geeignete Flächen ausreichend zur Verfügung stehen, können solche Projekte ökologisch sinnvoller kompensiert werden. Die zeitliche Entkopplung von Kompensationsmaßnahmen erfüllt so gleichsam eine Platzhalterfunktion für Natur und Landschaft.[156]

Dazu kommt noch, dass herkömmliche Kompensationsmaßnahmen ihre ökologisch ausgleichende Wirkung regelmäßig erst nach einiger Zeit nach Durchführung der Maßnahme entfalten. Beispielsweise können als Kompensation gepflanzte Bäume die beeinträchtigten Maßnahmen erst dann funktional ersetzen, wenn die Bäume eine gewisse Wachstumsphase hinter sich haben; ähnliches gilt für Fortpflanzungsphasen ausgesetzter Tierpopulationen etc. Die ökologischen Funktionen werden also nicht zeitnah ersetzt, sondern es dauert eine gewisse Zeit, bis die Funktionen adäquat im Sinne der Eingriffsregelung kompensiert sind. Hier schließt die zeitlich vorgelagerte Durchführung von Kompensationsmaßnahmen diese zeitliche Lücke. Sie erlaubt es den Maßnahmen, ihre vorteilhaften Wirkungen noch vor oder

---

[156] *Anger*, Die ökologische Bevorratung, S. 28.

möglichst kurz nach der Realisierung des Eingriffs zu entfalten. So erfährt der vorhandene Bestand der Natur einen beinahe lückenlosen Schutz, verglichen mit der herkömmlichen Kompensationsmethode.

Daher verstößt die zeitlich vorgelagerte Durchführung der Kompensation nicht gegen das Bestandsschutzprinzip.[157] Die zeitliche Entkoppelung zwischen Kompensation und Eingriff stellt für die Genehmigungsbehörde eine weitere Kompensationsoption dar.

### dd) Gemeinsame Anforderungen an Ausgleichs- und Ersatzmaßnahmen

Beide Arten der Kompensation dürfen nur auf Flächen durchgeführt werden, die aufwertungsbedürftig und aufwertungsfähig sind.[158] Das heißt, dass nur solche Flächen zur Kompensation geeignet sind, die in einen Zustand versetzt werden können, der sich im Vergleich zum früheren Zustand als ökologisch höherwertig einstufen lässt. Erfüllt eine Fläche bereits eine Biotopfunktion, so ist sie als Kompensationsfläche regelmäßig ungeeignet.[159] Rein passive Kompensation, die den Ausgleich alleine dem Lauf der Natur überlässt, ist genauso wenig eine Kompensationsmaßnahme wie eine Unterschutzstellung wertvoller Flächen allein.[160] Dennoch können auch Flächen in ausgewiesenen Schutzgebieten als Kompensationsflächen herangezogen werden, nämlich wenn die Kompensationsmaßnahmen über die dort ohnehin geltenden Schutzmaßnahmen hinausgehen.[161]

Umstritten ist, ob eine naturschutzrechtliche Kompensationsmaßnahme auch darin liegen kann, dass ein ökologisch wertvoller Zustand rechtlich auf Dauer gesichert wird, beispielsweise über Bauleitplanung oder öffentlich-rechtliche Verträge.[162] Richtigerweise ist diese Art der Kompensation nicht ausreichend. Denn die Frage der Kompensation ist eine tatsächliche Frage; der bloß rechtliche Schutz bringt für die Umwelt jedoch keinen realen Gewinn und entspricht deshalb nicht dem Sinn der Kompensationsver-

---

[157] So im Ergebnis auch *Gassner,* in: Gassner/Bendomir-Kahlo/Schmidt-Räntsch, § 19 Rn. 13; *Gellermann,* in: Landmann/Rohmer, § 19 BNatSchG Rn. 32.

[158] BVerwG, NuR 1997, 87; BVerwG, NuR 1999, 510; BVerwG, NVwZ 1999, 532; VGH Mannheim, NVwZ-RR 2002, 8; VGH Mannheim, VBlBW 2002, 203 (204); OVG Koblenz, BauR 2000, 1011.

[159] BVerwG, NuR 1997, 87 (89); BVerwG, NuR 1997, 103 ff.

[160] *Halama,* NuR 1998, 636; *Wolf,* NuR 2001, 481 (484).

[161] BVerwG, NuR 1999, 510. Nach Ansicht des VG Schleswig, B. v. 16.10.2001, Az. 12 B 16/01, gilt dies nicht für FFH- und Vogelschutzgebiete. Generell gegen die Einbeziehung solcher Schutzgebiete *Louis,* BNatSchG, § 8 Rn. 45. Ausführlich *Sparwasser/Wöckel,* UPR 2004, 246 (247).

[162] Bejahend *Kuschnerus,* NVwZ 1996, 236 (240), verneinend *Halama,* NuR 1998, 633 (636); *Meßerschmidt,* BNatSchG, § 19 Rn. 65, jeweils m. w. N.

pflichtung. Darüber hinaus steht dies im Widerspruch zur Rechtsprechung des BVerwG.[163] Sie besagt, dass Flächen, die bereits ökologisch wertvoll sind, keine geeigneten Kompensationsflächen sein können. Ganz generell gilt, dass nur solche Maßnahmen als Kompensationsmaßnahmen anerkannt werden können, die Funktionen des Naturhaushaltes oder der Landschaftspflege betreffen. Dies folgt daraus, dass § 19 Abs. 2 BNatSchG explizit auf diese Umweltfaktoren abstellt. Es ist daher nicht möglich, andere Umweltmedien aufzuwerten und dies als Ausgleich oder Ersatz anrechnen zu lassen. Real verbessert werden muss vielmehr immer der Naturhaushalt oder das Landschaftsbild.

Bei der Auswahl von Kompensationsmaßnahmen geht es um eine qualitative Gesamtbilanz. Ob unvermeidbare Beeinträchtigungen kompensiert werden können, ist auf Grund einer wertenden Gesamtbilanzierung und nicht im Wege einer bloßen Aneinanderreihung einzelner Ausgleichsmaßnahmen zu beurteilen.[164] Die Auswahl steht dabei im Prognoseermessen der Behörde.[165] Die Umsetzung der Kompensationsverpflichtung erfolgt meist über Nebenbestimmungen im Sinne von § 36 VwVfG, weniger häufig als integraler Genehmigungsinhalt (dies passt eher für Vermeidemaßnahmen aus § 19 Abs. 1 BNatSchG).[166] Da die Anordnung von Kompensationsmaßnahmen auf einer Prognoseentscheidung der Behörde beruht[167] und mithin ein gewisses Risiko der Fehlprognostizierung besteht, ist es erforderlich, die Durchführung und Effizienz der Kompensationsmaßnahmen behördlich zu überwachen. Daher sollte in den Genehmigungsbescheid zusätzlich – soweit gesetzlich möglich – stets ein Vorbehalt nachträglicher Anordnungen aufgenommen werden, um so die Durchführung der Kompensationsmaßnahmen überwachen zu können und einem eventuellen Scheitern der Kompensation oder aber einer Überkompensation, die im Lichte des Verhältnismäßigkeitsprinzips problematisch ist, vorbeugen zu können. Begrenzt wird die Möglichkeit, Kompensationsmaßnahmen anordnen zu können, durch den Grundsatz der Verhältnismäßigkeit,[168] der restriktiv zu handhaben ist.[169]

---

[163] BVerwG, UPR 1997, 37.

[164] VGH Mannheim, NuR 1994, 234.

[165] Für die Planfeststellung BVerwG, NuR 1995, 248. Für gebundene Entscheidungen gilt insoweit aber nichts anderes, weil es hier nicht um die Zulassungsentscheidung geht, sondern um die Entscheidung über flankierende Maßnahmen. Diese Entscheidung ist nicht gebunden.

[166] Ausführlich zum Verfahren *Meßerschmidt*, BNatSchG, § 20 Rn. 53.

[167] *Berkemann*, UTR 20 (1993), S. 93 (115); *Schink*, DVBl. 1992, 1390 (1399).

[168] *Kuchler*, NuR 1991, 465 (471); *R. Breuer*, NuR 1980, 89 (94); *Meßerschmidt*, BNatSchG, § 19 Rn. 54 m.w.N.

[169] Siehe dazu noch unten bei C. VI.

### c) Dritte Stufe: Abwägung und Unterlassungsgebot, § 19 Abs. 3 BNatSchG

Auf der dritten Stufe der Rechtsfolgen, die § 19 BNatSchG vorsieht, steht die Abwägungsregelung des § 19 Abs. 3 BNatSchG. Sie greift ein, wenn die Folgen des Vorhabens weder vermeidbar noch kompensierbar sind, also beide vorgelagerten Prüfungsstufen erfolglos durchlaufen worden sind. Sie bildet so die dritte Stufe der Rechtsfolgen und den Schlusspunkt der Eingriffsregelung.[170] Sind die Beeinträchtigungen weder vermeidbar noch kompensierbar, so folgt nicht automatisch eine Untersagung des gesamten Vorhabens. Vielmehr findet eine Abwägung gemäß § 19 Abs. 3 BNatSchG statt, die gegebenenfalls zu einer Untersagung führen kann. Diese Untersagungsmöglichkeit ist ein eigenständiger, vom jeweiligen Fachrecht unabhängiger Versagungsgrund für die Durchführung des Vorhabens.[171]

In den gestuften Rechtsfolgen der Eingriffsregelung hat das Abwägungsgebot zentrale Bedeutung. Denn es ist die einzige Möglichkeit, mittels der Eingriffsregelung ein – nochmals: ansonsten fachgesetzlich zulässiges und nicht mehr in Frage gestelltes – Vorhaben vollständig zu untersagen. Dadurch, dass die Abwägung erst auf der dritten Stufe der Rechtsfolgenseite steht, kommt sie nur zum Tragen, wenn keine der vorherigen Stufen (Vermeidung und Kompensation) einschlägig ist.[172] Solange also noch Kompensation nach § 19 Abs. 2 BNatSchG möglich ist, greift § 19 Abs. 3 BNatSchG nicht ein, was zur Folge hat, dass das Vorhaben nicht untersagt werden kann. Weil in aller Regel mindestens Ersatzmaßnahmen möglich sind und kaum ein Vorhaben denkbar ist, dessen Beeinträchtigungen nicht irgendwie kompensierbar sind, verringert sich dadurch die Zahl der Projekte wesentlich, bei denen die Abwägung nach § 19 Abs. 3 BNatSchG eingreift und über die Vorhabenzulassung entscheidet. Damit kann die Behörde zumeist nicht über § 19 Abs. 3 BNatSchG das Vorhaben untersagen. Die Untersagungsmöglichkeit verliert insgesamt an praktischer Bedeutung; die Eingriffsregelung führt seltener zur Untersagung ganzer Vorhaben.[173] Bei der

---

[170] BVerwG, NuR 2001, 216.

[171] BVerwGE 85, 348 (352 f.).

[172] Damit unterscheidet sich § 19 Abs. 3 BNatSchG n. F. deutlich von § 8 Abs. 3 BNatSchG a. F., bei dem das Verhältnis von Ersatzmaßnahmen und Abwägung unklar und heftig umstritten war. Vgl. *Ronellenfitsch,* NuR 1986, 284 (288) einerseits und *Berkemann,* NuR 1993, 97 (103 f.); *Halama,* NuR 1998, 633 (637); *Kuchler,* NuR 1991, 465 (472) andererseits; offengelassen von BVerwG, NuR 1993, 125.

[173] Kritisch zur BNatSchG-Novelle daher *Gellermann,* NVwZ 2002, 1025 (1030); *Eckard,* ZUR 2001, 249 (251); *Jessel,* UVP-report 2002, 13 ff. Im Gesetzgebungsverfahren (vgl. BR-Drs. 411/1/01, S. 46) wurde versucht, dies dadurch auszugleichen, dass in der Abwägung eine Untersagung bereits möglich sein sollte, wenn die

Abwägung nach § 19 Abs. 3 BNatSchG handelt es sich um eine eigenständige, spezifisch naturschutzrechtliche Abwägung, die vom Prinzip der Eingriffsminimierung geleitet ist. Sie ist mit der abschließenden Abwägung über die Zulassungsentscheidung nicht identisch, sondern von dieser zu trennen.[174]

Inwieweit die Abwägung nach § 19 Abs. 3 BNatSchG der gerichtlichen Kontrolle unterliegt, ist umstritten. Richtigerweise kommt der entscheidenden Behörde hier kein planerischer Gestaltungsspielraum zu, der mit einer beschränkten Kontrolldichte korrespondiert.[175] Die Rücknahme gerichtlicher Kontrolldichte bei Abwägungsvorgängen erfolgt nicht grundlos, sondern muss sich – um nicht unverhältnismäßig in Art. 19 Abs. 4 GG einzugreifen – auf die Fälle beschränken, in denen zwingende Gründe eine solche Rücknahme erfordern.[176] Im Bauplanungsrecht liegt ein solcher zwingender Grund für die beschränkte Abwägungskontrolle bei § 1 Abs. 6 BauGB in der Gewährung der gemeindlichen Planungshoheit durch Art. 28 Abs. 2 GG. Im Fachplanungsrecht (beispielsweise bei § 17 Abs. 1 S. 2 FStrG) rechtfertigt sich die Zurücknahme der Kontrolldichte dadurch, dass Fachplanung ohne planerische Gestaltungsfreiheit nicht möglich ist und dass nur so das vielseitige Geflecht gegenläufiger Interesse, das vielfach mit politisch-wertenden Elementen durchsetzt ist, durch finale Abwägungsdirektiven vertretbar lösbar ist.[177] Eine entsprechende Rechtfertigung fehlt aber bei der Abwägung nach § 19 Abs. 3 BNatSchG. Es handelt sich hier um eine zweiseitige Interessenabwägung,[178] an deren Ende eine ja/nein-Entscheidung steht

---

Naturschutzbelange den anderen Belangen gleichwertig sind; ein Überwiegen sollte nicht mehr nötig sein. Dieser Vorschlag setzte sich aber nicht durch. Beinahe schon resignierend *Hösch,* NuR 2004, 572 (576), der die Eingriffsregelung als praktisch wirkungslos ansieht und von einem generellen Vorrang der Straßenplanung vor dem Naturschutz spricht.

[174] BVerwGE 85, 348; BVerwG, NuR 1993, 125. Anderer Ansicht *Ramsauer,* NuR 1997, 419 (422) und *R. Wolf,* ZUR 1998, 183 (189). Unklar ist, in welchem Verhältnis die Abwägung nach § 19 Abs. 3 BNatSchG zu einer allgemeinen fachplanerischen Abwägung, in die ja auch Umweltbelange einzustellen sind, steht. Ausführlich dazu m.w.N. zum Streitstand *Heinke,* S. 142 und *Meßerschmidt,* BNatSchG, § 19 Rn. 76.

[175] Anderer Ansicht die wohl noch h.M., BVerwGE 85, 348 (362); BVerwG, NVwZ 1993, 565 (569); *R. Breuer,* NuR 1980, 89 (94); *Paetow,* NuR 1986, 144 (146); *Ronellenfitsch,* VerwArch 77 (1986), 177 (183). In der Rspr. schon zweifelnd VGH Mannheim, NuR 2000, 455.

[176] St. Rspr., BVerfGE 61, 82; E 64, 279; E 84, 49; E 88, 56; *Ibler,* in: Berliner Kommentar, Art. 19 Abs. 4, Rn. 257. Teilweise anderer Ansicht BVerwGE 39, 305; E 59, 216; E 61, 186; E 62, 341; *Erichsen,* DVBl. 1985, 26: mit Art. 19 Abs. 4 GG ohne weiteres vereinbar.

[177] Grundlegend für die Bauleitplanung BVerwGE 34, 301 (304); für die Fachplanung E 48, 56 (59); E 56, 110 (116, 119) und vor allem E 72, 282.

und die nicht der Steuerung einer planerischen Gestaltungsfreiheit dient.[179] Eine solche zweiseitige Interessenabwägung lässt regelmäßig nur ein richtiges Ergebnis zu und wird demgemäß als gerichtlich uneingeschränkt kontrollierbar angesehen.[180] Die Eingriffsregelung ist konditional programmiert und muss demgemäß auch uneingeschränkt kontrollierbar sein.[181]

## C. Leitprinzipien der Eingriffsregelung

### I. Der Projektbezug

Während die Landschaftsplanung als Steuerungsinstrument auf den Raum abstellt, bezieht sich die Eingriffsregelung auf einzelne Projekte. Während die Landschaftsplanung eher vorwärtsgerichtet und auf Veränderung hin angelegt ist, wirkt die Eingriffsregelung dagegen im Wesentlichen defensiv.[182] Sie will alle diejenigen Projekte ihrer Steuerung unterwerfen, die ein bestimmtes Schädigungspotenzial für Natur und Landschaft aufweisen. Die Natur soll in Bezug auf einzelne Projekte, welche die Naturfunktionen stören, wiederhergestellt werden; sie soll aber gerade nicht abstrakt, ohne Bezug zu konkreten Eingriffen in die Natur, zu einer Naturaufwertung durch Kompensationsmaßnahmen führen.[183] Der Projektbezug der Eingriffsregelung zeigt sich auch in der verfahrensmäßigen Umsetzung, welche die Prüfung der Eingriffsregelung als Teil eines projektspezifischen Verwaltungsverfahrens ansieht. Auch die Katalogisierung einzelner Projekte in Positiv- und Negativlisten auf der Grundlage von § 18 Abs. 4 S. 2 und 3 BNatSchG durch die Länder[184], die zur Qualifikation des jeweiligen Projekts als Eingriff bzw. als Nicht-Eingriff führt, zeigt diesen Projektbezug.

---

[178] BVerwG, NuR 2001, 216 – dieses Urteil spricht allerdings nicht die Konsequenz der Qualifikation als „zweiseitige Interessenbewertung" aus, nämlich die gerichtliche Kontrolle uneingeschränkt stattfinden zu lassen.

[179] *Kuschnerus*, NVwZ 1996, 236 (240); *Halama*, NuR 1998, 633 (636).

[180] Vgl. zu solchen Abwägungen im Baurecht etwa BVerwG, NVwZ 1983, 609 (610), BVerwGE 82, 343 (348); BVerwG, NVwZ 1994, 686 (687).

[181] Dies erkennt die Rspr. des BVerwG auch an in Fällen der Eingriffsprüfung in gesetzlich gebundenen Zulassungsentscheidungen, vgl. BVerwG, NuR 2002, 360.

[182] *Kolodziejcok*, NuR 1992, 309.

[183] Siehe oben bei B. II. 2. b) cc) (1).

[184] Negativlisten kennen nur Nordrhein-Westfalen, Thüringen und Hamburg, vgl. § 4 Abs. 3 LGNW; § 9 Abs. 2 und Abs. 3 HambNatSchG; § 6 Abs. 3 ThürNatG. Positivlisten existieren dagegen in den meisten Ländern: § 10 Abs. 1 NatSchG BW; § 14 Abs. 1 S. 2 NatSchG Bln; § 10 Abs. 2 BbgNatSchG; § 11 Abs. 2 S. 1 BremNatSchG; § 9 Abs. 1 S. 2 HambNatSchG; § 5 Abs. 1 HessNatSchG; § 14 Abs. 2 NatSchG M.-V.; § 4 Abs. 2 LG NW; § 4 Abs. 1 S. 2 LPflG R.-P.; § 10 Abs. 2 SaarNG; § 8 Abs. 2 SächsNatSchG; § 18 Abs. 1 S. 2 NatSchG LSA; § 7 Abs. 2 LNatSchG S.-H.; § 6 Abs. 2 ThürNatG.

## II. Das Verursacherprinzip

### 1. Das Verursacherprinzip im Umweltrecht

Die Idee des Verursacherprinzips[185] stammt aus den USA, wo es als „polluter pays-principle" entwickelt wurde. Volkswirtschaftlich verstanden verlangt das Verursacherprinzip, dass derjenige, der Umwelteffekte hervorruft, die gesamten dadurch entstandenen sozialen Zusatzkosten tragen muss. Über den Gedanken dieser formalen Kostenzurechnung hinaus besagt das Verursacherprinzip, dass der Verursacher grundsätzlich materiell verantwortlich ist für den Umweltschutz, ihn also direkte Handlungspflichten treffen können.[186] Dieser Verantwortung muss er nachkommen, sei es durch Vermeidung, Beseitigung oder finanziellen Ausgleich.[187] Daher wirkt nicht nur das Tragen einer Kostenlast verhaltenssteuernd im Sinne des Verursacherprinzips, sondern es können auch Mittel der direkten Verhaltenssteuerung eingesetzt werden.[188] Prägend für das Verständnis des Verursacherprinzips ist der Gedanke, dass die Umwelt nicht länger als frei verfügbares Gut behandelt und nach Belieben sanktionslos geschädigt werden kann. Das Verursacherprinzip ist also ein Zurechnungsprinzip für materielle Verantwortlichkeit und Kostenbelastung.[189]

### 2. Die Umsetzung des Verursacherprinzips in den § 18 ff. BNatSchG

Die naturschutzrechtliche Eingriffsregelung fasst die verschiedenen Ausprägungen des Verursacherprinzips von der Vermeidungspflicht über den Naturalausgleich bis hin zur finanziellen Ausgleichspflicht in § 19 BNatSchG unter der Paragrafenüberschrift „Verursacherpflichten" zusam-

---

[185] Ausführliche Literaturhinweise zu wirtschaftswissenschaftlichen, rechtlichen und ökologischen Implikationen des Verursacherprinzips bei *Kloepfer*, Umweltrecht, Vor § 4.

[186] Dies ist mittlerweile h.M., vgl. *Kloepfer*, Umweltrecht, § 4 Rn. 42 m.w.N., auch zu anderen Ansichten. Anders verhält es sich im Europarecht, wo das Verursacherprinzip in Art. 174 II EGV verankert ist. Dort wird das Verursacherprinzip als Kostenzurechnungsgrundsatz angesehen und die Verantwortlichkeit des Verursachers aus dem Vorsorgeprinzip abgeleitet, vgl. *Epiney*, Umweltrecht in der Europäischen Union, S. 103 f. und *Kahl*, Umweltprinzip und Gemeinschaftsrecht, S. 23 ff.

[187] *E. Rehbinder*, Politische und rechtliche Probleme des Verursacherprinzips, S. 36 sowie *Meßerschmidt*, Umweltabgaben als Rechtsproblem, S. 87 f. m.w.N.

[188] *Frenz*, Das Verursacherprinzip im öffentlichen Recht, S. 43 ff.

[189] *R. Breuer*, NuR 1980, (80) 91; *Poppe*, Verursacherprinzip und Umweltschutz, 1975, S. 1 ff.

men.[190] Die Norm unterwirft denjenigen, der einen Eingriff nach der gesetzlichen Definition in § 18 BNatSchG vornimmt, dem beschriebenen, logisch gestuften System von Rechtsfolgen.

Eingriffsverursacher ist, wer die Maßnahme durchführt oder durchführen lässt, die unter die Eingriffsdefinition in § 18 Abs. 1 BNatSchG fallende Umweltveränderungen hervorruft. Der Begriff, wie ihn § 19 Abs. 1 BNatSchG dabei verwendet, setzt dabei nicht nur naturwissenschaftliche Kausalität voraus; notwendig ist darüber hinaus auch eine wertende Betrachtung der Zurechenbarkeit unter dem Gesichtspunkt der Adäquanz.[191] Die Verantwortlichkeit besteht dabei nur für Umweltveränderungen und Folgen von Umweltveränderungen, die überschaubar und dem Vorhaben eindeutig zurechenbar sind.[192] Folgen von Umweltveränderungen, die auch ohne Realisierung des Vorhabens auftreten, sind ebenso wenig zurechenbar und Verantwortlichkeit erzeugend wie Folgen von Umweltveränderungen, die von der zulässigen bisherigen Nutzung gedeckt sind und sich durch die bisherige Nutzungsart nur noch nicht gezeigt haben.[193]

Ist der Eingriff weder gemäß § 19 Abs. 1 BNatSchG vermeidbar noch gemäß § 19 Abs. 2 BNatSchG kompensierbar, und wird er dennoch auf Grund einer Abwägung gemäß § 19 Abs. 3 BNatSchG durchgeführt, so können die Landesgesetzgeber dem Eingriffsverursacher Ersatzzahlungen auferlegen.[194] Erst in diesen Fällen, die ganz am Ende der gestuften Rechtsfolgen des § 19 BNatSchG stehen, wandelt sich die Handlungsverantwortung des Verursachers in eine Kostenzurechnung um. Bezogen auf die oben beschriebenen Bedeutungsgehalte des Verursacherprinzips wirkt § 19 BNatSchG daher zunächst primär verantwortungszuweisend und erst sekundär kostenzuweisend.[195]

---

[190] Dies hebt die Begründung des Regierungsentwurfs zum BNatSchG 1976 in BT-Drs. 7/886, S. 25 hervor. Vgl. außerdem BVerwGE 81, 220 (225) sowie *Kloepfer*, Umweltrecht, § 4 Rn. 44; *Pielow*, NuR 1979, S. 15; *Kuschnerus*, NVwZ 1996, 235 (238 f.), jeweils m.w.N.

[191] *Kuschnerus*, NVwZ 1996, 236 (238). Die naturschutzfachliche Literatur verzichtet dagegen, worauf *Kuschnerus* in Fn. 37 hinweist, meist auf eine nach wertende Zurechenbarkeit der Umweltveränderungen zum Eingriff.

[192] *R. Breuer*, NuR 1980, 89 (91); *Ronellenfitsch*, NuR 1986, 284 (286).

[193] *Kuschnerus*, NVwZ 1996, 236 (238).

[194] Davon haben alle Länder Gebrauch gemacht. Die wohl differenzierteste Zahlungsregelung traf das alte NatSchG in Baden-Württemberg vor der Novellierung im Januar 2006 in § 11 Abs. 3 S. 4 und Abs. 5 a.F. Zu den anderen Landesnaturschutzgesetzen vgl. die Synopse bei *Meßerschmidt*, BNatSchG, § 19 Rn. 89.

[195] *Voßkuhle*, Das Kompensationsprinzip, S. 136.

### III. Das Vorsorgeprinzip

Das Vorsorgeprinzip[196] ist ein mehrfunktionales Gebot, das Aspekte der Gefahrenabwehr, Risikovorsorge und Ressourcenvorsorge beinhaltet.[197] Für die Eingriffsregelung ist der Aspekt der Ressourcenvorsorge relevant. Er verlangt, zusammenfassend beschrieben, anstelle eines passiven, lediglich reagierenden Umweltschutzes einen aktiven, vorausschauenden und vorbeugenden Schutz des Menschen vor Umweltgefahren, aber auch den Schutz der Umweltgüter vor dem Menschen. Umweltressourcen sollen im Interesse künftiger Nutzungen möglichst schonend in Anspruch genommen werden.

In der naturschutzrechtlichen Eingriffsregelung ist die vorrangige Vermeidungspflicht aus § 19 Abs. 1 BNatSchG Ausfluss des Gedankens der Ressourcenvorsorge, die Naturgüter möglichst schonend und vorausschauend in Anspruch zu nehmen.[198] Gefahrenabwehrrechtlichen Gehalt im Sinne der herkömmlichen Polizeirechtsdogmatik, die sich mit der Eintrittswahrscheinlichkeit konkreter Gefahren auseinandersetzt, besitzt die Eingriffsregelung nicht. Zwar mag die Zerstörung von Natur und Landschaft irgendwann einmal zu Gefahren für den Menschen führen können, diese Folgen sind aber so fernliegend und mittelbar, dass es abwegig erscheint, der Eingriffsregelung allein deshalb gefahrenabwehrrechtlichen Gehalt zuzusprechen.

Dennoch ist das Vorsorgeprinzip in Form der Ressourcenvorsorge nur eingeschränkt in der Eingriffsregelung verwirklicht, weil sich die Eingriffsregelung im Wesentlichen auf den Bestandsschutz beschränkt. Echte Vorsorge setzt aber mehr voraus als die bloße Erhaltung des status quo.[199] Praktische Konsequenz des Vorsorgeprinzips in der Eingriffsregelung ist es, dass die Genehmigungsbehörden gleichzeitig mit der Entscheidung über die Zulässigkeit des Vorhabens auch die Kompensationsmaßnahmen festsetzen müssen. Es ist nicht zulässig, zuerst in einer ersten Behördenentscheidung den Eingriff zu genehmigen und erst in einer zweiten, zeitlich nachfolgenden Behördenentscheidung dem Eingriffsverursacher Maßnahmen der Kompensation aufzuerlegen. Stets muss die Behörde über Eingriff und Ausgleich zusammen entscheiden; beide Entscheidungen sind untrennbar miteinander verbunden. Man kann insoweit von einem Junktim sprechen.[200]

---

[196] Dazu ausführlich *Di Fabio*, FS Ritter, S. 807 ff.; *Fleury*, Das Vorsorgeprinzip im Umweltrecht, 1995, jeweils m. w. N.

[197] *Marburger*, Gutachten C zum 56. Deutschen Juristentag, 1986, C 59 m. w. N. Instruktiv *Di Fabio*, Jura 1996, 566 ff.

[198] *Gaßner/Siederer*, Eingriffe in Natur und Landschaft, S. 51; *Berkemann*, NuR 1993, 97 (98).

[199] *Meßerschmidt*, BNatSchG, Vor 18–21, Rn. 4.

[200] *Wolf*, NuR 2001, 482 (487).

## IV. Das Bestandsschutzprinzip

### 1. Grundsätze des Bestandsschutzprinzips

Das Bestandsschutzprinzip[201] ist mit dem Vorsorgeprinzip verwandt; gleichwohl steht es trotz der Bezüge zur Vorsorge eigenständig neben ihm.[202] Sein Ziel ist es, die vorhandene Umweltqualität in ihrem Bestand, ihrem status quo, zu garantieren. Es handelt sich hierbei allerdings nicht um ein umfassendes und striktes Verschlechterungsverbot. Vielmehr besagt es, dass der Umweltzustand ingesamt nicht gemindert werden darf.[203] Schutzgegenstand des Bestandsschutzprinzips ist also die Gesamtsumme der Umweltqualität. Wegen der Inhaltsoffenheit und des hohen Abstraktionsgrades wendet es sich primär an die Umweltpolitik. Gemeinsam mit dem Kompensationsprinzip flankiert das Bestandsschutzprinzip das Vorsorgeprinzip und sichert es gleichsam von unten her ab.[204]

### 2. Die Umsetzung des Bestandsschutzprinzips in der Eingriffsregelung

Schutzgüter der Eingriffsregelung sind die Leistungs- und Funktionsfähigkeit des Naturhaushalts und des Landschaftsbildes. Das Anliegen der Eingriffsregelung ist die prinzipielle Erhaltung des status quo. Gesetzestechnisch kommt dies primär im Vermeidungsgebot des § 19 Abs. 1 BNatSchG zum Ausdruck, aber auch in den Kompensationsgeboten des § 19 Abs. 2 BNatSchG und in der Eingriffschranke des § 19 Abs. 3 BNatSchG. Ziel dieser jeweiligen Normen ist es, den vorhandenen Bestand so zu schützen, dass er entweder gar nicht durch einen Eingriff beeinträchtigt wird, oder dass nach dem Eingriff durch Kompensationsmaßnahmen ein vergleichbarer Bestand an Funktionen des Naturhaushalts und des Landschaftsbildes existiert. Entscheidend für die Auslegung der Eingriffsregelung ist, dass es gerade nicht um den Schutz konkreter Naturgüter (z.B. eines bestimmten Baumes) schlechthin geht, sondern dass die Funktionen des vom Eingriff betroffenen Stücks Natur und Landschaft im Sinne eines status quo ante erhalten bleiben sollen. Gerade letztere Variante verdeutlicht, dass es sich bei der Eingriffsregelung um kein striktes Verschlechterungsverbot handelt,

---

[201] Dieses darf nicht mit dem Bestandsschutzbegriff, wie ihn die Eigentumsdogmatik entwickelt hat, verwechselt werden. Zu diesem vgl. z.B. *Brohm,* Öffentliches Baurecht, § 22.

[202] *E. Rehbinder,* in: Salzwedel (Hrsg.), Grundzüge, 4. Abschnitt, Rn. 41; *Voßkuhle,* Das Kompensationsprinzip, S. 389 m.w N. in Fn. 19. A.A. *Viertel,* Vorsorge im Abwasserrecht, S. 77.

[203] *Kloepfer,* Umweltrecht, § 4 Rn. 35.

[204] *Kloepfer,* Umweltrecht, § 4 Rn. 35.

sondern dass das Kompensationsprinzip und Bestandsschutzprinzip in § 19 Abs. 2 BNatSchG nahtlos ineinander übergehen.

Wichtig bei der Betrachtung des Bestandsschutzprinzips in der Eingriffsregelung ist, dass es hier nur um den Schutz des status quo ante von Natur und Landschaft geht. Eingriffe dürfen nicht als Anlass genutzt werden, den Verursacher zur Durchführung oder Finanzierung einer umfassenden Sanierung oder „Verbesserung" von Natur und Landschaft zu verpflichten.[205] Ein solches Verständnis birgt die Gefahr der Ausuferung der Eingriffsregelung; sie könnte maßstabslos werden und in den Dienst naturschutzpolitischer Entwicklungsziele gestellt werden.[206] Dies würde aber die primär konditional programmierte Eingriffsregelung überfordern und die vollziehende Verwaltung mit Aufgaben belegen, die wegen ihrer primär politischen Natur aus Aspekten der Gewaltenteilung heraus nicht ihr, sondern den Parlamenten von Bund und Ländern zugewiesen sind. Zwar öffnet § 19 Abs. 2 S. 4 BNatSchG die Eingriffsregelung in gewisser Hinsicht planerischen Momenten. Dies dient aber nur der Anpassung an existierende Regional- und Landschaftspläne. Diese Vorschrift ändert den konditionalen Charakter der Eingriffsregelung nicht.[207]

## V. Das Querschnittsprinzip

Die Eingriffsregelung folgt wie das Naturschutzrecht insgesamt dem Querschnittsprinzip. Dieses Prinzip besagt, dass Materien, die ursprünglich nichts mit einer speziell geregelten Materie zu tun hatten, nunmehr von dieser geregelten Materie überlagert werden. Auf diese Weise erfüllen ursprünglich verschiedene, getrennte Rechtsgebiete nun ihrerseits Funktionen eines anderen, speziellen Rechtsgebiets.

Im Naturschutzrecht bedeutet dies: Da grundsätzlich jede raumwirksame Maßnahme verändernd in den Naturhaushalt und Landschaftsstrukturen einwirkt, werden Rechtsgebiete, die ursprünglich nichts mit Natur- und Landschaftsschutz zu tun hatten (beispielsweise das Allgemeine Verwaltungsrecht in Form von Planfeststellungen und Genehmigungen etc.), von der Eingriffsregelung überlagert und erfüllen so durch die Implementierung der Eingriffsregelung in die jeweiligen Rechtsgebiete Funktionen des Naturschutzrechts. Alle Rechtsgebiete, welche die Natur betreffen können, müs-

---

[205] Statt vieler *Schink,* DVBl. 1992, 1390 (1392); *Kuchler,* Naturschutzrechtliche Eingriffsregelung und Bauplanungsrecht, S. 169; *Ronellenfitsch,* NuR 1986, 284 (287).

[206] *Meßerschmidt,* BNatSchG, § 19 Rn. 49; vgl. auch *Anger,* UPR 2004, 7 (8).

[207] Die städtebauliche Eingriffsregelung unterscheidet sich insoweit fundamental von der naturschutzrechtlichen Eingriffsregelung, weil jene als planerische Eingriffsregelung konzipiert ist. Dazu im § 4 bei C. III. 5.

sen nunmehr ihrerseits unter dem Aspekt des Naturschutzes ausgelegt werden. Das Naturschutzrecht erfolgt so nicht mehr reservatsorientiert, sondern fachbereichsübergreifend. Andere Lebens- und Politikbereiche werden so veranlasst, den Belangen von Naturschutz und Landschaftspflege soweit wie möglich Rechnung zu tragen.[208]

Alle Projekte, welche die Integrität von Natur und Landschaft gefährden können, werden so einem spezifischen Regime der präventiven Kontrolle und Folgenbewältigung unter Naturschutzaspekten unterworfen. Auf diese Weise wird das materielle Zulassungsrecht für raumbeanspruchende Maßnahmen naturschutzrechtlich überformt.[209] Das Naturschutzrecht erhält einen Geltungsanspruch als übergreifende raumbezogene Querschnittsregelung.[210] Verfahrensrechtlich gewinnt dieses Querschnittsprinzip seine Bedeutung durch das sogenannte Huckepack-Verfahren, das die Eingriffsregelung in alle relevanten raumbedeutsamen Entscheidungen implementiert. Durch die Eingliederung in Bauleitplan-, Raumordnungs-, Planfeststellungs-, oder Landesplanungsverfahren usw. werden diese Materien im Sinne einer Wechselwirkung ihrerseits zu Naturschutzrecht.

### VI. Das Verhältnismäßigkeitsprinzip

Der Grundsatz der Verhältnismäßigkeit ist seit *Lerches* wegweisender Arbeit „Übermaß und Verfassungsrecht"[211] in Rechtsprechung und Literatur so filigran ausdifferenziert worden, dass eine Wiedergabe all dieser Facetten des Verhältnismäßigkeitsprinzips hier nicht erfolgen kann.[212] Im Grundsatz stellt das Prinzip Kriterien zur Beurteilung von Eingriffen in schützenswerte Rechtsgüter bereit. Die Eingriffe müssen einem legitimen Zweck dienen und mit legitimen Mitteln vorgenommen werden; sie müssen geeignet, erforderlich und angemessen (verhältnismäßig im engeren Sinne) sein.[213] Der Grundsatz der Verhältnismäßigkeit zieht dem Staatshandeln Grenzen.

Wie jedes grundrechtsrelevante Staatshandeln unterliegt auch die Eingriffsregelung den Bindungen des Verhältnismäßigkeitsprinzips.[214] Die Ein-

---

[208] *Kolodziejcok,* NuR 1992, 309.

[209] *Schmidt-Aßmann,* in: Kimminich/v. Lersner/Storm (Hrsg.), Handwörterbuch des UmweltR, Band 1, Sp. 405.

[210] *Meßerschmidt,* BNatSchG, Vor §§ 18–21, Rn. 5.

[211] *Lerche,* Übermaß und Verfassungsrecht, Köln 1961.

[212] Vgl. stattdessen *Sachs,* in: Sachs (Hrsg.), GG, Art. 20 Rn. 145–157 m.w.N.

[213] St. Rspr., vgl. BVerfGE 30, 292 (316); BVerfGE 37, 1 (21 ff.); BVerfGE 81, 156 (189). Im Einzelnen: *Sachs,* in: ders. (Hrsg.), GG, Art. 20 Rn. 147 ff. m.w.N. und die Auswertung bei *Dechsling,* Das Verhältnismäßigkeitsgebot, S. 7 ff., 51 ff. und 75 ff.

[214] VGH Mannheim, ESVGH 45 (1995), 109 (117).

griffsregelung verhindert die schrankenlose Umsetzung geplanter Vorhaben. Diese Verhinderung muss sich aber am Verhältnismäßigkeitsprinzip messen lassen. Ausgangspunkt der Betrachtung ist die Stufenfolge des § 19 BNatSchG auf der Rechtsfolgenseite. Abs. 1 der Norm verpflichtet die Eingriffsverursacher dazu, unnötige Beeinträchtigungen der Umwelt als Folgen des Eingriffs zu vermeiden.[215] Dieses Vermeidegebot wird durch das Verhältnismäßigkeitsprinzips begrenzt.[216] So kann zum Beispiel die Verpflichtung des Eingriffsverursachers zur Vornahme technisch möglicher, aber exorbitant teurer Vermeidemaßnahmen unzulässig, da unverhältnismäßig, sein, wenn die Anordnung dieser aufwändigen Vermeidemaßnahmen im Verhältnis zu den damit erreichten Umweltvorteilen unangemessen erscheint, etwa weil die Umweltbeeinträchtigungen gering sind. Umgekehrt kann der Eingriffsverursacher zu sehr aufwändigen Maßnahmen verpflichtet werden, wenn dieser Aufwand, betrachtet an den vorhandenen wertvollen Umweltgütern, angemessen ist. Für die Kompensationsmaßnahmen aus § 19 Abs. 2 BNatSchG gilt entsprechendes. Es findet also eine *individuelle Feinjustierung* der Rechtsfolgen eines Eingriffs nach Verhältnismäßigkeitsgrundsätzen bei jedem einzelnen Eingriff statt.

Wichtig ist, bei der Prüfung der Verhältnismäßigkeit zu differenzieren zwischen der Angemessenheitsabwägung als dritter Stufe des Verhältnismäßigkeitsprinzips einerseits und der Abwägung gemäß § 19 Abs. 3 BNatSchG andererseits. Nur bei letzterer Abwägung finden private und öffentliche Interessen, die für die Realisierung des Vorhabens sprechen, in die Überlegungen der Behörde Eingang. Bei der Angemessenheitsabwägung im Rahmen der Prüfung der Verhältnismäßigkeit von Vermeide- und Kompensationsmaßnahmen dürfen diese Aspekte hingegen keine Rolle spielen. Hier ist nur auf das Ziel, den status quo der Natur zu schützen, und auf die Interessen des Eingriffsverursachers abzustellen. Diese strikte Differenzierung zwischen beiden Abwägungsmodi folgt aus der Stufenfolge des § 19 BNatSchG, denn das Abwägungsgebot aus § 19 Abs. 3 BNatSchG ist der Entscheidungsphase des § 19 Abs. 2 BNatSchG nachgeschaltet; beide Stufen dürfen nicht vermischt werden.[217] Keinesfalls darf eine Abwägung unter Verhältnismäßigkeitsgrundsätzen dazu führen, dass allgemeine Zumutbar-

---

[215] Dies verkennt die frühe Literatur zur Eingriffsregelung, die auf eine Vermeidung des Eingriffs insgesamt abstellte, vgl. die bei *Schink*, DVBl. 1992, 1390 (1397) in Fn. 63 Genannten.

[216] *Gassner/Bendomir-Kahlo/Schmidt-Räntsch*, BNatSchG, § 8 Rn. 24; *R. Breuer*, NuR 1980, 89 (93); *Kuchler*, NuR 1991, 465 (467); *Schink*, DVBl. 1992, 1390 (1397); *Ehrlein*, VBlBW 1990, 121 (123).

[217] Zu widersprechen ist daher der Ansicht von *Kuchler*, NuR 1991, 465 (467), der die Voraussetzungen von § 19 Abs. 3 BNatSchG in Abs. 2 hineinlesen und eine allgemeine Verhältnismäßigkeitsabwägung durchführen will, in die alle möglichen Aspekte einfließen.

keitserwägungen angestellt werden, die rechtlich in den gestuften Rechtsfolgen von § 19 Abs. 1–3 BNatSchG nicht genau lozierbar sind und die die einzelnen Absätze verwischen. Das Ziel der Eingriffsregelung würde andernfalls unterlaufen. An die Stelle des Schutzes wertvoller Originalbestandteile der Natur (Vermeidegebot als erste Stufe) träten bei umfassender und undifferenzierter Anwendung des Verhältnismäßigkeitsprinzips Kompensationsmaßnahmen (zweite Stufe), da das Vermeidegebot über eine derart erweiterte Abwägung leichter derogierbar wäre. Solche Kompensationsmaßnahmen sind ökologisch aber immer nur die zweitbeste Lösung im Vergleich zum vollständigen Verzicht auf bestimmte Eingriffswirkungen.

Daher ist strikt darauf zu achten, dass der Grundsatz der Verhältnismäßigkeit nur äußerst restriktiv gehandhabt wird, soweit es um Vermeidemaßnahmen und Kompensationsmaßnahmen geht. So spielt es etwa keine Rolle, ob der Verursacher eines Eingriffs finanziell dazu in der Lage ist, Vermeidemaßnahmen zu treffen.[218] Eine beträchtliche Kostenbelastung begründet alleine noch nicht die Unzumutbarkeit. Nur bei krassen Missverhältnissen zwischen zu erwartenden Umweltbeeinträchtigung durch das Vorhaben und dem Aufwand für die Vermeidung derselben, kann eine Vermeidungsmaßnahme nach Verhältnismäßigkeitsgrundsätzen unzulässig sein.[219] Die Vermeidekosten dürfen umso höher sein, je gravierender die Umweltbeeinträchtigung ist.

### VII. Das „Huckepack"-Prinzip

Das „Huckepack"-Prinzip[220] beschreibt die verfahrensrechtliche Einbettung der Eingriffsregelung. Der Gesetzgeber hat für die Prüfung der §§ 19 ff. BNatSchG auf ein eigenes naturschutzrechtliches, eingriffspezifisches Verwaltungsverfahren verzichtet. Stattdessen sind die materiellen Gebote und Verbote des Naturschutzes (Abweichungen sind auf Grund des rahmenrechtlichen Charakters durch Landesrecht möglich) grundsätzlich an andere Verfahren angebunden und finden nur als unselbständige Feststellung im Sinne des ^§ 44a VwGO statt.[221] Die Entscheidungen über die Eingriffe und die Eingriffsfolgen treffen die naturschutzfremden Fachbehörden, welche über das Vorhaben im Übrigen entscheiden.[222]

---

[218] BGH, NuR 1981, 77.

[219] *Meßerschmidt*, BNatSchG, § 19 Rn. 4.

[220] Die Bezeichnung als „Huckepack"-Prinzip scheint etwas salopp zu sein; gleichwohl ist diese Bezeichnung in der Literatur durchweg gängig. Der Gesetzgeber verwendet den Begriff ebenfalls, BT-Drs. 14/6378, S. 49.

[221] BVerwGE 82, 17.

[222] Hier ist eine deutliche Parallele zu anderen Verwaltungsverfahren zu erkennen, wo der Gesetzgeber die Entscheidungszuständigkeiten ebenfalls bei einer Fachbehörde konzentriert (sog. Konzentrationswirkung), um möglichst wenige parallele

Ob eine Eingriffsprüfung stattfindet, hängt somit von Anzeige-, Genehmigungs- und Kontrollpflichten außerhalb des Naturschutzrechts ab.[223] Damit werden Bagatellfälle von der naturschutzrechtlichen Prüfung ausgenommen.[224, 225] Im Unterschied zur materiellen Eingriffsdefinition ist die Anknüpfung an nicht naturschutzspezifische Genehmigungs- und Kontrollverfahren eine formelle Voraussetzung der Eingriffsregelung[226] und gehört somit systematisch eigentlich zu den in § 18 BNatSchG geregelten Tatbestand der Eingriffsprüfung.[227] Die materiellen Anforderungen der Eingriffsregelung werden erst dann relevant, wenn das eingreifende Vorhaben nach dem jeweiligen Fachrecht zulassungsfähig ist beziehungsweise bei gebundenen Vorhaben zuzulassen ist. Die Prüfung der Eingriffsregelung setzt erst ein, wenn die Prüfung des Fachrechts für das Vorhaben positiv verlaufen ist.

Als Anknüpfungspunkte für die Prüfung der Eingriffsregelung kommen in Betracht: Genehmigungen auf der Grundlage eines präventiven Verbots mit Erlaubnisvorbehalt sowie eines repressiven Verbots mit Befreiungsvorbehalt, wasserrechtliche Erlaubnisse und Bewilligungen oder bergrechtliche Zulassungen sowie Planfeststellungsbeschlüsse und Plangenehmigungen. Der uneinheitliche Sprachgebrauch ist der historischen Entwicklung geschuldet und daher unerheblich; entscheidend für die Anknüpfung ist, ob ein endgültiger[228] behördlicher Zulassungsakt eines raumbezogenen Vor-

---

Verfahren in derselben Sache ablaufen zu lassen, vgl. beispielhaft § 75 Abs. 1 S. 1 VwVfG oder § 13 BImSchG.

[223] *Meßerschmidt*, BNatSchG, § 20 Rn. 5 bezeichnet dies als Akzessorietät.

[224] BVerwGE 81, 220.

[225] Zu beachten ist allerdings, dass die Länder auf Grund des Rahmencharakters der Eingriffsregelung (Ausnahme: § 20 Abs. 3) das Regime der Eingriffsregelung weiter ausdehnen können. Einige Länder haben davon Gebrauch gemacht und sehen vor, dass in Fällen, wo kein behördliches Kontrollverfahren existiert, ein naturschutzrechtliches Genehmigungsverfahren stattfindet (sog. subsidiäre Genehmigungen, vgl. § 24 Abs. 1 NatSchG B.-W.; § 17 Abs. 3 BbgNatSchG; § 12 Abs. 2a S. 1 BremNatSchG; § 7 Abs. 3 HessNatSchG; § 16 Abs. 4 NatSchG M.-V.; § 6 Abs. 4 und 5 NatSchG NRW; § 6 Abs. 1 S. 2 LPflG Rh.-Pf.; § 12 Abs. 3 SaarNatSchG; § 10 NatSchG S.-A.; § 7a Abs. 1 und 6 NatSchG S.-H.; § 9 Abs. 4 ThürNatSchG). Kein Genehmigungs-, sondern ein Anzeigeverfahren existiert in Sachsen, § 10 Abs. 6 SächsNatSchG und in bestimmten Fällen in Bayern, Art. 6c, d und e BayNatSchG. Viele Beispiele für solche geringfügigen Vorhaben liefert *Gassner*, Recht der Landschaft, S. 136.

[226] *Meßerschmidt*, BNatSchG, § 20 Rn. 1.

[227] Trotz dieses systematischen Zusammenhangs mit den anderen Tatbestandsmerkmalen in § 18 BNatSchG leuchtet das Bestreben des Gesetzgebers ein, verfahrensrechtliche Fragen in einer Norm (§ 20 BNatSchG) anzusprechen.

[228] In gestuften Verwaltungsverfahren wird die Eingriffsregelung auch durch Teilgenehmigungen und Vorbescheide auf Grund deren verbindlicher Feststellungswirkung ausgelöst.

habens, der Außenwirkung gegenüber dem Bürger im Sinne von § 35 VwVfG hat,[229] vorliegt. Der Rechtscharakter des Entscheidungsprogramms des jeweiligen Fachrechts (Konditionalprogramm bei gebundenen Entscheidungen oder Ermessensentscheidungen beziehungsweise Finalprogramm bei Planfeststellungsverfahren) bleibt von der konditional programmierten Eingriffsregelung ebenso unberührt; das jeweilige Entscheidungsprogramm ändert genauso wenig das Prüfprogramm der Eingriffsregelung.[230]

Auch Anzeigepflichten[231] als mildeste Form der Eröffnungskontrolle führen zur Eingriffsprüfung. Ferner unterliegen bestimmte Eigenvorhaben der Verwaltung, denen als Realakte kein formelles Zulassungsverfahren vorgeschaltet ist und die keiner Genehmigung bedürfen,[232] der Eingriffsregelung.[233]

Die Rolle der Naturschutzbehörden bei der Prüfung der Eingriffsregelung beschränkt sich auf eine Benehmensregelung, § 20 Abs. 2 BNatSchG.[234] Das Benehmen ist hier im Unterschied zum Einvernehmen, das eine Willensübereinstimmung voraussetzt, eine reine gutachtliche Anhörung der Naturschutzbehörde.[235] Die entscheidende Fachbehörde muss die Naturschutzbehörde informieren, sich ihre Stellungnahme anhören und sich mit dieser sachlich auseinandersetzen.[236] Zahlreiche Länder haben indes von der Öffnungsklausel in § 20 Abs. 2 Halbsatz 2 BNatSchG Gebrauch gemacht und eine weitergehende Mitwirkung der Naturschutzbehörde in Form des Einvernehmens vorgesehen.[237]

---

[229] Daher lösen verwaltungsinterne Akte, z.B. die Zustimmung der Naturschutzbehörde zum Eingriff, sowie vorbereitende Entscheidungen, z.B. die straßenrechtliche Linienführung nach § 16 FStrG, die Eingriffsregelung nicht aus.

[230] *Kuschnerus*, NVwZ 1996, 236.

[231] Z.B. nach § 15 BImSchG oder §§ 55, 48 Abs. 2 BBergG.

[232] Beispielsweise die Anlage von Erdwegen in der Forstverwaltung oder Maßnahmen der Bundeswehr auf Truppenübungsplätzen sowie gemeindliche Erschließungsmaßnahmen nach § 125 Abs. 2 BauGB. Weitere Beispiele bei *Meßerschmidt*, § 20 Rn. 12.

[233] BVerwGE 81, 220; BVerwGE 105, 178.

[234] Bemerkenswert ist insoweit, dass das NatSchG B.-W. in § 24 Abs. 3 das Verhältnis Fachbehörde-Naturschutzbehörde völlig umkehrt. Für die in § 24 Abs. 1 und 2 NatSchG B.-W. genannten Vorhaben erteilt die Naturschutzbehörde die Genehmigung, während die zuständige Fachbehörde nur über eine Benehmensregelung involviert ist. Diese landesrechtliche Regelung ist von der Organisationsgewalt der Länder aus Art. 84 Abs. 1 GG gedeckt, da außer § 20 Abs. 3 BNatSchG die Verfahrensvorschriften der Eingriffsregelung nur Rahmenrecht sind und weitergehende Vorschriften der Länder nicht ausschließen, vgl. § 20 Abs. 2 Hs. 2 Alt. 2.

[235] BVerwGE 92, 258; BVerwGE 114, 232.

[236] *Lorz/Müller/Stöckel*, BNatSchG, § 20 Rn. 24. Weitergehend *Tegethoff*, NuR 2002, 654 (655), der von der Fachbehörde den Versuch einer Einigung mit der Naturschutzbehörde verlangt.

## VIII. Der Flächenbezug

Die Eingriffsregelung bezieht sich nur auf Beeinträchtigungen der in §§ 1 und 2 BNatSchG genannten Schutzgüter, die durch unmittelbare Veränderungen der Gestalt oder Nutzung von Grundflächen erfolgen. Sie setzt sich also nicht mit anderen Ursachen auseinander, wie beispielsweise Emissionen, Abfällen oder Einleitungen von Stoffen oder Wärme in Gewässer. Hier gelten die medialen Umweltschutzgesetze. Der Eingriffsbegriff ist also hinsichtlich der Art der Beeinträchtigungsursachen eingeschränkt.[238] Die medialen Umweltgesetze mit ihrer zum Teil völlig anderen Regelungstechnik (z. B. dem präventiven Verbot mit Erlaubnisvorbehalt aus § 6 BImSchG oder der Grenzwertregelungstechnik im Immissionsschutzrecht) werden durch den mehrstufigen Entscheidungsmodus der Eingriffsregelung nicht verdrängt, da die Eingriffsregelung lediglich lückenfüllenden Charakter hat und nur dort eingreifen soll, wo die speziellen medialen Schutzgesetze nicht einschlägig sind.[239] Daher hat sich der Eingriffsbegriff der Eingriffsregelung auf die Veränderung von Flächen zu beschränken.

## IX. Das Kompensationsprinzip

Das Kompensationsprinzip beginnt gerade erst, deutlichere Konturen zu gewinnen und sich zu einem Prinzip des Umweltrechts zu entwickeln.[240] Zwar weist es unverkennbare Bezüge zu den grundlegenden Prinzipien des Umweltrechts (Verursachung, Vorsorge und Kooperation) auf; dennoch enthält es genügend eigene spezifische Elemente, um es autark neben die hergebrachten Prinzipien des Umweltrechts zu stellen. Würde man es nur als Konkretisierung oder Ausnahme von diesen hergebrachten Prinzipien betrachten, würde man den spezifischen Eigenarten dieses Prinzips nicht gerecht.[241]

Aufbauend auf dem Vorsorgeprinzip und dem Verursacherprinzip besagt es, dass Umweltbeeinträchtigungen dann verursacht werden dürfen, wenn diese Beeinträchtigungen anderweitig ausgeglichen werden.[242] Drei zentrale Grundsätze prägen das Prinzip:[243] (1) Ist ein Ausgleich einer Umweltbeein-

---

[237] § 17 Abs. 2 BbgNatSchG, § 15 Abs. 1 S. 2 BlnNatSchG; § 10 Abs. 1 HmbgNatSchG; § 16 Abs. 2 und 3 NatSchG M.-P.; § 12 Abs. 1 SaarNatSchG; § 10 Abs. 1 SächsNatSchG; § 7a Abs. 6 S. 2 und 3 NatSchG S.-H. und § 9 Abs. 1 Thür-NatSchG.

[238] *Kolodziejcok*, NuR 1992, 309 (310).

[239] *R. Breuer*, NuR 1980, 89 (92).

[240] Dies hat jüngst *Voßkuhle* in seiner Habilitationsschrift „Das Kompensationsprinzip", Tübingen 1999, passim, nachgewiesen; vgl. auch *Kloepfer*, § 4 Rn. 36.

[241] *Voßkuhle*, Das Kompensationsprinzip, S. 389.

[242] *Voßkuhle*, Das Kompensationsprinzip, S. 9.

trächtigung möglich und sachgerecht, so soll anstelle einer strikten Untersagung der verursachenden Handlung eine Kompensationsregelung getroffen werden. (2) Der Verursacher selbst muss diese Kompensation durchführen – hier liegt die Schnittstelle zum Verursacherprinzip. (3) Die Kompensation erfolgt dabei grundsätzlich im Sinne eines vollständigen Schadensausgleich; sowohl Abweichungen nach oben (Überkompensation) als auch nach unten (Unterkompensation) sind rechtfertigungsbedürftig.

Obwohl sich das Kompensationsprinzip ebenso wie das Bestandsschutzprinzip aus dem Vorsorgeprinzip entwickelt hat, unterscheiden sich die beiden Prinzipien grundlegend. Denn das Kompensationsprinzip ist gewissermaßen der Gegenspieler des Bestandsschutzprinzips. Obschon es letztlich wie letzteres auch dem Erhalt des status quo der Umwelt dient, flexibilisiert es das strikte Verschlechterungsverbot, welches das Bestandsschutzprinzip statuiert, und bringt es so in Konkordanz mit dem Eingriffsinteresse möglicher Verursacher. In der naturschutzrechtlichen Eingriffsregelung ist dieses Kompensationsprinzip erkennbar in den Ausgleichs- und insbesondere in den Ersatzpflichten des § 19 Abs. 2 und 4 BNatSchG umgesetzt.[244]

## D. Das Verhältnis der Eingriffsregelung zum Baurecht

Eingriffe geschehen ganz überwiegend durch alltägliche Bauwerke, die nicht planfeststellungsbedürftig sind, sondern dem Regime des Bauplanungs- und Bauordnungsrechts unterliegen. Daher existiert eine Konkurrenz zweier Rechtsregimes, des Naturschutzrechts und des Baurechts. § 21 BNatSchG, der dem § 8a BNatSchG a.F., der als sogenannter Baurechtskompromiss in die Geschichte des Naturschutzrechts eingegangen ist,[245] entspricht, löst das Konkurrenzverhältnis mit einem Mittelweg zwischen einer rein naturschutzrechtlichen und einer rein baurechtlichen Lösung des Konkurrenzproblems auf.[246]

Regelmäßig wird ein großer Teil der Bebauung des Gemeindegebiets auf der Grundlage von Bebauungsplänen erfolgen. § 21 Abs. 1 BNatSchG regelt, dass bei der Aufstellung, Änderung, Ergänzung oder der Aufhebung von Bebauungsplänen die Prüfung der Eingriffsregelung nach den Vorschriften des Baugesetzbuches stattfindet. Die einschlägige Norm im BauGB

---

[243] Zum Ganzen *Voßkuhle*, S. 391 f.

[244] *Gassner*, NuR 1988, 67 ff.

[245] Näher dazu gleich im § 4 bei A. I.

[246] Zum Verhältnis von Bauleitplanung und Eingriffsregelung nach 1993 *Runkel*, UPR 1993, 203 ff.; *Runkel*, NVwZ 1993, 1136; *Schneider*, DVBl. 1994, 685 ff.; *Louis*, ZUR 1993, 146 ff.

ist § 1a Abs. 3 BauGB. Sie transferiert die Eingriffsprüfung in die bauplanerische Abwägung nach § 1 Abs. 6 BauGB. Die Eingriffsregelung wird so gewissermaßen weg vom einzelnen Vorhaben hinein in die das Vorhaben vorbereitende Planung verlagert. Dies entspricht dem Befund, dass Bebauungspläne keine Eingriffe sind, sondern durch Angebotsplanung lediglich Eingriffe vorbereiten.[247] Das Rechtsfolgenregime der Eingriffsregelung wird dementsprechend ebenfalls in das Finalprogramm der bauplanerischen Abwägung vorverlagert. Damit ist umgekehrt klargestellt, dass bei fast jeder bauplanerischen Abwägung die Eingriffsregelung zu prüfen ist, weil Eingriffe durch die zu genehmigenden Vorhaben praktisch immer zu erwarten sind. Ihre sachliche Rechtfertigung erhält dieser Regelungsmodus dadurch, dass Konflikte zwischen sozialen Nutzungsinteressen und ökologischen Belangen durch Planverfahren grundsätzlich besser gelöst werden können als in einem nachgeschalteten Baugenehmigungsverfahren.[248]

Hinsichtlich der Genehmigung konkreter Vorhaben[249] regelt § 21 Abs. 2 S. 1 BNatSchG, dass keine Eingriffsprüfung bei Genehmigungen nach §§ 30 Abs. 1, 33 und 34 BauGB stattfindet.[250] Die Eingriffsregelung findet also gemäß § 21 Abs. 2 S. 2 BNatSchG nur auf Vorhaben, die nach § 35 BauGB genehmigt werden müssen[251] sowie auf Bebauungspläne, die auf Grund gesetzlicher Vorschriften eine Planfeststellung ersetzen (beispielsweise §§ 17 Abs. 3 S. 1 FStrG; 28 PBefG), uneingeschränkt Anwendung. Letzteres geschieht deshalb, weil diese Bebauungspläne funktionale Äquivalente zur Vorhabengenehmigung sind und eine Umgehung der Eingriffsregelung durch Ausweichen auf planfeststellungsersetzende Bebauungspläne vermieden werden soll.[252] Bei beiden Arten der Vorhabengenehmigung haben die Naturschutzbehörden Beteiligungsrechte, § 21 Abs. 3 BNatSchG.

---

[247] *Meßerschmidt*, BNatSchG, § 18 Rn. 5 ff.

[248] *Wolf*, ZUR 1998, 183 (190). Näher zum Ganzen im § 4 bei B.

[249] Der Vorhabenbegriff ist hier im Sinne von § 29 Abs. 1 BauGB zu verstehen, *Meßerschmidt*, BNatSchG, § 21 Rn. 28.

[250] Dass bei Genehmigungen nach § 30 BauGB keine Eingriffsprüfung stattfindet, rechtfertigt sich daraus, dass bereits bei der Aufstellung des betreffenden Bebauungsplans eine quasi vorgezogene Eingriffsprüfung stattgefunden hat. Eine doppelte Prüfung der Eingriffsregelung soll aus Gründen der Rechts- und Verwaltungsvereinfachung nicht stattfinden. Dass bei Genehmigungen nach § 33 BauGB keine Eingriffsprüfung erfolgt, ist damit zu erklären, dass nach Bauplanungsrecht die Träger öffentlicher Belange, namentlich der Naturschutzbehörden, vor Erteilung der Baugenehmigung zu beteiligen sind, § 33 Abs. 1 Nr. 2 BauGB, vgl. BT-Drs. 12/3944, S. 52.

[251] Allerdings erlangt nach h. M. die Eingriffsregelung nur bei privilegierten Vorhaben praktische Relevanz, weil bei sonstigen nichtprivilegierten Vorhaben der Schutz von Natur und Landschaft gleichwertig vom Baurecht gewährleistet werde, vgl. *Gaentzsch*, NuR 1986, 89 (93); *Kuchler*, Eingriffsregelung, S. 228 f.

[252] *Meßerschmidt*, BNatSchG, § 21 Rn. 34.

# § 4 Eingriff und Ausgleich im Bauplanungsrecht – die städtebauliche Eingriffsregelung

## A. Die Entwicklung der Eingriffsregelung im Baurecht

### I. Der Weg zum Baurechtskompromiss 1993

Seit der Einführung der Eingriffsregelung durch das BNatSchG 1976 gab es Unklarheiten und Streitigkeiten über das Verhältnis der Eingriffsregelung zum Baurecht. Die meisten Eingriffe in Natur und Landschaft finden naturgemäß durch bauliche Vorhaben statt, so dass ein Nebeneinander zweier Zulassungsregimes, der naturschutzrechtlichen Eingriffsprüfung und der bauplanungsrechtlichen Zulässigkeitsprüfung, existierte. Während diese Konstellation bei der reinen Vorhabengenehmigung nicht besonders problematisch gewesen wäre, weil die Eingriffsregelung auf Genehmigungsverfahren zugeschnitten ist, stellte die Integration der Eingriffsregelung in das Bebauungsplanverfahren und das Verhältnis zur späteren, auf dem Bebauungsplan basierenden Vorhabengenehmigung Rechtsprechung und Wissenschaft vor große Probleme.[1]

Wegen dieser Unklarheiten im Verhältnis des Bauplanungsrechts zur Eingriffsregelung sah sich der Gesetzgeber zum Handeln veranlasst. Er nutzte die erste große Baurechtsnovelle nach der Wiedervereinigung, die primär der Investitionserleichterung in den neuen Ländern dienen sollte, um Baurecht und Naturschutzrecht zu harmonisieren und Unklarheiten zu beseitigen.[2] Mit dem Investitionserleichterungs- und Wohnbaulandgesetz von 1993[3] sollte klargestellt werden, dass anstelle doppelter Eingriffsprüfungen

---

[1] Der Streit betraf maßgeblich die Frage, ob eine Eingriffsprüfung erst bei der Vorhabengenehmigung oder bereits bei der Aufstellung eines Bauleitplanes stattfinden sollte. Zum Streitstand ausführlich *Dolde,* FS Weyreuther, S. 195 ff.; *Dürr,* UPR 1991, 81 (90); *Erbguth,* VerwArch 81 (1990), 327 ff.; *Gaentzsch,* NuR 1986, 89 ff.; *ders.,* NuR 1990, 1 ff.; *Gassner,* UPR 1987, 249 ff.; *ders.,* NuR 1989, 920 ff.; *ders.,* NVwZ 1991, 26; ff. *Krautzberger,* NVwZ 1993, 520 (523); *ders.,* WiVerw 1992, 131 ff.; *Kuchler,* DVBl. 1989, 973 ff.; *J. Schmidt,* UPR 1992, 361 (362 f.); monografisch *Kuchler,* Die naturschutzrechtliche Eingriffsregelung in der Bauleitplanung, 1989.

[2] BT-Drs. 12/4317, S. 3.

[3] Gesetz zur Erleichterung von Investitionen und der Ausweisung und Bereitstellung von Wohnbauland vom 22.4.1993, BGBl. I S. 466 (hier S. 481 relevant). Kritisch zum ungewöhnlich schnellen Gesetzgebungsverfahren *Jäde,* UPR 1993, 48 ff.

im Bebauungsplan und im späteren Genehmigungsverfahren nur noch eine Prüfung der Naturschutzbelange erfolgen sollte.[4] Dazu fügte der Gesetzgeber durch Art. 5 des Investitionserleichterungs- und Wohnbaulandgesetzes die §§ 8a–8c ins BNatSchG 1976 ein. Diese als „Baurechtskompromiss" apostrophierten Normen sahen vor, dass eine selbständige Eingriffsprüfung nur noch bei der Genehmigung von Außenbereichsvorhaben nach § 35 BauGB stattfinden solle. Bei sonstigen Baugenehmigungen war keine Eingriffsprüfung mehr notwendig, weil diese Prüfung in der Bauleitplanung bereits berücksichtigt werden sollte.

## II. Das BauROG 1998 und die Entwicklung der städtebaulichen Eingriffsregelung

Diese im Grundsatz klare Abgrenzung und Abschichtung der Eingriffsprüfung bereitete der Praxis zunehmend Probleme. Vor allem war unklar, inwieweit die Eingriffsregelung in einem Bauleitplanverfahren in der Abwägung zu berücksichtigen sei und wie konkret die Berücksichtigung der Eingriffsregelung im Aufstellungsverfahren zu erfolgen habe.[5]

Weil unmittelbarer gesetzgeberischer Handlungsbedarf im Baurecht dadurch bestand, dass die bis zum 31.12.1997 befristeten Regelungen des § 20 BauGB-MaßnahmenG und § 246 Abs. 1 BauGB 1993 sowie des bis zum 30.4.1998 befristeten § 8b Abs. 1 BNatSchG 1993 ausliefen, und außerdem das Städtebaurecht durch die im Zuge der Wiedervereinigung verabschiedeten Ergänzungen und Modifikationen des BauGB durch Maßnahmegesetze und Überleitungsregelungen unübersichtlich geworden war,[6] nutzte der Gesetzgeber die daher erneut anstehende Befassung mit dem Baurecht dazu, die entstandenen Auslegungsschwierigkeiten hinsichtlich des Baurechtskompromisses zu beseitigen und den Baurechtskompromiss weiterzuentwickeln.[7] Durch das Bau- und Raumordnungsgesetz[8] (BauROG)

---

[4] BT-Drs. 12/3944, S. 26 und BT-Drs. 12/4340, S. 17.

[5] Zu den Problemen ausführlich *Ecker/Engel/Schäfer*, VBlBW 1994, 217 ff.; *Felder*, NuR 1994, 53 ff.; *Schink*, UPR 1995, 281 ff.; *ders.*, UPR 1996, 81 ff.; *ders.*, BauR 1998, 1163 (1175 f.); *ders.*, DVBl. 1998, 609 ff.; *Löhr*, LKV 1994, 324 ff.; *Loibl*, ZUR 1997, 243 ff.; *Mitschang*, ZfBR 1995, 240 ff.; *Stich*, BauR 1994, 205 ff. Besonders pointiert *Louis*, der im Baurechtskompromiss „eine Fülle unausgegorener Regelungen" sah, NuR 1998, 113 ff.

[6] Zur zersplitterten und unübersichtlichen Rechtslage anschaulich *Krautzberger/Runkel*, DVBl. 1993, 453 ff.; *Lüers*, ZfBR 1993, 106 ff.

[7] Vgl. BT-Drs. 13/6392, S. 36. Zur Gesetzgebungsgeschichte ausführlich *Lüers*, UPR 1996, 401 ff.; *ders.*, UPR 1997, 348 ff.; *ders.*, ZfBR 1997, 231 sowie *Wagner*, UPR 1997, 387 ff.

[8] Vom 18.8.1997, BGBl. I S. 2081 (hier S. 2110 relevant) und berichtigt in BGBl. I 1998, S. 137.

sollten die für die Bauleitplanung verantwortlichen Kommunen verstärkt in die Verantwortung für die umweltverträgliche Gestaltung der Umwelt einbezogen werden; Umweltrecht und Baurecht sollten dadurch allgemein besser verzahnt werden, dass alle umweltbezogenen relevanten Belange unter dem Dach der Bauleitplanung als letztlich maßgebender (klein-)räumlicher Planung integriert werden.[9] Dadurch versprach man sich – auch im Hinblick auf den 1994 neu ins Grundgesetz eingeführten Art. 20a – eine Effektuierung des Umweltschutzes sowie mehr Übersichtlichkeit und Durchschaubarkeit im Baurecht.[10] Dieses bauleitplanerische Dach sollte der neugeschaffene § 1a BauGB mit seiner Überschrift „Umweltschützende Belange in der Abwägung" sein.

Der Baurechtskompromiss wurde dahingehend modifiziert, dass wesentliche Elemente aus dem BNatSchG entfernt und in das BauGB verlagert wurden. Daneben wurde § 8a BNatSchG 1993 neugefasst; die §§ 8b, 8c BNatSchG entfielen. In das BauGB wurden durch diese Verlagerung folgende Paragrafen neu eingeführt: §§ 1a Abs. 2 Nr. 2 und Abs. 3; 5 Abs. 2a; 9 Abs. 1a; 135a–135c; 200a. Für die Arbeit mit älterer Literatur und Urteilen ist eine Synopse der Regelungen im BNatSchG 1993 und der geänderten Regelungen des BauGB und des BNatSchG hilfreich.

| BNatSchG 1993 | BNatSchG 2002 bzw. BNatSchG 1998 (§ 8a BNatSchG 1998 wurde durch die BNatSchG-Novelle 2002 lediglich zu § 21 umnummeriert; sachliche Veränderungen ergaben sich nicht) |
| --- | --- |
| § 8a Abs. 1 | § 21 Abs. 1 BNatSchG, wesentlich gekürzt<br>§ 1a Abs. 3 BauGB mit Klarstellungen und Veränderungen |
| § 8a Abs. 2 | Teilweise integriert in § 21 Abs. 2 BNatSchG, sonst ohne Entsprechung |
| § 8a Abs. 3 | § 135a BauGB |
| § 8a Abs. 4 | § 135b BauGB |
| § 8a Abs. 5 | § 135c BauGB |
| § 8a Abs. 6 | Integriert in § 21 Abs. 2 BNatSchG |
| § 8a Abs. 7 | § 21 Abs. 3 BNatSchG |
| § 8a Abs. 8 | Integriert in § 21 Abs. 2 BNatSchG |

---

[9] BT-Drs. 13/6392, S. 36.

[10] *Krautzberger,* NuR 1998, 455. Ausführlich zu den Zielen des BauROG *Battis/ Krautzberger/Löhr,* NVwZ 1997, 1145 (1146 f.); *Krautzberger,* NVwZ 1996, 1047 (1050 f.); *Lüers,* UPR 1996, 401; *ders.,* ZfBR 1997, 231; *Stich,* WiVerw 1998, 1 ff.; *Stüer,* DVBl. 1997, 1201 f.; *Wagner,* DVBl. 1996, 704.

Wie BauGB und BNatSchG jetzt beim Ausgleich von Eingriffen in der Bauleitplanung zusammenspielen, ist oben in § 3 D. dargestellt worden. Die früher einheitliche Eingriffsregelung wurde aufgespalten in eine naturschutzrechtliche Eingriffsregelung und in eine selbständige bauplanerische oder, anders formuliert,[11] städtebauliche Eingriffsregelung, die ein selbständiges Rechtsfolgenregime vorsieht.[12] Die Ausgliederung der Eingriffsprüfung für Bauleitpläne aus dem BNatSchG erfolgte deshalb, weil die naturschutzrechtliche Eingriffsregelung im Huckepack-Verfahren nach § 20 BNatSchG (s. o. in § 3 bei C. VII.) geprüft wurde. Die Anwendung der für Vorhabengenehmigungen konzipierten konditionalen Eingriffsprüfung nach §§ 18 ff. BNatSchG auf das methodisch unterschiedliche Bauleitplanverfahren brachte Systematisierungs- und Integrationsschwierigkeiten mit sich.[13] Die damit verbundenen Konflikte sollten durch die Ausgliederung der Eingriffsprüfung von Bauleitplänen aus dem Naturschutzrecht gelöst werden.

Obwohl mit der Herausnahme der Eingriffsregelung aus dem BNatSchG für den Bereich der Bauleitplanung ein Prestigeverlust einher geht, bedeutet dies keine Schwächung der Interessen des Naturschutzes. Denn die Durchsetzungschancen des Naturschutzes, der schon immer als abwägungserheblicher Belang in die bauleitplanerische Abwägung einzustellen war,[14] aber in der Praxis oft vernachlässigt wurde,[15] steigen, wenn die Bauplanungsbehörden in ihrem vertrauten „Hausgesetz" explizit und detailliert auf Natur- und Umweltschutzaufgaben verpflichtet werden, wie es das BauGB in § 1a BauGB jetzt tut.[16]

---

[11] Der Gesetzgeber verwendet in seiner Begründung zum BauROG-Gesetzentwurf den Terminus „planerische Eingriffsregelung", BT-Drs. 13/6392, S. 73. In der Literatur wird überwiegend der Terminus „städtebauliche Eingriffsregelung" verwendet, z. B. bei *Wagner/Mitschang*, DVBl. 1998, 1137 (1139).

[12] Dies wollte der Bundesrat verhindern, BT-Drs. 13/6392, Anlage 2, S. 98 f. Im Ergebnis ebenso *Fuchs*, NuR 1997, 338 ff., der die Aufspaltung der Eingriffsregelung als massive Schwächung der Interessen des Naturschutzes ansieht.

[13] Ausführlich dazu *Wolf*, ZUR 1998, 183 (184).

[14] Darauf weist *Kuschnerus*, BauR 1998, 1 zu Recht hin.

[15] *Stich*, FS Weber, S. 681 (685) wies bereits 1974 diese massiven Defizite bei der Berücksichtigung von Umweltbelangen in der Bauleitplanung nach.

[16] *Meßerschmidt*, BNatSchG, § 21 Rn. 8. Deswegen sieht die Literatur die Neuerungen des BauROG überwiegend positiv, z. B. *Schink*, DVBl. 1998, 609 und 611. Kritisch dagegen *J. Schmidt*, NVwZ 1998, 337 ff. und noch deutlicher *ders.*, in: Birk (Hrsg.), Der naturschutzrechtliche Ausgleich nach § 1a BauGB, S. 9 (15): „entscheidende Schwächung der Belange des Naturschutzes und ihrer Durchsetzung".

### III. Die BauGB-Novelle 2001 und das EAG Bau 2004

Die BauGB-Novelle im Jahre 2001[17] änderte die städtebauliche Eingriffs-regelung nicht. Auch durch die BNatSchG-Novelle 2002 wurde der Rege-lungsgehalt des § 1a BauGB nicht geändert; lediglich § 8a BNatSchG a. F., der das Verhältnis von naturschutzrechtlicher und städtebaulicher Eingriffs-regelung betraf, wurde zu § 21 BNatSchG umnummeriert.

Im Jahre 2004 novellierte der Gesetzgeber das BauGB erneut.[18] Das Bau-planungsrecht musste an Richtlinien der Europäischen Gemeinschaften an-gepasst werden.[19] Diese BauGB-Novelle brachte große Änderungen des Planaufstellungsverfahrens, die sich auf die verfahrensmäßige Einbettung der Eingriffsregelung in das Bauleitplanverfahren ausgewirkt haben.[20] Der materielle Gehalt der Eingriffsregelung ist aber nicht verändert worden; sie ist in ihrem inhaltlichen Bestand trotz des EAG Bau nach wie vor mit der 1998 im BauROG verabschiedeten Regelung identisch.[21] Geändert haben sich aber die Paragrafenziffern. Eine Synopse hilft bei der Auswertung und Verarbeitung von Literatur und Rechtsprechung, die sich auf den Gesetzes-text vor dem Erlass des EAG Bau beziehen:

| BauGB 1998/2001 | BauGB 2004 |
| --- | --- |
| Ohne Entsprechung | § 1a Abs. 1 |
| § 1a Abs. 1 | § 1a Abs. 2 S. 1 Hs. 1 (Hs. 2 wurde stark erweitert) |
| § 1a Abs. 5 S. 3 | § 1a Abs. 2 S. 2 |
| § 1a Abs. 2 Nr. 1 | § 1 Abs. 6 Nr. 7g i. V. m. § 2 Abs. 4 S. 6 |

---

[17] Durch das sogenannte „Artikelgesetz" vom 27.7.2001, BGBl. I S. 1950.

[18] Durch das Europarechtsanpassungsgesetz Bau (EAG Bau) vom 24.6.2004, BGBl. I S. 1359, Neubekanntmachung des BauGB am 23.9.2004, BGBl. I S. 2414. Das EAG Bau beschränkt sich nicht nur auf die Anpassung an Europäische Richt-linien, sondern novelliert das BauGB umfassend: Art. 1 EAG Bau ändert 69 Vor-schriften; 9 Vorschriften fügt es in das BauGB ein, 6 Vorschriften hebt es ganz oder teilweise auf. Überdies werden weitere Gesetze geändert: Durch Art. 2 das ROG, durch Art. 3 das UVPG, durch Art. 4 die VwGO und durch Art. 5 das BNatSchG.

[19] Umgesetzt worden sind die Richtlinie über die Prüfung der Umweltauswir-kungen bestimmter Pläne und Programme 2001/42/EG vom 27.6.2001, ABl. EG Nr. L 197, S. 30 (die sog. Plan-UP-Richtlinie) sowie die Richtlinie 2003/35/EG über die Beteiligung der Öffentlichkeit bei der Ausarbeitung bestimmter umwelt-bezogener Pläne und Programme, die sog. Öffentlichkeitsbeteiligungs-Richtlinie, ABl. EG Nr. L 156, S. 17.

[20] Näher dazu und zur Relevanz der Änderung des Planaufstellungsverfahrens für die Eingriffsregelung unten bei C. I. 6.

[21] *Finkelnburg,* NVwZ 2004, 897 (899); *Krautzberger,* UPR 2004, 241 (242); *Krautzberger/Stüer,* DVBl. 2004, 914 (918 und 921); *Jessel,* UPR 2004, 408 (409); *Wagner/Engel,* BayVBl. 2005, 33 (34). Dazu noch unten bei C. I. 6. c).

| BauGB 1998/2001 | BauGB 2004 |
| --- | --- |
| § 1a Abs. 2 Nr. 2 | § 1a Abs. 3 S. 1 |
| § 1a Abs. 2 Nr. 3 (UVP-Klausel) | Die UVP des alten Rechts geht in der Umweltprüfung nach § 2 Abs. 4 auf |
| § 1a Abs. 2 Nr. 4 | § 1a Abs. 4 (inhaltlich nahezu unverändert) |
| § 1a Abs. 3 S. 1 | § 1a Abs. 3 S. 2 (inhaltlich unverändert) |
| § 1a Abs. 3 S. 2 | § 1a Abs. 3 S. 3 (inhaltlich unverändert) |
| § 1a Abs. 3 S. 3 | § 1a Abs. 3 S. 4 (inhaltlich unverändert) |
| § 1a Abs. 3 S. 4 | § 1a Abs. 3 S. 5 (inhaltlich unverändert) |

## IV. Zusammenfassung: Entwicklung der Eingriffsregelung im Bauplanungsrecht

Die Entwicklung der städtebaulichen Eingriffsregelung ist exemplarisch für den Paradigmenwechsel im Bauplanungsrecht. War die Bauleitplanung zunächst noch eine primär an der Bebauung und Nutzung von Grundstücken orientierte Angebotsplanung, hat sie in den letzten Jahren immer stärker den Charakter einer umweltbezogenen Raumplanung erhalten, die sich weniger an der Begründung der Zulässigkeit baulicher Nutzungen, sondern vielmehr am vorausschauenden Ausgleich konfligierender Nutzungs- und Umweltbelange orientiert.[22] Die Bauleitplanung ist zu einem sehr wichtigen Instrument der Umweltvorsorge, auf kommunaler Ebene wohl dem wichtigsten Instrument überhaupt, geworden. Diese Entwicklung zeigt, dass der Gesetzgeber erkannt hat, dass sich Belange des Umweltschutzes in der auf planerische Steuerung und Ausgleich bedachten Bauleitplanung nahezu optimal berücksichtigen lassen. Weil die Bauleitplanung als Planung der kleinsten Raumordnungseinheit, der Gemeinde, sich am intensivsten von allen Raumplanungen mit den unterschiedlichen Anforderungen an die Bodennutzung und dem sozialen Nutzungsdruck auseinandersetzt, kann sie Fehlentwicklungen bereits im Ansatz beseitigen und Umweltbelangen effektiv zur Geltung verhelfen. Das Bauplanungsrecht wird so zum zentralen Umsetzungsinstrument der modernen Umweltpolitik.[23]

Die Auslegung und Anwendung der Eingriffsregelung müssen auf Grund der Integration der Eingriffsprüfung ins Bauleitplanverfahren dieser gewandelten Funktion der Bauleitplanung Rechnung tragen. Die systematische Konstruktion, auf deren Grundlage dies geschieht, wird im Folgenden analysiert.

---

[22] Zusammenfassend dazu *Stich,* ZfBR 2003, 643 ff.

[23] *Krautzberger,* in: Ernst/Zinkahn/Bielenberg/Krautzberger (Hrsg.), BauGB, § 1a Rn. 3; *ders.,* NuR 1998, 455. Vgl. auch *Stüer,* DVBl. 1996, 177.

## B. Die systematische Konstruktion der Eingriffsregelung im Bauplanungsrecht

### I. Die Konstruktion der Bauleitplanung als Instrument des Umweltschutzes

Umweltschutz ist gemäß § 1 Abs. 6 Nr. 7 BauGB als abwägungserheblicher Belang in der bauplanerischen Abwägung nach § 1 Abs. 7 BauGB zu berücksichtigen.[24] Obwohl § 1 Abs. 6 Nr. 7 BauGB bereits in den Buchstaben a)–i) zahlreiche Einzelaspekte des Umweltschutzes aufzählt, die abwägungsrelevant sind, wird der Kreis der in der Abwägung zu berücksichtigenden Umweltbelange noch weiter gezogen. § 1a Abs. 2–4 BauGB ergänzen den Katalog des § 1 Abs. 6 Nr. 7 BauGB; systematisch gehört die Regelung eigentlich dorthin. § 1a BauGB steht also nicht außerhalb der Abwägung nach § 1 Abs. 7 BauGB, sondern ist in diese voll einbezogen und gehört zum materiellen Programm, das die planende Gemeinde abarbeiten muss.[25] § 1 Abs. 6 Nr. 7 BauGB gibt, ergänzt durch § 1a BauGB, der Gemeinde durch die umfassende Aufzählung eine schematische Hilfestellung in Form einer Merkliste an die Hand, welche Belange zum Abwägungsmaterial gehören und in die Abwägung einzustellen sind. Umgekehrt heißt dies andererseits aber auch, dass die Gemeinde sich mit den in § 1 Abs. 6 Nr. 7 BauGB und § 1a BauGB aufgezählten Umweltmaterien in der Abwägung zwingend auseinandersetzen muss, um Abwägungsfehler zu vermeiden. Das Instrument, das der Gemeinde dazu zur Verfügung steht, und das seit dem EAG Bau 2004 verpflichtend bei jeder Bauleitplanung anzuwenden ist, ist die Umweltprüfung nach § 2 Abs. 4 BauGB.[26] Diese Einbettung des in §§ 1 Abs. 6 Nr. 7; 1a BauGB enthaltenen Umweltschutzprogramms in das spezifische Prüfverfahren „Umweltprüfung" beruht auf der Erkenntnis, dass ohne feste Verfahrensvorgaben in aller Regel die jeweiligen Belange in der Verwaltungspraxis nicht mit dem Gewicht berücksichtigt werden, das ihnen nach dem Gesetz zukommen soll.[27]

Obwohl die Umweltprüfung als einheitliches Trägerverfahren für die unterschiedlichen materiellen Anforderungen der einzelnen Fachgesetze (BNatSchG, UVPG, FFH- und Vogelschutzrichtlinie) an die Prüfung der Umweltbelange dient, spricht § 1a Abs. 3 BauGB noch die Eingriffsrege-

---

[24] Dabei sind von den Grundsätzen, die das BNatSchG in § 2 aufstellt, für die Bauleitplanung besonders die Nrn. 1, 3, 4, 10, 11, 12, 13 und 14 relevant. Zu ihrer Auslegung im Kontext der Bauleitplanung *Stich*, ZfBR 2002, 542 (544 f.).

[25] *Battis/Krautzberger/Löhr*, NVwZ 1997, 1145 (1147); *Lüers*, ZfBR 1997, 231 (234); *ders.*, DVBl. 1998, 433 (436).

[26] Zu ihr näher bei C. I. 6. b).

[27] Vgl. dazu *Stich*, ZfBR 2003, 643 (646).

lung nach dem BNatSchG an; § 1a Abs. 4 BauGB bezieht sich auf die FFH-Verträglichkeitsprüfung nach § 37 BNatSchG. Obschon die materiellen Anforderungen beider Prüfungen besser bei § 1 Abs. 6 Nr. 7 BauGB angesiedelt wären, ist § 1a BauGB – wahrscheinlich, weil sich die Praxis an die Norm gewöhnt hat und weil § 1 Abs. VI Nr. 7 BauGB bereits jetzt sehr unübersichtlich ist – teilweise in seiner alten Form erhalten geblieben.

## II. Die Konstruktion der Eingriffsregelung in der Bauleitplanung

Zu den fachrechtlichen Verfahren, die in das Bauplanungsrecht implementiert sind und nach dem EAG Bau in der Umweltprüfung nach § 2 Abs. 4 BauGB abzuarbeiten sind, gehört neben einer Weiterentwicklung der Umweltverträglichkeitsprüfung und der FFH-Verträglichkeitsprüfung die naturschutzrechtliche Eingriffsregelung. Gemäß § 1a Abs. 3 S. 1 BauGB ist in der bauplanerischen Abwägung auch die Eingriffsregelung zu berücksichtigen. Damit ist klargestellt, dass zu erwartende Eingriffe in Natur und Landschaft bei der Abwägung zumindest irgendeine Rolle spielen müssen; über den Inhalt dieser Rolle (Optimierungsgebot, Planungsleitsatz, einfacher Abwägungsbelang)[28] schweigt die Norm. Der Klammerzusatz in § 1a Abs. 3 S. 1 BauGB verweist dabei auf die §§ 18 ff. BNatSchG. Für die Prüfung, ob die Eingriffsregelung anzuwenden ist, ist daher die Definitionsnorm des § 18 BNatSchG maßgebend. Die Frage, ob der beabsichtigte Planinhalt einen Eingriff in Natur und Landschaft darstellt, ist gemäß § 18 BNatSchG zu beantworten. Die gerade im § 3 erarbeiteten Grundlagen des Tatbestands der Eingriffsregelung können auf Grund des Klammerzusatzes uneingeschränkt in die Bauleitplanung übertragen werden. Die städtebauliche Eingriffsregelung ist also hinsichtlich ihres Tatbestands identisch mit der naturschutzrechtlichen Eingriffsregelung.[29]

§ 1a Abs. 3 S. 1 BauGB verweist durch den Klammerzusatz global auf das BNatSchG, und damit auch auf § 21 BNatSchG. Dessen Abs. 1 bestimmt, dass sich die Rechtsfolgen eines Eingriffs, nämlich Vermeidung, Ausgleich und Ersatz, nicht aus § 19 BNatSchG ergeben, sondern aus den Vorschriften des BauGB. Damit transformieren §§ 1a Abs. 3 S. 1 BauGB; 21 Abs. 1 BNatSchG die naturschutzrechtliche Eingriffsregelung dergestalt in das Bauplanungsrecht, dass der Tatbestand der naturschutzrechtlichen Eingriffsregelung, wie ihn § 18 BNatSchG formuliert, uneingeschränkt An-

---

[28] Dazu noch unten bei C. II. 4. b).

[29] *Bunzel,* NuR 1997, 583 (587); *Battis/Krautzberger/Löhr,* NVwZ 1997, 1145 (1149); *Krautzberger,* NuR 1998, 455 (456 und 457); *Lüers,* ZfBR 1997, 231 (236); *Schink,* DVBl. 1998, 609 (611); *Stich,* ZfBR 2003, 643 (649); *Stüer,* DVBl. 1997, 1201 (1203); *Wagner,* UPR 1997, 387 (393); *Wagner/Mitschang,* DVBl. 1997, 1137 (1139); *Wolf,* ZUR 1998, 183 (191).

wendung findet, die Rechtsfolgen aber aus dem BNatSchG herausgenommen sind und nicht nach § 19 BNatSchG eintreten, sondern sich nach Normen des BauGB bestimmen.[30] Diese Erkenntnis ist fundamental für das Verständnis der städtebaulichen Eingriffsregelung.

Die zentrale Norm des BauGB, welche die Hauptaussage über die Rechtsfolgen eines durch die Bauleitplanung zu erwartenden Eingriffs trifft, ist § 1a Abs. 3 BauGB. Diese Norm ist deshalb das Hauptziel der Verweisung aus § 21 Abs. 1 BNatSchG. Sie konkretisiert, wie Vermeidung und Ausgleich in der Bauleitplanung umzusetzen sind, indem sie die unterschiedlichen planerischen Möglichkeiten in der Abwägung regelt, den Ausgleich zu verwirklichen. Hinsichtlich dieser Verwirklichung des Ausgleichs unterscheidet sich das BauGB maßgeblich vom naturschutzrechtlichen Ausgleich. Denn § 21 Abs. 1 BNatSchG erfasst mit seiner Verweisung auf das BauGB auch die durch das BauROG geschaffene Norm des § 200a BauGB, der die Definition des naturschutzrechtlichen Ausgleichs in § 19 BNatSchG für die städtebauliche Eingriffsregelung erheblich modifiziert (dazu ausführlich unter C. III.).[31]

Die städtebauliche Eingriffsregelung unterscheidet sich also im Vergleich zur naturschutzrechtlichen Eingriffsregelung durch zwei wesentliche Merkmale. Zum einen ist sie als umweltrelevanter Abwägungsbelang voll in die bauleitplanerische Abwägung integriert. Dies geht sowohl der der Überschrift des § 1a BauGB als auch aus dem Halbsatz in § 1a Abs. 3 S. 1 a.E. hervor: „In der Abwägung nach § 1 Abs. 6 sind auch zu berücksichtigen ...".[32] Die städtebauliche Eingriffsregelung stellt also, anders als die naturschutzrechtliche Eingriffsregelung, kein zwingendes Recht im Sinne eines Konditionalprogrammes dar, sondern ist voll in das Finalprogramm der bauplanerischen Abwägung eingebunden (dazu unter C. II. 4.). Zum anderen bestimmt das BauGB und nicht das BNatSchG die Rechtsfolgen des Vorliegens eines Eingriffs. Städtebauliche Eingriffsregelung und naturschutzrecht-

---

[30] *Beckmann*, in: FS Hoppe, S. 531 (533); *Bunzel*, NuR 1997, 583 (587); *Lüers*, ZfBR 1997, 231 (236); *Schink*, DVBl. 1998, 609 (611); *Meßerschmidt*, BNatSchG, § 21 Rn. 15.

[31] Deswegen ist es irreführend, im Bauplanungsrecht von einem naturschutzrechtlichen Ausgleich zu sprechen, wie es aber gelegentlich in der Literatur geschieht (so beispielsweise im Titel des Sammelbandes „Der naturschutzrechtliche Ausgleich nach § 1a BauGB", Stuttgart 1999). Zutreffender ist es, analog zu der seit dem BauROG selbständig existierenden bauplanerischen oder städtebaulichen Eingriffsregelung, von einem bauplanerischen oder städtebaulichen Ausgleich zu sprechen.

[32] Damit hat der Gesetzgeber des BauROG das nachvollzogen, was die Rechtsprechung noch auf der Basis des BauGB 1993 und BNatSchG 1993 für die Berücksichtigung der Eingriffsregelung in der Bauleitplanung entwickelt hatte, BVerwGE 104, 68 ff. und die Vorinstanz VGH Mannheim, NuR 1997, 92; BVerwGE 104, 144 ff.; OVG Münster, NVwZ 1996, 274; OVG Münster, BauR 1998, 1195.

liche Eingriffsregelung stehen deswegen im Grundsatz selbständig neben-einander,[33] sind aber durch die Bezugnahme der städtebaulichen Eingriffs-regelung auf den Tatbestand der naturschutzrechtlichen Eingriffsregelung nicht strikt voneinander getrennt.

## C. Tatbestand, Rechtsfolgen und Ausgleichsbegriff der städtebaulichen Eingriffsregelung

### I. Eingriffe auf Grund der Bauleitplanung

Eingriffe in Natur und Landschaft sind gemäß § 18 Abs. 1 BNatSchG tatsächliche Veränderungen, also Realakte. Bauleitpläne sind aber keine Realakte,[34] sondern Rechtsnormen, sofern es sich um Bebauungspläne han-delt, beziehungsweise Rechtsakte sui generis im Fall der Flächennutzungs-pläne.[35] Deswegen stellen Bauleitpläne allein zunächst als solche keine Eingriffe dar. Sie können die planungsrechtliche Zulässigkeit für Vorhaben begründen und damit Baurechte verleihen, die bei ihrer Verwirklichung Natur und Landschaft tatsächlich verändern und daher Eingriffe im Sinne des § 18 BNatSchG sind. Bauleitpläne können also Eingriffe vorbereiten und tun dies regelmäßig auch.[36]

Ein Bauleitplan unterliegt der Eingriffsprüfung, wenn bei der Realisie-rung seiner Festsetzungen die Tatbestandsmerkmale von § 18 BNatSchG er-füllt werden. Dies hat die planende Gemeinde im Rahmen der Umweltprü-fung in einer Prognose, ob auf Grund der jeweiligen Planung Eingriffe zu erwarten sind, zu beurteilen.[37] Dabei kommt es bei dieser Prognose grund-sätzlich darauf an, ob auf Grund der neuen Planung Eingriffe zugelassen werden, die neu sind und über das bisherige Maß hinausgehen.[38] Obwohl diese Prognose eine Frage der konkreten örtlichen Gegebenheiten ist und für jeden Einzelfall neu aufgestellt werden muss, lassen sich doch gewisse Charakteristika der verschiedenen Verfahrensweisen bei Bauleitplänen, wie sie § 21 Abs. 1 BNatSchG mit den Tatbestandsmerkmalen Aufstellung, Än-derung, Ergänzung oder Aufhebung aufzählt, herausfiltern:

---

[33] *Mitschang,* ZfBR 1999, 125 (126).

[34] *Runkel,* NVwZ 1993, 1136; *ders.,* DVBl. 1992, 1402 (1407); *Schink,* DVBl. 1992, 1390 (1393), jeweils m. w. N.

[35] Ganz h. M., vgl. etwa *Bielenberg/Söfker,* in: Ernst/Zinkahn/Bielenberg/Krautz-berger (Hrsg.), BauGB, § 5 Rn. 7 m. w. N.

[36] *Gaentzsch,* NuR 1990, 1 (6); *Krautzberger,* NuR 1998, 455 (457); *Stich,* ZfBR 2003, 643 (649). Weitergehend OVG Koblenz, BauR 1992, 365.

[37] Genauer dazu noch bei C. I. 6.

[38] *Steinfort,* VerwArch 86 (1995), 107 (113).

## 1. Aufstellung von Bauleitplänen

Bei der Aufstellung von Bauleitplänen ist zu trennen zwischen Flächennutzungsplänen und Bebauungsplänen.

### a) Flächennutzungspläne

Nutzungsausweisungen im Bebauungsplan als verbindlichem Bauleitplan werden im Rahmen des Entwicklungsgebots, § 8 Abs. 2 BauGB, durch Flächennutzungspläne vorbereitet. Zwar enthalten sie keine konkreten Aussagen über die Zulässigkeit von Vorhaben. Sie teilen aber das Gemeindegebiet in grobem Maßstab hinsichtlich der späteren Nutzung ein. Da es bei der Prognose darum geht, ob später Eingriffe zu bejahen sind, und Flächennutzungspläne die spätere bauliche Nutzung des Gemeindegebiets steuern und vorstrukturieren (sog. Determinierungsfunktion,[39] vgl. § 8 Abs. 2 BauGB), bereiten Flächennutzungspläne regelmäßig Eingriffe vor, soweit sie bauliche Nutzungen vorsehen.[40] Bei der Aufstellung von Flächennutzungsplänen muss also regelmäßig eine Eingriffsprüfung stattfinden, um so mögliche Konfliktlagen schon in der vorbereitenden Bauleitplanung analysieren und planerisch auflösen zu können. Diese Eingriffsprüfung muss allerdings hinsichtlich Ermittlungstiefe und Aussagen zum Ausgleich an den grobmaschigeren Maßstab des Flächennutzungsplans angepasst sein; hinsichtlich des Ausgleichs werden nur grob strukturierende Aussagen möglich sein, die in nachfolgenden Bebauungsplänen konkretisierend umzusetzen oder sonst wie durchzuführen sind.

### b) Bebauungspläne

Die Aufstellung von Bebauungsplänen lässt jedenfalls dann Eingriffe erwarten, wenn der neu aufgestellte Bebauungsplan erstmalig Nutzungen festsetzt, die einen Eingriff nach § 18 Abs. 1 BNatSchG ermöglichen. Die häufigsten Eingriffe dieser Art erfolgen durch Bebauungspläne, welche die Zulässigkeitsvoraussetzungen für Hochbauvorhaben und Tiefbaumaßnahmen schaffen sollen, insbesondere bei Wohnungs-, Gewerbe- und Industriebauten und Einrichtungen des Gemeinbedarfs, wie der Herstellung von Straßen, Wegen, Plätzen und Schienenwegen. Eingegriffen wird hier meist in den Naturhaushalt durch Bodenversiegelung und Beeinträchtigung vorhandener

---

[39] *Schrödter,* in: Schrödter (Hrsg.), BauGB, § 5 Rn. 2 m. w. N. zu den unterschiedlichen Funktionen des Flächennutzungsplanes.

[40] *Louis,* NuR 1998, 114 (117); *Runkel,* NVwZ 1993, 1136; *Meßerschmidt,* BNatSchG, § 21 Rn. 13.

Biosysteme, aber auch in das Landschaftsbild, das weitgehend verändert wird.[41] Ob das Planaufstellungsverfahren dabei den Außenbereich oder den Innenbereich nach § 34 BauGB, also einen im Zusammenhang bebauten Ortsteil betrifft, ist unerheblich.[42]

Problematischer sind die Konstellationen, wo neu aufgestellte Bebauungspläne nur den bereits vorhandenen Baubestand festschreiben, beispielsweise bei der Überplanung eines Gebiets, das nach § 34 BauGB bebaut wurde. Problematisch ist weiter der Fall, in dem ein Bebauungsplan einzelne Nutzungen ausschließt, aber keine neuen Nutzungsmöglichkeiten begründet,[43] oder der Fall, wo nur ein einfacher Bebauungsplan nach § 30 Abs. 3 BauGB aufgestellt wird, der in Übereinstimmung mit der bereits existierenden tatsächlichen Nutzung für ein Gebiet eine Nutzungsart festsetzt (beispielsweise Gewerbegebiet), aber keine Aussagen zu konkreten Baumöglichkeiten im Plangebiet trifft.[44] Entscheidend für die Bewertung dieser Fälle ist, ob auf Grund der beschlossenen planerischen Festsetzungen neue, über das bisherige Maß hinausgehende Eingriffe zugelassen werden. Hier kommt es auf den jeweiligen Einzelfall an. Wird beispielsweise auf Grund der Überplanung eines vorhandenen Baugebiets nach § 34 BauGB eine tiefere Grundstücksbebauung als bisher zugelassen, dann ist nur hinsichtlich der zusätzlich ermöglichten Bebauung ein Eingriff zu erwarten. Wird aber in einem solchen Baugebiet nach § 34 BauGB auf Grund der neu aufgestellten Planung anstelle der bisher vorhandenen zweigeschossigen Bebauung nunmehr eine dreigeschossige Bebauung geplant, so wird sich kaum eine Beeinträchtigung der Natur nach § 18 Abs. 1 BNatSchG feststellen lassen. Entscheidend ist hier aber der Einzelfall: in manchen Fällen ist es durchaus denkbar, dass eine solche an und für sich marginale Änderung von zweigeschossiger zu dreigeschossiger Bauweise einen Eingriff in die Natur darstellt, beispielsweise, weil Kaltluftschneisen geschlossen oder teilweise verstellt werden. Genauso sind Fälle denkbar, in denen das Landschaftsbild durch eine solche geringfügige Änderung beeinträchtigt werden kann. Maßgeblich für die Frage, ob ein Eingriff zu erwarten ist oder nicht, sind immer die Umstände des Einzelfalles.

---

[41] *Stich,* Sach- und Verfahrensanforderungen der naturschutzrechtlichen Eingriffsregelung und ihr Vollzug, S. 12.

[42] *Stich,* Sach- und Verfahrensanforderungen der naturschutzrechtlichen Eingriffsregelung und ihr Vollzug, S. 12. Vgl. auch BVerwGE 112, 41.

[43] So genannte Negativplanung, die im Grundsatz dann zulässig ist, wenn sie nach der wahren planerischen Konzeption der Gemeinde positiv erforderlich ist. Zur Zulässigkeit der Negativplanung vgl. BVerwGE 40, 258 (262 f.); BVerwG, NVwZ 1991, 875 (877); OVG Münster, NVwZ-RR 1997, 602; VGH Mannheim, VBlBW 1998, 310 sowie *Krautzberger,* in: Ernst/Zinkahn/Bielenberg/Krautzberger (Hrsg.), § 1 Rn. 36 m.w.N. Ausführlich zur Negativplanung noch bei D. II. 2. a) bb).

[44] Zu einer solchen Konstellation OVG Münster, NuR 2001, 655.

## 2. Änderung und Ergänzung von Bauleitplänen

Bei der Änderung oder Ergänzung eines Bauleitplanes ist auf die Umstände des Einzelfalles, nämlich darauf, inwieweit durch die Ergänzung des Bauleitplans oder die Änderung des Bauleitplans Eingriffe in Natur und Landschaft zu erwarten sind, abzustellen. Zu beachten ist hier § 1 a Abs. 3 S. 5 BauGB, der für Flächennutzungspläne ebenfalls gilt. Bei Bauflächen und Baugebiete, für die bereits Baurechte bestanden und die bei der Änderung eines Bauleitplanes in den Plan übernommen werden, müssen keine Ausgleichsmaßnahmen vorgesehen werden.[45]

## 3. Aufhebung von Bauleitplänen

Die Aufhebung von Bauleitplänen stellt grundsätzlich keinen Eingriff dar.[46] Ausnahmsweise kann die Aufhebung aber einer Eingriffsprüfung unterliegen, nämlich wenn durch die Aufhebung des Bauleitplans bestimmte Festsetzungen wegfallen, die bisher eine bauliche Nutzung des Gebiets verhindert haben.

### a) Bebauungspläne

Bei wegfallenden Bebauungsplänen könnte ein Baurecht nach § 34 BauGB entstehen beziehungsweise wiederaufleben, sofern das Bauprojekt in den Rahmen passt, den die umgebende Bebauung vorgibt. Diese Konsequenz des Wegfalls eines Bebauungsplans muss die Gemeinde beim Beschluss über die Aufhebung des Planes bedenken und in der Abwägung als Resultat der Eingriffsprüfung entsprechend würdigen.

In Gebieten, die bisher im Plangebiet lagen, nach Wegfall des Bebauungsplanes aber zu Außenbereichsgebieten geworden sind, kann ein Baurecht nach § 35 BauGB entstehen, nämlich wenn der Bebauungsplan Festsetzungen enthalten hat, die eine bauliche Nutzung des Gebiets untersagt haben und ein Vorhaben als privilegiertes Vorhaben unter Abs. 1 des § 35 BauGB fällt. § 35 Abs. 1 BauGB gewährt den Trägern privilegierter Vorhaben einen Bauanspruch, sofern seine Voraussetzungen vorliegen.[47] Die Gemeinde könnte nun verpflichtet sein, bei der Aufhebung eines Planes in obiger Konstellation in der Abwägung die Eingriffsregelung insofern zu

---

[45] *Schrödter,* in: Schrödter (Hrsg.), BauGB, § 1 a Rn. 70.
[46] *Steinfort,* VerwArch 86 (1995), 107 (113).
[47] BVerwG, Buchholz 406.11 § 35 BBauG Nr. 22; BVerwG, Buchholz 406.11 § 35 BBauG Nr. 28 a.; vgl. auch BGH, NJW 1971, 97 und *Krautzberger,* in: Battis/Krautzberger/Löhr, BauGB, § 35 Rn. 5.

berücksichtigen, als durch die Aufhebung des Planes das Vorhaben nach § 35 Abs. 1 BauGB zulässig wird. Allerdings hat bei der Genehmigung eines Außenbereichsvorhaben gemäß § 21 Abs. 2 S. 2 1. Var. BNatSchG schon eine Eingriffsprüfung[48], allerdings nach dem Konditionalprogramm der § 19 ff. BNatSchG, stattzufinden (und zwar durch die Baugenehmigungsbehörde, § 20 Abs. 2 BNatSchG). Da hier bei der Baugenehmigung nach § 35 BauGB ohnehin nach § 21 Abs. 2 S. 2 BNatSchG eine Eingriffsprüfung stattfindet, ist es verfahrensökonomischer, nur eine Prüfung durch die Genehmigungsbehörde stattfinden zu lassen. Unter Umweltgesichtspunkten ist diese Vorgehensweise vorzugswürdig, weil hier ein konkretes Vorhaben geprüft wird und daher eine konkrete Auseinandersetzungen mit den jeweiligen Naturbeeinträchtigungen stattfinden kann und die Eingriffsprüfung nicht wie bei der Prüfung im Rahmen der Umweltprüfung im Planaufhebungsverfahren vergleichsweise abstrakt und losgelöst von einem konkreten Vorhaben bleibt. Dies entspricht auch dem Gedanken der Abschichtung von Prüfungen zu Gunsten der niedrigeren Ebene, vgl. § 2 Abs. 4 S. 5 BauGB.[49]

### b) Flächennutzungspläne

Der Wegfall von Flächennutzungsplänen wird in den Fällen für die Eingriffsprüfung relevant, in denen Flächennutzungspläne die bauliche Nutzung von Gebieten verhindert haben. Da Flächennutzungspläne nur eine mittelbare Außenwirkung haben[50] und sie Bauvorhaben nur mittelbar als öffentlicher Belang nach § 35 Abs. 3 S. 1 Nr. 1 oder nach § 35 Abs. 3 S. 3 BauGB verhindern können, kommt für eine Eingriffsprüfung bei der Aufhebung eines Flächennutzungsplans nur in Betracht zu prüfen, ob jetzt Vorhaben nach § 35 genehmigt werden können, die bisher durch den Flächennutzungsplan verhindert wurden. Da bei der Genehmigung nach § 35 BauGB aber gemäß § 21 Abs. 2 S. 2 BNatSchG eine selbständige Eingriffsprüfung stattfindet, stellen sich hier dieselben Konkurrenzprobleme wie oben bei a) dargestellt.

---

[48] Zum Ablauf einer solche Eingriffsprüfung bei Außenbereichsvorhaben instruktiv *Louis/Wolf,* NuR 2002, 455 (466).

[49] Freilich passt die Vorschrift nicht direkt. Ihr kann aber der Rechtsgedanke entnommen werden, aus Gründen der Verfahrensökonomie jeweils nur eine Eingriffsprüfung stattfinden zu lassen, und zwar auf jeweils auf den Ebenen, die zeitlich und sachlich näher am Eingriff liegen als die konkurrierenden Ebenen. Daher ist eine Eingriffsprüfung in der angesprochenen Konstellation auf der Ebene der Bebauungsgenehmigung vorzugswürdig.

[50] Dazu allgemein *Bielenberg/Söfker,* in: Ernst/Zinkahn/Bielenberg/Krautzberger (Hrsg.), BauGB, § 5 Rn. 6 ff.

*4. Die Überplanung von Gebieten nach § 1a Abs. 3 S. 5 BauGB*

Eine besondere Eingriffskonstellation regelt § 1a Abs. 3 S. 5 BauGB.[51] Nach dieser Vorschrift unterliegen Eingriffe, die bereits vor der Bauleitplanung zulässig waren oder erfolgt sind, besonderen, vom normalen Prüfprogramm der städtebaulichen Eingriffsregelung abweichenden Regeln. Diese Norm erfasst neben Vorhaben, die vor der Planung errichtet wurden, auch solche Vorhaben, die zwar noch nicht errichtet worden sind, die aber rechtlich zulässig gewesen sind. Es geht hier also um bereits entstandene Baurechte beziehungsweise bereits realisierte Vorhaben. In dem Maße, in dem diese bauplanerische Realität von dem neuen Bauleitplan nur nachvollzogen wird, ist in dessen Planaufstellungsverfahren nach nach § 1a Abs. 3 S. 5 BauGB keine Eingriffsprüfung durchzuführen. Geht der Plan aber über einen Nachvollzug der bereits existierenden planerischen Realität – seien es bereits bestehende Vorhaben oder bereits bestehende Baurechte – hinaus und sieht er neue Eingriffe vor, so greift die Norm und somit die Ausnahme nicht. In diesen Fällen ist das normale Prüfprogramm der städtebaulichen Eingriffsregelung zu absolvieren. Hauptanwendungsfall der Vorschrift ist das sogenannte Flächenrecycling, bei dem es darum geht, bereits beplante und bebaute Flächen, die für ihre bisherigen Zwecke nicht mehr benötigt werden, neu zu überplanen. Die Nutzung von Industriebrachen und Konversionsflächen in den Innenstädten (beispielsweise Bahngelände, das nach der Bahnreform nicht mehr benötigt wird) soll dadurch erleichtert werden.[52]

Anders, als manche Literaturstimmen vertreten,[53] handelt es sich bei Plänen, die unter § 1a Abs. 3 S. 5 BauGB fallen, richtigerweise um tatbestandliche Eingriffe in Natur und Landschaft im Sinne der städtebaulichen Eingriffsregelung.[54] Diese Eingriffe werden durch die Norm lediglich einem besonderen, modifizierten Rechtsfolgenregime unterworfen. Die gegenteilige Ansicht, die bereits das Vorliegen eines Eingriffs verneint, hatte sich vor dem BauROG zur wohl herrschenden Meinung entwickelt.[55] Mit dem BauROG hat der Gesetzgeber aber bereits dem Wortlaut des § 1a Abs. 3

---

[51] Zu dieser Norm näher *Beckmann*, in: FS Hoppe, S. 531 (548); *Kukk,* UPR 2001, 180 (181 ff.); *Louis,* NuR 1998, 113 (119); *Reese,* UPR 2002, 292 ff.; *Schink,* DVBl. 1998, 609 (617); *Uechtritz,* NuR 2001, 374 (377 ff.).

[52] BT-Drs. 13/7589, S. 13. Die ökologische Problematik liegt in den Fällen solcher Industriebrachen und Konversionsflächen vielerorts darin, dass sich in den brach liegenden Gebieten oder Gebäuden oft Nischen für Flora und Fauna gebildet haben können, die ökologisch wertvoll sind.

[53] *J. Schmidt,* NVwZ 1998, 337 (338) betrachtet die Einführung des § 1a Abs. 3 S. 4 BauGB a.F. (jetzt § 1a Abs. 3 S. 5) durch das BauROG als überflüssig, da bereits einfache Auslegung ergäbe, dass erfolgte Eingriffe keine zu erwartenden Eingriffe seien.

[54] So auch *Louis,* NuR 1998, 113 (119) und *Reese,* UPR 2002, 292 (293 f.).

S. 5 BauGB nach eindeutig entschieden, dass tatbestandlich Eingriffe vorliegen, und somit der herrschenden Ansicht eine Absage erteilt. Dies folgt aus der Formulierung „..., soweit die Eingriffe ... erfolgt sind oder zulässig waren" in § 1a Abs. 3 S. 5 BauGB. Naturschutzfachlich betrachtet liegt außerdem jedenfalls ein Eingriff vor.[56]

### 5. Planfeststellungsersetzende Bebauungspläne

Gemäß § 21 Abs. 2 S. 2 Var. 2 BNatSchG sind planfeststellungsersetzende Bebauungspläne hinsichtlich der Eingriffsregelung von der Einbettung der Bebauungspläne in das Regime des BauGB ausgenommen. Die Eingriffsprüfung erfolgt nicht im Rahmen des bauleitplanerischen final programmierten Abwägungsprogramms; vielmehr fallen solche Bebauungspläne unter die konditional strukturierte naturschutzrechtliche Eingriffsregelung. Dies beruht darauf, dass solche planfeststellungsersetzenden Bebauungspläne ein funktionales Äquivalent zur Vorhabengenehmigung, der Planfeststellung, darstellen. Gesetzliche Regelungen solcher Bebauungspläne sind vorgesehen in § 17 Abs. 3 FStrG und den landesrechtlichen Entsprechungen in den Landesstraßengesetzen für Bebauungspläne, die eine straßenrechtliche Planfeststellung ersetzen;[57] außerdem in § 28 PBefG für den Bau von S- und U-Bahnen. Den Gemeinden soll hier die Möglichkeit genommen werden, die strikte, das heißt abwägungsfeste, konditionale Geltung der Eingriffsregelung in der Planfeststellung[58] zu unterlaufen, indem sie die Eingriffsregelung einem finalen und damit nicht ohne weiteres abwägungsfesten Rechtsfolgenregime wie der städtebaulichen Eingriffsregelung unterstellen.

In den Fällen, in denen der Bebauungsplan über die Ersetzung einer Planfeststellung hinausgeht und Festsetzungen trifft, die unabhängig vom Gegenstand einer Planfeststellung sind, sieht die gesetzliche Regelung in § 21 Abs. 2 S. 2 BNatSchG durch die „soweit"-Formulierung vor, dass der Teil des Planes, der unabhängig vom Gegenstand einer Planfeststellung ist, dem Regime der städtebaulichen Eingriffsregelung, also den §§ 21 Abs. 1 BNatSchG; 1a Abs. 3 BauGB, unterfällt. Es findet mithin keine einheitliche Eingriffsprüfung des gesamten Bebauungsplanes statt, sondern diese reicht

---

[55] *Blume,* NVwZ 1993, 941; *Klinge,* BauR 1995, 289 (290 und 293); *Löhr,* LKV 1994, 324 (326). Anderer Ansicht und ausführlich zum Streit *Schmidt-Eichstaedt,* LKV 1994, 345 (346 f.), *Oldiges,* Rechtsgutachten, S. 77 ff., insb. S. 93 f., beide m. w. N. vor allem zu Ländererlassen.

[56] BVerwG, NVwZ 2001, 560 mit Besprechung *Uechtritz,* NuR 2001, 374 ff.

[57] Exemplarisch § 37 Abs. 3 S. 1 LStrG BW.

[58] BVerwG, NVwZ 1993, 565 ff. – Sachsendamm (LS 6.1 und 6.2): Die Rechtsfolgen der Eingriffsregelung sind zwingendes, abwägungsfestes Recht.

nur soweit, wie der Bebauungsplan die Planfeststellung ersetzt. Der restliche Plan wird gemäß der städtebaulichen Eingriffsregelung geprüft.[59]

### 6. Die Methodik der Eingriffsprognose – Ermittlung und Bewertung

Die Anwendung der städtebaulichen Eingriffsregelung setzt voraus, dass von flächenbeanspruchenden Vorhaben, deren Zulassung durch die Planung ermöglicht werden soll, überhaupt Eingriffe in Natur und Landschaft ausgehen können. Die Gemeinde muss dies prüfen, um so feststellen zu können, ob sie das Ausgleichsprogramm der städtebaulichen Eingriffsregelung in ihrer abschließenden Abwägungsentscheidung zu berücksichtigen hat. Diese Prüfung verläuft nach einem bestimmten Programm. Vor dem EAG Bau 2004 war dieses Prüfprogramm nicht normiert; gleichwohl ergaben sich die Verfahrensschritte zwingend aus der inneren Logik der Eingriffsregelung. Das EAG Bau 2004 hat jetzt eine obligatorische Umweltprüfung eingeführt, die bei jedem Bauleitplan durchzuführen ist, § 2 Abs. 4 BauGB.[60] Die Eingriffsprüfung ist nach §§ 2 Abs. 4 S. 1; 1a Abs. 3 BauGB Bestandteil dieser Umweltprüfung.

Im Folgenden soll gezeigt werden, dass die Normierung der Umweltprüfung mit ihren jeweiligen Verfahrensschritten keine anderen Verfahrensanforderungen stellt als die, die bereits vor der Einführung der Umweltprüfung im Rahmen der Eingriffsprüfung zu absolvieren waren. Die Einführung der Umweltprüfung bringt also unter dem Aspekt der Eingriffsregelung nichts Neues. Um dies zu zeigen, ist zunächst darzulegen, nach welcher Methodik die Gemeinde bisher zur Eingriffsprüfung vor der Einführung der Umweltprüfung vorgehen musste (a)). Sodann ist in einem zweiten Schritt zu zeigen, wie die Eingriffsregelung nach dem Konzept des EAG Bau nun methodisch in der Umweltprüfung stattfinden muss (b)). Schließlich sollen in einem dritten Schritt die Verfahren vor und nach dem EAG Bau verglichen und gezeigt werden, dass kein Unterschied in der Methodik besteht (c)).

### a) Die Rechtslage vor dem EAG Bau nach dem BauGB 1998

Vor dem EAG Bau hatte die Gemeinde als erstes eine Bestandsaufnahme des Zustands von Natur und Landschaft, der im Einwirkungsbereich der je-

---

[59] So ist die Gesetzesbegründung in BT-Drs. 12/3944, S. 53 wohl zu interpretieren.

[60] Zur neu eingeführten Umweltprüfung und den Neuerungen durch das EAG Bau vgl. *Finkelnburg*, NVwZ 2004, 897 ff.; *Hoppe*, NVwZ 2004, 903 ff.; *Krautzberger*, UPR 2004, 241 ff.; *ders./Stüer*, DVBl. 2004, 781 ff.; *Steinkemper*, VBlBW 2004, 401 ff.; *Wagner/Engel*, BayVBl. 2005, 33 ff. Speziell zur Umweltprüfung *Krautzberger*, UPR 2004, 401 ff.; *ders./Stüer*, DVBl. 2004, 914 ff.

weiligen Vorhaben anzutreffen war, durchzuführen (dazu unter aa)). Anschließend musste sie diesen ermittelten Zustand bewerten (dazu unter bb)). Die Landschaftsplanung konnte in diesem Verfahrensstadium als wertvolle Planungshilfe dienen (dazu unter cc)). Nach dieser Ermittlung und Bewertung des vorhandenen Zustands musste die Gemeinde eine Prognose erstellen, welche Auswirkungen ihre Planung auf den so ermittelten und bewerteten Bestand von Natur und Landschaft haben könnte (unter dd)).

Systematisch gehörte dieses hier dargestellte Prüfprogramm zur Tatbestandsseite der städtebaulichen Eingriffsregelung. Denn es diente der Gemeinde dazu, die Frage zu beantworten, ob überhaupt der Anwendungsbereich der städtebaulichen Eingriffsregelung eröffnet war. War dies nicht der Fall, so musste die Eingriffsregelung in der Abwägung nicht berücksichtigt werden. Zu trennen war dieses Prüfprogramm mit seinen Ermittlungs- und Bewertungsvorgängen von dem Prüfprogramm hinsichtlich des Ausgleichsbedarfs für die zu erwartenden Eingriffe, das auch Ermittlungs- und Bewertungsvorgänge vorsah. Es gehörte systematisch zur Rechtsfolgeseite der städtebaulichen Eingriffsregelung; es musste nur in den Fällen abgearbeitet werden, in denen die Gemeinde Eingriffe prognostizierte, also den Tatbestand der städtebaulichen Eingriffsregelung als erfüllt ansah. Es setzte also als zweiten Verfahrensschritt die Eingriffsprognose als ersten Verfahrensschritt voraus. Wegen der Zugehörigkeit zur Rechtsfolgenseite wird dieses Prüfprogramm erst unten bei den Rechtsfolgen der städtebaulichen Eingriffsregelung dargestellt (unten C. II. 3.).

*aa) Bestandsaufnahme des Zustands von Natur und Landschaft*
*vor der städtebaulichen Planung*

Die Eingriffsprognose der Gemeinde begann methodisch damit, dass die Gemeinde den gegenwärtigen Zustand von Natur und Landschaft ermittelte und entsprechende Daten sammelte, etwa aus Ortsbegehungen, Fachgutachten oder im Anhörungsverfahren und der Beteiligung der Träger öffentlicher Belange. Sie musste sich umfassende und fachlich fundierte Kenntnisse über den Zustand von Natur und Landschaft im Plangebiet verschaffen. Die Gemeinden mussten den Zustand von Natur und Landschaft vor und nach dem Eingriff vergleichen. Dazu war nötig, den Zustand von Natur und Landschaft vor dem Eingriff zu ermitteln.[61] Eine vollständige Erfassung der betroffenen Tier- und Pflanzenarten war dazu regelmäßig nicht er-

---

[61] Ausführlich zur Ermittlung *Burmeister/Megerle*, NVwZ 1995, 868 (869); *Kiemstedt/Wirtz*, Abschnitt 2, S. 3–6; *Louis*, NuR 1998, 113 (116); *Stich*, Sach- und Verfahrensanforderungen der naturschutzrechtlichen Eingriffsregelung und ihr Vollzug, S. 12; *Stich*, UPR 2002, 10 (11).

forderlich.[62] Es konnte ausreichen, wenn bei der Bestandsaufnahme auf bestimmte Indikationsgruppen abgestellt wurde. Anhand bestimmter vorgefundener Tier- und Pflanzenarten konnte auf das Vorhandensein weiterer Arten geschlossen werden, wenn entsprechende Erfahrungswerte und Erkenntnisse der Ökologie dies nahe legten. Auf Grund der vorgefundenen Vegetationsstrukturen und Tierarten konnte also regelmäßig auf das Vorhandensein weiterer Arten geschlossen werden. Je typischer die naturräumlichen Gegebenheiten und die Gebietsstruktur des zu überplanenden Gebietes war, desto eher konnte die Gemeinde auf typisierende Merkmale und allgemeine Erfahrungen zurückgreifen und auf eine vollständige Erfassung der Arten verzichten. Aus der Existenz bestimmter Biotope ließen sich also Aussagen treffen über Arten und Lebensgemeinschaften. Diese Zusammenhänge mussten ökologisch belegbar sein.

*bb) Bewertung des Zustands von Natur und Landschaft*
    *vor der städtebaulichen Planung*

Als zweiter Schritt der Eingriffsprognose folgte nach der Ermittlung des vorhandenen Bestands von Natur und Landschaft die Bewertung dieses ermittelten Bestands. Diese Bewertung war unentbehrlich, weil erst sie die Beurteilung der umweltbeeinträchtigenden Wirkungen der Planung ermöglichte. Sie war Voraussetzung für die planerische Abwägung der Belange von Natur und Landschaft mit den anderen Abwägungsbelangen.[63]

Die Bewertung war ungleich schwieriger als die Bestandsaufnahme. Während es sich bei der Ermittlung des vorhandenen Bestands um einen deskriptiven Vorgang handelte, der ein klar umrissenes Objekt beschrieb, ging es bei der Bewertung nicht um deskriptives Zusammenstellen von Daten, sondern um den wertenden Umgang mit diesem Material. Für die Bewertung des ermittelten Bestandes gab es keine quantifizierbaren Beurteilungsgrundlagen.[64] Vielmehr hatte sich die Bewertung an den Zielen

---

[62] So BVerwGE 117, 351 (363 ff.). zur städtebaulichen Eingriffsregelung; zur naturschutzrechtlichen Eingriffsregelung BVerwG, NVwZ-RR 1997, 607.

[63] *Louis*, NuR 1998, 113 (116).

[64] Anders als im technischen Umweltrecht (vor allem im Immissionsschutzrecht und im Wasserrecht) kann die Beurteilung nicht an Hand technischer Beurteilungsmaßstäbe erfolgen. Das Naturschutzrecht kennt keine Grenzwerte, Richtwerte oder Orientierungswerte, die beschreiben könnten, wann ein Eingriff erheblich ist. Weil in der täglichen Planungspraxis in den Gemeinden aber ein berechtigtes Bedürfnis nach einfach handhabbaren Orientierungsmaßstäben bestand und immer noch besteht, sind standardisierte Bewertungsmethoden entwickelt worden, beispielsweise die Broschüre „Bewertung von Eingriffen in Natur und Landschaft – Arbeitshilfe für die Bauleitplanung", hrsg. vom Ministerium für Arbeit, Soziales und Stadtentwicklung des Landes NRW, Düsseldorf 1996. Weitere Beispiele finden sich in

und Grundsätzen des Naturschutzes und der Landschaftspflege (§§ 1, 2 BNatSchG) auszurichten. Dabei war von der Sicht eines verständigen, für Naturschutzbelange und landschaftspflegerische Belange durchschnittlich aufgeschlossenen Betrachters auszugehen.[65] Die Gemeinde musste sich ferner dessen bewusst sein, dass ihre Bewertung des ermittelten Bestandes die Grundlage der Eingriffsbeurteilung war, weil auf deren Basis die Frage beantwortet wurde, ob die Planung die Leistungsfähigkeit von Natur und Landschaft beeinträchtigen konnte. Beim Bewertungsvorgang muss die Gemeinde eigene Erwägungen anstellen und konkret auf die Besonderheiten des jeweiligen Gemeindegebiets eingehen. Nötig ist eine individuelle und eigenständig zu treffende Bestandsaufnahme der Gemeindevertretung.[66] Das gefundene Bewertungsergebnis muss vor Gericht nachvollziehbar sein und rechtlich vertretbar sein.[67]

### cc) Landschaftsplanung als Hilfsmittel bei Ermittlung und Bewertung

Das geeignetste Instrument zur Beurteilung der Belange von Naturschutz und Landschaftspflege war der Landschaftsplan, für einen Bebauungsplan der Grünordnungsplan, soweit er landesrechtlich vorgesehen war.[68] Der Landschaftsplan erfüllte im Regelfall die Anforderungen an Ermittlung und Bewertung des Zustandes von Natur und Landschaft als Grundlage einer ordnungsgemäßen Abwägung. Denn bei der Aufstellung eines Landschaftsplanes ist eine Bestandsaufnahme sowie eine Bewertung von Natur und Landschaft durchzuführen, vgl. § 14 Abs. 1 S. 2 Nr. 1 und Nr. 3 BNatSchG. Die Darstellungen des Landschaftsplans beschreiben damit den vorhandenen Zustand von Natur und Landschaft, § 14 Abs. 1 S. 2 Nr. 1 BNatSchG, und enthalten eine Bewertung durch die Gemeinde, § 14 Abs. 1

---

der Untersuchung von *Kiemstedt/Ott*, in: Länderarbeitsgemeinschaft für Naturschutz, Landschaftspflege und Erholung (Hrsg.), Methodik der Eingriffsregelung, Teil I, S. 69. Diese Bewertungsverfahren verknüpfen in der Regel einen quantitativen Faktor (Fläche, Anzahl) mit einem qualitativen Faktor (ökologischen Faktor). Das Ergebnis dieser Verknüpfung bildet als rechnerische Größe die ökologisch-rechnerische Wertigkeit des Gebiets. Kritisch zur Verwendung dieser Verfahren *Eberhard/Schettler*, BWGZ 1997, 88, (91); *Köhl*, BWGZ 1997, 76 ff.; *Lüers*, UPR 1996, 401 (402); *Mitschang*, Die Belange von Natur und Landschaft in der kommunalen Bauleitplanung, S. 184 f. und *Kuschnerus*, in: Carlsen (Hrsg.), Naturschutz und Bauen, S. 20. Zusammenfassend zur Problematik *Kuschnerus*, BauR 1998, 1 (12 f.); vgl. auch *Küpfer*, BWGZ 2004, 167 ff. Siehe auch oben § 3 Fn. 111 und 112.

[65] *Stich*, UPR 2002, 10 (13).

[66] BVerwG, NVwZ 1997, 1215 und die Vorinstanz OVG Münster, UPR 1997, 379. Das Urteil des BVerwG bespricht *Uechtritz*, NVwZ 1997, 1182 ff.

[67] Vgl. BVerwG, NVwZ 1997, 1215 und *Krautzberger*, NuR 1998, 455 (459), die eine fehlerhafte Bewertung als Abwägungsdefizit ansehen.

[68] *Louis/Wolf*, NuR 2002, 455 (260).

S. 3 Nr. 3 BNatSchG. Ergebnis der durchzuführenden Analyse des Zustands der Natur und der Bewertung dieser Analyse ist die Darstellung der gegenwärtigen Leistungsfähigkeit des Naturhaushalts nach Eignung, Empfindlichkeit, vorhandener Belastung und Schutzbedürftigkeit in bezug auf den Arten- und Biotopschutz, das Naturerleben und die Erholung, die Gewässer, den Boden, das Klima und deren gegenseitige Wechselbeziehungen sowie deren voraussichtliche Entwicklung.[69] In der Begründung des Landschaftsplans sind die Darstellungen näher erläutert.

Sofern die Gemeinde einen Landschaftsplan aufgestellt hatte, brauchte sie keine erneute Bestandsaufnahme und Bewertung der Natur vorzunehmen, sondern konnte auf die Ergebnisse verweisen, die bei der Bestandsaufnahme und Bewertung in der Landschaftsplanung erzielt worden waren. Sie musste nur prüfen, ob sich mittlerweile die naturräumlichen Gegebenheiten seit Beschluss des Landschaftsplans verändert hatten und ob daher über die im Landschaftsplan enthaltenen Erkenntnisse hinaus Erfassungen notwendig waren. Soweit Landschaftspläne den allgemeinen Anforderungen der §§ 13 ff. BNatSchG entsprachen, hatten sie die Vermutung einer vollständigen Erfassung der Belange von Naturschutz und Landschaftspflege für sich. Sie waren in der Bestandsaufnahme und Bewertung im Bauleitplanverfahren als fachliche Gutachten einzustufen.[70]

Wenn die Gemeinde bei der Planaufstellung entsprechend § 14 Abs. 1 S. 3 BNatSchG auf die Verwertbarkeit der Landschaftsplanung für das Bauleitplanverfahren Rücksicht genommen hatte, wofür sich die Verwendung der einheitlichen Planzeichen nach der Planzeichenverordnung anbietet und wofür eine allzu vollzugsunfreundliche Überfrachtung des Landschaftsplanes vermieden werden sollte, so hatte der Landschaftsplan erhebliche Bedeutung für Bewältigung der Probleme der städtebaulichen Eingriffsregelung in der Bauleitplanung. Lag kein Landschaftsplan vor, so musste die Gemeinde in der Bauleitplanung das vollständige Ermittlungs- und Bewertungsverfahren durchführen. Eine sorgfältige Landschaftsplanung ersparte den Gemeinden daher viel Arbeit in späteren Bauleitplanverfahren. Dies konnte erheblich dazu beitragen, die Attraktivität und den Stellenwert der Landschaftsplanung in der gemeindlichen Planungspraxis zu steigern.[71] In manchen Fällen konnte sogar das Abwägungsgebot verletzt sein, wenn we-

---

[69] Ausführlich zum Inhalt eines Landschaftsplans *Kiemstedt/Wirtz,* Abschnitt 2.

[70] *Gassner,* NuL 1996, 469; *Louis/Wolf,* NuR 2002, 455 (460); *Stich,* UPR 2002, 10 (11); *Uppenbrink/Gelbrich,* NuL 1996, 466; *Wagner/Mitschang,* DVBl. 1998, 1137 (1139).

[71] Vor der BNatSchG-Novelle 2002, die die Landschaftsplanung erheblich aufwertete, fristete die Landschaftsplanung ein eher kümmerliches Dasein; viele Gemeinden scheuten die Mühen, einen Landschaftsplan aufzustellen, weil sie keinen zählbaren Nutzen darin sahen (Stichwort „Grünkram").

gen der abzusehenden Beeinträchtigungen von Natur und Landschaft eine angemessene und geordnete Berücksichtigung der Belange von Naturschutz und Landschaftspflege nur durch einen Landschaftsplan möglich war und dennoch kein Landschaftsplan aufgestellt worden ist.[72]

### dd) Ermittlung und Bewertung der voraussichtlichen Beeinträchtigungen durch die städtebauliche Planung

Nachdem in der Bestandsaufnahme der Zustand von Natur und Landschaft ermittelt und bewertet worden war, folgte der nächste Verfahrensschritt, in dem die Gemeinde die voraussichtlichen Beeinträchtigungen des vorgefundenen Zustands durch die städtebauliche Planung ermitteln und bewerten musste. Für diese Ermittlung musste sich die Gemeinde darüber klar werden, welche Auswirkungen von den Darstellungen und Festsetzungen im Bauleitplan im Falle ihrer Realisierung auf Natur und Landschaft ausgehen konnten. Zu berücksichtigen waren dabei insbesondere Art, Intensität und räumliche Ausdehnung der Beeinträchtigung. Die Aufstellung der Wirkungen des Eingriffs war die wichtigste Grundlage der verfahrensmäßigen Einbettung der städtebaulichen Eingriffsregelung in die bauplanerische Abwägung. Eine ordnungsgemäße Abwägung setzt eine vollständige Ermittlung der abwägungsrelevanten Belange voraus. Dies bedeutet, dass alle wesentlichen, also entscheidungs- und abwägungserheblichen Belange und Wirkungen zu erfassen sind.[73]

Im Fall der abwägungsunterworfenen Eingriffsregelung geschah die Ermittlung durch eine bilanzierende Gegenüberstellung. Gegenübergestellt wurden der durch die Bestandsaufnahme des ermittelten und bewerteten Zustands der Natur und Landschaft im Untersuchungsraum und der Zustand, in dem sich die untersuchte Fläche befinden wird, wenn die flächenbeanspruchenden Vorhaben verwirklicht werden, deren Zulässigkeit durch die Bauleitplanung begründet werden sollte.[74] Gelangte man dabei zu dem Ergebnis, dass erhebliche Beeinträchtigungen der Leistungsfähigkeit des Naturhaushalts oder des Landschaftsbilds durch die zu realisierenden Vorhaben auftreten konnten, so waren Eingriffe zu erwarten und der Bauleitplan unterfiel dem Regime der städtebaulichen Eingriffsregelung. Das Ausmaß dieser Eingriffe, das ebenfalls in dieser Eingriffsprognose deutlich wer-

---

[72] Zu solch einer Konstellation OVG Koblenz, UPR 1994, 234 (235).

[73] Vgl. *Krautzberger,* in: Ernst/Zinkahn/Bielenberg/Krautzberger (Hrsg.), BauGB, Vor § 1 Rn. 26 ff. und § 1 Rn. 188 ff.; *Hoppe/Bönker/Grotefels,* ÖffBauR, § 5 Rn. 37.

[74] *Stich,* Sach- und Verfahrensanforderungen der naturschutzrechtlichen Eingriffsregelung und ihr Vollzug, S. 16.

den sollte, war für Vermeidung und Ausgleich als Rechtsfolgen der Eingriffe bedeutsam.

Die Gemeinde musste also eine Prognose über den Zustand abgeben, in dem sich die Natur und die Landschaft bei Realisierung der Ausweisungen der Bauleitpläne befinden werden. Sie traf eine Entscheidung über in der Zukunft liegende Sachverhalte. Dies brachte wie jede Prognoseentscheidung rechtliche Probleme mit sich. Allgemein sind Prognoseentscheidungen mit Unsicherheiten und Unwägbarkeiten behaftet[75]. Bei der hier interessierenden Ermittlung der zu erwartenden Eingriffe auf Grund der Planung bestanden diese Unsicherheiten in der Ermittlung und der Bewertung der zu erwartenden Eingriffe. Während die Bestandsaufnahme ein faktischer Zustand war, der objektiv nachgeprüft und am Objekt – nämlich Natur und Landschaft – nachvollzogen werden konnte, erforderte die Bewertung prognostische Überlegungen seitens der Gemeinde. Sie musste für die Zukunft prognostizieren, wie groß das Ausmaß der Eingriffe sein würde. Einige Faktoren beeinflussen dieses Ausmaß entscheidend; sie sind der Gemeinde in aller Regel aber nicht im Planungsvorgang bekannt und auch nicht zu ermitteln. Dazu gehörte beispielsweise die Frage, in welchem Umfang der Vorhabenträger von der Angebotsplanung des Bebauungsplanes Gebrauch machen wird, also ob die zulässigen überbaubaren Grundflächen (§ 19 BauNVO) ausgeschöpft werden würden oder nicht. Um diesen Unwägbarkeiten und Unsicherheiten der gemeindlichen Ermittlung und Bewertung der künftigen Eingriffe Rechnung zu tragen, war der Gemeinde in dieser Hinsicht ein eng umgrenzter Beurteilungsspielraum zuzuerkennen.[76] Dieser Beurteilungsspielraum rechtfertigte sich aus dem Spannungsverhältnis zwischen verfassungsrechtlicher Planungshoheit der Gemeinde (Art. 28 Abs. 2 GG) und der städtebaulichen Eingriffsregelung als gesetzliche Schranke dieser Planungshoheit. War auf Grund von Erkenntnislücken keine Aussage über das Vorliegen von Eingriffen mit ausreichender Wahrscheinlichkeit mehr möglich, so verschob sich das Gewicht in diesem Spannungsverhältnis von der Eingriffsregelung weg hin zu der Planungshoheit. Die Einschränkung der Planungshoheit durch die städtebauliche Eingriffsregelung war nur dann gerechtfertigt, wenn ausreichende Erkenntnisse über den Grund der Einschränkung, nämlich das Vorliegen von künftigen Eingriffen, bestanden. Fehlten diese ausreichenden Erkenntnisse, so entfiel die Legitimation für die Beschränkung der planerischen Gestaltungsfreiheit der Gemeinde. Diese planerische Gestaltungsfreiheit verwirklichte sich in diesem Beurteilungsspielraum.

---

[75] Vgl. allgemein zur Problematik von Prognoseentscheidungen BVerwGE 62, 107 ff.; *Ossenbühl*, FS Menger, S. 731 (739); *R. Breuer*, AöR 101 (1976), 46 (72), jeweils m.w.N.

[76] So auch *Stich*, UPR 2002, 10 (13), allerdings ohne weitergehende Begründung.

Dieser Beurteilungsspielraum unterlag aber engen Grenzen. Er bestand nur insoweit, als der Gemeinde keine Schätzung der künftigen Eingriffe mit ausreichender Wahrscheinlichkeit möglich war. Bei Hochbauvorhaben und Erschließungsanlagen kann durchaus abgeschätzt werden, inwieweit unversiegelte Flächen für die Verwirklichung beansprucht werden und inwieweit der Naturhaushalt oder das Landschaftsbild davon betroffen sein werden. Der Beurteilungsspielraum begann erst jenseits der Erkenntnisgrenzen der Gemeinde, wo keine auf ein Wahrscheinlichkeitsurteil gestützten Aussagen mehr möglich war, also dort, wo die Gemeinde gleichsam Aussagen „ins Blaue hinein" losgelöst von jeder faktischen Gegebenheit und empirisch nachweisbaren Kausalität hätte treffen müssen. Der Beurteilungsspielraum setzte weiter voraus, dass die Gemeinde in einem ordnungsgemäßen Verfahren den vorhandenen Zustand ermittelt und bewertet hat. Die Prognosen, die die Gemeinde auf Grund ihres Beurteilungsspielraumes traf, musste auf Grund des ermittelten und bewerteten Zustands erfolgen. Sie mussten weiterhin vertretbar und plausibel sein; sie durften nicht gegen Denkgesetze oder gegen allgemeine Erfahrungssätze verstoßen.

Wichtig war, diesen Beurteilungsspielraum von der planerischen Abwägung zu trennen. Der Beurteilungsspielraum war der Abwägung vorgelagert. In der planerischen Abwägung war das Ergebnis der Eingriffsprüfung und die Eingriffsregelung ein Abwägungsbelang (näher dazu bei C. II. 4.). Der hier angenommene Beurteilungsspielraum war aber nur ein Baustein auf dem Weg zu einem Ergebnis der Eingriffsprüfung. Er war Bestandteil der Tatbestandsprüfung der Eingriffsregelung und somit der endgültigen planerischen Abwägung verfahrensmäßig weit vorgelagert.

b) Die Methodik der Eingriffsprognose in der Umweltprüfung nach dem durch das EAG Bau novellierten BauGB 2004

*aa) Die Einbettung der Eingriffsregelung in die Umweltprüfung nach § 2 Abs. 4 S. 1 BauGB*

An der systematischen Einbettung der städtebaulichen Eingriffsregelung in die bauplanerische Abwägung hat sich nichts geändert. Nach wie vor besagt § 1a BauGB, allerdings nun in Abs. 3 der Norm, dass die Eingriffsregelung nach den §§ 18 ff. BNatSchG in der Abwägung zu berücksichtigen ist. § 1a Abs. 3 BauGB gehört – wie die ganze Norm – systematisch eigentlich zum Katalog der umweltbezogenen Abwägungsbelange in § 1 Abs. 6 Nr. 7 BauGB und stellt normtechnisch einen der Übersichtlichkeit halber verselbständigten Ausschnitt aus diesem Katalog des § 1 Abs. 6 Nr. 7 BauGB dar. Auch dieser Befund ist unverändert gegenüber der früheren Rechtslage.

An der materiell-rechtlichen Berücksichtigung der Eingriffsregelung im Bauleitplanverfahren hat sich nichts durch das EAG Bau geändert.[77] Das Verfahren jedoch, in welchem diese materiell-rechtlichen Anforderungen Eingang in die Abwägung finden, ist durch das EAG Bau gravierend verändert worden. Basierend auf europarechtlichen Vorgaben hat der Gesetzgeber in das Bauleitplanverfahren eine Umweltprüfung eingeführt, die in jedem Planaufstellungsverfahren, gleich ob Bebauungs- oder Flächennutzungsplan, durchzuführen ist.[78] Zentrale Verfahrensnorm für diese Umweltprüfung ist § 2 Abs. 4 BauGB. Satz 1 der Norm stellt klar, dass die materiellen Anforderungen des § 1 Abs. 6 Nr. 7 BauGB und des § 1a BauGB, der nur ein Ausschnitt aus § 1 Abs. 6 Nr. 7 BauGB ist, konzentriert in einem speziellen Verfahrensschritt abzuarbeiten sind. Dementsprechend ist nun die Eingriffsregelung, die ihren materiellen Standort in § 1a Abs. 3 BauGB hat, in verfahrensmäßiger Hinsicht in die Umweltprüfung nach § 2 Abs. 4 BauGB eingebettet worden. Nicht nur die Eingriffsregelung als ursprünglich spezialgesetzlich geregeltes umweltrelevantes Prüfverfahren ist in diese allgemeine Umweltprüfung integriert worden; auch die Umweltverträglichkeitsprüfung nach dem UVPG und die FFH-Verträglichkeitsprüfung nach § 37 BNatSchG gehen in dieser Umweltprüfung auf. Es handelt sich also verfahrensmäßig um eine generelle Prüfung aller Umweltbelange; materiell sind aber die unterschiedlichen Anforderungen der jeweiligen Fachgesetze zu beachten. § 1a BauGB zeigt deutlich, dass trotz des vereinheitlichten Trägerverfahrens der Umweltprüfung keine unstrukturierte, undifferenzierte Prüfung irgendwelcher „Umweltbelange" erfolgt; das inhaltliche Prüfprogramm der Umweltprüfung richtet sich nach §§ 1 Abs. 6 Nr. 7; 1a BauGB, die inhaltlich recht genau vorgeben, welcher Prüfungsmaßstab jeweils innerhalb dieser Umweltprüfung anzulegen ist.

### bb) Die Struktur der Umweltprüfung nach § 2 Abs. 4 BauGB

Die *innere,* inhaltliche *Struktur* der Umweltprüfung folgt dem in §§ 1a Abs. 6 Nr. 7; 1a BauGB vorgezeichneten materiellen Prüfprogramm. Dieses gibt in § 1 Abs. 6 Nr. 7 lit. a)–i) BauGB genau an, welche Einzelaspekte des Abwägungsbelanges „Umweltschutz" geprüft werden müssen. Die Eingriffsregelung findet sich hier nicht direkt, aber indirekt in § 1 Abs. 6 Nr. 7a) BauGB wieder; unmittelbar hingegen wird sie in § 1a Abs. 3 BauGB ins materielle Prüfprogramm der Umweltprüfung einbezogen. Die

---

[77] Siehe § 4 Fn. 21.

[78] Ausführlich zur Umweltprüfung *Bunzel,* Umweltprüfung in der Bauleitplanung, S. 21 ff.; *Uechtritz,* in: Gesellschaft für Umweltrecht (Hrsg.), Umweltprüfung für Pläne und Programme, S. 169 ff.

Prüfung der Eingriffsregelung findet also im Rahmen der allgemeinen Umweltprüfung statt.

Die *äußere Struktur* der Umweltprüfung, also der Ablauf der Prüfung insgesamt und die Abfolge einzelner Verfahrensschritte, ist in § 2 Abs. 4 BauGB detailliert vorgeschrieben. § 2 Abs. 4 S. 1 BauGB spricht davon, dass die Umweltprüfung die voraussichtlichen erheblichen Umweltauswirkungen ermitteln, in einem Umweltbericht beschreiben und bewerten soll. Damit konkretisiert § 2 Abs. 4 S. 1 BauGB die allgemeine Verfahrensvorgabe aus § 2 Abs. 3 BauGB speziell für Umweltbelange. Diese erste Strukturierung des formalen Prüfprogrammes differenziert die Norm dadurch weiter aus, dass sie im letzten Halbsatz die Anlage zum BauGB in Bezug nimmt. Diese Anlage beschreibt, wie der Umweltbericht, der die schriftliche Zusammenfassung der Umweltprüfung ist und Teil der Begründung des Bebauungsplanes wird (§ 2a S. 3 BauGB), zu gliedern ist. Zwar wird die Umweltprüfung so nicht unmittelbar strukturiert; da der Umweltbericht aber am Ende des Umweltprüfungsverfahrens steht, bietet es sich an, die dem Umweltbericht zwingend zu Grunde zu legende Gliederung gleich für die gesamte Umweltprüfung anzuwenden, um unnötigen prozeduralen Aufwand für die Gemeinde zu vermeiden.

Nr. 1 der Anlage ist für die Strukturierung der Umweltprüfung weniger relevant, weil es sich hier um eine Zusammenfassung der planerischen Ziele (Buchstabe a) und der bindenden fachgesetzlichen Determinanten (Raumordnung, Fachpläne) hinsichtlich des Umweltschutzes (Buchstabe b) handelt. Das eigentliche Prüfprogramm beginnt mit dem, was Nr. 2 der Anlage vorsieht. Danach sollen Umweltauswirkungen ermittelt, beschrieben und bewertet werden; dies deckt sich noch mit dem, was § 2 Abs. 4 S. 1 BauGB hinsichtlich der genaueren Strukturierung der Umweltprüfung aussagt. Wie sich diese Ermittlung, Beschreibung und Bewertung genau vollzieht, formulieren die Buchstaben a)–d) der Nr. 2 der Anlage.

Danach ist zunächst gemäß lit. a) eine Bestandsaufnahme des derzeitigen Umweltzustands vorzunehmen.[79] Diese Bestandsaufnahme bezieht sich nicht auf ein spezielles räumliches Gebiet; sie ist daher umfassend jedenfalls für das Gebiet vorzunehmen, in dem etwaige Umweltwirkungen auftreten können. Dass dieses Gebiet nicht mit dem überplanten Gebiet identisch sein muss, zeigt Hs. 2 von lit. a), der explizit vorschreibt, dass sich der örtliche Maßstab der Bestandsaufnahme maßgeblich danach richtet, wo erhebliche Umweltwirkungen auftreten können. Bei der Bestandsaufnahme sind Landschaftspläne und Grünordnungspläne gemäß § 2 Abs. 4 S. 6 BauGB heranzuziehen. Diese Pläne enthalten meist auch eine Bewertung des vorhande-

---

[79] Sehr ausführlich dazu *Bunzel*, Umweltprüfung in der Bauleitplanung, S. 59 ff.

nen Umweltbestands. Ist dies nicht der Fall, so muss die planende Gemeinde den von ihr ermittelten Zustand der Umwelt selbst bewerten.

Nach dieser Bestandsaufnahme und Bewertung ist auf deren Grundlage gemäß Nr. 2 lit. b) der Anlage zum BauGB eine Prognose über die Entwicklung des Umweltzustands nach der Durchführung der Planung zu erstellen. Bezieht man diesen allgemein formulierten Prüfungsschritt auf die Eingriffsregelung, so ergibt sich, dass sich die Gemeinde hier auf Grundlage des in der Bestandsaufnahme ermittelten Naturzustandes überlegen muss, ob die Realisierung ihrer städtebaulichen Vorstellungen die Eingriffsdefinition des § 18 BNatSchG erfüllt. Bemerkenswert ist, dass die Vorschrift die Gemeinde dazu verpflichtet, einen Vergleich zwischen den Umweltwirkungen der geplanten Realisierung der Vorhaben und der Umweltwirkungen der Nichtdurchführung dieser Vorhaben zu ziehen.

Lit. c) der Nr. 2 der Anlage nimmt verfahrensmäßig ausdrücklich die Eingriffsregelung in Bezug, da er die Rechtsfolgen eines Eingriffs, Vermeidung, Verringerung und Ausgleich, anspricht. Die Vorgehensweise der Gemeinde bei der Ermittlung der Rechtsfolgen eines Eingriffs wird noch weiter unten besprochen, C. II. 3. Dasselbe gilt für lit. d) der Nr. 2 der Anlage, der das Vermeidegebot verfahrensrechtlich umsetzt. Da dies ebenfalls die verfahrensmäßige Umsetzung der Rechtsfolgen eines Eingriffs betrifft, wird die Vorschrift später behandelt, C. II. 1.

Fasst man also das oben Beschriebene zusammen, so lässt sich festhalten, dass das novellierte BauGB in § 2 Abs. 4 S. 1 und Nr. 2 der Anlage zum BauGB für die Tatbestandsseite der Eingriffsregelung folgende Verfahrensschritte vorsieht: Ermittlung (Bestandsaufnahme des Zustands der Umwelt) – Beschreibung dieses Zustands – Bewertung (Prognose über den Zustand der Natur nach Realisierung der Planung). Die Rechtsfolgen der Eingriffsregelung gehen aber nicht in dieser Umweltprüfung auf. Sie beeinflussen direkt den am Ende stehenden Abwägungsvorgang des Ausgleichs konfligierender Abwägungsbelange und müssen dort berücksichtigt werden (zu den Rechtsfolgen sogleich bei C. II. 4.).[80]

### c) Vergleich der bisherigen Vorgehensweise mit der neu eingeführten Umweltprüfung

Vergleicht man die Vorgehensweise der Abarbeitung der Eingriffsprüfung vor der Einführung der Umweltprüfung und danach, so lässt sich feststellen, dass sich inhaltlich nichts geändert hat.[81] Lediglich das Verfahren der Prü-

---

[80] So zu Recht *Uechtritz*, in: Gesellschaft für Umweltrecht (Hrsg.), Umweltprüfung für Pläne und Programme, S. 183.

[81] *Bunzel*, Umweltprüfung in der Bauleitplanung, S. 74 und 107.

fung ist jetzt ausdrücklich normiert worden, um die Umweltbelange kompakt und prägnant in den Gewichtungs- und Ausgleichsprozess der Abwägung einbringen zu können. Die vorher für die Prüfung der Eingriffsregelung entwickelten verfahrensrechtlichen Anforderungen bei Ermittlung, Beschreibung und Bewertung der Umweltbelange finden sich unverändert in den Verfahrensschritten nach § 2 Abs. 4 S. 1 BauGB i. V. m. der Anlage wieder. Die Landschaftsplanung war dafür bereits früher ein wichtiges Hilfsmittel; § 2 Abs. 4 S. 6 BauGB nimmt sie nun ausdrücklich für die Umweltprüfung in Bezug. Da sich die Vorgehensweise nicht geändert hat, kann das oben Gesagte zur Typisierung von Biotopen und der Verwendung von Biotopwertverfahren vollständig übertragen werden. Neu ist lediglich, dass die Erhebung des notwendigen Datenmaterials nicht mehr alleine der planenden Gemeinde obliegt, weil diese Daten durch das Scoping und die Öffentlichkeitsbeteiligung von außen in den Planungsprozess eingespeist werden. Wichtig ist festzuhalten, dass durch die Einführung der Umweltprüfung zwar das Verfahren der Eingriffsprüfung ausdrücklich normiert worden ist; die Rechtsfolgen des Vorliegens eines Eingriffs haben sich jedoch nicht geändert. Welche Auswirkungen das Vorliegen eines Eingriffs auf die bauleitplanerische Abwägung nach sich zieht, wird im Folgenden beschrieben.

## II. Rechtsfolgen bei Eingriffen durch Bauleitplanung

Prognostiziert die Gemeinde, dass auf Grund ihrer Planung Eingriffe erfolgen können, so knüpfen sich an diese positive Eingriffsprognose bestimmte Rechtsfolgen. § 1 a Abs. 3 BauGB spricht insoweit die aus dem Naturschutzrecht bekannten (s. o.) Rechtsfolgen der Vermeidung und des Ausgleichs an. Damit macht die Vorschrift deutlich, dass in der städtebaulichen Eingriffsregelung das aus dem Naturschutzrecht bekannte Rechtsfolgenregime des § 19 BNatSchG (Vermeidungsgebot in Abs. 1, Kompensationsgebot in Abs. 2, Unterlassungsgebot in Abs. 3) in Bezug genommen werden soll, auch wenn die Regelungen des BauGB dieses Regime hinsichtlich des Ausgleichs im Städtebaurecht erheblich modifizieren (dazu unter C. III.). Durch den Verweis auf das Naturschutzrecht bezieht § 1 a Abs. 3 BauGB das Stufenverhältnis zwischen Vermeidung und Ausgleich (siehe dazu in § 3 bei B. II. 2.) in die Systematik der städtebaulichen Eingriffsregelung mit ein.[82] Es gilt der Vorrang der Vermeidung als vorwärtsgewandter (prospektiver), vor dem Eingriff erfolgender Naturschutzmaßnahme, gegenüber der Kompensation[83] als rückwärtsgewandter (retrospektiver), nach dem Eingriff erfolgender Naturschutzmaßnahme.

---

[82] *Meßerschmidt*, BNatSchG, § 21 Rn. 16; *Schink*, DVBl. 1998, 609 (611); *Bunzel*, NuR 1997, 583 (587).

## 1. Vermeidungsgebot

Der einleitende Satzteil von § 1a Abs. 3 S. 1 BauGB macht das Vermeidungsgebot zu einem Bestandteil der planerischen Abwägung. Die Gemeinde muss also bei der Ausgestaltung ihrer städtebaulichen Planung das Vermeidegebot berücksichtigen, sofern von dieser Planung Eingriffe ausgehen können. Im Abwägungsergebnis, also im Plan und seiner Begründung, muss sich widerspiegeln, ob sich die Gemeinde bemüht hat, künftige Beeinträchtigungen von Natur und Landschaft durch ihre Angebotsplanung zu vermeiden.

Weil es sich bei der städtebaulichen Eingriffsregelung um ein Finalprogramm handelt, das sich nicht mit konkreten Projekten, sondern mit zukünftigen Vorhaben beschäftigt, muss der Inhalt des Vermeidegebots im Vergleich zum Naturschutzrecht an die Besonderheiten dieser finalen Planung angepasst werden. Das Vermeidegebot fordert, unvermeidbare Beeinträchtigungen so gering wie möglich zu halten. Obwohl im Regelungskomplex der Eingriffsregelung in den §§ 19, 21 BNatSchG; 1a Abs. 3 BauGB nirgends von einer Minderung der Beeinträchtigungen die Rede ist, stellt das Vermeidegebot in der Sache dennoch ein Minderungsgebot dar. Denn Verzicht auf vermeidbare Beeinträchtigungen bedeutet in der Summe immer eine Minderung der Beeinträchtigungen von Natur und Landschaft.[84]

Während § 19 Abs. 1 BNatSchG auf konkrete Vorhaben abstellt und fordert, diese unter Verzicht auf vermeidbare Umweltbeeinträchtigungen zu verwirklichen, verlangt das Vermeidegebot in der speziellen finalen Planungssituation, dass die Gemeinde bei der Ausweisung von Flächen, bei Darstellungen im Flächennutzungsplan oder bei Festsetzungen im Bebauungsplan prüft, ob die Planungsziele mit einem in quantitativer wie qualitativer Hinsicht geringeren Eingriff in Natur und Landschaft verwirklicht werden können. Die Planung muss also so naturschonend wie möglich ausgeführt werden.[85] Die Entscheidung darüber fällt in der planerischen Abwä-

---

[83] Leider ist die Terminologie des BauGB ungeschickt gewählt worden. Der Begriff des baurechtlichen Ausgleichs deckt sich nicht mit dem Begriff des Ausgleichs, wie ihn § 19 Abs. 2 S. 1 BNatSchG formuliert; er ist weiter gefasst (dazu näher bei C. III.). Es wäre naheliegender und begrifflich klarer gewesen, den baurechtlichen Ausgleich nicht als „Ausgleich" zu bezeichnen, sondern diesen Begriff in seiner naturschutzrechtlichen Definition weiter zu verwenden und für das Baurecht den Begriff der „Kompensation" einzuführen. Teilweise spricht die Literatur beim baurechtlichen Ausgleich vom „Ausgleich im weiteren Sinne" und beim naturschutzrechtlichen Ausgleich vom „Ausgleich im engeren Sinne". Kompensation und „Ausgleich im weiteren Sinne" entsprechen also dem Begriff des Ausgleichs, wie ihn § 1a Abs. 3 S. 1 BauGB verwendet.

[84] *Stich,* DVBl. 2002, 1588 (1593).

[85] *Louis/Wolf,* NuR 2002, 455 (461).

gung. Die städtebauliche Eingriffsregelung zwingt mit ihrem Vermeidegebot die Gemeinde also dazu, abwägend darüber zu entscheiden, inwieweit die Beeinträchtigungen von Natur und Landschaft vermieden werden können. Es verpflichtet die Gemeinde aber nicht zur Wahl der ökologisch günstigsten Planungsvariante. Denn es stellt die Planung grundsätzlich nicht in Frage (siehe auch § 3 B. II. 2. a)).[86] Es verpflichtet nur dazu, von den Beeinträchtigungen, die das Vorhaben mit sich bringt, diejenigen zu unterlassen, die zur Verwirklichung der geplanten Vorhaben vermeidbar sind. Die gemeindlichen Planungsziele können durch das Vermeidegebot nicht in Frage gestellt werden.[87] Sobald der Bauleitplan in der beschlossenen Weise städtebaulich erforderlich im Sinne des § 1 Abs. 3 BauGB ist, also einem bestimmten Planungskonzept der Gemeinde entspringt, steht er nicht mehr auf Grund des Vermeidegebots zur Disposition.[88] Es geht dann nur noch darum, dieses mit dem Bauleitplan verfolgte Planungskonzept möglichst naturschonend umzusetzen. Obwohl das Vermeidegebot die Gemeinde zur Verwirklichung ihres Planungskonzepts nicht zur Wahl der ökologisch günstigsten Planungsvariante zwingt, sondern auf Grund der Einbettung in das Finalprogramm der Abwägung begründete Abweichungen vom Vermeide- bzw. Minimierungsgebot möglich sind, muss die Gemeinde dennoch die möglichen Planungsvarianten untersuchen. Kommen hinsichtlich etwaiger Darstellungen und Festsetzungen ökologisch vorteilhaftere Alternativlösungen ernsthaft in Betracht und lässt sich das bauleitplanerische Ziel mit diesen Alternativlösungen verwirklichen, ohne dass andere abwägungsrelevante Interessen geopfert werden, so handelt die Gemeinde abwägungsfehlerhaft, wenn sie sich dennoch für die eingriffsintensivere Planung entscheidet.

Für die Flächennutzungsplanung spielt das Vermeidegebot, versteht man es als Instrument zur fachlich-technischen Optimierung des Eingriffsvorhabens, kaum eine Rolle, da der Flächennutzungsplan die zu erwartenden Eingriffe dort nicht konkret genug festsetzt, sondern nur grob vorzeichnet.[89] Der Flächennutzungsplan enthält nicht die Details der Planung, die nötig sind, um beurteilen zu können, ob die jeweilige Planung vermeidbar ist oder nicht, wenn man die Einzelheiten der Bauausführung zu Grunde legt. Was hingegen auf der Ebene des Flächennutzungsplanes sehr gut möglich erscheint, ist die Prüfung der generellen Vermeidbarkeit des Eingriffs durch Verzicht oder Unterlassung des Bauvorhabens. So kann im Flächennutzungsplan durch entsprechende Darstellungen die Schonung von Landschaftsbereichen mit besonderer Bedeutung für das Schutzgut des Land-

---

[86] BVerwGE 104, 144 (146 ff.).

[87] Vgl. BVerwGE, 104, 144 (146 ff.).

[88] *Brohm,* FS Hoppe, S. 511 (513).

[89] *Louis/Wolf,* NuR 2002, 455 (461); *Lütkes,* BauR 2003, 983 (990).

schaftsbildes festgelegt werden; naturraumtypische Bestandteile der Natur können durch Standortfestlegungen längerfristig geschützt werden. Eingriffsvorhaben können an bereits vorbelastete, etwa bebaute, Bereiche angelagert werden.

Im Bebauungsplan hingegen stellt sich die Anwendung des Vermeidegebots meist als konkrete Minimierung der zu erwartenden Beeinträchtigungen durch den Eingriff dar. Diese Minimierung erfolgt durch Festsetzungen über Art und Ausmaß der Bebauung.[90] Die Gemeinde sichert so erhaltenswerte Schutzgüter von Natur und Landschaft durch entsprechende bebauungsplanerische Festsetzungen und verhindert damit zugleich, dass die Schutzgüter der Eingriffsregelung durch Vorhaben beeinträchtigt werden, die auf der Planung basieren. Inwieweit solche Festsetzungen Beeinträchtigungen von Natur und Landschaft verhindern können, muss der Plangeber in seiner Abwägung entscheiden und seine Entscheidung in der Begründung des Plans plausibel und nachvollziehbar darstellen.

## 2. Kompensationsgebot

Kommt die Gemeinde zu dem Schluss, dass Eingriffe zu erwarten sind und diese Eingriffe nicht vermieden werden können, so greift die zweite Stufe der Rechtsfolgen der Eingriffsregelung. Durch den Verweis auf § 19 BNatSchG sieht § 1a Abs. 3 BauGB vor, dass solche nicht vermeidbaren Eingriffe zu kompensieren sind, und zwar in der bauleitplanerischen Abwägung. Da natürlich die Abwägung selbst keine Eingriffe, zumal nicht solche, die erst auf Grund der Angebotsplanung stattfinden werden, kompensieren kann, bedeutet dies, dass in der Abwägung der Pläne Kompensationsmaßnahmen in den Plänen selbst zu treffen sind, mit deren Verwirklichung die erforderliche Kompensation des Eingriffs erreicht wird. Da im Bauleitplan im Gegensatz zur Projektgenehmigung noch nicht exakt bekannt ist, in welchem Umfang und in welchem Ausmaß Kompensationsmaßnahmen nötig sein werden, basiert das Gebot, die Eingriffe zu kompensieren, auf einer Prognose der Gemeinde darüber, welche Maßnahmen dazu voraussichtlich nötig sein werden. Welche Maßnahmen dies sein können, beschreibt § 1a Abs. 3 S. 2–4 BauGB (dazu bei D. I.–IV.).

---

[90] Etwa zum Schutz wertvoller Vegetation auf dem Baugrundstück. Weitere Festsetzungen zur Realisierung des Vermeidegebots können sein: Festsetzungen nicht überbaubarer Flächen, Aussparungen wertvoller Flächen, Die Festlegung der Geschosszahl zur Vermeidung einer Beeinträchtigung des Landschaftsbildes; die Festlegung der Bauform und -richtung; die Festlegung der maximal zulässigen Höhe, Breite und Länge; Festsetzungen zu Gunsten des Grundwassers, die eine möglichst geringe Oberflächenversiegelung anordnen (wasserdurchlässige Beläge etc.); Festsetzungen zur Freihaltung klimarelevanter Flächen (Luftschneisen).

Anders als das Kompensationsgebot aus § 19 Abs. 2 BNatSchG beansprucht das Kompensationsgebot der städtebaulichen Eingriffsregelung keine strikte Geltung, sondern ist Teil des Finalprogrammes der planerischen Abwägung, wie § 1a Abs. 3 S. 1 BauGB zeigt. Maßstab der Kompensationspflicht ist die sachgerechte Abwägung aller öffentlichen und privaten Belange gegen- und untereinander. Das heißt, dass es unter Umständen angezeigt sein kann, auf eine volle Kompensation des Eingriffs zu verzichten und nur teilweise zu kompensieren, je nach Gewicht der anderen, konfligierenden Abwägungsbelange. Über das Ausmaß der Kompensation ist in der Abwägung zu entscheiden. In diese Entscheidung sind die Vorteile der Kompensationsmaßnahmen für Natur und Landschaft genauso einzustellen wie die Nachteile für andere relevante Belange. Kompensation hat nicht um jeden Preis stattzufinden. Die Gemeinde muss ebenso wenig unverhältnismäßige Abstriche an ihrer städtebaulich gerechtfertigten Zielsetzung der Planung hinnehmen wie private Grundeigentümer unverhältnismäßige Opfer durch die Festsetzung von Kompensationsmaßnahmen hinnehmen müssen. Die Abwägung erfüllt hier ihre im Rechtsstaats- und Verhältnismäßigkeitsprinzip wurzelnde Funktion als Ausgleich konfligierender Belange.[91]

### 3. Die Ermittlung der jeweiligen Rechtsfolge

Die Entscheidung über die jeweilige, dem Eingriff entsprechende Rechtsfolge fällt die Gemeinde in der Abwägung. Um zu ihrer Entscheidung zu gelangen, muss die Gemeinde eine gesicherte Entscheidungsgrundlage haben. Diese erhält die Gemeinde, indem sie feststellt, welche konkreten Rechtsfolgen auf Grund ihrer die Eingriffe vorbereitenden Planung eintreten. Sie muss also ermitteln, inwieweit, in welchem Umfang und auf welche Weise die zu erwartenden Beeinträchtigungen vermieden und, soweit nicht vermeidbar, kompensiert werden können.[92] Es geht also um die Ermittlung und Bewertung des Kompensationsbedarfs. Diese Ermittlung und Bewertung erfolgt in der Umweltprüfung nach § 2 Abs. 4 S. 1 BauGB. Dazu muss sich die Gemeinde überlegen, wie die durch die zu realisierenden Vorhaben für möglich gehaltenen Beeinträchtigungen von Natur und Landschaft vermieden und kompensiert werden können. Sodann sind die ermittelten möglichen Vermeide- und Kompensationsmaßnahmen in Beziehung zu den ermittelten Beeinträchtigungen zu setzen und zu fragen, ob und inwieweit die prognostizierten Eingriffe durch die vorgesehenen Maß-

---

[91] Vgl. zur verfassungsrechtlichen Fundierung der Abwägung im Rechtsstaatsprinzip BVerwGE 34, 301 ff.; E 45, 309 ff.; E 48, 56 ff.; E 71, 150 ff. Bemerkenswert die Einschätzung von *J. Schmidt*, VBlBW 2004, 452 (454), hier handele es sich um „Sternstunden in der Rechtsprechung zur Bauleitplanung".

[92] BVerwGE 104, 68 ff.

nahmen tatsächlich vermieden und kompensiert werden. Ist dies im Wege einer gegenüberstellenden Eingriff-Ausgleichsbilanz geschehen, so muss die Gemeinde den ermittelten Ausgleichsbedarf bewerten und sich darüber klar werden, ob sie den ermittelten Ausgleichsbedarf tatsächlich vollumfänglich realisieren will. Will sie dies nicht, so muss sie dieses Abweichen von der vollen Kompensation begründen; ihr gefundenes Ergebnis wird gemäß Nr. 2 lit. c) der Anlage zum BauGB Bestandteil des Umweltberichtes.

Beispiel: Die Gemeinde plant auf einer Streuobstwiese ein Wohngebiet. Die Gemeinde muss nun ermitteln, welche Naturphänomene in der konkreten Streuobstwiese vorhanden sind[93] und bewerten, wie ökologisch hochwertig sie diese Phänomene einschätzt. Sodann schätzt die Gemeinde ein, wie die Bebauung dieser Wiese mit Häusern die ermittelten Phänomene beeinträchtigen kann. Darauf überlegt sich die Gemeinde, mit welchen Maßnahmen diese Beeinträchtigungen kompensiert werden können. So kann die Vernichtung des Lebensraums für bestimmte Tierarten etwa durch Schaffung entsprechender Lebensräume auf anderen Flächen kompensiert werden. Entsprechend muss die Gemeinde jeder prognostizierten Beeinträchtigung eine darauf bezogene Kompensationsmaßnahme suchen. Hat sie diese Eingriffs-Ausgleich-Bilanz fertiggestellt, muss die Gemeinde entscheiden, welche dieser Kompensationsmaßnahmen sie verwirklichen will. Der Regelfall ist die Durchführung aller Kompensationsmaßnahmen; sollen einige Maßnahmen nicht stattfinden, so ist dies gesondert zu begründen.

Das Verfahren läuft also in der Art und Weise parallel zu dem oben beschriebenen Verfahren der Ermittlung und Bewertung des vorhandenen Bestands. Zuerst muss die Gemeinde den nötigen Kompensationsbedarf ermitteln, den sie dann bewertet. Wie oben beschrieben muss sie ihrer Bewertung mit plausiblen und nachvollziehbaren Gründen vertreten können.[94] Die Prüfung der Eingriffsregelung als Teil der Umweltprüfung nach § 2 Abs. 4

---

[93] Dazu kann sie sich der oben beschriebenen typisierenden Betrachtungsweise bedienen und ermitteln, welche Naturphänomene üblicherweise in einer normalen Streuobstwiese auftreten. Gibt es Anhaltspunkte für Besonderheiten (etwa eine allein stehende Steinmauer in der Wiese, die als Habitat für Reptilien dienen könnte), darf sich die Gemeinde mit der typisierenden Betrachtungsweise nicht zufrieden geben, sondern muss ermitteln, ob diese Besonderheit des Gebiets (Steinmauer) ökologische Phänomene erzeugt, die vom für Streuobstwiesen Üblichen abweichen.

[94] Hier gilt bezüglich der Anwendung von standardisierten, quantitativen Bewertungsverfahren dasselbe wie oben in § 4 Fn. 64 gesagt; vgl. BVerwG, UPR 2001, 144; *Stich,* UPR 2002, 10 (14); *Kuschnerus,* BauR 1998, 1 (12). Explizit zur Unzulässigkeit der Verwendung eines standardisierten Verfahrens zur Berechnung des Kompensationsbedarfs VGH Kassel, ZfBR 2000, 129. Es empfiehlt sich daher – wie oben – eine Kombination aus der Anwendung standardisierter Verfahren und eigener, verbal-deskriptiver, qualitativ-wertender Analyse der Gemeinde, die auf die konkreten Besonderheiten im Gemeindegebiet eingeht. Die Standardverfahren stellen nur Planungshilfen dar, die eine eigenständige gemeindliche Bewertung nicht ersetzen, sondern nur der Kontrolle dienen, ob die von der Gemeinde vorgesehenen Maßnahmen im Rahmen üblicher Maßstäbe liegen.

S. 1 BauGB liefert also hinsichtlich des Kompensationsbedarfs ein Ergebnis, mit dem sich die Gemeinde in der Abwägung auseinandersetzen muss (dazu im Folgenden bei 4.).

### 4. Entscheidung über die Rechtsfolge in der Abwägung

Die Eingriffsregelung ist in die planerische Abwägung integriert; sie ist als abwägungserheblicher Belang dort einzustellen. In diese Abwägung müssen also die in der Umweltprüfung ermittelten Rechtsfolgen Vermeidung und Ausgleich Eingang finden. Sie müssen sich dort messen lassen an anderen, möglicherweise konfligierenden Belangen, zu denen die Eingriffsregelung in Bezug gesetzt wird. Die Eingriffsregelung ist somit Entscheidungsprogramm für die Abwägung und gleichzeitig selbst Gegenstand der Abwägung.[95] Sie liefert als Bestandteil der Umweltprüfung ein Ergebnis, mit dem sich die Gemeinde in der Abwägung auseinander setzen muss. Die Gemeinde kann dieses Ergebnis unverändert übernehmen; sie ist aber nicht dazu verpflichtet, den ermittelten Kompensationsbedarf strikt umzusetzen, weil es sich gerade nicht um ein Konditionalprogramm handelt. Vielmehr kann die Gemeinde in der Abwägung mit anderen, gemäß § 1 Abs. 6 BauGB zu berücksichtigen Belangen planerisch entscheiden, ob und wie sie den ermittelten Kompensationsbedarf tatsächlich realisiert. Diese Abwägung ist aber nicht frei von jeder Bindung, sondern sie ist determiniert von einigen Erwägungen, denen die Gemeinde Rechnung tragen muss.

### a) Das Integritätsinteresse von Natur und Landschaft

Zum einen ist bei der Bewertung und Gewichtung der Abwägungsbelange aus dem Katalog der umweltrelevanten Abwägungsbelange speziell das Integritätsinteresse von Natur und Landschaft zu berücksichtigen, hier insbesondere die Leistungsfähigkeit und Funktionsfähigkeit des Naturhaushalts und des Landschaftsbilds.[96] Die Eingriffsregelung in der Umweltprüfung verleiht diesem Interesse – das auf Grund des offenen Katalogs in § 1 Abs. 6 BauGB ohnehin zu berücksichtigen ist – durch die Proceduralisierung dieses Interesses eine besondere Plastizität. Die besondere Bedeutung der Eingriffsregelung liegt zum einen in der Erarbeitung des Abwägungsmaterials, zum anderen darin, dass an durch den Bebauungsplan zugelas-

---

[95] BVerwGE 104, 68 ff. Ausführlich zur Stellung der Umweltprüfung in der Abwägung *Hoppe/Bönker/Grotefels*, ÖffBauR, § 5 Rn. 65; *Schrödter*, in: Schrödter (Hrsg.), BauGB, § 2 Rn. 101 f.; *Jessel*, UPR 2004, 408 ff.

[96] Hier spielen die Erhaltung prägender Landschaftselemente, historischer Kulturlandschaften und Landschaftsteile und das Erholungsbedürfnis der Bevölkerung durch Naturgenuss eine Rolle.

sene Naturbeeinträchtigungen mit der Vermeidungs- bzw. Minderungspflicht und Kompensationspflicht weitreichende Rechtsfolgen geknüpft sind, die in der Abwägung berücksichtigt werden müssen.

### b) Der Rang der Belange von Natur und Landschaft in der Abwägung

Vor dem BauROG war problematisch, mit welcher Gewichtung die Eingriffsregelung in die Abwägung Eingang findet. Der Streit entzündete sich daran, ob die Eingriffsregelung als Optimierungsgebot zu verstehen sei oder ob sie gleichrangig mit anderen Abwägungsbelangen neben diesen im Abwägungsprozess stehe.[97] Das BauROG hat diesen Streit entschieden, indem es die Eingriffsregelung mit der einleitenden Formulierung in § 1a Abs. 2 BauGB der Abwägung unterstellt hat (vgl. den Wortlaut: „In der Abwägung sind auch zu berücksichtigen"). Damit kommt zum Ausdruck, dass die Eingriffsregelung keinen abstrakten Vorrang gegenüber anderen Belange hat, gleich ob sie privater oder öffentlicher Natur sein mögen. Der Gesetzgeber schrieb damit die herrschende Meinung fest, die sich nach dem Baurechtskompromiss in Rechtsprechung wie Literatur gebildet hatte.[98]

Die Belange von Natur und Landschaft sind also nicht als Planungsleitsatz der gemeindlichen Abwägung entzogen; sie haben keinen abstrakten Vorrang vor anderen Belangen.[99, 100] Ihr Gewicht in der Abwägung ergibt sich vielmehr aus der konkreten Planungssituation und der Bewertung durch

---

[97] Vgl. *Blume,* NuR 1996, 384 ff.; *Louis,* ZUR 1993, 146 ff.; *Runkel,* NVwZ 1993, 1136 ff.; *Schink,* NuR 1993, 365 ff.; *Louis,* NuR 1998, 113 ff.; jeweils m.w.N. Ausführlich das Rechtsgutachten von *Oldiges,* S. 11–47 und *Mitschang,* Die Belange von Natur und Landschaft in der kommunalen Bauleitplanung, S. 173 ff.

[98] Aus der Rechtsprechung: BVerwGE 104, 68 (73 ff.); OVG Münster, NVwZ 1996, 274 und VGH Mannheim, VBlBW 1996, 341. Aus der Literatur *Battis/Krautzberger/Löhr,* NVwZ 1997, 1145 (1147); *Bunzel,* NuR 1997, 583 (586); *Fickert,* BauR 1997, 954 ff.; *Lüers,* ZfBR 1997, 231 (234); *Steinfort,* VerwArch 86 (1995), 107 (118 f.); *Stüer,* DVBl. 1997, 1201 ff.; *Uechtritz,* NVwZ 1997, 1184 (1185). Vgl. die Begründung des Gesetzgebers in BT-Drs. 12/3944, S. 26 und 51 sowie BT-Drs. 12/4340, S. 16 und 26; ferner ausdrücklich zum BauROG BT-Drs. 13/6392, S. 43. Für ein Optimierungsgebot hingegen plädierten *Blume,* NVwZ 1993, 941 f.; *Gassner,* NuR 1993, 252 (253), *Felder,* NuR 1994, 53 (62), ferner *Peine,* S. 39 ff., *Berkemann,* S. 65 (77 ff.) sowie *Koch,* S. 199 (205), alle in Ramsauer (Hrsg.), Die naturschutzrechtliche Eingriffsregelung.

[99] Freilich gilt dies nur, solange diese Belange nicht durch naturschutzrechtliche Gesetze, Verordnungen und Satzungen geschützt sind, die der Bauleitplanung gegenüber vorrangig sind (beispielsweise bei gesetzlich geschützten Biotopen). Solche naturschutzrechtlichen Vorschriften stellen Planungsleitsätze dar, die für die Gemeinde verbindlich sind. Ausführlich zur Problematik BVerwG, NVwZ 1989, 662 und NVwZ 1991, 364 sowie *Louis,* NuR 1998, 113 (114 f.). Neuerdings macht das BVerwG von diesem Grundsatz aber Ausnahmen, wenn Befreiungen von den Natur-

die Gemeinde. Aber dennoch kommt der Eingriffsregelung gegenüber den anderen in § 1 Abs. 6 BauGB genannten Belangen eine herausgehobene Bedeutung zu. Zwar schreibt § 1a Abs. 3 S. 1 BauGB nicht vor, dass die Naturbelange unabhängig von ihrem konkreten Gewicht und der Bedeutung der anderen Abwägungsbelange in der konkreten Planungssituation zu optimieren seien.[101] Dies gibt die Schutzgüter der Eingriffsregelung aber nicht der planerischen Beliebigkeit preis, etwa indem sie einfach „hinweggewogen" werden können.[102] Dem steht Art. 20a GG entgegen, der als objektive Staatszielbestimmung den Schutz von Natur und Landschaft zum Verfassungsgut erhebt. Allerdings dürften regelmäßig die anderen Abwägungsbelange ebenfalls verfassungsrechtlich abgesichert sein, insbesondere grundrechtlich durch die Artt. 2 Abs. 2, 12 und 14 GG als bauplanungsrechtlich relevante Grundrechte. Aber Art. 20a GG fordert zumindest eine Behandlung der Belange in der Bauleitplanung, die dem Charakter des Naturschutzes als Verfassungswert gerecht wird. Die Einbettung der Eingriffsregelung in die Umweltprüfung und deren Einbettung als spezielles Verfahren in die Abwägung erfüllt diese Forderung und verhindert so ein völliges Ignorieren der Eingriffsprüfung oder der Ergebnisse der Eingriffsprüfung. Das Verfahrensrecht wächst hier über seine tradierte Funktion als „dienendes Recht"[103] hinaus und erfüllt materielle Aufgaben. Faktisch erhalten die Belange von Natur und Landschaft durch diese verfassungsrechtliche Fundierung erhebliches Gewicht, welches verhindert, die Eingriffsregelung als „lästigen Grünkram" zu behandeln. Als Konsequenz dessen sind Ausweisungen in Bauleitplänen, die Eingriffe hervorrufen können, grundsätzlich begründungspflichtig. Als weitere Konsequenz ist die Zurückstellung der Belange des Naturschutzes und der Landschaftspflege zu Gunsten anderer, von der Gemeinde präzise zu benennender Belange begründungspflichtig.[104] Diese anderen Belange müssen mindestens gleichwertig, also ebenfalls verfassungsrechtlich fundiert sein (oben erwähnte Grundrechte kommen hier in Frage). Beim nötigen Ausgleich zwischen diesen Belangen in der Abwägung muss die Gemeinde das Verhältnismäßigkeitsprinzip beachten; auch wenn die

---

schutzvorschriften möglich sind, vgl. BVerwGE 117, 287 ff.; E 117, 351 ff.; BVerwG, NVwZ 2004, 1242. Zusammenfassend dazu *Kube,* NVwZ 2005, 515 ff.

[100] Etwas anderes kann gelten, wenn im zu überplanenden Gebiet Arten leben, die nach § 10 Abs. 1 Nr. 10 und 11; § 42 BNatSchG besonders geschützt sind, vgl. *Louis/Wolf,* NuR 2002, 455 (460).

[101] BVerwGE 104, 68 (74 ff.).

[102] *Krautzberger,* NuR 1998, 455 (458).

[103] Grundlegend BVerwGE 92, 258 (262); auch BVerwGE 105, 348 (352). Ausführlich *Hoffmann,* Verfahrensgerechtigkeit, S. 27 ff.; *Pietzcker,* VVDStRL 41 (1983), 193 (222); *Schmidt-Preuß,* NVwZ 2005, 489 (490); *Weyreuther,* in: FS Sendler, S. 183 ff.

[104] BVerwGE 104, 68 (75 ff.); OVG Münster, NuR 2000, 58 (60).

Eingriffsregelung zu Gunsten eines anderen Belanges zurückgestellt wird, darf dies die Schutzgüter der Eingriffsregelung nicht übermäßig belasten.[105] Sie dürfen nicht weiter als erforderlich zurückgestellt werden.[106] Die Gemeinde muss also prüfen, ob das Planungsziel auf andere Weise mit geringerer Eingriffsintensität zu erreichen ist. In den Fällen, in denen die Gemeinde die Belange für überwiegend ansieht, die zu einem Eingriff durch Bauleitplanung führen, kann sie den Schutz von Natur und Landschaft hinter diese Belange zurückstellen. Sie ist dann aber verpflichtet, für diese Eingriffe ein planerisches Kompensationskonzept zu erstellen. Wenn sich schon das Integritätsinteresse der Natur in der Abwägung nicht durchsetzen kann, so muss doch dieser Abwägungsbelang hinsichtlich des Kompensationsinteresses betrachtet und berücksichtigt werden.[107] Die Naturschutzbelange müssen also entweder hinsichtlich des Eingriffs berücksichtigt werden (Integritätsinteresse), oder sie müssen – wenn sie sich in der Abwägung nicht gegen andere Belange durchsetzen konnten – hinsichtlich der Kompensation des Eingriffs berücksichtigt werden (Kompensationsinteresse).[108] Dies rückt die Eingriffsregelung in die Nähe eines Optimierungsgebotes,[109] auch wenn das Bundesverwaltungsgericht die Bezeichnung als Optimierungsgebot nicht nur vermeidet, sondern diese Bezeichnung sogar für „falsch oder zumindest missverständlich" hält.[110] Stattdessen hat nach Ansicht des Gerichtes die Eingriffsregelung einen „faktischen Vorrang" gegenüber anderen Abwägungsbelangen.[111]

---

[105] BVerwGE 104, 68 (75 ff.).

[106] BVerwGE 104, 68 (75 ff.).

[107] BVerwGE 104, 68 ff.; E 104, 144 ff.

[108] *Krautzberger,* NuR 1998, 455 (458).

[109] *Uechtritz,* NVwZ 1997, 1184; *Schink,* DVBl. 1998, 609 (612). Zum Begriff des Optimierungsgebots BVerwGE 71, 163 und BVerwGE 90, 329 (331 f.) sowie aus der Literatur *Pfeifer,* DVBl. 1989, 337 (342); *Penski,* JZ 1989, 105 (110 in Fn. 51); zusammenfassend und grundlegend *Hoppe,* DVBl. 1992, 853 ff. und *ders.,* DVBl. 1994, 1033 (1034). Manche, beispielsweise *Erbguth/Wagner,* BauplanungsR, Rn. 78, verstehen den Begriff enger und messen ihm nur eine Hinweisfunktion bei. Im Zuge der bereits mehrfach zitierten Entscheidung BVerwGE 104, 68 ff. mehren sich die Stimmen, die am Begriff des Optimierungsgebots nicht festhalten wollen und stattdessen den Begriff „Berücksichtigungsgebot" vorziehen, vgl. beispielsweise *Brohm,* Öffentliches Baurecht, § 13 Rn. 6–10. Vgl. zum Ganzen Hoppe, ebenda.

[110] BVerwGE 104, 68 (74). Freilich ist die Figur des „faktischen Vorrangs", die das BVerwG in der Folge kreiert, in der Sache nichts anderes als ein Optimierungsgebot. Es wäre konsequenter gewesen, auf diese Neuschöpfung des „faktischen Vorrangs" zu verzichten und bei der etablierten und bewährten Kategorisierung des Optimierungsgebots zu bleiben und die Eingriffsregelung als Optimierungsgebot mit relativem Abwägungsvorrang zu behandeln anstatt einen „faktischen Vorrang" der Naturschutzbelange zu konstruieren. Warum das BVerwG diesen neuen Begriff eingeführt hat, bleibt unklar. Kritisch auch *Bundesamt für Naturschutz (Hrsg.),* Möglichkeiten der Umsetzung der Eingriffsregelung in der Bauleitplanung, S. 17 f.

Eine Nichtberücksichtigung der Belange des Natur- und Landschaftsschutzes in der Abwägung ist daher immer dann unmöglich, wenn das Vermeidegebot oder das Kompensationsgebot umsetzbar ist. Weil der Rahmen, den § 1a Abs. 3 BauGB für die Kompensation zieht, überaus groß ist, scheinen kaum Fälle denkbar zu sein, in denen nicht Kompensation mit den Instrumenten dieser Vorschrift geleistet werden kann. Die Gemeinde hat vielfältige Optionen, die Kompensation durchzuführen (dazu unten bei D. I.–IV.). Alle diese Optionen müssen in die Abwägung miteinbezogen und dort geprüft werden. Will die Gemeinde auf Kompensation verzichten, hat sie angesichts der vielen Kompensationsmöglichkeiten eine gesteigerte Argumentationslast, da sie vom gesetzlichen Regelfall, der eine Durchführung der Kompensation vorsieht, abweichen will. Dass im Regelfall volle Kompensation stattzufinden hat,[112] folgt zum einen aus dem Umkehrschluss zu § 1a Abs. 3 S. 5 BauGB, der Ausnahmen von der Kompensationsverpflichtung vorsieht. Wäre die Kompensationspflicht nicht der Regelfall, so wäre die Ausnahme in § 1a Abs. 3 S. 5 BauGB überflüssig. Eine Abweichung von diesem gesetzlichen Regelfall der Kompensation ist besonders begründungsbedürftig. Zum anderen folgt das Erfordernis voller Kompensation aus dem Verursacherprinzip, das der naturschutzrechtlichen Eingriffsregelung zu Grunde liegt (siehe oben C. II.), aus der die städtebauliche Eingriffsregelung entwickelt wurde. Es ist gesetzlich umgesetzt in der Legaldefinition des § 19 Abs. 2 S. 2 BNatSchG, die Beeinträchtigungen dann als ausgeglichen ansieht, wenn und sobald eine Wiederherstellung stattgefunden hat. Wäre keine im Grundsatz vollständige Kompensation gewollt, hätte der Gesetzgeber eine „soweit"-Konstruktion wählen müssen.

Wenn aber ausnahmsweise in rechtmäßiger Weise keine vollständige Kompensation stattfindet, etwa weil überragende private Belange das Kompensationsinteresse von Natur und Landschaft überwiegen, so muss sich die Gemeinde darüber im klaren sein, dass sie einen Eingriff nicht kompensiert und so vom gesetzlichen Regelfall abweicht. Dem muss sie Rechnung tragen, indem sie in solchen Fällen nicht vollständiger Kompensation das Gewicht der Naturbelange in der Abwägung in dem Umfang entsprechend erhöht, in dem nicht kompensiert wird.[113] Umgekehrt darf die Gemeinde nicht ohne weitere Überlegungen, gleichsam blind, eine vollständige Kompensation vorsehen. Denn Kompensationsmaßnahmen können andere abwägungsrelevante Belange einschränken. Diese Einschränkung muss gerechtfertigt und verhältnismäßig sein. Ohne weitergehende gründliche Betrachtung, ob die vorgesehene Vollkompensation tatsächlich nötig ist, leidet die

---

[111] BVerwGE 104, 68 (76–79).

[112] So zu Recht *Lütkes,* BauR 2003, 983 (990); *Louis/Wolf,* NuR 2002, 455 (461); *Stich,* UPR 2002, 10 (14).

[113] Vgl. *Louis/Wolf,* NuR 2002, 455 (462).

Abwägung – obwohl die Festsetzung der Kompensation selbst rechtmäßig sein kann – wegen der Nichtberücksichtigung der anderen Abwägungsbelange an einem Abwägungsmangel in Form des Abwägungsausfalls.[114] Insgesamt steigen die Durchsetzungschancen der Belange der Eingriffsregelung in der Abwägung; die Eingriffsregelung wird vor allem durch ihre verfassungsrechtliche Fundierung in Art. 20a GG faktisch in die Nähe eines Belangs mit relativem Abwägungsvorrang gerückt.[115]

### c) Kompensationsplanung: Die Entwicklung eines Kompensationskonzepts in der Abwägung

Stellt die Gemeinde fest, dass ein von ihr zu beschließender Bauleitplan unter das Regime der Eingriffsregelung fällt, muss sie in ihrem Bauleitplan Aussagen zur Vermeidung und Kompensation der Eingriffe treffen, die später die Bauherren als Eingriffsverursacher realisieren.[116] Das Vermeidegebot betrifft hauptsächlich das Vorhaben selbst, da es dessen umweltschonendste Realisierungsvariante fordert. Dementsprechend betrifft es primär die Festsetzungen, die die Zulässigkeit des Vorhabens betreffen. Anders stellt sich die Situation beim Kompensationsgebot dar. Hier kann die Kompensation sowohl auf den Flächen erfolgen, auf denen das Vorhaben realisiert werden wird, als auch auf anderen Flächen (näher unten bei C. III. 2.). Die Kompensation wird aber bereits im Planungsstadium festgelegt und muss sich im fertigen Planbeschluss wieder finden. Insofern kann man von einer planerischen Kompensation sprechen – im Gegensatz zur konditionalen Kompensation des BNatSchG (vgl. oben § 3).

Denn die Gemeinde entscheidet abwägend darüber, inwieweit den Beeinträchtigungen für Natur und Landschaft durch Vermeide- oder Kompensationsmaßnahmen begegnet werden kann. Die Überlegungen der Gemeinde hierzu werden Bestandteil des Bauleitplanes, sei es als konkrete Darstellungen oder Festsetzungen in Flächennutzungsplan oder Bebauungsplan, oder sei es als Erklärung in der Begründung zum Plan, eine bestimmte Maßnahme noch durchführen zu wollen. Die Gemeinde muss also ein Kompensationskonzept erstellen, wie sie mit den Beeinträchtigungen, die durch die den Bauleitplan vollziehende Bebauung entstehen werden, umgehen will. Sie ist verpflichtet, zugleich mit der Planung der Eingriffe über ein Kompensationskonzept zu entscheiden. Diese Vorverlagerung der Entscheidung über ein Kompensationskonzept weg von der einzelfallbezogenen Genehmi-

---

[114] *Louis/Wolf,* NuR 2002, 455 (461).
[115] Vgl. auch *Schink,* DVBl. 1998, 609 (612); *Uechtritz,* NVwZ 1997, 455 (461).
[116] Vgl. nur *Fickert/Fieseler,* Umweltschutz im Städtebau, S. 95.

gung, wie sie die §§ 18 ff. BNatSchG vorsehen, hin zur Einbettung in die städtebauliche Planung stärkt die Naturschutzbelange.[117] Kompensation wird so zum Bestandteil der städtebaulichen Planung – und zwar nicht zu einem exotischen Bestandteil, sondern zu einem Bestandteil, der in nahezu jeder bauleitplanerischen Abwägung zu berücksichtigen sein wird. Naturschutz wird so zum integralen Bestandteil der kommunalen Abwägungsüberlegungen. Auf diese Weise werden die Belange des Naturschutzes in den gemeindlichen Überlegungen verankert und somit gestärkt.

### 5. Ein Unterlassungsgebot in der Bauleitplanung?

Während die naturschutzrechtliche Eingriffsregelung als dritte Stufe der Rechtsfolgen eines Eingriffs in § 19 Abs. 3 BNatSchG eine Abwägung über die Zulässigkeit des Vorhabens vorsieht, wenn die Eingriffe weder vermeidbar noch kompensierbar sind, findet sich in der Vorschrift des § 1a Abs. 3 S. 1 BauGB, der das Rechtsfolgenregime der Eingriffsregelung in der Bauleitplanung festlegt, kein Hinweis auf § 19 Abs. 3 BNatSchG. Ausdrücklich erwähnt sind nur Vermeidung und Ausgleich. Auch § 1a Abs. 3 BauGB, der die Rechtsfolgen näher konkretisiert, stellt nicht auf § 19 Abs. 3 BNatSchG ab.

Legt man diesen gesetzessystematischen Befund zu Grunde und betrachtet ihn im Lichte der Rechtsprechung des Bundesverwaltungsgerichtes zur Bedeutung des § 19 Abs. 3 BNatSchG bei Vorhaben, die durch fachplanerische Abwägung zugelassen werden,[118] so ergibt sich, dass § 19 Abs. 3 BNatSchG keine explizite Entsprechung im Rechtsfolgenregime des BauGB hat. Das Anliegen der Norm geht vielmehr – parallel zur Eingriffsprüfung bei fachplanerischen Vorhaben – völlig in der bauleitplanerischen Abwägung nach § 1 Abs. 6 BauGB auf. Die Norm hat keine selbständige Bedeutung in der Bauleitplanung mehr.[119] Allerdings steuert § 19 Abs. 3 BNatSchG indirekt die bauplanerische Abwägung. Wenn nämlich für die auf Grund der Planung zu erwartenden Eingriffe weder Vermeidemaßnahmen möglich sind noch Kompensationsmaßnahmen durchgeführt werden können, so kann der Plan wegen des besonderen Rangs der Belange von Natur und Landschaft[120] nur auf Grund des Überwiegens vorrangiger ande-

---

[117] BVerwGE 104, 68 (73 ff.).

[118] BVerwGE 85, 348 ff. sieht das Abwägungsgebot nach § 19 Abs. 3 BNatSchG in der allgemeinen fachplanerischen Abwägung, in die Naturbelange ebenfalls einzustellen sind, aufgehen. Allerdings spielt § 19 Abs. 3 BNatSchG insoweit eine besondere Rolle, als er ein Optimierungsgebot für die Belange von Natur und Landschaft begründet und somit die allgemeine fachplanerische Abwägung steuert.

[119] BVerwGE 104, 68 (71); *Wolf,* ZUR 1998, 183 (191).

[120] Siehe oben bei 4. b).

rer Belange realisiert werden. Dies bedeutet für die bauleitplanerische Abwägung, dass die Gemeinde die Planung zu unterlassen hat, wenn weder Vermeidemaßnahmen möglich sind noch Kompensationsmaßnahmen durchgeführt werden können und keine überwiegenden Belange ersichtlich sind, die ein Zurückstellen der Belange von Natur und Landschaft gerechtfertigt erscheinen lassen.[121]

### III. Der städtebauliche Ausgleich

Wenn die Gemeinde in ihren Überlegungen in der Abwägung zu dem Schluss gekommen ist, dass die zu erwartenden Eingriffe zwar unvermeidbar, aber dennoch ausgleichbar sind, muss sie in demselben Plan, der die Eingriffe vorbereitet, zugleich auch Maßnahmen zum Ausgleich vorsehen. Dies folgt aus dem Verursacherprinzip, das der städtebaulichen Eingriffsregelung zu Grunde liegt. Mit der Entscheidung über das „ob" eines Eingriffs muss zugleich immer – gleichsam als planerisches Junktim – auch über die Bewältigung der Eingriffsfolgen entschieden werden.[122] Welche Handlungsoptionen die Gemeinde bei der Auswahl dieser Maßnahmen zum Ausgleich hat, beschreibt § 1a Abs. 3 BauGB. Die Gemeinde kann einerseits die Möglichkeit eines planerischen Ausgleichs wählen, indem sie Flächen mit Ausgleichsmaßnahmen überplant (§ 1a Abs. 3 S. 2 BauGB). Andererseits kann sie auch auf eine entsprechende Überplanung[123] von Flächen

---

[121] *Stich*, UPR 2002, 10 (15); *ders.*, Sach- und Verfahrensanforderungen der naturschutzrechtlichen Eingriffsregelung und ihr Vollzug, S. 21 f.

[122] BVerwGE 104, 68 ff.; *Löhr*, in: Battis/Krautzberger/Löhr, BauGB, § 9 Rn. 98c; *Louis*, NuR 1998, 113 (118). Diese Erkenntnis darf aber nicht zu der Annahme führen, dass sämtliche Ausgleichsmaßnahmen erschöpfend und bereits verwirklichungsreif im Eingriffsbebauungsplan aufgeführt sein müssten. Die städtebauliche Eingriffsregelung zeichnet sich gerade durch die Entkopplung von Eingriff und Ausgleich aus (dazu unter C. III. 2. b)). Die obige Aussage bedeutet nur, dass in einem Bauleitplan, der Eingriffe vorbereitet, Aussagen über die gewählten Ausgleichsoptionen enthalten sein müssen. Ob dies gleich durch Ausgleichsfestsetzungen geschieht oder ob nur in der Begründung die Wahl der Ausgleichsmaßnahmen zum Ausdruck kommt und der eigentliche Ausgleich in einem anderen Bebauungsplan erfolgt, ist egal. Entscheidend ist, dass die Gemeinde im Eingriffsbebauungsplan Ausführungen zu der gewählten Ausgleichsart macht.

[123] Man kann gewissermaßen von einem planerischen und einem nichtplanerischen Ausgleich sprechen. Diese Terminologie ist aber insofern irritierend und wird daher hier nicht verwendet, als die Ausgleichsmaßnahmen im Eingriffsbebauungsplan aufzuführen sind und daher durchaus „planerischen" Charakter haben. Die Attribute „planerisch" und „nichtplanerisch" beziehen sich lediglich auf die konkrete Ausführung der Ausgleichsmaßnahmen, nämlich durch planerische Darstellungen oder Festsetzungen einerseits und nichtplanerische Festsetzungen (Vertrag, sonstige Maßnahmen) andererseits. Zu weiterer Irritation führt der Begriff des „planerischen Ausgleichs" dadurch, dass manche Autoren ihn als Synonym für den städtebau-

verzichten und stattdessen den nötigen Ausgleich durch städtebauliche Verträge oder sonstige Maßnahmen vornehmen (§ 1 a Abs. 3 S. 4 BauGB). Diese einzelnen Ausgleichsmöglichkeiten werden bei D. näher dargestellt.

Der Ausgleich nach dem BauGB weist signifikante Unterschiede zum herkömmlichen, naturschutzrechtlichen Ausgleich nach § 19 Abs. 2 BNatSchG auf, gleich welche konkrete Ausgleichsform die Gemeinde letztlich wählt. Diese Unterschiede in Terminologie und Ausgestaltung der Rechtsfigur des Ausgleichs von Eingriffen rechtfertigen es, zunächst einmal an dieser Stelle die Besonderheiten des städtebaurechtlichen Ausgleichs herauszustellen und – gleichsam „vor der Klammer" – die gemeinsamen Grundlagen der verschiedenen Ausgleichsinstrumente und Möglichkeiten des Ausgleichs, die dann später bei D. dargestellt werden, zu erörtern.

### 1. Die spezielle Problematik des Ausgleichs im Bauplanungsrecht

Das BNatSchG differenziert in § 19 Abs. 2 S. 1 zwischen „Ausgleich" und „Ersatz" als Varianten der Kompensation eingriffsbedingter Beeinträchtigungen für Natur und Landschaft. § 19 Abs. 2 S. 2 BNatSchG fordert für den Ausgleich, dass die beeinträchtigten Naturfunktionen wiederhergestellt werden. Nach Beendigung des Eingriffes darf keine Beeinträchtigung der Naturfunktion zurückbleiben. Überträgt man diese Grundaussage auf das Bauplanungsrecht, so muss der bauplanerische Ausgleich die potenziellen Beeinträchtigungen der Naturfunktionen, welche durch die zu beschließenden Bauleitpläne hervorgerufen werden, wiederherstellen.

Vergegenwärtigt man sich, dass diese potenziellen Beeinträchtigungen in aller Regel darin bestehen werden, dass bisher unbebaute, freie Flächen überbaut werden, dass durch diese Überbauung Flächen versiegelt werden und dass das Landschaftsbild verändert wird, so stellt sich der Ausgleich dieser Beeinträchtigungen problematisch dar. Denn um der Forderung des § 19 Abs. 2 S. 2 BNatSchG nach einer Wiederherstellung der beeinträchtigten Funktionen gerecht zu werden, müssten die nunmehr bebauten Flächen wieder rückgebaut werden und die Überbauung entfernt werden; die Bodenversiegelung müsste rückgängig gemacht werden und die Veränderung des Landschaftsbildes müsste beseitigt werden. Eine solche Wiederherstellung des vorherigen Zustands ist aber im Städtebau regelmäßig nicht möglich. Denn Bauleitplanung dient dazu, die baulichen Verhältnisse in einer Gemeinde dauerhaft zu ordnen. Sie soll die bauliche Entwicklung der Gemein-

---

lichen Ausgleich allgemein verwenden, um seine Besonderheiten im Vergleich zum naturschutzrechtlichen Ausgleich herauszustellen und um so deutlich zu machen, dass in den städtebaulichen Ausgleich typische Elemente der Planung einfließen.

de auf lange Sicht hin steuern. Der Wirkungsgrad der Bauleitplanung ist langfristig angelegt. Dies alles macht die Wiederherstellung der alten Verhältnisse unmöglich. Die oben genannten Veränderungen und Beeinträchtigungen der Natur und Landschaft sind regelmäßig irreversibel und dauerhaft. Wenn die Flächen bebaut und versiegelt sind, so ist dies nicht in dem überschaubaren Zeitrahmen, den der naturschutzrechtliche Ausgleich vorsieht,[124] rückgängig zu machen.

Mit dem Ausgleich, wie ihn § 19 Abs. 2 BNatSchG definiert, ist dieser Befund nicht zu vereinbaren. Ein durch Bauleitplanung verursachter potenzieller Eingriff kann nicht im Sinne dieser Vorschrift ausgeglichen werden.[125] Ein bleibend verändertes Gebiet, dessen Veränderung ihre Grundlage in den Bebauungsplänen findet, kann nicht mehr in seinen früheren Ausgangszustand versetzt werden. Der herkömmliche Ausgleichsbegriff nach § 19 Abs. 2 S. 2 BNatSchG stößt hier an seine Grenzen.

## 2. Der städtebaurechtliche Ausgleichsbegriff

### a) Die Entwicklung eines eigenständigen, vom Naturschutzrecht unabhängigen Ausgleichsbegriffs im Städtebaurecht

Dieser Erkenntnis hat der Gesetzgeber bei der Reform des Städtebaurechts im BauROG 1998 Rechnung getragen, als er die Eingriffsregelung in das BauGB implementierte, das nun – wie in § 3 D. und oben bei B. II. dargestellt – die Rechtsfolgen eines Eingriffs selbständig und vom BNatSchG unabhängig regelt. Das BauROG hat eine eigene, baurechtliche Definition des Ausgleichs in das BauGB eingefügt, freilich an entlegener und versteckter Stelle. § 200a BauGB definiert den Begriff des „Ausgleichs" für das Städtebaurecht und weicht dabei von der naturschutzrechtlichen Definition in § 19 Abs. 2 S. 2 BNatSchG entscheidend ab. Denn § 200a S. 1 BauGB bezieht in seine Definition des Ausgleichs auch die Ersatzmaßnahmen mit ein. Die Ersatzmaßnahmen wiederum sind nicht im BauGB definiert, so dass wegen des allgemeinen Bezugs auf das BNatSchG in § 1a Abs. 3 S. 1 BauGB die Begriffsdefinition in § 19 Abs. 2 S. 3 BNatSchG maßgebend ist.[126]

---

[124] Dazu im § 3 bei B. II. 2. b) aa).

[125] *J. Schmidt*, in: Birk (Hrsg.), Der naturschutzrechtliche Ausgleich nach § 1a BauGB, S. 14; *ders.*, NVwZ 1998, 337 (340). Anders noch *ders.*, UPR 1992, 361 f. Ähnlich zum Neubau einer Straße BVerwG bei Buchholz, 406.401 § 8 BNatSchG Nr. 14.

[126] *Louis*, NuR 2004, 714 (716). Unzutreffend ist in dieser Hinsicht die Begründung zum EAG Bau, BT-Drs. 15/2250, S. 62, Zu Nr. 61, wo behauptet wird, die Definition der Ersatzmaßnahmen erfolge nach wie vor durch Landesrecht. Dies erstaunt, da bisher eigentlich unstrittig war, dass die rahmenrechtliche Definition des

Der Ausgleichsbegriff nach § 200a S. 1 BauGB ist daher weiter gefasst als der naturschutzrechtliche Ausgleich, wie ihn § 19 Abs. 2 S. 2 BNatSchG definiert. Er schließt sowohl Ausgleichsmaßnahmen im engeren, naturschutzrechtlichen Sinne als auch Ersatzmaßnahmen ein.[127] Er ist damit deckungsgleich mit dem Begriff der „Kompensation", den das BNatSchG selbst als Oberbegriff beider Varianten des § 19 Abs. 2 BNatSchG in § 19 Abs. 2 S. 1 BNatSchG verwendet. Es hätte näher gelegen, bei der Novellierung des Naturschutzrechtes 2002 die Begrifflichkeiten zwischen BNatSchG und BauGB zu harmonisieren und den Begriff des „Ausgleichs" in §§ 1a Abs. 3 und 200a BauGB durch den im BNatSchG verwendeten Oberbegriff der „Kompensation" zu ersetzen. So hätte die missverständliche Doppelbelegung des Begriffes des „Ausgleichs" mit sowohl naturschutzrechtlichen als auch mit – weiter gefassten – städtebaurechtlichen Rechtsfolgen vermieden werden können. Inzwischen hat sich aber wohl der Begriff des städtebaulichen Ausgleichs eingebürgert,[128] und auch bei der Novellierung des BauGB 2004 durch das EAG Bau ist § 200a BauGB nicht in diesem Sinne geändert worden. Damit dürfte sich die Diskussion um die Begrifflichkeit genauso erledigt haben wie die Diskussion um den versteckten Standort der Vorschrift, der wenig geglückt ist, da die Norm systematisch einleuchtender im Kontext der allgemeinen Ausgleichsanforderungen in § 1a Abs. 3 BauGB angesiedelt wäre.

Es ist wichtig, festzuhalten, dass der Ausgleichsbegriff des BauGBs grundsätzlich auf der zur naturschutzrechtlichen Kompensation, also Ausgleich und Ersatz, entwickelten Dogmatik aufbaut. Dies bedeutet, dass insbesondere die oben im § 3 bei B. II. 2. b) dd) entwickelten allgemeinen Grundsätze nach wie vor gelten und auch im Städtebaurecht zu beachten

---

§ 19 Abs. 2 für die Landesgesetzgeber bindend sei, vgl. *Louis,* NuR 2004, 714 (716) und *Meßerschmidt,* BNatSchG, § 19 Rn. 53.

[127] Vor dem EAG Bau 2004 hieß die Formulierung in § 200a S. 1 BauGB: „... umfassen auch Ersatzmaßnahmen *nach den Vorschriften der Landesnaturschutzgesetze.*" Der kursiv gedruckte Satzteil ist nunmehr entfallen. Der Grund dafür ist, dass vor der BNatSchG-Novelle 2002 der Begriff des Ersatzes nicht bundeseinheitlich in den §§ 8 ff. BNatSchG a. F. definiert war. Der Sinn des Bezugs auf die Landesnaturschutzgesetze war es, die auf der Öffnungsklausel des § 8 IX BNatSchG a. F. beruhenden unterschiedlichen landesrechtlichen Definitionen von Ersatz für die Bauleitplanung irrelevant zu machen und bundeseinheitlich im BauGB den Ersatz in der Weite des Begriffsverständnisses des damaligen § 8 IX BNatSchG a. F. als Teil des Ausgleichs zu definieren. Nachdem nunmehr auch bundesrechtlich der Begriff des Ersatzes in § 19 Abs. 2 S. 3 BNatSchG definiert ist, war die Streichung des Verweis auf das Landesrecht konsequent. Der Gesetzgeber ist damit zu Recht nicht der Ansicht *Lütkes* gefolgt, der in BauR 2003, 983 (990) keinen Anpassungsbedarf des § 200a BauGB an das neue BNatSchG sah.

[128] Vgl. etwa schon vor der BNatSchG-Novellierung *Louis,* NuR 1998, 113 (119) und *Gassner,* NuR 1999, 79 (80).

sind, wenn das BauGB keine abweichende Regelung enthält. Daher können nur solche Maßnahmen zum Ausgleich benutzt werden, welche den – durch den Eingriff beeinträchtigten – Naturhaushalt einschließlich des Landschaftsbilds realiter aufwerten; Maßnahmen zur Verbesserung anderer Umweltmedien sind als Maßnahmen des städtebaulichen Ausgleichs nicht zulässig.

Der entscheidende Unterschied des städtebaulichen Ausgleichs im Vergleich zum Naturschutzrecht liegt in der Entscheidung des § 200a BauGB, Ausgleich im engeren Sinne und Ersatz zu einer eigenständigen Rechtsfigur des städtebaulichen Ausgleichs zusammenzufassen[129]. Die Tragweite dieser Entscheidung wird erst vor dem Hintergrund der naturschutzrechtlichen Differenzierung zwischen Ausgleich und Ersatz bewusst.

*aa) Ausgleich und Ersatz nach dem herkömmlichen,*
*naturschutzrechtlichen Verständnis*

Der naturschutzrechtliche Ausgleich nach § 19 Abs. 2 S. 2 BNatSchG stellt hohe Anforderungen an die Ausgleichsmaßnahme. Notwendig ist, dass die beeinträchtigten Naturfunktionen gleichartig wiederhergestellt werden. Dies erfordert einen örtlichen, zeitlichen und einen funktionalen Zusammenhang zwischen den beeinträchtigten Schutzgütern der Eingriffsregelung und der ausgleichenden Maßnahme. Letztere muss die konkret beeinträchtigte Naturfunktion in engem zeitlichen Zusammenhang am Ort des Eingriffs wiederherstellen.[130] Ziel des naturschutzrechtlichen Ausgleichs ist es, die vor dem Eingriff vorhandenen Naturfunktionen langfristig zu erhalten. Im direkten Gegensatz dazu lockert der naturschutzrechtliche Ersatz nach § 19 Abs. 2 S. 3 BNatSchG den Zusammenhang zwischen Eingriff und Ausgleich. Er fordert keine gleichartige Wiederherstellung der beeinträchtigten Funktionen, sondern begnügt sich mit der gleichwertigen Wieder- oder Neuherstellung. Gleichwertigkeit bedeutet dabei, dass ein Zustand zu schaffen ist, der insgesamt, bei einer gesamtbilanzierenden Betrachtung, dem ökologischen Wert vergleichbar ist, den das entsprechende Gebiet vorher hatte.[131] Entscheidend ist – wie oben in § 3 bei B. II. 2. b) bb) ausgeführt – die ausgeglichene Gesamtbilanz des Gebiets.

---

[129] Vgl. *Lüers*, UPR 1997, 348 (351); *Müller/Mahlburg*, UPR 1999, 259; *Schliepkorte*, ZfBR 1999, 66 (70); *J. Schmidt*, NVwZ 1998, 337 (340); *Uechtritz*, NVwZ 1997, 1182 (1184). *J. Schmidt*, in: Der naturschutzrechtliche Ausgleich nach § 1a BauGB, S. 9 (13), spricht von der „wohl bedeutsamsten Neuerung und Veränderung der Materie". Unzutreffend die Einschätzung von *Lüers*, UPR 1997, 348 (351), der lediglich von einer „Klarstellung" spricht.

[130] Zum Ganzen siehe im § 3 bei B. II. 2. b) aa).

[131] *Louis*, NuR 2004, 714 (715). Zum Ganzen oben in § 3 bei B. II. 2. b) bb).

Wesentlich für die Unterscheidung zwischen Ausgleich und Ersatz ist vor allem, dass beim Ersatz wesentliche Parameter gelockert sind. Wo der Ausgleich eine enge räumliche Beziehung der Ausgleichsmaßnahme zum Eingriffsgebiet vorsieht, erlaubt der Ersatz eine großzügigere örtliche Betrachtung. Ganz gelockert ist der örtliche Zusammenhang freilich nicht.[132] Ebenso wie die räumliche Beziehung lockert der Ersatz die funktionale Beziehung zwischen beeinträchtigter Naturfunktion und wiederherzustellender Naturfunktion, indem nicht notwendigerweise Identität, also Gleichartigkeit, der Funktionen wie beim Ausgleich, sondern nur eine Gleichwertigkeit der Funktionen gefordert wird.

*bb) Der eigenständige Gehalt des städtebaulichen Ausgleichs*

§ 200a S. 1 BauGB stellt bei unbefangener Lektüre zunächst einmal klar, dass Ausgleichsmaßnahmen im Sinne des § 1a Abs. 3 BauGB auch Ersatzmaßnahmen umfassen. Der städtebauliche Ausgleich ist also begrifflich umfassender als der naturschutzrechtliche Ausgleich. Fraglich ist, ob sich die Definition in § 200a S. 1 BauGB lediglich auf diese Veränderung der Begrifflichkeit beschränkt oder ob sie eine grundlegende Neuorientierung des Regimes der städtebaulichen Eingriffsregelung darstellt, die im Städtebaurecht weitgehende materielle Änderungen der naturschutzrechtlichen Eingriffsregelung vornimmt.

Die mittlerweile wohl herrschende Meinung nimmt letzteres an. Nach ihrer Auffassung wendet sich § 200a S. 1 BauGB von der naturschutzrechtlichen Unterscheidung zwischen Ausgleich und Ersatz ab und verzichtet durch die Zusammenfassung beider Arten von Maßnahmen unter dem Oberbegriff des „Ausgleichs" auf diese Unterscheidung. Als Konsequenz stünden beide Maßnahmen gleichwertig nebeneinander, und zwar auch in inhaltlicher Hinsicht. Die naturschutzrechtliche, in § 19 Abs. 2 BNatSchG vorgegebene Rangfolge zwischen Ausgleich und Ersatz, nach welcher der Ausgleich vorrangig sein soll, sei außer Kraft gesetzt.[133] Nach dieser An-

---

[132] s.o. § 3 B. II. 2. b) cc) (2).

[133] *Battis/Krautzberger/Löhr,* NVwZ 1997, 1145 (1149); *Beckmann,* FS Hoppe, S. 531 (532 und 535); *Brohm,* FS Hoppe, S. 511 (517); *Bunzel,* ZfBR 1998, 226 (228 f.); *ders.,* Bauleitplanung und Flächenmanagement bei Eingriffen in Natur und Landschaft, S. 64; *ders.,* NuR 1997, 583 (587); *Krautzberger,* NuR 1998, 455 (456); *Louis,* NuR 1998, 113 (119 f.); *ders.,* NuR 2004, 714 (716); *Lüers,* UPR 1997, 348 (351); *ders.,* ZfBR 1997, 231 (236); *ders.,* DVBl. 1998, 433 (439); *ders.,* UPR 1996, 401 (404); *Müller/Mahlburg,* UPR 1999, 259 (262); *Schink,* DVBl. 1998, 609 (611); *ders./Matthes-Bredelin,* ZfBR 2001, 155 (157); *J. Schmidt,* NVwZ 1998, 337 (340 f.); *ders.,* in: Birk (Hrsg.), Der naturschutzrechtliche Ausgleich nach § 1a BauGB, S. 14; *Wolf,* ZUR 1998, 183 (191). Ebenfalls auf dieser Linie die Kommentarliteratur, *Krautzberger,* in: Battis/Krautzberger/Löhr (Hrsg.), BauGB, § 1a Rn. 68

sicht gibt § 200a S. 1 BauGB demnach die Stufenfolge des § 19 BNatSchG teilweise auf und reduziert die Rechtsfolgen, die sich an einen Eingriff knüpfen, von drei[134] auf zwei Stufen, nämlich auf die Vermeidungs- und Ausgleichspflicht. Entsprechend seien in der Abwägung über die Festsetzung von Kompensationsmaßnahmen nicht mehr zunächst Ausgleichsmaßnahmen zu betrachten und Ersatzmaßnahmen erst dann zu wählen, wenn keine Ausgleichsmaßnahmen möglich sind, sondern die planende Gemeinde könnte gleich Ersatzmaßnahmen als Kompensation vorsehen. An diesen Verzicht auf die Differenzierung zwischen Ausgleich und Ersatz knüpfen sich weitreichende Rechtsfolgen, insbesondere was den funktionalen Zusammenhang zwischen Eingriff und Ausgleich angeht. Dieses Folgeproblem des funktionalen Zusammenhangs darf aber nicht mit der zu Grunde liegenden, hier thematisierten Rechtsfrage vermischt werden und wird daher erst unten bei C. III. 2. c) cc) behandelt.

Demgegenüber halten einige Autoren auch im Städtebaurecht an der Stufenfolge, wie sie § 19 BNatSchG vorsieht, fest.[135] Ausgleichs- und Ersatzmaßnahmen seien nicht austauschbar; der Unterschied zwischen beiden bestehe nach wie vor fort. Ebenso wie im Naturschutzrecht sei im Baurecht zwischen Ausgleich und Ersatz zu differenzieren. Die Stufenfolge mit dem Vorrang des Ausgleichs vor dem Ersatz sei in der Abwägung der Eingriffsbebauungspläne zu berücksichtigen, und zwar dergestalt, dass Ersatzmaßnahmen erst dann durchgeführt werden dürften, wenn keine Ausgleichsmaßnahmen möglich seien.[136]

Ausgangspunkt für die Lösung dieser Streitfrage ist der Wortlaut der einschlägigen Vorschriften. Betrachtet man den Wortlaut der Scharniernorm zwischen Bau- und Naturschutzrecht, § 21 Abs. 1 2. Hs. BNatSchG, so stellt man fest, dass die Norm im Rechtsfolgenausspruch zwischen den Rechtsfolgen Vermeidung, Ausgleich und Ersatz differenziert. § 21 BNatSchG ist für das Verhältnis von Naturschutzrecht und Baurecht von zentraler Bedeutung.[137] Wenn eine so grundlegende Norm explizit zwischen den verschiedenen Rechtsfolgen differenziert, liegt der Schluss nahe, dass im Ziel der Verweisung des § 21 BNatSchG, im BauGB also, ebenfalls zwischen

---

und § 200a Rn. 4; *Krautzberger,* in: Ernst/Zinkahn/Bielenberg/Krautzberger (Hrsg.), BauGB, § 200a Rn. 10; *Stüer,* in: Hoppenberg/De Witt (Hrsg.), HdbÖffBauR, Kap. B Rn. 748; *Schrödter,* in: Schrödter (Hrsg.), BauGB, § 200a Rn. 3.

[134] Dazu s.o. bei § 3 B. II. 2.

[135] *Gassner,* NuR 1999, 79 (80 f.); *Meßerschmidt,* BNatSchG, § 21 Rn. 17; *Köck,* NuR 2004, 1 (2). *Gassner,* in: ders./Bendomir-Kahlo/Schmidt-Räntsch, BNatSchG § 21 Rn. 22 ff.; *Fickert/Fieseler,* Umweltschutz im Städtebau, S. 117; *W. Breuer,* NuL 2001, 113 (114).

[136] *Gassner,* NuR 1999, 79 (80 f.).

[137] Ausführlich dazu bei § 3 D. und oben bei B. II.

den verschiedenen Rechtsfolgen in gleicher Weise zu differenzieren ist. Dies schlösse eine Vermengung von Ausgleich und Ersatz aus. Dieses Verständnis ist indes nicht zwingend. Der Wortlaut des § 21 BNatSchG lässt sich ebenso für die Gegenansicht ins Feld führen, vor allem, wenn man den systematischen Zusammenhang beider Gesetze und die Funktion des § 21 BNatSchG als Transformationsnorm zwischen BauGB und BNatSchG berücksichtigt. Denn die differenzierende Formulierung in § 21 Abs. 1 Hs. 2 BNatSchG bezieht sich auf das Verhältnis zwischen der naturschutzrechtlichen Eingriffsregelung und dem Städtebaurecht. Es geht um die Transformation der Eingriffsregelung in ein Verfahren, das bruchlos in die Bauleitplanung eingefügt werden kann. Objekt dieser Transformation ist die naturschutzrechtliche Eingriffsregelung, die als Rechtsfolgen eine Differenzierung zwischen Ausgleich und Ersatz vornimmt, § 19 Abs. 2 BNatSchG. Daher muss § 21 Abs. 1 BNatSchG auf diese Differenzierung Bezug nehmen, weil andernfalls die Transformation in der Luft hinge und kein Zielobjekt, keinen Bezugspunkt hätte. Die Formulierung im 2. Hs. der Norm nimmt also nur auf Begrifflichkeiten Bezug, die naturschutzrechtlich geprägt sind. Die Begriffe Vermeidung, Ausgleich und Ersatz sind nur Anknüpfungspunkte, gewissermaßen Tatbestandsmerkmale. Der eigentliche Rechtsfolgenausspruch sieht vor, dass nach den Vorschriften des Baugesetzbuches entschieden wird. Ausgleich und Ersatz dienen also nur als Anknüpfungspunkte für eine Verweisung in das BauGB. Die Verwendung dieser Begriffe sagt noch nichts darüber aus, ob diese im Ergebnis tatsächlich benutzt werden. Dies zu entscheiden, ist Sache des Ziels der Verweisung, nämlich des BauGB. Die Funktion als Transformationsnorm erfordert die Verwendung der Rechtsfolgenterminologie des § 19 Abs. 2 BNatSchG, weil andernfalls die Verweisung bezugslos wäre. Darüber, ob die Begriffe im Ergebnis einschlägig sind, sagt ihre Verwendung in § 21 BNatSchG noch nichts aus. Die Differenzierung in § 21 Abs. 1 2. Hs. BNatSchG erfolgt alleine deshalb, weil das zu transformierende BNatSchG in § 19 Abs. 2 ebenfalls differenziert. Der sachliche Gehalt der Formulierung beschränkt sich darauf, Anknüpfungspunkte für die Transformation herzustellen. Der Wortlaut von § 21 Abs. 1 2. Hs. BNatSchG alleine gibt demnach noch keinen Aufschluss darüber, ob im Baurecht zwischen Ausgleich und Ersatz zu differenzieren ist.

Wenig aufschlussreich ist aber auch die Betrachtung des § 1a Abs. 3 S. 1 BauGB. Die Norm spricht zwar nur davon, dass „Vermeidung und Ausgleich" zu berücksichtigen seien. Von Ersatz ist nicht mehr die Rede. Die Bedeutung dieses Verzichts auf den Begriff in der Formulierung relativiert sich aber durch den Verweis auf die Eingriffsregelung in dem Klammerzusatz. Dadurch nimmt § 1a Abs. 3 S. 1 BauGB die naturschutzrechtliche Eingriffsregelung insgesamt in Bezug, wozu auch die Differenzierung zwi-

schen Ausgleich und Ersatz in § 19 Abs. 2 BNatSchG gehört. Endgültige
Klarheit bringt diese Betrachtung des Wortlauts von § 1 Abs. 3 S. 1 BauGB
also ebenfalls nicht. Es mag als Indiz dienen, dass das BauGB nur von Ausgleich und nicht von Ersatz spricht, wenn es in den §§ 1a Abs. 3; 5
Abs. 2a; 9 Abs. 1a; 135a Abs. 1 Regelungen trifft, welche die Verweisung
des § 21 Abs. 1 BNatSchG ausfüllen. Mehr als bloß indizielle Bedeutung
kommt diesen Formulierungen aber nicht zu. Denn sie stellen alle auf den
planungsrechtlichen Begriff des Ausgleichs ab. Ob innerhalb dieses planungsrechtlichen Begriffs zwischen Ausgleich und Ersatz zu differenzieren
ist, stellt sich ja gerade als Problem dar. Die Verwendung des Begriffes
„Ausgleich" in den genannten Normen erfolgt als Ausgleich im weiteren
Sinne (der, wie oben in § 4 Fn. 83 beschrieben, vom Gesetzgeber besser als
Kompensation bezeichnet worden wäre). Hier geht es aber um die Differenzierung zwischen Ausgleich im engeren, naturschutzrechtlichen Sinne und
Ersatz. Die systematische Auslegung durch Betrachtung des Wortlauts
obiger Normen ist daher fruchtlos für die Lösung des Problems.

Ein weiterer Lösungsansatz könnte die jüngere Gesetzgebungshistorie
sein. Die Formulierung in § 200a S. 1 BauGB, um die es bei diesem Problem geht, erfolgte mit dem BauROG 1998. Die zwingende Differenzierung
zwischen Ausgleich und Ersatz wurde bundesrechtlich mit dem BNatSchG
2002 festgeschrieben, erfolgte also in einem jüngeren Gesetz. Man könnte
nun argumentieren, dass gemäß der Regel „lex posterior derogat legi
priori"[138] die Begrifflichkeit des jüngeren BNatSchG mit der Differenzierung zwischen Ausgleich und Ersatz in § 19 Abs. 2 maßgeblich ist und die
Auslegung des älteren Gesetzes, nämlich § 200a S. 1 BauGB, steuert. Diesem Ansatz ist aber die Änderung des § 200a S. 1 durch das EAG Bau
entgegenzuhalten. Das EAG Bau datiert vom 20. Juli 2004, ist also noch
jünger als das BNatSchG 2002. Dieses Gesetz änderte § 200a S. 1 BauGB,
indem der Zusatz hinter dem Wort Ersatzmaßnahmen „nach den Vorschriften der Landesnaturschutzgesetze" ersatzlos entfiel. Ausweislich der Gesetzesbegründung diente diese Änderung der Anpassung des BauGB an das
inzwischen novellierte BNatSchG.[139] Diese Änderung ist weitestgehend re-
daktioneller Natur; sie bleibt insbesondere ohne Einfluss auf den städtebaulichen Ausgleichsbegriff. Die durch das BauROG gewählte Formulierung
wird insoweit nicht angetastet. Weitere Änderungen des § 200a S. 1 BauGB
sind nicht erfolgt. Damit gibt der Gesetzgeber in einem jüngeren Gesetz zu
erkennen, dass er die alte Terminologie beibehalten will. Dem Gesetzgeber
war das hier thematisierte Problem bekannt.[140] Hätte der Gesetzgeber diese
ihm bekannte bauplanungsrechtliche Nivellierung des Unterschieds zwi-

---

[138] Dazu *Rüthers*, Rechtstheorie, Rn. 772.
[139] BT-Drs. 15/2250, S. 62 zu Nr. 61.

schen Ausgleich und Ersatz aufheben wollen, so hätte er § 200a S. 1 BauGB in diesem Sinne ändern müssen. Dies ist aber im EAG Bau als jüngstem städtebaurechtlichen Änderungsgesetz nicht geschehen. Somit spricht auch nicht die Gesetzgebungshistorie für die Beibehaltung der Stufenfolge des § 19 Abs. 2 BNatSchG im Städtebaurecht. Im Übrigen trägt die Gesetzgebungsgeschichte nicht dazu bei, das Problem zu lösen. Die Gesetzesbegründung des BauROG[141] ist widersprüchlich. Einerseits erwähnt S. 36 f. der Begründung, dass „Vermeidung-Ausgleich-Ersatz in der gesetzlich festgelegten Reihenfolge (sc. nämlich durch das BNatSchG, Anm. d. Verf.) auf der Ebene der Bauleitplanung im Rahmen der Abwägung berücksichtigt werden" sollen. Dies spricht für eine Beibehaltung der Stufenfolge und gegen eine Nivellierung des Unterschieds. Andererseits findet sich auf S. 73 der Begründung zu Nr. 70 der Satz, dass die Differenzierung zwischen Ausgleich und Ersatz vereinfacht werden und ein „planungsrechtlicher Begriff des Ausgleichs" eingeführt werden solle. Der Oberbegriff der Maßnahmen zum Ausgleich solle die Ersatzmaßnahmen mitumfassen. Eine klare Aussage über die Absicht des Gesetzgebers lässt sich aus der Begründung wegen dieser Widersprüchlichkeit nicht herausfiltern.

Zum Teil wird versucht, aus § 200a S. 2 BauGB ein Argument für die Aufrechterhaltung der Differenzierung zwischen Ausgleich und Ersatz zu gewinnen. Diese Vorschrift sieht eine fakultative Aufhebung des örtlichen Zusammenhangs zwischen Eingriff und Ausgleich vor. Da dem Begriff der Ersatzmaßnahme eine solche Lockerung des örtlichen Zusammenhangs bereits immanent ist,[142] sei diese Vorschrift überflüssig und sinnlos, wenn die Ersatzmaßnahme schon unter den Ausgleichsbegriff in § 200a S. 1 BauGB subsumiert werden könnte. Denn die örtliche Lockerung wäre dann bereits in § 200a S. 1 BauGB vorgesehen; § 200a S. 2 BauGB wäre überflüssig.[143] Nach methodischen Gesichtspunkten verbietet sich aber eine Auslegung einer Vorschrift, nach der die Vorschrift bedeutungslos werden würde.[144] Entscheidend gegen diese Argumentation spricht aber, dass § 200a S. 2 BauGB auch dann einen eigenen Regelungsgehalt hat, wenn man die Ersatzmaßnahmen bereits in den baurechtlichen Ausgleich in § 200a S. 1 BauGB eingegliedert sieht. Denn Ersatzmaßnahmen erfordern trotz der Lockerung des örtlichen Zusammenhangs zwischen Eingriff und Ausgleich immer noch einen örtlichen Bezug des Ausgleichs zum Eingriff.[145] Der ört-

---

[140] Vgl. dazu § 4 Fn. 133 und 135. Die dort zitierte Literatur ist, wie an den Jahrgängen der Zeitschriftenbeiträge erkennbar, größtenteils bereits vor den Beratungen des Gesetzentwurfes des EAG Bau publiziert worden.

[141] In BT-Drs. 13/6392.

[142] s. dazu oben § 3 B. II. 2. b) bb).

[143] So *Gassner*, NuR 1999, 79 (80).

[144] Vgl. *Bydlinski*, Juristische Methodenlehre und Rechtsbegriff, S. 444 und 445.

liche Zusammenhang ist nur gelockert, aber eben nicht völlig aufgehoben. Diese völlige Aufhebung nimmt erst § 200a S. 2 BauGB vor. Darin liegt der eigenständige Regelungsgehalt der Vorschrift. Deswegen trifft das angeführte Argument nicht zu.

Entscheidende Bedeutung für die Lösung des Problems dürfte dem Verständnis und dem Charakter der Eingriffsregelung zukommen. Die Teleologie der Eingriffsregelung spielt hier die maßgebliche Rolle bei der Entscheidung der Streitfrage. Nach herkömmlichem Verständnis dient die Eingriffsregelung, wie sie im Naturschutzrecht geregelt ist, dem Schutz von Natur und Landschaft. Sie soll den vorhandenen Bestand der Naturfunktionen schützen. Der status quo der Funktions- und Leistungsfähigkeit von Natur und Landschaft soll garantiert werden. Im Naturschutzrecht darf die Eingriffsregelung nicht als Instrument zur allgemeinen Natur- und Landschaftsverbesserung benutzt werden.[146] Auf Grund ihrer konditionalen Programmierung muss der Eingriff, der den Anwendungsbereich der Eingriffsregelung erst eröffnet, sich immer im Ergebnis der Anwendung der Eingriffsregelung widerspiegeln.[147] Würde die Eingriffsregelung es erlauben, losgelöst von konkreten Naturbeeinträchtigungen beliebige Maßnahmen als Kompensation festzusetzen, so wäre ihr konditionales Entscheidungsprogramm auf Grund der politischen Natur dieser Entscheidung überfordert. Das politische Moment, das planerischen Entscheidungen immanent ist, findet im Konditionalprogramm der §§ 18 ff. BNatSchG keinen Niederschlag, der eine derart umfassende Öffnung erlauben würde.[148]

Im Städtebaurecht stellt sich die Situation strukturell grundlegend anders dar. Die Eingriffsregelung ist hier in ein planerisches Finalprogramm eingebettet (s. o. bei B. II. und bei C. II. 4.). Dieser strukturelle Unterschied muss sich im Verständnis der Eingriffsregelung widerspiegeln. Die planerischen Erwägungen, für die im Naturschutzrecht kein Platz ist, kommen hier

---

[145] Dies liegt am Projektbezug, s. o. im § 3 bei C. I. und B. II. 2. b) cc) (1).

[146] Diese Aussage entspricht dem bisherigen Verständnis der Eingriffsregelung, vgl. statt vieler *Schink*, DVBl. 1992, 1390 (1395); *Kuchler*, Naturschutzrechtliche Eingriffsregelung und Bauplanungsrecht, S. 169; *Ronellenfitsch*, NuR 1986, 284 (287). Es bleibt abzuwarten, inwiefern die insoweit abweichende Regelung im Städtebaurecht ihrerseits die naturschutzrechtliche Eingriffsregelung beeinflusst, insbesondere was besondere Kompensationsformen wie Flächenpools und Ökokonten angeht.

[147] Siehe zum Ganzen in § 3 bei B. II. 2. b) cc) (1) und C. I.

[148] Freilich bindet § 19 Abs. 2 S. 4 BNatSchG die Eingriffsregelung an die Landschafts- und Regionalplanung an. Dennoch löst diese Regelung nicht den konditionalen Charakter des § 19 BNatSchG auf. Die Öffnung gegenüber der Planung findet in dieser Regelung nur behutsam statt. Der Schwerpunkt liegt nach wie vor auf dem Konditionalprogramm; die Umwandlung der Eingriffsregelung in ein planerisches Finalprogramm wird durch diese Norm nicht gerechtfertigt.

zum Tragen. Die Eingriffsregelung wächst so über ein Instrument zum bloßen Schutz des status quo hinaus und dynamisiert die Eingriffskompensation durch die Integration planerischer Elemente. Der Gesetzgeber spricht von der „Fortentwicklung zu einer planerischen Eingriffsregelung".[149] Diese Veränderung der Teleologie der Eingriffsregelung weg vom bloßen Schutz des status quo hin zu einer aktiven Veränderung und Beeinflussung der Natur trägt den beschriebenen Schwierigkeiten Rechnung, im Bauplanungsrecht einen tauglichen Ausgleich im naturschutzrechtlichen Sinne für die zu erwartenden Eingriffe durchzuführen. Eine solchermaßen dynamisierte Eingriffsregelung erhöht die Möglichkeiten für die Gemeinde, überhaupt eine Kompensation durchzuführen. Die Zusammenfassung von Ausgleich und Ersatz zu einem übergeordneten Begriff des Ausgleichs im weiteren Sinne eröffnet der planenden Gemeinde ein größeres Feld an möglichen Maßnahmen als ein Festhalten am engeren naturschutzrechtlichen Ausgleichsbegriff. Durch diesen erweiterten Handlungsspielraum für die Gemeinde sinkt die Neigung der Gemeinde, kleinräumige Naturschutzmaßnahmen durchzuführen, die bisher nötig waren, weil der Vorrang des Ausgleichs gegenüber dem Ersatz wenig Spielraum für die Kompensation lässt. Hielte man an diesem naturschutzrechtlichen Vorrang fest, so führte dies zu kleinräumigen Lösungen, die für den Naturschutz nicht unbedingt optimal wären, weil sie nicht im Rahmen eines gebietsübergreifenden, naturschützerischen Gesamtkonzepts erfolgen würden.[150] Durch die Aufhebung der Stufenfolge zwischen Ausgleich und Ersatz hingegen kann die Gemeinde das enge Korsett des naturschutzrechtlichen Ausgleichs durchbrechen, der sich de facto bisher auf innerstädtischen Naturschutz beschränkte (da die Maßnahmen ja in engem örtlichen Zusammenhang mit dem Eingriff stehen mussten) und Kompensationsmaßnahmen vorsehen, die in größeren räumliche Einheiten möglich sind. Diese Art der Kompensation ist naturschutzfachlich gesehen von größerem Wert als das bisherige, kleinräumige Vorgehen. Sie verhindert auch, dass die Gemeinden unter Berufung darauf, dass ein Ausgleich nicht möglich sei, den Ausgleich einfach „hinwegwägen" und unter Verweis auf die Unmöglichkeit des Ausgleichs gar keinen Ausgleich vorsehen. Die Zusammenfassung von Ausgleich und Ersatz verhindert dies, weil in den meisten Fällen Ersatzmaßnahmen möglich sein werden. So ist ein Wegwägen der Eingriffsregelung nahezu unmöglich. Kompensation ist jetzt nicht mehr nur ein Modus zur Kompensation von Beeinträchtigungen, sondern Teil einer städtebaulichen Gesamtkonzeption zur Förderung und Wahrung der Naturschutzbelange.[151] Der städtebauliche Ausgleich ist an die geordnete städtebauliche Entwicklung gekoppelt und

---

[149] BT-Drs. 13/6392, S. 73 zu Nr. 70.
[150] *Wagner/Mitschang*, DVBl. 1997, 1137 (1143).
[151] *Louis*, NuR 1998, 113 (120); *Lüers*, UPR 1997, 348 (351).

bindet so planerisch lokale Umweltgegebenheiten und Naturschutzziele ein.[152] Er soll da vorgenommen werden, wo er nach den festgelegten lokalen Naturschutzzielvorstellungen am sinn- und wirkungsvollsten ist. Diese lokalen Gegebenheiten und Ziele sind in den Umweltplänen, den Landschaftsplänen und den Regionalplänen festgelegt. Sie sind nach §§ 1a Abs. 6 Nr. 7g); Abs. 3 S. 1 und 200a S. 2 BauGB explizit bei der Entscheidung über Maßnahmen des Ausgleichs zu berücksichtigen.[153] Dies verhindert ein Abgleiten des Ausgleichs in die ökologische Beliebigkeit. Die Gemeinde ist also nicht völlig frei in der Wahl ihrer Ausgleichsmaßnahmen. Die rechtlichen Grenzen der Auswahl von Ausgleichsmaßnahmen werden noch beschrieben.[154]

Aus dieser teleologischen Erwägung heraus ist § 200a S. 1 BauGB daher so auszulegen, dass zwischen Ausgleich und Ersatz im Rang nicht mehr differenziert wird. Die Stufenfolge mit dem Vorrang des Ausgleichs ist aufgehoben; die Norm sieht einen eigenen, originär bauplanungsrechtlichen Ausgleichsbegriff vor, der Ausgleich und Ersatz zusammenfasst. Obwohl die Gemeinde damit grundsätzlich frei ist zu entscheiden, ob sie einen Ausgleich im engeren Sinne oder Ersatzmaßnahmen durchführt, muss sie ihre Entscheidung im Umweltbericht dokumentieren und begründen.

### b) Die Lockerung des Zusammenhanges zwischen Ausgleich und Eingriff

Der städtebaurechtliche Ausgleich nach § 200a BauGB nivelliert wie beschrieben den naturschutzrechtlichen Unterschied zwischen Ausgleich und Ersatz. Damit geht auch eine Lockerung des Zusammenhangs zwischen den durch den Eingriff verursachten Beeinträchtigungen und den Maßnahmen zur Kompensation dieser Beeinträchtigungen einher. Denn im Naturschutzrecht sind die Anforderungen an den örtlichen, zeitlichen und funktionalen Zusammenhang beim Ausgleich höher als beim Ersatz, während der Ersatz diese Zusammenhänge wesentlich lockert.[155] Durch die Grundsatzentscheidung der Zusammenführung von Ausgleich und Ersatz in § 200a BauGB wird die Lockerung der jeweiligen Zusammenhänge, wie sie der naturschutzrechtliche Ersatzbegriff vornimmt, in den städtebaulichen Ausgleichsbegriff inkorporiert.

Die Umsetzung dieser Grundsatzentscheidung der Entkoppelung von Eingriff und Ausgleich erfolgt teilweise in § 200a BauGB selbst; teilweise fin-

---

[152] BVerwGE 104, 353 ff.
[153] Dazu noch bei C. III. 3.
[154] Siehe unten C. III. 2. b) ee).
[155] Zur Rechtslage im Naturschutzrecht siehe ausführlich § 3 B. II. 2. b) bb) und cc).

den sich aber auch in anderen Normen des BauGB Aussagen zu dieser Entkoppelung. Eine ausdrückliche Gesamtregelung der Grundsätze der Lockerung der engen Koppelung Eingriff-Ausgleich existiert nicht; die Lockerung wird nur implizit in § 200a BauGB dadurch angesprochen, dass Ausgleich und Ersatz zusammengefasst sind. Vielmehr ergibt sich die folgende Systematisierung der gelockerten Zusammenhänge aus einer Zusammenschau einzelner Vorschriften, die weit über das BauGB verstreut sind.

### aa) Örtliche Entkoppelung

Am deutlichsten nimmt das Städtebaurecht die Entkoppelung zwischen Eingriff und Ausgleich hinsichtlich des örtlich-räumlichen Zusammenhangs vor. Direkt hinter der grundlegenden Definition des Ausgleichs im Städtebaurecht in § 200a S. 1 sieht das BauGB in § 200a S. 2 vor, dass ein solcher räumlicher Zusammenhang nicht erforderlich ist. Das BauGB erwähnt die Entkoppelung also ausdrücklich im Gesetzestext.[156]

Dies ist vor dem Hintergrund des § 19 Abs. 2 BNatSchG zu sehen, wo der naturschutzrechtliche Ausgleichsbegriff einen engen räumlichen Zusammenhang zwischen Eingriff und Ausgleich verlangt.[157] Die Ausgleichsmaßnahmen müssen danach dort Wirkung entfalten, wo der Eingriff stattgefunden hat. Demgegenüber lässt es der naturschutzrechtliche Ersatzbegriff genügen, wenn überhaupt ein Zusammenhang zwischen Eingriffsort und Ausgleichsort besteht. Eine Rückwirkung der Maßnahmen wie beim Ausgleich ist nicht notwendig.[158] Allerdings ist der räumliche Zusammenhang nicht gänzlich aufgehoben; es muss nach wie vor ein gewisser Zusammenhang zwischen Ausgleichs- und Eingriffsort bestehen, beispielsweise dadurch, dass beide Orte einem ökologischen Wirkungs- und Funktionsraum angehören. Ersatzmaßnahmen dürfen nicht an einem beliebigen Ort stattfinden.

Dadurch, dass § 200a S. 1 BauGB – wie beschrieben – die naturschutzrechtlichen Begrifflichkeiten von Ersatz und Ausgleich im baurechtlichen Ausgleichsbegriff zusammenfasst, gilt das Ausgeführte über den naturschutzrechtlich geforderten räumlichen Zusammenhang zunächst auch für den städtebaulichen Ausgleich. Eine Ausgleichsmaßnahme an beliebiger Stelle ist nach der Definition des § 200a S. 1 BauGB zunächst einmal nicht

---

[156] Dies ist deshalb besonders hervorzuheben, weil das BauGB die Entkoppelung bei den anderen Parameter, die das Verhältnis von Eingriff und Ausgleich beschreiben, teilweise nicht so deutlich formuliert. Dazu sogleich im folgenden unter C. III. 2. b).

[157] Siehe dazu § 3 B. II. 2. b) aa).

[158] Siehe § 3 B. II. 2. b) bb).

zulässig. Erst § 200a S. 2 BauGB ermöglicht es, von einem räumlichen Zusammenhang zwischen Ausgleichs- und Eingriffsort abzusehen. Anders als im Naturschutzrecht kann die Ausgleichsmaßnahme im Städtebaurecht also tatsächlich an einem beliebigen Ort stattfinden, sofern gewisse Voraussetzungen gewahrt sind (dazu unter C. III. 2. b) ee) mehr). Diese grundsätzliche, definitorische Aussage operationalisieren § 1a Abs. 3 S. 3 für die allgemeine Bauleitplanung und § 9 Abs. 1a BauGB für die konkrete Bebauungsplanung. Festsetzungen über den Ausgleich, der voraussichtlich durch den zu beschließenden Bauleitplan erfolgen wird, müssen nicht mehr zwingend auf dem Eingriffsgrundstück erfolgen. Vielmehr kann auf anderen, sonstigen Flächen in demselben Bebauungsplan ausgeglichen werden; auch der Ausgleich in einem anderen Bebauungsplan ist zulässig. Die überkommenen, naturschutzrechtlich geprägten Grenzen des Ausgleichs sprengt endgültig die Möglichkeit, die der Wortlaut des § 9 Abs. 1a BauGB zumindest nicht verbietet: den Ausgleich auf einem Bebauungsplan einer anderen Gemeinde durchzuführen. Alle diese planerischen Festsetzungsoptionen der Gemeinde aus § 9 Abs. 1a BauGB, welche die Definition in § 200a BauGB für die Planung operationalisierbar machen, zeigen, dass der städtebauliche Ausgleich weit über das hinausgeht, was § 19 Abs. 2 BNatSchG für den naturschutzrechtlichen Ausgleich vorsieht.

Unklar ist indes, in welchem dogmatischen Verhältnis die Normen zueinander stehen, die jeweils vorsehen, dass der Ausgleich nicht in räumlichem Zusammenhang mit dem Eingriff stehen muss. § 1a Abs. 3 S. 3 BauGB formuliert diese räumliche Entkopplung ebenso wie § 9 Abs. 1a S. 1 und § 200a S. 2 BauGB. Zur Klärung des Verhältnisses der Normen ist darauf abzustellen, an welchem systematischen Standort und in welchem systematischen Kontext die Vorschriften jeweils stehen. § 1a Abs. 3 BauGB beschreibt, wie oben schon dargestellt,[159] die unterschiedlichen Ausgleichsmöglichkeiten. Durch den systematischen Zusammenhang mit dem als Scharnier zwischen Bau- und Naturschutzrecht dienenden § 1a Abs. 3 BauGB und durch die exponierte Stellung direkt hinter § 1 BauGB im „Umweltparagrafen" § 1a zeigt sich, dass den Aussagen von § 1a Abs. 3 BauGB weichenstellende, zentrale Bedeutung zukommt. Indem die Norm erklärt, dass Eingriffe auch an anderer Stelle als am Ort des Eingriffs erfolgen können, trifft sie eine grundlegende Aussage für das gesamte abstrakte Verständnis des städtebaulichen Ausgleichs. Sie dient so als Programmsatz und als Wegweiser für den städtebaulichen Ausgleich.

Für die konkrete planerische Praxis gibt dagegen § 9 Abs. 1a BauGB Hinweise. Aus dem systematischen Standort der Vorschrift bei den Festsetzungsmöglichkeiten des § 9 BauGB ergibt sich, dass § 9 Abs. 1a S. 1

---

[159] Siehe B. II.

BauGB die abstrakte Vorgabe des § 1a Abs. 3 S. 3 BauGB ausfüllt und konkretisiert. Die Norm vergrößert das Spektrum an Festsetzungsoptionen der Gemeinde. Zwar erweitert sie nicht den Katalog des § 9 Abs. 1 BauGB; sie erweitert aber den Kreis an in Frage kommenden Flächen für entsprechende Festsetzungen. Damit gibt sie den kommunalen Planern konkrete Planungsinstrumente an die Hand und füllt so den Rahmen aus, den § 1a Abs. 3 S. 2 BauGB aufzieht.

Die dritte Norm, die die räumliche Entkopplung erwähnt, ist § 200a S. 2 BauGB. Anders, als einige Stimmen in der Literatur meinen, beschränkt sich der Regelungsgehalt des § 200a S. 2 BauGB nicht auf eine bloße Klarstellung.[160] Begründet wird diese Reduzierung auf eine klarstellende Funktion damit, dass § 1a Abs. 3 S. 3 BauGB bereits die Möglichkeit der räumlichen Entkoppelung vorsähe. Drei Argumente sprechen aber gegen diese Ansicht, die den Gehalt der Vorschrift auf eine bloß klarstellende Funktion reduziert. Zum einen streitet der systematische Kontext von § 200a S. 2 BauGB, verglichen mit dem von § 1a Abs. 3 S. 3 BauGB, für einen eigenständigen Gehalt des § 200a S. 2 BauGB. Denn § 1a Abs. 3 S. 3 BauGB erfüllt eine andere Funktion als § 200a S. 2 BauGB. Die erstgenannte Vorschrift dient ausweislich ihres systematischen Standortes – wie bereits beschrieben – als zentrale Programmnorm, welche die Weichen für das Regime des städtebaulichen Ausgleichs stellt. Sie hat – nur – grundsätzliche Bedeutung und ist direkt nicht operationalisierbar, weil sie den Planern wegen ihrer Offenheit keine konkreten Instrumente an die Hand gibt (dies erfüllt § 9 Abs. 1a BauGB). Im Gegensatz dazu erfüllt § 200a S. 2 BauGB die Funktion einer Legaldefinition, die Begrifflichkeiten aus § 1a Abs. 3 BauGB konkretisiert. Die Funktionen beider Normen unterscheiden sich daher. Schon deshalb kann der Ansicht, die § 200a S. 2 BauGB auf eine Wiederholung der Aussage aus § 1a Abs. 3 S. 3 BauGB reduziert, nicht gefolgt werden. Zum anderen spricht gegen diese Ansicht der methodische Grundsatz, dass eine Norm nicht so ausgelegt werden darf, dass sich ihr Aussagewert auf Null beschränkt und die Norm keinen Sinngehalt mehr hat. Rechtsvorschriften müssen möglichst so interpretiert werden, dass die Norm einen eigenständigen normativen Gehalt besitzt.[161] Bereits oben wurde gezeigt, dass § 200a S. 2 BauGB den räumlichen Zusammenhang zwischen Ausgleich und Ersatz völlig aufhebt. Ohne die Norm wäre trotz der Zusammenfassung von Ausgleich und Ersatz noch ein räumlicher Zusammenhang nötig. Zwar sieht auch § 1a Abs. 3 S. 3 BauGB diese Aufhebung des räumlichen Zusammenhangs vor. Auf Grund der beschriebenen anderen Funktion dieser Norm und der Funktion des § 200a S. 2 BauGB als Bestandteil der

---

[160] So aber *Bunzel*, NuR 1997, 583 (587).

[161] Siehe dazu *Bydlinski*, Juristische Methodenlehre und Rechtsbegriff, S. 444 und 445.

Legaldefinition des städtebaulichen Ausgleichs war § 200a S. 2 BauGB nötig, um auch in der Definitionsnorm (§ 200a BauGB) und nicht nur in der Programmnorm (§ 1a Abs. 3 BauGB) festzuhalten, dass ein räumlicher Zusammenhang nicht nötig ist. Die Norm hat also eigenständigen Gehalt; einer Auslegung, die ihr diesen eigenständigen Gehalt abspricht, ist nicht zuzustimmen. Zu diesen Argumenten kommt noch ein weiteres. Denn § 200a S. 2 BauGB nennt die Entkopplung des Ausgleichs vom Eingriff in räumlicher Hinsicht ausdrücklich. Weil so die Entkopplung zum Bestandteil der Legaldefinition wird, gibt § 200a S. 2 BauGB wertvolle Hinweise für das Verständnis des städtebaulichen Ausgleichs insgesamt. Die vom Gesetzgeber gewollte Flexibilisierung des Ausgleichs[162] kommt hier in der Legaldefinition zum Ausdruck. Zwar bleibt diese Absicht des Gesetzgebers nur fragmentarisch in § 200a BauGB verwirklicht, weil die anderen Parameter der Flexibilisierung – zeitlicher Zusammenhang, funktionaler Zusammenhang und Verursacherzusammenhang – in der Norm nicht erwähnt werden. Aber dennoch gibt § 200a BauGB so Hinweise auf die Absicht des Gesetzgebers. Würde man ihm einen eigenständigen Gehalt absprechen, so liefe man Gefahr, diese Flexibilisierungsabsicht zu vernachlässigen. Denn obschon zumindest der zeitliche Zusammenhang und die Verursacherverantwortung in § 135a BauGB angesprochen sind – die Zentralnorm für die Definition des Ausgleichs bleibt § 200a BauGB. In dieser Norm kommt der Reformwille des Gesetzgebers, die Eingriffsregelung zu flexibilisieren, systematisch stringent zum Ausdruck. Von § 200a BauGB, der Definition des Ausgleichs, geht das gesamte Verständnis des Ausgleichs in der Planungspraxis aus. Die Flexibilisierung in den verschiedenen Parametern ist die wesentliche Determinante dieses Verständnisses. Daher darf diese Norm nicht auf eine bloße Klarstellung und Wiederholung des § 1a Abs. 3 S. 3 BauGB reduziert werden.

Zusammenfassend betrachtet gibt § 200a S. 2 BauGB der Gemeinde die Möglichkeit, über den jeweils günstigsten Ort des Ausgleichs zu entscheiden. Eine Bindung an den Ort, wo der Eingriff voraussichtlich stattfinden wird, besteht nicht mehr. Dennoch ist die Gemeinde nicht völlig frei in der Wahl des Ausgleichsortes. Ihre Entscheidung unterliegt gewissen Grenzen. Diese Grenzen der räumlichen Entkopplung werden unter C. III. 2. b) ee) (1) näher behandelt.

*bb) Zeitliche Entkoppelung*

Die zweite Ebene, auf welcher das Städtebaurecht den Zusammenhang zwischen Eingriff und Ausgleich lockert, ist die der Zeit. Nach dem her-

---

[162] Vgl. BT-Drs. 13/6392, S. 37 und v.a. S. 44 und S. 73.

kömmlichen Bild der Kompensationsmechanik der naturschutzrechtlichen Eingriffsregelung erfolgen die Kompensationsmaßnahmen konsekutiv gleichzeitig mit dem Eingriff oder danach; sie erfolgten regelmäßig zeitnah zum Eingriff.[163] Das Modell der zeitlichen Entkoppelung sieht bei der Eingriffsregelung im Gegensatz dazu vor, dass die Maßnahmen zur Kompensation bereits vor dem Eingriff durchgeführt werden. Der Ausgleich verschiebt sich auf der Zeitachse also nach vorne. Eine Verschiebung nach hinten ist unzulässig.[164] Ausgleichsmaßnahmen müssen wegen des Verursacherprinzips spätestens in der Entscheidung über die Realisierung der Eingriffe getroffen werden.

Während im Naturschutzrecht noch ungeklärt ist, ob die zeitliche Entkopplung zwischen Eingriff und Ausgleich zulässig ist,[165] hat der Gesetzgeber diese Frage im Städtebaurecht explizit geregelt. § 135a Abs. 2 S. 2 BauGB sieht ausdrücklich vor, dass die städtebaulichen Ausgleichsmaßnahmen bereits vor der Realisierung der prognostizierten Eingriffe vorgenommen werden können. Die Gemeinden können nach dieser Norm bereits im Vorgriff auf künftige Baugebietsausweisungen Ausgleichsmaßnahmen vornehmen;[166] sie sind unabhängig von dem Inkrafttreten eines konkreten Eingriffsbebauungsplans. Ökologisch sinnvolle Maßnahmen können so unabhängig von der Realisierung eines konkreten Projekts durchgeführt werden. Es handelt sich hier gewissermaßen um antizipierte Kompensation. Die Gemeinden können im Vorgriff auf eingriffsrelevante Planungen bereits hierfür abstrakt eine planerische Vorsorge treffen. Die ökologische Vorleistung geht nicht verloren, sondern kann nach bestimmten Regeln (dazu ausführlich im dritten Kapitel) bei späteren Eingriffsbebauungsplänen reaktiviert werden. Für die Bauleitplanung heißt das, dass die Gemeinde beispielsweise einen Ausgleichsbebauungsplan, der Maßnahmen zur ökologischen Aufwertung bestimmter Gebiete festsetzt, bereits vor einem Eingriffsbebauungsplan beschließen kann.[167] Generell kann die Gemeinde die Ausgleichsmaßnahmen, wie sie § 1a Abs. 3 BauGB als Optionen vorsieht, an einem anderen Ort als dem Eingriffsort zeitlich vor dem Eingriff durchführen. Dass sich § 135a Abs. 2 S. 2 BauGB nur auf die Ausgleichsmaßnahmen an einem anderen Ort bezieht, folgt daraus, dass die Formulierung „Die Maßnahmen zum Ausgleich" am Satzanfang des § 135a Abs. 2 S. 2 BauGB das Subjekt „Maßnahmen zum Ausgleich" des vorangegangenen S. 1 der Vorschrift in

---

[163] *Wolf,* NuR 2004, 6 (10).

[164] *Wolf,* NuR 2001, 481 (487); *Stüer,* Der Bebauungsplan, Rn. 501.

[165] Diese Frage der Zulässigkeit der zeitlichen Entkopplung beim naturschutzrechtlichen Ausgleich ist richtigerweise zu bejahen. Siehe dazu oben im § 3 bei B. II. 2. b) cc) (3).

[166] BT-Drs. 13/6392, S. 64.

[167] Ausführlich zum Ausgleichsbebauungsplan im § 5 bei B. II. 3. b) bb).

Bezug nimmt. Dies folgt aus der Verwendung des bestimmten Artikels in S. 2 gegenüber der Verwendung eines unbestimmten Artikels im S. 1. Dieser Befund entspricht auch der Mechanik der Eingriffs-Ausgleichs-Systematik. Es ist nur sinnvoll, zeitlich entkoppelte Ausgleichsmaßnahmen auf Vorrat an einem anderen Ort als dem Eingriffsort durchzuführen. Denn zum einen steht der konkrete Eingriffsort in dem Zeitpunkt der Bevorratung meist noch nicht exakt fest; Bevorratung erfolgt meistens hinsichtlich einer abstrakt beabsichtigten Ausweisung von Baugebieten, die irgendwann einmal ausgewiesen werden sollen, nicht jedoch einer konkret beabsichtigten. Zum anderen wären zeitlich entkoppelte Maßnahmen auf einem Grundstück, auf dem später ein aufwändiger Eingriff, der zahlreiche Beeinträchtigungen durch die Bauarbeiten mit sich brächte, sinnlos. Der Sinn des Ausgleichs, Naturfunktionen wiederherzustellen, wäre konterkariert, da die eben neu hergestellten Funktionen gleich wieder beeinträchtigt würden.

Die Gemeinden können durch diese zeitliche Entkoppelung zwischen Eingriff und Ausgleich finanzwirtschaftlichen, landschaftspflegerischen und städtebaulichen Erfordernissen Rechnung tragen.[168] *Städtebaulich* bietet die zeitlich vorgelagerte Bevorratung von Ausgleichsflächen den Vorteil, dass vorausschauend für die Zukunft ein Ausgleichskonzept aufgestellt werden kann. Der Ausgleich findet aktiv planerisch gestaltend statt und ist nicht mehr auf die Rolle einer retrospektiven Reparatur der Natur beschränkt. An die Stelle der reaktiven Kompensation tritt eine proaktive Verbesserung der Natur im Kontext planerischer Vorsorge. Die planende Gemeinde kann den Ausgleich so auf lange Sicht hin städtebaulich planen. Sie kann Konzentrationszonen für Ausgleichsmaßnahmen vorsehen und bestimmte Gebiete langfristig von der Nutzung als Baugebiete ausschließen. Diese Gebiete können dann großflächig ökologisch aufgewertet werden. Dieser städtebauliche Vorteil der zeitlichen Entkoppelung des Ausgleichs hängt eng mit dessen *landschaftspflegerischen* Vorteil zusammen. Die Belange der Natur- und Landschaftspflege können aktiv gestaltet werden, und zwar langfristig. An die Stelle der wegen des Realisierungsdrucks des Projekts womöglich unter Zeitdruck stehenden Suche nach geeigneten Ausgleichsmaßnahmen treten langfristige Erwägungen und Maßnahmen zum Landschafts- und Naturschutz. Für diese langfristigen Planungskonzepte stehen moderne Kompensationsformen in Gestalt des Ökokontos und des Flächenpools zur Verfügung, die im dritten Kapitel ausführlich behandelt werden. Erst die zeitliche Entkoppelung des § 135a Abs. 2 S. 2 BauGB ermöglicht diese vorteilhaften, planerischen Kompensationsformen. Schließlich zieht die Gemeinde aus der zeitlichen Entkoppelung des Eingriffs vom Ausgleich *finanzwirtschaftliche* Vorteile. Durch die zeitliche Entzerrung des Planungszusammenhanges zwi-

---

[168] *Bunzel,* NuR 1997, 583 (588).

schen Ausgleich und Eingriff hat die Gemeinde die Möglichkeit, günstig Grundstücke für die Durchführung der Ausgleichsmaßnahmen zu erwerben. Sie ist für den Ankauf ausgleichsgeeigneter Flächen nicht mehr auf die – womöglich ungünstige – Preissituation des Grundstücksmarktes im Zeitpunkt des Beschlusses der eingriffsvorbereitenden Bauleitpläne angewiesen, sondern kann preisgünstige und ausgleichsgeeignete Grundstücke unabhängig vom konkreten Eingriff erwerben und diese dann bei späteren Eingriffen nutzbar machen. Für die Berücksichtigung der Naturbelange in der bauleitplanerischen Abwägung ist dieser Gedanke nicht zu unterschätzen. Die Planer sehen Ausgleichsmaßnahmen regelmäßig als lästiges Anhängsel der Planung an, das meist ohne rechte Motivation durchgeführt wird. Führt dieses Anhängsel noch dazu, dass teure Ausgleichsflächen gekauft werden müssen, dürfte die Neigung, Ausgleichsmaßnahmen in der Abwägung festzusetzen, weiter sinken. Verschärft wird dieses Problem noch dadurch, dass insbesondere in Ballungsräumen ein hoher Bedarf an Flächen besteht, die zur Ausweisung als Ausgleichsflächen geeignet sind. Viele planende Gemeinden konkurrieren hier oft um wenige verfügbare ökologisch geeignete Flächen. Dieses zusätzliche Problem der Verfügbarkeit spiegelt sich zumeist auch im Preis dieser Flächen wieder. Die durch die zeitliche Entkopplung eröffnete Möglichkeit, günstige Gelegenheiten auf dem Grundstücksmarkt dazu zu nutzen, später nötige Ausgleichsmaßnahmen durchzuführen, dürfte diesen planerischen Unwillen erheblich mindern.

Dass die Entkoppelung der Gemeinde neue Planungsspielräume eröffnet und ihre Gestaltungsfreiheit erweitert und so ihre Planungshoheit stärkt, mag zwar eine größere Verantwortung für die Gemeinden mit sich bringen. Da diese Verantwortung aber nicht obligatorisch ausgestaltet ist, sondern nur die Zahl der verfügbaren Planungsoptionen erhöht, wird im Ergebnis die gemeindliche Planungshoheit nicht beschränkt, sondern vielmehr erweitert und gestärkt. Freilich unterliegt die Gemeinde bei der Wahl der zeitlich entkoppelten Ausgleichsmaßnahmen gewissen Grenzen, die sicherstellen, dass der bauplanerische Ausgleich nicht zur beliebigen Naturpflege-Maßnahme wird. Die Grenzen der zeitlichen Entkopplung beschränken die Planungshoheit in dieser Hinsicht. Diese Beschränkung der zeitlichen Entkopplung des Ausgleichs vom Eingriff wird weiter unten beleuchtet.

*cc) Funktionale Entkoppelung*

Ferner lockert der städtebauliche Ausgleichsbegriff auf einer dritten Ebene den Zusammenhang zwischen Ausgleich und Eingriff. Dieser Zusammenhang betrifft das Verhältnis zwischen beeinträchtigter und wiederhergestellter Naturfunktion. Diese funktionale Entkoppelung zwischen Ausgleich und Eingriff findet – anders als bei den vorher beschriebenen Ebenen des örtlichen und zeitlichen Zusammenhangs in §§ 200a S. 2 bzw. 135a Abs. 2 S. 2 BauGB – keine direkte Entsprechung im Gesetzestext des BauGB. Dennoch ergibt sich diese weitere Ebene der Entkoppelung aus der systematischen Konstruktion des städtebaulichen Ausgleichsbegriffs.

Denn wie bereits beschrieben führt § 200a S. 1 BauGB in seiner Definition des Ausgleichs die naturschutzrechtlich geprägten Begrifflichkeiten des Ausgleichs und des Ersatzes unter dem Dach des städtebaurechtlichen Ausgleichs zusammen. Indem Ersatz und Ausgleich in einem weiten Ausgleichsbegriff aufgehen, nivellieren sich die Unterschiede zwischen beiden Kompensationsformen. So hebt § 200a S. 1 BauGB nach zutreffender Ansicht nicht nur die Stufenfolge mit Vorrang für den Ausgleich auf,[169] sondern er ermöglicht der planenden Gemeinde auch, Maßnahmen, die nach dem herkömmlichen naturschutzrechtlichen Verständnis Ersatzmaßnahmen wären, als Ausgleichsmaßnahmen festzusetzen. Damit nimmt der städtebauliche Ausgleich die Eigenschaften an, welche den naturschutzrechtlichen Ersatzmaßnahmen zukommen. Eine solche typische Eigenschaft für den Ersatz ist die Lockerung des Zusammenhangs zwischen Kompensation und Eingriff auf drei Ebenen, der örtlichen, zeitlichen und der funktionalen Ebene.[170] Während das BauGB in §§ 200a S. 2; 135a Abs. 2 S. 2 den örtlichen und zeitlichen Zusammenhang explizit anspricht, fehlt eine Norm, welche die Lockerung des funktionalen Bezugs ausdrücklich vorsieht. Daraus den Schluss zu ziehen, das Städtebaurecht erlaube keine funktionale Lockerung, wäre aber verfehlt. Denn da das Naturschutzrecht aber beim Ersatz eine Lockerung bei allen drei Ebenen als möglich vorsieht und der Ersatz nunmehr in § 200a S. 1 BauGB mit dem Ausgleich verschmilzt, muss die Lockerung des funktionalen Zusammenhangs zwischen Eingriff und Ausgleich ebenfalls Eigenschaft des städtebaulichen Ausgleichsbegriffes sein, auch wenn dies im BauGB so nirgends explizit normiert ist.

Dies hat zur Konsequenz, dass es für den städtebaulichen Ausgleich ausreicht, wenn die beabsichtigten Maßnahmen funktional den beeinträchtigten Naturfunktionen gleichwertig sind. Dies folgt daraus, dass der in die Definition von § 200a S. 1 BauGB inkorporierte § 19 Abs. 2 S. 3 BNatSchG eine Gleichwertigkeit der Funktionen für den Ersatz ausreichen lässt. Eine Identität der jeweils beeinträchtigten Naturfunktion mit der wiederhergestellten Naturfunktion ist nicht nötig. Dies bedeutet, dass die Gemeinde bei der Festsetzung des Ausgleichs jedenfalls nicht exakt dieselben Naturfunktionen wiederherstellen muss, die der Eingriff beeinträchtigt hat. Während dieser Befund noch unstreitig ist, besteht Uneinigkeit darüber, ob § 200a BauGB

---

[169] Dazu siehe oben bei C. III. 2. a) bb).

[170] Dies wurde in § 4 B. II. 2. b) cc) schon ausgeführt, vgl. außerdem *Louis,* NuR 2004, 714 (716).

überhaupt noch irgendeinen funktionalen Zusammenhang zwischen Eingriff und Ausgleich fordert oder ob die Gemeinde hinsichtlich der Naturfunktionen, die der Ausgleich fördert, völlig frei ist. Die Frage ist also, ob sich der Ausgleich noch auf irgendeine Art und Weise aus der beeinträchtigten Naturfunktion ableiten lassen muss oder ob es möglich ist, einen Ausgleich durchzuführen, der eine andere naturaufwertende Maßnahme vorsieht, die nichts mit der durch den Eingriff beeinträchtigten Naturfunktion zu tun hat. Bei diesem Problem geht es also darum, ob der funktionale Zusammenhang zwischen Eingriff und Ausgleich im Städtebaurecht bloß gelockert ist oder ob er völlig aufgehoben ist. Es stellt sich damit die Frage, ob beispielsweise ein Eingriff, der ein Feuchtbiotop zerstören wird, nur dadurch ausgeglichen werden kann, dass eine Maßnahme durchgeführt wird, die in der ökologischen Gesamtbilanz die zerstörten Funktionen des Feuchtbiotops wiederherstellt oder ob eine völlig anders gelagerte Maßnahme zum Ausgleich, etwa das Pflanzen eines Wäldchens oder die Anlage eines Magerrasens, durchgeführt werden kann.

Eine Meinung[171] in der Literatur votiert für die letztere Ansicht und verzichtet auf jeden funktionalen Bezug des Ausgleichs zum Eingriff.[172] Sie begründet dies damit, dass das BauGB, namentlich § 200a, nicht mehr zwischen Ersatz und Ausgleich differenziere, sondern beide Kompensationsformen zusammenfasse.[173] Diese Argumentation greift indes zu kurz. Die Tatsache allein, dass das BauGB nicht mehr zwischen Ausgleich und Ersatz differenziert, genügt noch nicht, um zu begründen, dass ein Funktionsbezug nicht mehr bestehen muss. Es ist zwar richtig, dass der Ersatz im städtebaulichen Ausgleichsbegriff aufgeht. Allerdings nimmt das BauGB in § 200a S. 1 BauGB den Ersatzbegriff in Bezug, den das Naturschutzrecht verwendet. Ob die Gemeinde in der Bauleitplanung einen nicht funktionsbezogenen Ausgleich festsetzen kann, ergibt sich daher durch die naturschutzrechtliche Vorprägung des Ersatzbegriffes, wie er in § 200a S. 1 BauGB Ein-

---

[171] Auffällig ist, dass die ersten publizierten Stellungnahmen zu dieser Frage, welche die Diskussion vorgeprägt haben und auf die sich die späteren Publikationen zum Großteil stützen, überwiegend von den Vätern des Gesetzes aus der Ministerialbürokratie kamen.

[172] *Löhr*, in: Battis/Krautzberger/Löhr (Hrsg.), BauGB, § 9 Rn. 98d; *Bunzel*, NuR 1997, 583 (587); *ders.*, ZfBR 1998, 226 (229); *Müller/Mahlburg*, UPR 1999, 259 (262 f.); *Lüers*, UPR 1997, 348 (351); *ders.*, ZfBR 1997, 231 (236); *Stich*, Sach- und Verfahrensanforderungen der naturschutzrechtlichen Eingriffsregelung und ihr Vollzug, S. 16; *Schink*, DVBl. 1998, 609 (611). Vorsichtiger, aber in der Tendenz wohl ebenso *J. Schmidt*, NVwZ 1998, 337 (341) und *ders.*, in: Birk (Hrsg.), Der naturschutzrechtliche Ausgleich nach § 1a BauGB, S. 14 unten. So auch das Bayerische Ausgleichskonzept „Bauen im Einklang mit Natur und Landschaft – Leitfaden zur Eingriffsregelung in der Bauleitplanung", hrsg. vom Bayerischen Staatsministerium für Landesentwicklung und Umweltfragen, 1999.

[173] *Lüers*, ZfBR 1997, 231 (236); *J. Schmidt*, NVwZ 1998, 337 (341).

gang findet.[174] Dort sieht § 19 Abs. 2 S. 2 BNatSchG vor, dass der Ersatz gleichwertig sein muss. Ob es diese Gleichwertigkeit erlaubt, auf das Kriterium der funktionalen Bindung des Ersatzes an den Eingriff zu verzichten, ist im Naturschutzrecht noch ungeklärt; richtigerweise ist die Frage aber zu verneinen.[175]

Ebensowenig reichen bloße Zweckmäßigkeitserwägungen aus, etwa die Überlegung, dass eine nachhaltige Siedlungsentwicklung ein Festhalten am Funktionszusammenhang nicht zweckmäßig mache.[176] Die Zweckmäßigkeit einer Maßnahme darf nicht die gesetzlichen Grenzen sprengen, die den jeweiligen Maßnahmen gesetzt sind. Darüber, ob das BauGB einen Funktionszusammenhang fordert oder nicht, lässt sich mit Hilfe von Zweckmäßigkeitserwägungen allenfalls sekundär eine Antwort gewinnen. Argumentiert wird weiter damit, dass die funktionale Entkoppelung die konsequente Fortführung der räumlichen Entkoppelung sei. Wenn es möglich sei, den Ausgleich sogar in Nachbargemeinden durchzuführen, so kann gar kein Funktionsbezug mehr nötig sein, weil schon die weite räumliche Entfernung zeigt, dass der Zusammenhang zwischen Ausgleich und Eingriff gelöst ist.[177] Dieses letzte Argument überzeugt aber nicht. Denn die Naturfunktionen, die der Eingriff beeinträchtigt, können durchaus auch in einer räumlich weit entfernten Gemeinde gleichwertig wiederhergestellt werden. So können etwa Habitate für bestimmte Tierpopulationen oder Pflanzenarten an anderer Stelle angelegt werden und die Lebewesen umgesiedelt werden. Die räumliche Distanz alleine schließt einen funktionalen Zusammenhang noch nicht aus.

Richtigerweise ist das Problem des funktionalen Zusammenhangs zwischen Ausgleich und Ersatz beim städtebaulichen Ausgleich unter Rekurs auf dessen Funktion zu lösen. Grundlegend ist hierbei die Erkenntnis, dass der Gesetzgeber im BauROG durch die Einfügung der Eingriffsregelung in das BauGB eine planerische Eingriffsregelung schaffen wollte, welche die naturschutzrechtliche Eingriffsregelung zwar begrifflich in Bezug nimmt, sie aber von dieser terminologischen Basis aus weiterführt und weiterentwickelt.[178] Wie bereits dargestellt, hat sich die städtebauliche Eingriffsrege-

---

[174] So zu Recht *Müller/Mahlburg,* UPR 1999, 259 (262); vgl. allgemein zur naturschutzrechtlichen Vorprägung der Begrifflichkeiten der städtebaulichen Eingriffsregelung *Bunzel,* NuR 1997, 583 (587); *Lüers,* ZfBR 1997, 231 (236); *Battis/ Krautzberger/Löhr,* NVwZ 1997, 1145 (1149); *Mitschang,* ZfBR 1999, 125 (126).

[175] Siehe oben § 3 bei B. II. 2. b) bb) und cc) (1).

[176] So aber *Bunzel,* NuR 1997, 583 (587).

[177] *Stich,* Sach- und Verfahrensanforderungen der naturschutzrechtlichen Eingriffsregelung und ihr Vollzug, S. 25.

[178] Aus den Gesetzgebungsmaterialien hierzu instruktiv BT-Drs. 13/6392, S. 37, S. 44 und S. 73.

lung von der naturschutzrechtlichen Eingriffsregelung gleichsam emanzipiert.[179] Erklärte Absicht des Gesetzgebers war es, über die Folgen von Eingriffen durch Bauleitplanung planerisch zu entscheiden. Das Folgenbewältigungsprogramm der Eingriffsregelung wurde aus seinem ursprünglichen konditionalen Kontext gelöst und in das Finalprogramm der bauleitplanerischen Abwägung eingebettet. Die Eingriffsfolgen sollten planerisch bewältigt werden.[180] Für diese planerische Bewältigung der Folgen der Eingriffe benötigen die planenden Stellen einen größeren Spielraum, als ihn die konditionale Verknüpfung von Eingriff und Ausgleich vorsieht. Dieser größere Spielraum erfolgt durch die beschriebene Modifizierung des Ausgleichsbegriffs in örtlicher und zeitlicher Hinsicht, wie sie § 200a S. 2 und § 135a Abs. 2 S. 2 BauGB ausdrücklich ansprechen. Ein Verzicht auf einen funktionalen Zusammenhang würde diesen planerischen Spielraum weiter vergrößern. Die Gemeinden wären beinahe frei von jeder Bindung, was die Ausgleichsmaßnahmen anbelangt. Solange es sich um landschafts- und naturrelevante Maßnahmen handelt, könnten beliebige Naturverbesserungen vorgenommen werden.

Darin liegt indes eine Gefahr. Einerseits ist der klar formulierte Wille des Gesetzgebers zu berücksichtigen, der mit dem BauROG insbesondere die Ökokonto-Modelle rechtlich absichern wollte,[181] was eine Lockerung des funktionalen Zusammenhangs zwischen Eingriff und Ausgleich voraussetzt, die so weit geht wie rechtlich nur möglich.[182] Andererseits droht die Eingriffsregelung so zum beliebig handhabbaren Instrument zur Verbesserung von Natur und Landschaft zu werden. Können anstelle funktional in irgendeiner Weise auf den Eingriff bezogener Ausgleichsmaßnahmen völlig beliebige Ausgleichsmaßnahmen getroffen werden, so besteht die Gefahr, dass die Kompensation nicht mehr nachvollziehbar wird.[183] Der Ausgleich verflüchtigt sich in allgemeine Naturschutzmaßnahmen, die in der Bauleitplanung ohnehin berücksichtigt werden müssten.[184] Die besondere Stellung, welche die Eingriffsregelung im Prozedere der Bauleitplanung einnimmt, wäre bei einer solchen Vorgehensweise überflüssig. Die Eingriffsregelung würde marginalisiert und ginge in der allgemeinen Abwägung der Natur-

---

[179] Dazu siehe oben C. III. 2.

[180] So ausdrücklich die Gesetzesbegründung, BT-Drs. 13/6392, S. 37, S. 44 und S. 73.

[181] BT-Drs. 13/6392, S. 37 1. Sp.

[182] Näher zu den Modellen des Ökokontos im § 2.

[183] *Wolf,* ZUR 1998, 183 (192).

[184] *Brohm,* FS Hoppe, S. 511 (517). Obwohl solche beliebigen Maßnahmen zur Umweltverbesserung nicht speziell für den Eingriffsausgleich geeignet sind, finden sie dennoch Eingang in die planerische Abwägung und können so beispielsweise als Argument dafür dienen, dass keine Vollkompensation des Eingriffes stattfindet.

schutzbelange nach § 1 Abs. 6 und 7 BauGB auf. Dies entspricht nicht dem Rang, welcher den Naturbelangen dadurch zukommt, dass sie prozedural über ein gesondertes Verfahren in § 1a Abs. 3 BauGB zu prüfen und zu berücksichtigen sind. Dieser besondere Rang der Eingriffsregelung, aus dem diese besondere verfahrensrechtlichen Stellung resultiert, trägt verfassungsrechtlichen Aspekten Rechnung. Denn die Eingriffsregelung ist auf die Erhaltung und die Sicherung der natürlichen Lebensgrundlagen gerichtet. Sie setzt insoweit den Gesetzgebungsauftrag aus Art. 20a GG um. Ihr Kernanliegen ist die Wiederherstellung der beschädigten Schutzgüter.[185] Es soll die gleiche Qualität der Natur wie vor dem Eingriff wiederhergestellt werden. Dieses – wie oben bereits dargestellt[186] leicht modifizierte – Verständnis des Bestandsschutzprinzips verhindert es, dass die Eingriffsregelung in ihrer Bedeutung zu einem Rechtsinstitut heruntergestuft wird, das lediglich anlassbezogen für punktuelle Naturverbesserungen herangezogen wird. Diese Naturverbesserungen wären nur noch anlassbezogen und nicht mehr projektbezogen. Der Projektbezug als tragendes Element der Dogmatik der Eingriffsregelung[187] ginge verloren, weil nicht mehr konkrete Beeinträchtigungen durch das konkrete Projekt zu kompensieren wären, sondern beliebige allgemein wirkende Naturverbesserungen durchgeführt werden könnten. Der Projektbezug fordert vielmehr, dass sich Vermeidung und Kompensation auf die konkreten Beeinträchtigungen beziehen, die das jeweilige Projekt hervorruft. Hätte der Gesetzgeber eine so fundamentale Abweichung von der hergebrachten Dogmatik der Eingriffsregelung gewollt, hätte dies ausdrücklich im BauGB geregelt werden müssen. Daher kann der funktionale Zusammenhang zwischen Eingriff und Ausgleich nicht vollständig aufgelöst sein. Bei einem völligen Verzicht auf diesen Zusammenhang kann außerdem keine wertende Betrachtung angestellt werden, ob die Ausgleichsmaßnahme die Funktionen gleichwertig ersetzt, wie es § 19 Abs. 2 S. 3 BNatSchG aber fordert. Denn für diese Gleichwertigkeitsbetrachtung fehlt dann der Bezugspunkt. Es wäre nicht klar, an welchen Parametern in dieser Betrachtung die Ausgleichsmaßnahme gemessen werden würde. Eine Feststellung von Gleichwertigkeit setzt einen gemeinsamen Anknüpfungspunkt voraus. Dieser Anknüpfungspunkt ist bei einem Fehlen des Funktionszusammenhanges nicht feststellbar.

Es ist also festzuhalten, dass auf Grund der tragenden Säulen der Eingriffsregelung, nämlich des Projektbezugs und des verfassungsrechtlich fundierten Bestandsschutzprinzips, die durch die wörtliche Bezugnahme in § 1a Abs. 3 S. 1 BauGB auch für die städtebauliche Eingriffsregelung gel-

---

[185] Siehe dazu § 3 bei C. III. und IV.
[186] Bei § 3 unter C. IV.
[187] Dazu siehe oben im § 3 unter C. I.

ten, sowie auf Grund der herausgehobenen prozeduralen Stellung[188] der Eingriffsregelung im Bauleitplanungsverfahren der funktionale Zusammenhang zwischen Eingriff und Ausgleich jedenfalls nicht vollständig aufgelöst sein kann.[189] Allerdings ist eine Lockerung dieses Zusammenhangs bis an die Grenze der Auflösung möglich; eine Auflösung darf indes nicht mehr stattfinden. Wie die Gemeinde diese Gratwanderung in ihrer Bauleitplanung praktikabel vornehmen kann, wird unten bei ee) beschrieben.

*dd) Entkoppelung der Verantwortlichkeit des Eingriffsverursachers*
*von der Durchführung der Kompensationsmaßnahmen*

Die vierte und oft übersehene Ebene der Entkoppelung des städtebaulichen Ausgleichs vom Eingriff ist die der Verursacherverantwortlichkeit. Das Städtebaurecht modifiziert hier den aus dem Verursacherprinzip resultierenden Grundsatz der Eingriffsregelung, dass die Eingriffsverursacher für die Beseitigung der eingriffsbedingten Beeinträchtigungen verantwortlich sind, erheblich.

Das Verursacherprinzip ist neben dem Vorsorgeprinzip das tragende dogmatische Prinzip der Eingriffsregelung.[190] Jenes Prinzip findet seinen Niederschlag nach der hergebrachten Konzeption der Eingriffsregelung darin, dass die Verursacher von Eingriffen einem bestimmten Rechtsfolgenregime unterliegen, nämlich der Pflicht zum Ausgleich und zum Ersatz, wie es § 19 Abs. 2 BNatSchG vorsieht. Die Eingriffsverursacher unterliegen hier der Pflicht, Kompensationsmaßnahmen durchzuführen. Von den beiden erwähnten Aspekten des Verursacherprinzips, der Durchführungs- und der Finanzierungsverantwortung,[191] ist diese Pflicht Ausfluss der Durchführungsverantwortung. Das Verursacherprinzip manifestiert sich in der naturschutzrechtlichen Eingriffsregelung primär in der Erscheinungsform der Durchführungsverantwortung als Pflicht, Kompensationsmaßnahmen durchzuführen. Diese Pflicht beinhaltet die Suche nach geeigneten Flächen und Maßnahmen, die Durchführung der Maßnahmen, ihre Bezahlung und dauerhafte Pflege.[192]

---

[188] Vgl. *Fickert/Fieseler*, Umweltschutz im Städtebau, S. 89.

[189] In der Begründung teilweise anders, aber im Ergebnis ebenso *Beckmann*, FS Hoppe, S. 531 (546); *W. Breuer*, NuL 2001, 113; *Brohm*, FS Hoppe, S. 511 (517 f.); *Franckenstein*, BayVBl. 2001, 65 (68); *Köck*, NuR 2004, 1 (2); *Jessel*, UPR 2004, 408 (411); *Louis*, NuR 2004, 714 (716); *ders.*, in: Birk (Hrsg.), Der naturschutzrechtliche Ausgleich nach § 1a BauGB, S. 27; *ders.*, NuR 1998, 113 (120); *Mitschang*, ZfBR 1999, 125 (127) in Fn. 30; *Wolf*, NuR 2004, 6 (9); *ders.*, NuR 2001, 481 (486); *ders.*, ZUR 1998, 183 (191); implizit *Louis/Wolf*, NuR 2002, 455 (462 und 464, jeweils l. Sp.); *Thum*, ZUR 2005, 63 ff.

[190] Ausführlich dazu in § 3 bei C. II.

[191] Siehe § 3 C. II. 2.

[192] Vgl. dazu *Wolf*, NuR 2004, 6 (10).

Im Städtebaurecht stellt sich die Situation dagegen anders dar. Zwar liegt dem städtebaulichen Ausgleich wegen der Anknüpfung an das Naturschutzrecht in § 1a Abs. 3 S. 1 BauGB ebenfalls das Verursacherprinzip zu Grunde, was seinen deutlichen Ausdruck in § 135a Abs. 1 BauGB findet. Danach sind grundsätzlich die Eingriffsverursacher zur Durchführung des Ausgleichs verpflichtet. Als Eingriffsverursacher – oder als Vorhabenträger, wie sie das Gesetz in § 135a Abs. 1 BauGB nennt – sind die Personen anzusehen, deren Projekte bei der Realisierung der ausgewiesenen Festsetzungen des jeweiligen Bebauungsplans Naturfunktionen beeinträchtigen. In aller Regel sind dies die Bauherren nach den Kriterien des Bauordnungsrechts, also die natürlichen oder juristischen Personen, die auf ihre Verantwortung ein Bauvorhaben vorbereiten oder ausführen oder ausführen lassen.[193] Dies können neben den Eigentümern oder Erbbauberechtigten auch Pächter oder Bauträger für Vorhaben auf fremden Grundstücken sein. Diese Vorhabenträger werden zur Durchführung des Ausgleichs auf ihrem Grundstück in Form einer Auflage zur Baugenehmigung nach § 36 VwVfG verpflichtet. Kommt der Vorhabenträger der Auflage, also seiner Pflicht zur Durchführung des Ausgleichs, nicht nach, so wird sein Vorhaben baurechtswidrig, was den Baubehörden Möglichkeiten zum Einschreiten nach den landesrechtlichen Grundsätzen gibt. Schließlich kann die Durchführung des Ausgleichs nach vollstreckungsrechtlichen Grundsätzen im Wege des Zwangsgeldes oder der Ersatzvornahme[194] erzwungen werden.[195]

Das Verursacherprinzip findet aber nicht nur in der Form der Durchführungsverantwortung Eingang in die städtebauliche Ausgleichsregelung. Vielmehr prägt die andere Facette des Verursacherprinzips, die Finanzierungsverantwortung, den städtebaulichen Ausgleich. § 135a Abs. 1 BauGB sieht zwar vor, dass zur Durchführung des Ausgleichs der Vorhabenträger verpflichtet ist. Diese Vorschrift wird aber relativiert durch Abs. 2 S. 1 der-

---

[193] Ähnlich *Mitschang,* ZfBR 1994, 57; *Stich,* WiVerw 1994, 83 ff.

[194] Ein plastischer Beispielsfall zur Ersatzvornahme eines Pflanzgebotes – was eine Möglichkeit einer Auflage zur Durchführung des Ausgleichs sein könnte – findet sich bei OVG Berlin, NVwZ 1992, 69 bzw. ausführlicher in LKV 1991, 411. Wichtig ist allerdings, die hier angesprochene Ersatzvornahme von dem Wechsel der Durchführungs- zur Finanzierungsverantwortung zu unterscheiden, der sogleich behandelt wird. Vgl. auch § 4 Fn. 197.

[195] Handelt es sich bei der Auflage um ein Pflanzgebot, das nach § 9 Abs. 1 Nr. 25a) im Bebauungsplan festgesetzt wurde, ist gemäß § 178 BauGB die Gemeinde zur Durchsetzung des Pflanzgebots zuständig. Es kommt hier zu Zuständigkeitskonkurrenzen zwischen der Baubehörde, die zur Durchsetzung der Auflagen zur Baugenehmigung zuständig ist, und der Gemeinde, die nach § 178 BauGB zur Durchsetzung des Pflanzgebots zuständig ist. Eine entsprechende Abstimmung von Gemeinde und Baubehörde vor der zwangsweisen Durchsetzung von Ausgleichsmaßnahmen ist in diesen Fällen der Zuständigkeitskonkurrenz unabdingbar.

selben Vorschrift. Dort heißt es nämlich, dass die Gemeinde den Ausgleich anstelle und auf Kosten der Vorhabenträger vornehmen soll. Nicht mehr der Vorhabenträger als unmittelbarer Eingriffsverursacher, sondern die Gemeinde soll verpflichtet sein, die nötigen Ausgleichsmaßnahmen durchzuführen. Dies gilt in den Fällen, in denen die Ausgleichsmaßnahmen nicht auf dem Eingriffsgrundstück durchgeführt werden sollen, sondern auf anderen Flächen, die den Eingriffsgrundstücken zugeordnet sind.[196]

Dogmatisch handelt es sich hier nicht um eine Ersatzvornahme[197], da dies dem Gehalt des Verursacherprinzips als tragendem Fundament der Eingriffsregelung[198] nicht gerecht werden würde, das verlangt, dass der Verursacher für die Folgen seines umweltrelevanten Handelns einzustehen hat. Vielmehr handelt es sich um einen Wechsel der Durchführungsverantwortung. Nicht mehr der Vorhabenträger, sondern die Gemeinde ist zur Durchführung des Ausgleichs verantwortlich. Da in der Bauleitplanung in aller Regel von der Möglichkeit der räumlichen Entkopplung von Eingriff und Ausgleich auf Grund der beschriebenen besonderen Schwierigkeiten eines engen räumlichen Zusammenhanges[199] Gebrauch gemacht werden wird, wird gleichzeitig die Durchführung des Ausgleichs nach § 135a Abs. 2 S. 1 BauGB zur Angelegenheit der Gemeinde. Der Verursacher kann von dieser lediglich zur Erstattung der Kosten für die Durchführung des Ausgleichs herangezogen werden. Umweltrechtsdogmatisch wird die Durchführungsverantwortung des Verursachers so zur Finanzierungsverantwortung.[200] Bemerkenswert ist, dass diese Entkoppelung der strengen Verursacherverantwortlichkeit an die räumliche Entkoppelung des Ausgleichs geknüpft ist, da nur in diesen Fällen räumlicher Entkoppelung die Gemeinde verpflichtet ist, den Ausgleich durchzuführen. Findet der Ausgleich auf dem Eingriffsgrundstück statt, so unterliegt der Vorhabenträger der Durchführungsverantwortung. Findet der Ausgleich dagegen an einem anderen Ort als dem Eingriffsgrundstück statt, so unterliegt der Vorhabenträger der Finanzierungsverantwortung.[201]

---

[196] Zu dieser Zuordnung noch genauer unten bei D. II. 3. b).

[197] Dieser Wechsel der Durchführungs- zur Finanzierungsverantwortung, der gerade keine Ersatzvornahme darstellt, darf nicht mit der oben erwähnten zwangsweisen Durchsetzung von Ausgleichsmaßnahmen mit dem Mittel der Ersatzvornahme verwechselt werden. Vgl. auch oben § 4 Fn. 194.

[198] Dazu siehe § 3 C. II.

[199] Siehe dazu oben bei C. III. 1.

[200] In Ansätzen vergleichbar ist dieser Übergang der Durchführungsverantwortung zur Finanzierungsverantwortung im BauGB mit der naturschutzrechtlichen Ausgleichsabgabe respektive Ersatzzahlung, zu deren Erhebung die Ländern in § 19 Abs. 4 BNatSchG ermächtigt werden.

[201] Die Kostentragungspflicht des Vorhabenträgers beruht – anders als beim Erschließungsbeitragsrecht – nicht auf den wirtschaftlichen Vorteilen, die er erhält,

Diese enge Verknüpfung zwischen räumlicher Entkoppelung und Modifizierung des Verursacherprinzips liegt im Konzept der räumlichen Entkoppelung begründet und ist untrennbar mit ihm verbunden. Denn die Durchführung von Ausgleichsmaßnahmen setzt voraus, dass derjenige, der die Maßnahmen durchführt, auch überhaupt verfügungsberechtigt über das entsprechende Grundstück ist. Wenn von der Möglichkeit der räumliche Entkoppelung kein Gebraucht gemacht wird, so findet der Ausgleich auf dem Eingriffsgrundstück statt, über das der Vorhabenträgers jedenfalls verfügungsberechtigt ist. Dann kann der Vorhabenträger auf Grund seiner Verfügungsberechtigung seiner Verpflichtung zur Vornahme der Ausgleichsmaßnahmen ohne weiteres nachkommen. Sobald aber der räumliche Zusammenhang zwischen Eingriff und Ausgleich aufgelöst wird, kommen noch andere Grundstücke außer denen des Vorhabenträgers für den Ausgleich in Frage. Für diese anderen Grundstücke, die für den Ausgleich geeignet sind, ist der Vorhabenträger regelmäßig nicht verfügungsberechtigt. Um den Ausgleich adäquat durchführen zu können, müsste sich der Vorhabenträger erst eine Verfügungsberechtigung schaffen, etwa durch Kauf, Miete oder Pacht der Grundstücke. Ob ihm dies gelingt, ist ungewiss.[202] Falls seine Bemühungen um eine Verfügungsberechtigung scheitern, kann er seiner Durchführungsverantwortung nicht nachkommen. Der Gesetzgeber trägt dem Rechnung und wechselt daher in diesen Fällen der räumlichen Entkoppelung von vornherein von der Durchführungsverantwortung des Verursachers zur Finanzierungsverantwortung und nimmt die Gemeinde in die Pflicht, den Ausgleich durchzuführen. Sie hat nach § 135a Abs. 2 S. 1 BauGB den Ausgleich auf Flächen durchzuführen, die sie beschaffen muss. Diese Flächen kann – was noch darzustellen sein wird[203] – die Gemeinde auf privatrechtlichem Wege beschaffen; notfalls steht ihr auch ein spezifisch hoheitliches Instrumentarium zur Flächenbeschaffung zur Verfügung.

Dieser Wechsel zur Durchführungsverantwortung der Gemeinde sorgt so dafür, dass der Ausgleich reibungsloser und effektiver vonstatten gehen kann, als wenn der Vorhabenträger verpflichtet wäre. Für den Vorhabenträ-

---

sondern auf seiner Verantwortlichkeit für die Naturbeeinträchtigungen. Es handelt sich daher bei dem Kostenerstattungsbetrag nach § 135a Abs. 3 S. 2 BauGB nicht um einen Beitrag im abgabenrechtlichen Sinne, weshalb § 212a Abs. 2 BauGB die sofortige Vollziehbarkeit der Beitragsbescheide extra anordnen muss. Dazu auch noch unten im § 5 bei C. I. 1.

[202] Gerade bei städtebaulichen Großprojekten kann es vorkommen, dass diese Projekte umstritten sind. Fehlende Kooperationsbereitschaft der Bevölkerung ist hier keine Seltenheit. Die notwendigen Ausgleichsflächen zu beschaffen, wird für den Vorhabenträger dann auf Grund der fehlenden Kooperation der Grundstückseigentümer oft unmöglich.

[203] Zur Problematik der Flächenbeschaffung auf privatrechtlichem Wege und im Wege hoheitlichen Zugriffs ausführlich im § 5 bei B. II. 2.

ger hat dieser Übergang der Durchführungsverantwortung große Vorteile. Er ist von der – unter Umständen langwierigen – Suche nach Ausgleichsflächen und der oft problematischen Beschaffung der Ausgleichsflächen, der Durchführung der konkret nötigen Ausgleichsmaßnahmen und der Pflege der vorgenommenen Maßnahmen befreit. Anstelle einer zeitraubenden und kapazitätsverbrauchenden Durchführung des Ausgleichs kann der Vorhabenträger seine Verursacherpflichten mit einer einmaligen Zahlung erfüllen. Dadurch steigt nicht zuletzt die Akzeptanz der Naturschutzmaßnahmen bei den Vorhabenträgern.

Der Naturschutz profitiert ebenfalls von dieser Vorgehensweise. Sind Private mit Ausgleichsverpflichtungen belastet, ist die Durchführung des Ausgleichs mit Unwägbarkeiten behaftet. Beispielsweise können Ausgleichsmaßnahmen an der Insolvenz der Verursacher, seien sie juristische oder natürliche Personen des Privatrechts, scheitern; selbst wenn die Durchführung eines Ausgleichs finanziell möglich ist, genießen Ausgleichsmaßnahmen regelmäßig keine hohe Priorität und werden erst dann vorgenommen, wenn für den Vorhabenträger wichtigere Maßnahmen durchgeführt worden sind. Der Ausgleich wird in aller Regel als lästige Verursacherpflicht angesehen und dementsprechend unmotiviert in Angriff genommen. Nehmen dagegen Träger des öffentlichen Rechts den Ausgleich vor, entfällt zum einen die Gefahr, dass der Ausgleich an fehlenden finanziellen Mitteln des Vorhabenträgers scheitert. Zum anderen bieten öffentliche Stellen eher die Gewähr als private Vorhabenträger, dass der Ausgleich mit dem nötigen Nachdruck betrieben wird, zumal die Naturschutzbehörden formell oder auch bloß informell bei der Durchführung des Ausgleichs beteiligt werden können. Außerdem entfällt die behördliche Kontrolle, ob und wie der Vorhabenträger die Ausgleichsmaßnahmen vorgenommen hat. Der behördliche Kontrollaufwand sinkt; damit nimmt gleichzeitig das Konfliktpotenzial ab, das eine Verpflichtung des Vorhabenträgers zur Durchführung von Ausgleichsmaßnahmen und die behördliche Kontrolle diese Maßnahmen meist mit sich bringen.[204] Im Gegenteil, die Kontrolle findet nicht mehr durch die Behörde, sondern vielmehr durch den Vorhabenträger statt. Nicht mehr der Staat in Gestalt der Naturschutzbehörde oder der Gemeinde kontrolliert, ob und wie der Verursacher seinen Ausgleichspflichten nachkommt, sondern umgekehrt kontrolliert der Eingriffsverursacher, ob und wie die Gemeinde den Ausgleich durchführt, indem er die Möglichkeit hat, den Kostenbescheid anzufechten, mit dem die durchführende staatliche Stelle die Kosten des Ausgleichs auf den Verursacher abwälzt.[205] Unter allgemeinen umwelt-

---

[204] Vgl. dazu *Wolf,* NuR 2001, 481 (487).
[205] *Köck,* NuR 2004, 1 (2). Die Kontrolle der Durchführung der Ausgleichsmaßnahmen wird gesondert im § 5 unter D. behandelt.

rechtsdogmatischen Gesichtspunkten ist hier bemerkenswert, dass die Kontrolle des Ausgleichs nun durch den Verursacher stattfindet. Es erscheint durchaus möglich, dass dieses Modell das vielbeklagte Vollzugsdefizit[206] der Eingriffsregelung zumindest für den eng umgrenzten Bereich der Eingriffsbewältigung im Bauplanungsrecht teilweise[207] verringern könnte, da die staatlichen Stellen in Gestalt der Gemeinden von ihrer Aufsichtsfunktion entbunden und Private zur Kontrolle aktiviert werden.

§ 135a Abs. 2 S. 1 BauGB ist als Soll-Vorschrift ausgestaltet. Fraglich ist, welche Bindung der Gemeinde diese Soll-Vorschrift erzeugt. Für die Verursacherverantwortlichkeit ist dies insofern von Bedeutung, als eine Bindung der Gemeinde, die gleichbedeutend mit einer Ausgleichsverpflichtung wäre, den Vorhabenträger dann stets von seiner Verpflichtung zum Ausgleich befreien würde und ihm so Planungssicherheit gäbe. Der Vorhabenträger wäre nicht auf eine – womöglich unsichere und uneinschätzbare – Ermessensentscheidung der Gemeinde angewiesen. Soll-Vorschriften sind nach verwaltungsverfahrensrechtlichen Grundsätzen regelmäßig bindend; ein Ermessensspielraum ist normalerweise nicht eingeräumt.[208] Etwas anderes gilt nur in atypischen Fällen, in denen der abstrakte Rahmen des Gesetzes offenkundig mit der ratio legis nicht in Einklang steht.[209] Für § 135a Abs. 2 S. 1 BauGB bedeutet dies, dass die Gemeinde grundsätzlich zur Durchführung der Ausgleichsmaßnahmen verpflichtet ist;[210] ihr ist es damit verwehrt, die Durchführungsverantwortung auf die Vorhabenträger zu übertragen und diese zu Ausgleichsmaßnahmen zu verpflichten.[211] Ausnahmen sind nur in atypischen Fällen möglich, wenn die ratio legis des § 135a

---

[206] Ausführlich bereits im § 2.

[207] Nur teilweise deshalb, weil wie oben ausgeführt die Wandlung der Durchführungsverantwortlichkeit des Verursachers hin zur Finanzierungsverantwortlichkeit nur in den Fällen eintritt, in denen der Ausgleich an einem anderen Ort als dem Eingriffsort stattfindet.

[208] St. Rspr. und ganz h.M., vgl. BVerwGE 15, 254; E 91, 92 (94); E 64, 323; E 84, 220; E 106, 339 (343); *Sachs*, in: Stelkens/Bonk/Sachs (Hrsg.), VwVfG, § 40 Rn. 26 und *Kopp/Ramsauer*, § 40 Rn. 44, jeweils m.w.N.

[209] Statt vieler BVerwGE 94, 35 (43 f.); BVerwG, NJW 1990, 1377.

[210] So auch *Brohm*, FS Hoppe, S. 511 (522).

[211] Die Gemeinde kann die Verantwortung des Vorhabenträgers nur begründen, indem sie den Bebauungsplan ändert und die Ausgleichsmaßnahme dem Grundstück des Vorhabenträgers nach § 9 Abs. 1a S. 2 BauGB zuordnet (zu der Zuordnung gleich unter D. II.). Ein Verzicht auf die Durchführung einer Ausgleichsmaßnahme hingegen und die Übertragung der Verantwortung für den Ausgleich auf den Vorhabenträger nach § 135a Abs. 1 ist unzulässig, vgl. *Schrödter*, in: Schrödter (Hrsg.), BauGB, § 135a Rn. 15. Verpflichtet die Gemeinde den Eingriffsverursacher dennoch zur Vornahme von Ausgleichsmaßnahmen, so ist diese Verpflichtung rechtswidrig. Rechtsschutz erhält der Eingriffsverursacher dann über die Anfechtung der Nebenbestimmungen zur Baugenehmigung, über die die Ausgleichspflicht umgesetzt wird.

Abs. 2 S. 1 BauGB nicht eingreift und die Gründe, die den Gesetzgeber veranlasst haben, die Regelzuständigkeit der Gemeinden vorzusehen, hier vorliegen. Diese Gründe sind schon angesprochen worden. Denkbar ist demnach, dass eine Atypik bejaht wird, wenn die Gemeinde ausnahmsweise keine Gewähr für die ordnungsgemäße Durchführung des Ausgleichs bieten kann, etwa weil sie trotz aller Bemühungen keinen Zugriff auf die vorgesehenen Ausgleichsflächen bekommen hat. Keine atypische Situation liegt indes vor, wenn die Gemeinde unter knappen oder fehlenden Haushaltsmittel leidet; auch unerwartet hohe Kosten[212] rechtfertigen regelmäßig nicht die (Rück-)Übertragung der Durchführungsverantwortlichkeit auf den Vorhabenträger. Maßgeblich ist aber eine Einzelfallbetrachtung, die von den dargestellten Grundsätzen ausgeht.

*ee) Grenzen der Entkoppelung von Ausgleich und Eingriff*

Gerade wurde dargestellt, inwiefern die Gemeinde bei ihrer Planung den Zusammenhang zwischen Eingriff und Ausgleich lockern kann. Diese Entkoppelung des örtlichen, zeitlichen und funktionalen Ausgleichs darf aber nicht unbegrenzt stattfinden. Die Gemeinde ist bei der Wahl des Ausgleichs nicht völlig frei, sondern muss sich im Rahmen gewisser Grenzen bewegen, die insoweit die gemeindliche Planungshoheit einschränken. Diese Grenzen ergeben sich zum Teil aus dem Gesetz selbst, zum Teil aber auch aus den Grundprinzipien der Eingriffsregelung. Der leitende Gedanke, der hinter der Beschränkung der Flexibilisierung des Ausgleichs steht, ist es, das Abgleiten des Ausgleichs in umweltschützerische Beliebigkeit zu vermeiden. Daher müssen sich Ausgleichsmaßnahmen innerhalb bestimmter Grenzen halten und nach bestimmten Kriterien erfolgen, die im Folgenden – aufgegliedert nach den einzelnen Arten der Flexibilisierung des Ausgleichs – dargestellt werden.

(1) Grenzen der räumlichen Entkoppelung

Für die räumliche Entkoppelung sieht das BauGB selbst ausdrücklich Grenzen vor. Gemäß §§ 1 Abs. 3 S. 3; 200a S. 2 BauGB ist die räumliche Flexibilisierung nur insoweit zulässig, als sie mit der nachhaltigen städtebaulichen Entwicklung, den Zielen von Naturschutz und Landschaftspflege sowie mit den Zielen der Raumordnung vereinbar ist.

*Zunächst* müssen die vorgesehenen räumlich entkoppelten Ausgleichsmaßnahmen mit der *nachhaltigen städtebaulichen Entwicklung vereinbar* sein. Dieser Terminus ist im Gegensatz zu den anderen in §§ 1a Abs. 3 S. 3;

---

[212] Dazu *Schrödter*, in: Schrödter (Hrsg.), BauGB, § 135a Rn. 15.

200a S. 2 BauGB erwähnten Schranken der Flexibilisierung (zu diesen sogleich weiter unten) nicht ausdrücklich im Gesetz definiert und muss aus dem weiteren gesetzlichen Kontext der Bauleitplanung erschlossen werden. Der Rechtsbegriff der geordneten städtebaulichen Entwicklung findet sich außer in §§ 1a Abs. 3 S. 3; 200a S. 2 BauGB noch unter anderem in §§ 1 Abs. 3 S. 1; Abs. 5 S. 1; 5 Abs. 2 S. 1 BauGB. Die geordnete städtebauliche Entwicklung stellt die Richtschnur für die Gemeinden bei der Aufstellung ihrer Bauleitpläne dar, wie § 1 Abs. 3 S. 1 BauGB zeigt. Die Bauleitplanung selbst bestimmt die städtebauliche Entwicklung der Gemeinde. Sie ist das Instrument, mit dem die Gemeinde ihre Vorstellungen über die Stadtentwicklung umsetzt. Die Überlegungen, welche die Gemeindeorgane und die Gemeindeöffentlichkeit innerhalb und außerhalb der Beratungen des Gemeinderates zur Stadtentwicklung anstellen, finden ihre rechtsförmliche Umsetzung im Flächennutzungsplan. Der Flächennutzungsplan enthält die grundlegenden Entscheidungen über die städtebaulichen Entwicklungen, die auf der Ebene des Bebauungsplans lediglich fortentwickelt werden.[213] Die Weichen werden schon vorher beim Flächennutzungsplan gestellt. Als Konsequenz daraus, dass Flächennutzungspläne gemäß § 5 BauGB das Ergebnis eines förmlichen Aufstellungsverfahrens mit umfassender Öffentlichkeitsbeteiligung sind (§§ 2 Abs. 2; 3 Abs. 2 und 4; 4–4c BauGB), in dem lokale Belange (§ 1 Abs. 5 BauGB) und überregionale Belange (vgl. § 1 Abs. 4 BauGB) beim Beschluss des Gemeinderates berücksichtigt worden sind (§ 1 Abs. 6 BauGB), enthält der Flächennutzungsplan ein umfassendes Grundkonzept für die Entwicklung des Gemeindegebietes. Durch diese umfassende Erhebung und auf Grund der Rechtswirkung des Flächennutzungsplans nach §§ 7 und 8 BauGB, insbesondere des Entwicklungsgebotes nach § 8 Abs. 2 S. 1 BauGB, sowie seiner verhindernden Funktion als öffentlicher Belang in § 35 Abs. 3 S. 1 Nr. 1 BauGB enthalten die Darstellung des Flächennutzungsplanes die für die Entwicklung der Gemeinde erheblichen Belange, Grundsätze und Ziele. Aus dem Flächennutzungsplan ergibt sich mithin das räumliche städtebauliche Entwicklungsprogramm der Gemeinde.[214] Er beschreibt nicht nur die vorhandene städtebauliche Situation; er hat vielmehr darüber hinaus noch eine planerisch gestaltende und vorsorgende Funktion. Die Literatur bezeichnet diese Funktionen des Flächennutzungsplanes als Determinierungsfunktion und Programmierungsfunktion.[215]

---

[213] *Söfker*, in: Ernst/Zinkahn/Bielenberg/Krautzberger (Hrsg.), BauGB, § 1 Rn. 23; vgl. ferner *Schrödter*, in: Schrödter (Hrsg.), BauGB, § 1 Rn. 13 f.; *Stüer*, in: Hoppenberg/De Witt (Hrsg.), HdbÖffBauR, B Rn. 67 f.

[214] BVerwGE 77, 300 ff.; BVerwG, DVBl. 1964, 916; *Bielenberg/Söfker*, in: Ernst/Zinkahn/Bielenberg/Krautzberger (Hrsg.), BauGB, § 5 Rn. 8; *Schrödter*, in: Schrödter (Hrsg.), BauGB, § 5 Rn. 2.

[215] *Löhr*, Die kommunale Flächennutzungsplanung, S. 14, 26 ff. und *Schimanke*, DVBl. 1979, 616 ff. haben diese Termini geprägt.

Für die städtebauliche Ausgleichsregelung bedeutet dies, dass die Ausgleichsmaßnahmen, welche die Gemeinde vorsieht, nicht im Widerspruch zum Flächennutzungsplan stehen dürfen. Findet der Ausgleich gemäß § 1a Abs. 3 S. 2 BauGB mittels Festsetzungen eines Bebauungsplanes statt[216], so gewinnt das Entwicklungsgebot aus § 8 Abs. 2 S. 1 BauGB entscheidende Bedeutung. Die vom Eingriff räumlich entkoppelten Ausgleichsmaßnahmen müssen sich in diesen Fällen aus dem Flächennutzungsplan nach den Grundsätzen des Entwicklungsgebotes ableiten lassen.[217] Dem Entwicklungsgebot ist dann ausreichend Rechnung getragen, wenn sich der Bebauungsplan als Konkretisierung des Flächennutzungsplanes darstellt. Maßgeblich ist, dass sich der Inhalt der Bebauungsplans bei objektiver Betrachtung als „Entwickeltsein" des Flächennutzungsplanes begreifen lässt.[218] Die Gemeinde hat bei der Entwicklung des Bebauungsplans aus dem Flächennutzungsplan aber gewisse Freiräume. Soweit die Grundkonzeption des Flächennutzungsplanes nicht angetastet wird, kann sie auf Grund der nur grobmaschigen und nicht parzellenscharfen Darstellung des Flächennutzungsplanes innerhalb gewisser Grenzen von dessen Vorgaben abweichen.[219] Sie darf aber nicht von den Grundentscheidungen des Flächennutzungsplanes und der darin zum Ausdruck kommenden Grundkonzeption der Gemeinde abweichen. Hauptkriterium hierfür ist die Bedeutung der jeweiligen Darstellung des Flächennutzungsplanes nach ihrer Funktion und ihrer Wertigkeit im städtebaulichen Gefüge.

Sieht die Gemeinde im Flächennutzungsplan Flächen für Ausgleichsmaßnahmen vor, so gewinnen diese Flächen auf Grund der verfassungsrechtlichen Wertungen, welche der Eingriffsregelung zu Grunde liegen, eine hohe Bedeutung. Schon oben wurde ausgeführt, dass Naturschutzbelange wegen Art. 20a GG mit erhöhter Bedeutung in die bauleitplanerische Abwägung einzustellen sind.[220] Demnach genießen dargestellte Ausgleichsflächen eine relativ hohe Bedeutung unter den Darstellungen des Flächennutzungsplanes, die einem Abweichen von diesen Darstellungen im Rahmen des Entwicklungsgebot hohe Hürden in den Weg stellt. Bei der Eingriffsregelung handelt es sich – wie schon ausgeführt – eben nicht um irgendeinen beliebigen Abwägungsbelang.

---

[216] Zu den verschiedenen Ausgleichsinstrumenten ausführlich unten bei D.

[217] *Beckmann,* FS Hoppe, S. 531 (541); *Krautzberger,* in: Ernst/Zinkahn/Bielenberg/Krautzberger (Hrsg.), § 1a Rn. 93; *Mitschang,* ZfBR 1999, 125 (127); *ders.,* WiVerw 1998, 20 (44); *Schrödter,* in: Schrödter (Hrsg.), BauGB, § 1a Rn. 53.

[218] BVerwGE 56, 283.

[219] Grundlegend BVerwGE 48, 70 und BVerwGE 56, 283; BVerwG, BauR 1979, 206. Nähere Nachweise zur Rspr. bei *Finkelnburg,* FS Weyreuther, S. 111 ff.

[220] Oben bei C. II. 4. b).

Daraus lässt sich positiv ableiten, dass dem Entwicklungsgebot jedenfalls Rechnung getragen ist, wenn der Bebauungsplan dort Ausgleichsmaßnahmen vorsieht, wo der Flächennutzungsplan ebenfalls Flächen für den Ausgleich darstellt. Solche Maßnahmen des Ausgleichs sind mit der geordneten städtebaulichen Entwicklung im Sinne von §§ 1a Abs. 3 S. 3; 200a S. 2 BauGB, die durch Flächennutzungsplan und das Entwicklungsgebot näher konkretisiert wird, regelmäßig vereinbar. Nicht vereinbar mit dem Entwicklungsgebot und daher mit der geordneten städtebaulichen Entwicklung ist es hingegen, wenn die Gemeinde im Eingriffsbebauungsplan Ausgleichsmaßnahmen auf Flächen vorsieht, für die der Flächennutzungsplan eine Nutzungsart darstellt, welche mit der beabsichtigten Nutzung als Ausgleichsfläche konfligiert. So wird etwa eine Ausweisung von Flächen als Wohngebiet im Bebauungsplan in aller Regel nicht damit vereinbar sein, dass der Flächennutzungsplan auf den entsprechenden Flächen Ausgleichsmaßnahmen vorsieht. Eine Ausweisung im Bebauungsplan zur land- oder forstwirtschaftlichen Nutzung hingegen muss nicht zwangsläufig dem Entwicklungsgebot widersprechen, wenn der Flächennutzungsplan die entsprechenden Flächen als Ausgleichsflächen darstellt. Hier kommt es auf den jeweiligen Einzelfall an. Entscheidend ist, ob die im Eingriffsbebauungsplan vorgesehene Nutzung einer Fläche als Ausgleichsfläche mit den Darstellungen des Flächennutzungsplans vereinbar ist. Wenn dies der Fall ist, so ist der räumlich flexibilisierte Ausgleich mit der städtebaulichen Entwicklung vereinbar, wie es die §§ 1a Abs. 3 S. 3; 200a S. 2 BauGB fordern.

Die *zweite Voraussetzung* für die Zulässigkeit einer räumlichen Entkoppelung des Ausgleichs vom Eingriff ist gemäß §§ 1a Abs. 3 S. 3; 200a S. 2 BauGB die *Vereinbarkeit dieser Entkoppelung mit den Zielen der Raumordnung*. Dass die Gemeinde bei ihren städtebaulichen Planungen die übergemeindliche Planung berücksichtigen muss, ergibt sich bereits aus § 1 Abs. 4 BauGB, der bei der Aufstellung von Bauleitplänen uneingeschränkt gilt, seien es eingriffsvorbereitende Bauleitpläne oder Bauleitpläne, in denen ein räumlich entkoppelter Ausgleich vorgesehen ist.[221] Insofern beschränkt sich der Aussagegehalt der in §§ 1a Abs. 3 S. 3; 200a S. 2 BauGB genannten Voraussetzung der Vereinbarkeit des Ausgleichs mit den Zielen der Raumordnung auf eine Wiederholung dessen, was § 1 Abs. 4 BauGB ohnehin voraussetzt. Die Gemeinde hat ihre Planungen den Zielen der Raumordnung anzupassen. Dies bedeutet, dass die planerischen Intentionen, welche den Zielen der Raumplanung zu Grunde liegen, zwar in das planerische Konzept der Gemeinde eingehen müssen. Die Gemeinde ist aber frei, die im

---

[221] Zur Bindung der Gemeinde an die Ziele der Raumordnung BVerwGE 90, 329; BVerwG, DVBl. 1992, 1438 ff.; vgl. auch *Hoppe,* DVBl. 1993, 681 (682 f.) und *Halama,* FS Schlichter, S. 201 (202).

Ziel der Raumordnung enthaltenen Vorgaben zielkonform auszugestalten und die ihr nach dem Bauplanungsrecht eröffneten Wahlmöglichkeiten voll auszuschöpfen. Zielanpassung nach § 1 Abs. 4 BauGB ist also nicht schlichter Normvollzug, sondern planerische Konkretisierung rahmensetzender Zielvorgaben.[222]

Entscheidend für die Zulässigkeit des räumlich entkoppelten Ausgleiches ist es, dass die Gemeinde in ihren Bauleitplänen hinsichtlich des Ausgleichs keine Festsetzungen oder Maßnahmen vorsieht, die mit den übergeordneten Vorgaben der Raumordnungspläne kollidieren. Diese übergeordneten Vorgaben sind die Ziele der Raumordnung, die entsprechend der rahmengesetzlichen Vorgabe in § 7 Abs. 1 S. 3 ROG in der Regel als solche in den Raumordnungsplänen auf Grundlage der Landesplanungsgesetze gekennzeichnet sein werden. Diese Kennzeichnung hat aber keine konstitutive Wirkung; sie wirkt lediglich deklaratorisch.[223] Entscheidend dafür, ob ein Ziel der Raumordnung tatsächlich vorliegt, ist die Übereinstimmung der raumplanerischen Darstellung mit dem materiellen Gehalt der rahmengesetzlichen Legaldefinition[224] in § 3 Nr. 2 ROG. Die Gemeinde muss daher, wenn sie Überlegungen hinsichtlich des Ausgleichs trifft, prüfen, ob die jeweils für das Gemeindegebiet relevanten Vorgaben der Raumordnungspläne Ziele der Raumordnung als Planungsleitlinien und Grenzen des bauleitplanerischen Abwägungsermessens enthalten (§ 4 Abs. 1 ROG; § 1 Abs. 4 BauGB) oder ob sie bloß Grundsätze der Raumordnung darstellen, welche die Gemeinde in ihrer Abwägung zwar berücksichtigen muss, aber dennoch überwinden kann (§ 4 Abs. 2 ROG).

Ziele der Raumordnung sind von den zuständigen Planungsbehörden abschließend abgewogene raumbedeutsame Entscheidungen, welche eine abschließende Lösung konkurrierender und möglicherweise kollidierender raumbedeutsamer Raumnutzungen und Raumpotenziale treffen und die vielfältigen fachlichen Ansprüche an die Gebietsräume zusammenfassen. Sie sind ein abschließendes Produkt einer integrierenden Gesamtabwägung und binden in diesem Rahmen öffentliche Stellen nach Maßgabe des § 4 Abs. 1 ROG oder der speziellen Berücksichtigungsklauseln der Fachgesetze; man spricht dem Rechnung tragend von Zielen der Raumordnung als landespla-

---

[222] BVerwGE 90, 329 (334); BVerwGE 117, 351 (355 ff.). Wie groß der Spielraum der Gemeinden dabei ist, hängt von der zeichnerischen und textlichen Konkretisierung der Ziele der Raumordnung sowie deren Funktion ab und muss im Einzelfall entschieden werden, vgl. *Schink,* in: Jarass (Hrsg.), Raumordnungsgebiete, S. 46 (62 f.).

[223] *Runkel,* in: Bielenberg/Runkel/Spannowsky, K 3 Rn. 10; *Schrage,* S. 9; *Lehners,* S. 11.

[224] Eine bundesgesetzliche Bestimmung des Begriffs der Ziele der Raumordnung existiert erst seit der Novellierung des ROG durch das BauROG 1998.

nerischen Letztentscheidungen[225], welche – sofern sie rechtmäßig sind –[226] die Gemeinde bei ihrer Bauleitplanung zwingend binden. Die Gemeinde muss also prüfen, ob die Raumordnungspläne Festsetzungen[227] enthalten, die materiell als landesplanerische Letztentscheidungen zu werten sind; ihre Planung ist dem gegebenenfalls insofern anzupassen, als die Planung der Gemeinde – und damit auch die Planung des städtebaulichen Ausgleichs – den Zielen der Raumordnung nicht widersprechen darf.

Besonders relevant für den städtebaulichen Ausgleich sind die drei unterschiedlichen Gebietsarten nach § 7 Abs. 4 ROG, welche die Raumordnungspläne vorsehen können, nämlich Vorranggebiete, Vorbehaltsgebiete und Eignungsgebiete. Wenn die Festlegung bestimmter Gebiete als Vorrang-, Vorbehalts- oder Eignungsgebiet materiell als Ziel der Raumordnung zu bewerten ist, so gewinnen die Rechtswirkungen der jeweiligen Gebietsart für die gemeindliche Bauleitplanung große Bedeutung. Zunächst sollen die Vorranggebiete betrachtet werden.

Vorranggebiete nach § 7 Abs. 4 S. 1 Nr. 1 ROG schließen andere raumbedeutsame Nutzungen als die vorgesehene Nutzungsart aus, sofern sie mit dieser vorgesehenen vorrangigen Nutzungsart nicht vereinbar sind. Die Funktion dieser Festsetzungsart ist die Reservierung von Flächen für bestimmte Nutzungen, insbesondere Umweltschutz, Nahherholung, Fremdenverkehr oder Wassergewinnung. So können Raumordnungspläne für bestimmte Gebiete durch die Festlegung von Vorranggebieten vorsehen, dass

---

[225] Zuletzt BVerwGE 119, 217 (223); E 90, 329 (334); *Erbguth,* DVBl. 1998, 209; *Folkerts,* S. 34; *Goppel,* BayVBl. 1998, 289; *Hoppe,* DVBl. 1993, 681 (682); *Lehners,* S. 7; *Moench,* DVBl. 2005, 676 (685 ff.); *Paßlick,* S. 115; *Sauer,* VBlBW 1995, 465. Der Begriff der „planerischen Letztentscheidung" ist indes etwas unscharf, da Ziele der Raumordnung nur im Kern verbindlich sind, im weiteren Rahmen aber gestaltbar. Sie sind auf die Konkretisierung durch die Bauleitplanung der Gemeinde angewiesen. Abschließend entschieden sind nur wichtige Teilaspekte eines räumlich komplexen Sachverhalts. Die Entscheidung über die konkrete Bodennutzung ist der gemeindlichen Bauleitplanung vorbehalten, was sich schon aus der unterschiedlichen Aufteilung der Gesetzgebungskompetenzen für Raumordnungsrecht in Art. 75 Abs. 1 Nr. 4 GG und für Bodenrecht in Art. 74 Abs. 1 Nr. 18 GG ergibt, vgl. BGHZ 88, 50 (55); *Erbguth,* DVBl. 1982, 1 (8 f.). Vgl. zum Verhältnis der Raumordnungsplanung zur Bauleitplanung allgemein *Wahl,* DÖV 1981, 597 (603); *Paßlick,* S. 68 f.

[226] Zu den Rechtmäßigkeitsvoraussetzungen ausführlich *Lehners,* S. 10 ff. *Moench,* DVBl. 2005, 676 (685 f.); *Schrage,* S. 7 ff.

[227] Die raumplanerischen Festsetzungen dürfen wegen des überörtlichen Charakters der Raumordnung grundsätzlich nicht parzellenscharf, sondern nur gebiets- und gemeindescharf erfolgen. Parzellenscharfe Festlegungen bleiben der Gemeinde vorbehalten, welche die Aussagen der Raumordnungspläne durch die Bauleitpläne konkretisiert, vgl. BVerwGE 90, 329 (334); *Hoppe,* DVBl. 1993, 681 (683, 686 f.); *Halama,* in: FS Schlichter, S. 201 (207, 218); *Paßlick,* Ziele der Raumordnung und Landesplanung, S. 68 f.

sie für Maßnahmen des Naturschutzes und der Landschaftspflege zu reservieren sind. Andere Vorhaben als Naturschutzmaßnahmen sind dann unzulässig, wenn sie die Wirkung der Naturschutzmaßnahmen beeinträchtigen. Hinsichtlich des städtebaulichen Ausgleichs stellt sich zum einen die Frage, ob die raumplanerische Ausweisung eines Vorranggebiets überhaupt grundsätzlich ein verbindliches Ziel der Raumordnung ist; zum anderen stellt sich die Frage, ob die Ausweisung eines solchen Vorranggebietes für Naturschutzmaßnahmen gleichzeitig Naturschutzmaßnahmen an anderen Orten als dem Vorranggebiet ausschließt, was für den räumlich entkoppelten Ausgleich große Bedeutung hätte, da dieser so auf die Vorranggebiete beschränkt wäre.

Um die erste Frage zu beantworten, ob Vorranggebiete Ziele der Raumordnung darstellen, ist die Wirkung einer Ausweisung als Vorranggebiet zu betrachten. Gemäß § 7 Abs. 4 S. 1 Nr. 1 ROG sind alle anderen Nutzungen außer der vorrangigen Nutzung unzulässig, soweit sie die vorrangige Nutzung beeinträchtigen. Bei der Ausweisung als Vorranggebiet muss die Raumplanungsbehörde also eine innergebietlich vorrangige Funktion bestimmen. Dazu sind vollständige Erfassungen der einzelnen Naturraumpotenziale und Raumnutzungsansprüche in dem Gebiet notwendig; ferner müssen Konflikte zwischen diesen Potenzialen und Ansprüchen erkannt und gelöst werden. Dies geschieht im Wege raumplanerischer Abwägung, deren Ergebnis die Ausweisung als Gebiet ist. Die Festlegung eines Vorranggebietes ist also eine abschließend abgewogene landesplanerische Festlegung.[228] Es wäre sinnlos, wenn die Gemeinden die Reservierung des Gebiets für bestimmte Funktionen und Nutzungen jederzeit im Rahmen ihrer Abwägung überwinden könnten. Da das Verbot von Nutzungen, die mit der vorrangigen Nutzung kollidieren, eine abschließende landesplanerische Letztentscheidung ist, handelt es sich bei Vorranggebieten um Ziele der Raumordnung.[229] Somit binden Vorranggebiete die Gemeinden.

Für den städtebaulichen Ausgleich hat das aber nur Konsequenzen, wenn die zweite aufgeworfene Frage so beantwortet wird, dass Vorranggebiete eine Ausschlusswirkung hinsichtlich der Nutzung außerhalb der Vorranggebiete besitzen. Eine solche Ausschlusswirkung haben die Eignungsgebiete nach § 7 Abs. 4 S. 1 Nr. 3 ROG, deren Festsetzung verhindert, dass entsprechende Nutzungen außerhalb eines solchen Eignungsgebietes stattfin-

---

[228] BVerwGE 90, 329 (336).

[229] BayVGH, BayVBl. 1997, 178 (179); *Erbguth*, DVBl. 1998, 209 (212); *Goppel*, in: Jarass (Hrsg.), Raumordnungsgebiete, S. 26 f.; *ders.*, BayVBl. 1998, 289 (291); *Lehners*, S. 29; *Runkel*, UPR 1997, 1 (6); *ders.*, DVBl. 1997, 275 (276); *Schink*, in: Jarass (Hrsg.), Raumordnungsgebiete, S. 46 (57); *I. Schmidt*, Raumordnungsziele und privilegierte Außenbereichsvorhaben, S. 77. Unzutreffenderweise a. A. BayVGH, BayVBl. 1996, 81 (82).

den. Vorranggebiete haben aber keine solche Ausschlusswirkung. Dies zeigt § 7 Abs. 4 S. 2 ROG, welcher die Möglichkeit vorsieht, Vorranggebieten die Wirkung von Eignungsgebieten zu verleihen. Im Umkehrschluss kann dies nur bedeuten, dass Vorranggebiete gemäß § 7 Abs. 4 S. 1 Nr. 1 ROG alleine noch keine solche Ausschlusswirkung haben.[230] Die Festsetzung eines Vorranggebietes für den Naturschutz auf der Ebene der Raumordnung hat für den städtebaulichen Ausgleich und die Möglichkeit der räumlichen Entkoppelung daher keine Konsequenzen, solange den Gebieten nicht gemäß § 7 Abs. 4 S. 2 ROG die Wirkung von Eignungsgebieten verliehen worden ist. Diese Konstellation wird sogleich weiter unten behandelt.

Anders sieht es hingegen aus mit Vorranggebieten, in denen Nutzungen vorgesehen sind, mit denen mögliche Ausgleichsmaßnahmen kollidieren könnten, etwa die Nutzung als Kraftwerks- oder Industriestandort. In diesen Fällen darf die Gemeinde in diesen Vorranggebieten als Zielen der Raumordnung wegen §§ 1 Abs. 4; 1a Abs. 3 S. 3; 200a S. 2 BauGB keine Ausgleichsmaßnahmen vorsehen, welche die vorrangige Nutzung beeinträchtigen könnten. Dies muss die Gemeinde im jeweiligen Einzelfall entscheiden. Festzuhalten ist jedoch, dass die Raumordnung den städtebaulichen Ausgleich und die räumliche Entkoppelung der Gemeinde insoweit begrenzt.

Die zweite rahmengesetzliche Gebietsart, die § 7 Abs. 4 S. 1 ROG in Nr. 2 vorsieht, das Vorbehaltsgebiet, hat hingegen keine Konsequenzen für den städtebaulichen Ausgleich. Denn bei dieser Gebietsart handelt es sich nicht um ein Ziel der Raumordnung im Sinne der Legaldefinition in § 3 Nr. 2 ROG; dementsprechend ist die Gemeinde gemäß § 1 Abs. 4 BauGB nicht an diese Gebietsausweisung gebunden. Dass kein Ziel der Raumordnung vorliegt, ergibt sich aus der Definition der Vorbehaltsgebiete in § 7 Abs. 4 S. 1 Nr. 2 ROG. In solchen Gebieten sollen bestimmten Funktionen und Nutzungen des Raums bei der Abwägung mit konkurrierenden Funktionen und Nutzungen ein besonderes Gewicht beigemessen werden. Diese Definition setzt zwingend voraus, dass noch eine hinter die Festsetzung des Vorbehaltsgebiets geschaltete Abwägung, sei sie bauplanerischer oder fachplanerischer Natur, existiert. Wenn aber noch eine Abwägung anzustellen ist, dann kann es sich bei der Festsetzung eines Vorbehaltsgebiets nicht um eine landesplanerische Letztentscheidung handeln. Die Definition in § 7 Abs. 4 S. 1 Nr. 2 ROG passt vielmehr genau auf die Definition der Grundsätze der Raumordnung in § 3 Nr. 3 ROG, welche lediglich abwägungslenkende Funktion haben. Vorbehaltsgebiete wirken gemäß § 7 Abs. 4 S. 1 Nr. 2 ROG lediglich als Optimierungsgebote mit relativem Abwägungsvor-

---

[230] So auch *Erbguth*, DVBl. 1998, 209 (212); *Holz*, NWVBl 1998, 81 (85); *Lehners*, S. 7.

rang; sie sind prinzipiell abwägungsüberwindbar. Ein Ziel der Raumordnung liegt daher nicht vor.[231]

Die dritte Gebietsart, welche § 7 Abs. 4 S. 1 ROG in Nr. 3 vorsieht, ist das Eignungsgebiet. Eignungsgebiete dienen dazu, Vorhaben, die nach § 35 BauGB zu beurteilen sind, auf ein Gebiet im Planungsraum zu konzentrieren und an allen anderen Orten im Planungsraum auszuschließen. Bedeutsam ist diese Gebietsart nur für privilegierte Vorhaben nach § 35 BauGB, da sie den raumplanerischen Vorbehalt in § 35 Abs. 3 S. 3 BauGB ausfüllen.[232] Daher wird diese raumplanerische Festsetzungsart für den städtebaulichen Ausgleich nicht relevant, da sie nur für die bauplanungsrechtliche Zulässigkeit privilegierter Vorhaben nach § 35 Abs. 1 Nr. 2–6 BauGB bedeutsam ist und solche Vorhaben nach Nr. 2–6 schon dem Wortlaut nach jedenfalls nicht als Maßnahme des städtebaulichen Ausgleichs in Frage kommen werden, da es sich nicht um Maßnahmen des Naturschutzes oder der Landschaftspflege handelt.[233] Weiter spricht der Sinn der Regelung in § 35 Abs. 3 S. 3 BauGB gegen eine Erstreckung auf städtebauliche Ausgleichsmaßnahmen. Die Vorschrift sollte eine unkontrollierte „Verspargelung" (Windenergieanlagen) oder „Verkraterung" (Abbau von Bodenschätzen) des Außenbereichs durch die privilegierten Vorhaben in § 35 Abs. 1 BauGB vermeiden, indem diese Vorhaben der Möglichkeit einer planerischen Steuerung durch die Raumplanung oder den Flächennutzungsplan unterworfen werden sollten. Die gesetzliche Privilegierung wird so ein Stück zurückgenommen.[234] Da Ausgleichsmaßnahmen den Außenbereich nicht gefährden, sondern im Gegenteil positive Wirkungen auf die Natur haben, greift der Sinn des § 35 Abs. 3 S. 3 BauGB nicht ein. Auf den umstrittenen

---

[231] So zu Recht BVerwGE 118, 33 (47 f.); BayVGH, BayVBl. 1996, 81 (82) und das OVG Lüneburg, BauR 1996, 348 f. sowie *Erbguth,* DVBl. 1998, 209 (212); *Runkel,* UPR 1997, 1 (6); *ders.,* WiVerw 1997, 267 (289); *ders.,* NuR 1998, 449 (452); *I. Schmidt,* Wirkung von Raumordnungszielen, S. 78; *Spannowsky,* DÖV 1998, 757 (763); *Schulte,* Raumplanung und Genehmigung, S. 18. A.A. BayVGH, NuR 1997, 291 (293); *Goppel,* BayVBl. 1998, 289 (291); *Hendler,* in: Jarass (Hrsg.), Raumordnungsgebiete, S. 106 ff.; *Manssen,* in: Wallerath (Hrsg.), Administrative Strukturen und Verwaltungseffizienz, S. 31 (39 f.); *Hendler,* in: Jarass (Hrsg.), Raumordnungsgebiete, S. 106 ff.

[232] Der Planungsvorbehalt des § 35 Abs. 3 S. 3 BauGB beruht darauf, dass der Außenbereich unbeplant ist und daher die Bindungen der Raumordnung nicht über § 1 Abs. 4 BauGB, der nur für die Bauleitplanung gilt, ins Bauplanungsrecht Eingang finden können. Daher ist diese Norm als Scharnier zwischen Raumordnungsrecht und Bauplanungsrecht im Außenbereich nötig. Zum Planungsvorbehalt des § 35 Abs. 3 S. 3 BauGB näher *Wagner,* UPR 1996, 370 (372) und BVerwGE 117, 287 ff. sowie BVerwGE 118, 33 ff.

[233] Dies folgt daraus, dass der städtebauliche Ausgleich auf diesem naturschutzrechtlichen Grundsatz (vgl. oben § 3 B. II. b) dd) aufbaut, siehe C. III. 2. a).

[234] Grundlegend BVerwGE 117, 287 (292 f.) und BVerwGE 118, 33 (36 f.).

Zielcharakter der Eignungsgebiete kommt es somit für den städtebaulichen Ausgleich nicht an.[235]

Macht die Raumplanungsbehörde von ihrer Möglichkeit Gebrauch, Vorranggebiete gemäß § 7 Abs. 4 S. 2 ROG mit der Wirkung von Eignungsgebieten auszustatten, so ist fraglich, inwieweit die Gemeinden dadurch gebunden werden. Die Regelung in § 7 Abs. 4 S. 2 ROG stellt eine Kombinationsform der Vorrang- und Eignungsgebiete dar. Systematisch handelt es sich aber, wie aus dem Wortlaut hervorgeht, um eine Sonderform der Vorranggebiete.[236] Daher teilt diese Kombinationsform die Rechtsnatur der Vorranggebiete; es handelt sich daher wie oben gezeigt ebenfalls um Ziele der Raumordnung. Bestätigt wird dieses Ergebnis durch die Überlegung, dass diese Kombinationsform eine landesplanerische Letztentscheidung darstellt, weil durch die Anordnung der Rechtsfolge der Eignungsgebiete eine strikte, nicht abwägungsüberwindbare Konzentrationswirkung erreicht wird.[237] Allerdings gilt die Gebietsfestlegung nach § 7 Abs. 4 S. 2 ROG auf Grund der Rechtswirkung eines Eignungsgebietes ausschließlich im sachlichen Anwendungsbereich der Eignungsgebiete. Das bedeutet, dass diese Kombinationsfestlegung ausschließlich für raumbedeutsame Vorhaben im Außenbereich nach § 35 BauGB gilt.[238] Bereits oben wurde ausgeführt, dass Eignungsgebiete für den städtebaulichen Ausgleich nicht relevant sind. Da die Rechtswirkung der Eignungsgebiete dieselbe ist wie bei den Kombinationsgebieten nach § 7 Abs. 4 S. 2 ROG, sind diese Kombinationsgebiete für den städtebaulichen Ausgleich ebenfalls nicht relevant, obwohl es sich um Ziele der Raumordnung handelt. Soweit es also um den städtebaulichen Ausgleich und die räumliche Entkopplung geht, sind Kombinationsgebiete für die Gemeinde bedeutungslos, weil wie schon ausgeführt Naturschutzmaßnahmen keine Vorhaben nach § 35 BauGB sind und damit nicht Gegenstand der Festsetzung eines Eignungsgebietes sein können.[239]

---

[235] Freilich muss die Gemeinde die Eignungsgebiete gemäß § 1 Abs. 4 BauGB bei ihrer Planung außerhalb des städtebaulichen Ausgleichs beachten, sofern es sich um Ziele der Raumordnung handelt. Die Klärung dieser umstrittenen Frage ist hier aber nicht Gegenstand dieser Untersuchung, die sich Fragen der Raumordnung allein unter den Gesichtspunkten des städtebaulichen Ausgleichs widmet. Vgl. zur umstrittenen Zielqualität von Eignungsgebieten zusammenfassend *Hendler*, in: Jarass (Hrsg.), Raumordnungsgebiete, S. 112 ff. m. w. N.; *Kirste*, DVBl. 2005, 993 (1000).

[236] So auch *Kirste*, DVBl. 2005, 993 (1001).

[237] *Erbguth*, DVBl. 1998, 209 (212 f.); *Lehners*, S. 79; *Runkel*, DVBl. 1997, 275 (276).

[238] *Lehners*, S. 78; *Erbguth*, DVBl. 1998, 209 (211 f.) im Anschluss an die Gesetzesbegründung BT-Drs. 13/6392, S. 84.

[239] Hinsichtlich anderer Ausweisungen als des Ausgleichs sind die Gemeinden freilich an die raumplanerischen Vorgaben der Kombinationsgebiete gebunden.

*Zusammenfassend* bleibt also hinsichtlich der raumplanerischen Grenzen des Ausgleichs nach §§ 1a Abs. 3 S. 3; 200a S. 2 BauGB festzuhalten, dass Festsetzungen der Raumordnungspläne den städtebaulichen Ausgleich und die räumliche Entkoppelung nur insofern beeinflussen, als Ausgleichsmaßnahmen in Vorranggebieten, die Flächen für eine Nutzung vorsehen, welche mit dem Ausgleich kollidieren würde, unzulässig sind. Darüber hinaus bestehen keine raumplanerischen Bindungen, solange die Bauleitplanung nicht sonstigen Zielen der Raumordnung widerspricht. Das – hier freilich nicht unmittelbar geltende, sondern auf die Umsetzung durch die Landesplanungsgesetz angewiesene – ROG sieht in § 7 Abs. 2 S. 2 zwar vor, dass Ausgleichsmaßnahmen der naturschutzrechtlichen oder die städtebaulichen Eingriffsregelung räumlich entkoppelt stattfinden können. Verpflichtend ist dies aber nicht; ob die Gemeinde bei ihrer Bauleitplanung von der Möglichkeit der räumlichen Entkoppelung Gebrauch macht, liegt in ihrem planerischen Ermessen.

Die *dritte Voraussetzung* eines räumlich entkoppelten Ausgleichs ist die Vereinbarkeit mit den Zielen des Naturschutzes und der Landschaftspflege. Das BauGB definiert diese Begriffe nicht. Ein Rückgriff auf das BNatSchG hilft hier aber weiter. Das BNatSchG zählt in § 1 vier Aspekte auf, welche – in der Zusammenschau mit den jeweiligen Landesnaturschutzgesetzen – den Begriff der Ziele des Naturschutzes und der Landschaftspflege beschreiben. Diese Beschreibung erfolgt aber sehr vage und weit gefasst. Für die Frage der Vereinbarkeit des räumlich entkoppelten Ausgleichs mit diesen Zielen ist § 1 BNatSchG nicht operationalisierbar, da er wegen seines hohen Abstraktionsgrades der Gemeinde keine oder nur sehr allgemeine und in dieser Allgemeinheit nicht brauchbare Leitlinien für die Bauleitplanung hinsichtlich dieser Frage an die Hand gibt. Für die Bauleitplanung ist es notwendig, die abstrakten Aussagen des § 1 BNatSchG über die Ziele des Naturschutzes und der Landschaftspflege auf die örtliche Ebene herunterzubrechen. Notwendig ist ein Bezug dieser Ziele auf die jeweiligen lokalen Gegebenheiten des jeweiligen Betrachtungsraums.

Dieser Bezug kann mit der örtlichen Landschaftsplanung hergestellt werden.[240] Die Landschaftsplanung enthält gemäß § 14 Abs. 1 S. 2 Nr. 2 BNatSchG die für eine bestimmte Raumeinheit konkretisierten Ziele des Naturschutzes und der Landschaftspläne. Landschaftspläne sind abgewogene Fachpläne, welche sich mit den örtlichen Naturphänomenen, insbeson-

---

[240] *Beckmann,* FS Hoppe, S. 531 (543); *Bunzel,* ZfBR 1998, 226 (228); *Mitschang,* ZfBR 1999, 125 (130); *Wagner/Mitschang,* DVBl. 1997, 1137 (1146). Zu pauschal *Schink/Matthes-Bredelin,* ZfBR 2001, 155 (157), die eine Vereinbarkeit mit den Zielen des Naturschutzes schon dann als gegeben ansehen, wenn die räumliche entkoppelte Kompensation ökologisch vorteilhafte Konsequenzen nach sich zöge.

dere deren Schutz und Weiterentwicklung, auseinandersetzen.[241] Sie leisten die für die Bauleitplanung notwendige Transformation der abstrakten Definition der Ziele des Naturschutzes und der Landschaftspflege in § 1 BNatSchG hin zu lokal bezogenen, ausreichend konkreten Aussagen über Natur und Landschaft. Diese Aussagen sind bei der Festlegung des städtebaulichen Ausgleichs zu berücksichtigen. Insofern deckt sich das in §§ 1a Abs. 3 S. 3; 200a S. 2 BauGB enthaltene Kriterium der Vereinbarkeit mit den Zielen des Naturschutzes und der Landschaftspflege mit § 1a Abs. 2 Nr. 1 BauGB, der die Auseinandersetzung mit den Aussagen der Landschaftspläne in der bauplanerischen Abwägung fordert. Ein wesentlicher Unterschied besteht aber in dem Grad der Verbindlichkeit der Aussagen der Landschaftsplanung. Während diese in der Abwägung im Rahmen der Planungshoheit hinweggewogen werden können, sind die Aussagen der Landschaftspläne für die Zulässigkeit des räumlich entkoppelten Ausgleichs konstitutiv. Dies folgt daraus, dass §§ 1a Abs. 3 S. 3; 200a S. 2 BauGB eine klar konditionale Rechtsfolge vorsehen. Nur soweit es mit den Zielen von Naturschutz und Landschaftspflege, also den Aussagen der Landschaftspflege, vereinbar ist, darf der Ausgleich an einem anderen Ort als dem Eingriffsort stattfinden. Für einen planerischen Gestaltungsspielraum ist hier kein Platz.[242] Die Vereinbarkeit mit der Landschaftsplanung ist ein zwingendes, konditionales Kriterium für die Zulässigkeit der räumlichen Entkopplung.

Daher darf die Gemeinde sich mit ihren Festsetzungen über einen räumlich entkoppelten Ausgleich, will sie von dieser Möglichkeit der räumlichen Entkopplung Gebrauch machen, nicht in Widerspruch zu der Landschaftsplanung setzen. Widerspricht der Landschaftsplan den gemeindlichen Ausgleichsabsichten, so muss die Gemeinde entweder auf die Änderung des Landschaftsplanes hinwirken oder ihre eigenen Planungsabsichten ändern. Tut sie dies nicht, so darf sie mangels Vereinbarkeit der räumlichen Entkopplung mit den Zielen von Naturschutz und Landschaftspflege gemäß §§ 1a Abs. 3 S. 3; 200a S. 2 BauGB keinen Gebrauch von dieser Planungsmöglichkeit des städtebaulichen Ausgleichs machen. Besteht hingegen gar keine Landschaftsplanung für das Gemeindegebiet und die Flächen, auf de-

---

[241] Zusammenfassend *Gassner,* Recht der Landschaft, S. 91 ff. Zur Rolle der Landschaftspläne in der Bauleitplanung *Wagner/Mitschang,* DVBl. 1997, 1137 ff.

[242] Missverständlich ist es daher, wenn *Müller/Mahlburg,* UPR 1999, 259 (263), von den Vorgaben der Landschaftspläne als „Planungsleitsätze" sprechen. Bei der Frage der Zulässigkeit der räumlichen Entkopplung besteht gerade kein planerischer Gestaltungsspielraum. Der Begriff des Planungsleitsatzes ist hier daher fehl am Platz. In der bauplanerischen Abwägung haben die Aussagen der Landschaftspläne gerade nicht den Stellenwert von Planungsleitsätzen, wie § 1a Abs. 2 Nr. 1 BauGB zeigt, sondern rangieren lediglich als einfacher Abwägungsbelang.

nen der räumlich entkoppelte Ausgleich stattfinden soll, so müssen die Gemeinden[243] zuerst landschaftsplanerisch tätig werden.[244] Dies folgt aus der steuernden Funktion der Landschaftsplanung für den städtebaulichen Ausgleich. Der Gesetzgeber hat in § 1a Abs. 3 S. 3; 200a S. 2 BauGB die Vereinbarkeit mit den Zielen des Naturschutzes und der Landschaftspflege vorgesehen, um so die Lenkungsfunktion, welche die Landschaftspläne gemäß § 14 Abs. 1 S. 2 Nr. 4a)–f) BNatSchG wahrnehmen, für den städtebaulichen Ausgleich zu nutzen. Er knüpft die Zulässigkeit des räumlich entkoppelten Ausgleichs an die Vereinbarkeit mit landschaftsplanerischen Aussagen, um so die Gefahr der Beliebigkeit, welche eine Entkopplung stets mit sich bringt, einzudammen. Besteht gar keine Landschaftsplanung, so droht der räumlich entkoppelte Ausgleich unkontrolliert und unkanalisiert durchgeführt zu werden. Dies ist vor dem Hintergrund der angesprochenen Gefahr der Beliebigkeit nicht hinnehmbar. Die Landschaftsplanung sorgt für die Nachvollziehbarkeit und die Steuerung des Ausgleichs; sie beseitigt so – gleichsam als Korrektiv – die Gefahr der Beliebigkeit. Von daher darf ohne Landschaftsplanung kein räumlich entkoppelter Ausgleich stattfinden. Bestehen keine Landschaftspläne, kann die Gemeinde die Option der räumlichen Entkoppelung bei der Auswahl ihrer Ausgleichsmaßnahmen nicht wählen.

Abgesehen von diesen drei spezifischen Voraussetzungen, die §§ 1a Abs. 3 S. 3; 200a S. 1 BauGB für die räumliche Entkoppelung des Ausgleichs vom Eingriff aufstellen, welche die Gemeinde strikt binden, ist die bauplanerische Abwägung relativ frei in der Auswahl der Flächen des städtebaulichen Ausgleichs. Es liegt in der planerischen Gestaltungsfreiheit der Gemeinde, über den jeweils günstigsten Ort des Ausgleichs zu entscheiden. Solange die vorstehend genannten Voraussetzungen sowie die allgemeinen Rechtmäßigkeitsanforderungen an die bauplanerische Abwägung eingehalten sind, handelt die Gemeinde abwägungsfehlerfrei. Umgekehrt liegt ein Abwägungsfehler vor, wenn die Gemeinde die Grenzen aus §§ 1a Abs. 3 S. 3; 200a S. 2 BauGB verkennt.[245]

---

[243] In den Flächenstaaten sind überwiegend die Gemeinden gemäß § 18 Abs. 2 LNatSchG B.-W.; Art. 3 Abs. 2 S. 2 BayNatSchG; § 7 Abs. 1 S. 1 BbgNatSchG; § 4 Abs. 3 HessNatSchG; § 13 Abs. 1 LNatSchG M.-V.; § 6 S. 1 NsNatSchG; § 17 Abs. 3 LPflG Rh.-Pf.; § 8 Abs. 2 SaarNatSchG; § 7 Abs. 3 SächsNatSchG; § 6 Abs. 1 LNatSchG S.-H.; ThürNatSchG (dort nur für die Grünordnungspläne) zuständig. Gemäß § 16 Abs. 1 S. 2 LG N.-W. sind in Nordrhein-Westfalen die Kreise und Stadtkreise zuständig.

[244] *Mitschang*, WiVerw 1998, 20 (45); *ders.,* ZfBR 1999, 125 (130).

[245] Zu den Konsequenzen dieses Fehlers im § 5 bei D. I. und V.

(2) Grenzen der zeitlichen Entkoppelung

Für die zeitliche Entkoppelung zwischen Eingriff und Ausgleich gibt es im Gegensatz zur räumlichen Entkoppelung keine ausdrücklich geregelten gesetzlichen Grenzen. § 135a Abs. 2 S. 2 BauGB begnügt sich damit, den vorgezogenen Ausgleich zu ermöglichen; Zulässigkeitsvoraussetzungen sind der Norm aber nicht zu entnehmen. Aus dem systematischen Zusammenhang mit § 135a Abs. 2 S. 1 BauGB ergibt sich lediglich, dass eine zeitliche Entkoppelung nur bei solchen Ausgleichsmaßnahmen zulässig ist, die Flächen gemäß § 9 Abs. 1a S. 2 BauGB zugeordnet worden sind. Entfallen sind die in § 8a Abs. 3 BNatSchG a. F. enthaltenen gesetzlichen Voraussetzungen, dass zeitliche Flexibilisierung nur möglich ist, wenn es städtebauliche oder naturschutzfachliche Gründe erfordern. Aus dem Wegfall dieser Grenzen der zeitlichen Entkopplung und aus dem Fehlen solcher Grenzen im BauGB darf aber nicht geschlossen werden, dass der Gesetzgeber die zeitliche Flexibilisierung uneingeschränkt ermöglichen wollte. Wäre dies der Fall, so läge darin eine solch schwerwiegende Modifikation der Eingriffsregelung als Rechtsfigur, dass man dazu nähere Erwägungen in der Gesetzesbegründung[246] des BauROG, das die zeitliche Flexibilisierung eingeführt hat, finden müsste. Dies ist aber nicht der Fall.

Bereits oben wurde die Gefahr der Entkopplung angesprochen, nämlich dass der städtebauliche Ausgleich durch die vielfältigen Flexibilisierungsmöglichkeiten beliebig zu werden und sich in allgemeine naturschützerische Maßnahmen zu verflüchtigen droht. Um dieser Gefahr entgegenzutreten, müssen daher – wo gesetzliche Grenzen fehlen – für jede Ebene der Flexibilisierung Kriterien entwickelt werden, die dies verhindern und sicherstellen, dass der Ausgleich ein Ausgleich eines konkreten Eingriffes bleibt. Solche nachvollziehbaren Kriterien lassen sich, wo gesetzliche Grenzen fehlen, aus den dargestellten[247] Grundprinzipien der Eingriffsregelung entwickeln. Obgleich sich die städtebauliche Eingriffsregelung gegenüber der naturschutzrechtlichen Eingriffsregelung verselbständigt hat, beruht sie doch auf denselben Grundsätzen.

Für die zeitliche Flexibilisierung relevant sind dabei die Grundsätze des Projektbezugs, des Vorsorge- und des Verursacherprinzips. Zunächst fordert das Vorsorgeprinzip, kombiniert mit dem Verursacherprinzip, dass spätestens gleichzeitig mit der Entscheidung über den Eingriff im Sinne eines planerischen Junktims eine Entscheidung über den Ausgleich fällt.[248] Dies

---

[246] BT-Drs. 13/6392.

[247] Im § 3 bei C.

[248] *Wolf,* NuR 2001, 482 (487); siehe auch oben bei C. III. und in § 3 bei C. II.–III. bzw. B. II. 2. b) cc) (3).

setzt der zeitlichen Entkopplung eine Grenze nach hinten. Entscheidungen über Ausgleichsmaßnahmen nach der Entscheidung über den Eingriff sind nicht zulässig.[249] Damit ist aber noch nichts über die Zulässigkeit der Verlagerung der Ausgleichsentscheidung vor die Entscheidung über den konkreten Eingriff gesagt. Hier kann der Projektbezug der Eingriffsregelung für die Entwicklung eines Zulässigkeitskriteriums fruchtbar gemacht werden. Das Regime der Eingriffsregelung bezieht sich immer auf ein konkretes Projekt. Ziel der Eingriffsregelung ist nicht, allgemeine Naturverbesserungsmaßnahmen vorzunehmen, sondern konkret auf einen Eingriff bezogene Naturbeeinträchtigungen zu kompensieren.[250] Maßgeblich sind daher die Naturbeeinträchtigungen, welche ein bestimmtes Projekt verursacht. Beim zeitlich vorgezogenen Ausgleich ist es indes sehr schwierig, diese Naturbeeinträchtigungen eines bestimmten Projekts auszugleichen, da etwas ausgeglichen werden muss, das noch gar nicht stattgefunden hat. Zwar wird manchmal auf Grund der örtlichen Gegebenheiten klar sein, welche Naturfunktionen der spätere Eingriff beeinträchtigen wird; in aller Regel ist dies jedoch nicht der Fall, so dass der konkrete Bezugspunkt für die Ausgleichsmaßnahmen fehlt. Der Projektbezug geht insofern ins Leere. Was aber als Aussage des Projektbezugs bleibt, ist die Verknüpfung der Ausgleichsmaßnahmen mit einem Projekt. Gleichsam als äußere Hülle des Projektbezugs bleibt die abstrakte Bezogenheit der Ausgleichsmaßnahmen auf den Eingriffsausgleich schlechthin; es geht nicht mehr um den Ausgleich durch konkrete Projekte hervorgerufener konkreter Beeinträchtigungen, sondern es geht um den Ausgleich für künftige, noch nicht konkretisierte Projekte schlechthin. Dieses modifizierte Verständnis des Projektbezugs leistet zugleich die Abgrenzung zu den beliebigen Naturschutzmaßnahmen, die als Ausgleich unzulässig sind. Solange sich Naturschutzmaßnahmen als Ausgleich künftiger Projekte verstehen lassen, sind sie als vorgezogene Ausgleichsmaßnahmen zulässig.[251]

Diese inhaltliche Neuorientierung des Projektbezugs bedarf einer verfahrensmäßigen Entsprechung. Denn die planende Gemeinde muss es dokumentieren, dass sie die Naturschutzmaßnahmen gerade nicht als beliebige Aufwertungsmaßnahmen zu Gunsten der Natur vornehmen will, sondern dass die Naturschutzmaßnahmen als Ausgleich künftiger Eingriffe dienen sollen. Im (Ausgleichs-)Bauleitplanverfahren muss die Gemeinde deutlich und nachvollziehbar erklären, dass die getroffenen Maßnahmen vorgezogene Ausgleichsmaßnahmen für künftige Eingriffe darstellen. Sie muss die

---

[249] *Stüer,* Der Bebauungsplan, Rn. 501; *Löhr,* in: Battis/Krautzberger/Löhr (Hrsg.), BauGB, § 9 Rn. 98c; *Wolf,* NuR 2001, 481 (487).

[250] Siehe im § 3 bei B. II. 2. b) bb) und dort bei C. I.

[251] Für die im § 2 behandelten modernen Kompensationsmaßnahmen lässt sich daher das Erfordernis einer „Widmung" ableiten, vgl. dazu in § 5 bei B. II. 3. a).

vorgezogenen Ausgleichsmaßnahmen gleichsam späteren Eingriffen „widmen". Diese Erklärung muss jedenfalls Teil des Bauleitplanbeschlusses werden, da sie mit der Entscheidung über den Ausgleich abwägungserhebliche Belange enthält und somit Aufsichtsbehörden und Gerichte Ansatzpunkte für eine effektive Kontrolle des Planes unter Ausgleichsaspekten erhalten müssen. Es bietet sich an, diese Erklärung in der Begründung des Bauleitplanes niederzulegen. Ferner muss die Gemeinde diese Erklärung bereits im Aufstellungsverfahren im Umweltbericht vornehmen, der der Öffentlichkeit im Beteiligungsverfahren zugänglich ist (§§ 2a S. 2 und 3 i. V. m. S. 1; 3 Abs. 2 S. 1 BauGB). Dies rechtfertigt sich daraus, dass vorgezogene Ausgleichsmaßnahmen wie Ausgleichsmaßnahmen allgemein die Nutzung privater Grundstücke beeinträchtigen können. Im Rahmen der Anstoßfunktion[252] müssen die Eigentümer dieser Grundstücke Gelegenheit haben, sich zu den Ausgleichsplänen der Gemeinde zu äußern. Es muss also insgesamt im Umweltbericht im Rahmen des Planaufstellungsverfahrens und in der Planbegründung nach dem Planbeschluss hinreichend deutlich werden, dass die naturschutzbezogenen Maßnahmen der Gemeinde nicht der allgemeinen Umweltverbesserung wegen erfolgen, sondern Maßnahmen sein sollen, die dem Ausgleich künftiger Naturbeeinträchtigungen dienen. Damit unterliegen sie, unabhängig von ihrer Vorwegnahme, den allgemeinen Rechtmäßigkeitsanforderungen von Ausgleichsmaßnahmen.

(3) Grenzen der funktionalen Entkoppelung

Noch schwieriger ist es, die Grenzen der funktionalen Entkoppelung festzulegen, da das BauGB diese Ebene der Flexibilisierung des Ausgleichs im Gegensatz zur räumlichen und zeitlichen Flexibilisierung nicht ausdrücklich erwähnt. Bereits oben wurde die Gefahr beschrieben, welche die Flexibilisierung des Ausgleichs – insbesondere auf der funktionalen Ebene – mit sich bringt. Der funktionale Zusammenhang darf nicht aufgelöst werden; gleichzeitig verlangt die Integration des Ausgleichsregelung in das Finalprogramm der Bauleitplanung eine vorausschauende, planerische Gestaltung des Ausgleichs, die naturgemäß einen möglichst weiten planerischen Gestaltungsspielraum fordert. Dieser Gestaltungsspielraum wird aber eingeschränkt durch das Erfordernis des funktionalen Zusammenhangs. Das Ziel der Eingriffsregelung, einen planerischen, final programmierten Ausgleich durchzuführen, steht daher in einem Spannungsverhältnis mit der rechtlichen Grenze dieses planerischen Ausgleichs. Es gilt nun, eine Vorgehensweise zu finden, die es erlaubt, sich diesem Umschlagpunkt von der recht-

---

[252] BVerwGE 55, 369; vgl. nur *Brohm,* Öffentliches Baurecht, § 15 Rn. 12; *Battis,* in: Battis/Krautzberger/Löhr (Hrsg.), BauGB, § 3 Rn. 14.

mäßigen Lockerung des Zusammenhangs hin zur rechtswidrigen Auflösung des Zusammenhangs möglichst weit anzunähern, ihn aber nicht zu überschreiten. Auf der einen Seite ist dabei zu berücksichtigen, dass die Gemeinden bei der Festlegung des Ausgleichs weitgehend frei sein sollen, um so dem planerischen Charakter des städtebaulichen Ausgleichs möglichst gut gerecht zu werden; andererseits darf die letzte Grenze des funktionalen Zusammenhangs nicht überschritten werden, nämlich dass noch irgendein plausibler Zusammenhang – und sei er noch so klein – bestehen muss.

Dieses Spannungsfeld kann aufgelöst werden, indem man der Gemeinde weitgehende Planungsfreiheit gibt, diese aber dadurch beschränkt, dass man sie in den allgemeinen planerischen Kontext der jeweiligen Bauleitplanung einbettet. Konkret heißt das, dass die Gemeinden einen großen Gestaltungsspielraum bei der Festlegung ihrer Ausgleichsmaßnahmen haben. Dieser Gestaltungsspielraum ist aber dadurch beschränkt, dass seine Ausübung, also die Festsetzung von Ausgleichsmaßnahmen, zum einen keine vollständige Aufhebung des funktionalen Zusammenhangs vorsehen darf, zum anderen dadurch, dass die Festlegungen mit den Festsetzungen des Flächennutzungsplans, der übergeordneten Pläne der Raumordnung und den Festsetzungen der Landschaftspläne übereinstimmen müssen. Sehen Raumordnung oder Landschaftsplanung – gleich auf welcher Stufe – eine bestimmte Art der Flächennutzung für ein bestimmtes Gebiet vor, so darf die Gemeinde keine widerstreitenden Maßnahmen als Ausgleich treffen.[253] Die Rückbindung an planerische Leitorientierungen bildet also die inhaltlich-funktionale Grenze für den Ausgleich. In der Sache läuft dies auf eine entsprechende Anwendung der in §§ 1a Abs. 3 S. 3; 200a S. 2 BauGB beschriebenen Schranken der räumlichen Flexibilisierung auch für die funktionale Flexibilisierung hinaus. Da das BauGB den flexibilisierten städtebaulichen Ausgleich selbst wie dargestellt final ausgestaltet und in ein Netz miteinander verknüpfter Planungen integriert hat, ist eine entsprechende Anwendung der §§ 1a Abs. 3 S. 3; 200a S. 2 BauGB konsequent, da diese Vorschriften diese Integration vornehmen. Außerdem steht der funktionale Zusammenhang in enger Verbindung mit dem räumlichen Zusammenhang.[254] Obwohl sie dem Wortlaut nach nur für die räumliche Entkopplung gelten, weisen sie in ihrer Bedeutung und ihrem Sinngehalt darüber hinaus und stellen gleichsam programmatisch die Eingebundenheit des städtebaulichen Ausgleichs in ein Planungsgeflecht dar. Dieser erläuterte Bedeutungsgehalt der Vorschriften kann für die funktionale Entkopplung dem Sinn nach fruchtbar gemacht werden, obschon keine direkte Anwendung der Normen auf Grund ihres Wortlautes möglich ist.

---

[253] Ähnlich *Wolf,* NuR 2001, 481 (486).
[254] Vgl. dazu *Thum,* ZUR 2005, 63 ff.

Die Raumordnung und die Fachplanung nach dem BNatSchG steuern also den bauleitplanerischen Ausgleich, indem sie die Grenzen für die funktionale Lockerung von Eingriff und Ausgleich setzen. Der städtebauliche Ausgleich muss sich in den Kontext der landes- und landschaftsplanerischen Konzepte zur Entwicklung von Natur und Landschaft einfügen.[255] Naturgemäß werden hier am ehesten die Pläne der kleinsträumigen Planungsstufe relevant sein, da diese die detailliertesten Aussagen über die jeweilige Flächennutzung treffen. Aber auch die höherstufigen Planungsebenen können dann bedeutsam werden, wenn sie konkrete Nutzungsarten für Gebiete vorsehen, welche die Gemeinde als Ausgleichsgebiet vorsehen möchte. Die Abwägung der Gemeinde über den Ausgleich hat sich an diesen Planungen zu orientieren und darf ihnen nicht widersprechen. Insofern begrenzen diese Planungen die funktionale Entkoppelung von Eingriff und Ausgleich. Innerhalb dieses so gezogenen Rahmens kann die Gemeinde aber beliebige Ausgleichsmaßnahmen vorsehen, solange irgendein nachvollziehbarer funktionaler Zusammenhang mit den durch den Eingriff beeinträchtigten Naturfunktionen besteht.[256]

Abgesehen von der planerischen Eingebundenheit des Ausgleichs gilt wie oben ausgeführt[257] der Projektbezug weiterhin als Schranke der funktionalen Entkopplung. Die Naturschutzmaßnahmen müssen anlässlich eines Eingriffs stattfinden und dürfen nicht nur der allgemeinen Naturaufwertung dienen oder ohnehin bestehenden gesetzlichen Verpflichtungen entspringen (z.B. zur Altlastensanierung oder zur guten fachlichen Praxis in der Landwirtschaft).[258]

(4) Grenzen der Entkoppelung der Verursacherverantwortlichkeit

Ebenfalls nicht gesetzlich geregelt sind die Grenzen der Verantwortlichkeit der Eingriffsverursacher. Ein Ansatz einer Beschränkung findet sich in § 135a Abs. 3 S. 2 BauGB, wo es heißt, dass die Gemeinde Kosten erhebt.

---

[255] Damit kommt man auch der Forderung der Landschaftsplaner nach, dass die eingeführten Planungsinstrumente von Naturschutz und Landschaft auf kommunaler Ebene, nämlich die Landschaftspläne, mit der Eingriffsregelung enger verknüpft werden sollen. Vgl. *Genßler/Köppel*, in: TU Berlin (Hrsg.), Flexibilisierung der Eingriffsregelung, S. 91.

[256] Im Ergebnis ebenso *Louis*, NuR 1998, 113 (120 f.) und *ders.*, in: Birk (Hrsg.), Der naturschutzrechtliche Ausgleich, S. 27; ferner *Köck*, NuR 2004, 1 (2). Zahlreiche planungspraktische Beispiele und Anregungen aus naturschutzfachlicher Sicht zur Methodik der Ermittlung funktional passender Ausgleichsmaßnahmen bietet *Gerhards*, Naturschutzfachliche Handlungsempfehlungen zur Eingriffsregelung in der Bauleitplanung, S. 55–63.

[257] Unter (2) und im § 3 bei C. I.

[258] Beispiele nach *Wolf*, NuR 2004, 6 (9).

Es ist also kein Raum für ein Ermessen der Gemeinde, dem Verursacher die Kosten des Ausgleichs zu erlassen; die Kostenfolge tritt zwingend ein. Angesichts der leeren Gemeindekassen scheint es kaum vorstellbar, dass eine Gemeinde auf den ihr nach § 135a Abs. 3 BauGB gesetzlich zustehenden Geldbetrag verzichten möchte. Dennoch sind Fälle denkbar, in denen die Gemeinde, etwa um bauwillige Investoren nicht abzuschrecken, möglicherweise von der Erhebung von Kosten für den Ausgleich absehen will. Dem schiebt § 135a Abs. 3 S. 2 BauGB bereits im Ansatz einen Riegel vor. Die Vorschrift gilt aber nur für Maßnahmen an anderer Stelle als dem Eingriffsort, welche die Gemeinde an Stelle des Verursachers in Umsetzung von § 135a Abs. 2 BauGB vornimmt. Für andere Ausgleichsmaßnahmen ist der Eingriffsverursacher selbst zur Durchführung der Ausgleichsmaßnahmen verpflichtet, § 135 Abs. 1 BauGB. Der Eingriffsverursacher ist also lückenlos verpflichtet, entweder zur Vornahme von Ausgleichsmaßnahmen oder zur Finanzierung der von der Gemeinde durchgeführten Ausgleichsmaßnahmen.

Dies ist vor dem Hintergrund des Verursacherprinzips konsequent. Die Eingriffsregelung basiert auf diesem umweltrechtlichen Prinzip[259]. Würde auf die Kostenfolge verzichtet, so würde das – bereits von der Durchführungsverantwortung hin zur Finanzierungsverantwortung modifizierte, siehe oben – Verursacherprinzip für den Bereich der Bauleitplanung gänzlich ausgehebelt. Der Verursacher hätte nicht zwingend Konsequenzen seiner Naturbeeinträchtigungen, seien sie Handlungspflichten oder Finanzierungspflichten, zu spüren. Mit den Grundsätzen der Eingriffsregelung ist dies nicht vereinbar. Hätte der Gesetzgeber mit dem Verursacherprinzip einen in so hohem Maße zentralen Eckpfeiler der Eingriffsregelung abschaffen wollen, hätte dies entweder im Gesetz selbst oder in den Gesetzgebungsmaterialien einen Niederschlag finden müssen, was aber nicht der Fall ist. So muss die Gemeinde auf jeden Fall Kosten vom Verursacher erheben; ein Verzicht darauf ist ausgeschlossen.

### 3. Die Bedeutung der Landschaftsplanung für den Ausgleich

Die Landschaftsplanung ist seit dem Inkrafttreten des BNatSchG 1976 als Teil der naturschutzrechtlichen Fachplanung bekannt. Die Bedeutung der Landschaftsplanung beschränkt sich indes nicht auf das Naturschutzrecht. Landschaftspläne sind in das Netz der öffentlichen Fach- und Landesplanung eingebunden; sie bilden im Rahmen dieser überregionalen Planvernetzung unter anderem einen integralen Bestandteil der Bauleitplanung der Gemeinden. Seit der BauGB-Novelle 1998 ist die Landschaftsplanung von

---

[259] Siehe § 3 C. II.

großer Bedeutung für die städtebauliche Ausgleichsregelung (a)). Aus dieser besonderen Bedeutung der Landschaftsplanung für das Ausgleichsregime resultieren besondere Pflichten, welche die Gemeinde bei einer ordnungsgemäßen bauplanerischen Abwägung beachten muss (b)).

### a) Der Einfluss der Landschaftsplanung auf die städtebauliche Eingriffsregelung

Das BauGB erwähnt die Landschaftspläne im größeren Zusammenhang der Bauleitplanung explizit nur in § 1 Abs. 6 Nr. 7g) und § 2 Abs. 4 S. 6. In der Zentralnorm der städtebaulichen Eingriffsregelung, § 1a Abs. 3 BauGB, sind die Landschaftspläne indes nicht erwähnt. Oben wurde aber bereits die Bedeutung der Landschaftspläne für einen koordinierten städtebaulichen Ausgleich herausgearbeitet. §§ 1a Abs. 3 S. 3 und 200a S. 2 BauGB enthalten wie gezeigt mit ihrer Forderung nach einer Vereinbarkeit des entkoppelten Ausgleichs mit den Zielen des Naturschutzes und der Landschaftspflege einen impliziten Verweis auf die Landschaftsplanung.

Die Funktion der Landschaftsplanung, natur- und landschaftsbezogene Maßnahmen für den Planungsraum der Gemeinde zu erarbeiten, zu erfassen und als Handlungsprogramm für die Zukunft darzustellen, zieht der Flexibilisierung des Ausgleichs Grenzen, sowohl in räumlicher wie in funktionaler Hinsicht. Das Ziel der Landschaftsplanung, den längerfristigen Schutz von Natur und Landschaft zu koordinieren, wäre durch eine ungehemmte, mit der Landschaftsplanung nicht abgestimmte Ausgleichstätigkeit der Gemeinde nicht vereinbar. Dass die Landschaftsplanung eine Grenze des städtebaulichen Ausgleichs zieht, erscheint daher konsequent. Insbesondere Darstellungen nach § 14 Abs. 2 Nr. 2 BNatSchG werden hier in Frage kommen. Sie bleibt dabei aber nicht in der Rolle des Verhinderers stehen, sondern steuert und lenkt den Ausgleich. Dies geschieht zunächst dadurch, dass sie den Zielzustand der Natur, unabhängig von etwaigen Eingriffen, beschreibt (§ 14 Abs. 1 S. 2 Nr. 1 BNatSchG). Die Gemeinde bekommt durch die Landschaftsplanung Hinweise darauf, wie ihre angestrebten Ausgleichsmaßnahmen im Ergebnis wirken sollen. Man kann insofern von einer *ergebnisbezogenen Steuerung* des Ausgleichs durch die Landschaftsplanung sprechen. Ferner bestimmt die Landschaftsplanung gemäß § 14 Abs. 1 S. 2 Nr. 2 BNatSchG konkrete Ziele des Natur- und Landschaftsschutzes. Hier kommt es maßgeblich auf lokale Besonderheiten und ihre Gewichtung in der Landschaftsplanung an; eine steuernde Funktion haben diese Ziele auf Grund ihres Abstraktionsgrades eher nicht. Sie können durch vielerlei Maßnahmen erreicht werden; wichtig ist lediglich das Ziel selbst als abstrakte Vorgabe der Ausgleichstätigkeit. Weit ergiebiger für die Ausgleichsregelung sind die in § 14 Abs. 1 S. 2 Nr. 4 lit. a)–f) genannten Inhalte der Landschaftsplanung. Sie beschreiben bestimmte Maßnahmen des Natur- und Landschaftsschutzes. Da die Landschaftsplanung solche bestimmten Maßnahmen vorsieht, kann man von einer *maßnahmenbezogenen Steuerung* des Ausgleichs sprechen. Die Gemeinde kann für ihren Ausgleich aus dem Maßnahmenkatalog wählen, den der Landschaftsplan vorsieht. Sie kann zwar bei der Festlegung ihrer Ausgleichsmaßnahmen von diesem Maßnahmenkatalog abweichen; dieses Abweichen ist aber begründungsbedürftig, da mit dem Landschaftsplan ein qualifizierter Abwägungsbelang vorliegt (s. o.), für den eine Vermutung besonderer naturschutzfachlicher Sachkunde spricht. Weicht die Gemeinde vom gemäß § 14 Abs. 1 S. 2 Nr. 4 lit. a)–f) dargestellten Maßnahmenkatalog des Landschaftsplans ab, läuft sie Gefahr, den Wert des Naturschutzes in der Abwägung fehlerhaft einzuschätzen. Auf der sicheren Seite ist sie, wenn sie die Planung des Ausgleichs gemäß dem Landschaftsplan vornimmt.

Der Landschaftsplan koordiniert[260] also bereits in einem frühen Stadium, in dem von möglichen Eingriffen noch gar nicht die Rede sein muss, etwaige Ausgleichsmaßnahmen zur Kompensation dieser Eingriffe. Für die Steuerung des flexibilisierten Ausgleichs in räumlicher, zeitlicher und funktionaler Hinsicht ist dieses Planungsinstrument daher prädestiniert. Aus ihm können die Planer die erforderlichen Vermeide- und Ausgleichsmaßnahmen ableiten; er enthält ferner Angaben zu Flächen und Naturbereichen, die für den Ausgleich geeignet sind. Der Landschaftsplan kann in diesem frühen Stadium Möglichkeiten der Minimierung künftiger Eingriffe erarbeiten und Konzepte möglicher Kompensationsmaßnahmen enthalten. Für die naturschutzrechtliche Eingriffsregelung ist dieser Befund in § 19 Abs. 2 S. 4 BNatSchG in Gesetzesform gegossen worden. Eine entsprechende Regelung im Bauplanungsrecht existiert in § 2 Abs. 4 S. 6 BauGB. Auf Grund der Entwicklung des städtebaulichen Ausgleichs aus seinen Wurzeln im Naturschutzrecht ist die dargelegte Rolle des Landschaftsplanes als Ausgleichskonzept im Bauplanungsrecht zu Grunde zu legen.

Über diese materiellen Aussagen zu Eingriffsvermeidung und Ausgleichsmaßnahmen hinaus bietet der Landschaftsplan durch die Art und Weise seines Zustandekommens der Gemeinde im Bauleitplanverfahren Erleichterungen in verfahrenstechnischer Hinsicht. In den Landschaftsplänen sind gemäß § 14 Abs. 1 S. 1 Nr. 1 BNatSchG Aussagen über den vor dem Eingriff bestehenden Zustand der Natur enthalten. Der oben bei C. I. beschriebene Verfahrensschritt der Eingriffsregelung, die Beschreibung des vorhandenen Zustands der Natur, kann daher entfallen, wenn im Landschaftsplan Aussagen über die jeweilige Fläche enthalten sind. Dies setzt freilich vo-

---

[260] Zur allgemeinen Koordinierungsfunktion des Landschaftsplanes siehe *Schütze*, S. 40 ff.

raus, dass die Aussagen der Landschaftsplanung die Realität widerspiegeln. Hat sich der Zustand der Landschaft gegenüber dem in der Landschaftsplanung beschriebenen Zustand offensichtlich verändert, so muss die Gemeinde das oben beschriebene Verfahrensprogramm durchlaufen; sie kann nicht auf den Landschaftsplan zurückgreifen. Dies kann aber nur bei offensichtlichen Veränderungen der Fall sein; es muss sich um einen Zustand handeln, dessen Inkongruenz mit dem in der Landschaftsplanung beschriebenen Zustand sofort ins Auge springt und ohne Zweifel erkennbar ist. Stimmen die aber weitgehend überein, so kann die Gemeinde auf die – unter Umständen aufwändige – Erhebung des momentanen Zustands verzichten und auf die Aussagen der Landschaftsplanung zurückgreifen. Neben diesen verfahrenstechnischen Erleichterungen auf der Tatbestandsseite der städtebaulichen Eingriffsregelung erleichtern es die Landschaftspläne auch auf der Rechtsfolgeseite der Eingriffsregelung, dem Vermeidegebot Rechnung zu tragen und den für einen Eingriff nötigen Ausgleichsbedarf zu ermitteln.[261] Die Landschaftsplanung enthält Aussagen über die ökologische Wertigkeit des jeweiligen Naturstücks und schlägt – wie soeben beschrieben – einen Maßnahmenkatalog zum Schutz desselben Naturstücks vor. Die Gemeinde kann daher – sofern sie auf diese Aussagen der Landschaftsplanung zurückgreift – auf eine eigene Erhebung des Ausgleichsbedarfs verzichten.

Eine seriös gestaltete Landschaftsplanung bietet der Gemeinde also beim Vollzug der städtebaulichen Eingriffsregelung enorme Erleichterungen, sowohl in verfahrensmäßiger Hinsicht als auch in materieller, den Ausgleichsbedarf betreffender Hinsicht. Die raumbezogenen Aussagen des Landschaftsplanes über ökologische Verhältnisse bieten nachfolgenden Planungen ein Gerüst, an dem sich die Planer beim Vollzug der städtebaulichen Eingriffsregelung hinsichtlich eingriffsgeeigneter Flächen, örtlichen und überörtlichen Ausgleichskonzepten und der Einbettung des Ausgleichs in das europäische Natura2000-Netz[262] orientieren können. Die Landschaftsplanung koordiniert alle naturschutzfachlichen Maßnahmen der Gemeinde und steuert so – verstärkt durch den gesamtgemeindlichen Planungsfokus – maßgeblich den Vollzug der Eingriffsregelung. Einer sinnvollen Landschaftsplanung sind Aussagen zur Eingriffsgeeignetheit bestimmter Grundstücke sowie Aussagen zu Lage, Umfang, Entwicklungspotenzialen und dem ökologischen Stellenwert der Flächen zu entnehmen; außerdem sind neben den Schutzgütern Wasser, Boden, Klima, Arten, Biotope, Landschaftsbild und Erholung außerdem noch überregionale Ausgleichskonzepte, die Stellung im Rahmen nationaler und europäischer Schutzgebiete sowie nationale und internatio-

---

[261] Die grundsätzliche Vorgehensweise dazu ist oben bei C. II. 3. beschrieben.
[262] Zu diesem europäischen Biotopverbund siehe *Gellermann,* Natura 2000, S. 13 f.

nale Schutzobjekte berücksichtigt. Die Landschaftsplanung wird so zu einem Eingriffs-Ausgleichs-Konzept auf Gemeindeebene.

### b) Konsequenzen für die bauleitplanerische Abwägung

Diese beschriebene Bedeutung der Landschaftsplanung für die städtebauliche Ausgleichsregelung hat Konsequenzen für die bauleitplanerische Abwägung. Da die Landschaftspläne natur- und landschaftsbezogenes Abwägungsmaterial zur Verfügung stellen, muss sich die Gemeinde bei der Festlegung der Ausgleichsmaßnahmen für künftige Eingriffe mit der Landschaftsplanung substanziiert auseinandersetzen.[263] Es muss sich in der Begründung des Bauleitplans niederschlagen, dass die Landschaftsplanung in die Abwägung als Abwägungsbelang Eingang gefunden hat. Daraus folgt zugleich, dass die Aussagen des Landschaftsplans für die Gemeinderäte verständlich sein müssen; die naturschutzfachlichen Informationen müssen entsprechend aufbereitet sein oder, falls sie es noch nicht sind, aufbereitet werden (vgl. den Leitgedanken des § 14 Abs. 1 S. 3 BNatSchG). Der beschließende Gemeinderat muss an Hand des Landschaftsplans erkennen können, welche Naturgüter von den Eingriffen betroffen werden können und wie stark die Naturbeeinträchtigungen nach der Kompensation noch sein werden. Der geeignete Ort für die Darstellung der Landschaftsplanung und die inhaltlich-argumentative Auseinandersetzung mit den Darstellungen der Landschaftsplanung ist der Umweltbericht nach § 2a S. 2 Nr. 2 BauGB. Es ist für die Gemeinde zwar möglich, die Darstellungen des Landschaftsplanes zu überwinden; dies birgt aber das Risiko eines Abwägungsdefizits in sich. Denn der Landschaftsplan enthält ein detailliertes Konzept des Natur- und Landschaftsschutzes. Weicht die Gemeinde in ihrer Bauleitplanung insbesondere bei der Festlegung von Ausgleichsmaßnahmen von diesem Konzept ab, so muss sie in ihrer Planung ein Alternativkonzept anbieten, das dem Detailgrad und der Tiefe der Landschaftsplanung, von der abgewichen wird, entspricht. In einem normalen Bauleitplanverfahren wird diese Planungsleistung kaum möglich sein. Will die Gemeinde vom Landschaftsplan abweichen, so bleibt ihr kaum eine andere Wahl, als parallel zum Bauleitplanverfahren einen existierenden Landschaftsplan im Sinne ihrer Planungsabsichten zu ändern.

Das gerade Gesagte gilt freilich nur in den Fällen, in welchen ein Landschaftsplan für den Gemeinderaum existiert. Da eine bundesrechtliche Ver-

---

[263] Empirische Untersuchungen zeigen, dass Naturschutzbelange in Bauleitplänen, die auf der Grundlage einer Landschaftsplanung erarbeitet wurden, stärkere Beachtung finden als in Bauleitplänen ohne Landschaftsplanung, vgl. *Gruehn/Kenneweg*, Berücksichtigung der Belange von Naturschutz und Landschaftspflege in der Flächennutzungsplanung, S. 357 ff.

pflichtung zur Aufstellung von Landschaftsplänen besteht (§ 16 Abs. 1 S. 1 BNatSchG), wird im Bauleitplanverfahren im Regelfall ein Landschaftsplan vorhanden sein, der als Abwägungsbelang in die Abwägung Eingang findet. Existiert dennoch kein Landschaftsplan, so stellt sich die Frage, welche Auswirkungen dies für die Bauleitplanung hat. Zwar erlaubt § 16 Abs. 2 S. 3 BNatSchG unter bestimmten Voraussetzungen den Verzicht auf die Aufstellung eines Landschaftsplans. Auf Grund der Komplexität des Abwägungsbelanges des Natur- und Landschaftsschutzes sowie des Abwägungsbelanges „städtebauliche Eingriffsregelung", die durch das Hilfsmittel der Landschaftsplanung in dieser Komplexität reduziert werden, kann jedoch ohne die ausführlichen Darstellungen in einem Landschaftsplan kaum sachgerecht über die vielfältigen Belange des Naturschutzes abgewogen werden.[264] Speziell die städtebauliche Eingriffsregelung verlangt mit ihrer – oben dargestellten – diffizilen Verfahrensmethodik nach einem Hilfsmittel, welches das Bauleitplanverfahren von diesen methodischen Fragen entlastet. Da wie dargestellt die Landschaftsplanung von eminenter Bedeutung sowohl für die Begrenzung als auch für die Steuerung der Flexibilisierung des Ausgleichs ist, kann auf einen Landschaftsplan, der diese Funktionen wahrnimmt, nicht verzichtet werden. Beschließt die Gemeinde dennoch ohne Landschaftsplan über Ausgleichsmaßnahmen, so kann sie von den vielfältigen Möglichkeiten der Flexibilisierung des Ausgleichs keinen Gebrauch machen, da das wesentliche Instrument für die Steuerung dieser Flexibilisierung fehlt. Naturgemäß sinkt mit einem Verzicht auf die Flexibilisierungsmöglichkeiten auch die Zahl der Ausgleichsoptionen. Zwar fordert die Eingriffsregelung keine Vollkompensation (s. o.); dennoch muss die Gemeinde unter Zuhilfenahme der Flexibilisierungsmöglichkeiten einen möglichst optimalen Ausgleich gewährleisten (s. o.). Durch einen – wenn auch gezwungenen – Verzicht auf die Flexibilisierung durch Fehlen eines Landschaftsplanes kann die Gemeinde nicht alle zur Verfügung stehenden Ausgleichsoptionen ausschöpfen. Werden die Belange der Ausgleichsregelung indes nicht ausreichend dem Rang der Eingriffsregelung[265] entsprechend gewürdigt, so liegt ein Abwägungsfehler vor. Fehlt also eine Landschaftsplanung und legt die Gemeinde dennoch Ausgleichsmaßnahmen fest, so bildet dies ein starkes Indiz für einen Abwägungsfehler. Hat die Gemeinde keine Verfahrensschritte getroffen, die den oben bei C. I. 6. beschriebenen entsprechen, so ist von einem Ermittlungsdefizit auszugehen.

Zusammenfassend gesagt muss sich die Gemeinde der Bedeutung der Landschaftsplanung für ihre bauleitplanerische Abwägung bewusst sein. Sie darf nicht die Rolle verkennen, welche die bereits existierenden oder noch

---

[264] *Bunzel,* ZfBR 1998, 226 (228).
[265] Siehe dazu oben bei C. II. 4. b).

aufzustellenden Landschaftspläne für die städtebauliche Eingriffsregelung spielen. Gibt es für das Gemeindegebiet noch keine Landschaftspläne, so ist auf Grund der geschilderten Bedeutung dieser naturschutzrechtlichen Fachpläne parallel zum Bauleitplanverfahren die Aufstellung eines Landschaftsplanes, der zugleich ein Eingriffs-Ausgleichs-Konzept enthält, notwendig. Die Landschaftsplanung erhält somit für die Bauleitplanung hinsichtlich der Ausgleichsregelung eine herausragende Bedeutung. Gemeinsam mit der gleich zu besprechenden Flächennutzungsplanung bildet sie das Eingriffs-Ausgleichs-Konzept der Gemeinde.

### 4. Die Bedeutung der Flächennutzungsplanung für den Ausgleich

Die Rolle der Landschaftsplanung für die Ausgleichsregelung wurde gerade dargestellt. In Kombination mit der Flächennutzungsplanung verstärkt sich diese Rolle noch. Die städtebauliche Ausgleichsregelung wird hauptsächlich durch die Verbindung der Flächennutzungsplanung mit der Landschaftsplanung vorbereitet und vollzogen; hier erfolgen die maßgeblichen Weichenstellungen. Die nachfolgende Ebene der verbindlichen Bauleitpläne erhält demgegenüber fast nur noch vollziehende Funktion; die Konzepte für den Ausgleich hingegen entwickeln sich auf der Ebene der Flächennutzungsplanung.

Die Bedeutung des Flächennutzungsplanes für den städtebaulichen Ausgleich beruht maßgeblich auf der Funktion der vorbereitenden Bauleitplanung im System des Bauplanungsrechts (a)). Aufgrund seiner Funktion erhält der Flächennutzungsplan seine große Bedeutung für den Ausgleich (b)), was für das städtebauliche Entwicklungskonzept der Gemeinde Konsequenzen hat (c)).

#### a) Der Flächennutzungsplan im System der Bauleitplanung

Um die Bedeutung des Flächennutzungsplanes für die städtebauliche Ausgleichsregelung herauszuarbeiten, ist es hilfreich, sich die Funktion des Flächennutzungsplanes im System der städtebaulichen Planung zu vergegenwärtigen. Der Flächennutzungsplan enthält als rechtsförmlicher Plan und nicht lediglich als unverbindliches Papier das räumliche städtebauliche Entwicklungskonzept der Gemeinde. Er legt im Wege planerisch gestaltender Vorsorge die Entwicklung der Gemeinde in einer Prognoseentscheidung für die Dauer von zehn bis fünfzehn Jahren fest. Die Flächennutzungsplanung erfüllt eine Determinierungsfunktion, eine Programmierungsfunktion sowie eine Koordinierungsfunktion[266]. Die Determinierungsfunktion be-

---

[266] Grundlegend *Löhr*, Die kommunale Flächennutzungsplanung, S. 14, 26 ff.; *Schimanke*, DVBl. 1979, 616 ff.

stimmt über das in § 8 Abs. 2 BauGB enthaltene Entwicklungsgebot die Grundzüge der Bebauung des Gemeindegebiets.[267] Durch seine Programmierungsfunktion bestimmt der Flächennutzungsplan die Gesamtpositionierung der Gemeinde, etwa als Industrie-, Handels-, Wohn- oder Erholungsstandort. Die Koordinierungsfunktion schließlich besagt, dass bei der Aufstellung der grundlegenden Aussagen des Flächennutzungsplanes eine Koordinierung anderer öffentlicher Planungsträger stattfindet, wodurch der Flächennutzungsplan in das Netz überörtlicher Planungen eingebunden wird. Dies dient insbesondere zur Erfüllung des Planungsleitsatzes aus § 1 Abs. 4 BauGB. So hat der Flächennutzungsplan eine Funktion als Scharnier zwischen der Bebauungsplanung und der Raumordnungsplanung.

### b) Die Flächennutzungsplanung in der Ausgleichsregelung

Die Ausgleichsregelung ist dem Vorsorgeprinzip verpflichtet (s. o. im § 3 bei C. III.). Je früher mit den Planungen der Kompensation eines Eingriffs begonnen wird, desto effektiver kann die Kompensation verlaufen, da die Zahl der faktischen Gegebenheiten, auf die Rücksicht genommen werden muss, geringer ist, je früher man mit den Kompensationsplanungen beginnt. Steht fest, dass ein Eingriff stattfinden wird, so ist der frühestmögliche Zeitpunkt der Entscheidung über den Ausgleich zugleich der wirksamste. Übertragen auf das Städtebaurecht bedeutet dies, dass in einem möglichst frühen Stadium der städtebaulichen Planungen über die Kompensation künftiger Eingriffe nachgedacht werden sollte. Dieser frühestmögliche Zeitpunkt der städtebaulichen Planungen ist auf Grund seiner soeben beschriebenen Funktionen der Flächennutzungsplan. Da der Flächennutzungsplan grundlegende Weichen für die mittelfristige Zukunft der Stadt stellt, bietet sich hier die Möglichkeit, ein weitgespanntes und grundlegendes Ausgleichskonzept zu erarbeiten. Umgekehrt kann das, was hier versäumt wird, später auf der Ebene der verbindlichen Bauleitplanung nur noch schwer repariert werden. Der Flächennutzungsplan steht am Anfang aller Überlegungen künftiger Bebauungspläne. Dementsprechend bietet er die Möglichkeit, den Ausgleich durch seine Darstellungen zu lenken, etwa auf bestimmte Flächen zu beschränken. Die Frühzeitigkeit und konzeptionelle Langfristigkeit der Planung im Flächennutzungsplan ermöglicht eine optimale Umsetzung der Anliegen der Eingriffsregelung, die Eingriffsregelung aus ihren konditionalen Programm zu lösen und vorsorgeorientiert planerisch durch ein Finalprogramm zu bewältigen (s. o. bei B. und C. II. 4.).

Für die konkrete Umsetzung der Eingriffsregelung ist der Flächennutzungsplan vor allem beim Vermeidegebot bedeutsam. Im Flächennutzungs-

---

[267] Näher *Schimanke,* DVBl. 1979, 616 ff.; *Löhr,* NVwZ 1987, 361 ff.

plan trifft die Gemeinde die Enscheidungen über die längerfristige Raumnutzung und den Flächenumfang, welchen diese Raumnutzung in Anspruch nehmen darf. Hier ist der ideale Ansatzpunkt für das Vermeidegebot. Stehen erst einmal künftige Flächennutzungen fest, so geht das Vermeidegebot weitgehend ins Leere und beschränkt sich auf kleinräumige, meist nur auf einzelne Baugrundstücke bezogene Festsetzungen. Grundsätzliche Überlegungen zu Standortalternativen sind auf der Ebene der verbindlichen Bauleitplanung nicht mehr möglich. Der Flächennutzungsplan hingegen bietet mit seinen grundlegenden Raumnutzungsentscheidungen (s. o.) dem Vermeidegebot einen effektiven Ansatzpunkt.

Darüber hinaus ist eine zweite planbezogene Eigenschaft des Flächennutzungsplanes für die Eingriffsregelung von großer Bedeutung. Der Flächennutzungsplan überplant das Gemeindegebiet meist nicht parzellenscharf; seine Darstellungen sind unscharf und unkonkret. Die genaue Festlegung der Bebauung im Einzelnen ist Aufgabe des Bebauungsplans; der Flächennutzungsplan beschränkt sich auf großräumige, grundlegende Darstellungen. Diese Unkonkretheit der vorbereitenden Bauleitplanung bietet der städtebaulichen Eingriffsregelung den Raum, planerische Ausgleichskonzepte für unvermeidbare Eingriffe von Anfang an zu entwickeln. Ungehindert von bindenden Festsetzungen können Überlegungen zum Ausgleich von Eingriffen angestellt werden. Zwar stehen die konkreten Ausmaße der Eingriffe im Flächennutzungsplan noch nicht fest. Aber es steht zumindest das „ob" eines Eingriffes fest, und der ökologische Wert der Flächen, die künftig beeinträchtigt werden, ist hinsichtlich gewisser Parameter feststellbar.[268] Anhand dieser Parameter lässt sich bereits im Flächennutzungsplan die Art der Ausgleichsmaßnahmen, die ja wegen des funktionalen Zusammenhangs des Ausgleichs mit dem Eingriff irgendwie auf den Eingriff bezogen sein müssen (s. o. C. III. 2. b) cc)), qualitativ festlegen. Wegen der Vagheit des Flächennutzungsplans muss die quantitative Festlegung des Ausgleichs noch offen bleiben; die Lösung dieser Frage bleibt der Ebene der verbindlichen Bauleitplanung vorbehalten. Indem aber im Flächennutzungsplan die beeinträchtigten Naturfunktionen festgestellt werden, ist es möglich, die Art des Ausgleichs bereits auf dieser Ebene festzulegen. Durch diese qualitative Betrachtungsweise ist dem Gebot des funktionalen Zusammenhangs zwischen Eingriff und Ausgleich (s. o. C. III. 2. b) cc)) auch ausreichend Rechnung getragen.

Wie oben schon ausgeführt, bildet die Flächennutzungsplanung auch eine Schranke der Entkoppelung des Ausgleichs vom Eingriff. Gemäß §§ 1a Abs. 3 S. 3; 200a S. 2 BauGB muss der räumliche entkoppelte Ausgleich

---

[268] Etwa hinsichtlich der Parameter Biotoptyp, Entwicklungspotenzial, Bodenqualität, Gewässerzustand etc.

vereinbar mit der nachhaltigen städtebaulichen Entwicklung sein. Diese Entwicklung wird durch den Flächennutzungsplan gesteuert; er operationalisiert diese Schranke der Eingriffsregelung im Planverfahren. Diese Schranke verhindert Ausgleichsfestsetzungen in Bebauungsplänen, die den Darstellungen des Flächennutzungsplanes widersprechen würden. Wie oben gezeigt gilt ies nicht nur für die räumliche, sondern auch für die funktionale Entkoppelung des Ausgleichs. So erhält die Flächennutzungsplanung also gemeinsam mit dem Landschaftsplan zentrale Bedeutung für die Steuerung des entkoppelten Ausgleichs. Beide Pläne verhindern bestimmte Ausgleichsfestsetzungen; gleichzeitig steuern sie durch ihre Darstellungen den Ausgleich und zeichnen die Wege vor, in denen die Bauleitplanung dann den Ausgleich verlaufen lässt. Ein Gebrauch der Entkoppelungsmöglichkeiten, welche die städtebauliche Eingriffsregelung für den Ausgleich vorsieht, ist nicht möglich, wenn der Flächennutzungsplan keine Aussagen über einen Ausgleich trifft. Da allerdings Flächennutzungspläne dem Regime der Eingriffsregelung unterfallen und daher mindestens rudimentäre Darstellungen hinsichtlich des Ausgleichs vorsehen müssen, ist die Bedeutung des Flächennutzungsplanes in dieser Hinsicht nicht so groß wie die des Landschaftsplanes. Seine Bedeutung liegt eher in der Verzahnung der Ausgleichsfestsetzungen in der Bauleitplanung mit überörtlichen und interkommunalen Überlegungen zum Ausgleich, also in der Koordinierungsfunktion.

Für die Bauleitplanung der Gemeinde ist eine vertiefte Behandlung der Eingriffsregelung im Flächennutzungsplan sinnvoll und unbedingt zu empfehlen. Denn wenn der Ausgleich von Eingriffen bereits im Flächennutzungsplan umfassend behandelt wird, so kann die Prüfung der Eingriffsregelung im Bebauungsplan kurz gehalten werden, da der Ausgleichsbedarf des Eingriffs aus dem Flächennutzungsplan entwickelt werden kann. Es ist keine aufwändige Neukonzipierung des Ausgleichs mehr nötig, da der Flächennutzungsplan die Weichen bereits gestellt hat. Dadurch wird das auch ohne die Eingriffsregelung bereits hinreichend komplexe Bebauungsplanverfahren verfahrensmäßig stark entlastet; die Planer können auf aufwändige Bestandsaufnahmen und Analysen hinsichtlich der Eingriffsregelung verzichten. Die Abschichtung der Eingriffsregelung durch Vorverlagerung in die Flächennutzungsplanung erleichtert darüber hinaus die Abwägung eines Bebauungsplanes, da die Eingriffsregelung als Abwägungsbelang bereits in ihren wesentlichen Grundzügen durch den Flächennutzungsplan vorgezeichnet ist. Nicht zuletzt erzielt die Gemeinde durch diese verfahrensmäßige und materielle Erleichterung der Planung Beschleunigungseffekte, zumal so entwickelte Bebauungspläne nach § 10 Abs. 2 BauGB nicht genehmigungspflichtig sind.

Die Anwendung der Eingriffsregelung im Aufstellungsverfahren eines Flächennutzungsplans ist also nicht nur eine planerische Verpflichtung nach

§ 1a Abs. 1, Abs. 3 S. 1 BauGB, sondern zugleich eine große Chance, ein umfassendes raumgreifendes Eingriffs-Ausgleichs-Konzept zu erstellen, weil die Landschaftsplanung bei der Darstellung des Ausgleichs in die Flächennutzungsplanung Eingang finden muss (§ 1 Abs. 6 Nr. 7g) BauGB). Der Flächennutzungsplan wird so in seiner Bedeutung aufgewertet. Er bildet mit seiner Koordinierungsfunktion das Scharnier zwischen Raumordnung, Landschaftsplanung (die wie oben beschrieben im besten Fall ein gemeindebezogenes naturschutzfachliches Eingriffs-Ausgleichs-Konzept enthält), Fachplanung und Bauleitplanung. Damit ist der Flächennutzungsplan genau das richtige Gefäß für ein Eingriffs-Ausgleichs-Konzept, das lokale, interkommunale und überregionale Aspekte berücksichtigt. Für die städtebauliche Eingriffsregelung wird der Flächennutzungsplan so zum wichtigsten Instrument zur Bewältigung von Eingriffen.

c) Konsequenzen für die bauplanerische Abwägung der Gemeinde
im Flächennutzungsplanverfahren

Unabhängig von der geschilderten Steuerungs- und Lenkungsfunktion des Flächennutzungsplanes fordert die Eingriffsregelung zunächst von der Gemeinde bei der Flächennutzungsplanung, dass der Planbeschluss Aussagen über die grobe Lage und den ungefähren Umfang der Ausgleichsflächen, bezogen auf das gesamte Gemeindegebiet, enthält. Dies folgt aus der Anwendung des Regimes der Eingriffsregelung auf die Flächennutzungsplanung.

Darüber hinaus sollte sich die Gemeinde bei der Abwägung aber darüber im klaren sein, dass der Flächennutzungsplan wie geschildert Bestandteil und Träger eines Eingriffs-Ausgleichs-Konzepts ist. Verknüpft mit der Landschaftsplanung bildet dieses Eingriffs-Ausgleichs-Konzept die Basis zur künftigen Behandlung von Eingriffen durch Aussagen zur voraussichtlichen Flächennutzung und dem wahrscheinlichen Kompensationsbedarf. Es bildet die Grundlage für die Zuordnung von Ausgleichs- zu Eingriffsflächen und bindet durch die Scharnierfunktion des Flächennutzungsplanes überörtliche Konzepte ein. Schließlich steuert und koordiniert es einzelne, vor allem im Zusammenhang zwischen Ausgleich und Eingriff entkoppelte Ausgleichsmaßnahmen.

Diese Funktion des Flächennutzungsplanes muss der Gemeinde bei ihrer Abwägung bewusst sein. Ihr Planungskonzept, das sich beim Flächennutzungsplan zumeist nur nach dem Bedarf an Bauflächen gerichtet hat,[269] muss um einen eigenen Aspekt erweitert werden, der sich den Entwicklungspotenzialen des Raums widmet und die Belastbarkeit des Raumes in

---

[269] Vgl. dazu *Bunzel*, NuR 1997, 583 (591).

den Blick nimmt. Die Gemeinde muss sich bei ihrer Abwägung darüber im Klaren sein, dass der Flächennutzungsplan einen Bedeutungswandel erfährt. Er dient durch die beschriebenen Funktionen auch der Ressourcenschonung und nicht nur der dem sozialen Nutzungsdruck geschuldeten Bereitstellung von Siedlungsfläche. Daher müssen die Gemeinden bestehende Flächennutzungspläne überprüfen, ob sie diese neue Funktion des Flächennutzungsplanes bei ihren Planungen ausreichend berücksichtigt haben. Ist dies nicht der Fall, so müssen sie diese Pläne im Wege der Änderung überarbeiten. Bei neu aufzustellenden Plänen ist bei der planerischen Abwägung diese Funktion zu beachten. Die Gemeinde muss in ihrer Abwägung ein Eingriffs-Ausgleichs-Konzept erstellen und die Befassung mit diesen Aspekten in der Begründung des Planes zum Ausdruck bringen. Verzichtet sie darauf, ein solches umfassendes Konzept zu erstellen, stellt dies ein starkes Indiz für einen Abwägungsfehler dar, weil so möglicherweise die Eingriffsregelung als Abwägungsbelang (s. o.) nicht hinreichend gewichtet worden ist. Ihr Verzicht muss durch plausible Gründe in der Begründung des Flächennutzungsplanes dargelegt sein und nachvollziehbar erscheinen.

Welche Planungsmöglichkeiten der Gemeinde bei ihrem Eingriffs-Ausgleichs-Konzept zur Verfügung stehen, wird unten bei D. entwickelt.

### 5. Zusammenfassung:
### Die Einbettung der städtebaulichen Eingriffsregelung
### in ein Netz von Planungen („Planifizierung")

Aus dem oben Gesagten wird deutlich, dass die Eingriffsregelung im Städtebaurecht in ein Netz verschiedener Planungen eingebunden ist. Sowohl die übergeordnete Raum- und Regionalplanung als auch die örtliche Landschafts- und Flächennutzungsplanung sind beim Vollzug der Eingriffsregelung im Aufstellungsverfahren eines Eingriffsbebauungsplans zu berücksichtigen. Die Verknüpfung mit diesen Planwerken ermöglicht es, die Entkopplung zwischen Eingriff und Ausgleich zu steuern und zu kanalisieren, so dass das Risiko der Flexibilisierung des Ausgleichs, nämlich das Abgleiten des Ausgleichs in die naturschutzrechtliche Beliebigkeit auf Grund fehlender sinnlich nachvollziehbarer naturaler Maßstäbe, gebannt ist. Die Einbettung in das Netz der Planungen verleiht diesen Planungen einen neuen normativen Charakter, weil sie den Vollzug der Eingriffsregelung materiell steuern und materielle Rechtmäßigkeitskriterien für diesen Vollzug definieren. Die Anforderungen an den Ausgleich leiten sich, anders als noch im Naturschutzrecht, nicht mehr primär von den Beeinträchtigungen durch den Eingriff ab, sondern vielmehr aus planerischen Erwägungen und den Aussagen langfristiger Pläne und Planungskonzepte auf lokaler und überlokaler Ebene. Die Eingriffsregelung wird daher auf diesem Wege „planifiziert".

Die Gemeinde muss bei ihrer Abarbeitung des Prüfprogramms der Eingriffsregelung von den Entkoppelungsmöglichkeiten keinen Gebrauch machen. Da das Bestehen dieser Möglichkeiten aber das Spektrum potenzieller Ausgleichsmaßnahmen vergrößert, muss die Gemeinde sich zumindest mit diesem vergrößerten Spektrum im Rahmen des für sie Erkennbaren auseinandersetzen. Versäumt sie dies und lässt sie bei ihren Ausgleichsüberlegungen die Entkoppelungsmöglichkeiten außer Acht, so ist ihre Abwägung fehlerhaft. Die Vergrößerung des zur Verfügung stehenden Spektrums an Ausgleichsmöglichkeiten erschwert das Überwinden der Ergebnisse, die die Eingriffsprüfung ergibt und macht sie im Umweltbericht besonders begründungsbedürftig. Der Naturschutz wird so im Ergebnis gestärkt.

## D. Die Umsetzung der städtebaulichen Eingriffsregelung – Instrumente und Maßnahmen

Für die Umsetzung der Anforderungen der Eingriffsregelung kann die Gemeinde unter verschiedenen Maßnahmen zur Umsetzung ihrer in der Abwägung angestellten Überlegungen zur Eingriffsregelung auswählen, die § 1a Abs. 3 S. 2 und S. 4 BauGB beschreiben. Der Vollzug der Eingriffsregelung kann geplant werden durch Darstellungen und Festsetzungen in den Bauleitplänen (I. und II.), aber auch über Verträge (III.) oder sonstige Maßnahmen (IV.) durchgeführt werden. In der Abwägung des Eingriffsbebauungsplanes muss die Gemeinde mindestens eine dieser vier möglichen Varianten auswählen.

### I. Darstellungen im Flächennutzungsplan

#### *1. Vermeidung im Flächennutzungsplan*

Oben wurde bereits dargestellt, dass der Flächennutzungsplan auf Grund seines konzeptionellen Charakters die Ideallösung für die Umsetzung des Vermeidegebotes darstellt. Dadurch, dass er die Grundsatzentscheidungen für die langfristige Bebauung trifft, kann bereits auf dieser Planstufe dem Vermeidegebot insofern Rechnung getragen werden, als großflächig die künftige Flächenversiegelung gesteuert werden kann. Die Versiegelung der Naturflächen ist eines der bedeutendsten ökologischen Probleme des Hoch- und Tiefbaus und trägt entscheidend zum Eingriffscharakter solcher Projekte bei. Diese Vorhaben sollten als Konsequenz des Vermeidegebotes bevorzugt an Stellen verwirklicht werden, wo im Verhältnis zu Alternativstandorten geringe Naturbeeinträchtigungen im Zuge des Vorhabens auftreten. Spezielle Nutzungsdarstellungen im Katalog des § 5 Abs. 2 BauGB sind hierfür nicht vonnöten. Es geht nur um die Darstellung von Nutzungen, die künftige Eingriffe mit sich bringen werden (§ 5 Abs. 2 Nrn. 1–4, 7 BauGB), die vorzugsweise an den Stellen erfolgen sollte, an denen die Nutzungsrealisierung möglichst geringe Naturbeeinträchtigungen hervorruft. Neben den genannten Nummern von § 5 Abs. 2 BauGB ist eine Eingriffswirkung von Nutzungsdarstellungen nach § 5 Abs. 2 BauGB nie auszuschließen. Es ist also stets im jeweiligen planerischen Einzelfall zu prüfen, ob die geplante Nutzungsdarstellung Eingriffswirkungen mit sich bringen wird; ist dies zu bejahen, sind Möglichkeiten zur Vermeidung beziehungsweise Minimierung der Beeinträchtigungen zu suchen. Die Auswahl einer anderen Fläche für die jeweilige Nutzungszuweisung liegt hier nahe. Allerdings ist hier zu beachten, dass das Vermeidegebot nicht die Planung insgesamt in Frage stellen kann.[270] Wenn die Gemeinde den Standort eingriffsintensiver Nutzungen im Rahmen ihrer Planungshoheit bereits festgelegt hat, so kann es bei der Umsetzung des Vermeidegebotes nicht mehr um die Wahl einer anderen Fläche, sondern nur noch um die Minimierung der Naturbeeinträchtigungen in sonstiger Weise gehen.

Diese Minimierung der Eingriffswirkungen kann neben der Wahl eines anderen Standorts für die Nutzungen auch – gegebenenfalls im Wege überlagernder Darstellung[271] – durch Nutzungsdarstellungen nach § 5 Abs. 2 BauGB erfolgen. Insbesondere § 5 Abs. 2 Nr. 6 BauGB ist hier hervorzuheben. Maßgeblich für die Umsetzung des Vermeidegebots auf der Ebene der Flächennutzungsplanung muss immer die Frage sein, ob die Eingriffswirkungen mit der Wahl der zu überplanenden Fläche oder mit planerischen Mitteln aus dem Darstellungskatalog nach § 5 Abs. 2 BauGB vermieden oder minimiert werden können. Konkrete Vermeidemaßnahmen sind aber auf der Ebene des Flächennutzungsplanes nicht darstellbar; dies muss der verbindlichen Bauleitplanung überlassen bleiben.

## 2. Der Ausgleich im Flächennutzungsplan

§ 1a Abs. 3 S. 2 BauGB sieht vor, dass der Ausgleich[272] durch geeignete Darstellungen nach § 5 BauGB als Flächen oder Maßnahmen zum Aus-

---

[270] Siehe dazu oben bei B. II. 2. a).

[271] Dazu ausführlich sogleich bei gg).

[272] Freilich kann der Ausgleich nicht allein durch die bloße planerische Ausweisung von Flächen oder Maßnahmen erfolgen, da es am Vollzug fehlt. Der Ausgleich durch Darstellungen und Festsetzungen nach §§ 5, 9 BauGB schafft lediglich die planerischen Voraussetzungen und Anforderungen an den Vollzug der Ausgleichsmaßnahmen, den dann später Bauherren (§ 135a Abs. 1 BauGB) oder die Gemeinde

gleich erfolgt. Die Norm trägt damit nicht nur der oben beschriebenen Rolle des Flächennutzungsplanes als zentrales Steuerungsinstrument des gesamten städtebaulichen Ausgleichs, das künftige Bebauungspläne determiniert, Rechnung. Vielmehr folgt die Pflicht zur Darstellung von Ausgleichsflächen schlicht aus der Tatsache, dass Flächennutzungspläne Eingriffe vorbereiten, was nach dem oben beschriebenen[273] Verursacherprinzip zur Folge hat, dass in den eingriffsvorbereitenden Bauleitplänen selbst Aussagen zum Ausgleich des Eingriffs getroffen werden müssen. Jeder Flächennutzungsplan muss daher grundsätzlich solche Aussagen zum Ausgleich der Eingriffe, die er vorbereitet, treffen. Es ist nicht möglich, in einem Flächennutzungsplan gänzlich auf Aussagen zum Ausgleich der künftigen Eingriffe, die der Plan vorbereitet, zu verzichten.

Allerdings ist zu beachten, dass der Flächennutzungsplan ja nicht die letzte Stufe der Entscheidung darstellt. Er ist nur ein vorbereitender Bauleitplan, dem noch der verbindliche Bauleitplan nachgeschaltet ist. Von daher trifft der Flächennutzungsplan keine endgültige Entscheidung über den Ausgleich. Es ist deshalb möglich, die Aussagen über den Eingriffsausgleich im Flächennutzungsplan vage zu halten und erst im Bebauungsplan als letzter Stufe der gemeindlichen Bauleitplanung verbindliche Entscheidungen über den Ausgleich zu treffen. Der Ausgleich kann also grundsätzlich in den Bebauungsplan verlagert werden.[274] Allerdings ziehen die Charakteristika der städtebaulichen Eingriffsregelung dieser Verlagerung enge Grenzen. Wie oben beschrieben hat der Flächennutzungsplan ausgleichssteuernde Funktion; der Sinn der gesetzlichen Anlage der Eingriffsregelung nach dem BauGB fordert, dass die Gemeinde im Flächennutzungsplan durch die Integration der Landschaftsplanung ein Eingriffs-Ausgleichs-Konzept entwickelt. Erfolgt eine vertiefte Befassung mit der Eingriffsregelung erst im Bebauungsplanverfahren und beschränken sich die Aussagen in der Flächennutzungsplanung nur auf das Nötigste, so wird die Gemeinde dem Sinn der Eingriffsregelung nicht gerecht, weil sie die steuernde Funktion des Flächennutzungsplanes als Konzept verkennt. Ein Ausgleich, der erst im Bebauungsplan intensiv vorbereitet wird, hat lediglich nachvollziehende, reparierende Wirkung. Im Bebauungsplanverfahren ist zum einen der Planungsfokus weitaus beschränkter, da nicht wie im Flächennutzungsplanverfahren das gesamte Gemeindegebiet betrachtet wird; zum anderen kann wegen der fehlenden Befassung mit dem Ausgleich im Flächennutzungsplan nicht von den Entkoppelungsmöglichkeiten des Ausgleichs Gebrauch gemacht werden, was die Effektivität des Ausgleichs mindert. Befasst sich die Ge-

---

(§ 135a Abs. 2 BauGB) vornehmen müssen. Der Wortlaut des BauGB ist insoweit ungenau.

[273] Siehe oben bei C. III. 2. b) dd).

[274] *Beckmann*, FS Hoppe, S. 531 (537); *Louis*, NuR 1998, 113 (118).

meinde nicht mit diesen Entkoppelungsmöglichkeiten, so liegt ein Abwägungsfehler nahe, da der abwägungsrelevante Belang der Eingriffsregelung nicht vollständig betrachtet wurde.

Aus dem Gesagten folgt zweierlei: zum einen muss die Gemeinde im Flächennutzungsplan überhaupt Aussagen über den Eingriffsausgleich treffen. Zum anderen verlangt es der Gesetzestext nicht ausdrücklich, dass im Flächennutzungsplan die Eingriffsregelung vertieft behandelt wird; ein Transfer der anzustellenden Überlegungen in das Bebauungsplanverfahren ist gesetzlich möglich. Allerdings ist dieser Transfer für die Gemeinde riskant, da durch den Verzicht auf die ausgleichslenkenden Aussagen des Flächennutzungsplanes die Zahl der Ausgleichsoptionen drastisch sinkt, die zu bewältigenden Probleme aber die gleichen bleiben, und die Gemeinde damit ihre Planung hinsichtlich der Eingriffsregelung der Gefahr eines Abwägungsfehlers aussetzt.

Dass der Flächennutzungsplan das Eingriffs-Ausgleichs-Konzept der Gemeinde enthält, ist bereits dargestellt worden.[275] Stellt die Gemeinde im Zuge dieses Konzepts Flächen zum Ausgleich dar, so muss sie in der Begründung ihre Handlungsweise und das Konzept erläutern. Es reicht nicht aus, wenn das Eingriffs-Ausgleichs-Konzept lediglich in der Begründung dargelegt ist, weil die Begründung nicht Planbestandteil ist.[276] Das Konzept muss sich vielmehr in den Darstellungen des Plans selbst wieder finden.[277]

Zu beachten ist, dass sich der Flächennutzungsplan gemäß § 5 Abs. 1 BauGB lediglich auf die Darstellung der „Art" der Flächennutzung beschränken muss. Im Gegensatz zu § 9 Abs. 1 BauGB kann er keine konkreten Maßnahmen darstellen, sondern lediglich Arten der Nutzung von Gebieten. Hinsichtlich des Ausgleichs muss also in der Planbegründung dargelegt werden, inwieweit die Nutzung der Fläche die Funktion einer Nutzung als Fläche zum Ausgleich übernehmen kann. Es gibt im Darstellungskatalog des § 5 Abs. 2 BauGB keine selbständige Darstellungsart der „Ausgleichsfläche". Eine Nutzung der Flächen als Ausgleichsflächen wird daher meist

---

[275] Bei C. III. 4.

[276] Aus dem Gesetz heraus lässt sich diese Aussage zwar nicht direkt belegen. § 5 Abs. 5 BauGB spricht nur von einer Begründung, schweigt sich aber darüber aus, ob die Begründung Planbestandteil ist. Der Wortlaut der Norm und die Parallele zur Rechtslage beim Bebauungsplan, wo die Begründung nicht Planbestandteil ist (vgl. *Bielenberg/Söfker,* in: Ernst/Zinkahn/Bielenberg/Krautzberger (Hrsg.), BauGB, § 9 Rn. 286 m.w.N.), sprechen aber dafür, dass die Begründung kein Planbestandteil ist. So auch *Bielenberg/Söfker,* in: Ernst/Zinkahn/Bielenberg/Krautzberger (Hrsg.), BauGB, § 5 Rn. 76; *Gaentzsch,* in: Schlichter/Stich (Hrsg.), Berliner Kommentar zum BauGB, § 5 Rn. 40.

[277] *Beckmann,* FS Hoppe, S. 531 (537); *Löhr,* in: Battis/Krautzberger/Löhr, § 5 Rn. 35d; *Wagner/Mitschang,* DVBl. 1997, 1137 (1144); *Schink,* DVBl. 1998, 609 (615 f.).

über die Darstellung anderer Flächennutzungen nach § 5 Abs. 2 BauGB erfolgen, eventuell in Kombination miteinander (dazu sogleich). Die Gemeinde muss dabei beachten, dass sie als Konsequenz des Entwicklungsgebotes nur solche Darstellungen im Flächennutzungsplan treffen darf, die
sich über den abschließenden Katalog des § 9 Abs. 1 BauGB realisieren
lassen.[278] Freilich werden sich hier wegen der Abstimmung des § 5 Abs. 2
BauGB auf die Optionen des § 9 Abs. 1 BauGB regelmäßig keine Probleme ergeben.

Problematisch ist, wie bestimmt die Darstellungen über den Ausgleich im
Flächennutzungsplan sein müssen und sein dürfen.[279] Die Beschränkung
auf die „Grundzüge" in § 5 Abs. 1 BauGB bedeutet zum einen, dass die
Darstellungen des Flächennutzungsplanes allgemein und typisierender als
Aussagen eines Bebauungsplanes sind. Bebauungspläne müssen entwickel-
bar sein, bedürfen also eines gewissen Freiraums zur Entwicklung der flächennutzungsplanerischen Vorstellungen. Zum anderen dürfen die Aussagen
der Flächennutzungsplanung auch nicht hinter den „Grundzügen" zurückbleiben.[280] Es sind also mindestens die Vorgaben der Raumordnung umzusetzen. Im Übrigen hat die Gemeinde grundsätzlich große Spielräume, die
sie nach ihren planerischen Vorstellungen umsetzen kann.[281] Aus dem
Blickwinkel der städtebaulichen Eingriffsregelung bedeutet dies, dass die
Gemeinde – sofern sie es nach ihrem Eingriffs-Ausgleichs-Konzept für notwendig erachtet – bei den Darstellungen der Ausgleichsflächen bis an die
Grenze des § 9 Abs. 1 BauGB stoßen kann, was die Bestimmtheit und Konkretheit der Darstellungen angeht. Gerechtfertigt ist diese potenzielle Modifikation der These von der Grobmaschigkeit der Flächennutzungsplanung
durch die beschriebene besondere Rolle des Flächennutzungsplans für die
Steuerung des Ausgleichs. Allerdings lässt sich diese Modifikation nicht generell konstatieren; es kommt hier auf den jeweiligen Einzelfall an. Grundsätzlich ist nach wie vor zu beachten, dass die Ausgleichsfestsetzungen im
Bebauungsplan aus den flächennutzungsplanerischen Vorgaben entwickelt
werden sollen, wozu die einschlägigen Darstellungen des Flächennutzungsplans notwendigerweise ein gewisses Maß an Unkonkretheit besitzen müssen. Im Einzelfall jedoch kann eine Darstellung so bestimmt sein, dass der
Bebauungsplan sie nicht mehr entwickeln kann, sondern sich darauf beschränken muss, sie lediglich durch eine Festsetzung nach § 9 Abs. 1

---

[278] *Bielenberg/Söfker,* in: Ernst/Zinkahn/Bielenberg/Krautzberger (Hrsg.), BauGB,
§ 5 Rn. 20; *Gaentzsch,* in: Schlichter/Stich (Hrsg.), Berliner Kommentar zum
BauGB, § 5 Rn. 21.

[279] Dazu jüngst BVerwG, NVwZ 2006, 87 (89 ff.).

[280] BVerwGE 95, 123 (126); BVerwG, NVwZ 2006, 87 (89); *Bielenberg/Söfker,*
in: Ernst/Zinkahn/Bielenberg/Krautzberger (Hrsg.), BauGB, § 5 Rn. 11 f.

[281] Vgl. BVerwGE 48, 70 ff.

BauGB nachzuvollziehen und umzusetzen.[282] Welche Darstellungen noch
zu den Grundzügen der Art der Bodennutzung gehören, hängt davon ob, ob
sie den Bezug zur jeweiligen städtebaulichen Konzeption „für das ganze
Gemeindegebiet" (§ 5 Abs. 1 S. 1 BauGB) wahren, und nicht vom Grad
ihrer Bestimmtheit.[283] Wenn die Darstellungen Bedeutung für das gesamt-
räumliche Entwicklungskonzept der Gemeinde haben und dafür erforderlich
sind, grundlegende Nutzungskonflikte planerisch zu bewältigen, so kann der
Flächennutzungsplan seiner Ordnungsaufgabe nur dann gerecht werden,
wenn solche detaillierten Darstellungen zulässig sind.[284] Auf die städtebauliche Eingriffsregelung bezogen heißt das, dass in diesen Fällen konkrete
Anhaltspunkte dafür vorliegen müssen, dass es der Sinn der Eingriffsregelung und insbesondere die Steuerungsfunktion des Flächennutzungsplans für
den Ausgleich erfordert haben, so bestimmt und so konkret zu planen.

### a) Darstellungsmöglichkeiten

Strenggenommen sind aus dem Darstellungskatalog des § 5 Abs. 2
BauGB alle Darstellungsarten für die Ausgleichsregelung relevant, da die
jeweiligen Nutzungsarten weit gefasst sind und sich bei allen Nutzungsarten
irgendein Bezug zum Naturschutz finden lässt. Speziell für die Darstellung
von Ausgleichsflächen sind besonders die Nrn. 5–10 des § 5 Abs. 2 BauGB
geeignet. Die Hauptanforderung für die Darstellung als Ausgleichsfläche
ist, dass die dargestellte Flächennutzung nicht zur Bodenversiegelung führt
und mit der geplanten Nutzung als Ausgleichsfläche vereinbar ist. Beispielsweise ist die Darstellung einer Grünfläche, die als Park genutzt wird,
als Ausgleichsfläche grundsätzlich möglich; in den Fällen aber, in denen
die Grünfläche als Sport-, Spiel-, Zelt- oder Badeplatz[285] genutzt wird,
scheint eine Nutzung als Ausgleichsfläche in funktionaler Hinsicht allenfalls hinsichtlich des Erholungswertes der Natur akzeptabel zu sein. Hier
zeigt sich, dass es auf die konkrete Art der Flächennutzung, den Nutzungszweck, ankommt.

### aa) Darstellungen nach § 5 Abs. 2 Nr. 5 BauGB

Grünflächen sind – sofern sie untereinander und mit dem Außenbereich
in Verbindung stehen – qualitativ die bedeutsamste Fortsetzung von Frei-

---

[282] So BVerwG, NVwZ 2006, 87 (89).

[283] BVerwG, NVwZ 2006, 87 (89).

[284] BVerwG, NVwZ 2006, 87 (89). Diese detaillierten, konkreten Darstellungen
dürfen indes nur einzelne Aspekte der Art der Bodennutzung betreffen, BVerwG,
ebenda, S. 90.

[285] Beispiel nach *Bunzel*, NuR 1997, 583 (589).

raum- und Landschaftsstrukturen; sind sind damit unmittelbar städtebaulich relevant.[286] Demgemäß sind sie für den Ausgleich von hoher Bedeutung. Sie dienen zahllosen Tier- und Pflanzenarten als Habitat und erfüllen wichtige abiotische Naturfunktionen. An erster Stelle ist hier die Klimaregulierung zu nennen; ebenfalls bedeutsam ist die Erholungsfunktion dieser Flächen, die gleichzeitig das Ortsbild gliedern und die Bebauung auflockern. Grünflächen im Sinne von § 5 Abs. 2 Nr. 5 BauGB sind nicht bebaubar; allerdings dürfen Bauten errichtet werden, die dem Hauptnutzungszweck der Grünfläche dienlich sind.[287] Zu denken ist hier an Tribünen, Bestattungshallen, Bade- und Umkleidehäuschen, Geräteschuppen etc.

Bei den Grünflächen im Sinne von § 5 Abs. 2 BauGB handelt es meist um Grünanlagen in Form von Parks oder Gärten; die Aufzählung der weiteren Beispiele in § 5 Abs. 2 Nr. 5 BauGB zeigt, dass Grünflächen je nach ihrem Zweck durchaus Nutzungen unterliegen können, die mit bestimmten Formen des Ausgleichs kollidieren können. Maßgeblich ist der Zweck, der mit der Darstellung als Grünfläche verfolgt wird. Erfolgt beispielsweise eine Nutzung als Sportplatz, so kann wegen des funktionalen Zusammenhangs des Eingriffs mit dem Ausgleich nicht eine gänzlich andere, durch den Eingriff beeinträchtigte Naturfunktion mit diesem Sportplatz ausgeglichen werden. Es können auf diese Weise lediglich beeinträchtigte Erholungsfunktionen der Natur ausgeglichen werden. Ob die Darstellung als Grünfläche geeignet zum Ausgleich ist, muss daher an Hand des Einzelfalls beurteilt werden. Beurteilungskriterien sind die beeinträchtigten Naturfunktionen, der Zweck der beabsichtigten Nutzung der Grünfläche, der im Hinblick auf die Rechtsprechung des BVerwG im Flächennutzungsplan beschrieben werden muss,[288] sowie die Intensität der Nutzung der dargestellten Grünfläche. Nutzungsintensive Zwecke wie Sport, Spiel oder Baden scheiden zum Ausgleich anderer Funktionen als der Erholungsfunktion der Natur regelmäßig aus.

*bb) Darstellungen nach § 5 Abs. 2 Nr. 6 BauGB*

Diese Darstellungsart ist vorwiegend immissionsbezogen. In der ersten Variante sieht sie Nutzungsbeschränkungen vor. Wird ein Gebiet mit dieser

---

[286] *Stich/Porger/Steinebach/Jacob*, Stadtökologie in Bebauungsplänen, Rn. 200; *Mitschang*, Die Belange von Natur und Landschaft, S. 274.

[287] BVerwG, NVwZ-RR 1995, 484 f.; vgl. auch *Bielenberg/Söfker*, in: Ernst/Zinkahn/Bielenberg/Krautzberger (Hrsg.), BauGB, § 5 Rn. 44.

[288] Vgl. *Gaentzsch*, in: Schlichter/Stich (Hrsg.), Berliner Kommentar zum BauGB, § 5 Rn. 29; *Bielenberg/Söfker*, in: Ernst/Zinkahn/Bielenberg/Krautzberger (Hrsg.), BauGB, § 5 Rn. 43; *Löhr*, in: Battis/Krautzberger/Löhr (Hrsg.), BauGB, § 5 Rn. 21.

Nutzungsart dargestellt, so erfolgt die Darstellung immer bezogen auf Nutzungsarten nach anderen Nrn. von § 5 Abs. 2 BauGB. Der Aussagegehalt dieser Darstellung besteht dann darin, dass diese anderweitig dargestellten Nutzungen zu beschränken sind. Darstellungen nach § 5 Abs. 2 Nr. 6 1. Var. BauGB überlagern also andere Darstellungen. Die zweite Variante der Darstellungsart sieht Schutzvorkehrungen vor. Dies kann ebenfalls überlagernd oder aber auch als selbständige Nutzungsart für eine Fläche dargestellt werden. So kann etwa im Bebauungsplan ein 100 m breiter Streifen zwischen emittierenden Nutzungen und zu schützenden Nutzungen nach § 5 Abs. 2 Nr. 6 2. Var. BauGB dargestellt werden.

Diese immissionsbezogene Darstellungsart des § 5 Abs. 2 Nr. 6 BauGB dient hauptsächlich der Reduktion von Emissionen (1. Var.) oder von Immissionen (2. Var.), so dass schädliche Umwelteinwirkungen im Sinne von § 3 Abs. 2 BImSchG vermieden werden. Daher ist diese Darstellungsart hervorragend zur Umsetzung des Vermeidegebotes der Eingriffsregelung geeignet. Da sie kaum positive Entwicklungsmaßnahmen für Natur und Landschaft zulässt, sondern rein auf Verhinderung schädlicher Umwelteinwirkungen gerichtet ist, ist sie für die Darstellung von Ausgleichsflächen weniger geeignet.

### cc) Darstellungen nach § 5 Abs. 2 Nr. 7 BauGB

Die Gemeinde kann auch Wasserflächen gemäß § 5 Abs. 2 Nr. 7 BauGB als Flächen für den Ausgleich darstellen. Ein Ausgleich auf Wasserflächen ist dadurch denkbar, dass gezielte Maßnahmen zur Aufwertung der spezifisch wasserbezogenen Ökotope (etwa Schilf- oder Röhrichtgebiete; Fisch- oder Amphibienpopulationen) getroffen werden. Die Flächennutzungsplanung bietet eine entsprechende Darstellungsmöglichkeit für eine solche Nutzung der Wasserfläche.

Dies ist unproblematisch, solange sie sich darauf beschränkt, vorhandene Wasserflächen als Ausgleichsflächen zu überplanen. Sobald es aber um den Ausgleich auf neu anzulegenden Wasserflächen geht, sind die Regelungen des Wasserrechtes und des Wasserwirtschaftsrechtes zu berücksichtigen. Die Planungshoheit der Gemeinde wird insofern überlagert und beschränkt.[289] Da die Gemeinde in dieser Hinsicht also keine Alleinentscheidungskompetenz besitzt, sondern auf die mit Unsicherheiten behaftete Mitwirkung anderer Behörden angewiesen ist,[290] sind die Darstellungen neu anzulegender Wasserflächen für den Ausgleich ungeeignet. Die städtebau-

---

[289] Vgl. *Schrödter*, in: Schrödter (Hrsg.), BauGB, § 5 Rn. 36.

[290] Beispielsweise durch wasserrechtliche Planfeststellungen für die Neuanlage, Veränderung oder Beseitigung eines Gewässers.

liche Eingriffsregelung fordert ein Mindestmaß an Sicherheit, dass der vorgesehene planerische Ausgleich tatsächlich durchgeführt wird. Bei neu anzulegenden Wasserflächen ist diese Sicherheit aber nicht gegeben, da die Gemeinde alleine nicht zuständig ist und sie daher von der Durchführung der Maßnahmen keineswegs ausgehen kann. Ein Ausgleich durch die Darstellung nicht existenter, noch anzulegender Wasserflächen ist daher nicht möglich.

### dd) Darstellungen nach § 5 Abs. 2 Nr. 8 BauGB

Flächen nach § 5 Abs. 2 Nr. 8 BauGB scheinen auf den ersten Blick nicht geeignet für die Darstellung von Ausgleichsflächen zu sein, da die Vorschrift die Möglichkeit bietet, Bergbau zu ermöglichen und sich Bergbau eher durch naturverbrauchendes als durch naturschützerisches Vorgehen charakterisieren lässt. Indes sind gerade ehemalige, nicht mehr bewirtschaftete Bergbaustätten bekannt dafür, dass sich in ihnen vielfältige Biotope bilden können. Paradebeispiele hierfür sind verlassene Nass-Kiesgruben oder Steinbrüche. Solche verlassenen Bergbaustätten sind für die Anlage entsprechender Biotope geeignet und können daher als Ausgleichsflächen dargestellt werden.

Allerdings sind noch bewirtschaftete Bergbaustätten regelmäßig nicht als Ausgleichsflächen geeignet, da sich in noch betriebenen Bergbaustätten meist keine entwicklungsfähigen Biotope bilden und bilden können. Erst nach dem Ende der Bewirtschaftung ermöglicht es die Brache der Flächen, dass sich Biotopbildner ansiedeln können. Für die Planungsmöglichkeiten der Gemeinde bedeutet dies: Stellt sie Flächen nach § 5 Abs. 2 Nr. 8 BauGB als Ausgleichsflächen dar, so müssen die so überplanten Gebiete in naturschützerischer Hinsicht entwicklungsfähig sein, was die Gemeinde in der Begründung des Flächennutzungsplanes plausibel darlegen muss. Sind die Flächen noch bewirtschaftet, schließt es der Charakter des Bergbaus in der Regel aus, die Fläche als Ausgleichsfläche darzustellen. Ausnahmen sind möglich, müssen aber nachvollziehbar im Plan dargestellt sein und an Hand der tatsächlichen Verhältnisse plausibel erscheinen. Maßgeblich ist hier in beiden Fällen, verlassenen wie bewirtschafteten Bergbaustätten, der Einzelfall.

### ee) Darstellungen nach § 5 Abs. 2 Nr. 9 BauGB

§ 5 Abs. 2 Nr. 9 BauGB bietet zwei Darstellungsmöglichkeiten, die beide ausgleichsrelevant sind. Sowohl Landwirtschaft als auch Wald berühren naturschützerische Belange unmittelbar, da sie die Natur direkt nutzen und nicht wie andere Darstellungen von § 5 Abs. 2 BauGB Natur lediglich verbrauchen, sondern die Natur aktiv gestalten können. Beide Darstellungsarten sind daher als Darstellungen zum Ausgleich im Grundsatz möglich.[291]

Die unproblematischere Darstellungsart ist die Darstellung als Waldflächen. Der Wald erfüllt nach der Definition in § 2 Abs. 1 BWaldG, die für § 5 Abs. 2 Nr. 9b) BauGB maßgeblich ist,[292] eine forstwirtschaftliche Nutzfunktion, aber eben auch eine Schutz- und Erholungsfunktion. Diese Funktion des Waldes entspricht Naturfunktionen, die durch einen Eingriff beeinträchtigt werden können. Wird also beispielsweise durch einen Eingriff der Erholungswert der Natur beeinträchtigt, so ist auf Grund des funktionalen Zusammenhangs die Darstellung einer Waldfläche ideal geeignet, diesen Eingriff auszugleichen. Waldflächen sind außerdem auf Grund ihrer klimaverbessernden Funktion und ihrer Eigenschaft als Habitat für viele Lebensformen sehr gut als mögliche Ausgleichsfläche geeignet. Zum einen können bereits bestehende Waldflächen als Ausgleichsfläche dargestellt werden; zum anderen ist es möglich, Flächen zur Aufforstung vorzusehen. In letzteren Fällen ist aber die zeitliche Verzögerung zwischen Flächendarstellung und Wirksamwerden der Ausgleichsmaßnahme, also dem Ende der Wachstumsphase, zu beachten und gegebenenfalls in die Ausgleichskalkulation mit einzustellen.

Weniger offensichtlich als Ausgleichsflächen geeignet sind landwirtschaftlich genutzte Flächen nach § 5 Abs. 2 Nr. 9a) BauGB. Denn ob die landwirtschaftliche Nutzung von Flächen dazu geeignet ist, eingriffsbedingte Naturbeeinträchtigungen gleichwertig wiederherzustellen, kommt ganz auf die jeweilige Wirtschaftsart an. Eine abstrakt-generelle Aussage hierzu ist nicht möglich. Die Gemeinde muss – bezogen auf den prognostizierten Eingriff – die erforderlichen Ausgleichsmaßnahmen ermitteln und prüfen, inwieweit diese Maßnahmen auf Flächen umsetzbar sind, die einer bereits existierenden konkreten landwirtschaftlichen Nutzung unterliegen. Kommt sie zu einem negativen Ergebnis, so darf sie die Flächen nach § 5 Abs. 2 Nr. 9a) BauGB nicht als Ausgleichsflächen darstellen. Sind die Flächen noch nicht landwirtschaftlich genutzt, so ist eine Darstellung als Ausgleichsfläche nur möglich, wenn zugleich sichergestellt ist, dass die landwirtschaftliche Nutzung verträglich ist mit den Funktionen, deren Wiederherstellung die Darstellung als Ausgleichsfläche dienen soll.

---

[291] *Berkemann,* in: Ramsauer (Hrsg.), Die naturschutzrechtliche Eingriffsregelung, S. 65 (102).

[292] BT-Drs. 010/4630, S. 68 und 72; *Louis,* in: Ramsauer (Hrsg.), Die naturschutzrechtliche Eingriffsregelung, S. 113 (118).

*ff) Darstellungen nach § 5 Abs. 2 Nr. 10 BauGB*

Für die städtebauliche Eingriffsregelung auf der Ebene des Flächennutzungsplans ist diese Darstellungsart die bedeutsamste. Während die anderen Darstellungsarten in § 5 Abs. 2 BauGB originär anderen Nutzungsansprüchen als der Eingriffsregelung Rechnung tragen und ihre positive Auswirkung auf die Natur, welche sich die Gemeinde bei der Darstellung von Ausgleichsflächen zu Nutze machen kann, lediglich ein Reflex anderer Nutzungen ist, dient § 5 Abs. 2 Nr. 10 BauGB originär dazu, Belangen der Natur zu ihrer Geltung zu verhelfen. Die Hauptfunktion der Darstellungsart ist die Nutzung von Flächen für naturbezogene Entwicklungsmaßnahmen. Welche konkreten Maßnahmen getroffen werden sollen, ist auf der Ebene der vorbereitenden Bauleitplanung noch nicht zu entscheiden. Die Darstellung nach Nr. 10 dient vielmehr dazu, noch unbestimmte Maßnahmen vorzusehen und vor allem dazu, Flächen kostengünstig für diese Maßnahmen zu reservieren. Durch die Darstellung nach Nr. 10 kann die Gemeinde für den Ausgleich durch die Entwicklungsfähigkeit ihrer Biotope besonders geeignete Flächen bereits frühzeitig vor konkurrierenden Nutzungen schützen. Da Nr. 10 keine anderen Nutzungsmöglichkeiten als den Naturschutz zulässt, wirkt eine solche Darstellung stark nutzungsverhindernd. Damit wird bei dieser Darstellungsvariante das Problem der Verhinderungsplanung relevant. Bei der Darstellung solcher Flächen nach Nr. 10 ist deshalb unbedingt zu beachten, dass es sich um Aussagen eines Bauleitplanes handelt, die gemäß § 1 Abs. 3 S. 1 BauGB städtebaulich erforderlich sein müssen und die durch ein planerisches Konzept abgesichert sind, um die Qualifikation der Planung als reine Verhinderungsplanung zu vermeiden.[293] Handelt es sich um Flächendarstellungen zur Reservierung von Ausgleichsflächen, ist diesem Erfordernis Genüge getan, da dieses Absicht ein legitimes Ziel städtebaulicher Planung ist; stellt doch die städtebauliche Eingriffsregelung ein Abwägungsbelang mit erheblichem Gewicht dar. Nicht erlaubt hingegen ist der Gemeinde, im Gewande der Flächennutzungsplanung Flächen zu reservieren, um bestimmte Naturgebiete unabhängig von der städtebaulichen Eingriffsregelung zu schützen. Diese Aufgabe obliegt der Schutzgebietsausweisung nach dem BNatSchG und den LNatSchGen; sie ist kein städtebauliches Erfordernis. Eine Darstellung von Ausgleichsflächen hingegen ist auf den Ausgleich künftiger Eingriffe gerichtet und steht daher in einem inneren Zusammenhang mit anderen städtebaulichen Belangen. Sie dient der Umsetzung des Ausgleichskonzeptes der Gemeinde, welches Bestandteil der allgemeinen städtebaulichen Konzeption der Gemeinde ist. Darstellungen, die dieser Konzeption dienen, sind immer erforderlich im Sinne von § 1 Abs. 3 S. 1 BauGB.[294]

---

[293] Zur Negativplanung schon oben bei C. III. und D. II. 2. a) bb).
[294] Vgl. *Krautzberger*, in: Battis/Krautzberger/Löhr (Hrsg.), BauGB, § 1 Rn. 26.

Konkrete Aussagen, welche Flächen unter Nr. 10 fallen, sind auf Grund des hohen Abstraktionsgrades der Norm schwierig. Da auch keine Aussagen darüber möglich sind, welche Ausgleichsmaßnahmen dann letzten Endes tatsächlich getroffen werden, aber dennoch ein gewisser Konkretisierungsmaßstab für die Planung vonnöten ist, kommt der Landschaftsplanung hier eine entscheidende Rolle zu. § 5 Abs. 2 Nr. 10 BauGB ist die Gelenknorm zwischen der Flächennutzungsplanung (und damit der daraus entwickelten Bebauungsplanung) und der Landschaftsplanung, die ein Entwicklungskonzept für in Frage kommende Ausgleichsflächen enthält (s. o. bei C. III. 3. und 4.). Die Abstraktheit der Vorschrift ermöglicht es, die Vielgestaltigkeit der in Frage kommenden Ausgleichsmaßnahmen, welche die Landschaftsplanung beschreibt, in den Flächennutzungsplan zu integrieren. Die Norm dient dem oben bereits erwähnten Eingriffs-Ausgleichs-Konzept als Umsetzungshebel und erlaubt es der Gemeinde, ihre Überlegungen planerisch umzusetzen. Allerdings können Darstellungen nach § 5 Abs. 2 Nr. 10 BauGB eine sorgfältige Landschaftsplanung nicht ersetzen; sie setzen lediglich die landschaftsplanerischen Aussagen in einer Form um, die für die Bauleitplanung und insbesondere für die Bebauungsplanung auf Grund des Entwicklungsgebots verwertbar ist. Der Landschaftsplan wird auf diese Weise Bestandteil des Flächennutzungsplanes; in der Begründung des Flächennutzungsplanes hat die Gemeinde darauf einzugehen, inwiefern sie das Ausgleichskonzept des Landschaftsplanes mit Hilfe insbesondere der Darstellungsmöglichkeit der Nr. 10 umgesetzt hat.

*gg) Überlagernde Darstellungen*

Neben den gerade beschriebenen Darstellungsmöglichkeiten kann die Gemeinde außerdem, da der Katalog in § 5 Abs. 2 BauGB nicht abschließend ist, sogenannte überlagernde Darstellungen im Flächennutzungsplan treffen. In solchen Fällen stellt der Flächennutzungsplan für eine Fläche eine Hauptnutzung dar, die aber nicht die alleinige Nutzung bedeutet. Vielmehr wird diese Hauptnutzung durch eine andere, im Flächennutzungsplan dargestellte Nutzung überlagert. So sieht der Plan gewissermaßen zwei Nutzungsarten für eine Fläche vor. Die Sinnhaftigkeit eines solchen Vorgehens liegt angesichts der Tatsache, dass eine Flächenvermehrung nicht möglich und eine doppelte Nutzungszuweisung daher nötig ist,[295] auf der Hand. Allerdings ist diese überlagernde Nutzungsdarstellung nur zulässig, wenn die jeweiligen Nutzungszuweisungen nicht konfligieren und miteinander vereinbar sind.[296]

---

[295] Vgl. *Mitschang,* ZfBR 1999, 125 (130).
[296] Vgl. *Bielenberg/Söfker,* in: Ernst/Zinkahn/Bielenberg/Krautzberger (Hrsg.), BauGB, § 5 Rn. 58.

Eine Nutzung dieser ungeschriebenen Erweiterung der Darstellungsmöglichkeiten im Flächennutzungsplan für die städtebauliche Eingriffsregelung ist denkbar. Auf Grund der dichten Nutzungsstruktur wird es die planerische Realität meist nicht erlauben, ganze Flächenzüge nur für den städtebaulichen Ausgleich darzustellen. Stattdessen kann die Gemeinde andere Nutzungen darstellen und diese anderen Nutzungen aber mit Ausgleichsdarstellungen überlagern. Zu trennen sind dabei zwei Fragen: zum einen, welche (Haupt-)Nutzungen überhaupt mit ausgleichsfähigen Darstellungen überlagert werden können; zum anderen welche überlagernden Darstellungen ausgleichsfähig sind. Letztere Frage wurde bereits oben ausführlich erörtert. In der Regel bieten sich Darstellungen nach § 5 Abs. 2 Nr. 10 BauGB an; die anderen beschriebenen Darstellungsmöglichkeiten können aber je nach der örtlichen Situation ebenfalls gut als Ausgleichsflächendarstellung geeignet sein.

Als überlagerbare Hauptnutzungsart kommt § 5 Abs. 2 Nr. 1 BauGB durchaus in Frage. Zwar sind Baugebiete regelmäßig auf Flächenverbrauch durch Flächenversiegelung und Beeinträchtigung von Naturfunktionen gerichtet. Aber auch innerhalb bebauter Flächen oder noch zu bebauender Flächen können kleinere ökologische Nischen oder Kleinbiotope existieren, die durch eine Ausgleichsdarstellung zur Entwicklung im Rahmen eines späteren Ausgleichs vorgesehen werden können. Auch unter Gesichtspunkten der Klimaverbesserung kann es sinnvoll sein, solche Nischen gezielt in Baugebieten zu entwickeln.[297] Überplant die Gemeinde also ein bestehendes Baugebiet oder ein künftiges Baugebiet im Flächennutzungsplan mit überlagernden Darstellungen nach § 5 Abs. 2 Nr. 10 BauGB, so muss dies nicht zwangsläufig abwägungsfehlerhaft sein, weil Belange der Eingriffsregelung verkannt wurden. Vielmehr muss die Gemeinde in der Planbegründung plausibel ausführen, warum sie in einem Baugebiet Ausgleichsdarstellungen vorsieht. In der Regel sind Baugebiete nämlich nicht ausgleichsgeeignet; Ausnahmen bilden erhebliche Naturschutzpotenziale innerhalb der Bauflächen, die die Gemeinde in der Planbegründung aber nachweisen muss. Dasselbe gilt für Darstellungen nach § 5 Abs. 2 Nr. 2–4 BauGB. Auch auf diesen Nutzungsflächen können im Einzelfall entwicklungsfähige, ausgleichsgeeignete ökologische Nischen existieren. Allerdings ist zu berücksichtigen, dass auf Verkehrsflächen und Flächen nach Nr. 4 die Hauptnutzung dieser Flächen wohl kaum mit der Nutzung eines Teils der Flächen als Ausgleichsfläche vereinbar sein wird.[298] Entscheidend ist aber der konkrete planerische Einzelfall.

---

[297] *Mitschang,* Die Belange von Natur und Landschaft, S. 319.

[298] Bei Verkehrsflächen könnte man allenfalls an Böschungen oder Grünstreifen denken, wobei die Entwicklung dieser Grünflächen als Ausgleichsmaßnahme eher

Dagegen sind Grünflächen nach § 5 Abs. 2 Nr. 5 BauGB schon eher für überlagernde Ausgleichsdarstellungen geeignet.[299] Zu beachten ist hier nur, dass die dargestellte Zweckbestimmung der Grünfläche nicht mit dem Ausgleichsziel kollidiert. Eine Überlagerung mit Ausgleichsdarstellungen kann außerdem verhindern, dass Grünflächen mit zweckdienenden Bauten (Tribünen, Leichenhallen, Umkleidehäuschen) bebaut werden. Ebenso sind Flächen nach § 5 Abs. 2 Nr. 6 BauGB zur Überlagerung geeignet. So kann etwa eine Fläche, deren Hauptnutzung nach Nr. 6 die Funktion als Abstandsfläche zwischen emittierender Bebauung und vor Immissionen zu schützender Bebauung ist, mit Ausgleichsdarstellungen nach Nr. 10 überlagert werden und so klargestellt werden, dass auf dieser Abstandsfläche Naturschutzmaßnahmen getroffen werden sollen.

Auch die Überlagerung von Flächen nach Nr. 7 und Nr. 8 mit Ausgleichsdarstellungen nach Nr. 10 erscheint möglich, da sich auf Wasserflächen, die in der Hauptsache nicht für den Naturschutz genutzt werden sollen, entwicklungs- und somit ausgleichsfähige Biotope befinden können. Dasselbe gilt für Flächen, die hauptsächlich nach Nr. 8 genutzt werden. Hier kann eine Überlagerung mit Darstellungen nach Nr. 10 vor allem bei der Rekultivierung von Kies-, Sand- oder Lehmgruben nützlich sein.

Bei § 5 Abs. 2 Nr. 9 kann eine Überlagerung mit Darstellungen nach Nr. 10 sinnvoll sein, um die Flächen für Fälle künftiger Brache für ihre ökologische Entwicklung zu reservieren. Ansonsten kommt eine Überlagerung im Fall der landwirtschaftlichen Hauptnutzung nur in Betracht, sofern diese Hauptnutzung nicht mit der beabsichtigten Nutzung als Ausgleichsfläche kollidiert. Bei der forstwirtschaftlichen Nutzung des Waldes erscheint dies unproblematischer; im Grundsatz gilt indes dasselbe. Bei der Überlagerung von Waldflächen ist von der Gemeinde aber zu beachten, dass möglicherweise Sonderregelungen des BWaldG und der LWaldGe bei der Durchführung von Ausgleichsmaßnahmen berücksichtigt werden müssen. Eine Überlagerung von Flächen nach § 5 Abs. 2 Nr. 10 BauGB ist hingegen nicht sinnvoll, da die Hauptnutzung dieser Darstellungsart bereits der Naturschutz ist. Diese Darstellungsmöglichkeit ist weniger als selbständige Hauptnutzungsart gedacht, sondern bietet sich eher als überlagernde Darstellung an.

---

fernliegend scheint und im Falle ihrer Darstellung sehr sorgfältig begründet werden muss.

[299] Vgl. *Mitschang,* Die Belange von Natur und Landschaft, S. 282.

## b) Die Zuordnung von Flächen als Ausgleichsflächen nach § 5 Abs. 2a BauGB

Die Gemeinde kann bereits im Flächennutzungsplan gemäß § 5 Abs. 2a BauGB den Eingriffsflächen bestimmte Ausgleichsflächen zuordnen, um so den Zusammenhang zwischen Bauflächen und Ausgleichsflächen darzustellen und die Ausgleichsabsicht der Gemeinde zu dokumentieren; außerdem kann so ein späteres Bebauungsplanverfahren von der Suche nach Ausgleichsflächen entlastet werden. Die Konsequenz einer solchen Zuordnungsdarstellung ist die Bindung der Gemeinde bei späteren Bebauungsplanverfahren an die hier bereits getroffenen Weichenstellungen für den Ausgleich auf Grund des Entwicklungsgebots (§ 8 Abs. 2 BauGB). Will sie von ihrer Zuordnungsdarstellung abweichen und – etwa, weil sich die Sachlage im Gemeindegebiet wesentlich verändert hat – ihr Ausgleichskonzept ändern, so muss sie den Flächennutzungsplan abändern. Für die Ausgleichstätigkeit der Gemeinde ist diese so erzeugte Selbstbindung eher nachteilig. Denn durch diese Selbstbindung verringert sie ohne Not ihre Flexibilität hinsichtlich der später zu planenden Ausgleichsmaßnahmen in Eingriffsbebauungsplänen. Sie bringt sich unter Umständen sogar in Schwierigkeiten, weil dem Grundstücksmarkt klar wird, dass die Gemeinde sich auf bestimmte Flächen als Ausgleichsflächen festgelegt hat und davon nur schwer wieder abweichen kann. Dies wird den Marktpreis dieser Ausgleichsflächen erhöhen, was wiederum die Ausgleichstätigkeit der Gemeinde erschwert.[300] Da diese Zuordnung nicht notwendig ist, um von der Möglichkeit der räumlichen Entkopplung Gebrauch zu machen,[301] ist der Gemeinde zu raten, auf sie im Interesse größerer Flexibilität zu verzichten, zumal das Ausmaß des später notwendigen Ausgleichs in diesem Stadium noch gar nicht bekannt ist, sondern erst mit Aufstellung des Eingriffsbebauungsplanes prognostiziert werden kann. Ist dagegen gewollt, die Ausgleichstätigkeit langfristig gegenüber den politischen Alltagsgeschäft und schnell wechselnden Prioritäten[302] sicher zu machen, empfiehlt sich eine entsprechende Zuordnung. Dies kann besonders bei Ausgleichsmethoden wie Ökokonten oder Flächenpools geschehen, falls sie politisch umstritten sind.[303] Um das erwähnte

---

[300] Vgl. *Mitschang*, ZfBR 1999, 125 (129); *Schink*, DVBl. 1998, 609 (616). Sehr instruktiv in diesem Zusammenhang sind die Erfahrungen, die die Gemeinde Bad Zwischenahn/Niedersachsen machte, als die Möglichkeit der Zuordnung in einem Planspiel getestet wurde (abgedruckt bei *Bunzel/Lau/Löhr/Schäfer*, Planspiel BauGB-Novelle, S. 244 f.).

[301] BT-Drs. 13/6392, S. 47.

[302] Vgl. *Bunzel*, NuR 1997, 583 (590).

[303] Zur planerischen Sicherung dieser Ausgleichsmethoden noch unten im § 5 bei B. II. 3. b).

Problem der Preissteigerungen abzufangen, sollte die Gemeinde nur solche Flächen zuordnen, die sie selbst bereits besitzt.

## II. Festsetzungen im Bebauungsplan

Die städtebauliche Eingriffsregelung verpflichtet die planende Gemeinde zunächst zur Beachtung des Vermeidegebotes und erst in einem zweiten Schritt zum Ausgleich der eingriffsbedingten Naturbeeinträchtigungen. Die naheliegendsten Instrumente für die Gemeinde sind Festsetzungen im Bebauungsplan. Sowohl für die Umsetzung des Vermeidegebotes als auch des Ausgleichgebotes stehen den Planern vielfältige Festsetzungsmöglichkeiten zur Verfügung.

### 1. Festsetzungsmöglichkeiten zur Umsetzung des Vermeidegebotes

Zunächst kann die Gemeinde noch vor der Festlegung einzelner Festsetzungen im Rahmen ihrer planerischen Konzeption dem Vermeidegebot Rechnung tragen.[304] So ist die Innenentwicklung des bebauten Bereichs der Inanspruchnahme bisher naturnaher Außenbereichsflächen im Rahmen des Möglichen stets vorzuziehen. Auch hier gilt der Grundsatz der Eingriffsregelung, dass das Vermeidegebot eine bereits gefallene Standortentscheidung nicht zu verhindern vermag.[305] Im Rahmen der gemeindlichen Planungshoheit kann die Gemeinde an ihrer Standortvorstellung trotz des Vermeidegebotes festhalten; sie muss dann aber in der Planbegründung die Gründe plausibel darlegen, die in der Abwägung den Ausschlag gaben für ein Überwiegen des Interesses, gerade an diesem Standort zu bauen, gegenüber dem Interesse, die vorgesehene Fläche aus Naturschutzgründen heraus nicht zu bebauen. Die Innenentwicklung kann vor allem dadurch geschehen, dass die Bebauungsplanung vorhandene Baulücken schließt, die Bebauung nachverdichtet und Gewerbebrachen neu überplant. Eine solche am Vermeidegebot orientierte, konzeptionelle Vorgehensweise lässt der Gemeinde Raum zur Berücksichtigung wertvoller Flächen.

Stehen künftiger Standort und Art der künftigen Nutzungen fest, bietet es sich für die Gemeinde zur Strukturierung ihres Vorgehens an, bei ihren Überlegungen zum Vermeidegebot zwischen den *baubedingten,* den *anlagebedingten* und den *betriebsbedingten* Beeinträchtigungen zu unterscheiden.

---

[304] Ausführlich und vertiefend zu den einzelnen Festsetzungsmöglichkeiten zur Umsetzung des Vermeidegebots *Bunzel/Hinzen/Ohligschläger,* Umweltschutz in der Bebauungsplanung, passim sowie *Roller/Gebers,* Umweltschutz durch Bebauungspläne, passim.

[305] Vgl. im § 3 B. II. 2. a) und oben bei B. II. 1.

### a) Vermeidung baubedingter Naturbeeinträchtigungen

Bei der Planung sollte bereits darauf geachtet werden, dass die Bauarbeiten über die notwendigen und unumgänglichen Naturbeeinträchtigungen hinaus nicht in den Naturhaushalt eingreifen. Hier wird es meist um den Schutz vorhandener Vegetation, Rücksicht auf Brut- und Laichzeiten, umweltschonende Plazierung von Baumaschinen, sowie die Minimierung von Lärm, Schadstoff- und Staubemissionen gehen. Planerisch hat die Gemeinde dazu allerdings nicht viele Möglichkeiten. Sie kann im Bebauungsplan nachrichtlich die DIN-Normen 18920 (Schutz vorhandener Vegetation) und 18915/2 (Sicherung und Lagerung von Oberboden) in den Plan aufnehmen und besonders auf ihre Beachtung bei den Bauarbeiten hinweisen. Ebenso kann nachrichtlich auf § 202 BauGB (Schutz des Mutterbodens) hingewiesen werden. Basiert die Bebauungsplanung auf einem Vorhaben- und Erschließungsplan nach § 12 BauGB, so kann die Gemeinde den Investor im Durchführungsvertrag zu besonderen Modalitäten hinsichtlich der Bauarbeiten verpflichten.

### b) Vermeidung anlagebedingter Naturbeeinträchtigungen

Naturbeeinträchtigungen, welche die Existenz der Anlage als solcher hervorruft, können gemildert werden durch die Reduzierung der Bodenversiegelung, der Sicherstellung der Funktion des Bodens als Regen- und Grundwasserspeicher, die Verminderung von Beeinträchtigungen der Tier- und Pflanzenwelt durch Erhaltung wertvoller Biotop- und Vegetationsstrukturen innerhalb der Baugebiete; ferner sind klimatische Beeinträchtigungen zu minimieren und die Bauvorhaben landschafts- und naturgerecht zu dimensionieren.

Zur Reduzierung der Bodenversiegelung kann die Gemeinde das verdichtete Bauen durch Festsetzungen nach § 9 Abs. 1 Nr. 1–3 BauGB i. V. m. § 16 BauNVO fördern; ferner ist es ihr möglich, nicht überbaubare Grundstücksflächen durch Festsetzungen nach § 9 Abs. 1 Nr. 2 in Kombination mit der Beschränkung der Zulässigkeit von Nebenanlagen nach § 9 Abs. 1 Nr. 2 und 4 i. V. m. §§ 12 Abs. 6; 14 Abs. 1 S. 3 und 23 Abs. 5 BauNVO zu sichern. Begrünungsvorschriften nach § 9 Abs. 1 Nr. 25 BauGB und örtliche Bauvorschriften nach § 9 Abs. 4 BauGB können zur bodenschonenden Gestaltung von Grundstücksflächen herangezogen werden.

Diese Methoden der Vermeidung von Bodenversiegelungen nutzen zugleich dem Wasserhaushalt, der darüber hinaus durch die Festsetzung wasserdurchlässiger Bodenbeläge oder Maßnahmen zur dezentralen Regenwasserversickerung nach § 9 Abs. 1 Nr. 20 BauGB geschützt werden kann. Flächen zur zentralen Regenwasserrückhaltung nach § 9 Abs. 1 Nr. 14 BauGB sowie Festsetzungen von Dachbegrünungen zum verzögerten Abfluss des Dachflächenwassers nach § 9 Abs. 1 Nr. 25 BauGB können ebenso wie die Begrenzung der Unterkellerung zum Schutz des Grundwassers nach § 9 Abs. 1 Nr. 1 BauGB i.V.m § 16 Abs. 4 BauNVO ebenfalls zur Vermeidung von Beeinträchtigungen des Wasserhaushalts beitragen.

Das Vermeidegebot kann weiter umgesetzt werden durch die Erhaltung wertvoller Vegetationsstrukturen mittels Grünerhaltungsfestsetzungen nach § 9 Abs. 1 Nr. 25b) BauGB. Solche Festsetzungen sind zugleich geeignet, Beeinträchtigungen des Klimas durch den Eingriff zu vermeiden. Das städtische Klima kann ferner dadurch geschützt werden, dass Kaltluftabflüsse bei der Ausrichtung und Dimensionierung baulicher Anlagen sowie der nicht überbaubaren Grundstücksflächen nach § 9 Abs. 1 Nr. 1 und 2 BauGB i.V.m. §§ 22, 23 BauNVO berücksichtigt werden.

Beeinträchtigungen des Landschaftsbildes schließlich können die Planer vermeiden, indem sie nach § 9 Abs. 1 Nr. 1 und 2 BauGB die baulichen Anlagen landschaftsfreundlich dimensionieren und eine entsprechende Bauweise und Stellung der Anlagen vorsehen. Überdies können Gestaltungssatzungen aufgestellt werden, die als Bauvorschriften nach § 9 Abs. 4 BauGB in den Plan integriert werden können.

### c) Vermeidung betriebsbedingter Naturbeeinträchtigungen

Beeinträchtigungen der Natur durch den Betrieb des Bauvorhabens können vor allem durch Erzeugung von Emissionen und Lärm sowie durch Schadstofftransfer in Boden oder Grundwasser auftreten. Emissionsvermeidung kann stattfinden durch den Ausschluss oder die Beschränkung der Verwendung luftverunreinigender Stoffe auf Grundlage von § 9 Abs. 1 Nr. 23 BauGB. Allerdings muss dieser Ausschluss städtebaulich relevant sein, was dann der Fall ist, wenn Frischluftleitbahnen durch die Emissionen betroffen sind. Überdies können räumliche Abstände zwischen Emissionsquellen und immissionsempfindlichen Bereichen durch § 9 Abs. 1 Nr. 24 BauGB festgesetzt werden. Eine klare Binnengliederung des Ortes nach § 9 Abs. 1 Nr. 1 BauGB und der mögliche Ausschluss bestimmter Arten von Anlagen nach § 1 Abs. 9 BauNVO kann betriebsbedingte Naturbeeinträchtigungen weiter minimieren. Eine Beeinträchtigung des Grundwassers durch Schadstoffeinträge kann vermieden werden, indem die Grundwasserempfindlichkeit bei der Festsetzung der Nutzungsart nach § 9 Abs. 1 Nr. 1 BauGB und § 1 Abs. 2 und 4 BauNVO berücksichtigt wird.

## 2. Festsetzungsmöglichkeiten zum Ausgleich im Bebauungsplan

Der städtebauliche Ausgleich kann gemäß § 1a Abs. 3 S. 2 BauGB durch Festsetzungen nach § 9 BauGB als Flächen oder Maßnahmen zum Ausgleich stattfinden. Die Festsetzungsmöglichkeiten eines Bebauungsplanes aus dem Katalog des § 9 Abs. 1 BauGB beschränken sich aber nicht alleine auf den Hochbau. Der Bebauungsplan stellt weniger einen Plan zur Bebauung im engeren Sinne dar, sondern trifft vielmehr eine verbindliche Aussage über die Zulässigkeit bestimmter Nutzungen der Flächen im Plangebiet. Im Zuge dessen ermöglicht der Darstellungskatalog des § 9 Abs. 1 BauGB, die Nutzung bestimmter Flächen für Zwecke des Ausgleichs vorzusehen. Bevor dies bei b) näher erläutert wird, sind vorher an Hand der spezifischen Eigenheiten der Bebauungsplanung noch einige allgemein geltende Grundsätze für die Festsetzung von Ausgleichsflächen und -maßnahmen herauszuarbeiten (a)).

### a) Allgemeine städtebauliche Anforderungen an Ausgleichsfestsetzungen

Bevor weiter unten auf die konkreten Festsetzungsmöglichkeiten eingegangen wird, müssen noch zwei problematische Punkte erörtert werden. Denn Ausgleichsfestsetzungen müssen als bauleitplanerische Festsetzungen den allgemeinen städtebaulichen Anforderungen an solche Festsetzungen genügen. Problematisch in diesem Kontext sind vor allem die Bestimmtheit und die städtebauliche Erforderlichkeit dieser Festsetzungen.

### aa) Bestimmtheit von Ausgleichsfestsetzungen und der Grundsatz der planerischen Zurückhaltung

Aus naturschutzfachlicher Sicht ist es sinnvoll, bereits auf der Ebene des Eingriffs möglichst genau festzuschreiben, wie der Ausgleich die Eingriffswirkungen kompensieren soll. Denn nur so kann die Eingriffs-Ausgleichs-Bilanz seriös erstellt werden. Die Normstruktur der Eingriffsregelung sieht vor, dass Eingriffe unzulässig sind, wenn sie nicht hinreichend ausgeglichen werden können. Die hierfür nötige Prognose kann nur erstellt werden, wenn absehbar ist, wie sich die Ausgleichsmaßnahmen auswirken werden, was wiederum voraussetzt, dass die Ausgleichsmaßnahmen möglichst konkret und genau geplant werden. Für die Bauleitplanung bedeutet dies, dass die Ausgleichsmaßnahmen im Bebauungsplan als verbindlichem Bauleitplan aus ökologischer Sicht so konkret wie nur möglich festgesetzt sein sollten.

Eine solch konkrete Planung stößt aber bauplanungsrechtlich auf Probleme. Zwar kann die Gemeinde die Planung sehr dicht und intensiv vornehmen; die Festsetzungsmöglichkeiten in § 9 Abs. 1 i. V. m. der BauNVO ermöglichen es durchaus, die künftige Bodennutzung sehr detailliert zu steuern. Indes bringt eine so konkrete Planung das Problem mit sich, dass auf diese Weise ein sehr starrer Rahmen entsteht, der möglicherweise künftigen Veränderungen der Gebietssituation nicht gewachsen ist. Es besteht die Gefahr, dass Befreiungen nach § 31 Abs. 2 BauGB im Übermaß erteilt werden müssen, um das Verhältnismäßigkeitsprinzip nicht zu verletzen. Befreiungen sind aber als Ausnahme vorgesehen; sie dürfen nicht zur Regel werden. Plant die Gemeinde zu detailliert und zu konkret, so muss sie ihren Bebauungsplan ständig ändern, weil er sonst wegen Funktionslosigkeit außer Kraft tritt.[306] Dies ist natürlich mit enormem Planungs- und Monitoringaufwand[307] verbunden. Die Rechtsprechung hat daher das Gebot der planerischen Zurückhaltung entwickelt.[308] Der Bebauungsplan soll nur einen verbindlichen Rahmen setzen, der keine Verwaltungsentscheidungen vorwegnimmt und dem Eigentümer einen Spielraum zur Verwirklichung seiner Vorstellungen von Eigentum lässt.[309] Auf die Konkretheit der bebauungsplanerischen Festsetzungen bezogen heißt dies, dass die Gemeinde im Rahmen ihrer planerischen Gestaltungsfreiheit frei bestimmen kann, welches Maß an Bestimmtheit bei ihren Aussagen zur Bodennutzung im Bebauungsplan angemessen ist, damit allen abwägungsrelevanten Belangen Rechnung getragen ist.[310] Dabei kann sie sich an der Art der Festsetzungen, ihren Planungszielen und an der städtebaulichen Erforderlichkeit im Lichte der Einzelfallgegebenheiten orientieren.[311] Es ist der Gemeinde also trotz des Gebots der planerischen Zurückhaltung durchaus möglich, sehr detaillierte, konkrete Festsetzungen über die Bodennutzung zu treffen, sofern planerische Umstände dies nahe legen oder gar erfordern.

Ein solcher Umstand ist die Umsetzung der Eingriffsregelung im Planungsverfahren. Das Gebot der planerischen Zurückhaltung entspringt unter anderem dem Gedanken, dass auf der Genehmigungsebene noch Raum für Einzelfallentscheidungen bleiben soll. Ein solcher Gedanke ist dem Konzept des städtebaulichen Ausgleichs aber fremd. Grundgedanke der Transforma-

---

[306] Zum Außerkrafttreten eines Bebauungsplanes wegen Funktionslosigkeit vgl. BVerwGE 54, 5 ff.; E 67, 334 ff.; E 99, 166 ff.; BVerwG, NVwZ 1999, 986; jüngst BVerwG, BauR 2004, 1128 ff.; *Degenhart,* BayVBl. 1990, 71 ff.; *Bier,* UPR 2004, 335 ff.

[307] Zum Monitoring nach § 4c BauGB ausführlich *Rautenberg,* NVwZ 2005, 1109 ff.

[308] BVerwG, NVwZ 1989, 960 f.; VGH Mannheim, VBlBW 1991, 19 (21); *Brohm,* Öff. BauR, § 1 Rn. 26; *Gelzer/Bracher/Reidt,* Bauplanungsrecht, Rn. 734.

[309] *Bielenberg/Söfker,* in: Ernst/Zinkahn/Bielenberg/Krautzberger (Hrsg.), BauGB, § 9 Rn. 16.

[310] BVerwG, DVBl. 1988, 845; BVerwG, NVwZ 1990, 459.

[311] BVerwG, NVwZ 1989, 659 unter Verweis auf BVerwGE 50, 114 (119).

tion der Eingriffsregelung ins Bauplanungsrecht war, dass möglichst frühzeitig über den Ausgleich entschieden werden sollte. Es sollten gerade keine Einzelentscheidungen mehr hinsichtlich des Ausgleichs im Baugenehmigungsverfahren getroffen werden, sondern die Gemeinde sollte über die notwendigen Kompensationsmaßnahmen gebündelt und integriert in das Geflecht der sonstigen städtebaulichen Belange entscheiden.[312] Das Prinzip der Vorverlagerung des Ausgleichs, das der städtebaulichen Eingriffsregelung zu Grunde liegt, verhindert also, dass der Grundsatz der planerischen Zurückhaltung bei der Anwendung der Eingriffsregelung Platz greift. Als Konsequenz dessen müssen die Aussagen über den Ausgleich im Bebauungsplan, die sich in entsprechenden Festsetzungen manifestieren (dazu sogleich unten), notwendigerweise recht detailliert und konkret erfolgen. Es reicht nicht aus, lediglich vage zeichnerische und textliche Angaben im Plan zu machen und das eigentliche Ausgleichskonzept in der Planbegründung zu erläutern. Aus dem normativ verbindlichen Bebauungsplan muss zweifelsfrei und detailliert hervorgehen, welche Ausgleichsmaßnahmen die Gemeinde in welcher Weise zur Kompensation der Eingriffswirkungen vorsieht. Der Grundsatz der planerischen Zurückhaltung greift allenfalls insofern Platz, als es § 135c Nr. 1 BauGB der Gemeinde erlaubt, Grundsätze für die Ausgestaltung von Ausgleichsmaßnahmen aufzustellen. Dies kann aber nur „entsprechend den Festsetzungen eines Bebauungsplans" geschehen; maßgeblich sind also nach wie vor die Festsetzungen des Bebauungsplanes, aus denen das Ausgleichskonzept der Gemeinde eindeutig hervorgehen muss. Es kann nicht durch eine Satzung nach § 135c Nr. 1 BauGB ersetzt werden, da über den Ausgleich wegen des Verursacherprinzips im Sinne eines planerischen Junktims gleichzeitig mit der Entscheidung über den Eingriff entschieden werden muss.[313] Aus naturschutzfachlicher Sicht müssen mindestens Aussagen über Art und Ziel, Lage und Umfang der Flächen und Maßnahmen zum Ausgleich erfolgen; außerdem müssen die Maßnahmen benannt werden, die ökologisch erforderlich sind, um die Ausgleichsziele zu erreichen und zu sichern. Die Flächen müssen explizit als Flächen zum Ausgleich im Bebauungsplan bezeichnet sein.

*bb) Städtebauliche Erforderlichkeit der Ausgleichsfestsetzungen*

Dies führt zum nächsten problematischen Punkt. Wie ausgeführt muss die Gemeinde die zur Erreichung des Ausgleichsziels nötigen Maßnahmen festsetzen. Anders als bei der Flächennutzungsplanung ist die Kommune hier nicht auf die Ausweisung von Flächen beschränkt; sie kann auch kon-

---

[312] Vgl. BT-Drs. 13/6392, S. 36 und oben bei A. II.
[313] Siehe oben bei C. III.

krete Maßnahmen für bestimmte Flächen festsetzen. Diese Maßnahme-Festsetzungen müssen aber ebenso wie die anderen Ausgleichsfestsetzungen
städtebaulich erforderlich sein. Festsetzungen in Bebauungsplänen sind
nach §§ 1 Abs. 3 S. 1; 9 Abs. 1 1. Hs. BauGB nur zulässig, sofern und
soweit sie städtebaulich erforderlich sind. Diese allgemeine bauleitplanerische Rechtmäßigkeitsvoraussetzung gilt ohne Abstriche auch für die Festsetzungen über den Ausgleich.

Problematisch ist dieser Punkt deshalb, weil auf Grund der Ermächtigung
der Gemeinde zu Maßnahme-Festsetzungen (insbesondere die Nrn. 20 und
25 in § 9 Abs. 1 BauGB) die Gefahr besteht, dass die Gemeinde außerhalb
der ihr für die Bauleitplanung zugewiesenen Kompetenzen tätig wird und
in den Wirkungskreis der Naturschutzbehörden eingreift. Vor dem BauROG
1998 gab es in § 9 Abs. 1 Nr. 20 BauGB einen Subsidiaritätsvorbehalt, der
vorsah, dass Festsetzungen über naturschützende Maßnahmen nur zulässig
waren, wenn keine Maßnahmen nach dem Naturschutzrecht möglich waren
(etwa Ausweisungen als Schutzgebiete oder förmliche Unter-Schutz-Stel-
lungen als Naturdenkmal o. ä.). Ziel dieses Subsidiaritätsvorbehaltes, der
1998 gestrichen wurde, war es, die Fachplanung, insbesondere die des Naturschutzes, und die Kompetenzen der Naturschutzbehörden zu schützen.[314]
Dieser Vorbehalt ist seit 1998 entfallen; der Kompetenzkonflikt besteht aber
nach wie vor.

Gelöst wird diese Problematik durch das Prinzip der städtebaulichen Erforderlichkeit. Die Gemeinde ist bei ihrer Bauleitplanung auf Festsetzungen
beschränkt, die städtebaulich erforderlich sind. In Bebauungsplänen rein
naturschützende Maßnahmen festzusetzen, die weder bodennutzerischen
Bezug noch einen inneren Zusammenhang zur städtebaulichen Aspekten
haben, ist ihr verwehrt. Dies folgt aus der letztlich auf Art. 74 Abs. 1 Nr. 18
GG fußenden Beschränkung der Bauleitplanung auf die Leitung der städtebaulichen Ordnung und Entwicklung.[315] Gegenstand dieser städtebaulichen
Entwicklung ist die Vorbereitung und Leitung der gesamten Bebauung, der
Anlagen und Einrichtungen. Festsetzungen, die dieses vorstehend Beschrie-
bene nicht zum Ziel haben, sind in Bebauungsplänen daher nicht zulässig.

Dies bedeutet zunächst unabhängig von der Eingriffsregelung, dass die
Bebauungsplanung keine Naturschutzfachplanung darstellt und naturschutzfachlich motivierte Maßnahmen ohne jeden städtebaulichen Bezug ausgeschlossen sind (beispielsweise Maßnahmen zum Artenschutz).[316] Die städte-

---

[314] Näher dazu *Brohm*, in: FS Hoppe, S. 511 (515).

[315] Grundlegend das BVerfG im „Baurechtsgutachten" vom 16.6.1954, BVerfGE
3, 423 ff.; vgl. außerdem dazu statt vieler *Schrödter*, in: Schrödter (Hrsg.), BauGB,
§ 1 Rn. 4 f.

[316] *Schütze*, Aufgabe und rechtliche Stellung der Landschaftsplanung, S. 123.

bauliche Eingriffsregelung ist allerdings durch die Integration in die Bauleitplanung zu einem städtebaulich relevanten Belang geworden, der in der Abwägung zu beachten ist. Die Gemeinde hat durch § 21 BNatSchG vom Gesetzgeber naturschützerische Aufgaben übertragen bekommen. Als Konsequenz dessen kann die Gemeinde Maßnahmen zum Ausgleich von eingriffsbedingten Naturbeeinträchtigungen festsetzen, solange dies mit dem Ziel geschieht, den baurechtlich geforderten Ausgleich herzustellen, also mit der Errichtung, Änderung oder Nutzungsänderung baulicher Anlagen in Zusammenhang steht. Dann ist der nötige innere Rechtfertigungszusammenhang dieser Maßnahmen mit städtebaulichen Belangen, nämlich der Eingriffsregelung, hergestellt, da diese Maßnahmen letztlich in der spezifisch städtebaulichen Abwägung wurzeln und deren Gegenstand waren beziehungsweise deren Ergebnis sind. Da die Eingriffsregelung durch ihre Abwägungsrelevanz ein städtebaulicher Belang ist und der Ausschluss anderer Nutzungen durch Ausgleichsfestsetzungen städtebaulich begründet ist, können rein ausgleichsbezogene Festsetzungen auch nicht als bloße Negativplanung[317] qualifiziert werden.

Problematisch ist nur, dass die Festsetzung solch konkreter Ausgleichsmaßnahmen – die für die Eigentümer der jeweiligen Flächen oft Handlungspflichten mit sich bringen können – mit der Konzeption des Bebauungsplanes als eine auf planexternen Vollzug angewiesene Angebotsplanung kollidieren kann. Solange es aber die Instrumente der §§ 172 ff. BauGB, insbesondere das Pflanzgebot des § 178 BauGB, ermöglichen, diese konkreten Maßnahmefestsetzungen direkt zu vollziehen, solange spricht der Angebotscharakter des Bebauungsplans nicht gegen eine Festsetzung entsprechender Handlungspflichten.

Solange also die in Bebauungsplänen festgelegten Festsetzungen über naturschützende Maßnahmen als Ausgleich geeignet sind und sich gegebenenfalls durch Auslegung des Bebauungsplanes entsprechend deuten lassen, solange sind diese Festsetzungen städtebaulich erforderlich. Umgekehrt bedeutet dies auch, dass jede Festsetzung der Gemeinde im Bebauungsplan zu überprüfen ist, ob sie tatsächlich dem Ausgleich dient (dann ist sie rechtmäßig) oder ob sie nur eine abstrakt naturschützerische Maßnahme darstellt, die ohne jeden Bezug zur städtebaulichen Eingriffsregelung und dem konkreten Eingriffsprojekt steht (dann ist sie rechtswidrig, da städtebaulich nicht erforderlich). Freilich sind naturschutzrechtliche Spezialregelungen, insbesondere die §§ 22 ff. BNatSchG, zu berücksichtigen.

---

[317] Zu Voraussetzungen und der Unzulässigkeit einer Negativplanung ausführlich *Söfker,* in: Ernst/Zinkahn/Bielenberg/Krautzberger (Hrsg.), BauGB, § 1 Rn. 36 m. w. N.; vgl. auch oben bei C. I. 1. b).

b) Festsetzungsmöglichkeiten

Als Festsetzungen zum Ausgleich kommen grundsätzlich alle Möglichkeiten aus dem abschließenden Katalog des § 9 Abs. 1 BauGB in Betracht. Sie müssen nur den Ansprüchen an eine Ausgleichsfestsetzung genügen. Voraussetzung dafür, dass eine Festsetzung im Bebauungsplan als Ausgleichsfestsetzung charakterisiert werden kann, ist, dass sie die Chance zur Entwicklung der Natur bietet. Der Ausgleich soll nach §§ 19 Abs. 2 S. 3 BNatSchG; 200a S. 1 BauGB die Eingriffswirkungen dadurch kompensieren, dass er einen gleichwertigen Naturzustand wiederherstellt. Dem Begriff des Ausgleichs wohnt also ein dynamisches Element inne. Dieses dynamische Element der Wiederherstellung geschieht durch Entwicklung der Natur mittels positiver Maßnahmen. Bereiche der Natur werden von einer gewissen ökologischen Wertigkeit ausgehend gezielt so entwickelt, dass die nach der Entwicklung bestehende ökologische Wertigkeit die Eingriffswirkungen gleichwertig ausgleicht. Der Hauptnutzungszweck einer Festsetzung im Bebauungsplan, die eine Ausgleichsfestsetzung sein soll, darf diesem Ziel einer Naturentwicklung daher nicht entgegenstehen; im Gegenteil: soll eine Festsetzung des Planes als Ausgleichsfestsetzung dienen, so muss der Hauptnutzungszweck der Fläche die Entwicklung der Natur sein.

Als Konsequenz dessen erfüllt ein bloßes „Liegenlassen" von Flächen, also eine bloße Wahrung des ökologischen Bestands und der ökologischen Wertigkeit einer Fläche, die Anforderungen an eine Ausgleichsfestsetzung nicht. Die Konservierung von Flächen ohne positive Einwirkung im Sinne einer Entwicklung der Fläche reicht nur als Ausgleich aus, wenn klar ist, dass die natürliche Entwicklung der Fläche ohne Eingreifen des Menschen von sich aus zu einer Entwicklung führt, die im prognostizierbaren Ergebnis dem Ergebnis ungefähr entspricht, das bei einer positiven Entwicklung durch den Menschen erzielt werden würde. Als weitere Konsequenz sind aus dem Katalog des § 9 Abs. 1 BauGB regelmäßig nicht alle, sondern nur bestimmte Festsetzungsmöglichkeiten zur Ausgleichsfestsetzung geeignet, mit denen gegebenenfalls die anderen Festsetzungsmöglichkeiten überlagert werden können (dazu näher sogleich unter C. II. 2. b) jj)).

Die Festsetzungsmöglichkeiten aus § 9 Abs. 1 BauGB, die sich besonders für die Festsetzung eines Ausgleichs eignen, sind die Nrn. 10, 15, 16, 18, 23 und 24 hinsichtlich der Festsetzung von Ausgleichsflächen und die Nrn. 20, 25 hinsichtlich der Festsetzung von Ausgleichsmaßnahmen. Die Wahl der Festsetzungsart ist deshalb bedeutsam, da die Planentschädigungsvorschriften der §§ 40 ff. BauGB nur bei einigen Festsetzungsarten Entschädigung gewähren, bei anderen jedoch nicht. Für die Wahl der jeweiligen Festsetzungsart zur Umsetzung des Ausgleichs kommt es auf die geplante zukünftige Funktion der Fläche an – maßgeblich ist hier der Hauptzweck der Fläche.[318]

### aa) Festsetzungen nach § 9 Abs. 1 Nr. 10 BauGB

Festsetzungen nach § 9 Abs. 1 Nr. 10 BauGB können die Grundlage von Ausgleichsfestsetzungen sein. Allerdings stellt nach dem oben Gesagten die bloße Reservierung von Flächen noch keine Ausgleichsmaßnahme dar; hinzukommen muss noch eine Entwicklung der Natur. Flächen nach § 9 Abs. 1 Nr. 10 BauGB sind ohne flankierende Maßnahmenfestsetzung nur dann ausgleichsgeeignet, wenn Anhaltspunkte dafür existieren, dass ohne Einwirkung des Menschen eine Entwicklung zu einem höherwertigen ökologischen Zustand als vorher stattfinden wird. Dies wird regelmäßig nicht der Fall sein. Daher müssen solche Flächen, um als Ausgleichsflächen in die Eingriffs-Ausgleichs-Bilanz Eingang finden zu können, mit Maßnahmen nach § 9 Abs. 1 Nr. 20 oder 25 BauGB überlagert werden. In diesen Fällen können solche Flächen Ausgleichsflächen zum Landschafts-, Klima- oder Biotopschutz sein.

### bb) Festsetzungen nach § 9 Abs. 1 Nr. 15 BauGB

Mit dieser Festsetzungsmöglichkeit kann die Gemeinde öffentliche oder private Grünflächen ausweisen. Als Ausgleichsflächen sind diese Ausweisungen wiederum nur geeignet, wenn eine Entwicklung zu einem höherwertigeren Zustand möglich ist. Dies setzt aus den selben Gründen wie soeben bei Nr. 10 dargestellt eine Überlagerung mit Maßnahme-Festsetzungen nach § 9 Abs. 1 Nr. 20 oder 25 BauGB voraus.[319] Die Eignung von Grünflächen als Grundlage für den Ausgleich hängt von ihrer jeweiligen Größe, Lage (innerhalb oder außerhalb von Baugebieten), konkreter Gestaltung und Unterhaltung (extensive oder intensive Pflege) sowie der Intensität ihrer Nutzung (etwa durch Erholungssuchende) ab.[320] Wiederum empfiehlt sich eine Überlagerung mit den maßnahmebezogenen Festsetzungen nach § 9 Abs. 1 Nr. 20, 25. Ungeeignet sind sie dann, wenn ihre Funktion als Ausgleichsfläche mit ihrer Nutzung als Grünfläche nicht vereinbar ist. Dies kann der Fall sein, wenn die Erholungsfunktion der Grünfläche etwa eine Betretbarkeit der Fläche fordert, was aber mit den konkreten Ausgleichszielen kol-

---

[318] So kann beispielsweise die Anpflanzung von Bäumen zum Immissionsschutz nur nach Nr. 24 und nicht nach Nr. 18b festgesetzt werden, OVG Münster, NVwZ-RR 1992, 10.

[319] *Mitschang*, Die Belange von Natur und Landschaft in der kommunalen Bauleitplanung, S. 318 ff.

[320] *Bundesamt für Naturschutz*, Umsetzung der Eingriffsregelung, S. 107.

lidieren kann. In solchen Fällen, wo der schon bei der Planung anzuge-
bende[321] Hauptzweck der Grünfläche zu den Ausgleichszielen im Widerspruch steht, ist anstelle einer Festsetzung nach § 9 Abs. 1 Nr. 15 besser
eine Kombination aus § 9 Abs. 1 Nr. 10 und 20 als Festsetzung für die Fläche zu wählen.

### cc) Festsetzungen nach § 9 Abs. 1 Nr. 16

Wasserflächen gemäß § 9 Abs. 1 Nr. 16 BauGB festzusetzen kann für
die Gemeinde eine Möglichkeit sein, ihrer Ausgleichsverpflichtung nach-
zukommen. In Kombination mit einer Überlagerung mit Maßnahmen nach
§ 9 Abs. 1 Nr. 20 oder 25 BauGB kann die Kommune so entwicklungsfähige Wasserflächen gezielt aufwerten, indem beispielsweise Biotope im
Uferbereich (Schilf- oder Röhrichtbestände etwa) angelegt beziehungsweise
erweitert oder aber Gewässer renaturiert werden.

Problematisch werden solche Ausgleichsmaßnahmen, die sich nicht lediglich auf die Modifikation und Entwicklung des bestehenden ökologischen
Zustands beschränken, sondern die über solche die Oberflächentopographie
unberührt lassenden Ausgleichsmaßnahmen hinausgehend die Umgestaltung
oder gar Neuanlage von Gewässern als Ausgleichsmaßnahme vorsehen.
Diese topographieverändernden Maßnahmen berühren nämlich den Anwendungsbereich des § 31 Abs. 1 S. 1 WHG, der dafür meist eine wasserrechtliche Planfeststellung nach den Landeswassergesetzen vorsieht. Die
Problematik, die sich daraus ergibt, ist, dass auf diese Weise Ausgleichsmaßnahmen planfeststellungsbedürftig sein könnten. Für die gemeindliche
Bauleitplanung würde dies bedeuten, dass die Gemeinde nicht alleine abschließend über die Ausgleichsmaßnahmen entscheiden könnte, da für den
Ausgleichserfolg noch ein wasserrechtlicher Planfeststellungsbeschluss nötig wäre. Als Konsequenz wären solche topographieverändernden, nach
§ 31 Abs. 1 S. 1 WHG planfeststellungsbedürftigen Maßnahmen nicht als
Ausgleich geeignet. Denn wie bereits dargestellt[322] muss die Gemeinde bei
ihrer Entscheidung über den Eingriff zugleich abschließend über die Ausgleichsmaßnahmen entscheiden (planerisches Junktim). Man könnte Festsetzungen nach § 9 Abs. 1 Nr. 16 BauGB allenfalls als Reservierung von
Flächen für künftige wasserrechtliche Planfeststellungen benutzen; eine
Nutzung als Ausgleichsfestsetzung käme nicht in Betracht.

Grundsätzlich klärungsbedürftig ist das Verhältnis zwischen bauleitplanerischen Festsetzungen nach § 9 Abs. 1 Nr. 16 BauGB und wasserrechtlichen Planfeststellungen nach § 31 WHG i. V. m. den Landeswassergeset-

---

[321] Vgl. BVerwGE 42, 5 ff.
[322] Siehe oben bei C. III. und C. III. 2. b) ee) (2).

zen. Vor dem BauROG 1998 war die Rechtslage klar, da § 9 Abs. 1 BauGB eine Subsidiaritätsklausel enthielt, die der Bauleitplanung die Zuständigkeit entzog, sofern Planfeststellungen möglich waren. Einigkeit herrschte daher, dass die wasserrechtlichen Planfeststellungen Vorrang hätten.[323] Mit dem BauROG ist diese Subsidiaritätsklausel in § 9 Abs. 1 BauGB gestrichen worden. Hintergrund dieser gesetzgeberischen Entscheidung war die Erleichterung der Festsetzungsmöglichkeiten hinsichtlich des Ausgleichs.[324] Nach dem Wortlaut des BauGB entfällt nun der strikte Vorrang der wasserrechtlichen Planfeststellung. Maßgebend für das Verhältnis zwischen Bauleitplanung und Planfeststellungsverfahren ist jetzt § 38 BauGB. Nur bei überörtlicher Bedeutung von Vorhaben haben entsprechende Planfeststellungen Vorrang gegenüber der Bauleitplanung. Handelt es sich bei den zu realisierenden Maßnahmen dagegen um lediglich örtlich bedeutsame Vorhaben, so kann die Gemeinde diese Maßnahmen in ihrer Bauleitplanung selbständig ohne Rücksicht auf eventuelle Planfeststellungsverfahren treffen.

Für die angesprochene wasserrechtliche Problematik bedeutet dies, dass die Gemeinde Festsetzungen über Wasserflächen treffen kann, welche für die wasserrechtliche Planfeststellungsbehörde bindend sind, solange es sich um lediglich örtlich bedeutsame Maßnahmen handelt.[325] Für den Ausgleich bedeutet dies, dass in der bauleitplanerischen Abwägung über das Ziel eines gewässerbezogenen Ausgleichs auf Grund der Determinierungsfunktion der Festsetzungen nach § 9 Abs. 1 Nr. 16 BauGB gegenüber der künftigen wasserrechtlichen Planfeststellung abschließend entschieden werden kann, solange die Ausgleichsmaßnahmen mit ihren wasserbezogenen Wirkungen nur örtlich bedeutsam sind. Die Gemeinde kann den Standort der wasserbezogenen Maßnahme festlegen; die konkrete Ausführung der Maßnahme bedarf freilich noch der wasserrechtlichen Genehmigung per Planfeststellungsbeschluss oder Plangenehmigung nach § 31 WHG i.V.m. dem einschlägigen Landeswasserrecht.[326]

Das Kriterium der Überörtlichkeit ist dann erfüllt, wenn ein Vorhaben einen Koordinierungsbedarf hinsichtlich der Belange anderer Planungsträger mit überörtlicher Zielsetzung auslöst, den zu bewältigen die planerische Kraft der Gemeinde mutmaßlich übersteigt.[327] Bereits die durch ein Fach-

---

[323] Vgl. *Mitschang,* ZfBR 1994, 57 (69); *Peine,* NuR 1996, 1 (15); *Erbguth/ Müller,* BauR 1997, 568 ff.

[324] BT-Drs. 13/6392, S. 48.

[325] *Erbguth/Müller,* BauR 1997, 568 (569 f.).

[326] Zu undifferenziert *Tophoven,* Die naturschutzrechtliche Eingriffs- und Ausgleichsregelung im Bauplanungsrecht, S. 121 f., der verkennt, dass die Gemeinde bei lediglich örtlicher Bedeutung der Maßnahmen selbst über die Zulässigkeit der wasserbezogenen Ausgleichsmaßnahmen entscheiden kann.

[327] BVerwGE 79, 318 ff.

planungsgesetz begründete nicht-gemeindliche, überörtliche Planungszuständigkeit indiziert die überörtliche Bedeutung eines Vorhabens.[328] Nur bei
Planungen, die typischerweise keinen fachplanungsspezifischen Koordinierungsbedarf auslösen, sei die Überörtlichkeit zu verneinen.[329] Solange die
Neuanlage eines Gewässers vom Standort und den Auswirkungen her auf
das Gemeindegebiet beschränkt bleibt, kann von einer lediglich örtlichen
Bedeutung der Anlage ausgegangen werden. Besondere planerische Aufmerksamkeit verlangen solche Festsetzungen, wenn überregional Flächenpools zum koordinierten Ausgleich von Eingriffen mehrerer Gemeinden
existieren. Die Koordination des Ausgleichsbedarfs mehrerer Gemeinden
auf regionaler Ebene kann hier dazu führen, dass das Kriterium der überörtlichen Bedeutung erfüllt ist.

*dd) Festsetzungen nach § 9 Abs. 1 Nr. 18 BauGB*

Festsetzungen nach § 9 Abs. 1 Nr. 18 BauGB können ebenfalls als Grundlage für den Ausgleich dienen. Wiederum ist eine Überlagerung mit maßnahmebezogenen Festsetzungen nach § 9 Abs. 1 Nr. 20 BauGB nötig. Besonders
zu beachten ist der Zweck von Festsetzungen nach § 9 Abs. 1 Nr. 18 BauGB.
Sie sollen die land- oder forstwirtschaftliche Nutzung ermöglichen.[330] Dieser
Nutzungszweck muss bei der Festsetzung von Ausgleichsmaßnahmen gewahrt werden. Trotz einer eventuellen Überlagerung mit Ausgleichsmaßnahmen müssen die land- und forstwirtschaftlichen Flächen als Hauptzweck
weiterhin der Land- und Forstwirtschaft und nicht dem Eingriffsausgleich
dienen.[331] Soll die Ausgleichsfunktion der Hauptnutzungszweck einer Fläche
sein, so müssen andere Festsetzungen gewählt werden, etwa § 9 Abs. 1
Nr. 10 i.V.m. Nr. 20 BauGB etwa. Dies ist vor allem vor dem Hintergrund
zu beachten, dass Festsetzungen nach § 9 Abs. 1 Nr. 18 BauGB im Gegensatz zu den anderen ausgleichsrelevanten Festsetzungen keinen Planentschädigungsanspruch nach § 40 Abs. 1 S. 1 BauGB auslösen.

Eine denkbare Ausgleichsmaßnahme auf Grundlage einer mit Maßnahmen überlagerten Festsetzung nach § 9 Abs. 1 Nr. 18b) BauGB ist die Wiederherstellung der Erholungsfunktion oder des Landschaftsbilds; auch ist es
möglich, gezielt die Flora und Fauna des Waldes zu entwickeln. Festsetzungen nach § 9 Abs. 1 Nr. 18a) BauGB sind eher weniger als Grundlage von

---

[328] BVerwG, UPR 2001, 33; NJW 2001, 1295; *Rieger,* in: Schrödter (Hrsg.),
BauGB, § 38 Rn. 13.

[329] Vgl. *Jäde,* BayVBl. 1989, 459.

[330] Da Land- und Forstwirtschaft bereits nach § 35 BauGB privilegiert sind, ist
eine gesonderte Ausweisung von Flächen zur Forst- oder Landwirtschaft nur nötig,
wenn eine besondere städtebauliche Förderung erfolgen soll, vgl. BVerwGE 77, 300 ff.

[331] Vgl. BGHZ 118, 11 ff.

Ausgleichsmaßnahmen geeignet. Denn dazu müssten ökologische Potenziale der Flächen entwickelt werden, was aber meist mit der herkömmlichen landwirtschaftlichen Nutzung von Flächen nicht vereinbar sein wird, da diese dazu eingeschränkt oder gar aufgegeben werden müsste.[332] Dies kollidiert aber mit der Umwidmungssperre zu Gunsten der Landwirtschaft in § 1a Abs. 2 S. 2 BauGB.

### ee) Festsetzungen nach § 9 Abs. 1 Nr. 20 BauGB

Festsetzungen nach § 9 Abs. 1 Nr. 20 BauGB wurden bereits mehrfach erwähnt. Die Wichtigkeit dieser Festsetzungsart folgt daraus, dass sie es erlaubt, konkrete Maßnahmen festzusetzen und der Ausgleich zwingend die Wiederherstellung eines gleichwertigen Zustands, also die Entwicklung eines Stücks Natur voraussetzt. Dieser Voraussetzung kann nur durch maßnahmebezogene Festsetzungen Rechnung getragen werden; die Festsetzung von Ausgleichsflächen alleine reicht nicht aus. Sie kann zwar als Grundlage einer Ausgleichsmaßnahme dienen, muss aber ergänzt werden durch eine überlagernde maßnahmebezogene Festsetzung, welche die konkret beabsichtigte Entwicklung des Stücks Natur festschreibt. Somit sind Festsetzungen nach § 9 Abs. 1 Nr. 20 BauGB die zentrale Festsetzungsmöglichkeit des städtebaulichen Ausgleichs. Sie bieten der planenden Gemeinde große Spielräume hinsichtlich der Gestaltung ihrer Ausgleichsmaßnahmen und sind so sehr gut geeignet zur Umsetzung der Aussagen des gemeindlichen Eingriffs-Ausgleichs-Konzepts und der Landschaftspläne. Sie bilden die bebauungsplanerische Entsprechung zur flächennutzungsplanerischen Darstellungsart des § 5 Abs. 2 Nr. 10 BauGB und transformieren die unverbindlichen Aussagen des Landschaftsplanes beziehungsweise des Eingriffs-Ausgleichs-Konzeptes in bindendes Satzungsrecht. Festsetzungen nach § 9 Abs. 1 Nr. 20 BauGB können – solange dies vom Eingriffs-Ausgleichskonzept der Gemeinde so vorgesehen und damit städtebaulich gerechtfertigt ist[333] – isoliert als alleinige Gebietsnutzungsart[334] oder als Überlagerung anderer Nutzungsarten festgesetzt werden. Diese isolierte Festsetzbarkeit wird vor allem beim selbständigen Ausgleichsbebauungsplan relevant.[335] Hinzuweisen ist ferner auf den Planentschädigungsanspruch nach § 40 Abs. 1 Nr. 14 BauGB, den solche Festsetzungen auslösen können.

---

[332] *Bunzel,* NuR 1997, 583 (589).

[333] BVerwG, NuR 1991, 281; BVerwG, NuR 1999, 326; VGH Mannheim, NuR 2001, 586.

[334] Vgl. BVerwG, NuR 1991, 281; *von Heyl,* BauR 1997, 232 (240); *Löhr,* in: Battis/Krautzberger/Löhr (Hrsg.), BauGB, § 9 Rn. 70 und 73.

[335] Zum selbständigen Ausgleichsbebauungsplan ausführlich im § 5 unter B. II. 3. b) bb).

Die jeweils als Ausgleich festzusetzenden Maßnahmen können abstrakt nicht dargestellt werden, da es auf die jeweilige Charakteristik der Eingriffswirkungen ankommt. Nach ihr richtet sich vor allem in funktionaler Hinsicht[336] die Art der Maßnahmen, die festgesetzt werden müssen. Festgesetzt werden können beispielsweise Maßnahmen zur Sicherung und Entwicklung vorhandener Biotope, Maßnahmen zur Biotopumwandlung oder Maßnahmen zur Wiederherstellung oder Anreicherung naturnaher Lebensräume (Renaturierung von Gewässern oder Feuchtgebieten, Gehölzpflanzung, Entsiegelung von Flächen, Bodenaustausch bei belasteten Böden etc.).

Problematisch bei dieser maßnahmebezogenen Festsetzungsart ist die oben bereits beschriebene allgemeine städtebauliche Rechtmäßigkeitsvoraussetzung der städtebaulichen Erforderlichkeit einer Festsetzung im Bebauungsplan. Offenkundig wird diese Problematik in der Auslegung des Begriffes „Maßnahme" in § 9 Abs. 1 Nr. 20 BauGB. Betrachtet man den Begriff isoliert, so kommt zunächst keine Beschränkung der möglichen Maßnahmefestsetzungen zum Ausdruck. Diese Beschränkung ergibt sich aber aus der beschriebenen städtebaulichen Erforderlichkeit, welche die Festsetzung aufweisen muss.

Zunächst müssen die festgesetzten Maßnahmen einen bodenrechtlichen Bezug aufweisen. Dies resultiert aus der kompetenzrechtlichen Beschränkung der Bauleitplanung aus Art. 74 Abs. 1 Nr. 18 GG.[337] Es können also keine personenbezogenen Handlungspflichten für die Eigentümer der Grundstücke festgesetzt werden; Anknüpfungspunkt für die Maßnahmenfestsetzung muss immer das jeweilige Stück Boden sein.

Ferner müssen die festgesetzten Maßnahmen städtebaulich erforderlich sein. Vor dem BauROG war dies mittelbar in der Subsidiaritätsklausel in § 9 Abs. 1 Nr. 20 BauGB a. F. normiert. Diese Klausel ist aber 1998 zu Recht entfallen, da die Beschränkung der Bauleitplanung auf städtebaulich erforderliche Darstellungen und Festsetzungen bereits durch §§ 1 Abs. 3 S. 1; 9 Abs. 1 Hs. 1 BauGB erreicht wird. Festsetzungen eines Bebauungsplanes müssen stets einen inneren Rechtfertigungszusammenhang mit der Errichtung oder (Nutzungs-)Änderung baulicher Anlagen besitzen.[338] Grundsätzlich ist dieses Erfordernis wie oben dargestellt (D. II. 2. a) bb)) bei Festsetzungen zum städtebaulichen Ausgleich gegeben. Fraglich ist hingegen, wie weit der Begriff der „Maßnahme" in § 9 Abs. 1 Nr. 20 BauGB zu fassen ist. Sollen genaue Pflege- und Bewirtschaftungsanweisungen[339]

---

[336] Siehe dazu oben bei C. III. 2. b) cc) und ee) (3).

[337] Siehe oben bei § 4 Fn. 315.

[338] BVerwG, NVwZ-RR 1999, 423; OVG Münster, NuR 2000, 173 (177).

[339] Zum Beispiel die Festsetzung, eine Wiese sei vom Eigentümer viermal im Jahr von einer Schafherde abgrasen zu lassen.

nach § 9 Abs. 1 Nr. 20 BauGB als Ausgleichsmaßnahmen festgesetzt werden können? Einige Stimmen der Literatur verneinen dies mit dem Argument, solche genauen Pflegeanweisungen hätten keinen unmittelbar bodennutzerischen Bezug.[340] Solche Anweisungen seien Aufgabe des Naturschutzes und der zu seiner Ausführung zuständigen Behörden, nicht aber Aufgaben der gemeindlichen Bauleitplanung. Dieser Ansicht ist aber neben dem Wortlaut der Vorschrift, der eine entsprechende Beschränkung nicht kennt, entgegenzuhalten, dass es sich hier um Festsetzungen zur Realisierung des Ausgleichsbedarfs eines Eingriffs handelt; Ausgleichsfestsetzungen sind aber, solange ihre Aussagen naturschutzfachlich durch die gleichwertige Wiederherstellung von Natur und Landschaft motiviert und gerechtfertigt sind, städtebaulich erforderlich. Setzt das Erreichen des Ausgleichsziels zwingend voraus, dass detaillierte Pflegeanweisungen nach § 9 Abs. 1 Nr. 20 BauGB im Bebauungsplan getroffen werden, so ist eine entsprechende Festsetzung auch möglich. Der Einwand, es handele sich hier um naturschutzrechtliche Maßnahmen, verfängt nicht. Denn obschon solche Maßnahmen unbestreitbar dem Ziel dienen, die Natur zu verbessern und zu entwickeln, sind sie doch über die enge Verknüpfung der Bauleitplanung mit dem Naturschutzrecht über § 21 Abs. 1 BNatSchG gerechtfertigt. Die Bauleitplanung dient dem Naturschutzrecht (nämlich der Rechtsfigur der Eingriffsregelung aus §§ 18 ff. BNatSchG, die die Basis der städtebaulichen Eingriffsregelung ist, s. o. im ersten Kapitel bei D. und oben bei B. II.) als Umsetzungshebel. Aus dieser Verknüpfung folgt, dass die Bauleitplanung vom Gesetzgeber dazu ermächtigt worden ist, Ziele des Naturschutzes mit den Instrumenten der Bauleitplanung zu verfolgen. Zu diesen Zielen gehört die vollständige Eingriffskompensation, die nicht als ein von außen an die Bauleitplanung herangetragener naturschutzrechtlicher Fremdkörper erscheint, sondern auf Grund der in § 21 Abs. 1 BNatSchG gewählten Konstruktion Ergebnis der spezifisch städtebaulichen Abwägung ist, die durch konkrete städtebauliche Aspekte veranlasst worden ist. Im Übrigen entspricht es gerade dem Sinn der städtebaulichen Eingriffsregelung, die Konzeption und Umsetzung der zur Kompensation nötigen Maßnahmen möglichst frühzeitig zu treffen und sie daher ins Bauplanungsverfahren zu verlagern. Wäre es nicht möglich, solche detaillierten Pflegefestsetzungen zu treffen, so müssten diese Maßnahmen Gegenstand des Baugenehmigungsverfahrens sein. Durch den Baurechtskompromiss sollte aber gerade das Genehmigungsverfahren entlastet und die Anwendung der Eingriffsregelung auf das Bauleitplanverfahren vorverlagert werden. Die Gegenansicht wird also der Intention des Baurechtskompromisses nicht gerecht.[341] Dem von

---

[340] *Bielenberg/Söfker,* in: Ernst/Zinkahn/Bielenberg/Krautzberger (Hrsg.), BauGB, § 9 Rn. 156; *Gierke,* in: Brügelmann (Hrsg.), BauGB, § 9 Rn. 368 mit ausführlicher Kasuistik aus der Rspr.

dieser Gegenansicht befürchteten Missbrauch der Festsetzungsmöglichkeit
wird schon dadurch im Ansatz begegnet, dass die Festsetzungen städtebaulich gerechtfertigt und zum Ausgleich geeignet und erforderlich sein müssen.[342] Vom konkreten städtebaulichen Einzelfall und dem konkreten Eingriff losgelöste, allgemeine Naturverbesserungsmaßnahmen sind schon daher nicht zulässig; eine Missbrauchsgefahr besteht nicht. Festzuhalten bleibt
also: nach § 9 Abs. 1 Nr. 20 BauGB können alle Pflegemaßnahmen[343] festgesetzt werden, die zum Ausgleich von Eingriffen dienen, dazu geeignet
und erforderlich (also naturschutzfachlich notwendig) sind. Dies zu beurteilen ist eine Frage des jeweiligen städtebaulichen Einzelfalls.

*ff) Festsetzungen nach § 9 Abs. 1 Nr. 23 BauGB*

Festsetzungen nach § 9 Abs. 1 Nr. 23 BauGB sind weniger als Ausgleichsfestsetzungen als vielmehr als Vermeidungsfestsetzungen brauchbar,
da sie keine Entwicklung der Natur ermöglichen. Sie können allerdings
überlagernd als flankierende Maßnahmen zum Schutz der eigentlichen Ausgleichsmaßnahmen festgesetzt werden, beispielsweise wenn Immissionen
ein Ausgleichsgebiet beeinträchtigen könnten.

*gg) Festsetzungen nach § 9 Abs. 1 Nr. 24 BauGB*

Weitgehend dasselbe gilt für Festsetzungen nach § 9 Abs. 1 Nr. 24
BauGB. Zwar können Freiflächen vorgesehen werden; allerdings fehlt auch
hier die Möglichkeit, die Natur über diese Festsetzung zu entwickeln. Als
Grundlage für eine Überlagerung mit Maßnahmen nach § 9 Abs. 1 Nr. 20
BauGB kommen Festsetzungen nach Nr. 24 aber durchaus in Betracht.
Diese Festsetzungsmöglichkeit legt den Schwerpunkt eher auf den Schutz
vor Immissionen, ist also eher für den Vermeidungsgrundsatz fruchtbar zu
machen als für den städtebaulichen Ausgleich.

*hh) Festsetzungen nach § 9 Abs. 1 Nr. 25 BauGB*

Neben § 9 Abs. 1 Nr. 20 BauGB hat die Festsetzungsmöglichkeit nach
§ 9 Abs. 1 Nr. 25 BauGB zentrale Bedeutung für den Ausgleich. In Buch-

---

[341] Unzutreffend daher *Beckmann*, FS Hoppe, S. 531 (538), der eine Festsetzung
über § 9 Abs. 1 Nr. 20 BauGB, die zu zweimaligem Mähen einer Wiese pro Jahr
verpflichtet, für unzulässig hält.

[342] Vgl. auch OVG Münster, NuR 2000, 173 (177).

[343] Beispiele sind etwa genaue Festsetzungen über die Art der neu anzupflanzen-
den Bäume, Größen-, Standort- und Mahd- sowie Schnittvorschriften; Heidebegra-
sung durch Schafe.

stabe a) sieht die Vorschrift ein Pflanzgebot vor, Buchstabe b) enthält ein Erhaltungs- oder Bindungsgebot zum Schutz vorhandener Vegetation und Gewässern. Daraus folgt bereits, dass dieses Erhaltungsgebot wiederum auf Grund fehlender Entwicklungsmöglichkeiten weniger für den Ausgleich geeignet ist.[344] Es kommt nur dann als Ausgleichsfestsetzung in Betracht, wenn auch ohne menschliche Entwicklung der Natur die durch das Bindungsgebot vor Veränderung geschützte Vegetation zu einer gleichwertigen Wiederherstellung der Natur führt, was relativ selten der Fall sein dürfte.[345]

Buchstabe a) hingegen erlaubt es, als Ausgleichsziel das Kleinklima, den Erholungswert und Biotope zu verbessern, indem gezielt Pflanzen gesetzt werden. Damit stellt § 9 Abs. 1 Nr. 25a) BauGB einen Spezialfall von § 9 Abs. 1 Nr. 20 BauGB dar. Die Pflanzung kann ebenerdig erfolgen; Vorgaben zur Dach- oder Fassadenbegrünung sind aber auch möglich.[346] Parallel zur oben bei den Darlegungen zu § 9 Abs. 1 Nr. 20 BauGB dargestellten Diskussion über die Reichweite des Maßnahmenbegriffs ist es bei § 9 Abs. 1 Nr. 25 BauGB ebenfalls möglich, sehr detaillierte Angaben zu machen. So ist es möglich, die Anpflanzung bestimmter Arten in bestimmter Pflanzdichte und einem bestimmten Mischungsverhältnis vorzusehen, sofern dies städtebaulich erforderlich ist, etwa weil der Eingriff bestimmte Pflanzenarten bestimmter Pflanzdichte beeinträchtigt hat. Die Gemeinde muss nur plausibel darlegen, dass und warum das jeweilige Pflanzgebot geeignet und erforderlich für den Ausgleich ist.

Die Festsetzung kann zwar als selbständige Nutzungsart erfolgen; § 9 Abs. 1 Nr. 25 Hs. 1 BauGB schränkt dies jedoch auf einzelne Grundstücke ein; flächendeckende Festsetzungen sind also nicht möglich. Zum Ausgleich bieten sich aber eher anderweitige Nutzungsfestsetzungen überlagernde Festsetzungen an. Das Pflanzgebot ist besonders geeignet für den Ausgleich der Eingriffswirkungen auf dem Eingriffsgrundstück selbst, was durch die Wahl einer überlagernden Festsetzung gut realisiert werden kann. Die Durchsetzung der Festsetzungen erfolgt über § 178 BauGB, sei es als Nebenbestimmung zur Baugenehmigung oder als selbständige, vom Genehmigungsverfahren unabhängige Verfügung. Zu beachten ist ein möglicher Planentschädigungsanspruch nach § 41 Abs. 2 BauGB, den Ausgleichsfestsetzungen nach § 9 Abs. 1 Nr. 25 BauGB hervorrufen können.

---

[344] So zu Recht *Kuschnerus*, Der sachgerechte Bebauungsplan, Rn. 538 m. Fn. 900; *Tophoven*, S. 132; *Garbe*, Eingriffsregelung, S. 187.

[345] Hinzuweisen ist in diesem Kontext auf § 213 Abs. 1 Nr. 3 BauGB, der Verstöße gegen das Erhaltungsgebot als Ordnungswidrigkeit qualifiziert.

[346] Ausführlich zur planerischen Praxis *Mitschang*, Die Belange von Natur und Landschaft in der kommunalen Bauleitplanung, S. 332 ff.

## ii) Vorschriften des Landesrechts

Schließlich können die Gemeinden auf der Grundlage des § 9 Abs. 4 BauGB landesrechtliche Vorschriften in den Bebauungsplan aufnehmen. Diese landesrechtlichen Normen müssen selbständig rechtswirkende Regelungen sein,[347] weshalb die Landschaftsplanung – außer in Nordrhein-Westfalen, wo die Landschaftsplanung mit außenwirksamen Regelungen geschieht – auf diese Weise nicht in den Bebauungsplan integriert werden kann. Integriert werden können aber örtliche Bauvorschriften[348], Vorschriften zur Begrünung von Gebäuden[349] oder Baumschutzsatzungen[350]. Ihre Funktion für den Ausgleich liegt vor allem in der Landschaftspflege, weil das Ortsbild gestaltet wird. Gerade Begrünungsvorschriften können aber auch dem Kleinklima und der Wiederherstellung der Vegetation dienen.

## jj) Überlagernde Festsetzungen

Die Möglichkeit überlagernder Festsetzungen wurde bereits diverse Male angesprochen. Festsetzungen im Bebauungsplan, die andere Festsetzungen überlagern, sind grundsätzlich möglich.[351] Allerdings muss die Gemeinde, wenn sie diese Planungsvariante wählt, das Bestimmtheitsgebot beachten. Aus dem Bebauungsplan muss klar ersichtlich sein, welche Festsetzung den Hauptnutzungszweck der Fläche festlegt und welche Festsetzung lediglich überlagernd wirken soll.

Der Ausgleich verlangt eine Wiederherstellung gleichwertiger Naturzustände, was eine Entwicklung der Natur voraussetzt. Naturentwicklung wiederum setzt regelmäßig dynamisches Eingreifen des Menschen voraus. Im Bebauungsplan müssen also Maßnahmen vorgesehen werden. Rein flächenbezogene Festsetzungen dienen zwar als Grundlage für den Ausgleich,

---

[347] Vgl. *De Witt/Dreier*, in: Hoppenberg/De Witt (Hrsg.), HdbÖffBauR, Kapitel E Rn. 878.

[348] § 74 Abs. 1 LBO B.-W.; Art. 98 Abs. 1 Nr. 2 BayBauO; § 89 Abs. 1 Nr. 2 BbgBauO; § 87 Abs. 1 Nr. 1 BremBauO; § 87 Abs. 1 Nr. 2 HessBauO; § 86 Abs. 2 Nr. 2 BauO M.-V.; § 86 Abs. 1 Nr. 2 BauO NRW; § 86 Abs. 1 Nr. 2 R.-P.; § 93 Abs. 1 Nr. 1 SaarBauO; § 83 Abs. 1 Nr. 2 SächsBauO; § 87 Abs. 1 Nr. 2 BauO S.-A.; § 92 Abs. 1 Nr. 2 BauO S.-H.; § 87 Abs. 1 Nr. 2 ThürBauO. Zu örtlichen Bauvorschriften ausführlich *Manssen*, BauR 1991, 697 ff.

[349] § 87 Abs. 1 Nr. 5 BremBauO; § 87 Abs. 1 Nr. 5 HessBauO; § 86 Abs. 1 Nr. 6 BauO M.-V.; § 56 Nr. 7 NdsBauO; § 86 Abs. 1 Nr. 7 BauO R.-P.; § 93 Abs. 1 Nr. 2 SaarBauO; § 87 Abs. 1 Nr. 6 BauO S.-A.; § 92 Abs. 1 Nr. 2 BauO S.-H.; § 83 Abs. 1 Nr. 6 ThürBauO.

[350] Nach Art. 98 Abs. 3 BayBauO.

[351] *Beckmann*, FS Hoppe, S. 531 (539); *Louis*, NuR 1998, 113 (121 f.); *Schliepkorte*, ZfBR 1999, 66 (71).

reichen aber alleine noch nicht aus. Maßnahmebezogene Festsetzungen sind über § 9 Abs. 1 Nr. 20 und Nr. 25 BauGB möglich. Es bietet sich also an, bei Flächen, auf denen ausgeglichen werden soll, eine – wie oben dargestellt – ausgleichsgeeignete Grundnutzung vorzusehen und diese Grundnutzung mit entwickelnden Maßnahmen nach § 9 Abs. 1 Nr. 20 und 25 BauGB zu überlagern.

Über die oben bereits dargestellte grundsätzliche Eignung bestimmter Festsetzungsarten nach § 9 Abs. 1 BauGB hinaus können auch Flächen, die von ihrer Grundnutzung her eher wenig oder nicht für den Ausgleich geeignet sind, überlagert und so partiell doch für den Ausgleich nutzbar gemacht werden. Nahezu alle Festsetzungsarten können mit Maßnahmen nach § 9 Abs. 1 Nr. 20 und 25 BauGB überlagert werden. Diese Überlagerungen können aber nur dann Eingang in die Ausgleichsbilanz finden, also als Ausgleichsmaßnahmen anerkannt werden, wenn sie die Wiederherstellung eines gleichwertigen Zustands wie vor dem Eingriff zum Ziel haben. Ausschließlich danach ist die Eignung überlagernder Festsetzungen zur Eingriffskompensation zu beurteilen.

Flächen nach § 9 Abs. 1 Nr. 1 und 2 BauGB können mit Maßnahmen nach Nr. 20 nur dort überlagert werden, wo die Grundstücksfläche durch Baulinien und Baugrenzen als nicht überbaubar gekennzeichnet ist. Die Überlagerung von Flächen nach § 9 Abs. 1 Nr. 5 BauGB mit Ausgleichsmaßnahmen ist möglich zum Ausgleich in stark verdichteten Bereichen, etwa bei der Entsiegelung von Schulhöfen oder Kasernenanlagen. Flächen nach § 9 Abs. 1 Nr. 11 BauGB können überlagert werden, wenn Verkehrsanlagen entsiegelt werden sollen oder allgemein Ausgleichsmaßnahmen bei verkehrsbezogenen Maßnahmen durchgeführt werden sollen (Krötentunnel o. ä.). Eine Überlagerung bei Flächen nach § 9 Abs. 1 Nr. 17 BauGB ist denkbar, wenn Aufschüttungen oder Abgrabungen rekultiviert werden sollen.

### 3. Die räumliche Umsetzung der bebauungsplanerischen Ausgleichsfestsetzungen

Nachdem nun die möglichen Festsetzungsarten besprochen worden sind, die der Gemeinde allgemein zur Umsetzung des Ausgleichs zur Verfügung stehen, soll das Augenmerk im Folgenden auf die planerische Umsetzung dieser Festsetzungen in räumlicher Hinsicht gelegt werden. Die oben dargestellten Grundsätze der räumlichen Entkoppelung erlauben der Gemeinde nicht nur, den Ausgleich auf den Eingriffsgrundstücken selbst vorzunehmen, sondern bieten ihr darüber hinaus mehrere mögliche Konstruktionen der Umsetzung des Ausgleichs. Dies hat für die bauleitplanerische Abwägung der Gemeinde Folgen. Da sie aus allen unten dargestellten Ausgleichskonstruktionen wählen kann, muss sie sich auch mit diesen Konstruktionen in ihrer Abwägung beschäftigen. Ihr Ermittlungs-, Untersuchungs- und Entscheidungsfokus hinsichtlich der Ausgleichsverpflichtung wird in der Abwägung daher erheblich vergrößert; damit vergrößert sich auch die Begründungslast der Gemeinde in dem die Ausgleichsverpflichtung betreffenden Teil der Begründung des Bebauungsplans.

### a) Ausgleichsfestsetzungen auf den Eingriffsgrundstücken selbst, §§ 1a Abs. 3 S. 2; 9 Abs. 1a S. 1 Hs. 1 BauGB

Ursprünglich sah die Eingriffsregelung in ihrer naturschutzrechtlichen Urform vor, dass die Maßnahmen zur Kompensation auf den Eingriffsgrundstücken selbst vollzogen wurden. Dieses ursprüngliche Modell ist zwar meist nicht praktikabel und ökologisch nicht sinnvoll;[352] gleichwohl bietet aber die Bebauungsplanung eine Möglichkeit, Ausgleichsmaßnahmen auf den Eingriffsgrundstücken selbst festzusetzen und von der räumlichen Entkoppelung zwischen Ausgleich und Eingriff keinen Gebrauch zu machen. § 9 Abs. 1a S. 1 Hs. 1 BauGB erwähnt diese Möglichkeit des planerischen Vorgehens ausdrücklich. Finden die Ausgleichsmaßnahmen auf diesen Eingriffsgrundstücken selbst statt, so stellen sich die Fragen der Flächenverfügbarkeit und die Problematik der Kostenabwälzung nach § 135a Abs. 2 BauGB wegen § 135a Abs. 1 BauGB nicht. Ausgleichsfestsetzungen auf den Eingriffsgrundstücken, die zumeist nach § 9 Abs. 1 Nr. 20 oder 25 BauGB erfolgen werden, tragen außerdem dem Verursacherprinzip als Grundpfeiler der Eingriffsregelung Rechnung, da der Vorhabenträger die Maßnahmen selbst umzusetzen und zu finanzieren hat, § 135a Abs. 1 BauGB.[353] Die praktische Umsetzung erfolgt dann später im Baugenehmigungsverfahren im Wege von Nebenbestimmungen zur Baugenehmigung.[354]

---

[352] Siehe zu den Problemen dieser herkömmlichen Ausgleichsmethodik bereits bei § 2; vgl. außerdem oben bei C. III. 1. Empirisch zu den Defiziten bei der Ausführung der Eingriffsregelung *Dierßen/Reck*, NuL 1998, 341 ff.

[353] *Löhr*, in: Battis/Krautzberger/Löhr (Hrsg.), BauGB, § 9 Rn. 98b; *Kuschnerus*, NVwZ 1996, 235 (238).

[354] Problematisch ist die Vorgehensweise bei genehmigungsfreien Vorhaben in Kenntnisgabe- oder Anzeigeverfahren. Die Ausgleichsmaßnahmen müssen wegen des Verursacherprinzips auch hier umgesetzt werden, solange es sich um Eingriffe handelt. Ungeklärt ist aber, wie die Bauherren dazu verpflichtet werden können. In Thüringen ist der Bauherr nach § 62b Abs. 2 Nr. 5 i.V.m. Abs. 1 S. 1 Hs. 2 Thür-BauO zu einer vertraglichen Zusicherung der Umsetzung verpflichtet, um überhaupt genehmigungsfrei bauen zu können. In den anderen Ländern fehlt eine solche Regelung; denkbar erscheint ein Vorgehen auf Grundlage der bauordnungsrechtlichen Generalklausel. Diese Problematik ist aber noch nicht diskutiert, geschweige denn gelöst.

Obwohl diese Variante für die planende Gemeinde attraktiv ist, da sie wegen der Finanzierungs- und Durchführungsverantwortung des Vorhabenträgers aus § 135a Abs. 1 BauGB hier kaum Kosten durch den Ausgleich tragen muss, stechen doch einige gravierende Nachteile ins Auge. Zunächst ist hier das Vollzugsdefizit hinsichtlich der Kontrolle der Durchführung der Ausgleichsmaßnahmen zu nennen.[355] Auf Grund der personellen Engpässe in den Bauaufsichtsbehörden wird es kaum möglich sein, Umsetzung und Erfolg der vorgeschriebenen Ausgleichsmaßnahmen zu kontrollieren.[356] Weiter ist der ökologische Wert solcher Ausgleichsmaßnahmen eher gering, da ein sinnvoller Ausgleich auf eine großzügige Dimensionierung hin angelegt sein sollte.[357] Eine solche großzügige Dimensionierung ist bei dieser Planungsvariante des Ausgleichs aber nicht möglich; im Gegenteil, sie wäre sogar kontraproduktiv, weil so der Grundsatz der Innenverdichtung und der Vermeidung der Bodenversiegelung, die ein verdichtetes Bauen erfordern, unterlaufen werden würde. Schließlich reichen aus ökologischer Sicht Maßnahmen lediglich auf den Eingriffsgrundstücken schlicht nicht aus, um das gesamte Spektrum an beeinträchtigten Naturfunktionen gleichwertig wiederherzustellen.

Daher ist der Rückgriff auf die räumliche Entkoppelung des Ausgleichs vom Eingriff nahezu unvermeidbar. Planungstechnisch kann diese Entkoppelung auf drei Wegen umgesetzt werden, nämlich durch den Ausgleich im Eingriffsbebauungsplan an einem anderen Ort als dem Eingriffsort (im Folgenden bei c)), durch den Ausgleich im Eingriffsbebauungsplan, der einen räumlich nicht zusammenhängenden Geltungsbereich hat (im Folgenden bei d)) oder durch einen getrennten, selbständig aufgestellten Ausgleichsbebauungsplan (im Folgenden bei e)). Vorher ist aber bei b) noch auf eine Erweiterung des gemeindlichen Planungsinstrumentariums einzugehen, die der Gemeinde erst einen praktikablen Umgang mit den verschiedenen Varianten der räumlichen Entkoppelung ermöglicht.

### b) Die Zuordnung von Ausgleichsflächen zum Eingriff nach § 9 Abs. 1a S. 2 Hs. 1 BauGB

Macht die Gemeinde von der räumlichen Entkoppelung zwischen Eingriff und Ausgleich Gebrauch und setzt sie demgemäß die Ausgleichsflächen in

---

[355] Ausführlich dazu *Dierßen/Reck*, NuL 1998, 341 ff.

[356] *Bundesamt für Naturschutz*, Umsetzung der Eingriffsregelung, S. 115; *Schäfer*, Forschungsvorhaben Städtebau, S. 121; *Schink*, DVBl. 1998, 609 (617); *Meyhöfer*, Umsetzungsdefizite, S. 37 f. und 56 f.

[357] *Busse/Dirnberger/Pröbstl/Schmid*, Handbuch, S. 18; *Köppel/Feickert/Spandau/Strasser*, Eingriffsregelung, S. 348 f.

einiger räumlicher Entfernung zum Eingriffsort fest, so können diese entfernten Ausgleichsflächen den Eingriffsgrundstücken gemäß § 9 Abs. 1a S. 2 Hs. 1 BauGB zugeordnet werden. Diese Zuordnung besagt, dass der Ausgleich für eine bestimmte Eingriffsfläche auf einer bestimmten Ausgleichsfläche vorgenommen werden soll. Aus § 9 Abs. 1a S. 2 Hs. 1 BauGB folgt zugleich, dass nur Ausgleichsflächen, die räumlich nicht mit der Eingriffsfläche zusammenfallen, zugeordnet werden können. Die Zuordnung verknüpft also Eingriff und räumlich entkoppelten Ausgleich miteinander und schafft so eine nachvollziehbare Verbindung zwischen Eingriff und Ausgleich.

### aa) Funktion und Vorgehensweise

Die für die Gemeinde bedeutsamste Funktion der Zuordnung besteht darin, ihr die bauplanerischen Voraussetzungen an die Hand zu geben, um den finanziellen Aufwand der von der Gemeinde vorzunehmenden Ausgleichsmaßnahmen auf die Eingriffsverursacher umzulegen.[358] § 135a Abs. 2 S. 1 BauGB, der dies normiert, setzt eine Zuordnung nach § 9 Abs. 1a S. 2 BauGB voraus. Neben dieser Funktion ist die Funktion als Verknüpfung zwischen Ausgleich und Eingriff bedeutsam. Beide Funktionen müssen in ihren jeweiligen Konsequenzen in die allgemeine bauplanerische Abwägung unter dem Aspekt des Eingriffsausgleichs eingestellt werden. Dabei besteht keine Pflicht zur Vornahme einer vollständigen oder teilweisen Zuordnung der Eingriffs- zu den Ausgleichsflächen. Der Wortlaut des § 9 Abs. 1a S. 2 BauGB ist insoweit eindeutig; anders verhielt es sich bei dem bis 1998 geltenden § 8a Abs. 3 S. 2 BNatSchG a.F., der eine Soll-Vorschrift enthielt. Zwar sieht § 135a Abs. 2 S. 1 BauGB eine Soll-Verpflichtung der Gemeinde zur Vornahme der Ausgleichsmaßnahmen und zur Kostenumlage vor; diese Soll-Vorschrift hat indes keine Vorwirkungen auf den Bebauungsplan. § 135a Abs. 2 S. 1 BauGB betrifft nämlich nur den Vollzug dessen, was der Bebauungsplan vorgezeichnet hat. Man könnte auch von einer sekundären Ausgleichs-Vollzugsebene hinsichtlich § 135a Abs. 2 S. 1 BauGB gegenüber der primären Ausgleichs-Planungsebene in § 9 Abs. 1a S. 2 BauGB sprechen. Entschließt sich die Gemeinde, keine Zuordnung vorzunehmen und so auf die Finanzierung des Ausgleichs durch die Eingriffsverursacher zu verzichten, so liegt dies innerhalb des ihr zustehenden Planungsermessens.

---

[358] Zu beachten ist dabei, dass die Ausgleichsmaßnahmen, die nötig werden, um gemeindliche Erschließungsmaßnahmen auszugleichen, nicht auf diesem Wege abgerechnet werden können, sondern über das Erschließungsbeitragsrecht nach § 131 Abs. 1 BauGB abgerechnet werden müssen, da die Kosten für den Ausgleich einen beitragsfähigen Erschließungsaufwand darstellen.

Die wohl herrschende Meinung bezeichnet die planerische Möglichkeit einer Zuordnung als Festsetzung beziehungsweise als Erweiterung des Festsetzungskatalogs des § 9 Abs. 1 BauGB.[359] Ganz zweifelsfrei ist dies indes nicht, da der Gesetzgeber in § 9 Abs. 1a im Gegensatz zu § 9 Abs. 1 BauGB auf die Verwendung des Begriffes der Festsetzung verzichtet hat. Zudem trifft die Zuordnung keine originäre Aussage über die Nutzung eines Bodenabschnitts oder die bauplanungsrechtliche Zulässigkeit von Anlagen, wie dies der Katalog des § 9 Abs. 1 BauGB vorsieht. Vielmehr stellt sie lediglich das Scharnier zwischen Eingriffsfläche und Ausgleichsfläche dar und hat über diese Verknüpfungsfunktion hinaus keine unmittelbar bodennutzerische Aussage. Andererseits muss die Zuordnung am normativen Charakter des Bebauungsplanes teilhaben, weil sie durch ihre Verknüpfungsfunktion unmittelbarer Ausdruck der Ausgleichskonzeption der Gemeinde ist. Wenn nun der Zuordnung normativer Charakter zukommt, so kann man sie auch als Festsetzung bezeichnen.

Für die Zuordnung kann die Gemeinde zwischen zwei Varianten wählen. Zum einen kann sie bestimmte Eingriffsgrundstücke einer bestimmten Ausgleichsfläche zuordnen (Einzelzuordnung). Zum anderen kann sie aber auch eine pauschale Zuordnung eines ganzen Eingriffsgebiets zu einem gesamten Ausgleichsgebiet treffen. Hier werden also mehrere Eingriffsflächen mehreren Ausgleichsflächen mit nur einem Zuordnungsakt zugeordnet (Sammelzuordnung).

Für die Eingriffsverursacher sind Sammelzuordnungen in der Regel vorteilhafter, da sie den Ausgleich nicht auf ein einzelnes, unter Umständen ökologisch hochwertiges Eingriffsgrundstück beziehen, sondern den Ausgleich an Hand einer ökologischen Gesamtbetrachtung des Eingriffsgebietes den jeweils funktional zum Ausgleich geeigneten Flächen zuordnen. Ist die ökologische Wertigkeit des Eingriffsgebietes trotz einzelner wertvoller Bestände im Mittel betrachtet eher gering, so werden die Ausgleichsmaßnahmen nicht allzu aufwendig ausfallen, was für die Eigentümer regelmäßig auch geringere Kosten nach § 135a Abs. 2 S. 1 BauGB bedeutet. Bei einer Einzelzuordnung hingegen könnten die ökologisch wertvollen Bestände auf einer separierten Ausgleichsfläche ausgeglichen werden, was höheren Ausgleichsaufwand und damit höhere finanzielle Belastungen derjenigen Eingriffsverursacher nach sich zöge, die den wertvollen Bestand beeinträchtigen. Aus ökologischer Sicht ist die Sammelzuordnung in solchen Fällen bedenklich, da sich die ökologische Wertigkeit einzelner Bestände nicht im Ausgleich abbildet. Das Ver-

---

[359] Vgl. *Bielenberg/Söfker,* in: Ernst/Zinkahn/Bielenberg/Krautzberger (Hrsg.), BauGB, § 9 Rn. 240; *Mitschang,* Die Belange von Natur und Landschaft in der kommunalen Bauleitplanung, S. 199 und 228; *Runkel,* NVwZ 1993, 1136 (1138); *Steinfort,* VerwArch 86 (1995), 107 (137); *Tophoven,* S. 135.

ursacherprinzip, das der Eingriffsregelung zu Grunde liegt[360], wird auf diese Weise nivelliert, da der Verursacher weder maßnahmebezogene noch die der Verursachung adäquaten finanzielle Konsequenzen tragen muss. Statt dessen wird die Bewältigung der Eingriffsfolgen auf viele Bauherren verteilt, was unter Umständen auch Probleme mit dem Gleichheitssatz nach sich ziehen kann. Für einen Eingriffsverursacher, auf dessen Grundstück keine ökologisch wertvollen Bestände existieren, wird es nicht recht einsichtig sein, weshalb er für die Eingriffsverursachung auf einem wertvollen Gebiet eines Andern durch diesen anderen Eingriffsverursacher finanziell mit einstehen muss. Freilich erleichtert dieses Miteinstehen der Gemeinde später die Abrechnung, weil sie einheitlich abrechnen kann und nicht nach einzelnen Flächen und einzelnen Eingriffsverursachungen differenzieren muss.

Daher empfiehlt sich in den Fällen, wo die ökologische Wertigkeit eines Eingriffsgebietes insgesamt niedrig ist, aber einzelne Bestände in ihrer ökologischen Bedeutung herausragen, eine Einzelzuordnung vorzunehmen. *Steinfort*[361] und *Tophoven*[362] plädieren hingegen für eine Sammelzuordnung, die einzelne ökologisch herausragende Bestände in der Abrechnung der Ausgleichsmaßnahmen berücksichtigt. Dem ist aber aus ökologischer Sicht zu widersprechen. Denn die Berücksichtigung erst auf der sekundären finanziellen Ebene kommt lediglich den Eigentümern, nicht aber der Natur zugute. Denn durch die Sammelzuordnung spiegelt sich die ökologische Wertigkeit des herausragenden Bestandes nicht im zugeordneten Ausgleich, der lediglich die Wertigkeit des gesamten Gebiets abbildet. Dem Verursacherprinzip als Leitprinzip der Eingriffsregelung ist so nicht ausreichend Rechnung getragen.

In den restlichen Fällen rechtfertigen es sowohl die Vereinfachung des Abrechnungsverfahrens als auch die ökologischen Vorteile der Sammelzuordnung, die eine Gesamtbetrachtung des Plangebiets vornimmt und durch die Zuordnung zu großzügig dimensionierten Ausgleichsflächen bei den Ausgleichsmaßnahmen auf diesen Flächen großräumig ökologische Zusammenhänge berücksichtigen kann, die Vorgehensweise der Sammelzuordnung zu wählen.

*bb) Konsequenzen der erfolgten Zuordnung*

Die Konsequenz einer so erfolgten Einzel- oder Sammelzuordnung ist die Möglichkeit, die Kosten der Ausgleichsmaßnahmen, welche die Ge-

---

[360] Siehe § 3 C. II. und oben bei C. III. 2. b) dd).

[361] VerwArch 86 (1995), 107 (139).

[362] *Tophoven*, Die naturschutzrechtliche Eingriffs- und Ausgleichsregelung im Bauplanungsrecht, S. 139.

meinde vornimmt, nach § 135 Abs. 2 S. 1 BauGB auf die Eingriffsverursacher umzulegen. Da die Ausgleichsfestsetzungen, die so zugeordnet sind, eigentümerunabhängig sind, kann die Zuordnung auch bei wechselnden Eigentümern der Flächen als Grundlage für die Finanzierung herangezogen werden. Erfolgt keine Zuordnung, so ist keine Refinanzierung der Kosten durch die Eingriffsverursacher möglich. Die Kehrseite dieser Zahlungspflicht ist freilich eine gewisse Unattraktivität des Baugebiets. Denn durch die durch die Zuordnung begründete Zahlungslast könnten potenzielle Bauherren vor Investitionen, also Eingriffen, zurückschrecken. Die Gemeinde muss hier sorgfältig ihr Investitionsinteresse gegen ihr finanzielles Interesse abwägen.

Konsequenz des Entstehens einer Zahlungsverpflichtung ist zugleich die Pflicht, die Erwägungen, die für die Zuordnung maßgeblich waren, in der Begründung zum Bebauungsplan darzulegen. Praktischerweise geschieht dies aber bereits dadurch, dass das Eingriffs-Ausgleichs-Konzept, das ja in der Begründung darzulegen ist, Ausführungen hierzu enthält, weil die Zuordnung ein Instrument der räumlichen Entkoppelung ist und die räumliche Entkoppelung zu den Grundlinien der städtischen Ausgleichskonzeption zählt.

Eine weitere Konsequenz der erfolgten Zuordnung ist die soll-Verpflichtung der Gemeinde aus § 135a Abs. 2 S. 1 BauGB, die Ausgleichsmaßnahmen an Stelle der Verursacher vorzunehmen. Die Zuordnung bringt also eine Selbstverpflichtung der Gemeinde mit sich. Wenn sich die Gemeinde in absehbarer Zeit zur Durchführung der Ausgleichsmaßnahmen aus welchen Gründen auch immer nicht in der Lage sieht, so wird sie auf die – ja nicht zwingend vorzunehmende – Zuordnung verzichten. Verzichtet die Gemeinde auf eine Zuordnung der Eingriffs- zu den Ausgleichsflächen, so bleibt es in diesen Fällen bei der Verpflichtung der Eingriffsverursacher nach § 135a Abs. 1 BauGB, den Ausgleich auf eigene Kosten vorzunehmen.

c) Ausgleichsfestsetzungen in einem einheitlichen Bebauungsplan
   an einem anderen Ort als an der Stelle des Eingriffs,
   §§ 1a Abs. 3 S. 3; 9 Abs. 1a S. 1 Hs. 2 1. Alt. BauGB

Das Konzept des BauGB, im Wege der räumlichen Entkoppelung Eingriff und Ausgleich räumlich voneinander zu trennen, kommt in § 1a Abs. 3 S. 3 BauGB zum Ausdruck. Die Norm sieht vor, dass Ausgleichsmaßnahmen nicht zwingend am Ort des Eingriffs stattfinden müssen. Stattdessen kann die Kompensation auch an anderen Orten stattfinden. Über diese gleichsam programmatische Postulierung des Konzepts der räumlichen Entkoppelung[363] hinaus geht § 9 Abs. 1a S. 1 Hs. 2 1. Alt. BauGB, der die allgemeine Aussage des § 1a Abs. 3 S. 3 BauGB für die Bauleitplanung näher konkretisiert. Die Konkretisierung erfolgt insofern, als es die Norm ausdrücklich für zulässig erklärt, dass der Bebauungsplan Ausgleichsfestsetzungen nicht im Eingriffsgebiet, sondern in anderen Gebieten vorsieht. § 9 Abs. 1a S. 1 Hs. 2 1. Alt. BauGB setzt also die allgemeine konzeptionelle Aussage aus § 1a Abs. 3 S. 3 und § 200a S. 2 BauGB in eine Form um, die sich explizit auf die Methodik der Bebauungsplanung mittels Festsetzungen, also auf das konkrete Planungsinstrumentarium, bezieht. Er ist gleichsam der ausführungsbezogene, praktische Hebel für das Konzept der räumlichen Entkoppelung.

Wichtig zur Abgrenzung dieser Variante zu anderen bebauungsplanerischen Ausgleichsmodellen (s. u.) ist, dass die Ausgleichsmaßnahmen im Geltungsbereich desselben Bebauungsplans liegen, der auch die künftigen Eingriffe vorsieht. Das Gebiet, in dem die Ausgleichsflächen liegen, schließt sich bei dieser Planvariante direkt an das Gebiet, in dem die Eingriffe stattfinden werden, an; es existiert also keine Lücke zwischen den Gebieten, die nicht von planerischen Aussagen des Bebauungsplanes erfasst wird, oder anders ausgedrückt: die Überplanung erfolgt lückenlos.

Diese Eigenart dieser Planvariante ist zugleich ihr großer Nachteil. Dadurch, dass die Ausgleichsflächen zwar räumlich getrennt von den Eingriffsflächen liegen können, aber doch in relativer Nähe zu den künftigen Baugebieten liegen, sind sie meist von der Preissteigerung mitbetroffen, die bei der Ausweisung von Flächen als künftige Baugebiete eintritt.[364] Dies hat zur Konsequenz, dass der Ankauf dieser Ausgleichsflächen und der Vollzug der Ausgleichsmaßnahmen auf diesen Flächen, die beide die Gemeinde nach § 135a Abs. 2 S. 1 BauGB vornehmen soll, teurer werden wird. Da diese Kosten nach § 135a Abs. 2 S. 1 BauGB auf die Vorhabenträger umgelegt werden, verteuert sich das Bauen auf Grund der Ausgleichsmaßnahmen entsprechend, was Ansiedlungshemmnisse begründen kann und so zu einem Standortnachteil für die Gemeinde führt. Zum anderen führt die lückenlose Überplanung Eingriffsgebiet-Ausgleichsgebiet dazu, dass eine segmentierte Siedlungsentwicklung entsteht. Stets müssten sich an Eingriffsgebiete Ausgleichsgebiete anschließen; ein städtebauliches Entwicklungskonzept, das längerfristig eine zusammenhängende Bebauung durch jeweils nachfolgende Bebauungspläne vorsieht, könnte so nicht durchgeführt werden.

---

[363] Dazu siehe oben bei C. III. 2. b) aa).

[364] *Köppel/Feickert/Spandau/Strasser,* Eingriffsregelung, S. 349; *Busse/Dirnberger/ Pröbstl/Schmid,* Handbuch, S. 21.

d) Ausgleichsfestsetzungen in einem Bebauungsplan mit geteiltem räumlichen Geltungsbereich, § 1a Abs. 3 S. 3 BauGB

Einen möglichen Lösungsansatz für dieses Problem[365] bietet die Konstruktion des Ausgleichs in einem Bebauungsplan, der mehrere, aber räumlich von einander getrennte Geltungsbereiche besitzt. Hier erfolgt die Ausweisung von Ausgleichsflächen ebenfalls in demselben Bebauungsplan, der auch den Eingriff vorsieht. Allerdings überplant der Bebauungsplan kein zusammenhängendes Gebiet, sondern Eingriffsgebiet und Ausgleichsgebiete liegen räumlich – unter Umständen weit – entfernt voneinander. Es entsteht so ein Bebauungsplan, der in seinem Geltungsbereich hinsichtlich der Überplanung eine oder mehrere Lücken, die nicht überplant werden, aufweist. Dieser Bebauungsplan wird in einem einheitlichen Verfahren aufgestellt, er ist das Ergebnis eines einheitlichen Abwägungsvorganges und ist einheitlich hinsichtlich seiner Rechtmäßigkeit zu beurteilen.[366]

Vor dem BauROG war die Zulässigkeit eines solchen Bebauungsplans heftig umstritten.[367] Die wesentlichen Kristallisationspunkte der Argumentation waren dabei der gesetzgeberische Wille, die Systematik des BauGB und die Teleologie der Eingriffsregelung, insbesondere ihre ökologische Bedeutung.[368] Seitdem sich aber das BVerwG in einem Urteil[369] mit diesem Problem befasst hat und die Konstruktion aus teleologischen Gesichtspunkten heraus wegen ihrer ökologischen Vorteile und der Erleichterung der Kompensation für zulässig erklärt hat, ist die Diskussion verstummt. Nach der Novelle des BauGB 1998 hält man nun ganz herrschend die Konstruktion des Bebauungsplans mit geteiltem Geltungsbereich für zu-

---

[365] Zu den Beweggründen für die Entwicklung dieser Konstruktion *Tophoven,* S. 147 f.

[366] *Brohm,* in: FS Hoppe, S. 511 (519); *Schink,* in: Bauer/Schink, Bauleitplanung, S. 1 (22); *Oldiges,* Rechtsgutachten, S. 53 f.

[367] Für die Zulässigkeit die wohl h.L., vgl. *Berkemann,* in: Ramsauer (Hrsg.), Eingriffsregelung, S. 65 (108 ff.); *Blume,* NVwZ 1993, 941 (942); *Bunzel,* NVwZ 1993, 960, 961; *Dürr,* BauR 1994, 460 (467); *Garbe,* Eingriffsregelung, S. 189 und 199; *Gassner,* NuR 1993, 252 (255); *Koch,* in: Ramsauer (Hrsg.), Eingriffsregelung, S. 199 (206); *Kuchler,* LKV 1994, 101; *Oldiges,* Rechtsgutachten, S. 53 ff. und 75 f.; *Steinfort,* VerwArch 86 (1995), 107 (121 f.); *Stollmann,* UPR 1994, 173. Für unzulässig hielten dieses Vorgehen *Löhr,* LKV 1994, 324 (325); *Mitschang,* ZfBR 1995, 240 (242 f.); *Runkel,* NVwZ 1993, 1136 (1140); *ders.,* in: Ramsauer (Hrsg.), Eingriffsregelung, S. 56 (61 f.); *Schmidt-Eichstaedt,* DVBl. 1994, 1165 (1173 f.); *Stich,* in: FS Schlichter, S. 277 (292 ff.); ferner die Bundesregierung, BT-Drs. 12/5620, S. 49.

[368] Ausführlich zur Geschichte des Streits und den vorgebrachten Argumenten *Tophoven,* Die naturschutzrechtliche Eingriffs- und Ausgleichsregelung im Bauplanungsrecht, S. 149 f. mit jeweils weiteren Nachweisen.

[369] BVerwGE 104, 353 ff., hier S. 359 f. relevant.

lässig.[370] Gesetzlicher Anknüpfungspunkt ist dabei § 9 Abs. 1a S. 1 Hs. 2
1. Alt. BauGB, der die Konstruktion nicht ausschließt, obgleich die Kontroverse dem Gesetzgeber bekannt war. Zwar befassen sich die Gesetzesmaterialien nicht ausdrücklich mit dem Problem;[371] gleichwohl ergibt sich aus
dem dort erklärten gesetzgeberischen Ziel, die Zahl der Ausgleichsoptionen
vergrößern zu wollen und auch die Abrechnung kommunaler Ausgleichsmaßnahmen erleichtern zu wollen, dass diese Konstruktion weiter zulässig
bleiben sollte. Ein erst-recht-Schluss bestätigt dieses Ergebnis: Wenn die
Gemeinde schon einen separaten Ausgleichsbebauungsplan aufstellen kann,
muss es erst recht zulässig sein, den Ausgleich in nur einem einheitlichen
Bebauungsplan festzusetzen.[372]

Einige Stimmen aus der Literatur erklären die Konstruktion zwar für zulässig, aber für überholt und überflüssig, da es nach dem BauROG möglich
sei, gemäß § 9 Abs. 1a S. 1 Hs. 2 2. Alt. BauGB einen separaten Ausgleichsbebauungsplan aufzustellen (dazu sogleich ausführlich).[373] Diese
Stimmen verkennen indes, dass diese Konstruktion durch ihre höchstrichterliche Anerkennung und die vorangegangene lebhafte Diskussion scharfe
Konturen gewonnen hat und in ihren Problemen weitgehend erforscht ist.
Im Gegensatz dazu ist die Planungsvariante mit einem selbständigen Ausgleichsbebauungsplan noch nahezu unerforscht und in ihren Problemen
noch kaum ausgeleuchtet; eine gefestigte höchstrichterliche Rechtsprechung
existiert noch nicht. Für die Kommunen bedeutet dies, dass sie die Wahl
haben zwischen einer einerseits anerkannten und bewährten, aber für überflüssig erklärten Planungsvariante, die ihnen einen sicheren Weg zur Verwirklichung ihrer Ausgleichsvorstellungen bietet,[374] und andererseits einer
Planungsvariante, mit der sie rechtliches Neuland und ein juristisch noch
weitgehend unaufgearbeitetes Gebiet betreten.[375] Es liegt auf der Hand,

---

[370] Vgl. statt vieler *Bundesamt für Naturschutz,* Umsetzung der Eingriffsregelung,
S. 87; *Beckmann,* in: FS Hoppe, S. 531 (544); *Bielenberg/Söfker,* in: Ernst/Zinkahn/
Bielenberg/Krautzberger (Hrsg.), BauGB, § 9 Rn. 232, 235 und 237; *Brohm,* in:
FS Hoppe, S. 511 (519); *Löhr,* in: Battis/Krautzberger/Löhr (Hrsg.), BauGB, § 9
Rn. 98a; *Louis,* NuR 1998, 113 (122); *Lüers,* ZfBR 1999, 231 (235 l. Sp. unten);
*J. Schmidt,* NVwZ 1998, 337 (340); *Schink,* DVBl. 1998, 609 (613); *Stich,* Sach-
und Verfahrensanforderungen der naturschutzrechtlichen Eingriffsregelung und ihr
Vollzug, S. 28.

[371] BT-Drs. 13/6392, S. 37 ist insoweit unergiebig.

[372] So zu Recht *Tophoven,* Die naturschutzrechtliche Eingriffs- und Ausgleichsregelung im Bauplanungsrecht, S. 154.

[373] *Battis/Krautzberger/Löhr,* NVwZ 1997, 1145 (1153 bei Fn. 101); *Löhr,* in:
Battis/Krautzberger/Löhr (Hrsg.), BauGB, § 9 Rn. 98a; *Lüers,* UPR 1996, 401
(405), vgl. auch den Ausschuss für Raumordnung, Bauwesen und Städtebau in
BT-Drs. 13/7589, S. 12.

[374] *Louis,* NuR 1998, 113 (122); *Schink,* DVBl. 1998, 609 (613); *Bundesamt für
Naturschutz,* Umsetzung der Eingriffsregelung, S. 89.

dass die Gemeinden hier bevorzugt die bewährte und anerkannte, rechtssichere Planungsvariante wählen und sich nicht auf die Unwägbarkeiten der anderen Variante einlassen werden.[376] Insofern ist es nicht richtig, die Planungsmöglichkeit des Bebauungsplans mit geteiltem Geltungsbereich für überflüssig zu halten, da sie für die Gemeinden wegen der Einheitlichkeit des Planungsvorgang und des rechtlichen Schicksals des Planes nach wie vor eine wichtige Rolle spielt.[377]

### e) Ausgleichsfestsetzungen in einem anderen, selbständigen Bebauungsplan, § 9 Abs. 1a S. 1 Hs. 1 2. Alt. BauGB

Gerade ist die Einheitlichkeit der Planungsvariante des Bebauungsplanes mit geteiltem Geltungsbereich herausgestellt worden. Das BauROG hat in § 9 Abs. 1a S. 1 Hs. 2 2. Alt. BauGB eine weitere Möglichkeit des Ausgleichs im Bebauungsplan geschaffen, die sich von der soeben dargestellten Planungsvariante in diesem Merkmal der Einheitlichkeit substanziell unterscheidet. Der Gemeinde ist es nämlich nun möglich, ihre bebauungsplanerischen Aussagen über den Ausgleich von Eingriffen in einem separaten, dem Eingriffsbebauungsplan gegenüber eigenständigen Bebauungsplan zu treffen. Der Ausgleich der Eingriffe erfolgt also nicht mehr in dem selben Bebauungsplan, der durch seine Festsetzungen künftigen Eingriffen den Boden bereitet. Vielmehr trifft die Gemeinde ihre Ausgleichsfestsetzungen als Folge einer zumindest formal dem Eingriffsbebauungsplan gegenüber eigenständigen Abwägung in einem formal eigenständigen Aufstellungsverfahren[378], da es sich ja um einen separaten Bebauungsplan handelt. Eingriffsbebauungsplan und Ausgleichsbebauungsplan bilden also zwei grundsätzlich eigenständige Satzungen gemäß § 10 Abs. 1 BauGB. Die Verknüpfung beider Bebauungspläne erfolgt über die Zuordnung nach § 9 Abs. 1a S. 2 Hs. 1 BauGB; sie erst erlaubt es, die Kosten der Ausgleichsmaßnahmen auf die Eingriffsverursacher abzuwälzen (§ 135a Abs. 2 S. 1 BauGB; dazu s. o. bei C. III. 2. b) dd)). Die gerade verwandte Formulierung „formal dem Eingriffsbebauungsplan gegenüber eigenständig" zeigt schon das grundlegende Problem dieser Planungsvariante. Es ist bisher noch völlig ungeklärt, wie diese beiden Pläne miteinander zusammenhängen und wie ihr

---

[375] *Tophoven,* Die naturschutzrechtliche Eingriffs- und Ausgleichsregelung im Bauplanungsrecht, S. 155; *Beckmann,* in: FS Hoppe, S. 531 (544).

[376] Der Forschungsbericht „Erfahrungen mit der städtebaulichen Eingriffsregelung" in BT-Drs. 14/3652, S. 14 zeigt deutlich, dass die Gemeinden diese Variante zur Umsetzung des Ausgleichs bevorzugt verwenden.

[377] Vgl. auch *Tophoven,* Die naturschutzrechtliche Eingriffs- und Ausgleichsregelung im Bauplanungsrecht, S. 154 f.

[378] Vgl. *Battis/Krautzberger/Löhr,* NVwZ 1997, 1145 (1153).

rechtliches Schicksal bei einer Rechtswidrigkeit eines der beiden Pläne miteinander verknüpft ist.[379]

### III. Vertragliche Ausgleichsmaßnahmen nach § 1a Abs. 3 S. 4 BauGB

§ 1a Abs. 3 S. 4 BauGB erlaubt es, den Ausgleich nicht nur mittels Darstellungen und Festsetzungen, sondern auch durch vertragliche Vereinbarungen nach § 11 BauGB durchzuführen.[380, 381] Das BauGB sieht diese Variante des Ausgleichs als gleichwertig gegenüber der Variante mittels Festsetzungen an, wie der Wortlaut des § 1a Abs. 3 S. 4 BauGB zeigt.[382] Für die bauplanerische Abwägung bedeutet dies, dass die Möglichkeit eines Ausgleichs durch einen städtebaulichen Vertrag in die Abwägungsüberlegungen der Gemeinde zwingend mit einzustellen ist; sie wird zum verpflichtenden Abwägungsmaterial.[383]

### 1. Geeignete Vertragsarten

Städtebauliche Verträge nach § 11 BauGB lassen sich nach Abs. 1 S. 2 der Vorschrift kategorisieren in maßnahmebezogene Verträge nach Nr. 1, planbegleitende Verträge nach Nr. 2 und Folgekostenverträge nach Nr. 3.[384] Diese Kategorisierung ist indes nicht abschließend, wie Abs. 4 der Norm zeigt. Es besteht für die Gemeinden ein weitreichender Gestaltungsspielraum, den sie durch Kombination mehrerer Vertragstypen sogar noch ver-

---

[379] Diesem Problem widmet sich die ausführlich die Dissertation von *Tophoven,* Die naturschutzrechtliche Eingriffs- und Ausgleichsregelung im Bauplanungsrecht, insb. S. 155 ff.

[380] Beim vorhabenbezogenen Bebauungsplan ist diese Vorgehensweise sogar der Regelfall, weil nach § 12 Abs. 3 S. 2 BauGB die §§ 135a–135c BauGB nicht anzuwenden sind. Entsprechende Regelungen müssen also in diesen Fällen im Durchführungsvertrag enthalten sein. Die vertragliche Vereinbarung über den Ausgleich ist daher bei vorhabenbezogenen Bebauungsplänen konstitutiv für den Bebauungsplan, da dieser ohne Aussagen über den Ausgleich nicht beschlossen werden kann.

[381] Das BVerwG hatte diese Ausgleichsvariante bereits vor Inkrafttreten des BauROG, das die Verträge zum Ausgleich in § 1a Abs. 3 S. 3 BauGB 1998 a.F. erstmals erwähnte, für zulässig erklärt, BVerwGE 104, 353 ff.

[382] H.M., so statt vieler ausdrücklich OVG Koblenz, NuR 2003, 373 (375); BVerwGE 117, 58 (67); BVerwG, NVwZ 03, 1515; *Mitschang,* BauR 2003, 183 (185). A.A. *Ohms,* BauR 2000, 983 (986), der das Planungsermessen der Gemeinde dahingehend einschränken will, dass bei Ausgleichsmaßnahmen Verträge Vorrang gegenüber Festsetzungen im Bebauungsplan hätten.

[383] *Birk,* Die städtebaulichen Verträge nach dem BauGB 98, Rn. 290; *Ohms,* BauR 2000, 983 (987).

[384] Dabei entspricht die Reihenfolge, in der § 11 Abs. 2 S. 2 BauGB die einzelnen Vertragstypen aufzählt, ungefähr der zeitlichen Abwicklung eines Bauvorhabens.

größern können. Entscheidend für die Eignung eines städtebaulichen Vertrags für den Ausgleich, wie es § 1a Abs. 3 S. 4 BauGB vorsieht, ist, dass der Vertrag die Entwicklung eines ökologisch aufwertungsfähigen Stücks Natur, also die gleichwertige Wiederherstellung des Zustands vor dem Eingriff, zum Gegenstand hat.[385]

Maßnahmebezogene Verträge nach § 11 Abs. 1 S. 2 Nr. 1 BauGB alleine kommen dafür nicht in Frage. Sie dienen allein dazu, den Planungsaufwand der Gemeinde durch Übertragung auf Private zu verringern, indem der Vertragspartner Planbestandteile wie den Umweltbericht, das Eingriffs-Ausgleichs-Konzept, den Landschaftsplan oder sogar das gesamte Planwerk selbst erstellt und die Kosten dafür trägt. Inhalt dieser Verträge sind also planvorbereitende oder planungsunterstützende Maßnahmen, nicht aber die ökologische Entwicklung eines Stücks der Natur.

Im Gegensatz dazu sind planbegleitende Verträge nach § 11 Abs. 1 S. 2 Nr. 2 BauGB ideal dazu geeignet, Ausgleichsmaßnahmen als Vertragsinhalt vorzusehen. Die Norm erwähnt diesen Vertragszweck sogar ausdrücklich. Dieser Vertragstypus ist darauf gerichtet, den Vertragspartner zu einen bestimmten Handeln zu verpflichten, um so die Verwirklichung der gemeindlichen Planungsabsichten zu sichern. Die als Ausgleich durchzuführenden Maßnahmen können dabei im Vertrag selbst genau bezeichnet sein; der Vertrag kann aber auch auf das Eingriffs-Ausgleichs-Konzept der Gemeinde oder den Landschaftsplan verweisen, der die erforderliche Ausgleichsmaßnahmen näher beschreibt.[386] Geregelt werden kann nicht nur die eigentliche Durchführung der Maßnahmen, sondern auch die Vorbereitung und die Pflege der Ausgleichsflächen.[387] Investoren können so also dazu verpflichtet werden, bestimmte Flächen selbst und auf eigene Kosten ökologisch aufzuwerten, mithin einen Ausgleich durchzuführen. Es sind weitere Vertragsmodelle denkbar: Neben der vollständigen Abwälzung der Ausgleichspflicht auf den Vorhabenträger kann auch vereinbart werden, dass die Gemeinde den Ausgleich durchführt und der Beitrag des Vorhabenträgers sich lediglich auf die Zahlung eines bestimmten Geldbetrages beschränkt. Eine solche vertragliche Konstruktion ist für den Vorhabenträger reizvoll, weil er seiner Ausgleichspflicht mit der Zahlung eines Geldbetrages genügen kann und sich auf die Realisierung des Bauvorhabens konzentrieren kann, also nicht zusätzlich Personal- und Materialressourcen für Suche nach geeigneten Flächen, ihrem Ankauf und die Durchführung des Ausgleichs aufwenden muss.

---

[385] Dazu, dass die Entwicklung einer ökologisch aufwertungsfähigen Fläche die Hauptvoraussetzung für die Eignung einer Ausgleichsmaßnahme ist, siehe oben im § 3 bei B. II. 2. b) dd) und BVerwG, NuR 1999, 103; BVerwG, NuR 1999, 510; OVG Lüneburg, NuR 2002, 104 (105).

[386] *Bunzel/Coulmas/Schmidt-Eichstaedt*, Städtebauliche Verträge, S. 87 ff.

[387] Vgl. BT-Drs. 13/6392, S. 50.

Die vertragliche Verlagerung der Ausgleichspflicht auf die Gemeinde, die ihrerseits wiederum mit der Naturschutzbehörde entsprechende Verträge über die Durchführung des Ausgleichs abschließen kann, ist im Hinblick auf ökologische Aspekte auch sinnvoll. Denn der Ausgleich wird nicht von einem zwangsweise dazu verpflichteten Vorhabenträger entsprechend unmotiviert durchgeführt, sondern die zuständigen Behörden sind regelmäßig frei von ökonomischen Zwängen und können daher die unter Naturschutzgesichtspunkten am besten geeigneten Ausgleichsmaßnahmen durchführen. Sie bürgen durch ihre fachliche Kompetenz für einen qualitativ hochwertigen Ausgleich. Gleichzeitig entfallen die Ressourcen, welche die bei einer Durchführung des Ausgleichs durch den Vorhabenträger nötigen Vollzugskontrollen in Anspruch nähmen; zudem sinkt das mit dieser Vollzugskontrolle in Verbindung stehende Konfliktpotenzial zwischen Behörde und Eingriffsverursacher.[388] Maßnahmen, die mit hoheitlichen Mitteln nicht oder nur schwer und unter Widerstand realisiert werden könnten, können über das kooperative Mittel des Vertrags leichter durchgeführt werden.

Folgekostenverträge nach § 11 Abs. 1 S. 2 Nr. 3 BauGB sind dagegen nicht zur Durchführung des Ausgleichs geeignet. Sie können zwar die Kostentragung hinsichtlich Planung, Herstellung, Pflege und des Flächenerwerbs regeln; sie können aber in ihrer reinen, mit anderen Verträgen nicht kombinierten Form keine konkreten Maßnahmen zur Entwicklung der Natur vorsehen. Damit beschränken sie sich auf die sekundäre Ebene der Kosten des Ausgleichs. Die primäre Ebene, die Durchführung der Ausgleichsmaßnahmen, kann über diesen Vertragstypus nicht geregelt werden; dazu muss auf die Verträge nach § 11 Abs. 1 S. 2 Nr. 2 BauGB zurückgegriffen werden. Für die Refinanzierung der Ausgleichskosten ist diese Vertragsart indes in Kombination mit einem planbegleitenden Vertrag nach § 11 Abs. 1 S. 2 Nr. 2 BauGB, der von der Gemeinde vorzunehmende Ausgleichsmaßnahmen vorsieht, für die Gemeinde hochinteressant. Moderne Kompensationsformen wie Ökokonten oder Flächenpools können so finanziert werden.[389]

Betrachtet man die möglichen kautelarjuristischen Konstellationen des vertraglichen Ausgleichs, so lässt sich folgende Systematisierung vornehmen: Ausgangspunkt des vertraglichen Ausgleichs ist stets ein Vertrag zwischen der Gemeinde und dem Vorhabenträger. Dies folgt daraus, dass § 135a Abs. 1 BauGB grundsätzlich dem Vorhabenträger als Eingriffsverursacher die Ausgleichslast auferlegt und § 135a Abs. 2 S. 1 BauGB ersatzweise die Gemeinde als Trägerin der Planungshoheit in die Pflicht nimmt. Die Gemeinde kann jedoch in einem zweiten Schritt ihrerseits die nun auf

---

[388] *Wolf,* NuR 2001, 481 (487); *Bunzel/Coulmas/Schmidt-Eichstaedt,* S. 89 f.
[389] Dazu später mehr im § 5 bei C.

sie übergegangene Last der Durchführung des Ausgleichs[390] ebenfalls vertraglich abwälzen. Dazu kann sie Verträge abschließen mit der Naturschutzbehörde, die sich zur Durchführung der nötigen Ausgleichsmaßnahmen verpflichtet;[391] weiterhin kann sie auch Verträge mit privaten Eigentümern schließen, welche ihre Flächen für die Ausgleichsmaßnahmen zur Verfügung stellen[392]. Letzteres ist sogar bei Flächen möglich, die zur Gemarkung einer anderen Gemeinde gehören. Schließlich kann die Ausgleichslast durch Vertrag auf Träger eines Ökokontos oder Flächenpools abgewälzt werden. Die vielfältigen Möglichkeiten, die der Gemeinde hier offen stehen und auch in die städtebauliche Abwägung des Eingriffsbebauungsplans miteinbezogen werden müssen, eröffnen den Kautelarjuristen der Kommunen ein weites Betätigungsfeld. Zu beachten ist aber, dass das Verursacherprinzip als Pfeiler der Eingriffsregelung nicht durchbrochen wird. Der Eingriffsverursacher darf nicht aus der Finanzierungsverantwortung entlassen werden, wenn er schon von der Durchführungsverantwortung aus § 135a Abs. 1 BauGB frei wird.

Praktikabel wird die Ausgleichsoption des städtebaulichen Vertrags indes nur dann sein, wenn die Eingriffe von nur einem oder wenigen Vorhabenträgern verursacht werden, etwa großen Investoren oder Investorengruppen oder Immobilienfonds. Nur in diesen Fällen kann die Gemeinde ein sinnvolles und einzelfallgerechtes Ausgleichskonzept entwickeln, da die Zahl der Ausgleichsverpflichteten überschaubar bleibt und in Verhandlungen gut bewältigt werden kann. Handelt es sich demgegenüber in einem Baugebiet um eine Vielzahl von Eingriffsverursachern (etwa in einem festgesetzten Neubaugebiet, wo zahllose Einfamilienhäuser realisiert werden sollen), werden vertragliche Ausgleichslösungen schwierig, da die Gemeinde die Ausgleichspflicht kaum mehr einzelfallbezogen verhandeln kann.

### 2. Spezifische Anforderungen der Eingriffsregelung an städtebauliche Verträge zur Durchführung des Ausgleichs

Durch die Wahl des Vertrags zur Umsetzung des Ausgleichs werden entsprechende Festsetzungen im Bebauungsplan entbehrlich.[393] Es können in städtebaulichen Verträgen zum Ausgleich direkte Handlungspflichten des Vertragspartners vereinbart werden, was mit bebauungsplanerischen Festsetzungen wegen des Charakters der Bebauungsplanung als Angebotsplanung

---

[390] Wie bereits erwähnt (bei C. III. 2. b) dd)) geht aber lediglich die Durchführungsverantwortung auf die Gemeinde über; der Eingriffsverursacher bleibt auf jeden Fall in der Finanzierungsverantwortung.

[391] So in BVerwGE 104, 68 ff.; VGH Mannheim, NVwZ-RR 1998, 418.

[392] Vgl. dazu *Quaas*, NVwZ 1995, 840 (842); OVG Lüneburg, NuR 1999, 406.

[393] *Mitschang*, BauR 2003, 183 (186); *Beckmann*, FS Hoppe, S. 531 (546).

nur in sehr engen Grenzen möglich ist.[394] Zudem ist die Gemeinde nicht an den Katalog des § 9 Abs. 1 BauGB gebunden; es können auch darüber hinausgehende Maßnahmen vereinbart werden. Diese Maßnahmen können zwar lediglich im Vertrag festgelegt sein; es empfiehlt sich aber, zusätzlich zur vertraglichen Festlegung noch entsprechende Festsetzungen in einem Bebauungsplan zu treffen. Zwar entsteht so der unter Umständen große Planungsaufwand eines Bauleitplanverfahrens; allerdings ist es möglich, im Falle einer Verletzung der Vertragspflichten des Vorhabenträgers die Ausgleichsmaßnahmen im Wege hoheitlichen Vorgehens, meist durch Nebenbestimmungen zur Baugenehmigung, zwangsweise umzusetzen.[395] So kann die Gemeinde sicherstellen, dass Zahlungsschwierigkeiten, Insolvenzen oder etwaige Rechtsnachfolger ohne Einfluss auf das gewünschte Ausgleichsergebnis bleiben; freilich nur um den Preis des entstehenden Planungsaufwands.

Auf jeden Fall ist bei der Vereinbarung eines vertraglichen Ausgleichs darauf zu achten, dass als Ausgleichsflächen nur Flächen geeignet sind, die ökologisch entwickelt und in einen höherwertigen Zustand versetzt werden können.[396] Verträge zum Ausgleich müssen diesen Grundsatz beachten und entsprechende Maßnahmen auf geeigneten Flächen vorsehen. Der Vertragspartner muss über das Grundstück, auf dem die Ausgleichsmaßnahmen durchgeführt werden sollen, so verfügen können, dass eine dauerhafte Vertragserfüllung sichergestellt ist.[397] Der Ausgleich muss ebenso gewährleistet sein, als wenn er über eine Festsetzung nach § 9 Abs. 1 BauGB festgesetzt worden wäre.[398] Dies setzt regelmäßig dingliche Rechte des Vertragspartners an den vorgesehenen Ausgleichsgrundstücken voraus; bloß schuldrechtliche Berechtigungen des Vertragspartners, der schlussendlich für den Ausgleich verantwortlich ist, reichen nicht aus. Der Vertragspartner, der in einer möglichen Kette von städtebaulichen Verträgen zum Ausgleich am Ende der Kette steht und letztlich der Ausgleichsverpflichtete ist, muss dinglich Berechtigter am Ausgleichsgrundstück sein;[399] die Art der dinglichen Berechtigung richtet sich nach dem Charakter der Ausgleichsmaßnahme.

---

[394] Vgl. nur *Gierke,* in: Brügelmann (Hrsg.), BauGB, § 9 Rn. 366 und 378; *Brohm,* FS Hoppe, S. 511 (524).

[395] *Schrödter,* in: Schrödter (Hrsg.), BauGB, § 1a Rn. 59 und § 135a Rn. 14.

[396] § 3 bei B. II. 2. b) dd); oben bei C. III. 2. a).

[397] *Krautzberger,* in: Ernst/Zinkahn/Bielenberg/Krautzberger (Hrsg.), BauGB, § 11 Rn. 143.

[398] OVG Koblenz, NuR 2003, 373 (375).

[399] Es ist also möglich, dass der Vorhabenträger seine Ausgleichsverpflichtung auf die Gemeinde abwälzt, diese ihrerseits vertraglich die Naturschutzbehörde zum Ausgleich verpflichtet und diese wiederum einen öffentlich-rechtlichen Vertrag mit Grundstückseigentümern oder dinglich berechtigten Poolträgern (dazu im § 5 bei B. V.) schließt. Maßgeblich ist das letzte Glied in der (Vertrags-)Kette.

Problematisch in diesem Zusammenhang ist, dass Verträge allgemein personenbezogen sind. Da der Bestand des Vorhabenträgers als juristische oder natürliche Person nicht gewährleistet ist, sondern sich durch Unternehmensübernahmen, Eigentümerwechsel oder Todesfall ändern kann, müssen die Ausgleichsmaßnahmen über die personenbezogenen Vereinbarungen hinaus noch grundstücksbezogen gesichert werden. Der Ausgleich bedarf also dinglicher Sicherungen, damit auch Rechtsnachfolger des Eingriffsverursachers hinsichtlich der Ausgleichsgrundstücke an die vereinbarten Ausgleichsmaßnahmen gebunden sind.[400] Notwendig sind vertragliche Regelungen, die den effektiven Vollzug der Ausgleichsmaßnahmen sichern und durchsetzen können.

Die allgemeinen Anforderungen der Eingriffsregelung gelten auch für vertraglich vereinbarte Ausgleichsmaßnahmen. So ändert die Durchführung des Ausgleichs durch Vertrag nichts daran, dass der Ausgleich nach wie vor Gegenstand und Ergebnis der bauplanerischen Abwägung des Eingriffsbebauungsplans ist. Die Eingriffsregelung fordert, dass spätestens im Zeitpunkt der Entscheidung über den Eingriff eine Entscheidung über den Ausgleich dieses Eingriffes fällt. Für den vertraglichen Ausgleich bedeutet dies, dass der städtebauliche Ausgleichsvertrag vor dem Beschluss des Eingriffsbebauungsplans abgeschlossen und auch wirksam sein muss; andernfalls kann er nicht Bestandteil der Abwägung des Eingriffsbebauungsplanes sein.[401] Zwar ist dies nicht ausdrücklich im BauGB geregelt[402], es folgt aber aus den dargestellten Grundsätzen der Eingriffsregelung, die ein planerisches Junktim zwischen Eingriffsbeschluss und Ausgleichsbeschluss voraussetzen.[403]

Die Ausgleichsmaßnahmen müssen einer nachvollziehbaren Eingriffs-Ausgleichs-Bilanz entspringen, die in der Abwägung erstellt oder – wenn sie bereits existiert hat – jedenfalls herangezogen wurde; die Flächen und Maßnahmen, die den Eingriff ausgleichen sollen, müssen genau bestimmt sein.[404] Auch beim Ausgleich durch Vertrag ist es nötig, in der Begründung des Eingriffsbebauungsplans darzustellen, dass und warum Ausgleichsmaß-

---

[400] Ausführlich zur dinglichen Sicherung im § 5 bei B. II. 2. a) ee).

[401] OVG Lüneburg, NuR 1999, 406 (407); *Brohm*, FS Hoppe, S. 511 (524); *Stich*, Sach- und Verfahrensanforderungen der naturschutzrechtlichen Eingriffsregelung und ihr Vollzug, S. 30.

[402] Eine entsprechende Regelung enthält § 12 Abs. 1 S. 1 BauGB für vorhabenbezogene Bebauungspläne.

[403] Siehe § 3 Fn. 151.

[404] Ein Negativbeispiel ist der Fall von OVG Saarlouis, U. v. 27.11.2001, Az.: 2 N 2/00, juris-Nr: MWRE 103960200, wo die Ausgleichsmaßnahmen nicht konkretisiert, sondern lediglich in der Höhe nach oben begrenzt waren. In der Revision dieses Urteils hat das BVerwG dieses Problem offen gelassen, BVerwGE 119, 45 (51 ff.).

nahmen auf bestimmten Flächen durchgeführt werden sollen.[405] Es gelten keine anderen Anforderungen an Eingriffs-Ausgleichs-Bilanz, Umweltbericht oder Begründung als beim Ausgleich mittels Festsetzungen im Bebauungsplan. So kann bei einer aufsichtsbehördlichen oder gerichtlichen Kontrolle des Eingriffsbebauungsplans festgestellt werden, ob die Abwägung hinsichtlich der Behandlung der Eingriffsregelung fehlerhaft war, weil die Ausgleichsmaßnahmen dem Erfordernis der gleichwertigen Wiederherstellung der Natur nicht genügten. Die oben herausgearbeiteten allgemeinen Grundsätze der Eingriffsregelung, zu denen die räumliche und zeitliche Entkoppelung des Ausgleichs vom Eingriff gehören, bieten den Gemeinden die Möglichkeit, von diesen Entkoppelungsmöglichkeiten Gebrauch zu machen. Die Durchführung von Ausgleichsmaßnahmen kann außerhalb des Geltungsbereiches des Eingriffsbebauungsplanes erfolgen;[406] der Ausgleich kann zeitlich vor dem Eingriff durchgeführt werden. Insbesondere letztere Möglichkeit ist Grundpfeiler der Konstruktion der Ökokonten (dazu bereits im § 2).

### 3. Allgemeine Anforderungen an die Rechtmäßigkeit von Verträgen zur Durchführung des Ausgleichs

Über die Anforderungen hinaus, welche die Grundsätze der Eingriffsregelung an den Ausgleich durch Vertrag stellen, gelten für diese Ausgleichsvariante auch die allgemeinen Anforderungen an die Rechtmäßigkeit städtebaulicher Verträge.[407] Von diesen ist im Kontext vertraglicher Ausgleichsregelungen vor allem zunächst das Gebot der Angemessenheit aus § 11 Abs. 2 S. 1 BauGB[408] relevant. Die Gegenleistung des Privaten darf objektiv nicht außer Verhältnis zu Wert und Bedeutung der Leistung des öffentlich-rechtlichen Trägers stehen.[409] Beim Ausgleich spielt diese Rechtmäßigkeitsvoraussetzung regelmäßig keine Rolle, da zum einen bei eingriffsverursachenden Investitionen der Aufwand für die eigentliche Investition den Aufwand für die Ausgleichsleistung regelmäßig übersteigen wird; zum anderen ist die Lastenverteilung im Gesetz selbst geregelt: § 135a Abs. 1 BauGB statuiert in der Umsetzung des Verursacherprinzips das städtebau-

---

[405] Schink, DVBl. 1998, 609 (614); Beckmann, FS Hoppe, S. 531 (547).

[406] BVerwG, NVwZ 2003, 1515 (1516); Erbguth, VerwArch 89 (1998), 189 (213); Scharmer, NVwZ 1995, 219 (220).

[407] Dazu ausführlich Krautzberger, in: Ernst/Zinkahn/Bielenberg/Krautzberger (Hrsg.), BauGB, § 11 Rn. 166 ff.; Hien, FS Schlichter, S. 129 (132); Mitschang, BauR 2003, 337 (339 ff.); Huber, DÖV 1999, 173 (183); Scharmer, NVwZ 1995, 219 (221).

[408] Vgl. auch § 56 Abs. 1 S. 2 Hs. 1 VwVfG.

[409] Krautzberger, in: Ernst/Zinkahn/Bielenberg/Krautzberger (Hrsg.), BauGB, § 11 Rn. 166 m.w.N.

liche Leitbild, dass der Eingriffsverursacher im Grundsatz die Ausgleichslast tragen muss. Diese Leitentscheidung des Gesetzgebers ist in ihrer
Wertung auf die Angemessenheitsprüfung eines Vertrags zu übertragen. Aus
alledem folgt, dass eine Verletzung des Gebots der Angemessenheit dann
gegeben ist, wenn die Ausgleichslast des Vorhabenträgers größer ist als die
Vorteile durch die Investition, der physische und ideelle[410] Wert der eigentlichen Investition; außerdem dann, wenn er mehr ausgleichen muss, als
durch sein Vorhaben überhaupt an Ausgleichsbedarf ausgelöst wird.[411]

Aus den allgemeinen Rechtmäßigkeitsvoraussetzungen ist für die vertragliche Vereinbarung von Ausgleichsmaßnahmen weiter das Koppelungsverbot nach § 11 Abs. 2 S. 2 BauGB beziehungsweise § 59 Abs. 2 Nr. 4
VwVfG relevant.[412] Zum einen besagt es, dass nichts durch Vertrag miteinander verknüpft werden darf, was nicht ohnehin bereits in einem Zusammenhang steht.[413] Zum anderen darf – dies geht besonders aus § 56 Abs. 2
VwVfG und § 11 Abs. 2 S. 2 BauGB hervor – der Bauherr keinen Anspruch auf die Leistung der Gemeinde haben. Die erste Voraussetzung ist
unproblematisch, da nach der Konstruktion der Eingriffsregelung der Ausgleich von Eingriffen mit deren Realisierung untrennbar verbunden ist, ja
sogar deren Zulässigkeitsvoraussetzung ist (vgl. § 19 Abs. 3 BNatSchG!).
Hier kann von einem nicht bestehenden Zusammenhang keine Rede sein.
Das zweite Element des Koppelungsverbots steht Verträgen zum Ausgleich
ebenfalls regelmäßig nicht entgegen. Denn ein Anspruch des Eingriffsverursachers auf eine Baugenehmigung besteht nicht, weil das Bebauungsplanverfahren – und nur um dieses geht es hier, Genehmigungen nach §§ 34,
35 BauGB fallen nicht unter das Regime des § 1a Abs. 3 BauGB –[414] noch
gar nicht durchgeführt worden ist. Die Gegenleistung der Gemeinde besteht
hier nicht in einer Baugenehmigung, sondern in der Durchführung des Ausgleichs. Darauf hat aber, wie auch § 135a Abs. 1 BauGB deutlich zeigt,
der Eingriffsverursacher keinen Anspruch; im Gegenteil, er ist vielmehr
selbst dazu verpflichtet. Diese Ausgleichsverpflichtung würde im Genehmigungsverfahren über Nebenbestimmungen aktualisiert; Nebenbestimmungen
darf die Gemeinde aber vertraglich regeln.[415] Schließlich ist das Schriftform-
erfordernis aus § 11 Abs. 3 BauGB bzw. § 57 VwVfG zu beachten. Unterlagen außerhalb der Vertragsurkunde (beispielsweise ein Eingriffs-Aus-

---

[410] Damit sind die künftigen Gewinne auf Grund der Investition gemeint.

[411] *Mitschang*, BauR 2003, 337 (340).

[412] Vgl. auch § 56 Abs. 2 VwVfG. Zum Koppelungsverbot allgemein BVerwG,
NVwZ 2000, 1285 ff.; *Brohm*, JZ 2000, 321 (326); *Gaentzsch*, NVwZ 2000, 993
(997).

[413] *Quaas/Kukk*, in: Schrödter (Hrsg.), BauGB, § 11 Rn. 46.

[414] Dazu oben § 3 D.

[415] *Krautzberger*, in: Ernst/Zinkahn/Bielenberg/Krautzberger, § 11 Rn. 169.

gleichs-Konzept) müssen, sofern sie nicht Bestandteil der Urkunde werden, zumindest in dieser Urkunde in Bezug genommen werden.

## IV. Sonstige Ausgleichsmaßnahmen
## nach § 1a Abs. 3 S. 4 2. Alt. BauGB

Eine weitere Variante des Ausgleichs neben planerischen Festsetzungen und Verträgen bietet § 1a Abs. 3 S. 4 2. Alt. BauGB. Nach dem Wortlaut von § 1a Abs. 3 S. 2–4 BauGB ist der Ausgleich mit sonstigen Maßnahmen gegenüber den anderen dargestellten Ausgleichsoptionen gleichwertig.[416]

Die Formulierung der Norm ist im Vergleich zu den vorhergehenden Ausgleichsoptionen recht unbestimmt gehalten; sie hat den Charakter eines Auffangtatbestandes. So ist die Frage, welche Maßnahmen als „sonstige geeignete Maßnahmen zum Ausgleich" zulässig sind, das zentrale Problem dieser Ausgleichsvariante.

### 1. Was sind „sonstige geeignete Maßnahmen zum Ausgleich"?

Zwei Rechtmäßigkeitsvoraussetzungen lassen sich dem Wortlaut der Vorschrift entnehmen. Die Maßnahmen müssen zum Ausgleich geeignet sein und sie müssen auf von der Gemeinde bereitgestellten Flächen erfolgen.

Die zuletzt genannte Voraussetzung der Bereitstellung der Flächen durch die Gemeinde fordert eine Verfügungsbefugnis der Gemeinde über die vorgesehenen Ausgleichsflächen. Ob diese Verfügungsbefugnis einer Eigentümerstellung oder aber einer sonstigen dinglichen Berechtigung entspringt, ist ohne Bedeutung. Entscheidend ist lediglich, dass die Gemeinde das Recht hat, eigentümerähnlich dauerhaft über die Nutzung der Fläche bestimmen zu können.[417] Dieses Recht muss vor dem Beschluss des Eingriffsbebauungsplanes bestehen.[418] Im Eingriffsbebauungsplan muss konkret erkennbar werden, welche Flächen bereitgestellt werden sollen.

Die davor genannte Voraussetzung, die Eignung zum Ausgleich, ist gegeben, wenn die „sonstigen Ausgleichsmaßnahmen" es durch die Entwicklung

---

[416] BVerwG, NuR 2003, 352 (355); BVerwG, NuR 2003, 290.

[417] VGH Mannheim, VBlBW 1998, 177 (182); OVG Lüneburg, NuR 2001, 645; OVG Lüneburg, NuR 2002, 104 (106); OVG Koblenz, NuR 2002, 422; *Schink,* DVBl. 1998, 609; *Brohm,* FS Hoppe, S. 511 (525); *Tophoven,* S. 139; anderer Ansicht *Löhr,* in: Battis/Krautzberger/Löhr (Hrsg.), BauGB, § 9 Rn. 98e, der eine Eigentümerstellung der Gemeinde verlangt. Das Gesetz sieht dies aber in § 1a Abs. 3 S. 4 2. Alt. BauGB nicht vor; dem Sinn der Eingriffsregelung können sonstige dingliche Berechtigungen oder langfristige Nutzungsrechte der Gemeinde ebenso gut gerecht werden.

[418] OVG Koblenz, NuR 2002, 422 (423).

von Natur und Landschaft ermöglichen, das im Eingriffs-Ausgleichs-Konzept festgeschriebene Ausgleichsziel zu erreichen.[419] Es kommt also auf die Wirkung der Maßnahmen an. Dazu muss allerdings die Durchführung des Ausgleichs gesichert sein. Denn anders als bei planerischen Festsetzungen zum Ausgleich oder städtebaulichen Verträgen ist der Ausgleich bei der Wahl dieser Ausgleichsvariante nicht durch formale Instrumente gesichert, sondern lediglich von einer Aussage der Gemeinde abhängig, die im Aufstellungsverfahren des Eingriffsbebauungsplanes erklärt, Ausgleichsmaßnahmen als „sonstige Maßnahmen zum Ausgleich" im Sinne des § 1a Abs. 3 S. 4 2. Alt. BauGB vornehmen zu wollen. Weitergehende Sicherungen als diese Erklärung der Gemeinde gibt es nicht. Kernproblem dieser Ausgleichsvariante ist daher, wie sichergestellt werden kann, dass die im Eingriffsbebauungsplanverfahren abgegebene Erklärung über den Ausgleich tatsächlich durchgeführt werden kann. Es besteht die Gefahr, dass sich die Gemeinde später, nach Inkrafttreten des Eingriffsbebauungsplanes, von ihrer einseitigen Erklärung über den Ausgleich lossagt; für den Bestand des Eingriffsbebauungsplanes bliebe dies ohne Folgen. Die Gemeinde könnte die ursprünglich für Ausgleichsmaßnahmen vorgesehenen Flächen jederzeit anders nutzen oder gar mit anderen Nutzungen überplanen. Dem Sinn der Eingriffsregelung wird dies nicht gerecht.

Daher müssen die „sonstigen Maßnahmen zum Ausgleich" dieser beschriebenen Gefahr Rechnung tragen.[420] Eine einseitige Erklärung der Gemeinde über den Ausgleich ist notwendige, aber nicht hinreichende Bedingung für die Rechtmäßigkeit.[421] Hinzukommen muss, dass auf Grund faktischer Gegebenheiten eine hinreichende Gewähr dafür besteht, dass die Ausgleichsmaßnahmen tatsächlich realisiert werden. Dies zu beurteilen ist eine Sache des jeweiligen bauplanerischen Einzelfalls, abstrakte Aussagen hierzu sind kaum möglich.[422] Entscheidend für die Rechtmäßigkeit der „sonstigen Maßnahmen zum Ausgleich" ist jeweils, ob ein Mindestmaß an rechtlicher Bindung besteht und ob sich aus einer Gesamtbetrachtung der sonstigen Umstände der planerischen Situation der Gemeinde ergibt, dass die Durchführung des Ausgleichs auf jeden Fall sichergestellt ist.[423] Dieser

---

[419] BVerwGE 117, 58 (68).

[420] BVerwGE 117, 58 (67 ff.); VGH Mannheim, NuR 1997, 143 (146); BVerwG, NuR 2003, 290.

[421] BVerwGE 117, 58 (67 ff.); OVG Lüneburg, NuR 2001, 645 (647); OVG Koblenz, NuR 2003, 38: Die alleinige Vorstellung der Gemeinde, die Eingriffe auszugleichen, reicht nicht aus. Sie muss dies im Planwerk und der Begründung explizit erklären.

[422] BVerwG, NuR 2003, 290.

[423] BVerwG, NVwZ 2004, 229 (231) im Anschluss an BVerwGE 117, 58 (67 f.); BVerwG, NVwZ 2003, 1515.

faktische Zwang zur Durchführung der Ausgleichsmaßnahmen kann auf Grund von Vorgaben der Raumordnung bestehen;[424] die Rechtsprechung lässt auch die Bereitschaft des Gemeinderates zum Abschluss entsprechender Vereinbarungen mit der Naturschutzbehörde ausreichen.[425] Eine Sicherung kann ferner dadurch erfolgen, dass die zum Ausgleich vorgesehenen Flächen durch Änderung der Flächennutzungspläne als Flächen zum Ausgleich nach § 5 Abs. 2 Nr. 10 BauGB dargestellt werden. So werden sie auf Grund des Entwicklungsgebots, § 8 Abs. 2 BauGB, planungsfest gegenüber künftigen Bauleitplänen und veränderten städtebaupolitischen Vorstellungen der Gemeinde.

### 2. Spezifische Anforderungen der Eingriffsregelung

Wiederum gelten die spezifischen Voraussetzungen der Eingriffsregelung. Kommt die Gemeinde in ihrer Abwägung zu dem Schluss, nach § 1a Abs. 3 S. 4 2. Alt. BauGB ausgleichen zu wollen, so müssen die Maßnahmen im normativ verbindlichen Teil des Planes erwähnt werden. Möglich ist es auch, in diesem Teil des Bebauungsplanes lediglich Bezug zu nehmen auf ein Eingriffs-Ausgleichs-Konzept außerhalb des eigentlichen Bebauungsplanes, wo die durchzuführenden Ausgleichsmaßnahmen näher beschrieben sind.[426] In der Begründung muss näher dargelegt werden, welche Maßnahmen genau durchgeführt werden und inwiefern sie zum Ausgleich der Eingriffe geeignet sind.[427] Die sonstigen Maßnahmen müssen sich auf das Eingriffs-Ausgleichs-Konzept der Gemeinde zurückführen lassen.[428] Sie müssen dem Ziel dienen, Natur gleichwertig wiederherzustellen; sie müssen ein Stück Natur zu einem ökologisch höherwertigen Zustand entwickeln. Sie müssen vor dem Beschluss des Eingriffsbebauungsplanes eindeutig festgelegt worden sein.[429]

### 3. Die Umsetzung dieser Ausgleichsvariante

Der Ausgleich mit sonstigen Maßnahmen nach § 1a Abs. 3 S. 4 2. Alt. BauGB ist vor allem dann für die Gemeinden attraktiv, wenn diese bereits

---

[424] So in BVerwGE 117, 58 ff., wo die Raumordnung für die Ausgleichsfläche bindend die Funktion einer von Bebauung freizuhaltender Freifläche vorsah.

[425] BVerwG, NuR 2003, 290.

[426] *Louis,* NuR 1998, 113 (122).

[427] BVerwG, NVwZ 2004, 229 (231); BVerwG, NVwZ 2003, 1515; VGH Mannheim, VBlBW 2002, 203 (204) lässt Formulierungen wie „zusätzliche Pflanzung von Streuobstbäumen" oder „lockere Bepflanzung der Fläche mit Obstgehölzen" nicht ausreichen; vielmehr müssten genaue Angaben über Zahl oder Dichte der Baumpflanzungen erfolgen.

[428] *Schink,* DVBl. 1998, 609 (614).

[429] OVG Lüneburg, NuR 2001, 104 (106).

vorsorgend im Hinblick auf später erfolgende Eingriffe Ausgleichsflächen erworben haben oder aber bereits ausgedehnte, ausgleichsgeeignete Flächen besitzen. Im Vergleich zur Durchführung des Ausgleichs mit einem städtebaulichen Vertrag oder mit planerischen Festsetzungen hat diese Variante den Vorteil hoher Flexibilität für sich. Verträge bringen unter Umständen langwierige Verhandlungen mit sich; planerische Festsetzungen zum Ausgleich bedürfen der Mitwirkung der Grundstückseigentümer. Demgegenüber kann die Gemeinde bei der Wahl dieser Ausgleichsvariante selbst bestimmen, wo und wie sie die Ausgleichsmaßnahmen durchführt, was das Planungsverfahren des Eingriffsbebauungsplans beschleunigt. Die Grundsätze der räumlichen und zeitlichen Entkoppelung gelten uneingeschränkt, so dass die Ausgleichsmaßnahmen zeitlich vor den Eingriffsbebauungsplänen und räumlich an einem anderen Ort, ja sogar außerhalb des Gemeindegebiets in einem Flächenpool oder in der Gemarkung einer anderen Gemeinde stattfinden können.[430] Wählt die Gemeinde diese Ausgleichsvariante, so kann sie die Maßnahmen zum Ausgleich im Eingriffsbebauungsplan den Eingriffsgrundstücken zuordnen, § 9 Abs. 1a S. 2 Hs. 2 BauGB. Damit kann sie den Eingriffsverursachern die Kosten der Ausgleichsmaßnahmen auferlegen, § 135a Abs. 2 S. 1 BauGB.

Wichtig zu beachten ist, dass die Durchführung von Ausgleichsmaßnahmen auf dafür bereitgestellten Flächen bauplanungsrechtlich zulässig sein muss, sofern die Ausgleichsmaßnahmen die Merkmale des Anlagenbegriffs in § 29 BauGB erfüllen. Sie darf also nicht im Widerspruch zu Festsetzungen existierender Bebauungspläne oder den Regelungen der §§ 34, 35 BauGB stehen. Gegebenenfalls müssen parallel zum Aufstellungsverfahren des Eingriffsbebauungsplans existierende Pläne geändert oder aber die Eingriffs-Ausgleichskonzeption der Gemeinde muss im Aufstellungsverfahren des Eingriffsbebauungsplans modifiziert werden.

---

[430] Dazu ausführlich bei C. III. 2. b).

# § 5 Die rechtlichen Möglichkeiten und Grenzen der Nutzung von Flächenpools und Ökokonten im Rahmen der städtebaulichen Eingriffsregelung

## A. Systematisierung der Nutzung von Flächenpools und Ökokonten zur Erfüllung der Kompensationverpflichtung

Bei der Nutzung von Flächenpools und Ökokonten als moderne Methoden zur Erfüllung der Kompensationsverpflichtung können die Eingriffsverursacher bei der Konzeption und Planung aus einer Vielzahl möglicher Modelle wählen. Es gibt keineswegs nur „den" Flächenpool oder „das" Ökokonto im Sinne eines Mustermodells, das für die konkrete Kompensationsverpflichtung nur auf die örtliche Situation bezogen werden müsste. Vielmehr lässt die relativ simple Grundidee der Flächen- beziehungsweise Maßnahmenbevorratung breiten Raum für Variationen dieses Themas. In der planerischen Realität unterscheiden sich die eingeführten Modelle demgemäß erheblich.[1]

Für den Eingriffsverursacher oder sonstige am Betrieb eines Flächenpools oder Ökokontos Interessierte bedeutet diese mögliche Vielfalt eine Belastung, aber zugleich auch eine Chance. Belastend wirkt sich aus, dass es nicht möglich ist, von Spezialisten der Materie entwickelte Mustermodelle einfach zu übernehmen. Die konkrete planerische Eingriffskonstellation und Kompensationssituation wirkt sich so stark auf die Einrichtung und den Betrieb der modernen Kompensationsmodelle aus, dass es unmöglich ist, vorgefertigte Kompensationsschemata (etwa von den kommunalen Spitzenverbänden, Arbeitsgruppen oder Ministerien entwickelte Mustermodelle) einfach über die jeweilige planerische Realität zu legen und so die örtlichen Verhältnisse in womöglich gar nicht passende Kompensationsstrukturen zu pressen. In dieser Unmöglichkeit liegt zugleich aber die Chance, die Flächenpools und Ökokonten eröffnen. Denn indem für die Planer die Notwendigkeit besteht, die Grundidee der Bevorratung zu modifizieren und an die jeweilige Situation anzupassen, können spezifische Eigenheiten der jeweiligen Eingriffskonstellation besser berücksichtigt werden. Im Idealfall entsteht so ein Ökokonto oder ein Flächenpoolmodell, das für die Situation

---

[1] Siehe dazu oben die Aufzählungen und genannten Praxisbeispiele bei § 2 A. und B.

des Naturhaushalts im Eingriffsgebiet und die jeweilige Situation der Eingriffsverursacher und Genehmigungsbehörden maßgeschneidert ist und so die beschriebenen Vorteile moderner Kompensationsmaßnahmen optimal zur Geltung bringen kann.

Trotz der Vielfalt der Möglichkeiten, wie ein Ökokonto oder ein Flächenpool planerisch realisiert werden kann, ist es möglich, eine Systematisierung vorzunehmen und ein Grundgerüst an Kriterien zu entwickeln, auf das sich alle Modelle zurückführen lassen. Anhand dieses Grundgerüsts werden im Folgenden verwaltungsorganisationsrechtliche Möglichkeiten einer Bevorratung entwickelt, die der Kompensationspraxis Handlungsoptionen aufzeigen sollen und auch als Orientierungshilfe für die Auswahl des für sie und die eigene planerische Situation passenden Modells und als Leitfaden für die notwendige Anpassung moderner Kompensationsmodelle an die jeweiligen eigenen Bedürfnisse dienen sollen.

## I. Kriterien der Systematisierung

Die Praxis benutzt Flächenpools und Ökokonten in sehr unterschiedlicher Weise in den verschiedensten Eingriffs- und Planungskonstellationen.[2] Aus dieser Vielfalt lassen sich drei Hauptmerkmale zur Unterscheidung herausdestillieren. Zum einen können die Modelle danach unterschieden werden, unter wessen Trägerschaft sie errichtet und betrieben werden (1.). Zum anderen ist eine Systematisierung möglich an Hand der Art der Eingriffe, zu deren Kompensation sie eingerichtet worden sind (2.) Schließlich ist eine Differenzierung an Hand der Nutzer der Modelle, also der Eingriffsverursacher möglich (3.).

Diese Unterscheidungskriterien sind in der Praxis nicht hierarchisch anzutreffen; es ist also nicht so, dass ein Kriterium ein anderes Kriterium zwingend voraussetzt. Jedes der Kriterien kann als Hauptdifferenzierungskriterium angesehen werden; die anderen Kriterien dienen dann zur weiteren Untergliederung und -systematisierung. Am sinnvollsten scheint jedoch eine Systematisierung, die an der Trägerschaft und der rechtlichen Qualifikation des Betriebs der Modelle ansetzt, danach erst nach der Art des Eingriffs differenziert und zuletzt nach dem Eingriffsverursacher fragt.

---

[2] Dazu siehe die obige Fn., vgl. außerdem die Studien von *Bunzel/Böhme,* Interkommunales Kompensationsmanagement, passim sowie *Böhme/Bruns/Bunzel/Herberg/Köppel,* Flächen- und Maßnahmenpools in Deutschland, passim.

## 1. Organisationsstruktur (Trägerschaft und Handlungsform) der Modelle

Dieses Kriterium stellt auf die Personen ab, welche hinter dem Pool stehen und für dessen Einrichtung und Betrieb verantwortlich sind. Hier ist zwischen der Trägerschaft der Modelle und der Handlungsform zu unterscheiden.

### a) Trägerschaft

Zunächst kann die Vielzahl der Varianten der Flächenpools und Ökokonten nach der Rechtsperson systematisiert werden, welche das Modell *einrichtet,* also die Verantwortung für die selbstgewählte Aufgabe, moderne Kompensationsmaßnahmen durchzuführen, übernimmt. Die Trägerschaft betrifft vor allem die Frage, wer die Initiative zur Errichtung eines Pools/Kontos ergreift und wer materiell hinter dem laufenden Betrieb eines solchen Modells steht. Dies kann zum einen der Staat, verkörpert durch eine handelnde, rechtsfähige Untereinheit, sein oder aber eine originäre, das heißt vom Staat völlig unabhängige Privatperson, etwa aus der freien Wirtschaft, sein. Letzteres ist möglich, weil es sich bei der Aufgabe, moderne Kompensationsformen zu schaffen, keineswegs um eine Aufgabe handelt, welche zwingend dem Staat vorbehalten ist. Private können hier in Eigeninitiative tätig werden; es handelt sich um ein Geschäft, das dem freien Wettbewerb unterliegt. Eine Privatperson kann dies als natürliche oder als juristische Person tun; letzteres ist in den gängigen gesellschaftsrechtlichen Formen möglich, etwa der Rechtsform einer Stiftung, eines Vereins, einer GmbH oder einer AG. Auch die Errichtung durch eine Personengesellschaft (oHG, KG, GbR) ist denkbar. Entscheidend ist nur, dass die Privatperson rechtsfähig ist oder zumindest die Geschäfte vornehmen kann, die zum Betrieb eines Ökokontos oder Flächenpools gehören. Formell (organisatorisch) oder funktional (erfüllungs-)privatisierte[3] juristische Personen des Privatrechtes gehören nicht zu den Privatpersonen im Sinne dieser Zweiteilung. Sie sind trotz ihrer Eigenschaft als Privatperson vielmehr der Kategorie der staatlichen Trägerschaft zuzurechnen und bilden bloß eine Handlungsform des Staates.

Beispiel für die staatliche Trägerschaft: Die untere Naturschutzbehörde betreibt ein Ökokonto; eine zu 60 % dem Landkreis L und zu je 20 % den Gemeinden A und B gehörende GmbH errichtet einen Flächenpool.

Beispiel für die privatrechtliche Trägerschaft: Landwirt L wandelt seinen Hof in ein Ökokonto in der Rechtsform einer Stiftung um.

---

[3] Zur Privatisierung staatlicher Aufgaben und den Formen der Privatisierung ausführlich der Sammelband von *Gusy* (Hrsg.), Privatisierung von Staatsaufgaben, 1998; *Burgi,* in: Erichsen (Hrsg.), Allg. VerwR, § 54 Rn. 7 ff.; *Püttner,* LKV 1994, 193 ff.; *Wolff/Bachof/Stober,* VerwR III, Vor § 90.

## b) Handlungsform

Nach der Grundentscheidung, wer für den Aufbau eines Pools und dessen Betrieb materiell verantwortlich zeichnet, kann weiter nach der Handlungsform, in welcher das Ökokonto oder den Flächenpool betrieben wird, systematisiert werden. Dieser Aspekt wird freilich nur bei der staatlichen Trägerschaft eines Pools/Kontos relevant, da nur hier dem Träger zwei Handlungsformen zur Verfügung stehen, nämlich zum einen hoheitliche (öffentlich-rechtliche) und zum anderen privatrechtliche Formen. Privatpersonen können hingegen Pools/Konten nur in den Formen des Privatrechts betreiben; ein Rückgriff auf Handlungsformen des öffentlichen Rechts steht ihnen nicht offen.

Ist der Staat Träger eines Ökokontos oder Flächenpools, so kann er auf Formen der unmittelbaren oder der mittelbaren Staatsverwaltung zurückgreifen. Denkbar ist aber auch der formell oder funktional privatisierte Betrieb als juristische Person des Privatrechts. Diese Betriebsform liegt immer dann vor, wenn der Flächenpool oder das Ökokonto von einer juristischen Person des Privatrechts betrieben wird, die vollständig als staatlicher Eigenbetrieb (formelle Privatisierung) oder zumindest mehrheitlich oder in sonstiger Weise (funktionale Privatisierung) unter der Kontrolle des Staates steht.[4] Der Betrieb kann also öffentlich-rechtlich, aber auch privatrechtlich erfolgen.

Der hoheitliche Betrieb eines Flächenpools oder Ökokontos könnte etwa durch die Ansiedelung bei Verwaltungsbehörden der unmittelbaren und mittelbaren Staatsverwaltung aller Hierarchiestufen geschehen. Wenn die hoheitliche Handlungsform beim Betrieb eines Pools/Kontos gewählt wird, werden in der unmittelbaren Staatsverwaltung vornehmlich Behörden der unteren Ebene, hier vor allem die Untere Naturschutzbehörde, involviert sein; seltener die Mittelbehörden und Ministerien. Bei den Trägern der mittelbaren Staatsverwaltung, vornehmlich sind hier die Körperschaften des öffentlichen Rechts zu nennen, sind vor allem die Gemeinden und die Landkreise dafür prädestiniert, Flächenpools und Ökokonten bei ihren Behörden und Ämtern im Rahmen ihrer kommunalen Selbstverwaltung einzurichten, auch im interkommunalen (mehrere Gemeinden gemeinsam) und überregionalen (mehrere Landkreise gemeinsam) Verbund. Der hoheitliche Betrieb ist aber auch denkbar, indem ein Pool/Konto bei Stiftungen des öffentlichen Rechts, etwa einer Landesstiftung Umwelt, oder Anstalten des öffentlichen Rechts, beispielsweise einer Landesanstalt für Umweltschutz, angesiedelt wird.

---

[4] Vgl. dazu zusammenfassend m.w.N. *Burgi*, ebenda, Rn. 11 ff. (zur formellen Privatisierung) und Rn. 31 (zur funktionalen Privatisierung); *Wolff/Bachof/Stober*, VerwR III, Vor § 90 Rn. 10 ff.

Beispiele für die öffentlich-rechtliche Handlungsform: Die untere Naturschutzbehörde betreibt ein Ökokonto (Betrieb in unmittelbarer Staatsverwaltung).

Beispiel für eine privatrechtliche Handlungsform: eine zu 60% dem Landkreis L und zu je 20% den Gemeinden A und B gehörende GmbH errichtet einen Flächenpool.

## 2. Art des Eingriffs

Nach der Einordnung eines Modells in die oben vorgeschlagene Systematik der Einrichtung und des Betriebs kann weiter systematisiert werden nach der Art und dem Charakter des Eingriffsvorhabens. Eingriffe können auf Grund fachplanerischer Planfeststellungen oder aber auf Grund der Realisierung der Festsetzungen eines Bebauungsplanes erfolgen. Damit sind die zwei Rechtsregimes der Eingriffsregelung angesprochen, die naturschutzrechtliche und die städtebauliche Eingriffsregelung.[5] Eine Differenzierung kann daher erfolgen nach Modellen, die dazu gedacht sind, Eingriffe auf Grund von Fachplanungen nach Maßgabe des § 19 Abs. 2 BNatSchG zu kompensieren sowie nach Modellen, die zum Vollzug der städtebaulichen Eingriffsregelung in § 1a Abs. 3 BauGB vorgesehen sind.

Im Gegensatz zu den bei 1. genannten Systematisierungskriterien schließen sich diese beiden Unterscheidungsmöglichkeiten nicht aus. Ein Ökokonto/Flächenpool kann zwar ausschließlich zur Kompensation nach § 19 Abs. 2 BNatSchG vorgesehen sein; dies schließt aber eine Nutzung im Rahmen der städtebaulichen Eingriffsregelung nicht aus. Beide Nutzungen können miteinander kombiniert werden.

Fortführung der oben eingeführten Beispiele: Das bei der unteren Naturschutzbehörde eingerichtete Ökokonto dient dazu, Beeinträchtigungen durch den Straßenbau gemäß § 19 Abs. 2 BNatSchG zu kompensieren. Die GmbH dient dazu, den Gemeinden A und B Flächen zur Ausweisung von Ausgleichsflächen nach § 1a Abs. 3 S. 2 Alt. 2 BauGB zur Verfügung zu stellen. Die Straßenbaubehörde greift beim Planfeststellungsbeschluss zum Straßenbau auf die in der GmbH bevorrateten Flächen zurück (kombinierte Nutzung nach Naturschutz- und Bauplanungsrecht).

## 3. Nutzer der Modelle beziehungsweise Eingriffsverursacher

Die Systematik lässt sich fortsetzen, indem man nach der Unterscheidung nach Einrichtung und Nutzungsart auf den Eingriffsverursacher abstellt. Der Eingriffsverursacher nutzt den Flächenpool/das Ökokonto zur Kompensation der Naturbeeinträchtigungen, welche sein Vorhaben hervorruft. Hier sind drei verschiedene Gruppen von Nutzern denkbar. So benötigt zum einen der Staat für von ihm getragene Vorhaben im Rahmen der naturschutzrecht-

---

[5] Dazu siehe oben die §§ 3 und 2.

lichen Eingriffsregelung Kompensationsflächen, etwa bei Infrastrukturmaßnahmen der öffentlichen Hand. Aber auch private Investoren, deren Vorhaben der Genehmigung unterliegen, in deren Rahmen die naturschutzrechtliche Eingriffsregelung im „Huckepack"-Verfahren[6] zu prüfen ist, benötigen zur Erfüllung ihrer Kompensationspflicht entsprechend geeignete Flächen. Schließlich bilden Gemeinden die dritte Nutzergruppe. Sie müssen im Rahmen der städtebaulichen Eingriffsregelung Flächen oder Maßnahmen zum Ausgleich vorsehen[7] und können dafür auf Flächen und Maßnahmen aus Flächenpools oder Ökokonten zurückgreifen. Bei der städtebaulichen Eingriffsregelung sind hier die Gemeinden als Nutzer anzusehen; auch im Falle eines vorhabenbezogenen Bebauungsplanes, der auf einen privaten Investor zurückgeht, obliegt der Gemeinde die Prüfung der Eingriffsregelung und die Auswahl geeigneter Kompensationsflächen und -maßnahmen, zu deren Durchführung sie sich des Flächenpools/Ökokontos bedienen kann.

Genauso wie bei 2. und anders als bei 1. schließen sich verschiedene Eingriffsverursacher untereinander nicht aus. Es ist sehr wohl denkbar, dass ein einziger Pool sowohl von staatlichen Behörden als auch von privaten Investoren und Gemeinden genutzt wird.

Beispiel in Fortführung der obigen Beispiele: Das bei der unteren Naturschutzbehörde angesiedelte Ökokonto kann entweder nur der Straßenbaubehörde als planfeststellende Behörde zur Verfügung stehen; gleichzeitig kann aber auch ein Abfallentsorgungsunternehmen, das eine Deponie errichten möchte und im Planfeststellungsverfahren nach § 31 Abs. 2 KrW-/AbfG zur Kompensation verpflichtet worden ist, oder eine Gemeinde dieses Ökokonto nutzen.

## II. Die Trägerschaft eines Ökokontos/Flächenpools

Zur Durchführung der Kompensation mit einem Ökokonto/Flächenpool und zu deren Verwaltung muss der Träger komplexe Aufgaben wahrnehmen (1.). Während unten bei III. die verschiedenen möglichen Rechtsformen der Aufgabenwahrnehmung beschrieben werden, ist hier zunächst zu untersuchen, wer im einzelnen der Träger dieser Modelle sein kann. Dies können, wie oben bereits angedeutet, juristische Personen des öffentlichen Rechts (bei 2.) oder aber staatsunabhängige Privatpersonen sein (3.)

### 1. Die Aufgaben des Trägers eines Ökokontos/Flächenpools

Entsprechend dem Grundprinzip der modernen Kompensationsmaßnahmen, Flächen beziehungsweise Maßnahmen zu bevorraten, liegt die Grund-

---

[6] Oben im § 3 bei C. VII.
[7] Siehe oben im § 4 bei B.

aufgabe des Trägers darin, alle diejenigen tatsächlichen Handlungen vorzunehmen, die zur beschriebenen Funktionsweise eines Flächenpools oder eines Ökokontos notwendig sind. Die rechtlichen Formen, in denen diese tatsächlichen Handlungen vorgenommen werden, werden später bei III. beschrieben. Kurz umrissen umfasst die Trägerschaft die Einrichtung und den Betrieb der Konten/Pools.

Im Einzelnen müssen dazu zunächst einmal kompensationsgeeignete Flächen angesammelt werden. Da dies nicht wahllos geschehen kann, sondern rechtliche Anforderungen der jeweiligen Kompensationsregimes zu erfüllen sind,[8] ist es zunächst notwendig, ein Kompensationskonzept zu erstellen. An Hand der rechtlichen Voraussetzungen der Eingriffskompensation muss der Träger aus der Menge der verfügbaren Flächen diejenigen heraussuchen, die zur Eingriffskompensation geeignet sind. Da insbesondere ein räumlicher und ein funktionaler Zusammenhang zu den Eingriffsflächen bestehen muss[9], ist es nötig, hier auf Grund eines strategischen Kompensationskonzeptes vorzugehen und nicht wahllos irgendwelche Flächen zu beschaffen, sondern darauf zu achten, dass ein breites Spektrum an Flächen angeschafft wird und dass möglichst viele unterschiedliche Naturfunktionen hergestellt werden. Zu diesem strategischen Kompensationskonzept gehört die Ermittlung, welche Flächen auf dem Grundstücksmarkt überhaupt verfügbar sind. Das ökologische Aufwertungspotenzial dieser verfügbaren Flächen muss festgestellt werden. Sind so mögliche kompensationsgeeignete Flächen ermittelt, sind Entwicklungs- und Aufwertungskonzepte für diese Flächen zu erstellen.

Nach dieser strategisch-vorbereitenden Konzeptionsarbeit muss der Träger des Ökokontos/Flächenpools die ausgewählten Flächen beschaffen[10] und – im Falle der Maßnahmenbevorratung – die im Kompensationskonzept vorgesehenen Naturaufwertungsmaßnahmen durchführen. Der längerfristige ökologische Erfolg dieser Maßnahmen ist zu überprüfen; außerdem muss die dauerhafte Pflege und Unterhaltung der Maßnahmen organisiert werden. Dies kann unter Beauftragung Dritter geschehen, die dann entsprechend anzuleiten und zu beaufsichtigen sind. Falls es sich bei den modernen Kompensationsmaßnahmen um ein Ökokonto handelt, müssen außerdem noch die Ein- und Ausbuchungen, also die ökologische Verrechnung mit der später entstehenden Kompensationslast, und die damit zusammenhängenden Bewertungen vorgenommen werden. Schließlich ist noch ein Flächenverzeichnis zu erstellen und fortzuschreiben, das als Kompensationskataster dient. In ihm sind die Flächen verzeichnet, die künftig als Kompensationsflächen dienen sollen.

---

[8] Dazu noch ausführlich unten bei B. I.

[9] Unten bei B. I. 2. a) aa) und bb).

[10] Möglichkeiten dazu werden unten bei B. II. 2. beschrieben.

Neben diesen unmittelbar aus der Eingriffsregelung ableitbaren Aufgaben müssen flankierende Maßnahmen vorgenommen werden. So ist es notwendig, potenziellen Eingriffsverursachern die Möglichkeiten, Flächenpool beziehungsweise Ökokonto zu nutzen, bekannt zu machen. Durch gezielte Öffentlichkeitsarbeit kann so nicht nur für eine gute Auslastung des Pools/ Kontos gesorgt werden, sondern zusätzlich noch die Akzeptanz der Maßnahmen in der Bevölkerung gesteigert werden. Notwendig ist ferner, eine gute Vertrauensbasis zu schaffen für die Zusammenarbeit zwischen Eingriffsverursachern als Kunden des Pools/Kontos und Genehmigungsbehörden, betroffenen Grundstückseigentümern und Landwirten sowie benachbarten Gemeinden, möglicherweise auch hinsichtlich interkommunaler und überregionaler Nutzung.[11]

Abstrahierend lassen sich vom Träger eines Flächenpools oder Ökokontos wahrzunehmenden, notwendigen Aufgaben in zwei Hauptäste einteilen. Zum einen sind Aufgaben der strategisch-eingriffsvorhabenunabhängigen Konzeption vorzunehmen, zum andere muss die konkrete Nutzung des Pools/Kontos durch den jeweiligen Eingriffsverursacher abgewickelt werden. Nötig ist dazu naturschutzfachliche, kaufmännische und juristische Qualifikation; außerdem noch politisches Geschick und Durchsetzungsvermögen. Aus alledem ergibt sich, dass die Trägerschaft eines Pools/Kontos mit dem Aufbau und dem laufenden Betrieb moderner Kompensationsmaßnahmen eine Aufgabe ist, die weit über die Bewältigung einzelner Eingriffsvorhaben hinausgeht. Sie erfordert eine kontinuierliche Arbeit über längere Zeiträume.

### 2. Öffentlich-rechtliche Träger

Entsprechend der üblichen Terminologie der Verwaltungsorganisation[12] lassen sich die möglichen öffentlich-rechtlichen Träger eines Ökokontos/ Flächenpools danach einteilen, ob sie der unmittelbaren (a), b)) oder der mittelbaren Staatsverwaltung (c)–f)) angehören.

### a) Die Länder als Träger

Ein Flächenpool/Ökokonto kann durch die Länder im Wege der unmittelbaren Staatsverwaltung eingerichtet und betrieben werden. Zwar ist dies

---

[11] Dazu noch unten bei B. IV.

[12] Vgl. dazu *Wolff/Bachof/Stober*, VerwR III, § 86 Rn. 1; *Burgi*, in: Erichsen (Hrsg.), Allg. VerwR, § 52 Rn. 11. Im Anschluss an *Burgi*, ebenda, § 52 Rn. 12 ff. und *Maurer*, Allg. VerwR, § 23 wird die Kategorie der mittelbaren Staatsverwaltung hier verstanden als Oberbegriff all der Erscheinungsformen der Staatsverwaltung, die gegenüber der Ministerialverwaltung rechtlich verselbständigt sind.

grundsätzlich auf allen Hierarchieebenen (Ministerium, Mittel- und Unter-behörden) denkbar, dennoch wird regelmäßig eine untere Verwaltungs-behörde und hier zumeist die untere Naturschutzbehörde diese Aufgabe übernehmen.[13] Sie hat die nötige naturschutzfachliche Sachkunde und kennt neben den lokalen ökologischen Gegebenheiten die politisch-sozialen Ver-hältnisse, wodurch sie die Kompensationsstrategie auf die Eigenheiten der jeweiligen Region abstimmen kann. Meist wird der Betrieb eines Ökokon-tos/Flächenpools auf diese Weise zur Bewältigung der naturschutzrecht-lichen Eingriffsregelung im Rahmen von Vorhabengenehmigungen dienen, da die Gemeinden die Möglichkeit haben, im Rahmen der städtebaulichen Eingriffsregelung selbst einen Flächenpool oder ein Ökokonto einzurichten und diese Möglichkeit regelmäßig nutzen. Gleichwohl ist es durchaus denk-bar, dass etwa in Abstimmung mit den Gemeinden zentralisiert im Gebiet eines Landkreises bei der Naturschutzbehörde ein großer Pool/großes Konto eingerichtet wird, das auch die Gemeinden für ihre Bauleitplanung mitnut-zen können.

Ebenfalls denkbar ist die Einbindung eines Flächenpools oder Ökokontos in diejenige Verwaltungseinheit, die als Fachplanungsträger fungiert. So kann etwa die Straßenbauverwaltung, die regelmäßig Planfeststellungsver-fahren im Straßenbau durchführen und hierbei die Eingriffsregelung nach §§ 18 ff. BNatSchG berücksichtigen muss, die Erfüllung der Kompensa-tionspflicht durch Aufbau und Nutzung eines (straßenbau)verwaltungsinter-nen Pools oder Kontos erleichtern. Ein dergestalt bei den Fachplanungsträ-gern angesiedelter Flächenpool respektive Ökokonto könnte auch von einem anderen Fachplanungsträger genutzt werden. Auch diese Variante der Trä-gerschaft eines Flächenpools oder Ökokontos lässt sich unter die Kategorie der unmittelbaren Staatsverwaltung subsumieren. Allerdings dürfte dieses Modell in der Praxis wegen des Verwaltungsaufwandes eher unattraktiv sein; effizienter scheint eine Nutzung der modernen Kompensationsmaßnah-men, welche die Naturschutzbehörde als sachnähere Fachbehörde eingerich-tet hat.[14]

Neben der Eingliederung eines Pools/Kontos in den üblichen dreistufigen Verwaltungsaufbau ist es auch möglich, die Trägerschaft des Flächenpools/ Ökokontos bei einer selbständigen Ober- beziehungsweise Sonderbehörde ohne Verwaltungsunterbau anzusiedeln, etwa einem Landesamt für Umwelt-schutz.

---

[13] So beim Ökosparbuch Ravensburg, vgl. *Bruns/Herberg/Köppel,* Konstruktiver Einsatz von Kompensationsmaßnahmen, S. 94 f.

[14] Dementsprechend gering ist die tatsächliche Verbreitung der Flächenpools/ Ökokonten in der Trägerschaft der Fachplanungsbehörden, vgl. die empirische Studie von *Böhme/Bruns/Bunzel/Herberg/Köppel,* Flächen- und Maßnahmenpools in Deutschland, S. 34.

Wichtig ist in allen Fällen bei der Wahrnehmung der Aufgaben des Betreibers eines Kontos/Pools die Kooperation mit anderen Stellen der Verwaltung. Die Aufgaben des Trägers gehen regelmäßig über den Aufgabenbereich der Naturschutzverwaltung hinaus. So müssen Flächen beschafft werden, was üblicherweise in den Aufgabenbereich der Liegenschafts- oder Vermögensverwaltung, nicht aber der Naturschutzverwaltung fällt. Daher ist entweder eine verwaltungsinterne organisationsrechtliche Übertragung des entsprechenden Aufgabenbereichs von der Liegenschafts- auf die Naturschutzverwaltung nötig oder aber es erfolgt eine Kooperation der Naturschutz- mit der Liegenschaftsverwaltung. Eine solche ämterübergreifende Kooperation ist zwar möglich, birgt aber die Gefahr von Reibungsverlusten zu Lasten der Aufgabe des Flächenmanagements mit sich, weil dieser für den Betrieb eines Ökokontos/Flächenpools zentrale Gegenstand nicht in einer Hand liegt. Besser, da verwaltungseffizienter, wäre eine Aufgabenvereinigung in einem Amt – idealerweise der unteren Naturschutzbehörde wegen des ökologischen Ursprung und Zwecks der Aufgaben – anstelle einer Verteilung der Aufgaben auf zwei Verwaltungsstellen.

Auch wenn die Flächenbeschaffung im Wege verwaltungsinterner Kooperation stattfindet, kann die untere Naturschutzbehörde den restlichen Anteil der Organisation und des Betriebs eines Ökokontos/Flächenpools übernehmen. Ihr Personal ist regelmäßig schon wegen der anderen naturschutzrechtlichen Aufgaben (Schutzgebietsausweisung usw.) bei den betroffenen Grundstückseigentümern der Region und den Landwirten bekannt, so dass nicht erst neue Strukturen der Zusammenarbeit etabliert werden müssen, sondern auf – idealerweise bereits als „runder Tisch" o. ä. institutionalisierte – Formen der Zusammenarbeit zurückgegriffen und aufgebaut werden kann. Die Bereitstellung der bevorrateten Flächen und die Durchführung der Naturaufwertungsmaßnahmen sowie Verrechnung der bevorrateten Maßnahmen im Eingriffsfall, also die „Führung" des Ökokontos, sollte auf Grund des ökologischen Sachverstands der unteren Naturschutzbehörde ebenfalls dort erfolgen. Sie kann beide Hauptaufgaben eines Trägers moderner Kompensationsmaßnahmen vornehmen, die Entwicklung eines strategischen Kompensationskonzeptes und die Umsetzung bei konkret anstehenden Eingriffen. Soll die Organisation eines Ökokontos oder Flächenpools im Wege der unmittelbaren Staatsverwaltung erfolgen, so ist die untere Naturschutzbehörde dafür der ideale Träger. Die Ansiedlung dieser Aufgaben bei einer selbständigen Landesoberbehörde berücksichtigt nicht genügend den lokalen Bezug zu Grundstückseigentümern und Landwirten, auf deren jeweilige Befindlichkeiten leichter auf lokaler als auf landesweiter Ebene eingegangen werden kann.

## b) Der Bund als Träger

Gegenüber diesen Möglichkeiten der unmittelbaren Landesverwaltung scheint fraglich, ob es möglich ist, Ökokonten oder Flächenpools auf Bundesebene einzurichten. Dies könnte etwa beim Umweltbundesamt oder – noch sachnäher zur Eingriffsregelung – beim Bundesamt für Naturschutz geschehen. Solange sich die Beteiligung von Bundesbehörden darauf beschränkt, Flächen zu beschaffen und Aufwertungsmaßnahmen durchzuführen, dürfte dagegen nichts zu erinnern sein. Will aber ein vom Bund getragener Pool/ein Konto die vorgezogene Kompensation dem Eingriffsverursacher anbieten, so müsste dafür eine Bundeskompetenz vorliegen, die indes in den Art. 30 ff. GG nicht existiert. Sehr fraglich scheint allerdings die Sinnhaftigkeit einer Pool-/Kontoträgerschaft des Bundes. Die für den Aufbau und Betrieb eines Pools nötigen, bereits erwähnten lokalen Kooperationsstrukturen können von einer Bundesbehörde nicht aufgebaut werden. Außerdem zöge die notwendige Zusammenarbeit mit der Liegenschaftsverwaltung des Bundes einen großen Verwaltungsaufwand nach sich. Gegenüber dem verwaltungsorganisatorischen Aufwand, der bei dem bundesrechtlichen Aufbau eines Flächenpools/Ökokontos zu betreiben wäre, ist die landesrechtliche Konstruktion zu bevorzugen. Auf der Landesebene finden die Genehmigungen statt, in deren Rahmen die Eingriffsregelung zu prüfen ist und in deren Rahmen der Einsatz von Flächenpools oder Ökokonten erfolgt; Landesbehörden können besser auf regionale ökologische und soziale Besonderheiten eingehen als bundesweit operierende Bundesbehörden.

## c) Die Gemeinden als Träger

Die Gemeinden können als Körperschaften des öffentlichen Rechts und Teil der mittelbaren Staatsverwaltung[15] im Rahmen ihrer Selbstverwaltungsaufgaben Träger eines Pools/Kontos sein.[16] Meist erfolgt der Aufbau eines solchen Kompensationsmodells, um den durch die eigene Bauleitplanung hervorgerufenen Ausgleichsbedarf zu decken; darauf muss sich die

---

[15] Vgl. nur statt vieler *Wolff/Bachof/Stober*, VerwR III, § 87 Rn. 19; *Burgi*, in: Erichsen (Hrsg.), Allg. VerwR, § 52 Rn. 12.

[16] Diese Form der Trägerschaft ist in der Planungspraxis ganz vorherrschend. Die Umfrage von *Böhme/Bruns/Bunzel/Herberg/Köppel*, Flächen- und Maßnahmenpools in Deutschland, S. 34, ergab einen Anteil von 87,4% kommunaler Pools und Ökokonten. Exemplarisch seien die kommunalen Pools/Konten in Altenburg, Bad Vilbel, Bochum, Hannover, Landau, Landsberg, Öhringen und Waren genannt, vgl. außerdem die Aufstellung bei *Bruns/Herberg/Köppel*, FS Kenneweg, S. 57 (67) und *dies.*, UVP-Report 2001, 9 (10). Weitere Beispiele finden sich bei *dens.*, Konstruktiver Einsatz von Kompensationsmaßnahmen, S. 73 ff.

Nutzung eines kommunalen Pools oder Kontos indes nicht beschränken. Eine Nutzung durch andere Gemeinden oder Fachplanungsträger für deren Bau- beziehungsweise Fachplanung ist ebenso möglich und wird der Gemeinde in den Fällen, in denen zum Kompensationsbedarf anderer Eingriffsverursacher passende Flächen oder Maßnahmen bevorratet worden sind, sogar sehr zupass kommen, weil diese externe Nutzung zusätzliche Finanzmittel für den Pool beziehungsweise das Konto bedeutet. Von Art. 28 Abs. 2 GG ist jedenfalls die Flächen- und Maßnahmenbevorratung für das eigene Gemeindegebiet gedeckt. Geschieht dies im Rahmen interkommunaler Kooperation, so bestehen gegen diese Ausweitung der Aufgabenwahrnehmung über das Gemeindegebiet hinaus auf Grund der Zustimmung der kooperierenden Gemeinden keine Bedenken.

Die Trägerschaft, also Aufbau und Organisation eines kommunalen Flächenpools, ist auf Grund der heterogenen Verwaltungsstruktur einer Gemeinde mit vielen verschiedenen Ämtern, Gemeinderat und Bürgermeister im Vergleich zur Einrichtung bei der unmittelbaren Staatsverwaltung eine komplexe Aufgabe. Die oben beschriebenen Aufgaben verteilen sich auf mehrere Zuständigkeiten. So muss der Gemeinderat die Einrichtung eines Flächenpools oder Ökokontos beschließen, da es sich hier wegen der – oben aufgezeigten – Komplexität dieses Unterfangens nicht mehr um ein Geschäft der laufenden Verwaltung handelt, das alleine dem Bürgermeister zugeordnet ist.[17] Außerdem müssen die Zuständigkeitsbereiche der kommunalen Ämter berücksichtigt werden. Von der Aufgabe, einen Flächenpool zu errichten und zu betreiben, sind – soweit als selbständige Ämter vorhanden – insbesondere das Umweltamt, das Liegenschafts- oder Vermögensamt, das Grünflächenamt, das Bauamt und die Finanzverwaltung/ Kämmerei betroffen.[18] Die Konzeption des Pools beziehungsweise Kontos muss auf die Gemeinde zugeschnitten werden; diese Aufgabe, ferner die Bewertung, Führung des Ökokontos und die Buchung sowie die Führung eines Flächen- und Maßnahmenverzeichnisses sind Aufgaben, die typischerweise dem Umweltamt zuzuordnen sind. In die Zuständigkeit des Liegenschaftsamts fallen die Beschaffung der Flächen und die Bodenvorratspolitik; das Grünflächenamt ist für die Naturaufwertungsmaßnahmen zuständig. Die Vorfinanzierung dieser Maßnahmen sowie die Abrechnung im laufenden Betrieb ist die Aufgabe der Kämmerei in Zusammenarbeit mit dem Bauamt, sofern dieses für die Genehmigung der Bauvorhaben

---

[17] Vgl. dazu aus den Gemeindeordnungen der Länder nur § 41 Abs. 3 GemO B.-W.; Art. 37 Abs. 1 S. 1 Nr. 1 BayGO; § 63 Abs. 1e) BrandGO; § 70 Abs. 2 HessGO; § 62 Abs. 1 Nr. 6 NdsGO; § 47 Abs. 1 Nr. 3 GemO Rh.-Pf.; § 59 Abs. 3 SaarlKSG; § 53 Abs. 23 SächsGO; § 63 Abs. 1 S. 2 GemO S.-A.

[18] Empirisch dazu *Böhme/Bruns/Bunzel/Herberg/Köppel*, Flächen- und Maßnahmenpools in Deutschland, S. 39.

zuständig ist.[19] Das Katasteramt schließlich führt Flächenverzeichnisse und kann auch Verzeichnisse über die bevorrateten Maßnahmen anlegen.

Die Einrichtung und der Betrieb eines Ökokontos oder Flächenpools erfordern eine enge Kooperation dieser beteiligten Ämter. In größeren Städten fällt diese Kooperation auf Grund der Größe der Kommunalverwaltung zunehmend schwierig aus. Zweckmäßigerweise sollte daher hier die Kooperation in Form eines „runden Tisches" oder ämterübergreifender Arbeitsgruppen unter Führung und Koordination der Verwaltungsspitze im Rathaus oder Bürgermeisteramt institutionalisiert werden;[20] nur in kleinen Gemeinden dürfte eine informelle Ämterzusammenarbeit auf Grund der kurzen Wege und kurzen Kommunikationsstrukturen ausreichen.[21] Eine andere Möglichkeit wäre, kommunal den Aufgabenzuschnitt der einzelnen Ämter so zu ändern, dass die Aufgabe des Pool-/Kontobetriebs zentral bei einem Amt angesiedelt ist. Auf Grund der Sachnähe wäre hierfür wohl in den meisten Gemeinden das Umwelt- oder Bauamt prädestiniert.[22] Zwingend ist dies indes nicht; entscheidend sind die individuellen Verhältnisse in den jeweiligen Gemeinden. In der Planungspraxis erweist sich die ämterübergreifende Zusammenarbeit in der Konzeptionsphase eines Flächenpools/Ökokontos als ausgeprägter als in der Umsetzungsphase.[23]

Es zeigt sich, dass sich Aufbau und Betrieb eines kommunalen Flächenpools respektive Ökokontos und somit deren Trägerschaft gut in bestehende kommunale Verwaltungs- und Organisationsstrukturen der Gemeinde einfügen lassen. Gleichwohl bedarf ein solches Projekt wegen dessen Querschnittscharakters einer umfangreichen gemeindeinternen Koordination.

---

[19] In Baden-Württemberg in den großen Kreisstädten und kreisfreien Städten, § 13 Abs. 1 Nr. 1 i.V.m. § 16 LVG und § 46 Abs. 1 Nr. 3 (große Kreisstädte) bzw. § 13 Abs. 1 Nr. 2 (Stadtkreise) LVG i.V.m. § 46 Abs. 1 Nr. 3 LBO. Hinzuweisen ist auch auf § 46 Abs. 2 Nr. 1 LBO, nach dem auch kleinere Gemeinden unter bestimmten Voraussetzungen zu unteren Baurechtsbehörden gemacht werden können.

[20] Praxisbeispiele für eine solche Kooperation sind die Städte Hannover (Arbeitsgruppe seit 1998 eingerichtet; monatlicher Tagungsrhythmus) und Landau (monatlicher halbtägiger „jour fixe"), vgl. *Böhme/Bruns/Bunzel/Herberg/Köppel*, Flächen- und Maßnahmenpools in Deutschland, S. 43.

[21] Dies zeigt der empirische Befund der von *Böhme/Bruns/Bunzel/Herberg/Köppel*, Flächen- und Maßnahmenpools in Deutschland, S. 42 f. durchgeführten Umfrage, exemplarisch etwa bei den kleineren Städten Bad Vilbel, Öhringen, Landsberg und Waren.

[22] So verfährt die weit überwiegende Planungspraxis, vgl. *Böhme/Bruns/Bunzel/Herberg/Köppel*, Flächen- und Maßnahmenpools in Deutschland, S. 39.

[23] *Böhme/Bruns/Bunzel/Herberg/Köppel*, Flächen- und Maßnahmenpools in Deutschland, S. 42.

### d) Die Landkreise als Träger

Die Trägerschaft, also die Errichtung und der Betrieb, von Flächenpools oder Ökokonten durch die Landkreise ist ebenfalls denkbar. Da die Landkreise selbst im Rahmen ihrer Selbstverwaltung keine kompensationspflichtigen Planungen durchführen können, bei denen die Eingriffsregimes aus §§ 18 ff. BNatSchG oder § 1a BauGB zu berücksichtigen wären, kann es bei der Einrichtung solcher Modelle nur darum gehen, den kreisangehörigen Kommunen eine Serviceeinrichtung zur Verfügung zu stellen, die im Rahmen der jeweiligen kommunalen Bauleitplanung genutzt werden kann oder die für diejenigen Planungsvorhaben zur Kompensation bereit steht, bei denen die Behörden des Landkreises im Wege der Organleihe[24] Genehmigungsbehörden sind.[25] Der Landkreis fungiert also lediglich als Serviceanbieter, der die Aufgaben eines Poolträgers übernimmt, bündelt und die Pools/Konten den Gemeinden und den Genehmigungsbehörden zur Nutzung bereitstellt. Solche Modelle einer für eine ganze Region zentralisierten Poolträgerschaft sind regelmäßig Ausdruck interkommunaler Kooperation bei der Nutzung moderner Kompensationsmaßnahmen.[26] Ein solcher Aufbau eines Kompensationsflächenpools/-maßnahmenpools liegt, jedenfalls wenn sich das Angebot an kreisangehörige Gemeinden richtet, innerhalb der von Art. 28 Abs. 2 GG etablierten Kompetenz zur Wahrnehmung von Angelegenheiten der örtlichen Gemeinschaft. In der Praxis indes übernehmen die Landkreise nur selten die Trägerschaft.[27]

In den Landkreisen stellt sich das Bild ähnlich dar wie bei den gemeindlichen Flächenpools oder Ökokonten. Es existiert eine Vielzahl von Ämtern und Stellen des Landkreises, die bei der Organisation und dem Betrieb moderner Kompensationsmaßnahmen miteingebunden und berücksichtigt werden müssen. Insoweit kann auf das oben zur behördeninternen Kooperation Gesagte verwiesen werden; konkrete Aussagen sind dagegen nur schwer möglich, weil sich Ämterstruktur und Aufgabenzuschnitt der einzelnen Kreise stark unterscheiden. Die Aufgabe der Errichtung und des Betriebs ist

---

[24] *Burgi,* in: Erichsen (Hrsg.), Allg. VerwR, § 53 Rn. 17 (zweiter Spiegelstrich).

[25] Diese Doppelstellung des Landkreises als Selbstverwaltungskörperschaft und Organ der staatlichen Verwaltung geht in B.-W. aus § 1 Abs. 3 LKrO B.-W. hervor. Vgl. dazu nur *Seewald,* in: Steiner (Hrsg.), Bes. VerwR, Kap. I Rn. 378 und 386; *Maurer,* Allg. VerwR, § 22 Rn. 23 f.

[26] Dazu noch ausführlich bei B. IV.

[27] In der Umfrage von *Böhme/Bruns/Bunzel/Herberg/Köppel,* Flächen- und Maßnahmenpools in Deutschland, S. 34, erfüllten die Landkreise nur bei 6,5 % der Pools diese Aufgabe. Als Beispiele sind dort Waren und Altenburg genannt, die aber beide lediglich eine Koordinationsfunktion wahrnehmen. Ein vollwertiger Pool unter Trägerschaft eines Landkreises ist die „Kulturlandschaft Havelland", vgl. *Bruns/ Herberg/Köppel,* Konstruktiver Einsatz, S. 86.

sogar noch komplexer, weil der Untersuchungsfokus größer als bei kommunalen Flächenpools/Ökokonten ist. Regelmäßig ist nämlich das gesamte Gebiet des Landkreises in die strategisch-konzeptionellen Überlegungen aufzunehmen; außerdem müssen sowohl physisch-topografische Eigenschaften der jeweiligen Gemeindegebiete als auch die politischen Befindlichkeiten der kreisangehörigen Gemeinden, die mancherorts in Konkurrenz zueinander stehen, berücksichtigt werden. Die Aufgabe der Errichtung modernern Kompensationsmaßnahmen in einem Landkreis unter dessen Trägerschaft gewinnt dadurch erheblich an Komplexität.

### e) Stiftungen des öffentlichen Rechts als Träger

Eine weitere Variante ist der Betrieb durch Stiftungen des öffentlichen Rechts. Hier ist der Pool als juristische Person des öffentlichen Rechts organisiert und als eigenständige rechtsfähige Rechtsperson verselbständigt. Stiftungen des öffentlichen Rechts können sowohl bundesrechtlich auf Grundlage des Art. 87 Abs. 3 GG als auch landesrechtlich errichtet werden.[28] Übertragen auf die hier interessierende Aufgabenstellung der Trägerschaft eines Flächenpools/Ökokontos ergeben sich einige Handlungsmöglichkeiten. So ist zwar rein rechtlich betrachtet die Errichtung einer bundesweit operierenden Stiftung möglich, die sich dem Betrieb und der Organisation von Flächenpools/Ökokonten widmet. Die nach Art. 87 Abs. 3 GG nötige Verwaltungskompetenz ergibt sich hier aus derselben Verwaltungskompetenz, auf deren Grundlage das Bundesamt für Umweltschutz und vor allem das Bundesamt für Naturschutz errichtet worden sind. Fachlich scheint eine solche Bundesstiftung aber wenig sinnvoll zu sein. Bereits oben wurde die Trägerschaft moderner Kompensationsmaßnahmen auf Bundesebene als unzweckmäßig abgelehnt, weil der lokale Bezug zu einzelnen Eingriffsgebieten und -regionen hier nicht ausreichend oder nur unter großem Verwaltungsaufwand hergestellt werden kann. Die Vorgehensweise auf Landesebene ist hier vorzuziehen.

Auf der Landesebene ist es auf Grundlage der Landesstiftungsgesetze möglich, eine Stiftung zu errichten, welche die oben beschriebenen Aufgaben des Trägers wahrnehmen kann. Alternativ kann eine bereits existierende Stiftung genutzt werden.[29] Eine solche Landesstiftung wäre zwar immer noch überregional orientiert, könnte aber den nötigen lokalen Bezug schon eher und unter weniger großem Verwaltungaufwand herstellen als eine bundesweit operierende Stiftung.

---

[28] Ausführlich zur Stiftung des öffentlichen Rechts *Wolff/Bachof/Stober,* VerwR III, § 89 Rn. 12.

[29] Etwa die Landesstiftung Baden-Württemberg, die auch Aufgaben des Umweltschutzes oder der Landschaftspflege durchführt, oder aber die sächsische Landesstiftung Natur und Umwelt.

Daneben sind dezentralisierte, durch Landkreise oder Kommunen errichtete Stiftungen denkbar. Ihr Stiftungszweck kann sich darauf beschränken, für das eigene Gemeindegebiet Kompensationsflächen oder für die landkreisangehörigen Gemeinden zur Verfügung zu stellen. Eine Öffnung gegenüber anderen kompensationspflichtigen Eingriffsverursachern ist aber ebenso denkbar. Kommunale oder regionale Stiftungen zur Organisation eines Ökokontos/Flächenpools gewinnen insbesondere dann an Reiz, wenn mit dem Ökokonto/Flächenpool größere Projekte der Landschaftspflege realisiert werden sollen. Zum einen erhöht dies die gesellschaftliche Akzeptanz der Stiftung, zum anderen ließen sich so wohl leicht kommunale oder regionale Unternehmen als Sponsoren der Stiftung gewinnen.

Die Planungspraxis nutzt öffentlich-rechtliche Stiftungen indes relativ wenig zum Betrieb von Ökokonten oder Flächenpools.[30]

### f) Rechtsfähige Anstalten des öffentlichen Rechts als Träger

Eine eher theoretische Möglichkeit, die in der Planungsrealität – soweit ersichtlich – ohne praktische Relevanz geblieben ist, bildet die Trägerschaft eines Flächenpools oder Ökokontos durch eine Anstalt des öffentlichen Rechts.[31] Die klassische Anstaltsdefinition eines zur Rechtsperson verselbständigten Bestands von Sach- und Personalmitteln, die in der Hand eines Verwaltungsträgers einem besonderen öffentlichen Zweck dauernd zu dienen bestimmt sind,[32] passt für die Aufgaben, die bei Aufbau und Betrieb eines Pools/Kontos erfüllt werden müssen, solange die Anstalten voll rechtsfähig sind und privatrechtliche Verträge abschließen können (insbesondere Grundstücksgeschäfte und Werkverträge für die Flächen- und Maßnahmenbevorratung). Anstaltszweck ist der Aufbau moderner Kompensationsmaßnahmen.

Die Länder haben teilweise Landesanstalten für Umweltschutz eingerichtet, die sich mit Aufgaben des Naturschutzes befassen.[33] Es ist denkbar,

---

[30] Die empirische Studie von *Böhme/Bruns/Bunzel/Herberg/Köppel,* Flächen- und Maßnahmenpools in Deutschland, S. 34, ergab einen Anteil der Stiftungen von 2,7 % (neu gegründete Stiftungen und bereits vorhandene Stiftungen, deren Zweck um den Betrieb der Flächenpools/Ökokonten erweitert wurde). Diese Zahl umfasst sowohl öffentlich-rechtliche als auch privatrechtliche Stiftungen; der reale Anteil der öffentlich-rechtlichen Stiftungen dürfte daher noch unter dieser Zahl liegen.

[31] Allgemein und weiterführend zur Anstalt des öffentlichen Rechts *Laubinger,* FS Maurer, S. 641 ff. m. w. N., insb. S. 649 ff.

[32] *Otto Mayer,* VwR II, S. 268 und 331; *Wolff/Bachof/Stober,* VerwR III, § 88 Rn. 2.

[33] Vgl. etwa die Landesanstalt für Großschutzgebiete Brandenburg; Landesanstalt für Umweltschutz Baden-Württemberg.

den Aufgabenbereich dieser Anstalten um die Verwaltung eines Ökokontos oder Flächenpools zu erweitern. Hier könnte es sich um ein großes, landesweit angelegtes Ökokonto oder aber um die Verwaltung vieler kleiner angelegter Konten oder Pools handeln. Ein gewisses Problem ist hier wiederum die Zentralisierung dieser Aufgabe. Für den Erfolg von Flächenpools und Ökokonten ist unter anderem neben dem Aufbau von Kooperationsstrukturen mit örtlich Betroffenen die Kenntnis lokaler ökologisch-topografischer Besonderheiten von maßgeblicher Bedeutung. Zentral organisierte Verwaltungen mit Zuständigkeiten für das ganze Landesgebiet können dieser Aufgabe nur sehr bedingt und mit großem Verwaltungsaufwand nachkommen. Eine dezentralisierte Organisation auf der Ebene der Landkreise und Kommunen scheint erfolgversprechender. Auf dieser Ebene können Anstalten eingerichtet werden, die sich damit befassen, Ökokonten und Flächenpools aufzubauen und den Betrieb zu organisieren.

Da das Modell der Trägerschaft eines Ökokontos oder Flächenpools durch eine Anstalt des öffentlichen Rechts in der Praxis aber nicht verfolgt wird und bedeutungslos ist, soll diese Möglichkeit hier nicht weiter vertieft werden.

### 3. Staatsunabhängige Privatpersonen als Träger

Neben juristischen Personen des öffentlichen Rechts können außerdem originäre Personen des Privatrechts Träger sein, das heißt, Privatrechtssubjekte, die völlig unabhängig vom Staat sind und hinter denen nicht der Staat steht. Gemeint sind also gerade nicht die formell oder funktional privatisierten Unternehmen; diese gehören nach der hier entwickelten Systematik zur öffentlich-rechtlichen Trägerschaft.

#### a) Natürliche Personen, Personengesellschaften

Natürliche Personen oder Personengesellschaften (oHG, BGB-Gesellschaft, KG) sind konstruktiv zwar als Träger eines Flächenpools oder Ökokontos denkbar, aber praktisch wohl kaum tauglich. Zu groß und zu komplex sind die oben beschriebenen Aufgaben des Poolträgers und der Abwicklung im jeweiligen Eingriffsfall. Angesichts der mit der Trägerschaft verbundenen finanziellen Risiken durch das große Investitionsvolumen einer Flächen- und Maßnahmenbevorratung, das vorfinanziert werden muss, empfiehlt sich eher eine Rechtsform mit der Möglichkeit der Haftungsbegrenzung wie die GmbH oder die AG. Dementsprechend spielen natürliche Personen oder Personengesellschaften in der Planungspraxis keine Rolle.

## b) Kapitalgesellschaften: GmbH, AG

Private Eingriffsverursacher beispielsweise können die Rechtsform der GmbH nutzen, um selbst, unabhängig von anderen Eingriffsverursachern und staatlichen Einrichtungen, Kompensationsflächen- und Maßnahmen zu bevorraten und um bei späteren Eingriffen auf das Kompensationsmanagement zurückzugreifen. Bei Unternehmen kann dies im Wege eines selbständigen Tochterunternehmens – zumeist einer GmbH – geschehen; denkbar ist aber auch, dass das eingreifende Unternehmen das Kompensationsmanagement selbst vornimmt, etwa in einer selbständigen Abteilung.[34] Schließlich ist es mehreren Eingriffsverursachern möglich, beim Kompensationsflächenmanagement zu kooperieren und gemeinsam eine Kapitalgesellschaft zu gründen, welche diese Aufgabe vornimmt. Alle diese beschriebenen Fälle gehen davon aus, dass der Eingriffsverursacher eine Kapitalgesellschaft gründet oder an ihr beteiligt ist, um seine Kompensationspflicht zu erleichtern. Dies ist aber nicht zwingend. Die Kapitalgesellschaft ist auch ein möglicher Weg für am Eingriff unbeteiligte Privatpersonen, mit dem Betrieb eines Flächenpools oder Ökokontos neue Erwerbsmöglichkeiten zu erschließen. Insbesondere für die Landwirtschaft ergeben sich hier Chancen, agrarisch nicht mehr sinnvoll nutzbare Flächen zu Kompensationsflächen umzuwandeln, Aufwertungsmaßnahmen durchzuführen und die fachliche Pflege der Flächen anzubieten.[35] Die so bevorrateten Maßnahmen, Flächen und Pflegedienste können kostenpflichtig Eingriffsverursachern angeboten werden. Private können gewerblich als Kompensationsdienstleister tätig werden; die GmbH ist dafür eine geeignete und attraktive Rechtsform. Denn die Regelungen über die Begrenzung der Haftung der GmbH-Gesellschafter minimieren zum großen Teil die Risiken des Kompensationsmanagements, das überwiegend auf finanziellen Vorleistungen und deren Refinanzierung basiert.

## c) Betrieb durch Stiftungen des Privatrechts

Oben wurde bereits die Möglichkeit des Betriebs eines Pools durch eine Stiftung des öffentlichen Rechts angesprochen. Ebenso gut ist es möglich, einer Stiftung des Privatrechts diese Aufgabe zu übertragen. Aufgabenstruktur und Probleme unterscheiden sich kaum, so dass hier mutatis mutandis

---

[34] So der Flächenpool der Rheinisch-Westfälischen Wasserwerksgesellschaft mbH, vgl. *Böhme/Bruns/Bunzel/Herberg/Köppel,* Flächen- und Maßnahmenpools in Deutschland, S. 29.

[35] Praxisbeispiel hierfür ist die „Hof Graß GmbH" in Hungen bei Gießen (Hessen), vgl. *Böhme/Bruns/Bunzel/Herberg/Köppel,* ebenda, S. 25. Zu steuerrechtlichen Aspekten vgl. *Stephany,* ZfAUR 2003, 361 ff.

auf das oben Gesagte zu den öffentlich-rechtlichen Stiftungen verwiesen werden kann. Dementsprechend trennen die empirischen Studien zu Flächenpools und Ökokonten gar nicht erst zwischen öffentlich-rechtlichen und privatrechtlichen Stiftungen, sondern betrachten nur das Betriebsmodell Stiftung insgesamt. Ein Beispiel aus der Praxis für die Gründung einer Stiftung durch eine Privatperson, die als Betreiber fungiert, ist die Stiftung Hof Hasemann (Bramsche bei Osnabrück)[36].

### d) Betrieb durch Vereine

Theoretisch denkbar ist die Möglichkeit der Trägerschaft und des Betriebs eines Flächenpools oder Ökokontos durch einen Verein. Denkbar wäre etwa die Gründung eines Vereins, der sich ausschließlich mit dem Kompensationsmanagement befasst; ebenso können aber bereits gegründete Verein, etwa Naturschutzvereine, die damit verbundenen Aufgaben übernehmen. Da sich dieses Modell in der Praxis aber nicht findet und nur ein Ergebnis theoretischen Durchdeklinierens ist,[37] soll auf eine vertiefte Erörterung verzichtet werden.

### III. Handlungsformen bei der Wahrnehmung der Aufgaben des Trägers

Die oben beschriebenen Aufgaben eines Trägers, der Betrieb eines Flächenpools oder Ökokontos, erfordern die Vornahme von Rechtsgeschäften und tatsächlichen Handlungen. Flächen müssen beschafft und bewirtschaftet, Maßnahmen geplant und hergestellt werden usw. Alle diese Aufgaben können vom Träger in verschiedenen Rechtsformen wahrgenommen werden, wenn es sich um einen öffentlich-rechtlichen Träger handelt. Denn dieser kann auf Grund seiner Formenwahl- und Organisationsfreiheit[38] wählen

---

[36] Hier wurden die 86 ha großen Flächen eines landwirtschaftlichen Hofes vollständig in einen Flächenpool in der Rechtsform der Stiftung umgewandelt. Vgl. dazu ausführlich den Beitrag des Landwirts und Stifters *Hasemann,* in: Böhme/Bunzel/Deiwick/Herberg/Köppel (Hrsg.), Statuskonferenz Flächen- und Maßnahmenpools, Teil B Statuskonferenz, S. 220.

[37] Die Planungspraxis bestätigt damit zumindest hinsichtlich der Eingriffskompensation die allgemeine Vermutung von *Bull,* FS Maurer, S. 545 (556).

[38] Vgl. dazu *Burgi,* in: Erichsen (Hrsg.), Allg. VerwR, § 52 Rn. 5; *Maurer,* Allg. VerwR, § 21 Rn. 57; zusammenfassend und weiterführend *Bull,* FS Maurer, S. 545 ff., insb. S. 550 ff.; speziell für die Gemeinden siehe BVerfGE 8, 256 (258); BVerfGE 38, 258 (279); BVerfGE 91, 228 (238), jüngst auch BVerwG, NVwZ 2005, 963 f. sowie BVerwG, SächsVBl. 2005, 251 ff. Zusammenfassend zur kommunalen Organisationshoheit unter Reformdruck der gleichnamige Aufsatz von *Schliesky,* DV 2005, 339 ff.

zwischen hoheitlichen, öffentlich-rechtlichen Handlungsformen und privatrechtlichen Handlungsformen.[39] Ein privater Träger eines Ökokontos oder Flächenpools hat diese Möglichkeit nicht, er ist von vornherein auf die privatrechtlichen Handlungsformen beschränkt.

### 1. Hoheitliche Handlungsformen

Eine rein öffentlich-rechtliche Aufgabenwahrnehmung des Poolträgers scheint eher schwierig zu sein. Viele der oben beschriebenen Aufgaben können zwar durch verwaltungsinterne Organisationsmaßnahmen (beispielsweise zwischen Liegenschafts-, Gartenbau- und Umweltamt) erfüllt werden. Vor allem die Flächenbeschaffung kann über hoheitliche, außenwirksame Maßnahmen erfolgen (dazu noch unten bei B. II. 2. b)). Allerdings ist es nur schwer vorstellbar, dass alle Aufgaben des Poolträgers ausschließlich in öffentlich-rechtlichen Handlungsformen gelöst werden können; vor allem der Abschluss privatrechtlicher Werkverträge scheint für einen effektiven und ökonomischen Betrieb des Pools/Kontos nur sehr schwer verzichtbar zu sein.

### 2. Privatrechtliche Handlungsformen: Schuldrecht, Gesellschaftsrecht

Daher ist auch ein öffentlich-rechtlicher Träger fast zwangsläufig auf privatrechtliche Formen der Aufgabenwahrnehmung angewiesen; für Privatpersonen als Träger kommt ohnehin ncihts anderes in Betracht. Die Aufgaben können durch den Abschluss privatrechtlicher Verträge mit Dritten erfüllt werden; hier werden vor allem Werk-, Dienst- und Arbeitsverträge relevant sein. Ein öffentlich-rechtlicher Träger kann die beschriebenen Aufgaben außer mit privatrechtlichen Verträgen auch unter Rückgriff auf das Instrument der Privatisierung erfüllen.

Die GmbH oder AG als Betriebsform steht auch dem Staat zur Aufgabenwahrnehmung zur Verfügung.[40] So ist die Gründung einer Kompensations-GmbH oder die Erweiterung bestehender, landeseigener GmbHs (etwa einer Landesentwicklungsgesellschaft[41]) auf Landesebene denkbar. Landes-

---

[39] Allgemein seien zur Privatisierung aus der Fülle an Literatur exemplarisch genannt *Burgi*, NVwZ 2001, 601 (603); *Bauer*, VVDStRL 54 (1995), 243 ff.; *Kämmerer*, JZ 1996, 1042 ff.; *Schoch*, DVBl. 1994, 962 ff. sowie der Sammelband von *Gusy* (Hrsg.), Privatisierung von Staatsaufgaben: Kriterien – Grenzen – Folgen, 1998.

[40] Vgl. *Wolff/Bachof/Stober*, VerwR III, § 91 Rn. 31.

[41] Ein Beispiel dafür liefern *Müller-Pfannenstiel/Brunken-Winkler/Köppel/Straßer*, NuL 1998, 182 (186).

weit operierende Kompensationsmodelle sind aber wegen ihrer Tendenz zur Zentralisierung, welche lokale Besonderheiten eher außer Acht lässt als lokale Lösungen, eher ungünstig. Praktikabler scheinen wegen dieses Phänomens daher GmbHs, die von den Kreisen oder den Kommunen gegründet werden oder gegründet worden sind. Zur Wahrnehmung ihrer Selbstverwaltungsaufgaben können sich die Kreise und Kommunen gesellschaftsrechtlicher Modelle bedienen, die gegenüber hoheitlichen Verwaltungsformen einige Vorteile aufweisen.[42] So sind etwa Gesellschafts- und Kommunalvermögen getrennt; die zu erfüllenden Aufgaben sind nicht dem – unter Umständen – wechselhaften politischen Tagesgeschäft und schwankenden Gemeinderatsmehrheiten ausgeliefert; das öffentliche Besoldungsrecht ist nicht verpflichtend, bürokratische Hemmnisse können vermieden und moderne kaufmännische Methoden angewandt werden etc.[43] Solche GmbHs können ihren Wirkungsbereich auf die jeweilige Kommune beschränken oder aber auf Kreisebene oder gar in der gesamten Region tätig sein. Abgesehen von der Problematik einer solchen gemeindeübergreifenden Tätigkeit kommunaler Gesellschaften, die hier nicht vertieft werden soll,[44] bietet die Rechtsform der GmbH bei einem solchen interkommunalen oder überregionalen Vorgehen einen großen Vorteil: Ihre Verfassung erlaubt es, mehrere Gesellschafter zu integrieren. So können unterschiedliche Interessen und Fachkompetenzen gebündelt in einer Gesellschaft zusammengeführt werden. Bei dem erwähnten interkommunalen oder überregionalen Vorgehen können etwa die betroffenen größeren Gemeinden des Kreises, Gemeinden aus Nachbarkreisen sowie der Kreis oder die Nachbarkreise selbst Gesellschafter der GmbH werden; als Geschäftsführer könnte beispielsweise ein Mitarbeiter der unteren Naturschutzbehörde bestellt werden.

Neben diesen GmbHs mit mehreren, ausschließlich öffentlich-rechtlich verfassten Gesellschaftern können auch gemischt öffentlich-private GmbHs die Aufgaben des Betriebs eines Ökokontos oder Flächenpools übernehmen. Hier sind neben den öffentlich-rechtlichen Gesellschaftern auch Privatpersonen, entweder als natürliche oder als juristische Personen des Privatrechts, beteiligt. Das können potenzielle Eingriffsverursacher, betroffene Landeigentümer oder Landwirte, private Interessengruppen (etwa Umweltschutz- oder Grundstückseigentümervereine, Bürgerinitiativen) usw. sein. Durch diese Möglichkeit der gleichzeitigen Beteiligung öffentlich-recht-

---

[42] Zu möglichen Privatisierungsmotiven *Wolff/Bachof/Stober,* Vor § 90 Rn. 25 und § 91 Rn. 48 f. Kritisch zu diesen gängigen Motiven *Ehlers,* DVBl. 1997, 137 (140); *ders.,* DÖV 1986, 897 (900 ff.); *Hauser,* Die Wahl der Organisationsform kommunaler Einrichtungen, S. 19 ff.

[43] Ausführlich *Wolff/Bachof/Stober,* ebenda.

[44] Vgl. dazu m.w.N. *Oebbecke,* ZHR 164 (2000), 375 ff; *Meyer,* LKV 2000, 321 ff.; *Stober,* NJW 2002, 2375 (2364 f.).

licher und privatrechtlicher Rechtspersonen als Gesellschafter entfaltet die Rechtsform der GmbH eine enorme integrative Kraft. Indem die verschiedenen, möglicherweise divergierenden Interessen, in einem Zentrum, der GmbH, gebündelt und koordiniert werden, wird es zum einen leichter, einen Kompromiss und Interessensausgleich zu schaffen, der allen Anregungen Rechnung trägt; zum anderen steigt die Akzeptanz des so gefundenen Ergebnisses, weil jeder hiervon Betroffenen eine zumindest theoretische Möglichkeit hatte, dieses Ergebnis zu beeinflussen.[45] Das Flächenmanagement wird dadurch erheblich erleichtert, weil das Konfliktpotenzial bei der Beschaffung der Flächen und der Durchführung der Aufwertungsmaßnahmen auf diese Weise vermindert wird.

Unabhängig von der konkreten Beteiligungs- und Gesellschafterkonstellation existiert die Möglichkeit, eine GmbH als gemeinnützige Körperschaft anerkennen zu lassen. § 52 Abs. 2 Nr. 1 AO sieht die Förderung des Umwelt- und Landschaftsschutzes, unter die sich der Betrieb eines Flächenpools beziehungsweise eines Ökokontos problemlos subsumieren lässt, ausdrücklich als gemeinnützigen Zweck. Dies bringt steuerliche Vorteile bei der Abwicklung des Aufgaben eines Poolbetreibers mit sich.[46] Als Praxisbeispiel hierfür mag die Regionalpark Rhein-Main GmbH dienen, die – wenngleich nicht ausschließlich – Aufgaben eines Poolträgers wahrnimmt[47], außerdem die von dem Städtequartett Diepholz/Damme/Lohne/Vechta (Niedersachsen) gegründete gemeinnützige GmbH.[48]

Trotz der beschriebenen Vorteile der Rechtsform der GmbH, die sich mit den Schlagworten „Flexibilität" und „Integrationskraft" zusammenfassen lassen, nutzt die Planungspraxis diese Rechtsform vergleichsweise wenig.[49]

---

[45] Eine Parallele zu den von Luhmann beschriebenen Phänomen der gesteigerten Akzeptanz eines gefundenen Ergebnisses, wenn Mitwirkungsmöglichkeiten bestanden, ist augenfällig, vgl. *Luhmann*, Legitimation durch Verfahren, passim, insb. S. 40 ff., 47 ff., S. 69.

[46] Vgl. die § 5 Abs. 1 Nr. 9 KörperschaftssteuerG; § 3 Nr. 6 GewerbesteuerG; § 3 Nr. 3, 4, 6 GrundsteuerG; § 13 Abs. 1 Nr. 16 und 17 ErbschaftssteuerG; § 12 Abs. 2 Nr. 8 UmsatzsteuerG; außerdem weitere Steuerbegünstigungen bei Spenden oder Aufwandsentschädigungen.

[47] Vgl. dazu *Bunzel/Böhme*, Interkommunales Kompensationsmanagement, S. 286.

[48] Dargestellt bei *Bruns/Herberg/Köppel*, Konstruktiver Einsatz, S. 88.

[49] Nach der Umfrage von *Böhme/Bruns/Bunzel/Herberg/Köppel*, Flächen- und Maßnahmenpools in Deutschland, S. 34, sind nur 1,1 % aller Flächenpools als neugegründete GmbHs verfasst; einen mit 2,3 % etwas größeren Anteil haben GmbHs, die bereits existiert haben und deren Aufgabenbereich lediglich um das Kompensationsmanagement erweitert worden ist.

## IV. Die Gemeinde als Trägerin eines Flächenpools/Ökokontos

Praktisch am wichtigsten ist die gemeindliche Trägerschaft eines Pools/ Kontos, weil die Gemeinde die Eingriffsregelung bei der Aufstellung der Bauleitpläne zu beachten hat und daher besonders an bevorrateten Flächen und Maßnahmen interessiert ist. Bei der Entscheidung, welche der beschriebenen Handlungsformen für die jeweilige Gemeinde geeignet ist, kommt es entscheidend darauf an, dass das gewählte Modell zur lokalen Situation passt. Es gibt keine Standardlösungen, gleichsam Flächenpoolmodelle von der Stange, die als Mustermodell schematisch auf jede Gemeinde gelegt werden könnten. Es kann daher keine generelle Handlungsempfehlung für eine Gemeinde ausgesprochen werden, die einen Flächenpool oder ein Ökokonto zum Vollzug der städtebaulichen Eingriffsregelung benutzen will. Es können lediglich die Vor- und Nachteile der jeweiligen Handlungsformen hinsichtlich bestimmter Aspekte herausgearbeitet werden, so dass die Eingriffsverursacher oder Gemeinden je nach ihren politischen Prioritäten die Entscheidung für oder gegen bestimmte Handlungsformen treffen können.

### 1. Vor- und Nachteile der verschiedenen gemeindlichen Handlungsformen

Das wichtigste Kriterium, an dem sich diese Entscheidung orientieren sollte, ist der voraussichtlich auf Grund späterer Eingriffe entstehende Kompensationsbedarf und die Komplexität des Vollzugs der Eingriffsregelung. Stehen in einer Gemeinde in einem absehbaren Zeitraum keine oder nur sehr wenige städtebauliche Projekte zur Realisierung an, so wird der Vollzug der städtebaulichen Eingriffsregelung nicht übermäßig komplex sein. Der Aufbau eines selbständigen Kompensationsmanagements dürfte hier eher weniger dringlich sein. Ist dagegen absehbar, dass einige städtebauliche Projekte realisiert werden müssen, etwa Wohnungsbau auf Grund des Bevölkerungswachstums oder die Ausweisung von Industrie- oder Gewerbeflächen, so ist mit einer vergleichsweise hohen Eingriffsintensität zu rechnen, welche die Gemeinde bei ihrer Bauleitplanung nach § 1a Abs. 3 BauGB zu berücksichtigen hat. Die Einrichtung eines selbständigen Kompensationsmanagements unter Nutzung von Flächenpools und Ökokonten liegt hier nahe.

Das Kriterium des voraussichtlichen Bedarfs an Kompensationsflächen hilft nicht nur bei der Entscheidung, ob überhaupt Ökokonten und Flächenpools genutzt werden sollen; es steuert auch maßgeblich die Entscheidung, in welchem Umfang und mit welcher Rechtsform das Kompensationsmanagement stattfinden soll. Hier spielt die Anzahl und das Aufwertungspotenzial der in der eigenen Gemeinde verfügbaren Flächen eine große

Rolle. Existieren genügend geeignete Kompensationsflächen, so kann der künftige Kompensationsbedarf mit einem Flächenpool oder Ökokonto kommunalen Zuschnitts bewältigt werden. Hier bietet es sich für die Gemeinde an, selbst die Trägerschaft des Flächenpools oder des Ökokontos übernehmen; der Betrieb kann im Wege hoheitlicher, mittelbarer Staatsverwaltung durch die Gemeinde selbst erfolgen oder aber durch eine kommunale Stiftung beziehungsweise durch eine privatrechtliche GmbH als gemeindeeigener Betrieb. Fehlen in der Gemeinde aber solche geeigneten Flächen, muss der Flächenpool oder das Ökokonto im Rahmen interkommunaler Kooperation aufgebaut werden, was andere Rechtsformen der Trägerschaft und des Betriebs fordert als ein rein kommunal betriebenes Ökokonto.[50] Hier müssen die anderen Gemeinden berücksichtigt werden; die Trägerschaft des Ökokontos oder des Flächenpools wird hier regelmäßig gemeinschaftlich wahrgenommen und erfolgt nicht durch eine Gemeinde alleine.

Ein weiteres Entscheidungskriterium ist das Maß der Kontrolle, das die Gemeinde über den Betrieb des Flächenpools behalten will. Die Errichtung eines kommunal-hoheitlich betriebenen Flächenpools ermöglicht es der Gemeinde und hier vor allem dem Gemeinderat, weitgehend die Kontrolle über den Betrieb des Flächenmanagements zu behalten. Politische Vorstellungen können so in den Betrieb des Flächenpools oder des Ökokontos miteinfließen, ja sogar eine beherrschende Rolle spielen. Bei kommunal-hoheitlich betriebenen Flächenpools/Ökokonten korrespondieren diesen weitgehenden Einflussrechten allerdings entsprechende Lasten. Da die Pools/Konten direkt von der Gemeinde betrieben werden, müssen sie mit entsprechenden Personal- und Sachmitteln ausgestattet werden. Gerade bei größeren Flächenpools/Ökokonten in Großstädten kann eine solche angemessene Sachmittel- und Personalausstattung, die erst den Betrieb des Pools/Kontos sinnvoll und effektiv werden lässt, große Dimensionen annehmen. In den Zeiten prekärer kommunaler Haushaltslagen wird dies politisch nur schwierig durchzusetzen sein. Der Betrieb von Flächenpools oder Ökokonten durch die Stadtverwaltung sichert zwar Kontrolle und Einflussmöglichkeiten, belastet aber auch den Gemeindehaushalt. Eine solche Lösung bietet sich daher nur an, wenn nicht allzu viele Flächen und Maßnahmen bevorratet werden müssen und der Personalaufwand gering gehalten werden kann. In der Planungsrealität wird dies nur bei kleineren Gemeinden der Fall sein. Eine Lösung aus diesem Dilemma zwischen politischer Einflussmöglichkeit und Haushaltsproblematik bietet die Wahrnehmung der Verantwortung durch „Privatisierung" in Form der formellen und der funktionalen Privatisierung.[51] Allerdings handelt es sich hier nicht um eine echte Privati-

---

[50] Dazu sogleich bei B. IV.
[51] Allgemein dazu *Burgi*, NVwZ 2001, 601 ff.

sierung, weil der Tätigkeitsbereich bisher nicht in kommunaler Alleinverantwortung lag, die Aufgabe also nicht ursprünglich dem Staat zugewiesen
war.[52] Vielmehr war es Privaten von Anfang an möglich, selbst einen Flächenpool oder ein Ökokonto aufzubauen und die Kompensationsdienstleis-
tungen den Eingriffsverursachern kostenpflichtig anzubieten.[53]

Erfolgt die Wahrnehmung der Trägerschaft als GmbH in Gestalt einer
kommunalen Eigengesellschaft, ist der Pool/das Konto also formell pri-
vatisiert,[54] so kann eine – wenngleich auf Grund der Verselbständigung in
einem eigenständigen Rechtsträger im Einfluss deutlich beschränkte und
weniger weit gehende – politische Einflussnahme[55] über die gesellschaftsrechtliche Aktivierung der Beteiligung erfolgen,[56] ohne dass gleichzeitig
der Gemeindehaushalt belastet wird. Gemeindevermögen und GmbH-Ver-
mögen sind getrennt. Freilich muss die GmbH ein angemessenes Startkapital von der Muttergemeinde erhalten. Allerdings belastet dieses Startkapital
den Gemeindehaushalt nur einmalig und nicht laufend wie der in die Gemeindeverwaltung eingegliederte Betrieb eines Ökokontos/Flächenpools.
Werden nicht kommunaleigene GmbHs oder andere Private im Wege der
Indienstnahme Privater zum Betrieb des Flächenpools oder Ökokontos genutzt (funktionelle Privatisierung)[57], so kann und wird sich die Gemeinde
in den Verträgen mit den Privaten entsprechende Einflussrechte und Wei-
sungsrechte vorbehalten.[58] Auch hier behält sie die politische Gestaltungs-
macht und Einflussnahme, kann aber die Kosten und Haushaltsbelastungen
auf den Privaten abwälzen. Je nach Ausgestaltung des Verhältnisses Ge-
meinde-Privater kann der Private direkt mit dem Eingriffsverursacher abrechnen; der Gemeindehaushalt kann so weitgehend durch den Betrieb eines
Flächenpools/Ökokontos unangetastet bleiben.

---

[52] Dieses Merkmal der staatlichen Alleinverantwortung ist kennzeichnend für die
Privatisierung, vgl. dazu *Burgi,* NVwZ 2001, 601.

[53] Wegen des Fehlens eines bislang bestehenden staatlichen Monopols der Aufgabenerfüllung passt auch der Begriff der „Deregulierung" nicht, vgl. *Burgi,* ebenda,
602.

[54] Vgl. *Wolff/Bachof/Stober,* VerwR III, Vor § 90 Rn. 11 und *Burgi,* in: Erichsen
(Hrsg.), Allg. VerwR, § 54 Rn. 11.

[55] Dazu *Ehlers,* Verwaltung in Privatrechtsform, S. 124 ff.; *von Danwitz,* AöR 120
(1995), 595 (603 ff.)

[56] Bei der AG ist eine solche gesellschaftsrechtliche Beteiligungsbeherrschung
deutlich schwieriger auf Grund der Regelungen der §§ 76 Abs. 1, 119 Abs. 2 Ak-
tienG; vgl. außerdem *Bull,* FS Maurer, S. 545 (562 f.).

[57] Vgl. dazu *Osterloh,* VVDStRL 54 (1995), 204 (223); *Schoch,* DVBl. 1994,
962 (963); ausführlich *Burgi,* Funktionale Privatisierung und Verwaltungshilfe,
S. 145 ff.

[58] Vgl. dazu *Burgi,* Funktionale Privatisierung und Verwaltungshilfe, S. 340 ff.
und 410 ff.

Ein weiteres Kriterium für die Wahl der richtigen, für den jeweiligen Einzelfall passenden Handlungsform ist die Möglichkeit der Einbindung des Flächenpools/Ökokontos in bestehende verwaltungsorganisatorische Strukturen und die Nutzung bereits existierender Kompetenzschwerpunkte. Hat die Gemeinde in ihrer internen Verwaltungsorganisation bereits einen Schwerpunkt „Bauen und Umwelt", so könnte es sich anbieten, dort den Betrieb des Flächenpools/Ökokontos anzusiedeln. Ebenso kann es sich anbieten, diesen Aufgabenbereich einer bereits existierenden kommunalen GmbH, etwa den Stadtwerken oder einer Grünanlagen-GmbH, zuzuweisen. Generell gilt bei diesem Punkt, dass überflüssiger Gründungsaufwand vermieden, sondern vielmehr versucht werden sollte, bereits existierende kommunale Organisations-, Kommunikations- und Arbeitsstrukturen für den Aufbau und Betrieb eines Flächenpools oder Ökokontos fruchtbar zu machen, da die Neugründung einer GmbH oder die Neuinstallation eines kommunalen Amtes zeitraubend und mittelintensiv sind und außerdem wirtschaftliche oder politische Risiken mit sich bringen können.[59]

Auch zu beachten ist der Aspekt der Integrationskraft einer Handlungsform. Der kommunal-hoheitliche Betrieb eines Flächenpools oder Ökokontos ist schon institutionell in seinen Möglichkeiten zur Aufnahme der Meinungen und Sachkompetenzen anderer deutlich beschränkter und weniger geeignet als beispielsweise eine GmbH oder eine Stiftung[60], bei denen viele Interessensgruppen über die Beteiligung integriert und aktiviert werden können.[61] Hier kann bereits institutionell der Grundstein für eine Kooperation unterschiedlichster Interessengruppen gelegt werden, indem die Beteiligungsrechte und die Gesellschafterstellung entsprechend ausgestaltet werden. Der hoheitliche Betrieb eines Flächenpools/Ökokontos birgt demgegenüber ein höheres Konfliktpotenzial.

Ein wichtiges und in seiner Bedeutung keineswegs zu unterschätzendes Kriterium für die Wahl der passenden Handlungsform ist schließlich die Möglichkeit des Einsatzes hoheitlicher Mittel beim Betrieb des Flächenpools oder Ökokontos. Nur der kommunal-hoheitliche Betrieb eines Flächenpools/Ökokontos erlaubt es, bei der Beschaffung der zu bevorratenden Flächen Zwangsmittel einzusetzen (Baulandumlegung, Enteignung, gemeindliches Vorkaufsrecht, Flurbereinigung usw. – dazu noch ausführlich unten bei B. II. 2. b)) und außerdem die Konzeption des Flächenpools/Öko-

---

[59] Vgl. *Böhme/Bruns/Bunzel/Herberg/Köppel,* Flächen- und Maßnahmenpools in Deutschland, S. 34.

[60] Allgemein zu diesem Phänomen bei Naturschutzstiftungen *Stolz,* NuL 2001, 301 (303).

[61] Siehe dazu auch *Bunzel/Böhme,* Interkommunales Kompensationsmanagement, S. 284.

kontos planerisch durch entsprechende Festsetzungen oder Darstellungen[62] in den Bauleitplänen gegen kollidierende Nutzungsinteressen abzusichern.[63] Erfolgt der Betrieb unter Indienstnahme Privater, so muss auf den Einsatz dieser Mittel verzichtet werden. Ist dies bei der Flächenbeschaffung noch vergleichsweise unproblematisch, weil dort ohnehin kaum einmal hoheitliche Mittel eingesetzt werden (dazu unten bei B. II. 2. c)), wird es ungleich problematischer, wenn es darum geht, die vorfinanzierten Kosten bei den Eingriffsverursachern zu refinanzieren. Die städtebauliche Eingriffsregelung sieht hier in den §§ 135a–c BauGB zwar Möglichkeiten zur Refinanzierung vor,[64] die allerdings nur von der Gemeinde beim hoheitlichen Betrieb des Flächenpools/Ökokontos genutzt werden können. Private können die Instrumente der §§ 135a–c BauGB nicht einsetzen und müssen daher andere, schwierigere Wege der Refinanzierung suchen. Dieser Aspekt der leichteren Refinanzierbarkeit eines hoheitlichen Betriebs darf bei der Entscheidung über die jeweils passende Handlungsform in seiner Bedeutung nicht unterschätzt werden. Auch die für Private nicht existierende Möglichkeit, die ökologische Konzeption des Flächenpools oder Ökokontos planerisch abzusichern und mit entsprechenden Darstellungen oder Festsetzungen gegen kollidierende private Interessen abzuschotten, erleichtert den Betrieb, weil so eine größere Planungssicherheit als ohne flankierende Bauleitplanung gewonnen werden kann und das Flächenmanagement langfristig angelegt sein kann.

## 2. Schlussfolgerungen und Handlungsempfehlung

Die Darstellung der im Einzelnen möglichen Handlungsformen beim Betrieb eines kommunalen Flächenpools sowie die Erörterung der Kriterien, die eine Gemeinde bei der Entscheidung über die passende Handlungsform beachten sollte, haben gezeigt, dass es nicht *die* Schlussfolgerung und Handlungsempfehlung für Gemeinden geben kann. Es kommt hier ganz maßgeblich auf die Verhältnisse in den Gemeinden und vor allem die politischen Absichten an. Die Gemeinde muss sich bei ihrer Entscheidung über Trägerschaft und Betrieb eines Flächenpools oder Ökokontos darüber klar sein, welche Konsequenzen diese Entscheidung für die Ausgestaltung des Betriebs eines Ökokontos oder Flächenpools haben kann. Es gibt allerdings keine Handlungsform, die nur Vorteile mit sich bringt. Viele Vorteile können nicht gleichzeitig verwirklicht werden; der Vorteil in einer Hinsicht (etwa die leichtere Refinanzierbarkeit durch die Wahl der kommunal-ho-

---

[62] Zu geeigneten Darstellungen und Festsetzungen oben im § 4 bei D. I. und II.

[63] Ausführlich zur planerischen Sicherung durch solche Ausweisungen noch unten bei B. II. 3. b).

[64] Allgemein zur Finanzierung von Ökokonten und Flächenpools unten bei C.

heitlichen Handlungsform) zieht meist einen Nachteil in anderer Hinsicht (fehlende Integrationskraft, Verwaltungsaufwand, kommunale Haushaltslage) nach sich. Es ist daher besonders wichtig, dass den Gemeinden die genannten Vor- und Nachteile der verschiedenen Handlungsformen bei ihrer Entscheidung bewusst sind, so dass eine Form gewählt werden kann, die den politischen Prioritäten der Gemeinde und den lokalen Besonderheiten am besten Rechnung trägt.

Berücksichtigt man diese genannten Einschränkungen, so bleibt aus der Fülle der dargestellten Handlungsformen nur der kommunal-hoheitliche Betrieb und der Betrieb durch eine GmbH übrig. Für kleine Gemeinden mit einem vergleichsweise geringen Bedarf an Kompensationsflächen, die keine größeren städtebaulichen Projekte realisieren wollen und kaum Investitionen planen, reicht es aus, den Flächenpool oder das Ökokonto in relativ kleinem Rahmen kommunal-hoheitlich zu betreiben und den Betrieb in der Stadtverwaltung anzusiedeln. Die genannten Nachteile dieser Betriebsform (mangelnde Integrationskraft, Verwaltungsaufwand) wiegen bei kleineren Gemeinden nicht so schwer, weil diese Nachteile auf Grund der kürzeren verwaltungsinternen und -externen Kommunikationswege vermieden werden können beziehungsweise durch die Vorteile (leichtere Refinanzierbarkeit, Einsatz hoheitlicher Mittel) überwogen werden.

In größeren Städten, den Großstädten und interkommunalen Kompensationskonstellationen hingegen bietet sich dagegen der Betrieb durch eine GmbH an. Zumeist können hierfür bereits existierende kommunale GmbHs, meist Stadtwerke, Wohnungsbaugesellschaften oder Grünflächengesellschaften) nutzbar gemacht werden, so dass ein Gründungsaufwand vermieden wird. In größeren Städten sind die zu berücksichtigenden Interessen so vielfältig und meist auch divergent, dass eine Rechtsform mit mehr Integrationskraft benötigt wird, als sie der kommunal-hoheitliche Betrieb liefern kann. Die relative Eigenständigkeit der GmbH gegenüber der Stadt spielt hier außerdem eine große Rolle, weil Großstädte regelmäßig großen Kompensationsflächenbedarf haben, wozu eine langfristige, vom politischen Tagesgeschäft unbeeinflusste Flächenvorratspolitik betrieben werden sollte. Die Gefahr, dass andere politische Themen die Flächenbevorratung von der kommunalpolitischen Agenda verdrängen, kann so minimiert werden.

### V. Möglichkeiten interkommunaler und überregionaler Kooperation

Wie im § 2 bereits angesprochen ist die Flächenverfügbarkeit ein – wenn nicht gar das zentrale – Problem beim Vollzug sowohl der naturschutzrechtlichen wie der städtebaulichen Eingriffsregelung. Bei der städtebaulichen Eingriffsregelung wirken sich fehlende geeignete Ausgleichsflächen besonders hinderlich aus, weil die Planungshoheit der Gemeinde – und damit auch die Befugnis zur Darstellung oder Festsetzung von Ausgleichsmaßnahmen – an der eigenen Gemeindegrenze endet. Wenn nun das Gemeindegebiet zu wenig geeignete Flächen aufweist, bleibt der Gemeinde nur die Möglichkeit, auf den Ausgleich der durch zukünftige Bebauung verursachten Eingriffe zu verzichten oder aber auf die Ausweisung von eingriffsverursachenden Flächen zu verzichten. Ersteres macht die bauplanerische Abwägung fehleranfällig, letzteres hindert die Verwirklichung städtebaulicher Vorstellungen.

Ein Ausweg aus diesem Problem der Beschränkung der Ausgleichsmaßnahmen auf das eigene Gemeindegebiet bietet die Zusammenarbeit mit den Nachbargemeinden und anderen Gemeinden der Region. Interkommunale und überregionale Kooperation kann den Vollzug der städtebaulichen Eingriffsregelung wesentlich vereinfachen.

### 1. Begriff der interkommunalen und überregionalen Kooperation

Im Kontext der städtebaulichen Eingriffsregelung ist hier mit interkommunaler und überregionaler Kooperation gemeint, dass die Erarbeitung und der Vollzug einer Ausgleichskonzeption sich nicht auf das Gebiet lediglich einer Fläche beschränken, sondern die Flächen mehrerer Gemeinden in die Erstellung der Ausgleichskonzeption miteinbezogen werden und außerdem die spezifischen Nutzungs- und Ausgleichsbedürfnisse der jeweiligen Bauleitplanungen mehrerer Gemeinden berücksichtigt werden. Diese Zusammenarbeit der Gemeinden kann sich auf eine verhältnismäßig eng umgrenzte Raumeinheit beziehen oder aber landkreisweit oder sogar unter Beteiligung der Gemeinden mehrerer verschiedener Landkreise stattfinden. Dies ist hier mit überregionaler Kooperation gemeint.

### 2. Gründe, Vor- und Nachteile einer Kooperation

Aus ökologischer Sicht spricht vieles für eine interkommunale Kooperation. Biotopstrukturen machen regelmäßig nicht an den Gemarkungsgrenzen der Gemeinden halt, sondern erstrecken sich unter Umständen über das Gebiet mehrerer Gemeinden. Die gezielte Aufwertung solcher gemarkungsüberschreitender Strukturen kann – soll sie sinnvoll erfolgen – nicht durch eine Gemeinde allein, sondern nur durch interkommunale Zusammenarbeit geschehen, bei der eine zentrale Stelle die Naturaufwertungsmaßnahmen steuert und koordiniert. Funktional zusammenhängende Gebiete können ökologisch vorteilhaft vernetzt werden (was im Übrigen auch den Vorgaben der Natura2000-Richtlinien entspricht[65]). Das eingangs bei A. beschriebene Problem der Flickenteppich-Kompensationspraxis entstand ganz überwiegend dadurch, dass jede Gemeinde isoliert für sich Naturaufwertungsmaßnahmen durchgeführt und diese naturschutzfachlich nicht mit anderen Gemeinden abgestimmt hat. Ökologisch leistungsfähige Flächenpools verlangen eine großräumigen Zuschnitt.[66] Naturschutzfachlich weiter von Bedeutung ist, dass die interkommunale Kooperation beim städtebaulichen Ausgleich die Zahl der in der bauplanerischen Abwägung zu überprüfenden Ausgleichsoptionen wesentlich erhöht. Die Gemeinde kann sich beim „Wegwägen" des Ausgleichs nicht mehr auf den Standpunkt zurückziehen, dass ein Ausgleich im Gemeindegebiet nicht möglich sei. Die ökologisch sinnvolle Vollkompensation der zukünftigen Eingriffe wird durch die Wahl interkommunaler Kooperationsformen regelmäßig zu erreichen sein; das Wegwägen der Eingriffsregelung wird – empirisch belegt –[67] so erheblich erschwert.[68]

Den beteiligten Gemeinden bringt die Einrichtung eines gemeinsam getragenen und organisierten Flächenpools oder Ökokontos ebenfalls Vorteile.[69] Zunächst ist der erleichterte Vollzug der Eingriffsregelung im Rahmen des Bauleitplanverfahrens zu nennen. Indem an Stelle eines Wegwägens der Umweltbelange bei der Berücksichtigung der Eingriffsregelung in der Abwägung vielmehr auf gemeindeexterne Flächen zurückgegriffen wird, sinkt die Wahrscheinlichkeit, dass diese Abwägung wegen defizitärer Behandlung der Eingriffsregelung nach § 1a Abs. 3 BauGB fehlerhaft ist. Weiter können insbesondere kleinere Gemeinden auf das Know-How und die naturschutzfachliche Kompetenz anderer Gemeinden zurückgreifen; eventuell auftretende fachliche und rechtliche Probleme beim Vollzug der städtebaulichen Eingriffsregelung können gemeinsam gelöst werden. Interkommunale Kooperation bei Aufbau und Einrichtung eines Flächenpools oder Ökokontos bringt also Synergieeffekte durch die Bündelung von Kompetenzen, die Möglichkeit der Verteilung der Finanzierungslast auf mehrere Schultern und nicht zuletzt auch durch die Bündelung von Finanzierungsmitteln in einem zentralen interkommunal ausgerichteten Pool/Konto. Kooperieren die Gemeinden in einem zentral eingerichteten Pool, so werden nicht zahlreiche kleinere kommunale Flächenpools oder Ökokonten einge-

---

[65] Vgl. zur Biotopvernetzung im Natura2000-System *Gellermann,* Natura 2000, S. 13 f.

[66] *Wolf,* ZUR 1998, 183 (194).

[67] So die Studie von *Bunzel/Böhme,* Interkommunales Kompensationsmanagement, S. 62.

[68] *Pröbstl,* GuL 2001, 25 ff.; *Wolf,* NuR 2001, 481 (489); *ders.,* ZUR 1998, 183 (192); Mitschang, NuL 1997, 273 (277).

[69] Allgemein dazu der *Rat der Sachverständigen für Umweltfragen,* Umweltgutachten 2000, S. 217 ff.; *Müller-Pfannenstiel/Rösling,* NuL 2000, 106; *Bunzel/Reitzig,* DÖV 1998, 995.

richtet, die zum einen die ökologischen Kompetenzen der einzelnen Gemeinden binden sowie möglicherweise ökologisch aneinander vorbei arbeiten und zum anderen unter Umständen eine Preiskonkurrenz durch den Wettbewerb um die Eingriffsverursacher auslösen. Übernimmt ein zentraler interkommunaler Pool die Durchführung der Flächen- beziehungsweise Maßnahmenbevorratung, so entlastet dies die Gemeinden auch von dem Zwang, die Ausgleichsmaßnahmen bei den Eingriffsverursachern refinanzieren zu müssen. Die Abwicklung der Refinanzierung übernimmt vielmehr der zentrale Poolträger. Ein zentral eingerichteter Pool erhöht auch die Chancen, dass Fachplanungsträger die bereits bevorrateten Flächen und Maßnahmen – kostenpflichtig – zur Kompensation ihrer Eingriffsvorhaben (Straßenbau, Energie- und Abfallwirtschaft, Bergbau etc.) nutzen, was die Finanzierung eines Poolprojektes erheblich erleichtern kann. Da Flächenpools und Ökokonten auch dazu genutzt werden können, regional bedeutsame Schlüsselprojekte (etwa die Reparatur von Landschaftsschäden, die Aufwertung der Naherholungsgebiete, Entwicklung von regionalen Freiraumstrukturen) zu entwickeln und voranzutreiben (s.o. im § 2), können auf diese Weise gemeindliche Projekte von Fachplanungsträgern mitfinanziert werden. Zu erwähnen ist auch die erhöhte Durchsetzungskraft interkommunal in einem Pool/Konto organisierter Interessen gegenüber konkurrierenden Flächennutzungsinteressen, vor allem in der Regionalplanung. Schließlich nimmt die interkommunal auf bestimmte Flächen fokussierte Ausgleichstätigkeit Druck von der Landwirtschaft und gewährt ihr in gewissem Rahmen Planungssicherheit durch die Gewissheit, dass der städtebauliche Ausgleich die landwirtschaftlich genutzten Flächen in den Gemeinden auf absehbare Zeit nicht in Anspruch nehmen wird.[70]

Diesen zahlreichen Vorteilen der interkommunalen Zusammenarbeit beim Aufbau von Flächenpools und Ökokonten stehen vergleichsweise wenige Nachteile gegenüber. Der in der Praxis wohl bedeutendste Nachteil dürften kommunale Ressentiments gegenüber der interkommunalen Kooperation sein.[71] Insbesondere in Gegenden, wo eine größere Stadt und ein dieser Stadt in der Bedeutung nachgeordnetes Umland existieren, ist in der Kommunalpolitik oft nur schwer zu vermitteln, warum die eigene, kleine Gemeinde für – oft konkurrenzfördernde – Investitionsprojekte in der größeren Stadt Kompensationsflächen zur Verfügung stellen soll.[72] Hier ist für den

---

[70] Vgl. dazu auch *Bunzel/Böhme*, Interkommunales Kompensationsmanagement, S. 68 und 247 ff.

[71] Zur psychologischen Seite der kommunalen Kooperation *Th. Schmidt*, Kommunale Kooperation, S. 14 f.

[72] Von solchen Stadt-Umland-Konflikten im Raum Leipzig und den Ruhrgebietsstädten berichten *Bunzel/Böhme*, Interkommunales Kompensationsmanagement, S. 70.

Erfolg einer interkommunalen Kooperation entscheidend, das kommunale Konkurrenzdenken zu überwinden. Verwaltungspraktisch erfordert die interkommunale Kooperation Verfahrensregelungen, wie die Belange und Interessen der beteiligten Kommunen vertreten und gewahrt werden können. Es stellen sich Fragen der Organisation und vor allem der Finanzierung eines interkommunalen Flächenpools/Ökokontos, die – je mehr Gemeinden sich beteiligen – im Vergleich zu kommunalen Flächenpools/Ökokonten nicht ganz so problemlos zu beantworten sind, jedenfalls aber einen größeren verwaltungsorganisatorischen Aufwand erfordern. Problematisch an solchen übergemeindlichen Kooperationen ist ferner aus ökologischer Sicht, dass mit zunehmender Entfernung des Ausgleichs- vom Eingriffsort die funktionalen Bezüge des Eingriffs zum Ausgleich schwieriger zu realisieren sein können. Hier ist es für den Erfolg des interkommunalen Flächenpools oder Ökokontos entscheidend, dass die rechtlichen Voraussetzungen an den Zusammenhang zwischen Eingriff und Ausgleich[73] gewahrt bleiben.

Gleichwohl bieten Formen der interkommunalen Kooperation den beteiligten Gemeinden beim Vollzug der städtebaulichen Eingriffsregelung wesentliche Erweiterungen ihrer Handlungsmöglichkeiten; gemessen an den genannten Vorteilen scheinen die Nachteile vergleichsweise geringfügig zu sein, so dass es sinnvoll erscheint, sie zu Gunsten eines modernen Kompensationsmanagements in Kauf zu nehmen.

### 3. Rechtliche Handlungsformen einer interkommunalen und überregionalen Kooperation

Die Aufgaben, die der Aufbau eines modernen Kompensationsmanagements mit dem Betrieb von Flächenpools und Ökokonten mit sich bringt, sind bereits oben bei A. II. 1. angesprochen worden. Die beiden Hauptäste, in die sich die Aufgaben grob gliedern lassen, sind zum einen die strategische Planung und Realisierung der Bevorratung, zum anderen die konkrete, eingriffsbezogene Nutzung des Ökokontos zur Kompensation im Einzelfall. Beide Aufgabenstränge müssen bei interkommunaler Kooperation auf die zusammenarbeitenden Kommunen verteilt werden. Die beteiligten Kommunen müssen klären, welche – gegebenenfalls neu zu schaffenden – Verwaltungsstellen mit welchen rechtlichen Instrumenten die Bevorratung planen und tatsächlich durchführen, die Flächen beschaffen und die Ein-/Ausbuchungen in das Ökokonto oder den Flächenpool vornehmen. Für diese Fragen sind bei interkommunaler Vorgehensweise mehrere Lösungen denkbar.

Zunächst müssen sich die Beteiligten darüber klar werden, wie intensiv die Zusammenarbeit bei der gemeinsamen Wahrnehmung der Aufgabe einer

---

[73] Dazu sogleich bei B. I.

Flächen- und Maßnahmenbevorratung sein soll. Das Spektrum reicht hier von einer nur losen, lockeren Zusammenarbeit auf der Grundlage informeller Absprachen bis hin zu einer in verbindliche Rechtsformen gegossenen Kooperation. Hier wird die räumliche Lage der kooperierenden Gemeinden eine große Rolle spielen. Haben die beteiligten Gemeinden einen hohen Kompensationsbedarf und grenzen ihre Gemarkungen direkt aneinander, so dass sie ein großes räumlich zusammenhängendes Gebiet mit vielen verschiedenen Naturfunktionen und Naturraumpotenzialen bilden,[74] so bietet sich eine förmliche Zusammenarbeit auf Grund der Aufwertungschancen und größeren Möglichkeiten eines Kompensationsmanagements weit eher an als bei weit verstreuten Gemeinden. Die Notwendigkeit interkommunaler Kooperation kann sich aus der situationsgünstigen, naturraumbildenden Lage der Gemeindeflächen ergeben oder aber gerade aus dem Fehlen geeigneter Kompensationsflächen, so dass auf gemeindefremde Flächen zurückgegriffen werden muss; die Notwendigkeit folgt dann einem entsprechenden Nutzungs-, Investitions- und Ausgleichsdruck.

Ist so einmal die Entscheidung für eine rechtsförmliche interkommunale Kooperation gefallen, bestehen mehrere Möglichkeiten der Zusammenarbeit, die in ihrer Bindungswirkung abgestuft sind und so den Gemeinden die Chance bieten, je nach dem kommunalpolitisch Gewollten sich unterschiedlich stark bei der Kooperation zu binden.[75] Im Folgenden werden nur die unterschiedlichen Möglichkeiten der Institutionalisierung eines interkommunalen Flächenpools oder Ökokontos dargestellt; welche planerischen Instrumente zum Betrieb der interkommunalen Flächen- und Maßnahmenbevorratung nötig sind, wird unten bei B. II. und III. beleuchtet. Wesentliche Frage, die bei interkommunaler Zusammenarbeit zusätzlich neben die schon oben bei A. II. 1. beschriebenen Aufgaben eines Poolträgers treten, sind Beteiligungs- und Mitspracherechte der einzelnen kooperierenden Kommunen sowie die Sicherstellung einer zweckmäßigen und gerechten Finanzierung beziehungsweise eines entsprechenden Finanzausgleichs.

### a) Informelle Absprachen

Die erste Möglichkeit, einen Flächenpool oder ein Ökokonto mit interkommunalem Zuschnitt aufzubauen und zu betreiben, sind informelle Absprachen der beteiligten Gemeinden. Bei dieser Form der interkommunalen Abstimmung wird darauf verzichtet, rechtsförmlich zu handeln. Die Verein-

---

[74] So etwa bei der Stiftung Syen-Venn, vgl. *Bunzel/Böhme,* Interkommunales Kompensationsmanagement, S. 25.

[75] In seiner Habilitationsschrift (Kommunale Kooperation, 2005) behandelt *Th. Schmidt* dieses Thema in monografischer Ausführlichkeit.

barungen bleiben unverbindlich und jederzeit von einer der Gemeinden lösbar. Diese informellen Absprachen können etwa in Form von „runden Tischen", gemeindeübergreifend organisierten Konferenzen oder ähnlichen Gesprächsrunden erfolgen.

Die Absprachen können sich darauf beschränken, lediglich die Bauleitpläne der jeweiligen Gemeinden aufeinander abzustimmen. Damit findet aber noch keine Flächen- und Maßnahmenbevorratung statt; diese rechtlich nicht verbindliche Abstimmung geschieht lediglich durch Absichtserklärungen. Sie ist erst die planerisch-konzeptionelle Grundvoraussetzung für die Einrichtung gemeindeübergreifender Ökokonten und Flächenpools. Hinzu tritt ferner das oben bei A. II. 1. beschriebene Aufgabenspektrum. Vergegenwärtigt man sich dieses umfassende Aufgabenspektrum, so ist die interkommunale Handlungsform der informellen Absprachen für die Aufbau und den dauerhaften Betrieb eines modernen Kompensationsmanagements mit Flächen- und Maßnahmenbevorratung nicht geeignet. Diese beschriebenen Aufgaben erfordern eine institutionalisierte, rechtsfähige Trägerschaft. Flächen- und Maßnahmenbevorratung verlangt eine Rechtsperson, die fähig ist, die damit einhergehenden Rechtsgeschäfte abschließen zu können (Grundstücksbeschaffung durch Kauf, Verkauf oder Tausch etwa; der Abschluss von Werkverträgen). Informelle Absprachen alleine sind dazu nicht in der Lage, da sie keine Außenwirkung im Rechtsverkehr entfalten. Es ist allenfalls denkbar, dass unter den Gemeinden vereinbart wird, dass eine Gemeinde die mit dem Betrieb des Flächen- und Maßnahmenmanagements einhergehenden Geschäfte vornimmt. Diese Gemeinde würde dann zentral als Rechtsträger des Flächenpools oder Ökokontos fungieren; das Problem der Rechtsfähigkeit im Außenverhältnis zu Grundstückseigentümern und Poolnutzern wäre damit umgangen.

Problematisch und mit informellen Absprachen nicht ausreichend gestaltbar ist indes das Innenverhältnis der beteiligten Gemeinden. Der Betrieb der Flächen- und Maßnahmenbevorratung verlangt zum einen erhebliche finanzielle Vorleistungen, zum anderen müssen diese Vorleistungen bei den Eingriffsverursachern – meist den beteiligten Gemeinden – refinanziert werden. Der Träger eines Ökokontos oder Flächenpools bewegt daher ein erhebliches Finanzvolumen. Informelle Absprachen sind wegen ihrer fehlenden Verbindlichkeit für die beteiligten Gemeinden kaum dazu geeignet, Regelungen insbesondere über die finanzielle Beteiligung zu treffen. Wenn sich der Flächenpool oder das Ökokonto zu einem Verlustgeschäft oder zu einem gewinnbringenden Geschäft für die beteiligten Gemeinden entwickelt, müssen die Verluste gedeckt und die Überschüsse verteilt werden. Um dies auf eine sichere Basis zu stellen, sind im Interesse der beteiligten Gemeinden rechtsförmliche Regelungen nötig; bloße unverbindliche Absprachen reichen dazu nicht aus.

## b) Kommunale Arbeitsgemeinschaften

Eng mit den gerade beschriebenen informellen Absprachen verwandt ist die Möglichkeit, eine interkommunale Arbeitsgemeinschaft einzurichten. Solche Arbeitsgemeinschaften sind kommunale Zusammenschlüsse, die aber weder eine eigene Rechtspersönlichkeit noch eine Fähigkeit zum Auftreten im Außenrechtsverkehr besitzen.[76] Im Kommunalrecht der Länder sind sie als interkommunale Handlungsform teilweise vorgesehen;[77] aber auch in den Ländern, welche diese Handlungsform nicht regeln, können sich Gemeinden zu interkommunalen Arbeitsgemeinschaften zusammenschließen.[78] Neben den Gemeinden können auch sonstige Körperschaften (Landkreis, Land), Anstalten (Stadtwerke, Wasserversorger) und Stiftungen des öffentlichen Rechts Mitglied einer Arbeitsgruppe sein; sogar natürliche und juristische Personen des Privatrechts können beteiligt werden. Diese Integrationsfähigkeit und -offenheit ist ein Vorteil dieser Kooperationsform.

Das Ziel einer interkommunalen Arbeitsgemeinschaft bei der Realisierung eines modernen Kompensationsmanagements ist die frühzeitige Information und Abstimmung der Planungen der Beteiligten. Wegen der fehlenden Außenrechtsfähigkeit kann die Arbeitsgemeinschaft selbst die Flächen- und Maßnahmenbevorratung nicht durchführen. Auch das Innenverhältnis der Beteiligten ist bei der Arbeitsgemeinschaft nicht förmlich geregelt, so dass sich genau dieselben Probleme wie bei den informellen Absprachen stellen. Phänomenologisch ist die Arbeitsgemeinschaft nur eine – wenngleich gebündelte – Form der informellen Absprachen. Zu Einrichtung und Betrieb eines Ökokontos oder Flächenpools ist sie alleine nicht geeignet; sie kann aber die anfängliche Entstehungsgrundlage für einen Zweck- oder Planungsverband sein (dazu siehe gleich unten bei dd) und ee)).

## c) Öffentlich-rechtliche Verträge

Am Punkt der fehlenden rechtlichen Verbindlichkeit setzt die dritte Möglichkeit der interkommunalen Kooperation bei der Realisierung von Ökokonten und Flächenpools an, nämlich der Einsatz öffentlich-rechtlicher Verträge.[79] Auch dieses Instrument alleine schafft keine Rechtsperson, die als Träger und Betreiber des Flächenpools auftreten könnte und die damit ein-

---

[76] *Seewald,* in: Steiner (Hrsg.), Bes. VerwR, Kap. I Rn. 409.

[77] Art. 4–7 BayGKZ; §§ 2 BrandGKG; 3, 4 HessGKG; 2, 3 GKG N.-W.; 14 ZVG Rh.-Pf.; 21 SaarlGKG; 4, 5 ThürGKG.

[78] *Bunzel/Reitzig/Sander,* Interkommunale Kooperation im Städtebau, S. 125.

[79] So verfährt etwa das Ökosparbuch im Landkreis Ravensburg (B.-W.), vgl. *Bruns/Herberg/Köppel,* Konstruktiver Einsatz von naturschutzrechtlichen Kompensationsmaßnahmen, S. 94, bei dem der Landkreis die Trägerschaft des Ökokontos

hergehenden zivilrechtlichen Geschäfte tätigen könnte. Es bleibt daher wiederum nur die Möglichkeit, eine bereits existierende Rechtsperson mit der Wahrnehmung der bei A. II. 1. beschriebenen Aufgaben des Betreibers eines Flächenpools/Ökokontos zu betrauen, dafür entsprechende rechtliche Regelungen im Verhältnis zwischen Betreiber des Pools/Kontos und den beteiligten Gemeinden sowie im Innenverhältnis der beteiligten Gemeinden zu schaffen. Ein geeignetes Instrument zur Regelung dieser Beziehungen ist der koordinationsrechtliche öffentlich-rechtliche Vertrag nach §§ 54 Abs. 1; 56 Abs. 1 S. 1 VwVfG. Der Einsatz öffentlich-rechtlicher Verträge zur interkommunalen Kooperation ist grundsätzlich für alle in der Zuständigkeit der beteiligten Kommunen liegenden Aufgaben denkbar.[80] Bei interkommunalen Flächenpools oder Ökokonten könnte so eine Gemeinde vertraglich dazu verpflichtet werden, entsprechende Flächen in einen zentralen Pool/Konto einzubringen oder die gesamte Flächenbeschaffung – für einen entsprechenden finanziellen Ausgleich – vorzunehmen; eine andere Gemeinde könnte vertraglich zur Geschäftsführung und Verwaltung des Pools/Kontos verpflichtet werden usw. Auf diese Weise könnte der Betrieb des Flächenpools oder Ökokontos durch Aufgabenteilung gemeinsam wahrgenommen werden; sinnvoller wird aber regelmäßig sein, den Betrieb in einer Hand zu lassen und zentral bei einer der beteiligten Gemeinden anzusiedeln, meist einer größeren Gemeinde, welche das größte naturschutzfachliche Know-How und die größten Personalressourcen besitzt. Über weitere öffentlich-rechtliche Verträge können außerdem Private, Eingriffsverursacher oder Landwirtschafts- und Naturschutzverbände mit ihrer fachlichen Kompetenz etwa, einbezogen werden.

Alleine durch den Einsatz öffentlich-rechtlicher Verträge kann indes ein Flächenpool oder ein Ökokonto nicht getragen werden. Es entsteht wiederum keine selbständige rechtsfähige Rechtsperson,[81] die den Betrieb und die beschriebenen Aufgaben des Betreibers wahrnehmen und als Plattform dienen könnte, die im Sinne eines institutionalisierten Forums für verschiedene Interessen (Naturschutz, Eigentümer, Landwirtschaft, Kommunen) diese Interessen integrieren und bündeln könnte. Dafür müssen die beteiligten Gemeinden auf bereits existierende Rechtspersonen zurückgreifen. Insofern können öffentlich-rechtliche Verträge nur ergänzend zum Betrieb eines Flächenpools oder Ökokontos genutzt werden, um das Innenverhältnis der beteiligten Gemeinden zu regeln. Indem die Innenbeziehungen der Gemeinden im Gegensatz zu informellen Absprachen auf diese Weise durch öffentlich-rechtliche Verträge verrechtlicht werden, wächst die Rechts- und Planungs-

---

übernimmt (insofern könnte man dieses Modell auch unter Punkt A. II. 2. d) einordnen).

[80] *Bunzel/Reitzig/Sander*, Interkommunale Kooperation im Städtebau, S. 122.

[81] Vgl. *Gern*, Kommunalrecht B.-W., Rn. 491 bei 3.2.

sicherheit der interkommunalen Kooperation. Der Grad der Verbindlichkeit der interkommunalen Vereinbarungen wird durch die Formalisierung mit öffentlich-rechtlichen Verträgen um ein Vielfaches gesteigert.

Problematisch ist an dieser Form der interkommunalen Zusammenarbeit aber, dass durch das Fehlen eines Rechtsträgers alle bei A. II. 1. genannten Aufgaben eines Poolbetreibers umständlich vertraglich geregelt werden müssen und kaum einmal eine schnelle Willensbildung möglich ist, etwa wenn schnell und flexibel auf bestimmte Situation reagiert werden muss oder wenn einmal Streitpunkte bei der Eingriffs- oder Ausgleichsplanung auftreten. Problematisch ist außerdem, dass die Planung des Ausgleichs im Rahmen der Bauleitplanung der jeweiligen Gemeinden zwar koordiniert, aber nicht gemeinsam erfolgt,[82] so dass durch Obstruktion einzelner Gemeindevertretungen und die Blockade der gemeinsamen Willensbildung jederzeit der Betrieb des gesamten Flächenpools/Ökokontos aufgehalten werden kann. Daher kann der Betrieb eines Flächenpools oder Ökokontos nicht durch den Einsatz koordinationsrechtlicher öffentlich-rechtlicher Verträge allein erfolgen. Nötig ist vielmehr ein institutionalisierter Rechtsträger. Öffentlich-rechtliche Verträge unter den beteiligten Kommunen ersetzen diesen nicht, sondern haben lediglich eine ergänzende Funktion.

### d) Zweckverbände

Als Nachteil der bisher genannten interkommunalen Kooperationsmöglichkeiten ist genannt worden, dass keine eigenständige Rechtsperson entstanden ist, die als Poolträger im Rechtsverkehr selbständig auftreten kann, um so die Aufgaben des Trägers beziehungsweise Betreibers eines Ökokontos oder Flächenpools wahrzunehmen. Das Kommunalrecht stellt aber den Gemeinden in nahezu allen Bundesländern eine Möglichkeit bereit, zur Durchführung ihrer Zusammenarbeit eine selbständige Rechtsperson zu gründen: den Zweckverband.[83]

Zweckverbände sind rechtsfähige Personalkörperschaften des öffentlichen Rechts unter maßgebender kommunaler Beteiligung, die der Erfüllung einzelner kommunaler Aufgaben dienen.[84] Der Zusammenschluss kann freiwil-

---

[82] Zu beachten ist in diesem Zusammenhang auch das Vertragsverbot des § 1 Abs. 3 S. 2 Hs. 2 BauGB, das vertragliche Regelungen über die Bauleitplanung unzulässig macht. Vgl. in diesem Zusammenhang auch das Urteil des BVerfG zur gemeinsamen Bauleitplanung, BVerfGE 77, 288 (302) – Stadtverband Saarbrücken.

[83] Vgl. die §§ 2 ff. GKZ B.-W.; Art. 17 ff. BayGKZ; 4 ff. BrandGKG; 5 ff. HessGKG; 150 ff. KV M.V.; 7 ff. NdsKomZG; 9 ff. GKG N.-W.; 2 ff. ZweckVerbG R.-P.; 2 ff. SaarlGKG; 44 ff. SächsGKZ; 6 ff. GKG S.-A.; 2 ff. GKZ S-H.; 16 ff. ThürGKG. Instruktiv der Überblick bei *Th. Schmidt,* Kommunale Kooperation, § 12 (S. 110 ff.).

lig erfolgen (Freiverband) oder erzwungen werden (Zwangsverband). Sie werden gebildet, um Aufgaben der Gemeinden im Wegen gemeindeübergreifender Kooperation gemeinsam zu erfüllen. Bei diesen Aufgaben kann es sich um Pflichtaufgaben (so meist bei den Zwangsverbänden) oder aber um freiwillige Selbstverwaltungsaufgaben des eigenen Wirkungskreises handeln.[85] Neben den zusammenarbeitenden Gemeinden als Primärmitgliedern können auch andere Körperschaften, Anstalten oder Stiftungen des öffentlichen Rechts (Sekundär-)Mitglieder des Zweckverbandes sein; außerdem noch natürliche oder juristische Personen des Privatrechts, wenn die Erfüllung der Aufgaben dadurch gefördert wird und Gründe des öffentlichen Wohls nicht entgegen stehen.[86] Der Zweckverband gibt sich eine innere Verfassung und regelt seine Rechtsverhältnisse durch eine Verbandssatzung, die auf der Grundlage öffentlich-rechtlicher Verträge vereinbart wird.[87] In dieser Satzung müssen Befugnisse und Aufgaben des Zweckverbandes sowie der einzelnen Mitglieder geregelt sein. Die Gemeinden sind an der Willensbildung des Zweckverbandes beteiligt, indem sie Delegierte in die Verbandsversammlung entsenden.[88] Der Zweckverband genießt eine eigene Haushalts-, Personal- und Finanzhoheit; er ist dienstherrnfähig.[89] Er finanziert sich über Beiträge und Gebühren.[90]

Als Körperschaften des öffentlichen Rechts sind Zweckverbände rechtsfähige juristische Personen. Sie können daher die mit dem Betrieb des Flächenpools oder Ökokontos verbundenen Aufgaben (oben bei A. II. 1.) ohne weiteres wahrnehmen; insbesondere können sie Flächen beschaffen und verwalten sowie vorgezogene Naturaufwertungsmaßnahmen durchführen oder durchführen lassen. Die Flächen- und Maßnahmenbevorratung im Außenrechtsverkehr stellt beim Zweckverband daher kein Problem dar. Auch die Rechtsbeziehungen im Innenverhältnis zwischen den beteiligten Gemeinden sind durch die Verbandssatzung, welche die innere Verfassung des Zweckverbands regelt, verrechtlicht, so dass Planungs- und Rechtssicherheit für die

---

[84] Vgl. die Definition bei *Th. Schmidt*, Kommunale Kooperation, S. 29. Dort auch in § 6 I mit ausführlichen Nachweisen zu Definitionsversuchen des Schrifttums.

[85] Zur Unterscheidung zwischen übertragenem und eigenem Wirkungskreis vgl. *Seewald*, in: Steiner (Hrsg.), Besonderes Verwaltungsrecht, Kap. I Rn. 96 ff.

[86] Zur Unterscheidung zwischen Primär- und Sekundärmitgliedern *Seewald*, in: Steiner (Hrsg.), Besonderes Verwaltungsrecht, Kap. I Rn. 412; *Luppert*, Der kommunale Zweckverband, S. 50. Kritisch dazu *Th. Schmidt*, Kommunale Kooperation, S. 31.

[87] Ausführlich dazu *Gern*, Kommunalrecht B.-W., Rn. 489.

[88] Vgl. zur Willensbildung des Zweckverbands ausführlich *Th. Schmidt*, Kommunale Kooperation, S. 427 ff.

[89] Näher dazu *Th. Schmidt*, Kommunale Kooperation, S. 450 f.

[90] Etwa § 5 Abs. 4 GKZ B.-W.

beteiligten Gemeinden besteht. Die Nachteile der informellen Lösungen werden daher durch die Wahl der Rechtsform des Zweckverbandes vermieden.

Die Zweckverbände sind als Körperschaften des öffentlichen Rechts grundsätzlich in der Lage, das hoheitliche Handlungsinstrumentarium einzusetzen, weil die beteiligten Gemeinden ihre diesbezüglichen Kompetenzen auf den Zweckverband übertragen.[91] Für die Finanzierung eines Flächenpools oder Ökokontos ist diese Eigenschaft eines Zweckverbandes sehr nützlich. So kann der Zweckverband nämlich die Beiträge nach §§ 135a–c BauGB von den Eingriffsverursachern erheben, wenn ihm diese Aufgabe von den Beteiligten übertragen wird. Die Kommunen können sich so der aufwändigen Aufgabe der Refinanzierung des Flächenpools oder Ökokontos entledigen. Darin liegt ein großer Vorteil der Wahl der Rechtsform des Zweckverbands gegenüber der Wahl des privatrechtlich organisierten Betriebs eines Flächenpools oder Ökokontos, etwa als interkommunaler GmbH (dazu noch unten bei A. V. III. g)). Ein Zweckverband kann sogar von der Möglichkeit des § 205 Abs. 6 BauGB Gebrauch machen und die Bauleitplanung für die beteiligten Gemeinden durchführen (dazu sogleich mehr unter e)).

Ein weiterer, beim Betrieb des Flächenpools wichtiger Aspekt ist die Integrationskraft eines Zweckverbandes. Weil es möglich ist, verschiedene Interessensgruppen zu Sekundärmitgliedern des Zweckverbandes zu machen, können unterschiedliche, divergierende Interessen, die einem Betrieb des Flächenpools entgegenstehen oder ihn zumindest erschweren könnten, in die Willensbildung miteinbezogen werden. Das durch den Aufbau und Betrieb eines Flächenpools oder Ökokontos entstehende Konfliktpotenzial kann so wesentlich verringert werden. Denkbar ist etwa die Integration der unteren Naturschutzbehörde, lokaler Landwirtschafts- und Grundstückseigentümerverbände sowie der örtlichen Naturschutzvereine, die sich über den Zweckverband in den Betrieb des Flächenpools oder Ökokontos einbringen können.

Der Betrieb eines Flächenpools oder Ökokontos durch einen Zweckverband bringt jedoch auch Schwierigkeiten mit sich. Die Entscheidungsstrukturen sind – insbesondere im Vergleich zur GmbH – schwerfällig;[92] außerdem sind Zweckverbände an das öffentliche Haushalts- und Dienstrecht gebunden und damit in diesen Bereichen nur eingeschränkt flexibel. Am schwerwiegendsten dürfte aber der Nachteil sein, dass ein Zweckverband nur in einem sehr aufwändigen Verfahren zu gründen ist.[93] Die Errichtung

---

[91] Seewald, in: Steiner (Hrsg.), Besonderes Verwaltungsrecht, Kap. I Rn. 413.

[92] Zur Willensbildung im Zweckverband ausführlich Th. Schmidt, Kommunale Kooperation, S. 427 ff.; zur Schwerfälligkeit der Willensbildung auf S. 431 unten.

[93] Plastisch Th. Schmidt, Kommunale Kooperation, S. 192–206 mit dem paradigmatischen ersten Satz des Kapitels § 17: „Die Bildung des Zweckverbandes stellt

einer GmbH ist demgegenüber viel einfacher möglich. Wegen des aufwändigen Gründungsverfahrens empfiehlt es sich daher nicht, einen interkommunalen Flächenpool oder ein interkommunales Ökokonto mit einem neu zu
gründenden Zweckverband zu realisieren. Existiert aber bereits ein Zweckverband, in dessen Aufgabenbereich der Betrieb der Flächen- und Maßnahmenbevorratung integriert werden könnte, so kann dieser Nachteil vermieden werden. Für interkommunales Kompensationsmanagement sind Zweckverbände in diesen Konstellationen die am besten geeignete Lösung.

### e) Planungsverbände und Planungszweckverbände nach § 205 BauGB

Gerade wurde bereits angesprochen, dass Zweckverbände unter Umständen sogar die gemeinsame Bauleitplanung anstelle der beteiligten Gemeinden übernehmen. Solche Konstellationen, in denen die Gemeinden ihre
Planungshoheit vollständig oder teilweise auf übergemeindliche Zusammenschlüsse übertragen, werden durch § 205 BauGB ermöglicht. Diese Vorschrift erlaubt den Zusammenschluss von Gemeinden und sonstigen öffentlichen Planungsträgern zu einem sogenannten Planungsverband, unabhängig
davon, ob bereits ein Zweckverband besteht, in dem die Gemeinden zusam-
mengeschlossen sind.[94]

Planungsverbände sind ein Instrument der interkommunalen Kooperation
bei der Bauleitplanung, um die planerischen Absichten der Gemeinden insgesamt oder hinsichtlich bestimmter Teilbereiche aufeinander abzustimmen
und einer gemeinsamen Lösung zuzuführen. Diese Abstimmung geschieht
dadurch, dass der Planungsverband für das Gebiet der zusammengeschlossenen Gemeinden die Bauleitpläne aufstellt. Die Gemeinden übertragen ihre
Planungshoheit entweder insgesamt oder nur für bestimmte Teilbereiche an
den durch sie gebildeten Planungsverband. Durch diese Kompetenzüber-
tragung verlieren die Kommunen ihre Zuständigkeit zur Bauleitplanung; ihr
Einfluss beschränkt sich nunmehr lediglich auf die Mitwirkung an der
Willensbildung des Verbandes.[95] Die Zuständigkeit des Planungsverbandes
reicht aber nur soweit, wie sich die Gemeinden ihrer eigenen Planungszuständigkeit durch Festlegung in der Satzung des Planungsverbandes entle-
digt haben. Dies ist insbesondere für bestimmte Teilbereiche der Bauleitpla-

---

sowohl in rechtstatsächlicher als auch in rechtsdogmatischer Hinsicht eines der zentralen Probleme des Rechts der kommunalen Zusammenarbeit dar." Vgl. auch
*Bruns/Herberg/Köppel*, Konstruktiver Einsatz von Kompensationsmaßnahmen, S. 67;
dort auch zu weiteren Nachteilen der Rechtsform des Zweckverbands.

[94] Ausführlich zu Planungsverbänden *Bunzel/Reitzig/Sander*, Interkommunale
Kooperation im Städtebau, S. 35 ff.

[95] *Runkel*, in: Ernst/Zinkahn/Bielenberg/Krautzberger (Hrsg.), BauGB, § 205
Rn. 3.

nung möglich; die Kompetenz für die anderen Bereiche bleibt in diesen Fällen vollständig bei den Kommunen. Ebenso können die Gemeinden bestimmen, dass die Übertragung der Planungshoheit nur für die Flächennutzungsplanung gilt und sich selbst die Zuständigkeit zur jeweiligen Bebauungsplanung vorbehalten.[96] Die formellen und materiellen Anforderungen an die Rechtmäßigkeit von Bebauungsplänen bleiben jedoch erhalten; außerdem gilt die verfassungsrechtliche Bedenken im Hinblick auf Art. 28 Abs. 2 GG ausräumende spezielle Verfahrensregelung über die Beteiligung der zusammengeschlossenen Gemeinden in § 205 Abs. 7 BauGB. Die Aufgaben (vollständige oder nur teilweise Übertragung der Planungshoheit; alle Bauleitpläne oder nur Flächennutzungspläne), innere Verfassung und konkrete Ausgestaltung der Beteiligungsverhältnisse innerhalb des Verbandes sind durch eine Verbandssatzung zu regeln.

Über die Rechtsnatur der Planungsverbände herrscht in der Kommentarliteratur, die sie als Körperschaften des öffentlichen Rechts betrachtet, Einigkeit: rechtsfähige öffentlich-rechtliche Körperschaft mit Satzungsgewalt.[97] Dem kann zugestimmt werden, solange eine Einschränkung beachtet wird, die in der Literatur zu § 205 BauGB jedoch meist nicht klar herausgearbeitet wird: Öffentlich-rechtliche juristische Personen sind nur innerhalb ihres gesetzlich bestimmten Wirkungskreises vorhanden; Rechtsfähigkeit kommt ihnen nur innerhalb der ihnen übertragenen Kompetenzen zu.[98] Es handelt sich hier um eine kompetenzbezogene Teilrechtsfähigkeit.[99] Der Planungsverband ist daher nur insoweit rechtsfähig, als er die in § 205 BauGB beschriebenen Aufgaben der Bauleitplanung und des Städtebaurechts wahrnimmt. Darüber hinaus gehende Geschäfte kann er nicht tätigen.[100] Dies folgt aus der Aufgabenbeschreibung in § 205 Abs. 1 S. 1 und

---

[96] Vgl. nur statt vieler *Schrödter,* in: Schrödter (Hrsg.), BauGB, § 205 Rn. 4.

[97] *Runkel,* in: Ernst/Zinkahn/Bielenberg/Krautzberger (Hrsg.), BauGB, § 205 Rn. 7; *Schrödter,* in: Schrödter (Hrsg.), BauGB, § 205 Rn. 3; *Grauvogel,* in: Brügelmann (Hrsg.), BauGB, § 205 Rn. 20.

[98] Dies entspricht der Auffassung, dass Körperschaften des öffentlichen Rechts nur innerhalb der normativ umschriebenen Verbandskompetenzen rechtsfähig sind (sog. ultra vires-Lehre, die bei juristischen Personen des Privatrechts aber ganz herrschend abgelehnt wird), BGHZ 20, 123; BVerwGE 34, 69 (74), E 59, 231 (237 f.) und E 64, 298 ff.; *Eggert,* Die deutsche ultra-vires-Lehre, 1977, S. 56; *Erichsen,* Allg. VerwR, § 11 Rn. 12; *Wolff/Bachof/Stober,* VerwR I, § 32 Rn. 9. Ausführlich m.w.N. *Schneider/Burgard,* in: FS Claussen, S. 499 (513); *K. Schmidt,* AcP 184 (1984), 529 ff.

[99] *Burmeister,* VVDStRL 52 (1993), 190 (219 f.); *Kempen,* Die Formenwahlfreiheit der Verwaltung, S. 74; *Bachof,* AöR 83 (1958), 208 (263 f.).

[100] H.M., vgl. *Erichsen,* Allg. VerwR, § 11 Rn. 12; *Baumeister,* VVDStRL 52 (1993), 190 (219 f.), weitere Nachweise bei *Schneider/Burgard,* in: FS Claussen, S. 499 (516 in Fn. 61–63). Diese h.M. ist nicht unumstritten. Manche plädieren nicht für eine Unwirksamkeit, sondern eine Rechtswidrigkeit der kompetenzüber-

Abs. 4 BauGB; außerdem aus dem Umkehrschluss zu § 205 Abs. 6 BauGB. Die Öffnungsklausel zu Gunsten der landesrechtlichen Organisationsformen wäre nicht notwendig, wenn Planungsverbände bereits nach dem BauGB die volle Rechtsfähigkeit besäßen, um auch andere Aufgaben, die mit der Bauleitplanung nicht in Zusammenhang stehen, wahrzunehmen. Der Planungsverband kann außer der Bauleitplanung selbst auch die Instrumente der Plansicherung und der Bodenordnung wahrnehmen, jedoch keine Aufgaben, die nicht im BauGB festgeschrieben sind.

Im Grundsatz sind Planungsverbände zur interkommunalen Kooperation beim Vollzug der städtebaulichen Eingriffsregelung geeignet. Es ist den Gemeinden möglich, speziell die Planung des Ausgleichs aus ihrer eigenen Bauleitplanung herauszunehmen und auf einen übergemeindlichen Planungsverband zu übertragen. In diesen Fällen wäre ein Planungsverband für den Vollzug der planerischen Eingriffsregelung zuständig. So könnte der Planungsverband einen übergemeindlichen Flächennutzungsplan aufstellen, der ein Ausgleichskonzept enthält, das dann selbständig von den beteiligten Gemeinden in ihrer Bebauungsplanung im Rahmen des Entwicklungsgebots nach § 8 Abs. 2 BauGB vollzogen wird. Durch den übergemeindlichen Planungsfokus können bei der Flächennutzungsplanung und der Erstellung des Eingriffs-/Ausgleichskonzeptes die unterschiedlich ausgleichsgeeigneten Flächen in verschiedenen Gemeinden berücksichtigt werden.

Allerdings beschränkt sich die Eignung eines Planungsverbandes auf diese Art des Vollzuges der städtebaulichen Eingriffsregelung. Das besondere Kompensationskonzept der Flächen- und Maßnahmenbevorratung kann interkommunal jedoch nicht durch einen Planungsverband wahrgenommen werden. Denn dazu müsste der Verband Grundstücksgeschäfte vornehmen können, selbst oder durch die Beauftragung von Werkunternehmern vorgezogene Naturaufwertungsmaßnahmen durchführen und all die oben bei A. II. 1. genannten Aufgaben des Poolmanagements erfüllen können. Von der bundesgesetzlichen Regelung in § 205 Abs. 1 BauGB sind diese Geschäfte aber nicht erfasst und damit nach den oben dargestellten Grundsätzen der ultra-vires-Doktrin nicht durchführbar. Die Aufgaben eines Planungsverbandes beschränken sich lediglich auf planerische Aufgaben und den Einsatz der Instrumente der Plansicherung. Damit hat der Aufbau und Betrieb von Ökokonten oder Flächenpools allerdings nur mittelbar insofern etwas zu tun, als sie Mittel zum Vollzug der städtebaulichen Eingriffsregelung darstellen. Planungsverbände können lediglich die planungsrechtlichen Grundlagen zur Realisierung von Ökokonten oder Flächenpools liefern,

---

schreitenden Handlungen, so etwa *Kunze/Bronner/Katz,* GemO, § 1 Rn. 26; *Oldiges,* DÖV 1989, 873 (883); *Wolff/Bachof/Stober,* VerwR I, § 32 Rn. 9; *Schneider/ Burgard,* in: FS Claussen, S. 499 (515 f.).

aber nicht den operativen Betrieb und die Geschäftsführung übernehmen.[101] Dazu bräuchte es eine Rechtsform, welche einerseits die planungsrechtliche Grundlage und Sicherung eines Flächenpools oder Ökokontos festlegen kann, andererseits in ihrem Aufgabenbereich darauf aber nicht festgelegt ist, sondern noch andere, von der Bauleitplanung unabhängige Ziele verfolgen kann.

Die geeignete Lösung für dieses Problem ist der Planungszweckverband. Er vereinigt die Vorteile eines Zweckverbandes mit denen eines Planungsverbandes, indem er eine verselbständigte, voll rechtsfähige juristische Person des öffentlichen Rechts darstellt, die unbeschränkt die Aufgaben eines Poolträgers wahrnehmen kann, und indem er die Kompetenz zur Bauleitplanung von den in ihm zusammengeschlossenen Gemeinden übertragen bekommen hat. Geregelt ist diese Form des Planungszweckverbandes im BauGB nicht ausdrücklich. § 205 Abs. 6 BauGB erwähnt diese konstruktive Möglichkeit jedoch explizit und erklärt sie für zulässig, überlässt ihre nähere Ausgestaltung aber dem jeweiligen Landeszweckverbandsrecht. In einem solchen Planungszweckverband sind alle Aufgaben, mit denen sich der Betreiber eines Flächenpools oder eines Ökokontos auseinander setzen muss, unkompliziert lösbar. Die planerische Sicherung der Ausgleichsflächen, das heißt ihre Nutzung zu Ausgleichszwecken, kann durch entsprechende Festsetzungen oder Darstellungen in der Bauleitplanung erfolgen; das operative Geschäft mit Flächenbeschaffung, Maßnahmendurchführung und Abrechnung mit den Eingriffsverursachern kann ebenfalls der Planungszweckverband übernehmen, der zur Abrechnung sogar die hoheitlichen Mittel aus § 135a–c BauGB einsetzen kann. Diese Rechtsform vereinigt die Vorteile von Zweck- und Planungsverband und stellt so die ideale Form eines interkommunalen Flächenpools oder Ökokontos dar. Allerdings greifen auch die oben beschriebenen Nachteile eines Zweckverbandes Platz, insbesondere das aufwändige Gründungsverfahren. Es ist daher – soweit möglich – auf bereits bestehende Zweckverbände zurückzugreifen und diesen zusätzlich noch die Aufgabe der Bauleitplanung zu übertragen. Mit § 205 Abs. 6 BauGB ist dies vereinbar.[102] Es muss nur darauf geachtet werden, dass beim Beschluss von ausgleichsbezogenen Bauleitplänen Privatpersonen, insbesondere betroffene Privateigentümer, die Mitglieder des

---

[101] Deswegen sind im Übrigen auch Zusammenschlüsse nach § 204 BauGB nicht zur Realisierung von Ökokonten oder Flächenpools geeignet, weil hier ebenfalls eine lediglich planerische Zusammenarbeit stattfindet, die gegenüber dem Planungsverband noch lockerer ist, da keine Übertragung der Planungshoheit statt findet und der Gemeinderat jeder Gemeinde jederzeit Herr des Bauleitplanverfahrens bleibt, vgl. *Runkel,* in: Ernst/Zinkahn/Bielenberg/Krautzberger (Hrsg.), BauGB, § 205 Rn. 3 und § 204 Rn. 5.; vgl. zum Ganzen *Schmidt-Eichstaedt,* NVwZ 1997, 846 ff.

[102] *Schmidt-Eichstaedt,* NVwZ 1997, 846 (850).

Zweckverbandes sind (dazu siehe oben bei dd)), nicht mit über die Pläne abstimmen dürfen. Bestehen dagegen keine geeigneten Zweckverbände, welche diese Aufgabe übernehmen könnten, so scheint der Betrieb eines Flächenpools oder Ökokontos durch einen Planungszweckverbands wegen des entstehenden Gründungsaufwandes untunlich zu sein; in diesen Fällen ist den Gemeinden nicht zu dieser ansonsten praktikablen Möglichkeit zu raten.

### f) Aufgabenübertragung auf eine öffentlich-rechtliche Körperschaft

Eine weitere Form der interkommunalen Kooperation bei Aufbau und Betrieb eines Flächenpools ist die oben bereits angesprochene Ansiedlung der zu erfüllenden Aufgaben bei einer federführenden Körperschaft, meist einer größeren Stadt oder dem Landkreis.[103] Dieses Modell bietet sich dann an, wenn ein starkes Ungleichgewicht in der Verwaltungskraft bei den beteiligten Gemeinden besteht, eine oder mehrere Gemeinden also ein deutliches Übergewicht bilden.[104] Diese Gemeinden haben in der Regel im Gegensatz zu den anderen beteiligten Gemeinden die nötige naturschutzfachliche Kompetenz und ausreichend Personal, um das operative Geschäft beim Betrieb des Kompensationsmanagements wahrnehmen zu können. Da die Körperschaft, die diese Aufgabe zentral für die anderen Beteiligten wahrnimmt, eine unbeschränkt rechtsfähige Person ist, kann sie im Außenrechtsverkehr die erforderlichen Grundstücksgeschäfte und Werkverträge abschließen, also Flächen- und Maßnahmenbevorratung betreiben.

Im Innenverhältnis müssen die beteiligten Gemeinden mit der zentral die Geschäfte des Flächenpools oder Ökokontos wahrnehmenden Gemeinde entsprechende Ausgleichsregelungen vereinbaren. Dies kann durch informelle Absprachen geschehen (s. o.), empfehlenswerter ist aber der Abschluss öffentlich-rechtlicher Verträge, so dass das Innenverhältnis im Streitfall auf eindeutigen justiziablen Vereinbarungen beruht. Im Innenverhältnis müssen außerdem hinreichende Mitwirkungs- und Kontrollbefugnisse der beteiligten Gemeinden vereinbart werden.

Dieses Modell kann so verwirklicht werden, dass die beteiligten Gemeinden ihre Planungshoheit behalten und selbständig ihre Bauleitpläne aufstellen, freilich unter gegenseitiger Abstimmung und Konsultation. Problematisch daran ist aber, dass die planungsrechtliche Sicherung des Betriebs des

---

[103] So etwa beim Ökosparbuch Landkreis Ravensburg und beim Flächenpool in Perleberg, vgl. *Bruns/Herberg/Köppel*, Konstruktiver Einsatz von naturschutzrechtlichen Kompensationsmaßnahmen, S. 84 und S. 94.

[104] Ein Beispiel der Praxis für eine solche Lösung ist der Großraum Leipzig, vgl. *Bunzel/Böhme*, Interkommunales Kompensationsmanagement, S. 282.

Flächenpools oder Ökokontos, also der Schutz der als Ausgleichsflächen genutzten Aufwertungsflächen vor konkurrierenden Nutzungen durch entsprechende Darstellungen oder Festsetzungen in den Bauleitplänen, zwar koordiniert, aber dennoch zersplittert in mehreren Planaufstellungsverfahren und auf mehrere Gemeinden verteilt erfolgt. Hier ist es regelmäßig sinnvoll, gemeinsame Bauleitpläne nach § 204 BauGB aufzustellen oder aber noch einen Schritt weiter zu gehen und einen Planungsverband nach § 205 BauGB zu gründen. Im Unterschied zur soeben beschriebenen Möglichkeit, bei welcher der Planungszweckverband das operative Geschäft des Flächenpools/Ökokontos übernommen hat, betreibt hier die größere Stadt oder der Landkreis den Flächenpool oder das Ökokonto.

### g) Interkommunale GmbHs

Interkommunale Kooperation bei Aufbau und Betrieb eines Flächenpools oder Ökokontos kann auch durch die Gründung einer GmbH erfolgen, an der gemeindeübergreifend verschiedene Kommunen als Gesellschafter beteiligt sind.[105] Die grundsätzliche Eignung der Rechtsform der GmbH zum Betrieb eines Ökokontos oder Flächenpools und auch die Problematik dieser Lösung ist bereits oben beschrieben worden (A. II 3. b), III. 2.). Die GmbH beschafft sich hier Flächen im Gebiet der beteiligten Kommunen oder anderen Gebieten in der Gegend[106], was durch Ankauf, Tausch oder durch eine Sacheinlage der beteiligten Gesellschafter geschehen kann, und führt – im Falle des Ökokontos – auf den so bevorrateten Flächen Naturaufwertungsmaßnahmen durch, um den beteiligten Kommunen die bevorrateten Flächen und Maßnahmen im Bedarfsfalle für den Vollzug der städtebaulichen Eingriffsregelung in ihrer Bauleitplanung zur Verfügung zu stellen.

Die Verfassung der GmbH eröffnet allen rechtsfähigen Personen die Möglichkeit der Beteiligung als Gesellschafter. So können die kooperationswilligen Kommunen etwa mit verschieden großen Gesellschafteranteilen beteiligt werden, gestaffelt nach ihrem Anteil an der Kapitaleinlage. Darüber hinaus können auch der Landkreis oder Naturschutz- und Landwirtschaftsverbände als Gesellschafter beteiligt werden. Die Beteiligung des Landkreises erlaubt es, das naturschutzfachliche Wissen der Naturschutzbehörde

---

[105] Allgemein zur Aufgabenerfüllung mit interkommunalen GmbHs *Ehlers*, DVBl. 1997, 137 ff. Solche „Kompensations-GmbHs" werden beispielsweise beim Regionalpark Rhein-Main und beim Städtequartett Damme-Diepholz-Lohne-Vechta genutzt, vgl. *Bruns/Herberg/Köppel*, Konstruktiver Einsatz von naturschutzrechtlichen kompensationsmaßnahmen, S. 88–93.

[106] Zur Problematik des räumlichen Zusammenhangs der Ausgleichs- mit den Eingriffsflächen noch ausführlich unten bei B. I. 2. a) aa).

in den Betrieb des Flächenpools oder Ökokontos einzubringen, etwa indem der Landkreis in Gestalt der Naturschutzbehörde beziehungsweise eines Mitarbeiters der Naturschutzbehörde die Geschäftsführung des Pools/Kontos übernimmt. Im Gesellschaftsvertrag einer solchen interkommunalen GmbH mit der Aufgabe, das Kompensationsmanagement für die beteiligten Kommunen zu betreiben, sind insbesondere die Fragen der Einflussnahme der beteiligten Gemeinden auf die Geschäftsführung und Fragen der Finanzierung des Flächenpools oder Ökokontos zu regeln. Zu beachten ist jedoch, dass eine vertragliche Verpflichtung der Gemeinden, ihre Bauleitpläne in einer bestimmten, kompensationsfördernden Weise zu beschließen (etwa konkurrierende Nutzungen auszuschließen), wegen § 1 Abs. 3 S. 2 BauGB unzulässig ist. Hier zeigt sich ein Problem der GmbH-Lösung: der Einsatz hoheitlicher Mittel und die Übertragung hoheitlicher Kompetenzen wie der Planungshoheit und dem Recht zur Bauleitplanung ist nicht möglich, so dass der Betrieb des Flächenpools/Ökokontos zwingend auf die Mitarbeit der Gemeinden angewiesen ist. Damit besteht zumindest latent die Gefahr der Blockade der Flächen- und Maßnahmenbevorratung durch einzelne Gemeinden in deren jeweiligen Gemeindegebieten. Insbesondere im Hinblick auf wechselnde politische Mehrheiten und Verhältnisse in den jeweiligen Gemeinderäten kann diese Blockademöglichkeit ein mehr oder weniger großes Risiko für den effektiven Betrieb des interkommunalen Flächenpools durch eine GmbH bedeuten.

### h) Interkommunale Stiftungen und Vereine

Die oben bereits beschriebenen, wenngleich in der Praxis kaum relevanten Rechtsformen der Stiftung des bürgerlichen Rechts und des Vereins stehen auch der Nutzung als Hülle für einen interkommunalen Flächenpool oder ein interkommunales Ökokonto zur Verfügung. Dem schon oben bei A. II. 2. e), 3. c) und d) Gesagten soll nur noch im Hinblick auf die interkommunale Nutzung hinzugefügt werden, dass etwa bei der Wahl der Stiftung mehrere Gemeinden das Stiftungskapital – möglicherweise in Form von Grundstücken – zur Verfügung stellen könnten. Allerdings wäre eine Realisierung interkommunaler Kooperation bei der Kompensation in Form der Stiftung eine zwar mögliche, aber doch eher gezwungene Lösung, weil der primäre Zweck der Stiftung nicht die interkommunale Zusammenarbeit, sondern die Erleichterung der Kompensationstätigkeit ist. Eine interkommunale Nutzung der Rechtsform des Vereins wäre möglich, indem die verschiedenen Gemeinden als Mitglieder des Vereins auftreten würden. Da der Verein in der Kompensationspraxis aber nicht vorkommt und nur eine theoretische Möglichkeit ist, soll auch auf die interkommunalen Potenziale dieser Rechtsform hier nicht eingegangen werden.

### 4. Die Akzeptanz interkommunaler Zusammenarbeit
### in der Planungspraxis

Die Planungspraxis nutzt die Möglichkeit, interkommunale Flächenpools oder Ökokonten zu betreiben, bereits ausgiebig.[107] Von den genannten Formen interkommunaler Kooperation setzen die Kommunen dabei ganz überwiegend auf das bei A. II. 2. c), d) genannte Modell, nach dem eine Stadt oder der Landkreis als Körperschaft des öffentlichen Rechts federführend den Betrieb des Flächenpools oder Ökokontos übernimmt.[108] Weit weniger werden die GmbH-Modelle[109] und die Zweckverbandsmodelle[110] genutzt.

### 5. Zusammenfassung und Empfehlung

Für die interkommunale Kooperation bei Aufbau und Betrieb eines Flächenpools oder Ökokontos gilt das bereits oben bei A. IV. 2. Gesagte: Eine generelle Empfehlung für eine der genannten Rechtsformen kann nicht gegeben werden. Maßgebliche Bedeutung kommt den Vorstellungen der jeweiligen Gemeinden zu. Sie müssen sich bei der Entscheidung für oder gegen eine bestimmte Rechtsform der interkommunalen Zusammenarbeit der Tragweite dieser Entscheidung und der positiven wie negativen Konsequenzen für die eigene Gemeinde bewusst sein. Anhand der gemeindlichen politischen Vorstellungen sind die genannten Vor- und Nachteile der verschiede-

---

[107] Vgl. zum Folgenden die empirischen Studien von *Bruns/Herberg/Köppel*, Konstruktiver Einsatz von naturschutzrechtlichen Kompensationsmaßnahmen, S. 73 ff.; *Bunzel/Böhme*, Interkommunales Kompensationsmanagement, S. 27 ff. sowie *Böhme/Bruns/Bunzel/Herberg/Köppel*, Flächen- und Maßnahmenpools in Deutschland, S. 18 ff und 36 ff.

[108] Nach einer empirischen Studie nutzen von 61 befragten interkommunalen Flächenpools und Ökokonten insgesamt 30 dieses Trägerschaftsmodell, also ungefähr die Hälfte der befragten Pools (*Bunzel/Böhme*, Interkommunales Kompensationsmanagement, S. 280). Eine ausführliche Darstellung einiger dieser Modelle findet sich bei *Bruns/Herberg/Köppel*, Konstruktiver Einsatz von naturschutzrechtlichen Kompensationsmaßnahmen, S. 84 f. (Flächenpool Perleberg), S. 86 f. (Flächenpool „Mittlere Havel"), S. 90 (Flächenpool Landkreis Wesermarsch/Niedersachsen), S. 94 (Ökosparbuch Landkreis Ravensburg) und bei *Böhme/Bruns/Bunzel/Herberg/Köppel*, Flächen- und Maßnahmenpools in Deutschland, S. 21 (Ökokonto Altenburger Land-Schmölln/Thüringen).

[109] *Bunzel/Böhme*, Interkommunales Kompensationsmanagement, S. 280: 6 von 61 interkommunalen Pools als GmbHs organisiert. Ausführliche Beschreibungen exemplarisch ausgewählter GmbH-Modelle finden sich bei Bunzel/Böhme, ebenda, S. 27 ff. (Regionalpark Rhein-Main) sowie bei *Böhme/Bruns/Bunzel/Herberg/Köppel*, Flächen- und Maßnahmenpools in Deutschland, S. 25 (Hof Graß GmbH/Hessen) und S. 29 (Rheinisch-Westfälische Wasserwerksgesellschaft).

[110] *Bunzel/Böhme*, ebenda, S. 280, haben hier 4 Zweckverbandsmodelle bei 61 interkommunalen Pools ermittelt.

nen Rechtsformen abzuwägen und den Vorteilen gegenüberzustellen, welche der Aufbau eines interkommunalen Flächenpools oder Ökokontos beim Vollzug der städtebaulichen Eingriffsregelung in der eigenen gemeindlichen Bauleitplanung bringen kann. Kriterien, die bei der Entscheidung hilfreich sein können, sind die Intensität der Zusammenarbeit, die in den einzelnen Gemeinden vorhandenen Verwaltungskapazitäten sowie etwaige bestehende kommunale Gesellschaften, die Flexibilität der gewählten Rechtsform, Sicherungen des Mitspracherechts beim Poolbetrieb, der Anteil hoheitlicher Aufgaben, die interkommunal bewältigt werden müssen und möglicherweise auf den Träger des Ökokontos/Flächenpool transferiert werden sollen, Aspekte der Finanzierung des Pools und ein entsprechender Finanzausgleich, außerdem natürlich noch die Anzahl der beteiligten kooperierenden Gemeinden und die Größe des betroffenen Gebietes sowie der zu erwartende Aufwand für das Kompensationsmanagement.

Existieren bereits Zweckverbände, deren Aufgabenbereich um das Kompensationsmanagement erweitert werden könnte, so bietet sich diese Lösung an, die sogar noch effektiviert werden kann durch die Übertragung der bauplanungsrechtlichen Kompetenzen der Gemeinden, so dass ein Planungszweckverband entsteht. Freilich muss sich die Gemeinde hier dessen bewusst sein, dass sie in diesen Fällen mit ihrer Planungshoheit einen wesentlichen Bestandteil ihrer kommunalen Selbstverwaltung zumindest teilweise aufgibt. Existieren keine Zweckverbände, so wird die Gründung eines neuen Verbandes regelmäßig zu aufwändig sein, insbesondere bei vielen beteiligten Gemeinden. In solchen Fällen bietet sich als Alternative die interkommunale GmbH an, freilich mit dem Nachteil, dass keine hoheitlichen Mittel eingesetzt werden können.

Die anderen genannten Rechtsformen interkommunaler Zusammenarbeit scheinen diesen beiden Formen gegenüber weniger geeignet, einen interkommunalen Flächenpool oder ein Ökokonto aufzubauen und zu betreiben. Insbesondere öffentlich-rechtliche Verträge oder nur schlichte, informelle Absprachen bieten dafür keine Basis, sondern können nur ergänzend neben die Rechtsformen des (Planungs-)Zweckverbands oder der interkommunalen GmbH treten.

## B. Die Realisierung der modernen Kompensationsmodelle Ökokonto und Flächenpool im Bauplanungsrecht

Ökokonten und Flächenpools sind Hilfsmittel zum leichteren Vollzug der städtebaulichen Eingriffsregelung im Planaufstellungsverfahren. Sie können daher nicht völlig frei eingerichtet und zum Ausgleich benutzt werden, sondern sind in das gesetzliche System der städtebaulichen Eingriffsregelung, das die §§ 1a Abs. 3; 9 Abs. 1a; 135a–c und 200a BauGB konstituieren, eingebunden. Diese Vorschriften formulieren den rechtlichen Rahmen für Ausgleichsmaßnahmen, in dem sich auch Flächenpools und Ökokonten als moderne städtebauliche Methoden des Ausgleichs bewegen und an dem sie sich messen lassen müssen (I.). Daraus ergeben sich Konsequenzen für die „Einbuchung" (II.) in und die „Abbuchung" (III.) aus dem Ökokonto oder dem Flächenpool.

## I. Rechtliche Anforderungen an städtebauliche Ausgleichsmaßnahmen

Die gesetzlichen Voraussetzungen städtebaulicher Ausgleichsmaßnahmen sind oben im § 4 bei C. III. 2. bereits ausführlich hergeleitet worden und sollen daher hier bei (1.) nur noch kurz wiedergegeben und bei (2.) auf die Problematik der Ökokonten beziehungsweise Flächenpools bezogen werden werden.

### 1. Die gesetzlichen Anforderungen an Ausgleichsmaßnahmen in den §§ 1a Abs. 3; 9 Abs. 1a; 135a; 200a BauGB

Zunächst müssen die Flächen, auf denen Maßnahmen zum Ausgleich stattfinden sollen, ökologisch aufwertungsfähig und aufwertungsbedürftig sein.[111] Sie müssen auf Grund ihrer naturräumlichen Lage und ihrer stand-örtlichen Voraussetzungen ein Entwicklungspotenzial hinsichtlich der in Frage kommenden Natur- und Landschaftsfunktionen haben. Ökologisch bereits hochwertige Flächen sind nicht zum Ausgleich geeignet; die Sicherung eines bereits gut entwickelten naturschutzfachlichen Zustandes kann nicht zum Eingriffsausgleich genutzt werden. Die Flächen und Maßnahmen, welche die Gemeinde als Ausgleich für die Eingriffe vorsieht, müssen demnach hinsichtlich ihrer Naturfunktionen ein hohes ökologisches Aufwertungspotenzial aufweisen, also in einem schlechten ökologischen Zustand sein. Die Aufwertung muss auf Dauer angelegt sein; sie darf nicht im Einwirkungsbereich bestehender, geplanter oder absehbarer Eingriffe liegen, die den ökologischen Erfolg der Aufwertungsmaßnahme gefährden könnten. Eine frühzeitige planerische Sicherung der beabsichtigen Ausgleichsmaßnahmen ist daher erforderlich.[112]

Ausgleichsflächen können im gesamten Gemeindegebiet und darüber hinaus liegen; jedenfalls müssen sie nicht räumlich in der Nähe des Eingriffs-

---

[111] Siehe dazu schon oben im § 3 bei B. II. 2. b) dd) mit der in § 3 Fn. 158 zitierten Rechtsprechung, außerdem speziell für die städtebauliche Eingriffsregelung *Wilke,* UVP-Report 2001, 5 (6); *Bruns/Herberg/Köppel,* UVP-Report 2001, 9 (10); *Stich,* UPR 2001, 177.

[112] Dazu unten bei B. II. 3. b).

gebietes liegen. Die Grenzen dieser räumlichen Entkoppelung zwischen Eingriff und Ausgleich ergeben sich aus den Raumordnungsplänen, den Flächennutzungs- und den Landschaftsplänen.[113] Ausgleichsmaßnahmen müssen also mit diesen Planwerken insofern vereinbar sein, als ihre Durchführung den Aussagen bestehender Pläne nicht widersprechen darf. Dasselbe gilt für die Lockerung des funktionalen Zusammenhangs zwischen Eingriff und Ausgleich. Auch hier sind auf Grund der beschriebenen[114] planerischen Einbindung der städtebaulichen Eingriffsregelung in dieses Plangeflecht die Aussagen der Raumordnungs-, Flächennutzungs- und vor allem der Landschaftspläne zu beachten.[115] Der funktionale Zusammenhang darf nicht vollständig aufgelöst werden; die Wiederherstellung von Naturfunktionen muss in der ökologischen Gesamtbilanz zu einem Zustand führen, der dem Naturzustand vor den Eingriffen in seiner ökologischen Wertigkeit vergleichbar ist. Eine Gemeinde kann daher nicht Flächen oder Maßnahmen als Ausgleich vorsehen, die zu einer Wiederherstellung von Naturfunktionen führen, die überhaupt nichts mit den Naturfunktionen zu tun haben, die durch den Eingriff beeinträchtigt worden sind. Bei der Wiederherstellung ähnlicher Naturfunktionen, die insgesamt zu einem gleichwertigen Ausgleich führen sollen, ist vor allem darauf zu achten, dass möglichst ähnliche Funktionen desselben Schutzgutes wiederhergestellt werden. Erst wenn dies nicht möglich ist, kann auf Funktionen anderer Schutzgüter mit Korrelationen zu den beeinträchtigten Naturfunktionen zurückgegriffen werden. Erst wenn auch dies nicht möglich ist, können Funktionen anderer Schutzgüter ohne solche Korrelationen hergestellt werden. Diese strikte Stufenfolge innerhalb des gleichwertigen Ausgleichs ist nötig, um das Abgleiten des Ausgleichs in Beliebigkeit zu vermeiden und der Gemeinde verfahrenspraktische Anhaltspunkte für eine Prüfung der Gleichwertigkeit einer Ausgleichsmaßnahme zu geben.[116]

Ferner dürfen die Ausgleichsmaßnahmen nicht der Durchführungspflicht auf Grund anderer Rechtsvorschriften unterliegen (etwa Vorgaben der Bodensanierung, Schutzgebietsverordnungen o. ä.). Sie dürfen außerdem nicht zu neuen Eingriffstatbeständen führen (beispielsweise durch Anlage von Radwegen zum Ausgleich von Beeinträchtigungen der Erholungsfunktion

---

[113] Ausführlich bei § 4 C. III. 2. b) ee) und 3.–5.

[114] Bei § 4 C. III. 2. b).

[115] Ausführlich dazu bei § 4 C. III. 3.–5.

[116] Sehr instruktiv zum Verfahrensablauf einer solchen Prüfung ist das Schema bei *Bruns/Herberg/Köppel*, Konstruktiver Einsatz von naturschutzrechtlichen Kompensationsmaßnahmen, S. 28, wo gezeigt wird, wie die Zerstörung einer Hecke durch einen Eingriff, die eine Lebensraumfunktion für Goldammern erfüllt hat, durch Abarbeitung dieser verschiedenen Stufen funktional gleichwertig ausgeglichen werden kann.

der Landschaft).[117] Schließlich ist der Projektbezug der Eingriffsregelung zu beachten.[118] Ausgleichsmaßnahmen müssen immer mit Bezug zu einem bestimmten Eingriff stattfinden. Es ist nicht möglich, irgendwelche Naturverbesserungen, die losgelöst von einem Eingriff stattgefunden haben, später als Eingriffsausgleich zu deklarieren. Vielmehr muss schon bei der Vornahme der Naturaufwertungsmaßnahme klar sein, dass diese Maßnahmen dazu dient, Naturbeeinträchtigungen auf Grund von Eingriffsvorhaben auszugleichen. Dieser Grundsatz wirft vor allem bei der Maßnahmenbevorratung, also der Nutzung eines Ökokontos, Probleme auf, für die im Lichte dieser Voraussetzung Lösungen gefunden werden müssen.[119] Außerdem darf der Verursacher eines Eingriffs nicht unangemessen entlastet werden; das Verursacherprinzip als Grundpfeiler der Eingriffsregelung muss sich in der Belastung des Verursachers mit der Ausgleichsmaßnahme oder in deren Refinanzierung durch den Ökokonten-/Flächenpoolbetreiber bei der Gemeinde niederschlagen.[120]

## 2. Konsequenzen für die Einrichtung und Nutzung von Ökokonten und Flächenpools

An diesen gerade genannten Voraussetzungen städtebaulicher Ausgleichsmaßnahmen muss sich die Flächen- und Maßnahmenbevorratung orientieren. Der Poolbetreiber, der bevorratete Flächen oder Maßnahmen einer Gemeinde anbieten will, damit diese den Vollzug der städtebaulichen Eingriffsregelung leichter vornehmen kann, muss die genannten, abstrakten Voraussetzungen bei seinem Flächen- und Maßnahmenmanagement berücksichtigen und konkret umsetzen (bei a)). Beim Vollzug der Eingriffsregelung im Aufstellungsverfahren eines Eingriffsbebauungsplans kann die planende Gemeinde nur solche bevorrateten Flächen und Maßnahmen aus Ökokonten oder Flächenpools nutzen, die diese Voraussetzungen einhalten (dazu bei b)).

### a) Konsequenzen für die Bevorratung von Flächen und Maßnahmen

Flächenpools enthalten Flächen, die verstreut im ganzen Gemeindegebiet und sogar darüber hinaus liegen können. Eine unmittelbare Nähe dieser bevorrateten Flächen zum Eingriffsort besteht meist nicht. Ein Flächenpool basiert deswegen auf dem Prinzip der räumlichen Entkoppelung. Diese

---

[117] Deutlich *Bruns/Herberg/Köppel*, Konstruktiver Einsatz von naturschutzrechtlichen Kompensationsmaßnahmen, S. 33.

[118] Dazu oben im § 3 bei C. I.

[119] Dazu unten bei B. II. 3. a).

[120] Siehe oben in § 3 bei C. II. und im § 4 bei C. III. 2. b) dd).

räumliche Entkoppelung ist bei der städtebaulichen Eingriffsregelung vorgesehen und erlaubt. Ihre Grenzen ergeben sich, wie oben ausgeführt, gemäß §§ 1a Abs. 3 S. 3; 200a S. 2 BauGB, die den Prüfungsmaßstab aufstellen, aus den Raumordnungs-, den Flächennutzungs- und den Landschaftsplänen. Der Betreiber eines Flächenpools muss daher bei der Bevorratung von Flächen berücksichtigen, dass die Aussagen dieser Planwerke durch ihre Steuerung der räumlichen und funktionalen Entkopplung von maßgeblicher Bedeutung für die Nutzung der Flächen als Ausgleichsflächen sind.

*aa) Steuerung der Auswahl der Ausgleichsflächen – räumlicher*
*Zusammenhang zwischen Eingriff und Ausgleich*

Das Grundproblem der Bevorratung von Flächen ist, sicherzustellen, dass die unter Umständen mit großem finanziellen Aufwand bevorrateten Flächen später auch als Ausgleichsfläche genutzt werden können. Daher muss der Betreiber eines Flächenpools sorgfältig prüfen, ob die zu bevorratenden Flächen zum Eingriffsausgleich geeignet sind. Dazu sollen hier im Folgenden Beurteilungsmaßstäbe entwickelt werden.

Die Hauptrolle bei dieser Beurteilung spielt die bereits existierende Raum-, Flächennutzungs- und Landschaftsplanung. Bevor aber an Hand dieser Planwerke geprüft wird, ob die spätere Nutzung der zu bevorratenden Flächen als Ausgleichsflächen gemäß §§ 1a Abs. 3 S. 3; 200a S. 2 BauGB mit den Zielen der Stadtentwicklung, der Raumordnung und den Zielen des Naturschutzes vereinbar ist, muss zunächst geprüft werden, ob die Flächen überhaupt ökologisch aufwertungsfähig sind. Sie müssen zumindest hinsichtlich einer Naturfunktion in so schlechtem Zustand sein, dass diese Naturfunktion gezielt verbessert und die Fläche so ökologisch aufgewertet werden kann. Passieren Flächen bei der Auswahl der zu bevorrateten Flächen diesen vorgeschalteten Filter schon gar nicht, so ist eine Nutzung als Ausgleichsfläche nicht zulässig; es braucht daher nicht an Hand der existierenden Planungen geprüft zu werden, ob die Anforderungen aus §§ 1a Abs. 3 S. 3; 200a S. 2 BauGB an den räumlich entkoppelten Ausgleich erfüllt sind. Im Regelfall wird sich aber irgendeine Naturfunktion der zu prüfenden Fläche finden lassen, die verbessert werden kann. In diesen Fällen sind die existierenden Planwerke zur Prüfung heranzuziehen.

(1) Steuerung durch die Raumordnungsplanung

§§ 1a Abs. 3 S. 3; 200a S. 2 BauGB stellen bei der Zulässigkeit des räumlich entkoppelten Ausgleichs darauf ab, ob dieser Ausgleich mit den

Zielen der Raumordnung vereinbar ist. Damit kommt der Raumordnungsplanung der Länder eine maßgeblich steuernde Rolle zu. Die in den Raumordnungsplänen als Ziele ausgewiesenen Nutzungen bestimmter Flächen dürfen nicht dadurch unterlaufen werden, dass die Gemeinde in ihrer dem Bürger gegenüber verbindlichen Planung andere Nutzungen für diese Flächen vorsieht und so die Verwirklichung der Ziele der Raumordnung verhindert. §§ 1a Abs. 3 S. 3; 200a S. 2 BauGB decken sich in diesem Punkt vollständig mit § 1 Abs. 4 BauGB und sind insoweit nur deklaratorisch; vorstellbar ist die doppelte Erwähnung dieser Zulässigkeitsvoraussetzung in diesen Vorschriften, um so alle Zulässigkeitsvoraussetzungen des räumlich entkoppelten Ausgleichs in diesen Normen zusammenzufassen.

Für die Steuerung der Flächenbevorratung in *Flächenpools* ist diese Voraussetzung insofern wichtig, als sie die Auswahl der zu bevorratenden Ausgleichsflächen steuert. Flächen, welchen in den Raumordnungsplänen über Ziele der Raumordnung (§ 3 Nr. 2 ROG) eine Flächennutzung zugeordnet ist, die mit der Ausgleichsnutzung unvereinbar ist, dürfen nach § 4 Abs. 1 S. 1 ROG i. V. m. § 1 Abs. 4 BauGB nicht als Ausgleichsflächen genutzt werden. Sie können später bei Beschluss der Eingriffsbebauungspläne nicht als Ausgleichsflächen in die bauplanerische Abwägung eingestellt werden, weil auf ihnen die Verwirklichung des Ausgleichs wegen des Widerspruchs zur Raumordnungsplanung nicht sichergestellt ist. Die Qualifikation einer Flächennutzung als Grundsatz der Raumordnung (§ 3 Nr. 3 ROG) hindert eine Einstellung der Fläche in einen Flächenpool und ihre spätere Anrechnung als Ausgleichsfläche grundsätzlich nicht. §§ 1a Abs. 3 S. 3; 200a S. 4 BauGB und auch § 1 Abs. 4 BauGB stellen ausdrücklich nur auf Ziele der Raumordnung als verbindliche Grenzen des Planungsermessens ab. Allerdings ist in diesen Fällen bei der später stattfindenden planerischen Abwägung des Eingriffsbebauungsplans besonders zu berücksichtigen, dass auf Grund von § 4 Abs. 2 ROG die Grundsätze der Raumordnung ein besonderes Gewicht in der Abwägung haben.[121] Für die Ausweisung dieser Flächen, denen als Grundsatz der Raumordnung eine möglicherweise mit dem Ausgleich kollidierende Nutzung zugewiesen ist, als Ausgleichsflächen im Eingriffsbebauungsplan, muss die planende Gemeinde in ihrer Abwägung besonders gewichtige Abwägungsbelange vorbringen und diese in der Planbegründung dokumentieren können. Kann sie das nicht, stellt dies im Lichte von § 4 Abs. 2 ROG ein Indiz für eine abwägungsfehlerhafte Planung dar.

Es kommt also bei dieser Zulässigkeitsvoraussetzung des räumlich entkoppelten Ausgleichs darauf an, ob die Nutzung als Ausgleichsfläche mit

---

[121] Dazu *Runkel*, in: Ernst/Zinkahn/Bielenberg/Krautzberger (Hrsg.), BauGB, Einleitung Anhang, Rn. 104 f.

der in den Raumordnungsplänen vorgesehenen Nutzung der Flächen vereinbar ist. Die Raumordnungsplanung kann gemäß der Rahmenvorschrift des
§ 7 Abs. 2 S. 1 Nr. 1 ROG die Nutzung einer Fläche als Siedlungsfläche
vorsehen. Eine Nutzung als Ausgleich scheint hier kaum denkbar; Ausnahmen sind in besonderen Einzelfällen aber möglich. Bevorratet die Gemeinde solche Flächen, ist besondere Vorsicht geboten. Regelmäßig sind
diese Flächen wegen ihrer Entwicklung zu urbanen Siedlungsstrukturen
nicht zum Ausgleich geeignet. Flächen nach § 7 Abs. 2 S. 1 Nr. 2a) ROG
können problemlos als Ausgleichsflächen genutzt werden; solche nach § 7
Abs. 2 S. 1 Nr. 2b) ROG regelmäßig nicht, da Rohstoffsicherung und -ab-
bau meist eher naturzerstörend als naturverbessernd wirken. Flächen nach
§ 7 Abs. 2 S. 1 Nr. 2c) ROG sind als Ausgleichsflächen prinzipiell nutzbar,
weil die Entwicklung der Naturfunktionen eines Raumes unter „Sanierung
und Entwicklung von Raumfunktionen" subsumierbar ist. Ausweisungen
nach § 7 Abs. 2 S. 1 Nr. 3 ROG schließlich sind nicht als Ausgleichsflächen denkbar. Existieren in den Raumordnungsplänen gemäß § 7 Abs. 2
S. 2 ROG Aussagen zum Eingriffsausgleich, so sind diese Flächen als Ausgleichsflächen nutzbar und können in Flächenpools bevorratet werden, weil
die interne Abwägung des Raumordnungsplangebers hier bereits die Kollision zwischen der Nutzung als Ausgleichsfläche und konkurrierender Nutzungen zu Gunsten der Nutzung als Ausgleichsfläche gelöst hat. Aussagen
der Raumordnungspläne zur Flächennutzung gemäß § 7 Abs. 3 S. 2 Nr. 1
ROG sind ohne weiteres mit der Nutzung als Ausgleichsfläche in Einklang
zu bringen; bei Aussagen nach § 7 Abs. 3 S. 2 Nr. 2 und 4 ROG wird dies
regelmäßig auch der Fall sein, bedarf aber einer Einzelfallprüfung. Flächennutzungen nach § 7 Abs. 3 S. 2 Nr. 3 ROG sind dagegen mit der Nutzung
als Ausgleichsfläche meist nicht vereinbar.

Bei einer Kollision zwischen der in der Raumplanung vorgesehenen Nut-
zungart einer Fläche und der beabsichtigten Nutzung der Fläche als Ausgleichsfläche kann diese Fläche durchaus in einen Flächenpool eingestellt
werden. Diese Vorgehensweise ist aber riskant. Denn bei der Abwägung
eines Eingriffsbebauungsplanes muss sichergestellt sein, dass diese bevorratete Fläche – sofern sie als Fläche zum Ausgleich dieses Eingriffs vorgesehen ist – tatsächlich auch auf Dauer dazu genutzt werden kann, die Naturfunktionen zu verbessern. Dafür bieten diese Flächen aber keine Gewähr,
wenn die Raumordnungspläne andere, konfligierende Nutzungsarten vorsehen, da die Raumordnung prinzipiell Vorrang vor anderen Planungen hat,
die entsprechend anzupassen sind (§§ 4 Abs. 1 S. 1, Abs. 2 ROG; 1 Abs. 4
BauGB). Aus organisatorisch-strategischer Sicht bietet es sich daher für den
Poolbetreiber an, ausschließlich solche Flächen zu bevorraten, bei denen
die Nutzung als Ausgleichsfläche nicht mit den Raumordnungsplänen kollidiert. Nur bei diesen ist sichergestellt, dass sie tatsächlich als Ausgleichs-

fläche genutzt werden können und dass die Nutzung als Ausgleichsfläche die Refinanzierung der vorgeleisteten Kosten der Flächenbevorratung beim Eingriffsverursacher ermöglicht.

Im Grundsatz dasselbe gilt bei der Maßnahmenbevorratung in *Ökokonten*. Hier tritt der Naturaufwertungserfolg zwar schon ein, bevor der Eingriff überhaupt durchgeführt ist. Dieser Naturaufwertungserfolg muss aber von Dauer sein und darf nicht gleich wieder zerstört werden. Diese Gefahr der Beseitigung der Naturaufwertung bestünde aber dann, wenn die Raumordnungspläne für aufgewertete Flächen, also Flächen in Ökokonten, Nutzungen vorsähen, die Eingriffe nach sich ziehen. Eine spätere Anrechnung der bevorrateten Flächen beim Beschluss eines Eingriffsbebauungsplanes[122] ist dann nicht möglich. Als Konsequenz daraus sollte der Betreiber eines Ökokontos nur auf solchen Flächen Maßnahmen bevorraten, bei denen davon auszugehen ist, dass auf Grund der Aussagen der Raumordnung die Aufwertung dauerhaft bleibt, das heißt, bei denen auf absehbare Zeit keine Eingriffe stattfinden werden. Die Raumordnungspläne steuern also auch die Auswahl der Flächen, auf denen eine Maßnahmenbevorratung stattfindet. Sie steuern aber nicht die Auswahl der zu bevorratenden Maßnahmen selbst.[123]

Zusammenfassend kann zu dieser Zulässigkeitsvoraussetzung des räumlich vom Eingriff entkoppelten Ausgleichs gesagt werden, dass Flächen immer dann als Ausgleichsflächen wahrscheinlich geeignet sind und sich die Bevorratung in Flächenpools anbietet, wenn die Raumordnungspläne der Länder Nutzungsarten vorsehen, die mit der Ausgleichstätigkeit vereinbar sind. Denn in diesen Fällen ist die Realisierung der naturverbessernden Maßnahmen nicht durch konfligierende Nutzungsaussagen in der Raumplanung gefährdet. Ist eine konfligierende Nutzung als Ziel der Raumordnung ausgestaltet, so ist die Gemeinde daran gebunden; handelt es sich lediglich um einen Grundsatz der Raumordnung, so müssen dennoch besonders gewichtige Abwägungsbelange vorliegen, damit die konfligierende Nutzungsaussage des Raumordnungsplans überwunden und mit der Nutzung als Ausgleichsfläche überplant werden kann. Allerdings scheidet damit die Raumplanung nur solche Flächen aus, bei denen ein räumlicher Zusammenhang rechtlich gar nicht möglich sein kann. Sie schließt negativ Flächen aus, sagt aber positiv nichts über diesen Zusammenhang. Diese positive Zuweisung könnte eher bei den feinmaschigeren örtlichen Planungen, der Flächennutzungsplanung und vor allem der Landschaftsplanung geschehen.

---

[122] Näher zu einer solchen „Abbuchung" vom Ökokonto unten bei B. III.
[123] Dazu sogleich bei B. I. 2. a) aa) (1) und bb).

## (2) Steuerung durch die Flächennutzungsplanung

Gemäß §§ 1a Abs. 3 S. 3; 200a S. 2 BauGB muss der räumlich entkoppelte Ausgleich auch mit einer nachhaltigen städtebaulichen Entwicklung vereinbar sein. Damit ist die Vereinbarkeit mit den Aussagen der Flächennutzungsplanung angesprochen.[124] Hier gilt im Grundsatz dieselbe Vorgehensweise wie bei der Beurteilung der Vereinbarkeit des räumlich entkoppelten Ausgleichs mit der Raumordnungsplanung. Nur diejenigen Flächen sind als Ausgleichsflächen nutzbar und dementsprechend bei der Bevorratung in einen Flächenpool einzustellen, die im Hinblick auf ihre Nutzung als Ausgleichsfläche nicht mit den Aussagen des Flächennutzungsplanes kollidieren. Nur ist der Betrachtungsfokus nun enger als bei der Raumordnungsplanung; zu beurteilen sind lediglich Flächen innerhalb des eigenen Gemeindegebiets.

Die Nutzungsdarstellungen nach § 5 Abs. 2 BauGB, die mit der Nutzung als Ausgleichsfläche in Einklang zu bringen beziehungsweise nicht vereinbar sind, wurden oben bereits genannt.[125] Für die Bevorratung am besten geeignet sind demnach Flächen, die nach § 5 Abs. 2 Nr. 10 BauGB überplant worden sind. Auf diesen Flächen werden regelmäßig keine Eingriffe stattfinden, so dass der Erfolg der ökologischen Aufwertung nicht gefährdet und auf Dauer sichergestellt ist. Bevorratet der Betreiber eines Flächenpools Flächen, die nicht nach § 5 Abs. 10 BauGB, sondern nach anderen Nutzungsdarstellungen aus § 5 Abs. 2 BauGB überplant worden sind, so ist nicht sichergestellt, dass diese Flächen später auch tatsächlich als Ausgleichsflächen genutzt werden können. Denn wie bereits dargestellt kommt es für die Beurteilung der Eignung als Ausgleichsfläche darauf an, dass beim Beschluss des Eingriffsbebauungsplanes ein langfristig wirkender ökologischer Aufwertungserfolg zu erwarten ist. Dafür bieten Darstellungen nach § 5 Abs. 2 Nr. 10 BauGB die beste Gewähr. Sind die Flächen anders überplant, so müssen genügend Anhaltspunkte dafür bestehen, dass ein langfristiger Aufwertungserfolg erreicht wird und die wiederhergestellten Naturfunktionen nicht durch andere Eingriffe in der Zukunft zerstört werden. Bestehen keine solchen Anhaltspunkte, können diese bevorrateten Flächen, die nicht nach § 5 Abs. 2 Nr. 10 BauGB überplant worden sind, nicht als Ausgleichsflächen anerkannt werden. Dies folgt aus dem Entwicklungsgebot nach § 8 Abs. 2 BauGB, das die Gemeinden dazu verpflichtet, in der Bebauungsplanung keine grundlegend anderen Nutzungen als in der Flächennutzungsplanung vorzusehen. Die Nutzung als Ausgleichsfläche ist aber auf Grund der damit verbundenen ökonomisch bedeutsamen Nutzungs-

---

[124] Siehe oben im § 4 bei C. III. 2. b) ee) und 4.
[125] In § 4 bei D. I. 2. a).

einschränkungen eine solch grundlegend andere Nutzungsart einer Fläche, die nach § 8 Abs. 2 BauGB durch eine Darstellung nach § 5 Abs. 2 Nr. 10 BauGB flächennutzungsplanerisch vorbereitet sein muss. Nur flankierende und ergänzende Ausgleichsmaßnahmen können auf nicht nach § 5 Abs. 2 Nr. 10 BauGB dargestellten Flächen vorgenommen werden.[126] § 8 Abs. 2 BauGB entspricht daher in seiner Wirkung auf die Bevorratung von Flächen den §§ 4 Abs. 1 S. 1, Abs. 2; 1 Abs. 4 BauGB; für Ökokonten und Flächenpools entfaltet das Entwicklungsgebot dieselbe Wirkung wie das Anpassungsgebot nach § 1 Abs. 4 BauGB, nur auf einer anderen, kleinräumigeren Ebene.

Will der Flächenpoolbetreiber bei der Flächenbevorratung sichergehen, so wird er deshalb nur Flächen auswählen, die nach § 5 Abs. 2 Nr. 10 BauGB in ihrer Nutzung als Ausgleichsfläche planerisch gesichert sind.[127] Die Flächennutzungsplanung steuert auf diese Weise – aber ebenso wie die Raumplanung negativ-ausschließend, nicht positiv-zuweisend – die Auswahl der Ausgleichsflächen bei der Flächenbevorratung.

(3) Steuerung durch die Landschaftsplanung

Gemäß §§ 1a Abs. 3 S. 3; 200a S. 2 BauGB müssen auch die Ziele des Naturschutzes und der Landschaftspflege beim räumlich entkoppelten Ausgleich beachtet werden. Dies geschieht dadurch, dass dieser Ausgleich mit den Aussagen der Landschaftsplanung vereinbar sein muss, die diese Ziele des Naturschutzes und der Landschaftspflege konkretisieren und für den Vollzug der Eingriffsregelung im (Eingriffsbauleitplan)Planaufstellungsverfahren operationalisierbar machen. Im Unterschied zur Raumordnungs- und Flächennutzungsplanung beschreibt die Landschaftsplanung nicht, welche Nutzungen für bestimmte Flächen vorgesehen sind, sondern sie stellt vor allem die örtlichen Erfordernisse und Maßnahmen des Naturschutzes dar (§ 16 Abs. 1 S. 1 BNatSchG). Sie ist daher vor allem für die Auswahl der zu bevorratenden Maßnahmen und damit für den funktionalen Zusammenhang zwischen Ausgleich und Eingriff relevant.

Indem die Raumordnungs- und die Flächennutzungsplanung Nutzungen beschreiben, so dass bei der Auswahl der zu bevorratenden Flächen zu er-

---

[126] Siehe dazu oben in § 4 bei D. I. 2. a) ff).

[127] Ist die Gemeinde Betreiberin des Flächenpools, so hat sie die Möglichkeit, diejenigen Flächen, die sie gerne bevorraten möchte, durch Änderung ihrer Flächennutzungsplanung und Darstellung dieser Flächen nach § 5 Abs. 2 Nr. 10 BauGB planungssicher und damit ausgleichstauglich zu machen. Sie kann also Flächen bevorraten, die erst später auf diese Weise dargestellt werden. Maßgeblich für die Beurteilung der Eignung der Fläche als Ausgleichsfläche ist erst der Zeitpunkt des Beschlusses des Eingriffsbebauungsplanes.

mitteln ist, auf welchen Flächen die durch jene Planungen vorgesehenen Nutzungen nicht mit der Nutzung als Ausgleichsfläche konfligieren, wirken diese Planungen negativ-ausschließend. Die Landschaftsplanung dagegen entfaltet eine positive Steuerungswirkung. Ihr kann entnommen werden, welche Flächen als Ausgleichsflächen besonders geeignet sind, weil die Landschaftsplanung die zur Verbesserung der Natur notwendigen Maßnahmen in einem globalen, langfristig orientierten Untersuchungsrahmen festgelegt hat und diese Maßnahmen unabhängig von konkreten Eingriffen beschreibt. Für die Flächenbevorratung bedeutet dies, dass bevorzugt solche Flächen bevorratet werden sollten, für welche die örtliche Landschaftsplanung ein hohes Aufwertungspotenzial und damit eine hohe Ausgleichseignung festgestellt hat. Im Idealfall enthält die Landschaftsplanung bereits ein Bevorratungs- und Aufwertungskonzept, das als Ausgleichskonzept entwickelt worden ist.[128] Der Poolbetreiber kann aber auch Flächen bevorraten, für die die Landschaftsplanung kein hohes Aufwertungspotenzial festgestellt hat. Problematisch kann dies indes in der Abwägung des Eingriffsbauleitplanes werden. Hier ist bei der Abwägung, und dort speziell beim Abwägungsbelang des Ausgleichs im Rahmen der Eingriffsregelung, zu berücksichtigen, dass der Landschaftsplan für die als Ausgleich vorgesehene Fläche kein hohes Aufwertungspotenzial vorsieht. Die Gemeinde darf sich regelmäßig nicht über diese Wertung des Landschaftsplanes hinwegsetzen, sondern muss entsprechende andere ausgleichsgeeignete Flächen zur Realisierung des Ausgleichs suchen. Setzt sie sich über die Aussagen des Landschaftsplanes hinweg, so liegt darin ein Indiz für einen Abwägungsfehler, so dass die Gemeinde gute Gründe für ein Zurückstellen dieser landschaftsplanerischen Wertung in der planerischen Abwägung nennen muss.

### bb) Steuerung der Auswahl der Aufwertungsmaßnahmen – funktionaler Zusammenhang zwischen Eingriff und Ausgleich

Im Gegensatz zum räumlichen Zusammenhang stellt das BauGB nicht ausdrücklich Voraussetzungen für den funktionalen Zusammenhang zwischen Eingriff und Ausgleich auf. Oben ist jedoch hergeleitet worden, dass die Einbindung der Eingriffsregelung in das System der räumlichen Planung dazu führt, dass die oben genannten Voraussetzungen des räumlichen Ausgleichs ebenso für den funktionalen Zusammenhang anzuwenden sind.[129] Die in §§ 1a Abs. 3 S. 3; 200a S. 2 BauGB genannten Anforderungen der Vereinbarkeit des Ausgleichs mit der Raumordnungs-, Flächennutzungs- und Landschaftsplanung gelten auch in funktionaler Hinsicht. Damit ist vor

---

[128] Siehe dazu oben in § 4 bei C. III. 3.
[129] Siehe oben im § 4 bei C. III. 2. b) ee) sowie bei 4. und 5.

allem die Auswahl der Aufwertungsmaßnahmen und damit primär das Öko-konto betroffen, da erst die ausgewählten Aufwertungsmaßnahmen entscheiden, welche Naturfunktionen der Ausgleich wiederherstellt und erst so eine Beurteilung der funktionalen Gleichwertigkeit möglich wird. Die Auswahl der Ausgleichsflächen spielt für den funktionalen Zusammenhang aber insofern eine Rolle, als auf bestimmten Flächen manche Naturfunktionen nicht wiederherzustellen sind, die Aufwertungsmaßnahmen also an die spezifische naturräumliche Charakteristik der Ausgleichsfläche gebunden sind.[130] Die Frage des funktionalen Zusammenhangs ist daher zwar primär für die (Maßnahmen-)Bevorratung in Ökokonten interessant, spielt aber auch für die (Flächen-)Bevorratung in Flächenpools eine wichtige Rolle.

Es sind also wiederum die Aussagen der Raumordnungspläne, der Flächennutzungsplanung und der Landschaftsplanung zu analysieren. Die Analyse erfolgt dieses Mal aber unter dem Aspekt, ob diese Planwerke Vorgaben für den funktionalen Zusammenhang zwischen Eingriff und Ausgleich aufstellen. Die Raumordnungs- und die Flächennutzungsplanung sind für die Beantwortung dieser Frage wenig ergiebig. Sie stellen lediglich die Art der Flächennutzung dar, geben aber keine konkreten Handlungsanweisungen, etwa dergestalt, dass auf einer bestimmten Fläche ein Wald existieren oder hergestellt werden müsste. Diese Pläne sind von ihrem Planungsziel her grobmaschig angelegt und sollen nur die ungefähre Flächennutzung in ihren Grundzügen vorschreiben. Konkrete Handlungsanweisungen, die bei der Maßnahmenbevorratung zu beachten wären, sind aus ihnen nicht abzuleiten. Sie beschreiben nur das grundsätzliche „ob" einer Nutzung als Ausgleichsfläche, nicht aber das „wie" des konkreten Ausgleichs.

Wesentliche Anhaltspunkte für dieses „wie" und damit den funktionalen Zusammenhang zwischen Eingriff und Ausgleich liefert dagegen die Landschaftsplanung. Die Landschaftspläne stellen die örtlichen Erfordernisse und Maßnahmen des Naturschutzes dar (§ 16 Abs. 1 S. 1 BNatSchG). Sie beschreiben, welche Naturfunktionen die einzelnen Flächen im Gemeindegebiet erfüllen und welche Wirkung diese Funktionen der einzelnen Flächen auf den Gesamt-Naturhaushalt, die Landschaft und deren Auswirkungen auf den Menschen haben. Die Gemeinde drückt in ihrer Landschaftsplanung aus, welcher ökologische Bestand in der Gemeinde existiert und wie mit diesem in der Zukunft verfahren werden soll. Damit erfüllt der Landschaftsplan eine Visualisierungsfunktion: Er stellt dar, welche Flächen welche Naturfunktionen aufweisen. Damit lässt sich leicht erkennen, welche Naturfunktionen im zukünftigen Eingriffsgebiet beeinträchtigt sein werden; es lässt sich außerdem leicht erkennen, auf welchen anderen Flächen im Ge-

---

[130] Beispielsweise kann auf einem Waldgrundstück keine Naturfunktion hergestellt werden, die einer gewässerbezogenen Funktion entspricht.

meindegebiet ähnliche Naturfunktionen wie die im Eingriffsgebiet existieren. Der Betreiber eines Ökokontos kann daher an Hand der kommunalen Landschaftsplanung einen Katalog oder ein Ausgleichskataster erstellen, in dem die einzelnen Gemeindeflächen nach ihren aktuellen und potenziellen Natur- und Landschaftsfunktionen aufgeführt und geordnet sind. Aus diesem Katalog kann er dann gezielt Flächen aussuchen und ein Spektrum an Naturfunktionen zusammenstellen, das möglichst umfassend ist, so dass Flächen und Maßnahmen bevorratet werden, die alle möglichen beeinträchtigten Naturfunktionen ausgleichen können, also funktionsidentisch oder zumindest funktionsähnlich sind. Dabei kann der Poolbetreiber mit der fachlich kompetenten Naturschutzbehörde zusammenarbeiten und sich die wiederhergestellten Funktionen bescheinigen lassen. Solche Bescheinigungen können dabei helfen, die spätere Nutzung der Bevorratung in der Abwägung des Eingriffsbebauungsplanes abzusichern und den Vollzug der Eingriffsregelung in der Abwägung weniger fehleranfällig zu machen. Denn dadurch, dass sie die Herstellung einer bestimmten Naturfunktion auf einer bestimmten Fläche dokumentieren, braucht sich später die den Eingriff abwägende Gemeinde bei der Auseinandersetzung mit den zu beeinträchtigenden Naturfunktionen nur auf diese Bescheinigungen zu beziehen, um so zu zeigen, dass die vorher hergestellten Naturaufwertungen den funktionalen Zusammenhang zwischen Eingriff und Ausgleich wahren.

Mit Hilfe der Landschaftsplanung kann auf diese Weise die gesamte Palette der im Gemeindegebiet bereits existierenden Naturfunktionen ermittelt und aus den Maßnahmen, die der Landschaftsplan bereits vorsieht, ein breites Spektrum an möglichen Ausgleichsmaßnahmen ermittelt und bevorratet werden, das diese Palette der existierenden Naturfunktionen abdeckt. Auf diese Weise kann der notwendige funktionale Zusammenhang zwischen Eingriff und Ausgleich am besten sichergestellt werden. Der Landschaftsplan steuert daher den bauplanungsrechtlichen Ausgleich ganz erheblich.

Beachtet die Gemeinde bei der Festlegung von Ausgleichsmaßnahmen die Landschaftsplanung nicht und widersprechen ihre Festlegungen den Aussagen der Landschaftsplanung, so weist dies auf eine fehlerhafte Behandlung der Eingriffsregelung, also auf einen Abwägungsfehler hin. Dies folgt daraus, dass die Landschaftsplanung im Abwägungsprozess eine maßgebliche Rolle bei der Beurteilung der Belange von Natur und Landschaft einnimmt, einem Sachverständigengutachtens vergleichbar.[131] Wenn die Gemeinde bei der Festlegung von Ausgleichsmaßnahmen ihrer eigenen Landschaftsplanung widerspricht, ist dieses Abweichen von einer festgeschriebenen, zukunftsorientierten Naturhaushaltsplanung begründungsbedürftig. Existieren keine triftigen Gründe, etwa der Stadtentwicklung, für eine

---

[131] Siehe dazu oben in § 4 bei C. I. 6. a) cc).

Überwindung der Landschaftsplanung in der bauplanerischen Abwägung, welche dieses Abweichen von einem langfristigen Konzept rechtfertigen können, so stellt dies einen Abwägungsfehler dar.

### cc) Der notwendige Projektbezug

Es ist bereits hergeleitet worden, dass städtebauliche Ausgleichsmaßnahmen, die zeitlich vorgezogen werden, den Bezug zu einem konkreten Eingriffsprojekt wahren müssen.[132] Da bei der zeitlichen Vorwegnahme von Ausgleichsmaßnahmen keine Zuordnung zu einem bestimmten Projekt möglich ist, wandelt sich dieser Projektbezug des Ausgleichs um in eine abstrakte, generelle Ausgleichsbezogenheit. Schon bei Durchführung der vorgezogenen Naturaufwertungsmaßnahme muss klargestellt sein, dass diese Maßnahme dazu bestimmt ist, durch ihren ökologischen Aufwertungserfolg einen später einmal stattfindenden Eingriff auszugleichen. Die Naturaufwertungsmaßnahme muss also als vorgezogener Ausgleich „gewidmet" werden, das heißt, es muss verfahrensmäßig dokumentiert werden, dass diese Maßnahme anlässlich eines späteren Eingriffsausgleichs erfolgt ist und gerade keine beliebige Naturaufwertung darstellt.

Bezogen auf das Prinzip des Ökokontos bedeutet dies, dass der Betreiber eines Ökokontos bei der Durchführung naturaufwertender Maßnahmen, also der Maßnahmenbevorratung, dokumentieren muss, dass die Naturaufwertung aus Gründen des Eingriffsausgleichs und zur späteren Anrechnung auf die Ausgleichsverpflichtung vorgenommen worden ist. Diese Dokumentation kann auf verschiedene Weise geschehen, je nachdem, auf welche Weise die Bevorratung der Flächen erfolgt. Wird das Ökokonto gemäß §§ 1a Abs. 3 S. 2 BauGB auf der Grundlage eines Ausgleichsbebauungsplans eingerichtet, so kann die Dokumentation in der Begründung des Ausgleichsbebauungsplanes oder durch textliche Zusätze im Planwerk selbst erfolgen. Bevorratet der Betreiber des Ökokontos selbständig in eigener Verantwortung und stellt er die Ausgleichsflächen der Gemeinde über städtebauliche Verträge zur Verfügung, so empfiehlt es sich, ein selbständiges Ausgleichskataster oder -verzeichnis aufzustellen, in dem eindeutig und auch später nachvollziehbar festgehalten ist, dass die Aufwertungsmaßnahme aus Gründen des späteren Eingriffsausgleich vorgenommen worden ist. Dasselbe Vorgehen zur Dokumentation empfiehlt sich für eine Gemeinde, die das Ökokonto gemäß § 1a Abs. 3 S. 4 Alt. 2 BauGB im Wege der „sonstigen geeigneten Maßnahmen" aufbaut und betreibt.[133]

---

[132] In § 3 bei C. I. und in § 4 bei C. III. 2. b) dd) und ee) (2).

[133] Zu den verschiedenen planerischen Möglichkeiten des Aufbau und Betriebs eines Flächenpools und Ökokontos noch ausführlich unten bei B. II.

### dd) *Verursacherprinzip*

Oben[134] ist dargestellt worden, dass das Verursacherprinzip in der städtebaulichen Eingriffsregelung lückenlos gilt und der Eingriffsverursacher entweder selbst zur Vornahme von Ausgleichsmaßnahmen verpflichtet ist (§ 135a Abs. 1 BauGB) oder die Finanzierungslast des Ausgleichs tragen muss (§ 135a Abs. 2 und 3 BauGB). Für Flächenpools und Ökokonten sind nur letzere Regelungen interessant. Hier sieht das BauGB wie beschrieben zwingend vor, dass die Gemeinden die Kosten des Ausgleichs beim Eingriffsverursacher zu refinanzieren haben; ein Ermessen hierzu besteht nicht.

Beim Betrieb von Ökokonten und Flächenpools muss diese zwingende Anforderung beachtet werden. Das Verursacherprinzip und die gesetzliche Regelung, die es in § 135a Abs. 1–3 BauGB umsetzt, verlangen, dass auch bei Nutzung von Ökokonten und Flächenpools die Eingriffsverursacher belastet werden. Dies muss bei der Konzeption dieser Methoden und der Bevorratung von Flächen und Maßnahmen unbedingt beachtet werden. Es ist nicht zulässig, dass der Eingriffsverursacher von Ökokonten und Flächenpools profitiert, indem der Eingriffsbebauungsplan mit deren Hilfe leichter beschlossen werden kann, aber nicht durch die Kosten dieser Methoden belastet wird. Meist wird indes schon der ökonomische Kostendruck dafür sorgen, dass die Pool- und Kontobetreiber ihre Unkosten bei den Eingriffsverursacher freiwillig decken werden.

### b) Zusammenfassung: Bedingungen für die Nutzung der Bevorratung – materielle Anforderungen an die Abwägung des Eingriffsbauleitplanes

Die soeben beschriebenen materiellen Anforderungen des BauGB an Ausgleichsmaßnahmen[135] muss die Gemeinde beim Beschluss von eingriffsermöglichenden Bauleitplänen beachten, unabhängig davon, ob sie bevorratete Flächen und Maßnahmen aus Ökokonten oder Flächenpools nutzen will oder nicht. Macht sie von dieser modernen Kompensationsmethodik Gebrauch, so werden die im Folgenden genannten materiellen Anforderungen an die bauleitplanerische Abwägung eines Eingriffsbauleitplanes in besonderem Maße relevant und erlangen eine entscheidende Bedeutung für die Zulässigkeit der Nutzung von Ökokonten und Flächenpools als Methoden des Ausgleichs. Denn diese basieren auf dem Prinzip der räumlichen und zeitlichen Entkopplung; werden sie als Ausgleichshilfe genutzt, müssen die Anforderungen des räumlichen, funktionalen und zeitlichen Zusammen-

---

[134] In § 4 bei C. III. 2. b) dd) und ee) (4).

[135] Die formelle Einbettung der Nutzung von Ökokonten und Flächenpools in das Planaufstellungsverfahren wird unten bei B. III. beschrieben.

hangs in der Abwägung unbedingt beachtet werden. Die Gemeinde muss im Abwägungsvorgang prüfen, ob die bevorrateten Maßnahmen den gerade genannten Anforderungen dieses Zusammenhangs an Ausgleichsmaßnahmen gerecht werden. Für die Zulässigkeit der Nutzung bevorrateter Flächen und Maßnahmen im Rahmen des städtebaulichen Ausgleichs ist daher alleine der Abwägungsvorgang des Eingriffsbauleitplanes entscheidend.

In ihm dürfen die bevorrateten Flächen und Maßnahmen nicht unbesehen und ungeprüft als Ausgleichsflächen bzw. -maßnahmen akzeptiert werden. Es muss – um das oben Dargestelle kurz zusammenzufassen – eine *Prüfung* der Bevorratung in Ökokonten und Flächenpools *unter sechs Aspekten* stattfinden. *Erstens* müssen die bevorrateten Flächen und Maßnahmen tatsächlich zu einer Aufwertung der Natur geführt haben und dürfen nicht auf Flächen durchgeführt worden sein, die ohnehin in einem guten ökologischen Zustand waren. *Zweitens* muss die Bevorratung speziell für Zwecke des Ausgleichs durchgeführt worden sein und darf nicht irgendeine Naturaufwertung gewesen sein, die jetzt auf Grund des Ausgleichsbedarfs als Ausgleich deklariert wird (Projektbezug). *Drittens* muss sichergestellt sein, dass der Eingriffsverursacher, also die Bauherren, zur Finanzierung der Bevorratung finanziell belastet werden (Verursacherprinzip). *Viertens* muss wie beschrieben geprüft werden, ob die Aussagen der Raumordnungs- und Flächennutzungspläne über die Nutzung der zum Ausgleich vorgesehenen mit der tatsächlichen, langfristigen Nutzung dieser Flächen als Ausgleichsflächen vereinbar sind (räumlicher Zusammenhang). *Fünftens* ist darauf zu achten, ob die Bevorratung dem ökologischen Bedarf entspricht, der in den Landschaftsplänen der Gemeinde formuliert worden ist. *Sechstens* ist darauf zu achten, dass die Ausgleichsflächen planerisch gegen andere, möglicherweise konfligierende und wiederum naturbeeinträchtigende Nutzungen gesichert ist (planerische Sicherung).

Ist auch nur einer dieser sechs Punkte nicht beachtet oder fehlerhaft behandelt worden, so dass die bevorrateten Ausgleichsflächen und -Maßnahmen den oben bei a) dargelegten Anforderungen nicht gerecht werden, so ist die Behandlung der städtebaulichen Eingriffsregelung fehlerhaft. Die gesamte Planung des Eingriffsbebauungsplanes leidet damit an einem Abwägungsfehler.

## II. Die planerische Umsetzung der Flächen- und Maßnahmenbevorratung („Einzahlung/Einbuchung") in Flächenpools/Ökokonten

Nachdem gerade die Anforderungen an die Ausgleichsflächen und -maßnahmen, die in Flächenpools- und Ökokonten bevorratet werden, formuliert worden sind, bleibt die Frage, mit welchen rechtlichen Mitteln die Betreiber

dieser Pools und Konten eine solche Bevorratung von Flächen und Maßnahmen durchführen können. Daher behandelt dieser Abschnitt die Frage,
wie eine „Einzahlung" bzw. „Einbuchung" in ein Ökokonto oder einen Flächenpool planungsrechtlich so durchgeführt werden kann, dass diese „Ein-
zahlung/Einbuchung" später auch bei einem Eingriff wieder „abgebucht"
werden kann (zu letzterem bei III.). Es geht darum, wie dieser Begriff der
„Einzahlung", der anschaulich das Funktionsprinzip eines Ökokontos oder
Flächenpools beschreibt, in planungsrechtliche Kategorien, die den Gemeinden vertraut sind, übersetzt werden kann.

Diese Übersetzung der „Einzahlung/Einbuchung" in planungsrechtliche
Kategorien besteht aus drei aufeinander aufbauenden Teilkomplexen. Zunächst müssen überhaupt ausgleichsgeeignete Flächen ausgewählt werden,
die „eingebucht/eingezahlt" werden können (bei 1.). Ist die Entscheidung
gefallen, welche Flächen in den Flächenpool oder das Ökokonto eingestellt
werden sollen, stellt sich als darauf aufbauender Teilkomplex die Frage,
wie die Beschaffung der geeigneten Flächen erfolgen kann und welche
rechtlichen Instrumente der Poolbetreiber zu dieser Flächenbeschaffung einsetzen kann (bei 2.). Sind diese beiden Teilkomplexe geklärt, erfolgt als
dritter Teilschritt die eigentliche planerische Sicherung der ausgewählten
und nun beschafften Flächen gegen konkurrierende Nutzungsinteressen
(bei 3.). Diese drei Teilschritte der Auswahl, Beschaffung und Sicherung
der Flächen bilden zusammen genommen die planungsrechtliche Übersetzung des Begriffs der „Einbuchung" in Flächenpools und Ökokonten.

### 1. Die Auswahl der zu bevorratenden Flächen

Ganz zu Beginn des „Einzahlungs/Einbuchungs"-Prozesses steht als erster Schritt die Auswahl der Flächen und Maßnahmen, welche der Poolbetreiber bevorraten will. Der Maßstab für diese Entscheidung muss die
Verwendbarkeit der Bevorratung als Ausgleich in späteren Eingriffssituatio-
nen sein. Diese Verwendbarkeit ist nur dann gegeben, wenn die bevorrateten Flächen denjenigen materiellen Kriterien entsprechen, die oben bei B. I.
dargelegt worden sind. Der Poolbetreiber muss also an Hand dieser bereits
dargestellten Anforderungen an den Ausgleich prüfen, ob sich eine Fläche
als spätere Ausgleichsfläche eignet. Existierende Ausgleichskonzepte, die in
der Landschaftsplanung, der Flächennutzungsplanung, in informellen Planungen oder in Absichtserklärungen niedergelegt sein können, sind dabei
hilfreich.[136] Bei positivem Ausgang dieser Prüfung sind bei der Entschei-

---

[136] Zur Rolle dieser Ausgleichskonzepte bei der Auswahl von Flächen an Hand
von Beispielen aus der Planungspraxis siehe *Bunzel/Böhme,* Interkommunales Kompensationsmanagement, S. 111 und S. 193.

dung, ob die Fläche bevorratet wird, allerdings noch andere Kriterien jenseits der rechtlichen Eignung zu beachten. Zentral sind auf Grund ihrer wirtschaftlichen Bedeutung die Kriterien der Möglichkeit einer Beschaffung der anvisierten Fläche und – damit zusammenhängend – der Kosten der Beschaffung. Daneben müssen als Faktoren in die Auswahlentscheidung des Poolbetreibers auch die zu erwartenden Widerstände der Grundstückseigentümer und Nutzer einer Fläche, die etwa landwirtschaftlich genutzt sein kann, und ferner der Aufwand zur Beseitigung oder Verminderung dieses Widerstandes eingehen.

Planungsrechtlich ist diese Entscheidung, welche Flächen überhaupt zur Bevorratung in Frage kommen, lediglich durch die beschriebenen Anforderungen des städtebaulichen Ausgleichs determiniert. Nur sie setzen dem Prozess der „Einbuchung" in diesem Verfahrensschritt einen rechtlichen Rahmen. Ansonsten dominieren in diesem Stadium der Einbuchung eher praktisch-faktische, strategisch-konzeptionelle Probleme der ökonomischen Beschaffung geeigneter Flächen und der Kooperation mit betroffenen Grundstückseigentümern.

## 2. Die Beschaffung der Flächen

Eine demgegenüber weitaus größere Rolle bei der Umsetzung der „Einbuchung" in rechtlich fassbare Figuren spielt das Planungsrecht im zweiten Stadium der „Einbuchung", bei der Beschaffung der Flächen zur Bevorratung. Diese Beschaffung ist der Kern der Bevorratung. Nur wenn der Betreiber eines Flächenpools oder Ökokontos Ausgleichsflächen beschafft hat, kann er diese Flächen bevorraten.

Dabei darf der Begriff der Beschaffung nicht in der Weise missverstanden werden, dass er zwingend einen Übergang des Eigentums auf den Poolbetreiber vorsieht. Ein solcher Eigentumsübergang kann ein Weg der Beschaffung sein; er ist indes nicht die einzige Möglichkeit der Flächenbeschaffung. Der Begriff der „Beschaffung" muss vielmehr an Hand des Ziels eines Flächenpools oder Ökokontos verstanden werden, Ausgleichsflächen und maßnahmen so vorzubereiten, dass diese Flächen und Maßnahmen später bei einem Eingriff problemlos mit der Ausgleichslast des Verursachers verrechnet werden können. Will ein Betreiber eines Pools oder Kontos eine Fläche beschaffen, so muss er eine so weitgehende Verfügungsbefugnis über die Fläche haben, dass er sicherstellen kann, dass zum einen überhaupt Naturaufwertungsmaßnahmen stattfinden können und dass zum anderen diese durchgeführten Naturaufwertungsmaßnahmen auch dauerhaft nach dem Eingriff erhalten bleiben. Alle Handlungsweisen des Poolbetreibers, die ihm gestatten, das Schicksal von Flächen so zu steuern, dass diese

Voraussetzungen erfüllt sind, sind daher als „Beschaffung" zu bezeichnen. Neben dem Eigentumsübergang, der durch Gewährung der Verfügungsbefugnis aus § 903 BGB die stärkste Möglichkeit einer Flächenbeschaffung darstellt, eröffnen sich dem Poolbetreiber noch andere Möglichkeiten der Beschaffung. Diese verschiedenen Arten der Beschaffung von Flächen zur Bevorratung lassen sich gliedern in nicht-hoheitliche Instrumente und hoheitliche Instrumente. Während erstere jedem Poolbetreiber zur Verfügung stehen, unabhängig von der Wahl seiner Organisationsform (siehe oben bei A. II. und III.), können auf letztere Instrumente nur diejenigen Poolbetreiber zurückgreifen, die öffentlich-rechtlich organisiert sind und denen die Wahl des jeweiligen Instruments gesetzlich eröffnet ist.

### a) Nicht-hoheitliche Instrumente der Beschaffung

*aa) Bereitstellung der Flächen aus dem eigenen Vermögen*
*des Poolbetreibers*

Bei dieser Möglichkeit der Beschaffung der zu bevorratenden Flächen tritt der Poolbetreiber nicht im Außenrechtsverkehr auf, da er Flächen in den Flächenpool einstellt und zur Nutzung vorsieht, die sich bereits in seinem Eigentum befinden. Der Beschaffungsakt erschöpft sich darin, durch interne (Buchungs-)Vorgänge innerhalb des Unternehmens „Poolbetreiber" die zur Bevorratung vorgesehenen Flächen auch tatsächlich für diese Nutzung bereitzustellen (zur äußeren „Widmung" der Poolflächen unten bei B. II. 3. a)). Die Liegenschaftsabteilung oder -verwaltung des Poolträgers spielt hier eine wesentliche Rolle.

Diese Variante der Beschaffung ist freilich nur dann geeignet, wenn der Poolträger Eigentümer vieler Flächen ist. Dies wird eher selten der Fall sein. Soll zur Beschaffung bevorzugt auf Flächen des Poolträgers zurückgegriffen werden, so kann darin ein wesentlicher Grund für die Bildung eines gemeinsamen Flächenpools oder Ökokontos durch mehrere Träger liegen, insbesondere bei interkommunalen Pools. Bei solchen gemeinsamen Pools bringen die beteiligten Träger je nach der gewählten Organisationsstruktur Flächen aus ihrem unterschiedlich zusammengesetzten Grundstückseigentum in den Pool ein, etwa als Einlageleistung in eine interkommunale Pool-GmbH. Auf diese Weise kann ein breit gefächertes, alle möglichen Naturfunktionen abdeckendes Flächenportfolio entstehen, das unter Umständen den Rückgriff auf andere Beschaffungsmöglichkeiten unnötig macht.

Der Vorteil dieser Variante der Beschaffung ist vor allem, dass die Beschaffung für den Poolträger keine Kosten mit sich bringt. Problematisch ist aber zum einen, dass sie ein relativ großes und vor allem breit gefächertes Grundstückseigentum voraussetzt. Die Flächen im Eigentum des Poolträgers müssen, damit eine sinnvolle Bevorratung stattfinden kann, alle möglichen Naturfunktionen abdecken, damit im Eingriffsfalle bei der Prüfung der Ausgleichseignung der bevorrateten Flächen der funktionale Zusammenhang gewahrt bleibt (siehe oben bei B. I. 1. und 2. bb)). Ein entsprechend breit gestreutes Flächeneigentum wird meist nicht bestehen, sondern muss erst noch hergestellt werden. Zum anderen ist problematisch, dass die Flächen im Eigentum des Poolträgers oft zu einer anderweitigen Verwendung vorgesehen sind, etwa im Falle einer Gemeinde zur Nutzung für gemeindeeigene Bauten oder zur Herstellung von Bauland für die Gemeindeeinwohner. Sie stehen daher meist nicht zur Nutzung als Ausgleichsflächen zur Verfügung. Die Nutzung als Ausgleichsfläche ist für den Poolträger im Vergleich zu anderen Nutzungsmöglichkeiten wenig rentabel, so dass angesichts eines zunehmenden Haushaltsdrucks die Nutzung als Ausgleichsfläche kaum durchsetzbar sein wird.

*bb) Ankauf*

Bietet das vorhandene Grundstückseigentum des Poolträgers keine Möglichkeiten, Ausgleichsflächen bereitzustellen, kann er auf dem freien Markt ausgleichsgeeignete Grundstücke zur Bevorratung erwerben (§§ 873, 925 BGB). Bei dieser Variante gehen die zu bevorratenden Grundstücke in das Eigentum des Poolbetreibers über. Dies setzt natürlich voraus, dass der Grundstücksmarkt entsprechend geeignete Grundstücke günstig bereithält. Dies kann problematisch sein, wird aber dadurch entschärft, dass die Beschaffung nicht kurzfristig erfolgen muss, sondern langfristig orientiert ist, und der Poolbetreiber daher bei ungünstigen Marktkonditionen zuwarten kann, bis die Preise für die ausgleichsgeeigneten Grundstücke wieder gesunken sind. Umgekehrt heißt dies, dass diese Beschaffungsmethode kaum zur Deckung eines kurzfristigen Beschaffungsbedarfes geeignet ist, sondern als langfristiges Projekt gesehen werden muss.

Die grundsätzliche Schwierigkeit dieser Beschaffungsmethode ist der hohe finanzielle Aufwand, der für den Erwerb der Grundstücke nötig ist. Der Poolbetreiber benötigt zur Beschaffung ein Ausgangsvermögen in gewissem Umfang, damit überhaupt Flächen erworben werden können. Die Erwerbskosten können zwar später vom Eingriffsverursacher wieder refinanziert werden (dazu bei unten bei C. II.), die Zeit bis zu dieser Refinanzierung bringt aber neben den ursprünglichen Erwerbskosten auch die entgangenen Zinsen als Vorhaltekosten mit sich. Der Poolbetreiber muss finanziell so gut ausgestattet sein, dass diese Erwerbs- und Vorhaltekosten ihn nicht vor existenzielle finanzielle Probleme stellen.

Treten Gemeinden als Poolbetreiber auf, sind haushaltsrechtliche Restriktionen zu beachten. Die Gemeinden dürfen nach den Regelungen des Kommunalrechts[137] Vermögensgegenstände nur erwerben, wenn dies zur Erfüllung ihrer Aufgaben erforderlich ist. Grundstücke sind Vermögensgegenstände im Sinne dieser Vorschrift.[138] Es stellt sich daher die Frage, ob der Betrieb eines Flächenpools oder eines Ökokontos eine gemeindliche Aufgabe ist. Nachdem § 135a Abs. 2 S. 1 BauGB den Gemeinden die Aufgabe auferlegt, den städtebaulichen Ausgleich anstelle des Eingriffsverursachers durchzuführen, und Flächenpools beziehungsweise Ökokonten Mittel zur Durchführung dieses Ausgleichs sind, ist diese Frage zu bejahen. Hier lassen sich Parallelen ziehen zur Baulandentwicklung, bei der die Zulässigkeit des Grundstückserwerbs ebenfalls bejaht wird.[139] Zu beachten ist allerdings, dass der Grunderwerb durch die Gemeinden nicht unbeschränkt erfolgen darf. Er muss sich in angemessenem Verhältnis zur Größe und Finanzkraft der Gemeinde bewegen und darf keine spekulativen Maße annehmen.[140] Angesichts der geschilderten langfristigen Orientierung der Flächenbevorratung scheint ein Zeithorizont des Flächenerwerbs von zehn bis fünfzehn Jahren vom Erwerb bis zur Verrechnung der entwickelten Fläche mit dem Eingriffsbedarf angemessen. Die Grenze darf hier nicht zu eng gezogen werden. Die Gemeinde kann diese Probleme umgehen, indem sie eine GmbH gründet, die den Poolbetrieb übernimmt (dazu siehe oben bei A. III. 2.).

*cc) Tausch*

Eine weitere Variante der Grundstücksbeschaffung, die den Eigentumserwerb des Poolbetreibers mit sich bringt, ist der Tausch von Grundstücken. Auch auf diese Weise können ausgleichsgeeignete Grundstücke in die Verfügungsbefugnis des Poolbetreibers gelangen. Diese Methode der Beschaffung bietet sich in den Fällen an, in denen der Betreiber eines Flächenpools oder Ökokontos Eigentümer von Flächen ist, die für die Eigentümer ausgleichsgeeigneter Flächen attraktiv sind. Solche Konstellationen sind vor allem bei Landwirten denkbar, die daran interessiert sind, schlecht bewirtschaftbare Flächen abzustoßen und gegen besser bewirtschaftbare, ertragreichere Flächen einzutauschen. Der Poolbetreiber wiederum wird an den schlecht bewirtschaftbaren Flächen interessiert sein, weil die ursprünglich

---

[137] Z. B. § 91 Abs. 1 GemO B.-W.

[138] Vgl. §§ 37; 38; 46 Nr. 2 GemOHVO B.-W.; *Kunze/Bronner/Katz,* GemO B.-W, § 91 Rn. 13; *Gern,* Kommunalrecht B.-W., Rn. 379.

[139] Vgl. zur Baulandentwicklung durch die Gemeinden *Krautzberger,* LKV 1992, 84; *Schrödter,* in: Schrödter (Hrsg.), BauGB, § 24 Rn. 31.

[140] *Kunze/Bronner/Katz,* GemO B.-W., § 91 Rn. 26.

landwirtschaftliche Nutzung einer Fläche ein großes ökologisches Aufwertungspotenzial bietet, die Fläche also gut als Ausgleichsfläche geeignet ist.

Der Flächentausch kann zwischen den Grundstückseigentümern frei organisiert erfolgen durch privatrechtliche Rechtsgeschäfte gemäß §§ 480; 873; 925 BGB. Möglich ist aber auch ein Tausch, bei dem eine Behörde federführend als neutrale Instanz die Verhandlungen der beteiligten Grundstückseigentümer koordiniert und organisiert. Ein solches Verfahren stellt das Flurbereinigungsgesetz mit dem freiwilligen Landtausch in den §§ 103a–i bereit. Hier übernimmt die Flurbereinigungsbehörde die Rolle eines Vermittlers zwischen den beteiligten Eigentümern, § 103b Abs. 1 FlurBerG. Gemäß § 103a Abs. 2 FlurBerG ist dieses Verfahren auch aus Gründen des Naturschutzes und der Landschaftspflege möglich, also auch zur Beschaffung der zum Betrieb eines Flächenpools oder Ökokontos notwendigen Flächen. Durch die neutrale Moderationsrolle der Flurbereinigungsbehörde könnte eine einfachere, schnellere und billigere Abwicklung des Flächentausches erreicht werden. Zudem kann ein Verfahren des freiwilligen Landtausches durch Bundes- und Landesmittel gefördert werden.[141] Dieses Verfahren kommt aber nur dann in Betracht, wenn der Poolträger mit eigenen Flächen im in Frage kommenden Gebiet beteiligt ist und seine Flächen in das Tauschverfahren einbringen kann. Ist dies der Fall, kann er die Durchführung des Verfahrens schriftlich bei der Flurbereinigungsbehörde beantragen. Dafür müssen aber alle betroffenen Grundstückseigentümer zustimmen. Wenn kein Einvernehmen über den Flächentausch hergestellt werden kann, ist das Verfahren gescheitert, § 103b Abs. 1 FlurBerG.

*dd) Vertragliche Bewirtschaftungsbindungen ohne Eigentumserwerb*

Die bisher bei aa)–cc) beschriebenen Möglichkeiten der Beschaffung zogen alle einen Wechsel der Eigentümerstellung nach sich. Da die Eigentümerbefugnisse aus § 903 BGB gleichzeitig die nötigen Befugnisse verleihen, die Fläche als Ausgleichsfläche zu nutzen, also Naturaufwertungsmaßnahmen vorzunehmen und andere Nutzungen zu verhindern, ist das Grundstückseigentum als dingliches Recht die ideale Lösung der Frage der Flächenbeschaffung.

Ist ein Eigentumserwerb aber nicht möglich, so bleibt noch die Möglichkeit, eine Beschaffung der Ausgleichsflächen über schuldrechtliche Bindun-

---

[141] Bundesmittel stellt § 1 Abs. 1 Nr. 1 lit. a) des Gesetzes über die Gemeinschaftsaufgabe „Verbesserung der Agrarstruktur und des Küstenschutzes" v. 21.7.1988, BGBl. I S. 1055 bereit. Die Förderung auf Landesebene regeln Richtlinien und Verwaltungsvorschriften, die im Einzelnen bei *Quadflieg,* Recht der Flurbereinigung, Kommentierung zu § 103a Rn. 10 zusammengestellt sind.

gen zu konstruieren. Dies ist konstruktiv deshalb möglich, weil der Begriff der Beschaffung nicht zwingend das Eigentum an den Flächen voraussetzt, sondern lediglich die frühe Sicherung der Nutzung der Fläche als Ausgleichsfläche meint. Dies könnte auch schuldrechtlich erreicht werden, indem der Poolbetreiber mit den Eigentümern ausgleichsgeeigneter Flächen Verträge abschließt, die die Eigentümer dazu verpflichtet, Naturaufwertungsmaßnahmen durchzuführen oder die Durchführung solcher Maßnahmen zumindest zu dulden. Solche schuldrechtlichen Konstruktionen sind in den Fällen denkbar, bei denen die Ausgleichsflächen bewirtschaftet sind und die Art und Weise der Bewirtschaftung im Gegenzug zur Zahlung gewisser Kompensationsbeträge seitens des Poolbetreibers naturverbessernd verändert werden soll. Konkrete schuldrechtliche Mittel könnten die Anpachtung von Flächen durch den Poolbetreiber oder die vertragliche Verpflichtung des Eigentümers zu bestimmten Handlungsweisen sein, die zusätzlich durch Vertragsstrafen nach § 339 BGB abgesichert sein kann.

Allerdings tritt bei dieser Art der Beschaffung das Problem der dauerhaften Sicherung der Nutzung der Flächen als Ausgleichsflächen auf, das durch den Poolbetreiber auf Grund seines fehlenden Eigentums nicht selbst lösbar ist. Da die Grundstückseigentümer auf Grund ihrer dinglichen Verfügungsbefugnis aus § 903 BGB mit ihren Grundstücken nach Belieben verfahren können und zwar schuldrechtlich, aber nicht dinglich daran gehindert sind, besteht das Risiko, dass die Flächen vertragswidrig anderweitig genutzt werden und so später nicht als Ausgleichsflächen bei der Bestimmung der Ausgleichslast anerkannt werden können. Bei rein schuldrechtlichen Konstruktionen der Beschaffung fehlt eine dingliche Sicherung der Ausgleichsnutzung, welche die Nutzung der Fläche als Ausgleichsfläche der Verfügungsbefugnis des Grundstückseigentümers entzieht. Auf Grund der Relativität des Schuldverhältnisses[142] ist nicht sichergestellt, dass im Falle des Eigentümerwechsels durch Übereignung, Vererbung oder Insolvenz die Nutzung als Ausgleichsfläche dauerhaft erfolgt. Daher ist eine Sicherung der Nutzung nötig, welche dem Grundstück auf Dauer anhaftet und von der Person des Grundstückseigentümers unabhängig ist, eine dingliche Sicherung also.

### ee) Dingliche Bewirtschaftungsbindungen ohne Eigentumserwerb

Solche dauerhaften, grundstücksbezogenen Bindungen stellen sowohl das Privatrecht als auch – allerdings nicht in allen Bundesländern – das Bauordnungsrecht zur Verfügung. Grundstücksbezogene Bindungen haften als dingliche Sicherungen dem Grundstück selbst an und sind von dem Bestand oder

---

[142] Vgl. dazu ausführlich *Gernhuber*, JZ 1962, 553 ff.; *Henke*, Die sogenannte Relativität des Schuldverhältnisses, 1990, passim.

einem Wechsel der Rechtsperson (etwa durch Erbfall, Verkauf, Insolvenz), die das Eigentum am Grundstück innehat, unabhängig. Für die Beschaffung von Grundstücken zu Ausgleichszwecken sind dingliche Sicherungen der Ausgleichsnutzung insofern geeignet, als sie dem Eigentümer einen bestimmten Teil seiner Verfügungs- und Nutzungsbefugnis entziehen und auf den dinglich Berechtigten übertragen. Für die Konstellation des Flächenpools oder Ökokontos heißt dies, dass der Betreiber des Pools oder Kontos nicht zwingend Eigentum an Ausgleichsgrundstücken erwerben muss, sondern dass es ausreichen kann, wenn er sich diejenigen Verfügungs- und Nutzungsbefugnisse dinglich sichert und im Grundbuch eintragen lässt, die zur Vornahme und dauerhaften Sicherung der Naturaufwertungsmaßnahmen notwendig sind. Dementsprechend wird diese Möglichkeit der Beschaffung von Ausgleichsflächen immer dann interessant sein, wenn ein Eigentumserwerb der fraglichen Grundstücke nicht möglich ist. In diesen Fällen können die gerade bei dd) beschriebenen vertragliche Regelungen mit den Grundstückseigentümern getroffen werden, die dinglich durch Eintragung entsprechender Sicherheiten abgesichert werden. Für die Aufgabe ihrer Nutzungsbefugnisse und die Eintragung ausgleichsbezogener Nutzungsbefugnisse des Poolbetreibers werden die Grundstückseigentümer regelmäßig finanzielle Kompensation verlangen. Eine solche dingliche Sicherung ist vornehmlich bei fremden Grundstücken denkbar; sie kann aber auch bei eigenen Flächen vorgenommen werden, etwa bei kommunal betriebenen Ökokonten oder Flächenpools, um die Nutzung der Grundstücke zum Ausgleich und damit auch in gewissem Maße die Existenz des Flächenpools/Ökokontos gegen zukünftig wechselnde politische Absichten oder Nutzungsinteressen abzusichern.

Das Zivilrecht stellt verschiedene Möglichkeiten der dinglichen Sicherung des Ausgleichszweckes bereit. Möglich ist aber auch eine öffentlich-rechtliche dingliche Sicherung in den Ländern, deren Bauordnungsrecht die Rechtsfigur der Baulast vorsieht.

(1) Grunddienstbarkeit, § 1018 BGB

Grunddienstbarkeiten sind im Unterschied zur Reallast (§ 1105 BGB) nicht darauf gerichtet, dass der Eigentümer des belasteten Grundstücks aktive Handlungen vornehmen muss. Sie dienen vielmehr dazu, den Eigentümer dazu zu verpflichten, bestimmte Benutzungen des Grundstücks zu dulden oder bestimmte Handlungen zu unterlassen. Sie verpflichten den Eigentümer also zur Passivität.[143] Der entscheidende Unterschied der Grunddienstbarkeit zu einer beschränkt persönlichen Dienstbarkeit nach § 1090 BGB ist dabei, dass die Nutzung des belasteten Grundstücks nicht zu Guns-

---

[143] Vgl. *Bassenge,* in: Palandt (Hrsg.), BGB, Vor § 1018 Rn. 1.

ten einer Person, sondern zu Gunsten eines anderen Grundstücks erfolgt; beide Grundstücke stehen gewissermaßen in einem Über-/Unterordnungsverhältnis. Das belastete Grundstück dient einem anderen, herrschenden Grundstück und muss für dieses in irgendeiner Weise vorteilhaft sein.[144]

Für die Beschaffung einer Fläche zur Bevorratung in Ökokonten oder Flächenpools, also zur Erlangung einer Nutzungsbefugnis für Ausgleichszwecke, kann eine Grunddienstbarkeit in Einzelfällen geeignet sein. Dies wird dann der Fall sein, wenn ein bereits im Eigentum des Pool-/Kontoträgers befindliches Grundstück zur Naturaufwertung oder zur Sicherung einer vorgenommenen Aufwertung zwingend auf die Benutzung eines anderen Grundstücks angewiesen ist. Problematisch ist aber die für die Grunddienstbarkeit notwendige Grundstücksbindung. Für die Beschaffung zu bevorratender Flächen wäre eine Rechtsfigur sinnvoller und praktikabler, die nicht von bereits bevorrateten Grundstücken abhängig ist.

(2) Beschränkt persönliche Dienstbarkeit, § 1090 BGB

Eine solche Rechtsfigur stellt § 1090 BGB mit der beschränkt persönlichen Dienstbarkeit zur Verfügung. Hier kann die Passivität des Grundstückseigentümers zu Gunsten einer bestimmten Person erzwungen werden. Der Poolbetreiber kann sich zu seinen Gunsten eine solche persönliche Dienstbarkeit bestellen lassen, die ihn dazu berechtigt, Naturaufwertungsmaßnahmen auf fremden Grundstücken vorzunehmen, und die den Grundstückseigentümer dazu verpflichtet, es zu unterlassen, die aufgewerteten Naturfunktionen zu beeinträchtigen. Die Duldung ist nur an seine Person gebunden, die Existenz eines herrschenden Grundstücks wie bei der Grunddienstbarkeit ist nicht nötig.

Für die Beschaffung von Flächen ist dieser Weg die ideale Methode, Naturaufwertungen vorzunehmen und zu sichern, wenn der Poolbetreiber die jeweiligen Grundstücke nicht erwerben kann oder will.[145] Die beschränkt persönliche Dienstbarkeit entzieht dem Eigentümer des Grundstücks die Nutzungsbefugnis in bestimmten Punkten und überträgt sie auf den Poolbetreiber. Charakteristisch für diese Art der Beschaffung durch das ding-

---

[144] *Bassenge,* ebenda.

[145] *Stich,* ZfBR 2001, 80 (82) bestreitet die Eignung einer beschränkt persönlichen Dienstbarkeit als Beschaffungsmethode einer zu bevorratenden Fläche mit dem Argument, es könnte nicht die gesamte Fläche zum Ausgleich genutzt werden. Darauf kommt es aber nicht an. Entscheidend ist, ob die Naturaufwertungsmaßnahmen durchgeführt werden und dass sie nicht beeinträchtigt werden. Für eine Ausgleichsmaßnahme muss nicht zwingend die Fläche als Ganzes genutzt werden (etwa wenn ein Biotop nur auf einem Teil der Fläche angelegt wird und Bewirtschaftungsverbote dinglich als Dienstbarkeiten vereinbart werden).

liche Sicherungsmittel der beschränkt persönlichen Dienstbarkeit ist die Vornahme der Naturaufwertung durch den Poolbetreiber. Der Grundstückseigentümer der Ausgleichsfläche kann nicht zu einer aktiven Naturaufwertung verpflichtet werden, sondern nur zur Duldung der Maßnahmen und zur Unterlassung von Beeinträchtigungen der Maßnahme; möglich ist aber auch die Unterlassung bestimmter Bewirtschaftungspraktiken.[146] Will der Poolbetreiber aus bestimmten Gründen den Grundstückseigentümer dazu verpflichten, selbst aktiv tätig zu werden, so muss er ein anderes dingliches Mittel wählen, die Reallast.

### (3) Reallast, § 1105 BGB

Bei einer Reallast ist der Eigentümer eines Grundstücks dazu verpflichtet, an denjenigen, zu dessen Gunsten die Belastung erfolgt ist, wiederkehrende, nicht nur einmalige Leistungen zu erbringen. Der Eigentümer ist im Unterschied zu einer Dienstbarkeit zu aktiven Handlungen verpflichtet.[147] Für die Erfüllung dieser Verpflichtung haftet der Eigentümer nicht nur mit dem Grundstück (§§ 1107 i. V. m. 1147 BGB), sondern auch persönlich (§ 1108 Abs. 1 BGB) mit seinem gesamten Vermögen.

Eine Reallast ist insofern als Beschaffungsmethode geeignet, als der Eigentümer dazu verpflichtet werden kann, bestimmte Naturaufwertungsmaßnahmen zu erbringen und diese zeitlich wiederkehrend zu pflegen. Solche wiederkehrenden Leistungen können beispielsweise die jährliche Mahd, Pflegeschnitte, Beweidung durch Tiere oder Pflanzungen sein. Sie bietet dem Poolbetreiber durch das scharfe Schwert der persönlichen Haftung des Grundstückseigentümers die sichere Gewähr dafür, dass Naturaufwertungsmaßnahmen und ihre Pflege stattfinden.

### (4) Baulast

Eine vierte, öffentlich-rechtliche Möglichkeit jenseits der genannten zivilrechtlichen Möglichkeiten der dinglichen Sicherung des Ausgleichszwecks als Beschaffung liegt darin, eine Baulast für das Grundstück im Baulastenverzeichnis eintragen zu lassen. Die Baulast ist ein landesrechtlich geregeltes Instrument des Bauordnungsrechts.[148] Durch die freiwillige Eintragung

---

[146] Etwa ein Verbot maschineller Arbeiten wie Schleppen oder Walzen zu bestimmten ökologisch ungünstigen Zeiten, ein Verbot der Verwendung mineralischer Düngemittel oder des Mähens vor bestimmten Zeitpunkten.

[147] Vgl. *Bassenge*, in: Palandt, BGB, Vor § 1105 Rn. 3 und § 1105 Rn. 4.

[148] §§ 71 LBO B.-W.; 73 BerlBauO; 85 BremBauO; 79 HambBauO; 75 HessBauO; 83 BauO M.-V.; 92 NdsBauO; 83 BauO N.-W.; 86 BauO Rh.-Pf.; 83 Saar-

einer Baulast verpflichtet sich ein Grundstückseigentümer öffentlich-rechtlich gegenüber der Baurechtsbehörde zu einem bestimmten Tun, Dulden oder Unterlassen, das sein Grundstück betrifft.[149] Die Verpflichtung besteht dabei nur gegenüber der Baurechtsbehörde; aus ihr können keine privatrechtlichen Ansprüche abgeleitet werden.[150] Sie ist streng von einem eventuell zu Grunde liegenden zivilrechtlichen Vertrag zu trennen;[151] für sie gilt trotz der Ähnlichkeit mit einer sachenrechtlichen Dienstbarkeit[152] nur das öffentlich-rechtliche Rechtsregime, und sie wirkt auch gegen die Rechtsnachfolger des Eigentümers.[153] Die öffentlich-rechtliche Verpflichtung des Grundstückseigentümers hat den Sinn, dem Eigentümer einen Teil seiner privaten Dispositions- und Nutzungsbefugnis zu entziehen, damit die bauordnungs- und bauplanungsrechtlichen Voraussetzungen eines Vorhabens geschaffen werden können.[154] Die Baulast ist also ein Instrument zur Erfüllung baurechtlicher Anforderungen an genehmigungspflichtige Vorhaben, die bislang wegen des Fehlens zwingender Voraussetzungen nicht genehmigungsfähig waren. Erfüllt der durch die Baulast belastete Grundstückseigentümer seine Verpflichtung nicht, so ist ein zivilrechtliches Vorgehen eines begünstigten Dritten zur Erfüllung der Verpflichtung nicht möglich; lediglich die Baurechtsbehörde kann die Einhaltung der Verpflichtung mit bauaufsichtlichen Mitteln durchsetzen.[155]

In der Literatur wird die Möglichkeit der Bestellung einer Baulast zur Beschaffung von ausgleichsgeeigneten Grundstücken zum Zwecke der Bevorratung in Flächenpools oder Ökokonten nicht problematisiert, sondern

---

BauO; 83 SächsBauO; 87 BauO S.-A.; 89 BauO S.-H.; 80 ThürBauO. Allein Brandenburg und Bayern sehen dieses Instrument landesrechtlich nicht vor.

[149] Vgl. *Hoppe/Bönker/Grotefels,* ÖffBauR, § 15 Rn. 104; *Kasten,* in: Hoppenberg/De Witt (Hrsg.), HdbÖffBauR, A I Rn. 194; *Di Fabio,* BauR 1990, 25.

[150] BGHZ 79, 201 (203); BGH, NJW 1985, 1952; BGH, NJW 1995, 53 ff.

[151] BGHZ 88, 97; VGH Mannheim, VBlBW 1986, 225 ff.

[152] Vgl. zur wirtschaftlichen Ähnlichkeit mit den Dienstbarkeiten des BGB OVG Lüneburg, NJW 1996, 1363 f.; OVG Berlin, NJW 1994, 2971 ff., *Grziwotz,* BauR 1990, 20 ff. und *Broß,* VerwArch 86 (1995), 483 ff.

[153] OVG Münster, NWVBl. 1994, 416 ff.; *Hoppe/Bönker/Grotefels,* Öffentliches Baurecht, § 15 Rn. 104; *Kasten,* in: Hoppenberg/De Witt (Hrsg.), HdbÖffBauR, Kap. A I Rn. 196.

[154] *Di Fabio,* BauR 1990, 25. Primär dient die Baulast ihrem Regelungsstandort im Bauordnungsrecht nach zur Sicherung der Erfüllung bauordnungsrechtlicher Genehmigungsvoraussetzungen. Zunehmend wird sie aber auch für die Sicherung bauplanungsrechtlicher Voraussetzungen benutzt, was kritisch zu bewerten ist, vgl. *Hoppe/Bönker/Grotefels,* § 15 Rn. 104 a. E.

[155] OVG Lüneburg, NJW 1984, 380; VGH Mannheim, VBlBW 1984, 179; *Kasten,* in: Hoppenberg/De Witt (Hrsg.), HdbÖffBauR, Kap. A I Rn. 199 f.; kritisch *Di Fabio,* BauR 1990, 25 (31). Allgemein zu den privatrechtlichen Folgen einer Baulast *A. Lorenz,* NJW 1996, 2612 ff.

lediglich unkritisch erwähnt.[156] Dabei bestehen gewichtige Bedenken gegen eine Nutzung der Baulast zu diesen Zwecken. Denn nach ihrem Regelungszweck passt die Baulast nicht recht auf das Bedürfnis eines Poolbetreibers, dauerhaft die Verfügbarkeit eines Grundstückes zu Ausgleichszwecken zu sichern. Baulasten sollen eigentlich sicherstellen, dass baurechtliche Genehmigungsvoraussetzungen eines Vorhabens eingehalten werden. Ein Bauwilliger kann aus eigener Kraft mit seinem Grundstück die öffentlich-rechtlichen Bauvorschriften nicht erfüllen und bedarf daher der Hilfe eines Grundstücks, das diese Last (die Anforderungen des Baurechts) stellvertretend übernimmt, und zwar gegenüber der genehmigenden Baurechtsbehörde. Ein Grundstückseigentümer wird also durch die Baulast in Anspruch genommen, damit eine Baugenehmigung für ein anderes Grundstück erteilt werden kann.[157] Die zu Grunde liegende Konstellation der Baulast ist demnach ein Dreiecksverhältnis. Typische Fälle einer Baulastbestellung sind die Stellplatzpflicht, die Abstandsflächensicherung oder die Sicherung der Zufahrt zum Grundstück.

Die Interessenkonstellation bei der Beschaffung von Flächen zur Bevorratung unterscheidet sich grundlegend von dieser Dreiecks-Ausgangskonstellation einer Baulast. Der Poolbetreiber ist daran interessiert, die Nutzung eines Grundstücks als Ausgleichsgrundstück, also die Naturaufwertung, gegen kollidierende Nutzungsinteressen zu sichern und – im Falle der Maßnahmenbevorratung in Ökokonten – darauf Naturaufwertungsmaßnahmen vorzunehmen. Diese Nutzungsarten sollen dadurch dinglich abgesichert werden, dass der Poolbetreiber einen von der eigentumsrechtlichen Nutzungsbefugnis abgespaltenen Teil der Nutzungsbefugnis übertragen bekommt. Überaus problematisch bei der Wahl einer Baulast als dingliches Sicherungsmittel sind nun zwei Punkte:

Zum einen soll die Baulast dazu dienen, dinglich gegenüber der Baurechtsbehörde sicherzustellen, dass die Anforderungen des öffentlichen Baurechts an das Vorhaben gewahrt sind. Bei der Flächenbevorratung geht es aber nicht um ein konkretes Vorhaben, es geht um abstrakte Flächenbevorratung, unabhängig von konkreten Bauvorhaben. Flächen sollen bevorratet werden, damit sie später einmal zur Verfügung stehen, wenn ein Ausgleichsbedarf entstanden ist. Dazu soll die dingliche Sicherung dienen, nicht aber dazu, konkrete bauordnungs- und bauplanungsrechtliche Anforderungen zu erfüllen. Man könnte nun freilich argumentieren, die städtebauliche Ausgleichsregelung sei eine solche bauplanungsrechtliche Genehmigungsvoraussetzung.[158] § 135a Abs. 1 BauGB sieht in der Tat vor, dass der Bauherr die

---

[156] So etwa *Bunzel/Böhme*, Interkommunales Kompensationsmanagement, S. 207.
[157] *Di Fabio*, BauR 1990, 25.
[158] So *Bunzel/Böhme*, Interkommunales Kompensationsmanagement, S. 207.

im Rahmen der Abarbeitung der städtebaulichen Eingriffsregelung im Eingriffsbauleitplan-Aufstellungsverfahren festgesetzten Ausgleichsmaßnahmen umsetzen muss; ihm wird dies regelmäßig über Nebenbestimmungen aufgegeben. Insofern kann man von einer Genehmigungsvoraussetzung, die der Bebauungsplan aufstellt, sprechen. Allerdings geht diese Argumentation am hier interessierenden Problem vorbei, das darin liegt, einen Weg der Flächenbeschaffung durch dingliche Sicherung zu finden. Denn auch wenn § 135a Abs. 1 BauGB i. V. m. dem Eingriffsbebauungsplan eine bauplanungsrechtliche Genehmigungsvoraussetzung aufstellt, so bezieht sich diese Voraussetzung immer auf ein konkretes Bauvorhaben. Eine Baulast kann hier durchaus bestellt werden, allerdings nur zur Sicherung der jeweiligen konkreten, für das Vorhaben festgesetzten individuellen Ausgleichsmaßnahmen. Für die Flächen- und Maßnahmenbevorratung, die gerade unabhängig von konkreten Bauvorhaben sein soll und die Flächen und Maßnahmen für alle möglichen Naturbeeinträchtigungen durch verschiedenste Eingriffe vorhalten soll, hilft eine Baulast nicht weiter. Das Wesensmerkmal der Baulast, individuelle Bauvorhaben durch dingliche Sicherung von Genehmigungsvoraussetzungen zu ermöglichen, steht nicht im Einklang mit dem Wesensmerkmal der abstrakten, vorhabenunabhängigen Flächen- und Maßnahmenbevorratung in Flächenpools und Ökokonten. Daher kann eine Baulast zwar dazu benutzt werden, im konkreten Einzelfall die Durchführung von Ausgleichsmaßnahmen zu sichern, nicht aber dazu, Flächen und Maßnahmen unabhängig von konkreten Eingriffsvorhaben zur Bevorratung zu beschaffen.

Zum anderen stellt ein zweites Wesensmerkmal der Baulast deren Eignung für die Beschaffung von Flächen zur Bevorratung in Frage. Die Baulast wirkt nämlich nur gegenüber der Baurechtsbehörde. Derjenige, der von der Baulast begünstigt werden soll (im Falle der Bevorratung: der Poolbetreiber), kann gegen den Grundstückseigentümer, auf dessen Grundstück die Baulast ruht, keine privatrechtlichen Nutzungsansprüche geltend machen (siehe oben). Er ist darauf angewiesen, dass die Behörde als alleinige Berechtigte aus einer Baulast öffentlich-rechtlich zur Durchsetzung der aus der Baulast folgenden Verpflichtungen tätig wird. Nach allgemeinen verwaltungsrechtlichen Grundsätzen ist dazu ein subjektiv-öffentliches Recht auf Tätigwerden der Baurechtsbehörde notwendig. Grundsätzlich besteht aber nur ein subjektiv-öffentliches Recht auf ermessensfehlerfreie Entscheidung über ein Einschreiten gegen den Baulastverpflichteten.[159] Ein subjektiv-öffentliches Recht des Baulastberechtigten auf Einschreiten besteht nur dann, wenn die Baulast die Individualinteressen des privaten Begünstigten schützen soll.[160] Denkbar ist

---

[159] OVG Münster, NJW 1988, 278; *A. Lorenz,* NJW 1996, 2612 (2613).

[160] *Di Fabio,* BauR 1990, 25 (32). Ausführlich differenzierend *Schwarz,* Baulasten im öffentlichen Recht und im Privatrecht, S. 42 ff.

dies etwa bei Baulasten, die Grundstückszufahrten sichern sollen, damit Rettungswege frei zugänglich sind. Baulasten, welche die Durchführung von Ausgleichsmaßnahmen sichern sollen, stehen aber nicht im Individualinteresse eines Begünstigten, sondern sind vielmehr als Belange des Umweltschutzes und der Landschaftspflege typische Angelegenheiten der Allgemeinheit. Daraus folgt, dass ein Poolbetreiber, der zur dinglichen Sicherung der Ausgleichsnutzung eines Grundstücks mit dessen Eigentümer die Eintragung einer Baulast vereinbart, zivilrechtlich nichts gegen diesen Grundstückseigentümer in der Hand hat, um die tatsächliche Nutzung des Grundstücks als Ausgleichsgrundstück sicherzustellen. Er ist stets auf das Einschreiten der Baurechtsbehörde angewiesen. Dies ist nicht vereinbar mit der oben postulierten Grundvoraussetzung der Beschaffung auf dem Wege der dinglichen Sicherung, dass der Poolbetreiber vom Grundstückseigentümer einen Teil der aus dem Eigentum fließenden zivilrechtlichen Nutzungsbefugnis erhält. Weil die Baulast nur öffentlich-rechtlich wirkt und keine zivilrechtlichen Nutzungsansprüche gewährt, kann der Poolbetreiber sie nicht zur Beschaffung von ausgleichsgeeigneten Grundstücken zum Zwecke der Bevorratung verwenden. Anders als die bei (1)–(3) genannten dinglichen Sicherungsmittel ist die Baulast nicht zu Beschaffung von Flächen geeignet.

### b) Hoheitliche Instrumente der Beschaffung

Die gerade genannten Instrumente der Beschaffung von Flächen zur Bevorratung in Ökokonten oder Flächenpools zeichnen sich dadurch aus, dass der Poolbetreiber bei ihrer Nutzung auf die Kooperation des Grundstückseigentümers angewiesen ist. Ohne die Zustimmung des Grundstückseigentümers zum Verkauf oder zur dinglichen Belastung seiner Grundstücke ist mit diesen Instrumenten keine Beschaffung von Ausgleichsflächen möglich. In diesen Fällen muss der Poolbetreiber, wenn er etwa aus ökologischen Gründen an der Beschaffung genau dieser Flächen festhalten will, hoheitliche Mittel einsetzen, die nicht von der Kooperation des Eigentümers abhängig sind, sondern die es vielmehr erlauben, die Fläche auch gegen den Willen des Eigentümers für Ausgleichszwecke in Anspruch zu nehmen. Allerdings kann ein privatrechtlich organisierter Poolbetreiber diese Mittel nicht einsetzen; vielmehr stehen sie nur öffentlich-rechtlich organisierten Pools offen, und dies auch nur im Rahmen der ihnen oder ihren Trägern (Gemeinde, Behörden) gesetzlich zugewiesenen Kompetenzen und Befugnisse.

### aa) Das gemeindliche Vorkaufsrecht nach § 24 BauGB

Das gemeindliche Vorkaufsrecht ist nicht unbedingt ein Zwangsmittel, das speziell gegen den Eigentümer einer ausgleichsgeeigneten Fläche gerichtet ist. Es dient vielmehr dazu, den Verkauf von Flächen zu verhindern, die für stadtplanerische Interessen der Gemeinde interessant sein könnten. Die Gemeinde erhält die Möglichkeit, Grundstücke zu erwerben, um so ihre städtebaulichen Absichten leichter realisieren zu können; es ist ein Instrument zur Sicherung der gemeindlichen Bauleitplanung.[161] Das Vorkaufsrecht belastet unmittelbar zunächst vor allem den Kreis der Kaufinteressenten und weniger den Grundstückseigentümer[162]. Allerdings ruht es als öffentlich-rechtliche Belastung auf den Grundstücken der jeweiligen Eigentümer,[163] was potenzielle Käufer abschrecken kann. Damit wird mittelbar im Ergebnis doch der Grundstückseigentümer belastet, da es für ihn schwieriger wird, Käufer zu finden.

Für die Zwecke der Flächenbevorratung in Ökokonten oder Flächenpools ist das gemeindliche Vorkaufsrecht insofern brauchbar, als dieses Instrument verhindert, dass ausgleichsgeeignete Flächen, die gut in das Bevorratungskonzept passen, an andere Käufer als den Poolbetreiber veräußert werden. Denn andere Käufer könnten Nutzungsinteressen verfolgen, die mit dem Zweck, das Grundstück als Ausgleichsgrundstück zu nutzen, nicht vereinbar sein könnten. Die gesetzliche Regelung in § 24 Abs. 1 S. 1 Nr. 1 BauGB gewährt der Gemeinde ein Vorkaufsrecht bei Flächen im Geltungsbereich eines Bebauungsplanes, die als Flächen zum Ausgleich überplant sind. Grundsätzlich muss die Gemeinde bei der Ausübung des gemeindlichen Vorkaufsrechtes den zwischen dem Verkäufer und dem Kaufinteressenten vereinbarten Kaufpreis bezahlen, kann aber auch nach § 28 Abs. 3 S. 1 BauGB bei einer deutlichen Überschreitung des Verkehrswertes des Grundstücks festsetzen, dass sie lediglich den Verkehrswert (§ 194 BauGB) bezahlen muss. Bei der Ausübung des Vorkaufsrechts zur Beschaffung von Flächen zur Vornahme von Ausgleichsmaßnahmen gemäß § 24 Abs. 1 S. 1 Nr. 1 BauGB greift indes die Sonderregelung des § 28 Abs. 4 S. 1,[164] der als Kaufpreis den Entschädigungswert des Grundstücks vorsieht, der aber regelmäßig mit dem Verkehrswert nach § 194 BauGB identisch sein wird.[165]

---

[161] Vgl. m.w.N. *Schrödter*, in: Schrödter (Hrsg.), BauGB, § 24 Rn. 1 ff.; *Stüer*, in: Hoppenberg/De Witt (Hrsg.), HdbÖffBauR, Kap. B Rn. 1012 ff.

[162] Nach BGHZ 29, 113 ff. und BGHZ 32, 225 (227) ist dies verfassungsrechtlich unbedenklich, insbesondere aus eigentumsrechtlicher Perspektive.

[163] *Schrödter*, in: Schrödter (Hrsg.), BauGB, § 24 Rn. 6.

[164] Vgl. *Stock*, in: Ernst/Zinkahn/Bielenberg/Krautzberger (Hrsg.), BauGB, § 24 Rn. 23.

[165] Dies liegt daran, dass es die wohl h.M. (vgl. *Schrödter*, in: Schrödter (Hrsg.), BauGB, § 28 Rn. 38; *Roos*, in: Brügelmann (Hrsg.), BauGB, § 28 Rn. 41; *Stock*, in: Ernst/Zinkahn/Bielenberg/Krautzberger (Hrsg.), BauGB, § 28 Rn. 81, jeweils m.w.N.) bei § 28 Abs. 4 BauGB ausreichen lässt, dass die öffentliche Zweckbestimmung zumindest abstrakt ein Recht auf Enteignung zulässt; die Enteignung muss nicht konkret bevorstehen. Gemäß § 85 Abs. 1 Nr. 1 BauGB ist die Nutzung eines

Die erste Voraussetzung des gemeindlichen Vorkaufsrechts zur Beschaffung von Ausgleichsflächen ist, dass diese Ausgleichsflächen in einem Bebauungsplan förmlich als Ausgleichsflächen festgesetzt worden sind. Regelmäßig wird es sich hier um einen Ausgleichsbebauungsplan handeln.[166] Die Festsetzungen[167] dürfen nicht nur zur Durchführung von Ausgleichsmaßnahmen geeignet sein, sie müssen vielmehr explizit die Durchführung dieser Maßnahmen bezwecken.[168] Die zweite Voraussetzung der Ausübung des Vorkaufsrechtes ist gemäß § 24 Abs. 3 S. 1 BauGB, dass das Wohl der Allgemeinheit dies rechtfertigt. Der Erwerb des Grundstücks durch die Gemeinde muss im öffentlichen Interesse liegen.[169] Da gemäß § 135a Abs. 2 BauGB entkoppelte Ausgleichsmaßnahmen – und bei Flächen, die in Flächenpools oder Ökokonten bevorratet werden sollen, findet ein entkoppelter Ausgleich statt, s.o.[170] – eine Aufgabe der Gemeinde sind, liegt der Erwerb der dazu notwendigen Flächen im Interesse der Gemeinde und damit im öffentlichen Interesse.[171] Eine weitere, negative Voraussetzung der Ausübung des Vorkaufsrechts ist, dass der Erwerb durch die Gemeinde nicht lediglich der allgemeinen Flächenbeschaffung dient.[172] Diese Voraussetzung scheint bei der Flächenbevorratung in Flächenpools und Ökokonten problematisch zu sein, geht es hier doch darum, dass die Gemeinde sich auf Vorrat Flächen beschafft, was das Vorkaufsrecht als Instrument der Flächenbeschaffung auszuschließen scheint. Diese negative Voraussetzung will indes lediglich eine allgemeine Bodenbevorratung der Gemeinde verhindern. Die Gemeinde darf mit dem Vorkaufsrecht nicht losgelöst von konkreten Anlässen und unabhängig von konkreten städtebaulichen Absichten Grundstücke erwerben, nur damit das Grundeigentum der Gemeinde vergrößert wird. Notwendig ist vielmehr stets ein konkreter städtebaulicher Bezug des Grunderwerbs, da das Vorkaufsrecht seinem Sinn und Zweck nach ein Instrument der Verwirklichung städtebaulicher Ziele ist.[173] Der Vollzug der städtebaulichen Eingriffsregelung und die Umsetzung eines entwickelten Kompensa-

---

Grundstücks entsprechend den Festsetzungen des Bebauungsplans ein tauglicher öffentlicher Enteignungszweck, so dass unabhängig davon, ob das jeweils betroffene konkrete Grundstück tatsächlich auch enteignet werden könnte, nach der h.M. der Entschädigungswert des Grundstücks nach § 28 Abs. 4 S. 1 BauGB als Kaufpreis festgesetzt werden muss. Zur Enteignung noch ausführlich unten bei B. II. 2. b) dd).

[166] Zum Ausgleichsbebauungsplan noch ausführlich bei B. II. 3. b) bb).

[167] Geeignete Festsetzungsarten sind oben im § 4 bei D. II. beschrieben worden.

[168] *Stock,* in: Ernst/Zinkahn/Bielenberg/Krautzberger (Hrsg.), BauGB, § 24 Rn. 21.

[169] *Schrödter,* in: Schrödter (Hrsg.), BauGB, § 24 Rn. 26 f.

[170] Bei A. I. 1. und II. 1. a).

[171] *Schrödter,* in: Schrödter (Hrsg.), BauGB, § 24 Rn. 7a und § 135a Rn. 12.

[172] *Schrödter,* in: Schrödter (Hrsg.), BauGB, § 24 Rn. 30.

[173] Vgl. *Schrödter,* in: Schrödter (Hrsg.), BauGB, § 24 Rn. 1; *Oldiges,* in: Steiner (Hrsg.), Bes. VerwR, Kap. IV Rn. 257; *Brohm,* Öffentliches Baurecht, § 25 Rn. 3 f.

tionskonzeptes ist ein städtebauliches Ziel, das vor allem durch die Flächennutzungsplanung und die Landschaftsplanung beschrieben wird.[174] Die Beschaffung von ausgleichsgeeigneten Grundstücken zur Bevorratung in Flächenpools und Ökokonten dient der Umsetzung eines Ausgleichskonzepts und damit einem städtebaulichen Ziel. Daher steht diese negative Vorkaufsvoraussetzung des Bevorratungsverbots nur scheinbar im Widerspruch zur Flächenbevorratung für Ökokonten und Flächenpools.

In den Fällen, in denen der Flächenpool oder das Ökokonto von der Gemeinde selbst betrieben wird, ist das Vorkaufsrecht grundsätzlich zur Flächenbeschaffung brauchbar. Ist aber die Gemeinde nicht mit dem Poolbetreiber identisch und soll das Vorkaufsrecht zu Gunsten des Poolbetreibers ausgeübt werden, so eignet es sich nur dann als Beschaffungsinstrument, wenn die Voraussetzungen von § 27a BauGB erfüllt sind. In Betracht kommt für die Beschaffung von Flächen zur Bevorratung in Flächenpools oder Ökokonten nur § 27a Abs. 1 S. 1 Nr. 2 BauGB. Der Poolbetreiber müsste demnach ein öffentlicher Bedarfs- oder Erschließungsträger sein. Ein öffentlicher Bedarfsträger ist eine Einrichtung, welche anstelle der Gemeinde mit der Aufgabe betraut ist, die Festsetzungen des Bebauungsplans in den Fällen des § 24 Abs. 1 S. 1 Nr. 1 BauGB auf dem Grundstück zu verwirklichen.[175] Er kann öffentlich-rechtlich verfasst sein; eine privatrechtliche Rechtsform ist aber ebenfalls zulässig.[176] Notwendig ist lediglich ein zumindest mittelbarer, beherrschender Einfluss der öffentlichen Hand.[177] Zu Gunsten von rein privatrechtlichen, privatwirtschaftlichen Trägern kann das Vorkaufsrecht aber regelmäßig nicht ausgeübt werden.[178]

Für die Tauglichkeit des Vorkaufsrechts als Instrument zur Beschaffung ausgleichsgeeigneter Flächen zur Bevorratung in Ökokonten und Flächenpools bedeutet dies zusammengefasst: Das Vorkaufsrecht ist dann ein geeignetes Beschaffungsinstrument, wenn der Flächenpool oder das Ökokonto von der Gemeinde oder von einem öffentlich-rechtlich verfassten oder beherrschten Dritten getragen wird. Rein privatrechtlich und privatwirtschaftlich organisierte Poolbetreiber können dieses Instrument nicht nutzen. Aber auch für die Poolbetreiber, die das Instrument nutzen können, ist es lediglich als langfristig orientiertes Instrument der Flächenbevorratung geeignet. Es dient eher dazu, auf lange Sicht eine Fehlentwicklung der Eigentümer-

---

[174] Siehe dazu oben im § 4 bei C. III. 3.–5.

[175] *Stock*, in: Ernst/Zinkahn/Bielenberg/Krautzberger (Hrsg.), BauGB, § 27a Rn. 20.

[176] *Stock*, ebenda.

[177] *Stock*, ebenda; *Schrödter*, in: Schrödter (Hrsg.), BauGB, § 27a Rn. 4. Dieser Einfluss kann entweder über Beteiligungsrechte realisiert werden oder – bei der funktionalen Privatisierung – über vertragliche Einwirkungsrechte sichergestellt werden.

[178] *Schrödter*, ebenda.

struktur in der Gemeinde zu vermeiden, welche der Nutzung von Flächen als Ausgleichsflächen im Wege stehen könnte. In diesem Sinne hat es bei der langfristigen Flächenbeschaffung seine Daseinsberechtigung als Beschaffungsinstrument. Zur kurzfristigen, zielgerichteten Beschaffung von Flächen, etwa wegen akuten Ausgleichsbedarfs, ist es indessen kein taugliches Instrument, weil die Gemeinde hier nicht selbst aktiv werden kann, sondern immer auf einen kaufwilligen Dritten angewiesen ist, der das Vorkaufsrecht auslöst – und solche kaufwillige Dritte werden bei als Ausgleichsflächen überplanten Grundstücken kaum auftreten, weil sie mit weitreichenden Nutzungsbeschränken rechnen müssten. Will die Gemeinde selbst aktiv werden, muss sie das schärfere Instrument der Enteignung nutzen.[179]

### bb) Flurbereinigungsverfahren

Eine weitere Möglichkeit für den Poolbetreiber, sich Flächen für die Bevorratung zu beschaffen, ist die Teilnahme an einem Flurbereinigungsverfahren. Bei der Flurbereinigung werden die Eigentumsverhältnisse in einem bestimmten Gebiet unter Federführung der Flurbereinigungsbehörden der Länder und unter Mitwirkung der betroffenen Grundstückseigentümer, der Träger öffentlicher Belange und der landwirtschaftlichen Berufsvertretung neu geordnet. Dabei gilt als beherrschender Grundsatz der allgemeinen Flurbereinigung, dass die betroffenen Grundstückseigentümer am Ende des Verfahrens die gleiche Rechtsstellung haben sollen wie zu Beginn des Verfahrens. Sie werden mit wertgleichem Land abgefunden, § 44 FlurBerG.[180] Bei der allgemeinen Flurbereinigung findet grundsätzlich keine Enteignung statt[181]; die Flächen werden lediglich wertgleich untereinander getauscht.[182] Die Flurbereinigung ähnelt daher stark der – noch zu besprechenden – städtebaulichen Umlegung nach §§ 44 ff. BauGB. Mit dieser zusammen unterscheidet sie sich von einem lediglich behördlich organisierten Tauschverfahren, etwa nach §§ 103a ff. FlurBerG[183], dadurch, dass hoheitliche Zwangsmittel angewandt werden können und bestimmte Gemeinschaftsanlagen auf Kosten der Flurbereinigungs- beziehungsweise Umlegungsgemeinschaft hergestellt werden.[184] Ebenso wie die Umlegung ist das Flurbe-

---

[179] Dazu siehe sogleich unten bei B. II. 2. b) dd).

[180] Ausführlich zur Berechnung m.w.N. *Krautzberger,* in: Ernst/Zinkahn/Bielenberg/Krautzberger (Hrsg.), BauGB, Vor § 187 Rn. 44.

[181] Eine solche Enteignung spielt lediglich bei dem besonderen Flurbereinigungsverfahren nach § 87 FlurBerG eine Rolle, vgl. dazu sogleich weiter unten.

[182] *Schwantag,* in: Seehusen/Schwede, FlurBerG, § 44 Rn. 1.

[183] Dieses Verfahren wurde oben bei B. II. 2. a) cc) bereits besprochen.

[184] Vgl. die §§ 40 FlurBerG und 55 Abs. 2 BauGB, wo jeweils im Interesse des Gemeinwohls Vorwegabzüge von Flächen durchgeführt werden, die zu einer – zum

reinigungsverfahren grundsätzlich privatnützig.[185] Im Rahmen dieser Neuordnung kann der Poolbetreiber neuer Eigentümer derjenigen Grundstücke im Flurbereinigungsgebiet werden – und damit die für die Bevorratung notwendige Verfügungsgewalt erlangen –, die ausgleichsgeeignet sind, wenn er mit ausreichend wertentsprechenden Grundstücken am Flurbereinigungsverfahren teilnimmt, die dann mit anderen Grundstückseigentümern getauscht werden können. Aus der Verteilungsmasse der zusammengelegten Grundstücke wird dem Poolbetreiber dann gemäß § 44 Abs. 1 S. 1; Abs. 2 FlurBerG ein neues Grundstück, das ausgleichsgeeignet ist, zugewiesen.

Die Flurbereinigung ist also eine grundsätzlich existierende Möglichkeit des Poolbetreibers, Eigentum an ausgleichsgeeigneten Grundstücken zu erlangen. Die Literatur beschränkt sich auf die bloße Erwähnung dieser Möglichkeit und hinterfragt nicht weiter, ob diese Methode tatsächlich praktikabel beim Aufbau eines Flächenpools oder Ökokontos ist. Diese kritische Prüfung der Praktikabilität und der Eignung als Beschaffungsinstrument soll im Folgenden unternommen werden. Da es verschiedene Varianten der Flurbereinigung gibt, ist deren jeweilige Eignung zur Beschaffung von zu bevorratenden Ausgleichsflächen getrennt zu beurteilen.

### (1) Das allgemeine Flurbereinigungsverfahren, §§ 1, 37 FlurBerG

Ein allgemeines Flurbereinigungsverfahren dient nach § 1 FlurBerG[186] dazu, die Produktions- und Arbeitsbedingungen in der Land- und Forstwirtschaft zu verbessern sowie die allgemeine Landeskultur und Landesentwicklung durch Maßnahmen zur Neuordnung des ländlichen Grundbesitzes zu fördern. Jeder der beiden Zwecke kann für sich genommen eine Flurbereinigung rechtfertigen. Landesentwicklung bedeutet dabei die Planung und Durchführung aller Maßnahmen, die dazu geeignet sind, die Wohn-, Wirtschafts- und Erholungsfunktionen des Raumes, insbesondere des ländlichen Raumes, zu erhalten und zu verbessern.[187] Diese Zweckbestimmung, die für die Durchführung eines allgemeinen Flurbereinigungsverfahrens im

---

Teil signifikanten – Verkleinerung der auf die alten Eigentümer zu verteilenden neuen Grundstücksmasse führen.

[185] *Krautzberger,* in: Ernst/Zinkahn/Bielenberg/Krautzberger (Hrsg.), BauGB, § 190 Rn. 1. Eine Ausnahme bildet wiederum die Unternehmensflurbereinigung nach § 87 FlurBerG.

[186] Flurbereinigungsgesetz i.d.F. der Bekanntmachung vom 16.3.1976, BGBl. I S. 1430; zuletzt geändert durch Art. 2 Abs. 23 des G. vom 12.8.2005, BGBl. I S. 2354.

[187] Ganz h.M., vgl. nur *Quadflieg,* FlurBerG, § 1 Rn. 66 m.w.N.; *Krautzberger,* in: Ernst/Zinkahn/Bielenberg/Krautzberger (Hrsg.), BauGB, Vor § 187 Rn. 34; vgl. auch die amtliche Begründung in BT-Drs. 7/3020 zu Nr. 1.

Gegensatz zu den noch besprochenen besonderen Flurbereinigungsverfahren stets gegeben sein muss, muss also mit dem Ziel der Flächenbevorratung in Flächenpools und Ökokonten vereinbar sein, damit das allgemeine Flurbereinigungsverfahren überhaupt eine taugliche Möglichkeit der Flächenbeschaffung für den Poolbetreiber darstellt. Die Einrichtung eines Flächenpools oder Ökokontos dient dem Vollzug der städtebaulichen Eingriffsregelung, der dadurch institutionalisiert werden soll. Diese Vollzugshilfen sollen die Ausgleichstätigkeit koordinieren, konzentrieren und strukturieren. Sie können außer ihrem Hauptzweck, Natur und Landschaft zu verbessern, auch für damit zusammenhängende Nebenprojekte eingesetzt werden, die beispielsweise die Erholungsfunktion der Landschaft betreffen (siehe allgemein oben bei § 2). Durch die so erfolgende Aufwertung der Natur und des Landschaftsbildes verbessern sie, wie von § 1 FlurBerG gefordert, die Erholungsfunktion der Landschaft. Überdies verbessern Ökokonten und Flächenpools auch die Wohn- und Wirtschaftsstruktur des Raumes, weil sie die Planung und Realisierung von Wohn- und Wirtschaftvorhaben wesentlich erleichtern, indem sie den planenden Gemeinden helfen, die städtebauliche Eingriffsregelung bei der Aufstellung des Eingriffsbauleitplans zu vollziehen und ein Eingriffsfolgen-Bewältigungsprogramm bereitstellen. Ein Flurbereinigungsverfahren, dessen Ziel es ist, einen Flächenpool oder ein Ökokonto aufzubauen, wäre daher vom Zweck des § 1 FlurBerG gedeckt und daher zulässig.

Die Durchführung eines allgemeinen Flurbereinigungsverfahrens erfolgt auf Anordnung der oberen Flurbereinigungsbehörde hin, die dafür zu prüfen hat, ob eine Flurbereinigung erforderlich ist und insbesondere das Interesse der Beteiligten gegeben ist (§ 4 FlurBerG). Die Anordnung erfolgt von Amts wegen nach pflichtgemäßem Ermessen.[188] Es existiert dagegen kein subjektives Recht eines Grundstückseigentümers auf die Einleitung einer Flurbereinigung.[189] Dies stellt die Tauglichkeit eines allgemeinen Flurbereinigungsverfahrens für die Beschaffung einer Fläche zur Bevorratung in Flächenpools oder Ökokonten ernsthaft in Frage. Denn regelmäßig wird es hier darum gehen, dass der Poolbetreiber konkrete Flächen im Auge hat, die er sich beschaffen möchte. Er hat aber wegen des fehlenden subjektiven Rechts auf die Durchführung einer Flurbereinigung keinen Anspruch darauf, dass die obere Flurbereinigungsbehörde eine Flurbereinigung anordnet, in deren Gebiet die für den Poolbetreiber interessanten Flächen liegen. Die Flurbereinigungsbehörde hat bei ihrer Entscheidung, ob sie eine Flurbereinigung anordnet oder nicht, insbesondere die Interessen der anderen Grundstücks-

---

[188] BVerwGE 29, 257 ff.; *Hegele,* in: Seehusen/Schwede, FlurBerG, § 4 Rn. 3.; *Quadflieg,* FlurBerG, § 4 Rn. 22.
[189] BVerwG, DVBl. 1969, 263; *Hegele,* ebenda.

eigentümer zu prüfen. Das Interesse des Poolbetreibers, Zugriff auf die aus-gleichsgeeigneten Grundstücke zu erlangen, ist nur ein Partikularinteresse, das sich an dem Gesamtinteresse der Eigentümer messen lassen muss. Das allgemeine Flurbereinigungsverfahren ist – etwa im Gegensatz zur Unter-nehmensflurbereinigung, § 87 FlurBerG – eben kein Verfahren, das zu Gunsten eines einzelnen Rechtsträgers durchgeführt wird, sondern es will durch seine Privatnützigkeit die Interessen aller betroffenen Eigentümer wahrnehmen. Die reale Konstellation in einem potenziellen Flurberei-nigungsgebiet kann zwar die Flurbereinigungsbehörde durchaus dazu ver-anlassen, eine Flurbereinigung durchzuführen, in deren Rahmen der Pool-betreiber das Eigentum an den für ihn interessanten Flächen zugeteilt be-kommt. Allerdings ist diese Entscheidung der Behörde für den Poolbetreiber nicht voraussehbar und weder steuerbar noch rechtlich angreifbar, weil ihm das subjektiv-öffentliche Recht auf die Einleitung der Flurbereinigung als auch der Anspruch auf die Zuteilung eines bestimmten Grundstücks fehlt.[190] Diese fehlende Steuerbarkeit führt zu einer Planungsunsicherheit, die ein wesentliches Hindernis für eine vorausschauende, strategisch angelegte Flä-chenbevorratung ist. Die allgemeine Flurbereinigung ist daher grundsätzlich nicht zur Beschaffung ausgleichsgeeigneter Flächen geeignet.

## (2) Die Unternehmensflurbereinigung, § 87 FlurBerG

Die Unternehmensflurbereinigung ist im Gegensatz zu einem allgemeinen Flurbereinigungsverfahren dazu gedacht, die von einem konkret zu realisie-renden Großvorhaben ausgehenden Auswirkungen zu kanalisieren. Wenn für ein planfeststellungsbedürftiges Vorhaben[191] Grundstücke enteignet wer-den dürften, kann die Unternehmensflurbereinigung an Stelle der Enteignung als milderes Mittel durchgeführt werden, um den zu erwartenden Land-verlust der betroffenen Eigentümer auf einen größeren Kreis von Eigen-tümern zu verlagern oder um die durch das Großvorhaben entstehenden Nachteile für die allgemeine Landeskultur zu verringern. Die schädlichen Auswirkungen des Großvorhabens, etwa die bewirtschaftungserschwerende Zersplitterung von Grundeigentum durch eine Autobahn oder die Unterbre-chung des Wege- und Gewässernetzes, können dadurch beseitigt werden, dass in einer solchen Unternehmensflurbereinigung gleichwertige Grund-stücke neu zugeteilt werden und so den Betroffenen eine wirtschaftlichere Betriebsführung ermöglicht wird. Das auslösende Großvorhaben wird also

---

[190] Vgl. *Schwantag,* in: Seehusen/Schwede, FlurberG, § 44 Rn. 40 f.

[191] Die Einleitung eines Planfeststellungsverfahrens oder eines entsprechenden, Enteignungen zulassenden Genehmigungsverfahrens für das Großvorhaben ist not-wendige Voraussetzung einer Unternehmensflurbereinigung, vgl. *Hegele,* in: See-husen/Schwede, FlurBerG, § 87 Rn. 1.

in seine Umgebung eingefügt, indem deren Grundstücks-, Nutzungs- und Umweltstruktur umgestaltet und angepasst wird.[192] Notwendige Voraussetzung der Unternehmensflurbereinigung ist also die Zulässigkeit einer Enteignung, die sich nach dem Fachgesetz bemisst, das für das jeweilige Großvorhaben einschlägig ist. In diesem Verfahren ist § 1 FlurBerG nicht anzuwenden;[193] es kann also auch zu anderen Zwecken als den in § 1 FlurBerG genannten durchgeführt werden.

Für die gezielte Beschaffung von Flächen zur Bevorratung in Flächenpools oder Ökokonten ist dieses Verfahren allerdings nicht geeignet. Denn der Poolbetreiber hat wiederum nicht die Möglichkeit, ein solches Verfahren in Gang zu setzen, um die für ihn interessanten Flächen im Neuverteilungsverfahren zugeteilt zu bekommen. Antragsberechtigt bei der Flurbereinigungsbehörde ist nämlich nur die Enteignungsbehörde, die sich nach dem jeweiligen Fachgesetz bestimmt.[194] Eine Einleitung dieser Unternehmensflurbereinigung durch die Flurbereinigungsbehörde von Amts wegen ist nicht zulässig.[195] Weder dem Vorhabenträger noch den von der Enteignung betroffenen Grundstückseigentümer steht ein eigenes Antragsrecht zu.[196] Damit befindet sich der Poolbetreiber als Eigentümer eines tauschgeeigneten Grundstücks lediglich in einer reagierenden Position; er ist vielleicht betroffener Flächeneigentümer, kann aber nicht aktiv steuern, dass und in welcher Weise ein Flurbereinigungsverfahren eingeleitet wird. Er kann damit den eigentlichen Flächenbeschaffungsvorgang weder initiieren noch aktiv steuern.

Ein zweiter Grund verhindert die Eignung der Unternehmensflurbereinigung nach § 87 FlurBerG als Instrument der Flächenbeschaffung. Dieses Verfahren bezieht sich nur auf Großvorhaben, die planfeststellungsbedürftig sind und für die auch Enteignungen zulässig wären. Die Beschaffung von Flächen zur Flächenbevorratung ist jedoch kein solches planfeststellungsbedürftiges Großvorhaben. Die Übertragung des Eigentums an ausgleichsgeeigneten Grundstücken an den Poolbetreiber als Beschaffung ist lediglich eine Nebenfolge der für ein anderes Großvorhaben durchgeführten Unternehmensflurbereinigung, nicht aber ihr selbständiger Gegenstand. Damit befindet sich der Poolbetreiber wieder nur in einer lediglich reagierenden Position; er ist nur betroffener Eigentümer, nicht aber Initiator des Verfahrens. Zur gezielten Flächenbeschaffung kommt dieses Instrument daher nicht in Betracht.

---

[192] *R. Breuer,* in: Schrödter (Hrsg.), BauGB, § 190 Rn. 6.
[193] *Quadflieg,* FlurBerG, § 1 Rn. 9.
[194] *Quadflieg,* FlurBerG, § 87 Rn. 91.
[195] *Quadflieg,* FlurBerG, § 87 Rn. 90.
[196] *Quadflieg,* ebenda.

## (3) Das vereinfachte Flurbereinigungsverfahren, § 86 FlurBerG

Ein anderes besonderes Flurbereinigungsverfahren ist die vereinfachte Flurbereinigung nach § 86 FlurBerG. Sie unterscheidet sich vom allgemeinen Flurbereinigungsverfahren nach §§ 1, 37 FlurBerG dadurch, dass § 86 Abs. 1 FlurBerG das vereinfachte Verfahren nur in den dort aufgezählten Fällen zulässt, während das allgemeine Verfahren immer dann durchgeführt werden kann, wenn der in § 1 FlurBerG genannte Zweck erreicht werden soll. Das Verfahren nach § 86 FlurBerG setzt künstliche Eingriffe in die Flur, deren Nachteile beseitigt werden sollen, oder die Durchführung von Siedlungs-, Naturschutz oder sonstigen städtebaulichen Maßnahmen voraus, die erleichtert werden sollen. Es ist in seinem Zweck also enger und begrenzter als das allgemeine Flurbereinigungsverfahren, weil es entweder um den Nachteilsausgleich (§ 86 Abs. 1 Alt. 1 FlurBerG) bestimmter, in § 86 Abs. 1 FlurBerG genannter Vorhaben, oder um die Ermöglichung der dort genannten Aufbaumaßnahmen geht. Außerdem kann ein vereinfachtes Flurbereinigungsverfahren auf Teile des Gemeindegebiets beschränkt werden, während das allgemeine Verfahren nach §§ 1, 37 FlurBerG grundsätzlich auf die gesamte Gemarkung zu erstrecken ist.[197] Die vereinfachenden Modifikationen des allgemeinen Verfahrens enthält § 86 Abs. 1 S. 2 FlurBerG.

Da die vereinfachte Flurbereinigung nach § 86 Abs. 1 FlurBerG durchgeführt werden kann, um die Durchführung von Naturschutzmaßnahmen zu erleichtern und so als Hilfsmittel für die genannten, außerhalb der Flurbereinigung liegenden Aufbaumaßnahmen dient,[198] kommt sie grundsätzlich für die Beschaffung von Ausgleichsflächen zur Bevorratung in Flächenpools und Ökokonten in Betracht. Mit ihrer Hilfe können Maßnahmen des Umweltschutzes, der naturnahen Entwicklung von Gewässern oder allgemein der Gestaltung des Landschaftsbildes ermöglicht werden.[199] Eine wesentliche Tatbestandsvoraussetzung ist die Notwendigkeit der Naturschutzmaßnahmen, über welche die Naturschutzbehörde entscheidet, nicht die Flurbereinigungsbehörde.[200] Dass die Naturschutzmaßnahmen bloß zweckmäßig sind, reicht nicht aus.[201] Notwendig ist zudem, dass das Verfahren privatnützig bleibt. Der fremdnützige Zweck, die Naturschutzmaßnahmen zu ermöglichen, darf nicht der alleinige Zweck der Flurbereinigung sein; die agrarstrukturellen Ziele müssen im Vordergrund stehen, wobei es aller-

---

[197] *Hegele*, in: Seehusen/Schwede, FlurBerG, § 86 Rn. 1.

[198] Vgl. *Hegele*, ebenda.

[199] *Krautzberger*, in: Ernst/Zinkahn/Bielenberg/Krautzberger (Hrsg.), BauGB, Vor § 187 Rn. 47.

[200] *Hegele*, in: Seehusen/Schwede, FlurBerG, § 91 Rn. 3.

[201] BT-Drs. 7/4169, S. 26 Nr. 54.

dings nicht darauf ankommt, welcher Zweck die Verfahren letztendlich veranlasst hat.[202]

Diese zwei Voraussetzungen eines vereinfachten Flurbereinigungsverfahrens, die primäre Privatnützigkeit und die Notwendigkeit der Naturschutzmaßnahmen, erschweren zusätzlich zu den oben bereits genannten Problemen der Nutzung eines Flurbereinigungsverfahrens als Instrument der Flächenbeschaffung (fehlende Steuerbarkeit, fehlendes subjektiv-öffentliches Recht auf Flurbereinigung) die Eignung der vereinfachten Flurbereinigung nach § 86 FlurBerG zur Flächenbeschaffung. Beide Voraussetzungen müssen vorliegen. Ob sie vorliegen, ist eine Frage des jeweiligen Einzelfalls. Der Poolbetreiber, der eine vereinfachte Flurbereinigung zur Flächenbeschaffung nutzen will, ist deshalb darauf angewiesen, dass die konkreten Eigentumsverhältnisse im Gemeindegebiet so beschaffen sind, dass eine Neuordnung dieser Verhältnisse im Interesse der Eigentümermehrheit liegt, also primär privatnützig ist. Das kann durchaus einmal der Fall sein; generell zu beurteilen und womöglich noch zu steuern und zu beeinflussen ist diese Tatbestandsvoraussetzung vom Poolbetreiber jedoch nicht. Darüber hinaus ist er noch auf die Beurteilung der zu bevorratenden Aufwertungsmaßnahmen als notwendig durch die Naturschutzbehörde angewiesen. Diese positive Beurteilung wird in aller Regel zu erreichen sein, da hier meist auch kommunalpolitische Verhältnisse eine Rolle spielen werden, und stellt daher ein weniger großes Problem dar als die Voraussetzung der Privatnützigkeit. Aber insgesamt fordert das vereinfachte Flurbereinigungsverfahren nach § 86 FlurBerG – zusätzlich zu den ohnehin schon bestehenden und oben beschriebenen Problemen der Flurbereinigung als Instrument der Flächenbeschaffung – zwei Tatbestandsmerkmale, die vom Poolbetreiber kaum zu beeinflussen sind. Er kann somit die Flurbereinigung nach § 86 FlurBerG nicht als planungssicher handhabbares Instrument zur Beschaffung von Flächen zur Bevorratung einsetzen. In Ausnahmefällen kann es geeignet sein; im Regelfall jedoch wird der Poolbetreiber auf den Einsatz dieses umständlichen und nur schwer zu beherrschenden Instrumentes verzichten.

(4) Das beschleunigte Zusammenlegungsverfahren, §§ 91 ff. FlurBerG

Eine weitere, besondere Form des Flurbereinigungsverfahrens ist das in den §§ 91–103 FlurBerG geregelte beschleunigte Zusammenlegungsverfahren. Es dient sowohl dazu, die Produktionsbedingungen in Land- und Forstwirtschaft zu verbessern, als auch dazu, notwendige Maßnahmen des Natur- und Landschaftsschutzes durchzuführen. Die Gesetzesbegründung nennt als

---

[202] *Hegele,* in: Seehusen/Schwede, FlurBerG, § 86 Rn. 2.

Hauptzweck die Neuverteilung des Eigentums an Brachflächen, die dann als ökologische Ausgleichsflächen dienen können, weil hier keine neuen Wege und wasserwirtschaftlichen Maßnahmen erforderlich seien.[203] Die Zielsetzung eines solchen Verfahrens geht daher über eine rein agrarstrukturelle Zielsetzung hinaus. Zur Flächenbeschaffung für Ökokonten oder Flächenpools ist dieses Verfahren insofern grundsätzlich geeignet, als die Bevorratung von Flächen zur Durchführung von Naturaufwertungsmaßnahmen unter den genannten Hauptzweck des Verfahrens aus § 91 FlurBerG subsumiert werden kann. Mit diesem Verfahren können die Eigentumsverhältnisse dergestalt neu geordnet werden, dass der Poolbetreiber Eigentum an denjenigen Flächen erhält, die für eine ökologische Aufwertung wegen ihrer niedrigen ökologischen Wertigkeit interessant sind.

Gemäß § 93 Abs. 1 FlurBerG können mehrere Grundstückseigentümer ebenso wie die landwirtschaftliche Berufsvertretung die Zusammenlegung beantragen. Diese haben aber nur ein subjektiv-öffentliches Recht auf die Einleitung der Zusammenlegung, nicht jedoch auf deren Anordnung.[204] Die Einleitung dient lediglich der Prüfung, ob das Verfahren recht- und zweckmäßig ist; sie endet nach den Anhörungen nach § 93 Abs. 2 S. 2 FlurBerG. Die charakteristischen Rechtsfolgen dieses Verfahrens entfaltet nur die Anordnung der Zusammenlegung, die als Zusammenlegungsbeschluss von der Flurbereinigungsbehörde ergeht. Auf diesen Beschluss haben die nach § 93 Abs. 1 FlurBerG Antragsberechtigten kein subjektiv-öffentliches Recht. Damit steht der Poolbetreiber hier vor den gleichen Schwierigkeiten wie bei den anderen Flurbereinigungsverfahren. Er hat keinen subjektiven Anspruch auf Durchführung der Flurbereinigung und auf Zuteilung der ausgleichsgeeigneten Grundstücke. Auch dieses Verfahren ist von ihm nicht steuerbar. Der Eigentumserwerb an ausgleichsgeeigneten Flächen ist eher zufällig und durch die Flurbereinigungsbehörde fremddeterminiert als auf eigene Entschlüsse des Poolbetreibers zurückgehend. Das beschleunigte Zusammenlegungsverfahren nach §§ 91 ff. FlurBerG ist schon deshalb kein planungssicheres Instrument der Flächenbeschaffung. Es kann wie die bereits vorstehend besprochenen anderen Flurbereinigungsarten lediglich ergänzend neben andere Arten der Beschaffung treten.

Dazu kommen die bereits vorher erwähnten Probleme der notwendigen Naturschutzmaßnahmen und der Privatnützigkeit des Zusammenlegungsverfahrens. Bei § 91 FlurBerG gelten dieselben Maßstäbe hinsichtlich der Notwendigkeit der Naturschutzmaßnahmen wie beim oben dargestellten § 86 FlurBerG.[205] Die Naturschutzbehörde muss also auch hier feststellen, dass

---

[203] BT-Drs. 7/3020 zu Nr. 54.

[204] *Hegele,* in: Seehusen/Schwede, § 93 Rn. 1.

[205] *Hegele,* in: Seehusen/Schwede, § 91 Rn. 3.

die beabsichtigte Naturaufwertung auf den aufwertungsgeeigneten Grundstücken notwendig ist. Selbst wenn dies der Fall ist, muss die Zusammenlegung zusätzlich privatnützig sein. Das bedeutet, dass eine Zusammenlegung für die Zwecke der Verbesserung des Naturschutzes und der Landschaftspflege nur eingeleitet werden darf, wenn sie zugleich dem Interesse der betroffenen Grundstückseigentümer dient.[206] Für die betroffenen Grundstückseigentümer, meist Landwirte, muss gleichzeitig eine Verbesserung der Bewirtschaftungsmöglichkeiten eintreten. Dieses Erfordernis der grundsätzlichen Privatnützigkeit des Zusammenlegungsverfahrens ist vom Poolbetreiber nicht steuerbar und von der konkreten Grundstückssituation im Gemeindegebiet abhängig. Bereits oben ist aus diesen Gründen die Tauglichkeit des Verfahrens nach § 86 FlurBerG im Grundsatz verneint worden. Für das besondere Flurbereinigungsverfahren nach § 91 FlurBerG gilt dasselbe. Weil es für den Poolbetreiber nicht zu beeinflussen ist, sondern vielmehr vom Zufall abhängt, ob das Kriterium der Privatnützigkeit erfüllt ist, ist das beschleunigte Zusammenlegungsverfahren nach § 91 FlurBerG nicht als Instrument der Flächenbeschaffung brauchbar.

(5)  Die städtebauliche Flurbereinigung nach § 190 BauGB

Eine „erweiterte Sonderform der Unternehmensflurbereinigung"[207] sieht § 190 BauGB außerhalb des Flurbereinigungsgesetzes vor. Nach dieser Norm kann eine Gemeinde beantragen, dass ein Flurbereinigungsverfahren nach den Verfahrensvorschriften und mit den Rechtswirkungen der Unternehmensflurbereinigung (§ 87 FlurBerG) durchgeführt wird. Im Unterschied zu einer Unternehmensflurbereinigung dient die Flurbereinigung hier nicht zur Beseitigung der Folgen oder der Ermöglichung eines Großvorhabens, sondern vielmehr der erleichterten Durchführung städtebaulicher Maßnahmen. Damit ist diese Flurbereinigung nach § 190 BauGB ebenso wenig primär privatnützig wie die Unternehmensflurbereinigung nach § 87 FlurBerG; sie dient vielmehr durch die Realisierung städtebaulicher Maßnahmen überwiegend der Durchsetzung öffentlicher Interessen.[208] § 190 BauGB erfasst städtebauliche Maßnahmen, durch welche land- und forstwirtschaftliche Grundstücke in Anspruch genommen werden. Die städtebauliche Flurbereinigung erweitert das städtebauliche und bodenrechtliche Maßnahmenrepertoire der Gemeinde; sie tritt ergänzend neben die Instrumente des BauGB und verdrängt diese nicht (vgl. insb. § 190 Abs. 3 BauGB).

---

[206] *Hegele,* in: Seehusen/Schwede, § 93 Rn. 2.

[207] Wörtliches Zitat aus BVerwGE 71, 108 (119).

[208] Vgl. *Krautzberger,* in: Ernst/Zinkahn/Bielenberg/Krautzberger (Hrsg.), BauGB, § 190 Rn. 1.

Der Begriff der städtebaulichen Maßnahmen ist das zentrale Kriterium dieses besonderen Flurbereinigungsverfahrens. Nur zu deren Realisierung darf die städtebauliche Flurbereinigung durchgeführt werden. Der Begriff der „städtebaulichen Maßnahmen" ist dabei umfassend zu verstehen. Er enthält sämtliche[209] Maßnahmen, welche die Gemeinde als Trägerin der Bauleitplanung und der Planungshoheit gemäß § 9 in den Bebauungsplänen festsetzen kann, um die städtebauliche Entwicklung und Ordnung sicherzustellen.[210] Damit erfasst § 190 BauGB auch Ausgleichsmaßnahmen, die nach § 9 Abs. 1 Nr. 20 und Nr. 25 BauGB festgesetzt werden können.[211]

Die Gemeinde kann im Bebauungsplan nach diesen Vorschriften Naturaufwertungsmaßnahmen vorschreiben. Zur erleichterten Durchführung der Realisierung dieser städtebaulich motivierten Naturaufwertungs-Festsetzungen kann sie daher ein Verfahren nach § 190 BauGB beantragen. Für die Beschaffung ausgleichsgeeigneter Flächen zur Bevorratung in Ökokonten und Flächenpools ist dieses Verfahren deshalb dann konstruktiv geeignet, wenn die zu bevoratenden Flächen vor der Beschaffung mit Festsetzungen nach § 9 Abs. 1 Nr. 20 und Nr. 25 BauGB überplant worden sind,[212] etwa im Rahmen eines speziell für Ausgleichszwecke beschlossenen Ausgleichsbebauungsplanes.[213] In diesen Fällen kann die städtebauliche Flurbereinigung durchgeführt werden, um der Gemeinde selbst oder dem Poolbetreiber (vgl. § 190 BauGB i. V. m. § 88 Nr. 4 S. 3 FlurBerG) das Eigentum an ausgleichsgeeigneten Flächen zu verschaffen; freilich gegen eine entsprechende Entschädigung (§ 190 BauGB i. V. m. § 88 Nr. 4 S. 5 FlurBerG). Die städtebauliche Unternehmensflurbereinigung nach § 190 BauGB überwindet auf diese Weise durch ihre Fixierung auf städtebauliche Maßnahmen aller Art die grundsätzliche Problematik der normalen Unternehmensflur-

---

[209] Und nicht nur Sanierungs- und Entwicklungsmaßnahmen, wie dies noch unter Geltung der Vorgängernorm § 144 f. BBauG 1976/1979 und deren Vorgängernorm § 70 StädtebauförderungsG 1971 der Fall war. Ausführlich dazu *R. Breuer,* in: Schrödter (Hrsg.), BauGB, § 190 Rn. 7.

[210] *R. Breuer,* in: Schrödter (Hrsg.), BauGB, § 190 Rn. 26.

[211] Zu diesen Festsetzungen siehe oben in § 4 bei D. II. 2. b) ee) und hh).

[212] Der Antrag der Gemeinde auf Einleitung der Flurbereinigung nach § 190 BauGB ist bereits möglich, bevor die Durchführung der Maßnahmen begonnen hat oder der Bebauungsplan wirksam beschlossen worden ist. Es ist ausreichend, wenn die beabsichtigte Planung die Inanspruchnahme der neu zu verteilenden Flächen ausreichend deutlich erkennbar werden lässt und auch rechtlich ermöglichen wird, vgl. *Krautzberger,* in: Ernst/Zinkahn/Bielenberg/Krautzberger (Hrsg.), BauGB, § 190 Rn. 13. Für die Flächenbeschaffung für Ökokonten und Flächenpools bedeutet das, dass ein in der Landschaftsplanung enthaltenes Ausgleichskonzept (dazu oben in § 4 bei C. III. 3.–5.) ausreicht, weil auf dessen Grundlage die Bevorratung erfolgen wird und die Gemeinde die Ausgleichsfestsetzungen nach den Aussagen dieses Konzeptes treffen wird.

[213] Dazu noch unten bei B. II. 3. b) bb).

bereinigung nach § 87 FlurBerG, die auf Großvorhaben bezogen und daher für den hier interessierenden Zweck der Flächenbeschaffung zur Bevorratung nicht geeignet ist.

Das zentrale rechtliche Problem der städtebaulichen Flurbereinigung ist die Frage, ob dieses Verfahren voraussetzt, dass eine Enteignung der betreffenden Flächen zulässig wäre. In der rein flurbereinigungsrechtlichen Unternehmensflurbereinigung formuliert § 87 Abs. 1 FlurBerG diese Anforderung ausdrücklich. Eine entsprechende klare Formulierung fehlt in § 190 BauGB, so dass es unklar ist, ob die Zulässigkeit der Enteignung wie in § 87 Abs. 1 FlurBerG, auf den § 190 BauGB verweist, konstitutives Merkmal der städtebaulichen Flurbereinigung ist oder ob § 190 BauGB lediglich auf das in den §§ 87 ff. FlurBerG geregelte Verfahren verweist. Damit ist das Grundproblem der Vorschrift angesprochen, nämlich die Frage, ob eine städtebauliche Unternehmensflurbereinigung nach § 190 BauGB eine Enteignung darstellt oder ob sie vielmehr als Inhalts- und Schrankenbestimmung des Eigentums zu qualifizieren ist.[214] In der Boxberg-Entscheidung betrachtet das BVerfG die städtebauliche Unternehmensflurbereinigung als Enteignung.[215] Es begründet seine Ansicht damit, dass diese Art der Flurbereinigung primär im öffentlichen Interesse liege, weil der Gemeinde oder einem Unternehmensträger Grundstücke für öffentliche Zwecke beschafft werden sollten. Diese Konstellation sei für eine Enteignung charakteristisch. Der jeweilige betroffene Grundeigentümer müsse – wenn auch nicht als einzelner Betroffener, sondern als Teilnehmer einer Solidargemeinschaft mit den anderen Grundstückseigentümern – den Zugriff auf sein Grundstück zur Verwirklichung eines nicht in seinem oder dem Interesse der Solidargemeinschaft liegenden Vorhabens dulden. An die Stelle des Eigentumsbestands trete der Eigentumswert,[216] was die Enteignung kennzeichne. Diese Einordnung des § 190 BauGB als Enteignung ist jedoch zu unflexibel und wird nicht jedem Einzelfall gerecht. Richtigerweise ist danach zu differenzieren, welche Interessenlagen im jeweiligen städtebaulichen Einzelfall bestehen.

---

[214] Grundlegend zu dieser Frage das Boxberg-Urteil des BVerfG, BVerfGE 74, 264 (279 ff.). Eine ausführliche Darstellung der Problematik bietet *R. Breuer,* in: Schrödter (Hrsg.), BauGB, § 190 Rn. 17 ff.

[215] BVerfGE 74, 264 (279 ff.). Anderer Ansicht die vorher st. Rspr. des BVerwG und des BGH, vgl. BVerwGE 3, 156; oder BGHZ 66, 173; Z 86, 226 (229). Weitere Fundstellen zu dieser Rspr. bei *R. Breuer,* in: Schrödter (Hrsg.), BauGB, § 190 Rn. 13.

[216] Dies widerspricht auch dem vom BVerfG erst später in dieser Deutlichkeit formulierten Grundsatz, dass die Eigentumsgarantie vorrangig den Bestand und nicht den Wert des Eigentums garantiere, vgl. zuletzt BVerfGE 100, 226 (239 f.) – Denkmalgeschützte Villa; vorher schon in diesem Sinne BVerfGE 24, 367 (389); E 38, 175 (181); E 74, 264 (281).

Der Auffassung des BVerfG ist zuzustimmen, wenn die Interessenlage der des Boxberg-Falles ähnelt. Dies ist dann der Fall, wenn städtebauliche Maßnahmen als Fremdkörper in die vorgefundene Grundstücks- und Nutzungsstruktur hineinstoßen, die Umgestaltung der Grundstückssituation nach Maßgabe der optimalen Realisierung eines gebietsfremden Vorhabens stattfindet und die Flurbereinigung dazu dienen soll, die von diesem Vorhaben benötigten Flächen zu beschaffen.[217] Die vom BVerfG als maßgeblicher Argumentationstopos herangezogene Ähnlichkeit zur Enteignung beruht auf dem primär fremdnützigen Charakter der Flurbereinigung. Wenn Grundstücke also lediglich zur Veränderung der Struktur eines Gebiets herangezogen werden und ihre Inanspruchnahme zwar der Gemeinschaft, nicht aber den Betroffenen nützt, also mehr sozialnützig als privatnützig ist, ist § 190 BauGB als Enteignung zu qualifizieren. In diesen Fällen entzieht § 190 BauGB konkrete Rechtspositionen; die privatnützige Wirkung beschränkt sich auf eine nachgelagerte, privatnützige Folgenbeseitigung.

Im Gegensatz dazu liegt eine Inhalts- und Schrankenbestimmung und keine Enteignung bei § 190 BauGB immer dann vor, wenn nicht primär Flächen zu Gunsten eines bestimmten Vorhabens beschafft werden sollen[218] oder wenn der primäre Zweck des Verfahrens die privatnützige Strukturverbesserung der vorgefundenen Grundstücks- und Nutzungsstruktur ist. Die im Verfahren nach § 190 BauGB zu realisierenden Maßnahmen müssen aus der vorgefundenen Eigentümer- und Nutzungsstruktur des Gebiets erwachsen und im gemeinsamen Interesse der ansässigen Eigentümer eine Strukturverbesserung herbeiführen;[219] der Anlass für die Maßnahmen muss, aus welchen Gründen auch immer, im Gebiet selbst liegen. Dies kann etwa bei Maßnahmen zur Erhaltung oder Förderung der überkommenen, traditionellen Strukturen genauso der Fall sein wie bei Investitions- und Neubaumaßnahmen, die die Infrastruktur des Gebietes verbessern. Entscheidend ist, ob speziell die Solidargemeinschaft der Betroffenen einen Vorteil aus der Inanspruchnahme der eigenen Grundstücke zieht. In diesen Fällen überwiegt der privatnützige Charakter; die Ähnlichkeit zu der vom BVerfG im Boxberg-Fall beschriebenen Interessenkonstellation ist dann nicht gegeben, weshalb die Einstufung als Enteignung nicht gerechtfertigt ist. Dies zu beurteilen ist freilich eine Frage des jeweiligen städtebaulichen Einzelfalles.

Daher ist § 190 BauGB richtigerweise verfassungskonform in dieser Weise auszulegen: bei primär sozialnützigem Charakter der städtebaulichen Unternehmensflurbereinigung nach § 190 BauGB ist als ungeschriebenes

---

[217] Vgl. *R. Breuer,* in: Schrödter (Hrsg.), BauGB, § 190 Rn. 23 und 32 ff.

[218] Etwa weil die Flächen schon vorher im Eigentum des Vorhabenträgers standen.

[219] *R. Breuer,* in: Schrödter (Hrsg.), BauGB, § 190 Rn. 25.

Tatbestandsmerkmal stets nach der Zulässigkeit einer Enteignung der Grundstücke zu fragen.[220] Bei primär privatnützigem Charakter ist die Ähnlichkeit zur Enteignung nicht gegeben; dementsprechend ist die Zulässigkeit einer Enteignung in diesen Fällen keine Tatbestandsvoraussetzung von § 190 BauGB.

Für die Eignung der städtebaulichen Unternehmensflurbereinigung für die Beschaffung von Ausgleichsflächen zur Bevorratung in Flächenpools oder Ökokonten bedeutet dies, dass je nach der konkreten städtebaulichen Situation von der Gemeinde und der Flurbereinigungsbehörde zu beurteilen ist, ob die Beschaffung privat- oder aber sozialnützig ist. Wenn sie primär sozialnützig ist und den Grundstückseigentümern keine Vorteile bringt, muss als ungeschriebenes Tatbestandsmerkmal geprüft werden, ob eine Enteignung zur Flächenbeschaffung zu Gunsten von Ökokonten und Flächenpools zulässig ist.[221] Da die Bevorratung dazu dient, die künftige Bebauung von Gebieten zu erleichtern, kommt es bei dieser Prüfung der Privat- oder Sozialnützigkeit darauf an, welchen Charakter die spätere Bebauung haben wird. Bei Infrastrukturmaßnahmen ist davon auszugehen, dass sie auch im Interesse der beteiligten Grundstückseigentümer liegen, auf deren Flächen zugegriffen werden soll. Anders sieht es aus, wenn das Ökokonto oder der Flächenpool dazu genutzt werden soll, konkrete Investitionsprojekte eines privaten Investors zu erleichtern, die unter Umständen als Investitionsobjekte alleine dem privaten Nutzen dieses Investors dienen. In solchen Fällen überwiegt der fremdnützige Charakter von § 190 BauGB. Es kommt hier maßgeblich auf den städtebaulichen Einzelfall an, der daraufhin untersucht werden muss, welche städtebaulichen Absichten die planende Gemeinde verfolgt, nämlich ob zukünftig mehr gemeinnützige Infrastrukturvorhaben verwirklicht werden sollen oder ob die zukünftig geplante Bebauung für die in Anspruch genommenen Grundstückseigentümer keine Vorteile bringt und nur zum Nutzen eines privaten Investors geschieht.

Diese Fragen sind äußerst schwierig zu beantworten und weisen einen hohen Prognosecharakter auf. Die Rechtsfragen, die bei der Anwendung von § 190 BauGB auftreten, sind komplex und erfordern eine intensive rechtliche Beschäftigung. Schon deshalb ist § 190 BauGB kein praktikables Instrument zur Flächenbeschaffung für die Betreiber von Ökokonten oder Flächenpools. Das Verfahren ist mit zahllosen Unwägbarkeiten und komplexen Rechtsanwendungsprozessen verbunden, so dass die Wahrscheinlichkeit groß ist, dass die angestellten Überlegungen fehlerhaft sind und die Rechtsanwendung fehlerhaft erfolgt ist. Eine umfassende rechtliche Vorbereitung

---

[220] So schon BVerwGE 71, 108 (118 f.); *R. Breuer,* in: Schrödter (Hrsg.), BauGB, § 190 Rn. 3 m. w. N.
[221] Dazu gleich bei B. II. 2. b) dd).

und Beratung ist hier regelmäßig notwendig. Den Bedürfnissen eines Poolbetreibers bei der Flächenbeschaffung entspricht dies nicht. Die Flächenbeschaffung sollte einfach, nicht fehleranfällig und – damit verbunden –
möglichst nicht verfahrensaufwändig sein. Die städtebauliche Unternehmensflurbereinigung nach § 190 BauGB wird durch ihre Komplexität
diesen Anforderungen nicht gerecht und ist schon deshalb kein geeignetes
Instrument der Flächenbeschaffung.

Zu diesem Nachteil kommt noch ein weiterer Nachteil, der bereits von
den anderen Flurbereinigungsverfahren bekannt ist. Die Gemeinde und auch
die Privaten, zu deren Gunsten das Verfahren nach § 190 BauGB durchgeführt werden soll, haben keinen Anspruch auf die Einleitung eines solchen Verfahrens. Die obere Flurbereinigungsbehörde hat bei ihrer Entscheidung über die Einleitung einen Ermessensspielraum, der lediglich objektiv-
rechtlich von § 4 FlurBerG gesteuert wird.[222] Es existiert kein Anspruch
auf Flurbereinigung.[223] Damit teilt § 190 BauGB das Schicksal der anderen
Flurbereinigungsverfahren, die aus diesem Grund ebenfalls keine praktikablen, planungssicheren Beschaffungsinstrumente sind (s. o.). Der Poolbetreiber kann nicht sicher steuern, ob er Grundstücke beschaffen kann oder
nicht. Für eine strategisch ausgerichtete Flächenbeschaffung, wie sie bei
Ökokonten und Flächenpools stattfindet, ist eine solche Unsicherheit der
Beschaffung nicht tolerabel. Daher ist auch § 190 BauGB kein geeignetes
Instrument der Flächenbeschaffung.

(6) Zusammenfassende Bewertung der Flurbereinigung
    als Flächenbeschaffungsmaßnahme – Vorteile und Nachteile

Vorstehend sind verschiedene Varianten der Flurbereinigung beschrieben
worden. Sie eignen sich von ihrem Konstruktionsprinzip her zwar zur
Flächenbeschaffung, weil sie dem Poolbetreiber die Möglichkeit bieten,
Eigentümer von ausgleichsgeeigneten Grundstücken zu werden. Diese
grundsätzliche Eignung wird aber dadurch wesentlich eingeschränkt und im
praktischen Ergebnis wieder aufgehoben, dass kein subjektiv-rechtlicher
Anspruch auf ein Flurbereinigungsverfahren beziehungsweise darauf besteht, in einem solchen Verfahren ein bestimmtes, als ausgleichsgeeignet er-
kanntes Grundstück zugeteilt zu bekommen.[224] Die Flurbereinigungsverfahren sind vom Poolbetreiber nicht aktiv steuerbar; er ist lediglich Teilnehmer
der Flurbereinigungsgemeinschaft und muss sich in deren Rahmen mit den

---

[222] *Krautzberger,* in: Ernst/Zinkahn/Bielenberg/Krautzberger (Hrsg.), BauGB,
§ 190 Rn. 14.
[223] *R. Breuer,* in: Schrödter (Hrsg.), BauGB, § 190 Rn. 36.
[224] *Schwantag,* in: Seehusen/Schwede, FlurBerG, § 44 Rn. 40–42.

anderen Eigentümern auseinander setzen. Den Erfordernissen eines Instrumentes zur Flächenbeschaffung, nämlich Planungssicherheit, Steuerbarkeit und Praktikabilität durch einfache Handhabung, entsprechen die Flurbereinigungsverfahren nicht.

Diesen gravierenden Nachteilen der Flurbereinigung als Beschaffungsinstrument steht lediglich der vergleichsweise geringe Vorteil gegenüber, dass der Eigentumserwerb in der Flurbereinigung im Rahmen von Art. 91a Nr. 3 GG gesetzlich förderbar ist.[225] Daher muss der Schluss gezogen werden, dass sich die Flurbereinigungsverfahren der genannten Art nicht als praktikable Instrumente der Flächenbeschaffung eignen.

### cc) Die Baulandumlegung nach §§ 45 ff. BauGB

Man könnte auch an die Nutzung der Baulandumlegung nach §§ 45 ff. BauGB als Instrument der Beschaffung von Flächen zur Bevorratung in Ökokonten oder Flächenpools denken. Denn auch im Rahmen der Baulandumlegung kann der Poolbetreiber Eigentümer ausgleichsgeeigneter Flächen werden, so dass die oben als „Beschaffung" bezeichnete Dispositionsbefugnis über eine Fläche gegeben wäre.

Die Baulandumlegung nach §§ 45 ff. BauGB ist ein Planverwirklichungsinstrument.[226] Ihr Zweck ist es, die Realisierung der in den Bebauungsplänen niedergelegten städtebaulichen Vorstellungen der Gemeinde zu erleichtern. Oft steht die privatrechtliche Eigentümerstruktur eines Gebietes der von der Gemeinde in Bebauungsplänen geplanten Nutzung dieses Gebietes entgegen. Mit Hilfe der Umlegung können die Grundstücke in diesem Gebiet neu geordnet und neu parzelliert werden, so dass hinsichtlich Lage, Form und Größe der Grundstücke ein Grundstückszuschnitt entsteht, der besser zur Realisierung der städtebaulichen Vorstellungen der Gemeinde geeignet ist als die alte Eigentümerstruktur. Dies kann geschehen, um ein Gebiet zu erschließen (Erschließungsumlegung, § 45 Abs. 1 S. 1 Alt. 1 BauGB) oder neu zu gestalten (Neuordnungsumlegung, § 45 Abs. 1 S. 1 Alt. 2 BauGB). Das Verfahren der Umlegung lässt sich als gesetzlich förmlich strukturierter, hoheitlich-zwangsweiser Flächentausch beschreiben; die Umlegung ähnelt damit stark dem Prinzip der Flurbereinigung.[227] Die

---

[225] Nach § 1 Abs. 1 Nr. 2 des Gesetzes über die Gemeinschaftsaufgabe „Verbesserung der Agrarstruktur und des Küstenschutzes" v. 21.7.1988, BGBl. I S. 1055, zuletzt geändert durch G vom 8.8.1997, BGBl. I S. 2072.

[226] Allgemein zur städtebaulichen Umlegung neben den Kommentierungen der §§ 45 ff. BauGB grundlegend *Schmidt-Aßmann*, Studien zum Recht der städtebaulichen Umlegung, Berlin 1996; vgl. ferner die kompakten Darstellungen bei *Brenner*, DVBl. 1993, 291 ff.; *Bryde*, JuS 1993, 283 ff.; *Haas*, NVwZ 2002, 272 ff., jeweils m.w.N.

Grundstücke im Umlegungsgebiet werden zu einer großen Grundstücksmasse vereinigt, aus der gewisse Flächen abgezogen werden, die in dem der Umlegung zu Grunde liegenden Bebauungsplan zur Verwirklichung bestimmter Maßnahmen des öffentlichen Interesse bestimmt worden sind. Die verbleibende Restmasse wird neu parzelliert, so dass neue Grundstückszuschnitte entstehen, die nach ihrer Lage, Form und Größe besser als die alte Ordnung des Gebiets dazu geeignet sind, das städtebauliche Entwicklungsziel des Areals zu erreichen. Diese neu entstandenen Grundstücke werden auf die Eigentümer verteilt, die ihre alten Grundstücke in die Masse eingebracht haben. Die Verteilung muss dabei gemäß § 57 S. 2 BauGB grundsätzlich wertgleich erfolgen, so dass das neu zugeteilte Grundstück im Werte dem alten, in die Masse eingebrachten (in der Terminologie des BauGB dem „eingeworfenen", § 58 S. 2 BauGB) Grundstück entspricht. Voraussetzung dafür ist, dass für das umzulegende Gebiet ein Bebauungsplan existiert, der die städtebaulichen Ziele der planenden Gemeinde für das jeweilige Gebiet beschreibt; die Umlegung ist also planakzessorisch.

Obschon den Grundstückseigentümern in diesem Verfahren ihre alten Grundstücke entzogen werden, sich also der konkrete Eigentumsbestand ändert, hat sich die Umlegung in der Praxis durchsetzen können und gilt nunmehr als nahezu konfliktfreies, ja sogar populäres bodenrechtliches Instrument.[228] Der Hauptgrund dafür dürfte darin liegen, dass die neu parzellierten Grundstücke nach der Umlegung auf dem Bodenmarkt als Bauland gelten und dementsprechend wertvoller sind.[229] Die Umlegung dient dazu, Grundstücke baureif zu machen; sie ist ein Instrument, das die Interessen der betroffenen Eigentümer ausgleichen soll und primär zu ihren Gunsten eingesetzt werden soll.[230] Der aus der Umlegung resultierende Wertzuwachs der Grundstücke kann allerdings teilweise durch die Gemeinde abgeschöpft werden, § 58 Abs. 1 S. 2 BauGB.

Dogmatisch prägen vier Grundprinzipien die Umlegung, die letztlich auf verfassungsrechtlichen Anforderungen des Art. 14 GG beruhen.[231] An ihnen

---

[227] Vgl. dazu BVerwGE 6, 79 (82); *R. Breuer,* in: Schrödter (Hrsg.), BauGB, § 45 Rn. 5. Eine kompakte und instruktive Darstellung des Umlegungsverfahrens findet sich in BVerfGE 104, 1 (8 ff.).

[228] Bemerkenswert ist *Schmidt-Aßmanns* Einschätzung (in: Studien zum Recht der städtebaulichen Umlegung, S. 1), dass in der Umlegung eine Betroffenenbeteiligung durch Anhörung, Information und Rücksichtnahme schon lange vor den modernen Partizipationsanforderungen („kooperatives Staatshandeln") praktiziert worden ist.

[229] Weitere Gründe für die Popularität dieses Instrumentes sowohl bei Planern als auch bei den Betroffenen nennt *Schmidt-Aßmann,* Studien zum Recht der städtebaulichen Umlegung, S. 1.

[230] Zum zentralen Problem der Privatnützigkeit der Umlegung ausführlich sogleich bei (1) und (2).

muss sich die Auslegung der jeweiligen umlegungsrechtlichen Bestimmungen messen lassen. Erstens gilt das Prinzip der wertgleichen Landabfindung, § 59 i.V.m. §§ 57, 58 BauGB; zweitens ist das Surrogationsprinzip zu beachten, nach dem der bisherige Rechtsbestand an den Altgrundstücken inklusive dinglicher Lasten auf die neuen Grundstücke umgeleitet wird (§§ 66, 71, 72 BauGB). Drittens gilt das Prinzip der Gruppenbelastung. Die beteiligten Grundeigentümer bilden auf Grund der Lage ihrer Grundstücke und der Situationsgebundenheit ihres Eigentums eine Solidargemeinschaft, eine bau- und bodenrechtliche Schicksalsgemeinschaft. Das vierte und für die Interpretation der Umlegungsnormen maßgebliche Prinzip ist das der Privatnützigkeit der Umlegung. Im Gegensatz zur Enteignung dient der hoheitliche Entzug der Altgrundstücke nicht primär den öffentlichen Interessen oder öffentlichen Zwecken, sondern primär den Interessen der betroffenen Eigentümer.[232] Deren Grundstücke sollen baureif gemacht werden, was Hauptzweck der Umlegung sein soll. Dieses Prinzip der Privatnützigkeit bereitet die meisten Auslegungsschwierigkeiten und ist von zentraler Bedeutung für die Auslegung der Umlegungsbestimmungen. Denn es dient dazu, die eigentumsverfassungsrechtliche Abgrenzung zwischen Enteignung und Inhalts- und Schrankenbestimmung bei der Umlegung vorzunehmen und die Verfassungsmäßigkeit des Entzugs des Eigentums an den Umlegungs-Altgrundstücken zu gewährleisten.

(1) Verfassungsrechtliche Anforderungen an die Baulandumlegung

Dieses Kriterium der Privatnützigkeit der Umlegung charakterisiert die Umlegung als Inhalts- und Schrankenbestimmung des Eigentums. Das BVerfG hat sich der bestrittenen, aber gleichwohl herrschenden Ansicht[233] angeschlossen, welche die Umlegung deshalb nicht als Enteignung qualifiziert, weil sie nicht dazu bestimmt sei, öffentlichen Zwecken zu ihrer Verwirklichung zu verhelfen, was aber kennzeichnend für eine Enteignung sei. Sofern eine Enteignung aber nicht vorliegt, ist eigentumsdogmatisch zwingend von einer Inhalts- und Schrankenbestimmung auszugehen;[234] tertium non datur. Diese Einordnung als Inhalts- und Schrankenbestimmung kann aber nur solange Bestand haben, als die Umlegung nicht als Enteignung zu

---

[231] Näher *R. Breuer*, in: Schrödter (Hrsg.), BauGB, § 45 Rn. 5 ff., insb. Rn. 11; zur verfassungsrechtlichen Problematik der Umlegung sogleich unter (2).

[232] *R. Breuer*, in: Schrödter (Hrsg.), BauGB, § 45 Rn. 6; *Schmidt-Aßmann*, Studien zum Recht der städtebaulichen Umlegung, S. 59.

[233] Ausführlich zum Meinungsstreit m.w.N. *Schmidt-Aßmann*, Studien zum Recht der städtebaulichen Umlegung, S. 17 ff.

[234] BVerfGE 104, 1 (10 f.); vgl. auch die Besprechung dieses Urteils von *Haas*, NvwZ 2002, 272 ff.

qualifizieren ist. Dies wäre immer dann der Fall, wenn die Umlegung dazu dienen würde, den Umlegungsbetroffenen ihre Grundstücke zu entziehen, um primär im öffentlichen Interesse liegende Ziele zu verwirklichen.[235] Deshalb kommt dem angesprochenen Kriterium der Privatnützigkeit entscheidende Bedeutung zu. Es dient dazu, den Charakter der Umlegung als Inhalts- und Schrankenbestimmung zu sichern und damit die höheren verfassungsrechtlichen Anforderungen an eine Enteignung zu vermeiden.

Dieses Kriterium der primären Privatnützigkeit einer Umlegung ist besonders problematisch, weil § 55 BauGB die Möglichkeit vorsieht, die Umlegungsmasse im Wege der Vorwegausscheidung von Flächen zu verkleinern, um auf diesen Flächen öffentliche Vorhaben zu verwirklichen. Weil die Verkleinerung der Umlegungsmasse faktisch einen Entzug von Grundstücken darstellt, darf diese Verkleinerung zur Realisierung öffentlicher Vorhaben nicht primär öffentlichen Zwecken dienen, oder andersherum formuliert: die in § 55 BauGB genannten öffentlichen Vorhaben müssen den betroffenen Eigentümern der Umlegungsgrundstücke zu Gute kommen und den Interessen dieser Eigentümer dienen. Wenn dies nicht der Fall ist, fehlt der privatnützige Charakter der Umlegung, so dass der Entzug der Umlegungsgrundstücke öffentlichen Zwecken dient und somit als Enteignung zu klassifizieren ist.[236]

(2) Konsequenzen für die Eignung als Beschaffungsinstrument
    für Ausgleichsflächen

Die Umlegung kann als Beschaffungsinstrument für Ausgleichsflächen im Grundsatz nach ihrer rechtlichen Konstruktion dann genutzt werden, wenn die Ausgleichsflächen durch einen Bebauungsplan zur Ausgleichsnutzung überplant worden sind (Planakzessorietät der Umlegung).[237] Möglich wäre dafür etwa der Beschluss eines speziellen Ausgleichsbebauungsplans, der das Ausgleichskonzept der Gemeinde festschreibt.[238] Dieser zu Grunde liegende Bebauungsplan beschränkt auch zugleich das Gebiet der Umlegung.

Als Beschaffungsinstrument eignet sich die Umlegung, weil sie prinzipiell die Möglichkeit vorsieht, dem Poolbetreiber das Eigentum und damit die zur Vornahme von Ausgleichsmaßnahmen notwendige Verfügungsbefugnis an ausgleichsgeeigneten Flächen zu verschaffen. Zur Eigentumsverschaffung stehen vier unterschiedlich konstruierte Möglichkeiten zur Ver-

---

[235] Vgl. *R. Breuer*, in: Schrödter (Hrsg.), BauGB, § 45 Rn. 23.
[236] Vgl. BVerfGE 104, 1 (10 f.); so schon vorher *Schmidt-Aßmann*, Studien zum Recht der städtebaulichen Umlegung, S. 60.
[237] Zu den Festsetzungsmöglichkeiten ausführlich oben im § 4 bei D. II. 2. b).
[238] Dazu unten bei B. II. 3. b).

fügung, die sich danach unterscheiden, ob der Poolbetreiber das Eigentum durch einen Vorwegabzug erlangt (§ 55 BauGB) oder ob er als Mitglied der Umlegungs-Solidargemeinschaft, also als Privateigentümer, das Eigentum durch Zuweisung eines neu parzelliertes Grundstücks erhält. Der Vorwegabzug kann dabei nach § 55 Abs. 2 S. 2 oder S. 3 BauGB oder nach § 55 Abs. 5 BauGB erfolgen. Die Zuteilung kann nach § 59 BauGB oder nach § 61 BauGB als Gemeinschaftsanlage geschehen.

Alle diese Beschaffungskonstruktionen haben jedoch ein gemeinsames, zentrales Problem, nämlich das der Privatnützigkeit einer Umlegung, die dazu dienen soll, Ausgleichsflächen zur Bevorratung zu beschaffen. Gegen diese Privatnützigkeit spricht nicht schon, dass es hier nicht um die Baureifmachung von Flächen zu Gunsten der Grundstückseigentümer geht, sondern dass andere Nutzungsarten der Grundstücke realisiert werden sollen, nämlich die Nutzung als Ausgleichsgrundstücke. Die Umlegung ist auch für andere Nutzungsarten als die Bebauung zulässig.[239] Eine Umlegung ist auch zur Realisierung der gemeindlichen Vorstellungen hinsichtlich Grünordnung, Landschafts- oder Umweltschutz zulässig;[240] in diesen Fällen ist die Prüfung der Privatnützigkeit aber besonders streng durchzuführen.

Eine Umlegung zum Zwecke der Beschaffung von Ausgleichsflächen durch Vorwegabzug oder Zuweisung ist privatnützig jedenfalls für die Eigentümer der Eingriffsgrundstücke, die im Umlegungsgebiet liegen. Denn diese Eigentümer haben, wenn sie ihre Grundstücke bebauen wollen, eine materielle Pflicht zur Vornahme der Ausgleichsmaßnahmen (§ 135a Abs. 1 BauGB). Wenn die Umlegung dazu dient, die Baugrundstücke so zuzuschneiden, dass auf den Baugrundstücken selbst Ausgleichsmaßnahmen stattfinden können, etwa durch Angliederung benachbarter Grundstücke, so ist für diese Bauherren-Eigentümer die Umlegung privatnützig, weil die Erfüllung dieser Pflicht, die als Nebenbestimmung nach § 36 VwVfG zur Baugenehmigung ergeht, erleichtert wird. Die Privatnützigkeit der Umlegung ist auf diese Weise für diese Eigentümer von Eingriffsgrundstücken normativ vorgeprägt.[241] Für das hier interessierende Problem der Beschaffung von Flächen von Ökokonten oder Flächenpools führt diese Erkenntnis indes nicht weiter, weil es hier ja nicht um die Realisierung der auf den Eingriffsgrundstücken selbst festgesetzten Ausgleichsmaßnahmen geht, sondern vielmehr um die räumlich entkoppelten Ausgleichsmaßnahmen, die auf Flächen stattfinden, die unter Umständen weit vom Eingriffsort entfernt sind.

---

[239] *Schmidt-Aßmann*, Studien zum Recht der städtebaulichen Umlegung, S. 87.

[240] *R. Breuer*, in: Schrödter (Hrsg.), BauGB, § 45 Rn. 35 f.; *Löhr*, in: Battis/Krautzberger/Löhr, § 45 Rn. 10.

[241] *Schmidt-Aßmann*, Studien zum Recht der städtebaulichen Umlegung, S. 87 f.

Es ist vielmehr die Privatnützigkeit der Umlegung für die Eigentümer der Ausgleichsgrundstücke zu beurteilen. Diese Eigentümer der Ausgleichsflächen können dann von der Umlegung profitieren, wenn sie als Ergebnis der Umlegung baureifes Land zugeteilt bekommen. Dafür müssen die Ausgleichsflächen aber im Umlegungsgebiet liegen. Das Umlegungsgebiet darf aber nicht unbegrenzt ausgedehnt werden. Die Grenze ist zum einen der räumliche Geltungsbereich des Bebauungsplans; zum anderen müssen aber zusätzlich noch die Grundstücke im Umlegungsgebiet in einem räumlich bezogenen Verbund liegen, der es rechtfertigt, von einer Solidargemeinschaft zu sprechen. Die Umlegungsgrundstücke müssen auf natürliche Weise miteinander verbunden sein, sie müssen in einem nahe liegenden Funktionsverbund miteinander stehen, also in ihrem Schicksal miteinander verbunden sein. Der einheitliche Geltungsbereich eines Bebauungsplans zieht also nicht zwingend ein genauso dimensioniertes Umlegungsgebiet beziehungsweise einen natürlichen, örtlichen Interessenverbund der beteiligten Grundstücke nach sich. Dieser Interessenverbund der beteiligten Grundstücke bemisst sich zunächst nach räumlichen Kriterien; die Grundstücke müssen in einem Funktionsgebiet, einer räumlichen Einheit liegen und in ihren jeweiligen Funktionen aufeinander beziehbar sein. Für die Ausgleichsgrundstücke heißt das, dass sie dann an einer Umlegung teilnehmen können, wenn sie in einem räumlichen-funktionalen Verbund mit den Eingriffsgrundstücken liegen.[242] Dann nämlich kann der Eigentümer der Ausgleichsgrundstücke Teilnehmer der Umlegungs-Solidargemeinschaft werden und als Ergebnis der Umlegung baureifes Land zugeteilt bekommen, so dass das Kriterium der Privatnützigkeit erfüllt ist.

Dies ist aber immer dann nicht möglich, wenn das Umlegungsgebiet so weit gefasst ist, dass es Grundstücke umfasst, die nicht in einem natürlichen Situations- und Funktionsverbund mit den Eingriffsgrundstücken liegen. Daher ist es verboten, das Umlegungsgebiet willkürlich so weit zu fassen, dass Grundstücke erfasst sind, die nichts mit den Eingriffsgrundstücken zu tun haben, die nichts mit dem Neuordnungs- oder Erschließungszweck der Umlegung (§ 45 BauGB) zu tun haben, die aber aus Opportunitätsgründen Teil der Umlegungsmasse werden sollen.[243] Denn die Umlegung setzt zwingend eine typische Gleichrichtung der Interessen der betroffenen Eigentümer voraus, welche die Basis der Solidargemeinschaft darstellt. In diesen Fällen fehlt aber diese Interessengleichrichtung, weil die Eigentümer der zu beschaffenden, ausgleichsgeeigneten Grundstücke nicht die Eingriffsver-

---

[242] Instruktiv die geografische Darstellung der Problematik mit Kartenmaterial bei *Bunzel*, Bauleitplanung und Flächenmanagement bei Eingriffen in Natur und Landschaft, S. 117.

[243] *Schmidt-Aßmann* spricht hier von einem „gewillkürten Interessenverbund", (Studien zum Recht der städtebaulichen Umlegung, S. 89).

ursacher sind.[244] Eingriffsverursacher sind vielmehr die Eigentümer der zu bebauenden Grundstücke, die aber nichts mit den Eigentümern räumlich weit entfernt liegender Ausgleichsgrundstücke zu tun haben. In diesem Zusammenhang ist an die Feststellung des BVerfG aus dem Boxberg-Urteil zu erinnern, dass es keine gesetzliche Regelung gibt, die den Grundeigentümer dazu verpflichtet, sein Grundstück zur Verwirklichung eines nicht in seinem Interesse, sondern im Fremdinteresse liegenden Zwecks gegen ein anderes einzutauschen.[245]

Damit steht das Grundkonzept eines Flächenpools oder Ökokontos, die Bevorratung von Flächen, die nicht im räumlichen Zusammenhang mit dem Eingriffsgrundstück, sondern unter den oben (B. I. 2. a) aa)) gezeigten Voraussetzungen an beliebiger Stelle liegen können (Prinzip der räumlichen Entkopplung), im Widerspruch zu der Voraussetzung der Privatnützigkeit der Umlegung. Eine Umlegung ist für die Eigentümer dieser weit entfernten und zusammenhangslosen Ausgleichsgrundstücke nicht privatnützig. Damit kann die Umlegung als hoheitlich-zwangsweiser Flächentausch nur dann als Beschaffungsinstrument eingesetzt werden, wenn die anvisierten, zu beschaffenden Ausgleichsflächen in einem räumlich-natürlich-funktionalen Verbund mit den Eingriffs-/Baugrundstücken liegen.

In diesen zahlenmäßig vermutlich beschränkten Fällen, die nicht der räumlichen Entkopplung, einem Grundkonzept der Flächenbevorratung, entsprechen und daher in der Praxis der Ökokonten/Flächenpools kaum zum Einsatz kommen werden, können die im Folgenden dargestellten Beschaffungsmethoden im Umlegungsverfahren angewandt werden. Ihre Bedeutung in der Beschaffungspraxis des Flächenpools respektive des Ökokontos dürfte aber recht gering bleiben.

(3) Die Vorwegausscheidung nach § 55 Abs. 2 BauGB

Eine Möglichkeit der Beschaffung von Ausgleichsflächen mittels Umlegung ist die Vorwegausscheidung von Flächen nach § 55 Abs. 2 BauGB. Diese Vorwegausscheidung, die zu einer Verkleinerung der auf die betroffenen Eigentümer zu verteilenden Umlegungsmasse führt (§ 55 Abs. 4 BauGB), wird dazu benutzt, um bestimmte, im einzelnen in § 55 Abs. 2 S. 1 BauGB aufgezählte und im der Umlegung zu Grunde liegenden Bebauungsplan festgesetzte öffentliche Anlagen zu realisieren. Dazu werden diese Flächen der Gemeinde zu Eigentum zugeteilt; wenn sie mit gemeindeeigenen Grundstücken an der Umlegungsmasse beteiligt ist, gilt sie mit den auf diese Weise zu Eigentum zugeteilten Grundstücken abgefunden und nimmt

---

[244] *Schmidt-Aßmann*, Studien zum Recht der städtebaulichen Umlegung, S. 87 f.
[245] BVerfGE 74, 264 (281).

nicht an der schlussendlichen Neuzuteilung nach § 59 BauGB teil (§ 55 Abs. 3 BauGB).

Ausgleichsflächen nach § 1a Abs. 3 BauGB sind in § 55 Abs. 2 BauGB sowohl in S. 2 als auch in S. 3 der Vorschrift genannt. Die Ausgleichsflächen nach S. 2 beziehen sich auf den Ausgleich der Vorhaben, die S. 1 Nr. 1 und 2 aufzählen; die Ausgleichsflächen nach S. 3 meinen die eigentlichen, bauflächenbedingten Ausgleichsflächen, die nichts mit der Umlegung zu tun haben. Für das hier relevante Problem der Beschaffung geeigneter Ausgleichsflächen ist nur § 55 Abs. 2 S. 3 BauGB interessant, da es um die Bevorratung geeigneter Ausgleichsflächen zum Ausgleich künftiger, baubedingter Eingriffe geht und die Umlegung nur das Instrument zur Verschaffung des Grundstückseigentums sein soll, nicht aber zur grundsätzlichen Neuordnung eines Gebietes dienen soll, weshalb keine Anlagen nach S. 1 Nr. 1 und 2 notwendig werden.

Damit ist es möglich, dass sich die Gemeinde im Wege des Vorwegabzuges Flächen zum Ausgleich nach § 55 Abs. 2 S. 3 BauGB zuteilen lässt, die sie in einem Flächenpool oder einem Ökokonto bevorraten möchte. Flächenpools oder Ökokonten in kommunaler Trägerschaft können daher grundsätzlich auf diese Weise befüllt werden. Problematisch ist aber, ob auch Pools, die nicht von der Gemeinde betrieben werden, zur Bevorratung auf § 55 Abs. 2 S. 3 BauGB zurückgreifen können. Die Vorschrift nennt als Berechtigte nur die Gemeinde und Erschließungsträger des Gebietes. Die Poolbetreiber müssten also Erschließungsträger für das Umlegungsgebiet sein. Erschließungsträger im Sinne der Norm ist jede Person oder jede Stelle, der nach §§ 123, 124 BauGB die Erschließungslast obliegt.[246] Der Begriff des Erschließungsträgers geht erkennbar von einer Umlegung aus, die gemäß § 45 Abs. 1 S. 1 Alt. 1 BauGB die Erschließung von Flächen zum Ziel hat, die bald als Bauland genutzt werden sollen. Dieser Zweck ist bei der hier relevanten Funktion der Umlegung als Instrument zur Verschaffung des Eigentums an Ausgleichsflächen aber nicht einschlägig. Es geht nicht darum, Bauland zu schaffen, sondern es geht darum, das Eigentum an Ausgleichsflächen zu verschaffen, um sie zu bevorraten, damit in der Zukunft bei etwaigen Baulandausweisungen keine Ausgleichsflächen mehr gesucht werden müssen. Es findet also gar keine Erschließung des umzulegenden Gebietes statt, weil keine Bebauung stattfinden soll. Damit kann der Begriff des Erschließungsträgers wegen der nicht geplanten Erschließung des Gebietes nicht so ausgelegt werden, dass ein Poolbetreiber als Erschließungsträger anzusehen ist. Dies widerspräche dem Zweck der jeweiligen Umlegung, die gerade nicht der Erschließung eines Grundstückes dienen soll; die Grenze des Wortlautes ist damit überschritten. Findet keine Er-

---

[246] *Stang,* in: Schrödter (Hrsg.), BauGB, § 55 Rn. 15a.

schließung statt, so kann der Begriff des Erschließungsträgers in der Umlegung keine Rolle spielen.

Daher ist der Vorwegabzug von Ausgleichsflächen nach § 55 Abs. 2 S. 3 BauGB nicht für alle Poolarten geeignet, sondern allenfalls für diejenigen, die von einer Gemeinde betrieben werden. Wenn die oben genannten Anforderungen der Privatnützigkeit an die Umlegung gewahrt sind, ist dieses Instrument der Bodenordnung für kommunale Pools zur Flächenbeschaffung geeignet. Es darf sich nicht um einen gewillkürten Grundstücksverbund handeln; die Grundstücke müssen in einem räumlichen Zusammenhang mit den Eingriffsgrundstücken stehen (s. o.). Wegen der verfassungsrechtlichen Anforderungen aus Art. 14 GG ist im Zweifel eher von einer fehlenden Privatnützigkeit und damit von der fehlenden Eignung eines Vorwegabzuges im Rahmen der Umlegung als Beschaffungsinstrument auszugehen.[247] Über das Kriterium der Privatnützigkeit hinaus muss bei der Anwendung der Umlegung zur Beschaffung von Ausgleichsflächen noch beachtet werden, dass die vorwegabgezogenen Flächen den Bedürfnissen der Bewohner und des neu entstehenden Quartiers dienen müssen. Die Ausgleichsflächen müssen also bewohnerfreundlich und bewohnernutzbar ausgestaltet sein, was regelmäßig grünanlagenbezogene Infrastruktur (Bänke, Wege, Zäune usw.) mit sich bringt. Die Errichtung der notwendigen Infrastruktur stellt aber wieder die Eignung als Ausgleichsfläche in Frage. Es muss sehr sorgfältig geprüft werden, welche Naturfunktion eine so für die Bewohner nutzbare Ausgleichsfläche kompensieren kann. Regelmäßig wird dies die Erholungsfunktion sein; der Kompensation anderer Naturfunktionen wird zumeist die Nutzung durch die Bewohner entgegenstehen. Letztlich ist dies eine Sache der genauen Prüfung des jeweiligen Einzelfalles.

(4) Die Vorwegausscheidung nach § 55 Abs. 5 BauGB

Die Beschaffung ausgleichsgeeigneter Flächen könnte im Rahmen einer Umlegung auch nach § 55 Abs. 5 BauGB vorgenommen werden. Auch hier verkleinert sich die zu verteilende Umlegungsmasse durch einen Vorwegabzug von Flächen. Der Unterschied zu § 55 Abs. 2 BauGB liegt zum einen darin, dass § 55 Abs. 5 BauGB nicht enumerativ aufzählt, für welche Vorhaben die Flächen vorweg ausgeschieden werden können, so dass § 55 Abs. 5 BauGB tatbestandlich weiter gefasst ist und generalklauselartige Züge dadurch annimmt, dass er diejenigen Fälle erfasst, die nicht unter § 55 Abs. 2 BauGB subsumierbar sind. Einzige formulierte Tatbestandsvoraussetzung ist die Festsetzung für öffentliche Zwecke im Bebauungs-

---

[247] Vgl. zur restriktiven Auslegung des § 55 Abs. 2 BauGB *Steiner*, NVwZ 1995, 12 (15).

plan. Ein weiterer Unterschied zu § 55 Abs. 2 BauGB liegt darin, dass der Bedarfs- und Erschließungsträger, zu dessen Gunsten die Flächen vorweg ausgeschieden werden können, Ersatzland in die Umlegungsmasse einbringen muss, das auch außerhalb des Umlegungsgebiets liegen kann.

§ 55 Abs. 5 BauGB spricht Ausgleichsflächen ausdrücklich an. Fraglich ist nur, welche Art der Ausgleichsflächen damit gemeint ist – Ausgleich für die von öffentlichen Vorhaben nach § 55 Abs. 5 hervorgerufenen Naturbeeinträchtigungen oder aber bauflächenbedingten Ausgleich. Im ersteren Falle wäre die Formulierung von den Ausgleichsflächen eine Parallelregelung zu § 55 Abs. 2 S. 2 BauGB, nicht aber zu § 55 Abs. 2 S. 3 BauGB, welcher die bauflächenbedingten Ausgleichsflächen regelt. Der Wortlaut ist nicht eindeutig. Die Einbettung der „Flächen zum Ausgleich" in die grammatikalische „einschließlich"-Konstruktion spricht eher dafür, dass damit nur der Ausgleich der vorhabenbedingten Beeinträchtigungen gemeint ist, nicht aber der generelle, bauflächenbedingte Ausgleich, der sich auch auf rein privatnützige Bauvorhaben bezieht. Auch die nachfolgende Formulierung „im Sinne des § 1a Abs. 3" spricht nicht zwingend dafür, dass der allgemeine, bauflächenbedingte Ausgleich gemeint ist. Denn auch die öffentlichen Vorhaben, die nicht unter § 55 Abs. 2 S. 1 BauGB fallen und daher von § 55 Abs. 5 BauGB erfasst werden, müssen im Bebauungsplan festgesetzt werden, so dass wegen der in § 1a Abs. 3 BauGB enthaltenen Eingriffsregelung in demselben Bebauungsplan auch der Ausgleich der von diesen Vorhaben hervorgerufenen Beeinträchtigungen zu behandeln ist. Das ist mit der Formulierung „im Sinne des § 1a Abs. 3" gemeint. Aus dem Wortlaut der Vorschrift ergibt sich demnach, dass § 55 Abs. 5 BauGB nicht zur selbständigen Beschaffung von Ausgleichsflächen, die vom Bau öffentlicher Vorhaben unabhängig ist, genutzt werden kann. Die Norm meint in ihrer ausgleichsbezogenen Formulierung vielmehr die Realisierung von im öffentlichen Interesse stehenden Vorhaben und deren Ausgleich im Wege der städtebaulichen Umlegung.

Damit ist diese Variante des Vorwegabzuges von Flächen aus der Umlegungsmasse durch die tatbestandliche Fixierung auf im öffentlichen Interesse stehende Vorhaben und die von diesen hervorgerufenen Naturbeeinträchtigungen unbrauchbar für den speziellen Zweck der Beschaffung von Ausgleichsflächen zur Bevorratung in Flächenpools oder Ökokonten, die dem späteren Ausgleich auch rein privatnütziger Bauvorhaben dienen sollen.[248] Der spätere Einsatzzweck der bevorrateten Ausgleichsflächen ist

---

[248] Daher wird hier auch nicht die verfassungsrechtliche Problematik des § 55 Abs. 5 BauGB behandelt, der durch seine primär fremdnützige Zweckrichtung mit dem in der Boxberg-Rechtsprechung des BVerfG (BVerfGE 74, 264 ff.) aufgestellten Grundsatz in Konflikt steht, dass niemand außer bei Enteignungen zu Gunsten fremdnütziger Vorhaben sein Eigentum aufgeben muss. Daher und wegen der star-

im Zeitpunkt der Flächenbeschaffung durch Umlegung gar nicht absehbar; die bevorrateten Flächen können für den Ausgleich rein privatnütziger Bauvorhaben genauso eingesetzt werden wie für den Ausgleich im öffentlichen Interesse stehender Bauten.

(5) Die Zuteilung nach § 59 Abs. 1 BauGB

Neben den Vorwegabzügen, welche die Umlegungsmasse verkleinern, gibt es für den Poolbetreiber noch den Weg, sich bei der Zuteilung der neu geordneten Grundstücke das Eigentum an denjenigen Grundstücken zuteilen zu lassen, die zur Bevorratung in Flächenpools oder Ökokonten beschafft werden sollen. Gemäß § 59 Abs. 1 BauGB können solche Ausgleichsflächen den beteiligten Eigentümern zugeteilt werden; die Berechnung der Anteile erfolgt dabei nach §§ 57, 58 BauGB. Voraussetzung dafür ist, dass der Poolbetreiber, sei es die Gemeinde oder ein anderer Betreiber, mit eingeworfenen Grundstücken aus seinem Privateigentum an der Neuordnung des Grundstückes durch die Umlegung teilgenommen hat und so Teilnehmer der Umlegungs-Solidargemeinschaft geworden ist.

§ 59 Abs. 1 BauGB erwähnt zwar die „Flächen zum Ausgleich" im Sinne des § 1a Abs.3 BauGB, meint damit aber die Ausgleichsflächen, die auf den Eingriffsgrundstücken selbst liegen, also den Ausgleich nach § 135a Abs. 1 BauGB betreffen.[249] Der räumlich entkoppelte Ausgleich ist von dieser Formulierung nicht umfasst. Damit hat diese gesetzliche Erwähnung der Ausgleichsflächen für die hier interessierende Frage der Flächenbeschaffung keine Bedeutung. Es bleibt vielmehr bei den allgemeinen Grundsätzen des Umlegungsrechts, die insbesondere eine Privatnützigkeit der Umlegung fordern. Damit bleibt es auch bei der Zuteilung von Grundstücken nach § 59 Abs. 1 BauGB dabei, dass das Umlegungsgebiet nicht willkürlich weit gezogen werden darf, nur damit ausgleichsgeeignete Grundstücke mitumfasst sind; die Solidargemeinschaft der Privateigentümer darf nicht gewillkürt sein (s.o. bei (1) und (2)). Das schränkt den Anwendungsbereich der Zuteilung nach § 59 Abs. 1 BauGB als Beschaffungsinstrument ausgleichsgeeigneter Flächen auf die Fälle ein, wo in einem Gebiet ausgleichsgeeignete Flächen an künftiges Bauland grenzen und so die Privatnützigkeit der Umlegung für die beteiligten Eigentümer gewahrt ist (s.o.).

---

ken Ähnlichkeit zur bereits behandelten Unternehmensflurbereinigung (§ 87 FlurBerG) liest eine verbreitete Auffassung in § 55 Abs. 5 BauGB die Tatbestandsvoraussetzungen einer Enteignung nach § 87 Abs. 1 und 2 BauGB hinein. Vgl. zum Ganzen BGHZ 113, 139 (145); *Schmidt-Aßmann,* Studien zum Recht der städtebaulichen Umlegung, S. 117 ff.; *Stang,* in: Schrödter (Hrsg.), BauGB, § 55 Rn. 34.

[249] *Otte,* in: Ernst/Zinkahn/Bielenberg/Krautzberger (Hrsg.), BauGB, § 59 Rn. 12a, der eine eindeutige gesetzliche Klarstellung fordert.

Aber selbst in diesen Fällen hat der Poolbetreiber keinen Anspruch darauf, dass ihm aus der Umlegungsmasse durch die Umlegungsstelle ein Grundstück in einer bestimmten Lage zugeteilt wird.[250] Dies ergibt sich aus dem Wortlaut von § 59 Abs. 1 BauGB, nach dem den Eigentümern lagegleiche Grundstücke nur „nach Möglichkeit" zuzuteilen sind. Maßgeblich für die Zuteilungsentscheidung ist der mit der Umlegung verfolgte städtebauliche Zweck. Die betroffenen Eigentümer sind darauf beschränkt, ihre Wünsche in der Anhörung nach § 66 Abs. 1 S. 1 BauGB zu äußern. Aus diesem Grund eignet sich die Zuteilung nach § 59 Abs. 1 BauGB nicht als Flächenbeschaffungsinstrument. Der Poolbetreiber hat es nicht in der Hand, sich selbst die Verfügungsbefugnis über besonders geeignete Flächen zu verschaffen, sondern ist hier von der Ermessensausübung der Umlegungsstelle abhängig, die er nicht verbindlich steuern kann. Aus denselben Gründen wie bei der Flurbereinigung (s. o. bei B. II. 2. b) bb)) kommt die Zuteilung nach § 59 Abs. 1 BauGB für den Poolbetreiber daher nicht als Instrument der Flächenbeschaffung in Betracht.

### (6) Die Zuteilung als Gemeinschaftsanlage nach § 61 BauGB

Eine letzte Möglichkeit der Eigentumsverschaffung an ausgleichsgeeigneten Grundstücken liegt darin, dass sich der Poolbetreiber das Eigentum an diesen Flächen durch eine Zuteilung nach § 61 Abs. 1 S. 2 BauGB verschaffen lässt. § 61 Abs. 1 S. 2 BauGB eröffnet der Zuteilungsstelle die Möglichkeit, bestimmte Aufgaben von personenübergreifender Bedeutung für das Umlegungsgebiet zentral in einer Hand und einer Verantwortung anzusiedeln. Zu diesen Gemeinschaftsanlagen gehören seit dem BauROG 1998 auch die Flächen zum Ausgleich, § 61 Abs. 1 S. 2 BauGB.[251]

Aber auch diese Zuteilung nach § 61 Abs. 1 S. 2 BauGB erwähnt zwar die „Flächen zum Ausgleich im Sinne des § 1a Abs. 3", bezieht sich aber nicht auf den räumlich entkoppelten Ausgleich, sondern vielmehr auf den gebietsinternen, auf den Baugrundstücken selbst stattfindenden (§ 135a Abs. 1 BauGB) Ausgleich der Eingriffe, welche durch die Umlegung und die Baureifmachung der Grundstücke vorbereitet werden.[252] Die Zuteilung von Ausgleichsflächen als Gemeinschaftsanlage dient dazu, die Durchführung der Ausgleichsmaßnahmen, die für das Umlegungsgebiet bei der Planung des zu Grunde gelegten Bebauungsplans festgesetzten Ausgleichsmaß-

---

[250] *Löhr*, in: Battis/Krautzberger/Löhr, BauGB, § 59 Rn. 5 f.; *Otte*, in: Ernst/Zinkahn/Bielenberg/Krautzberger (Hrsg.), BauGB, § 59 Rn. 12.

[251] Damit hat sich auch der Streit erledigt, ob solche Ausgleichsflächen überhaupt Anlagen im Sinne des § 61 BauGB sind, vgl. Schmidt-*Aßmann*, Studien zum Recht der städtebaulichen Umlegung, S. 102 ff.

[252] Vgl. *Stang*, in: Schrödter (Hrsg.), BauGB, § 61 Rn. 16 und § 55 Rn. 7a.

nahmen notwendig sind, zentral in einer Hand anzusiedeln. § 61 Abs. 1 S. 2 BauGB bezieht sich nur auf umlegungsbedingte Eingriffe. Dieser Anwendungszweck der Norm deckt aber nicht das Verschaffen des Eigentums an einem Grundstück durch Umlegung. Bei der Umlegung auf der Basis eines Ausgleichsbebauungsplanes, der lediglich die Nutzung als Ausgleichsflächen planerisch festschreibt, kann eine solche Gemeinschaftsanlage nicht errichtet werden, weil keine korrespondierenden Eingriffe im zu Grunde liegenden Bebauungsplan festgesetzt sind. Für den hier interessierenden speziellen Zweck der Flächenbeschaffung im Sinne der Verschaffung einer weitreichenden Verfügungsbefugnis über ausgleichsgeeignete Flächen zu Gunsten des Poolbetreibers kann die Zuteilung von Ausgleichsflächen als Gemeinschaftsanlage nach § 61 Abs. 1 S. 2 BauGB daher nicht genutzt werden. Zudem besteht wiederum kein Recht auf eine entsprechende Zuteilung (s. o.) durch die Umlegungsstelle.

(7) Zusammenfassung

Betrachtet man die dargelegten Möglichkeiten des Poolbetreibers, sich Ausgleichsflächen im Wege der Umlegung zu beschaffen, so muss das Fazit negativ ausfallen. Maßgebliche Gesichtspunkte einer Methode der Flächenbeschaffung sind die Steuerbarkeit und Verlässlichkeit, mit der die Verfügungsbefugnis über ein ausgleichsgeeignetes Grundstück erlangt werden kann. Unter diesen Aspekten betrachtet eignet sich die Baulandumlegung kaum als Instrument der Flächenbeschaffung. Zum einen steht rechtskonstruktiv das Kriterium der Privatnützigkeit, das die Größe des Umlegungsgebiets steuert, der räumlichen Entkopplung als Grundprinzip der Flächenbevorratung entgegen. Ein sinnvolles Bevorraten von Flächen ist nur möglich, wenn der räumliche Zusammenhang zwischen Eingriff und Ausgleich – freilich innerhalb gewisser Grenzen, s. o. bei B. I. 1. und grundlegend im § 4 bei C. III. 2. b) ee) – aufgelöst wird. Das ist aber bei der Umlegung nicht möglich. Deshalb reduziert sich so der Kreis der Ausgleichsflächen, die durch eine Umlegung beschafft werden können auf diejenigen, welche in einem Umlegungsgebiet in einem quartiersbezogenen, räumlich-funktionalen Zusammenhang mit den durch Umlegung zur Bebauung vorzubereitenden Flächen stehen.

Diese Reduktion der bevorratbaren Flächen ist für den Poolbetreiber wenig praktikabel. Zudem können den Vorwegabzug nach § 55 Abs. 2 BauGB nur Gemeinden als Poolbetreiber zur Flächenbeschaffung nutzen, nicht aber private Poolbetreiber. Die Eigentumszuteilung nach § 59 Abs. 1 ist wegen des fehlenden Anspruchs auf Zuweisung einer bestimmten Fläche für die Poolbetreiber nicht praktikabel, weil keine Steuerbarkeit und dadurch keine Planungssicherheit besteht. Zudem darf nicht vergessen werden, dass der

Poolbetreiber gar keinen Anspruch auf eine Anordnung und Durchführung einer Umlegung besitzt (§ 46 Abs. 3 BauGB).

Nach alledem ist zu konstatieren, dass eine Baulandumlegung durchaus einmal dazu geeignet sein kann, dem Poolbetreiber das Eigentum und damit die Verfügungsbefugnis an einer ausgleichsgeeigneten Fläche zu verschaffen. Regelmäßig ist dieses Verfahren für den Poolbetreiber, der auf Planungssicherheit und eine sichere Verfügungsbefugnis am Grundstück angewiesen ist, aber zu wenig steuer- und planbar, so dass die Baulandumlegung kein praktikables, empfehlenswertes Instrument zur Beschaffung von Flächen zur Bevorratung in Ökokonten und Flächenpools ist.

### dd) Enteignung nach §§ 85 ff. BauGB

Schließlich bietet noch die Enteignung nach den §§ 87 ff. BauGB dem Poolbetreiber die Möglichkeit, das Eigentum an ausgleichsgeeigneten Grundstücken zu erlangen, um so diese Flächen in Flächenpools oder Ökokonten zu bevorraten.

(1) Die Enteignung als Instrument der städtebaulichen Bodenordnung

Die Enteignung nach §§ 87 ff. BauGB ist ein Instrument zur Verwirklichung der städtebaulichen Vorstellungen der Gemeinde.[253] Dies wird besonders deutlich bei § 85 Abs. 1 Nr. 1 BauGB. Hier kann die Enteignungsbehörde einen Grundstückseigentümer enteignen, um sicherzustellen, dass die planerischen Festsetzungen, die ein Bebauungsplan für dessen Grundstück trifft, auch tatsächlich realisiert werden. Eine solche Enteignung dient also dazu, ein Grundstück entsprechend den im Bebauungsplan durch planerische Festsetzungen konkretisierten städtebaulichen Vorstellungen der Gemeinde zu nutzen oder das Grundstück auf eine solche Nutzung vorzubereiten.

Enteignungen sind nach der verfassungsrechtlichen Vorgabe des Art. 14 Abs. 3 S. 1 GG nur dann zulässig, wenn sie dem Wohl der Allgemeinheit dienen. Nach der verfassungsgerichtlichen Rechtsprechung ist die städtebauliche Entwicklung einer Gemeinde eine Angelegenheit und Aufgabe des Allgemeinwohls, zu deren Bewältigung Enteignungen als Hilfsmittel herangezogen werden können.[254] Die städtebauliche Ordnung und Entwicklung ist deshalb geeignet, den Allgemeinwohl-Vorbehalt des Art. 14 Abs. 3 S. 1

---

[253] *Runkel,* in: Ernst/Zinkahn/Bielenberg/Krautzberger (Hrsg.), BauGB, § 85 Rn. 8.

[254] Grundlegend die Entscheidung des BVerfG zur Bad Dürkheimer Gondelbahn, BVerfGE 56, 249 (261); weitere Nachweise aus der verfassungsgerichtlichen Rspr. bei BVerfG, NJW 1999, 2659.

GG rechtmäßig auszufüllen. Das BauGB beschreibt diesen Enteignungszweck in § 85 Abs. 1 Nr. 1 und konkretisiert so diese verfassungsrechtliche
Enteignungsvoraussetzung des „Wohl[s] der Allgemeinheit".[255] Die Verwirklichung der städtebaulichen Vorstellungen der Gemeinde durch die plangemäße Nutzung eines Grundstücks ist der Hauptzweck einer Enteignung
nach § 85 Abs. 1 Nr. 1 BauGB.

Eine solchermaßen planakzessorische Enteignung ist in ihrer Konkretisierung des öffentlichen Wohls im Gegensatz zum zweistufigen Standardmo-
dell einer Administrativenteignung[256] dreistufig angelegt.[257] Die erste Stufe
bildet die beschriebene Konkretisierung des „Wohls der Allgemeinheit" aus
Art. 14 Abs. 3 S. 1 GG durch § 85 Abs. 1 Nr. 1 BauGB, der vorsieht, dass
die Realisierung städtebaulicher Vorstellungen der Gemeinde ein enteig-
nungstauglicher Zweck ist. Dieser Zweck bleibt hier aber noch abstrakt.
Diesen abstrakten Rahmen füllt auf der zweiten Stufe der Konkretisierung
der Bebauungsplan aus, der einen Unterzweck der Enteignung festlegt, indem er planerische Festsetzungen trifft. Das Gemeinwohlerfordernis der
Enteignung wird so durch den Bebauungsplan dahin gehend konkretisiert,
dass die städtebaulichen Vorstellungen der Gemeinde in den planerischen
Festsetzungen des Bebauungsplanes zu finden sind. Der abstrakte gesetzliche Rahmen des § 85 Abs. 1 Nr. 1 BauGB wird so auf die konkrete lokale
Ebene heruntertransferiert. Die dritte Stufe der Gemeinwohlkonkretisierung
stellt die eigentliche Entscheidung über die Enteignung dar, bei der unter
Berücksichtigung des Übermaßverbotes im Einzelfall abgewogen wird, ob
im konkreten, örtlichen Falle die Enteignung tatsächlich zur Verwirklichung
der auf den beiden ersten Stufen festgelegten öffentlichen Zwecke, hier also
der Realisierung der bebauungsplanerischen Festsetzungen, notwendig ist.

Dadurch, dass der Bebauungsplan auf der zweiten Stufe den bereits in
der ersten Stufe, § 85 Abs. 1 Nr. 1 BauGB abstrakt formulierten Gemein-
wohlbelang, nämlich die städtebaulichen Vorstellungen der Gemeinde, weiter konkretisiert, kommt den Festsetzungen des Bebauungsplanes eine für
die Enteignung maßgebliche Rolle zu. Sie konkretisieren das „Wohl der

---

[255] Vgl. dazu *Runkel*, in: Ernst/Zinkahn/Bielenberg/Krautzberger (Hrsg.), BauGB,
§ 85 Rn. 2 und Rn. 17.

[256] Bei dieser zweistufigen Konkretisierung erfolgt die Konkretisierung des
„Wohls der Allgemeinheit" (Art. 14 Abs. 3 S. 1 GG) in dem zur Enteignung er-
mächtigenden Gesetz (erste Stufe) und dann auf der zweiten Stufe in der konkreten
Enteignungsentscheidung im Enteignungsverfahren, wo abwägend unter Berücksichtigung des Übermaßverbots entschieden wird, ob die Enteignung tatsächlich im konkreten Falle erforderlich ist, um dem Zweck der Förderung des Wohls der Allgemeinheit zu dienen.

[257] Zum Folgenden siehe *R. Breuer*, in: Schrödter (Hrsg.), BauGB, § 87 Rn. 3 und
*Runkel*, in: Ernst/Zinkahn/Bielenberg/Krautzberger (Hrsg.), BauGB, § 85 Rn. 13 und
15 ff.

Allgemeinheit" (Art. 14 Abs. 3 S. 1 GG). Deshalb kann nur enteignet werden, um diesen Festsetzungen zur Verwirklichung zu verhelfen. Die Festsetzungen müssen zulässig sein und dem Festsetzungskatalog des § 9 Abs. 1 BauGB entsprechen.[258] Auf diese Weise ist § 85 Abs. 1 Nr. 1 BauGB an § 9 BauGB streng gekoppelt: Alles, was im Bebauungsplan nicht gemäß § 9 Abs. 1 BauGB zulässig festgesetzt werden kann, ist kein tauglicher Enteignungszweck. Als Konsequenz daraus ist bei der planakzessorischen Enteignung nach § 85 Abs. 1 Nr. 1 BauGB strikt darauf zu achten, dass sie der städtebaulichen Entwicklung der Gemeinde im Sinne von § 1 Abs. 3 S. 1 BauGB dienen muss. Da die Bauleitplanung ein Querschnittsverfahren ist, das als Trägerverfahren für etliche unterschiedliche Belange divergierende Interessen berücksichtigt und zu einem planerisch-abwägenden Ausgleich bringt, ist der beschriebene Enteignungszweck bei der planakzessorischen Enteignung auch entsprechend weit und parallel zu § 1 Abs. 3 S. 1 BauGB zu fassen.[259]

Der Enteignungsbegünstigte muss nicht zwingend stets die öffentliche Hand sein; eine Enteignung ist grundsätzlich auch zu Gunsten einer Privatperson möglich. Es muss lediglich sichergestellt sein, dass die verfassungsrechtliche Anforderung des „Wohl[s] der Allgemeinheit" (Art. 14 Abs. 3 S. 1 GG) erfüllt ist. Diese Erfüllung dieses Erfordernisses ist bei der Enteignung zu Gunsten Privater besonders intensiv zu beachten; es muss sichergestellt sein, dass der Private mit dem enteigneten Grundstück einen bestimmten, im öffentlichen Interesse liegenden Zweck verfolgt.[260] Dieser im allgemeinen Interesse liegende Zweck, das „Wohl der Allgemeinheit", muss durch den Privaten erreicht und dauerhaft gesichert werden können. Um diese Sicherung zu gewährleisten, ist eine gesetzliche, effektive Bindung des enteignungsbegünstigten Privaten an das Gemeinwohlziel notwendig.[261]

---

[258] Auf diese Weise haben Planungsentscheidungen der Gemeinde nach §§ 1, 9 BauGB Auswirkungen auf das Enteignungsverfahren. Auf Grund der örtlichen und sachlichen Nähe der planenden Gemeinde, die sich zudem auf die Planungshoheit berufen kann, ist dies zulässig, vgl. *Dolde,* FS Sendler, S. 225 (236). Näher zur umstrittenen Frage der Auswirkungen der Zweckkonkretisierung durch bebauungsplanerische Festsetzungen und die Konsequenzen daraus für die bauplanerische Abwägung des jeweiligen Bebauungsplanes, insbesondere zur Frage der enteignungsrechtlichen Vorwirkung, vgl. *Runkel,* in: Ernst/Zinkahn/Bielenberg/Krautzberger (Hrsg.), BauGB, § 85 Rn. 36 ff., insb. Rn. 40 ff.

[259] *Breuer,* in: Schrödter (Hrsg.), BauGB, § 87 Rn. 8 und 13. Eine anschauliche Darstellung dieses Querschnittscharakters bietet – speziell auf die Enteignung bezogen – *Runkel,* in: Ernst/Zinkahn/Bielenberg/Krautzberger (Hrsg.), BauGB, § 85 Rn. 24.

[260] BVerfGE 66, 248 (257); BVerfG, NJW 1999, 2659 (2660).

[261] BVerfGE 74, 264 (286) – Boxberg; BVerfG, NJW 1999, 2659 (2660).

Die planakzessorische Enteignung nach § 85 Abs. 1 Nr. 1 BauGB kann auf zwei Arten realisiert werden. Zum einen kann zu Gunsten einer Person enteignet werden, die das Grundstück erhält und dauerhaft Eigentümer dieses Grundstücks bleibt. Der Enteignungszweck, die Realisierung der bebauungsplanerischen Festsetzungen, wird in diesen Fällen durch die plangemäße Nutzung des Grundstücks durch den Enteignungsbegünstigten verwirklicht. Der Enteignungszweck wird also unmittelbar durch die Enteignung erreicht, man spricht daher von einer zweckerreichenden Enteignung.[262] Demgegenüber wird bei der zweiten Variante der Enteignung, der sogenannten transitorischen Enteignung, der Enteignungszweck nicht schon durch die Enteignung selbst erreicht, weil hier der Enteignungsbegünstigte den Enteignungszweck nicht dadurch verwirklicht, dass er das Grundstück plangemäß nutzt. Er bereitet die plangemäße Nutzung vielmehr lediglich vor und veräußert das Grundstück dann an einen Dritten, der erst jetzt das Grundstück gemäß den bebauungsplanerischen Festsetzungen nutzt und so den Enteignungszweck verwirklicht. Es handelt sich also um eine Durchgangsenteignung, die nur als Zwischenschritt, als unselbständiges Hilfsinstrument zum Vollzug eines Bebauungsplanes konzipiert ist und nicht als selbständiges Instrument zur Baulandbeschaffung genutzt werden darf. Weil der Enteignungszweck nicht direkt, unmittelbar durch die Enteignung erreicht wird, droht die transitorische Enteignung mit Art. 14 Abs. 3 S. 1 GG in Konflikt zu geraten. Um die Erfüllung der verfassungsrechtlichen Anforderungen sicherzustellen, schränkt § 87 Abs. 3 BauGB dem Wortlaut nach den Kreis der möglichen Enteignungsbegünstigten bei der transitorischen Enteignung jedenfalls dann ein, wenn es um bauliche Nutzungen der zu enteignenden Grundstücke geht.[263] Transitorische Enteignungen sind nur zulässig, wenn sie rechtlich oder tatsächlich notwendig sind, der Enteignungszweck also nicht auch mit einer unmittelbar zweckerreichenden Enteignung realisiert werden kann.[264] Die Vorbereitung des Grundstücks auf die Nutzung muss zwingend notwendig sein, um die plangemäße Nutzung zu ermöglichen; diese darf nach den tatsächlichen Gegebenheiten nicht schon bisher möglich sein, so dass der Enteignungsbegünstigte das Grundstück in seiner Gestalt oder seinem Wesen verändern muss, damit die plangemäße Nutzung möglich wird. Ist diese Änderung nicht notwendig, so ist eine transitorische Enteignung unzulässig.

---

[262] *Runkel,* in: Ernst/Zinkahn/Bielenberg/Krautzberger (Hrsg.), BauGB, § 85 Rn. 106.

[263] Zur Frage, ob § 87 Abs. 3 GG auch über den Wortlaut hinaus dann anzuwenden ist, wenn andere als bauliche Nutzungen realisiert werden sollen, sogleich bei (3).

[264] *Runkel,* in: Ernst/Zinkahn/Bielenberg/Krautzberger (Hrsg.), BauGB, § 85 Rn. 113.

(2) Die allgemeinen Enteignungsvoraussetzungen

§ 87 BauGB konkretisiert die allgemeinen Enteignungsvoraussetzungen aus Art. 14 Abs. 3 GG auf einfachgesetzlicher Ebene und übersetzt die verfassungsrechtlichen Anforderungen in bauplanungsrechtliche Kategorien.

Zunächst ist für eine planakzessorische Enteignung nach § 85 Abs. 1 Nr. 1 BauGB ein rechtswirksamer Bebauungsplan erforderlich, der die den Enteignungs-Unterzweck formulierenden, rechtswirksamen Festsetzungen enthält.[265] Diese Festsetzungen müssen ausreichend bestimmt sein.[266] Bei der Frage der Bestimmtheit dieser Festsetzungen ist zwischen rein öffentlichnützigen Enteignungen und solchen Enteignungen zu unterscheiden, die auch privatnützige Auswirkungen haben; außerdem spielt eine Rolle, ob der Enteignungszweck durch die öffentliche Hand oder durch Private verwirklicht werden soll.[267] Wenn die Enteignung rein öffentlich-nützig wirkt, so reicht es hinsichtlich der Bestimmtheit der Festsetzungen aus, wenn die Art der Nutzung der Fläche festgesetzt wird. Das Maß der Nutzung muss nicht zwingend festgesetzt sein.[268] Dies gilt auch, wenn der rein öffentlich-nützige Zweck nicht durch die öffentliche Hand, sondern durch Privatpersonen realisiert wird, weil diese Privatpersonen dann regelmäßig gesetzlich durch eine Aufgabenbeschreibung an die Erfüllung des öffentlichen Zweckes gebunden sind. Anders verhält es sich indes, wenn neben den öffentlich-nützigen Zwecken der Enteignung auch noch privatnützige Zwecke verfolgt werden. Hier muss zusätzlich zur Art der Nutzung auch noch das Maß der Nutzung festgesetzt sein.[269] Dies beruht darauf, dass der Enteignungszweck einer planakzessorischen Enteignung die Verwirklichung der städtebaulichen Vorstellungen der Gemeinde ist und bei der Verwirklichung dieses Zwecks bei Privaten nur die genaue bebauungsplanerische Festsetzung die Gewähr dafür bietet, dass der enteignungsbegünstigte Private die Fläche entsprechend den planerischen Vorstellungen der Gemeinde nutzt. Der Bebauungsplan fungiert hier – wie es die Boxberg-Entscheidung fordert –[270] als gesetzliches Sicherungsmittel des im Allgemeinwohl liegenden Zweckes.[271]

---

[265] Vgl. *Runkel,* in: Ernst/Zinkahn/Bielenberg/Krautzberger (Hrsg.), BauGB, § 85 Rn. 96.

[266] Vgl. BVerwGE 42, 5 ff.

[267] Dazu *Runkel,* in: Ernst/Zinkahn/Bielenberg/Krautzberger (Hrsg.), BauGB, § 85 Rn. 99.

[268] *Runkel,* in: Ernst/Zinkahn/Bielenberg/Krautzberger (Hrsg.), BauGB, § 85 Rn. 100.

[269] *Runkel,* in: Ernst/Zinkahn/Bielenberg/Krautzberger (Hrsg.), BauGB, § 85 Rn. 102.

[270] BVerfGE 74, 264 (286).

[271] Vgl. zur bebauungsplanerischen Dimension der Boxberg-Rspr. des BVerfG *Runkel,* in: Ernst/Zinkahn/Bielenberg/Krautzberger (Hrsg.), BauGB, Vor § 85 Rn. 39.

Weitere Enteignungsvoraussetzungen sind, dass die Enteignung dem Wohl der Allgemeinheit dient (Art. 14 Abs. 3 GG und § 87 Abs. 1 Hs. 1 BauGB),[272] dass die Enteignung die ultima ratio der gemeindlichen Handlungsmöglichkeiten darstellt (§ 87 Abs. 1 Hs. 2 BauGB),[273] dass nicht lediglich fiskalische Zwecke verfolgt werden[274], ferner, dass das Übermaßverbot beachtet wird.[275] Die Enteignung darf nur stattfinden, wenn es zur Erfüllung der öffentlichen Aufgabe, die den Enteignungszweck darstellt, unumgänglich erforderlich ist.[276] Notwendig ist auch ein zeitlicher Zusammenhang zwischen dem Zeitpunkt der Enteignung und dem Enteignungszweck: das Wohl der Allgemeinheit muss die Enteignung gerade im gewählten, konkreten Zeitpunkt erfordern.[277] Außerdem haben nach § 87 Abs. 2 S. 1 BauGB privatrechtliche Beschaffungsgeschäfte ausdrücklich Vorrang vor einer Enteignung; allerdings ist bei dieser das Erforderlichkeitsprinzip konkretisierenden Voraussetzung die Ausnahme des § 88 BauGB zu beachten.

### (3) Die Verwendung der Enteignung als Instrument zur Beschaffung ausgleichsgeeigneter Flächen

Ein Poolbetreiber kann die Enteignung als Instrument zur Beschaffung ausgleichsgeeigneter Flächen dadurch nutzen, dass er bei der Gemeinde, in deren Gemarkung das zu enteignende Grundstück liegt, einen Antrag auf Enteignung stellt (§ 105 S. 1 BauGB), über den die Enteignungsbehörde nach § 104 Abs. 1 BauGB entscheidet (§ 112 Abs. 1 BauGB). Antragsberechtigt ist derjenige, welcher den in § 85 BauGB genannten Enteignungszweck erfüllen will, außer § 87 Abs. 3 BauGB oder § 88 BauGB schließen seine Antragsberechtigung aus.[278] Antragsbefugt ist jede natürliche wie auch jede juristische Person des privaten oder des öffentlichen Rechts, solange sie willens und in der Lage ist, das Grundstück entsprechend den dafür vorgesehenen bebauungsplanerischen Festsetzungen zu nut-

---

[272] Dazu ausführlich *R. Breuer,* in: Schrödter (Hrsg.), BauGB, § 87 Rn. 10; *Runkel,* in: Ernst/Zinkahn/Bielenberg/Krautzberger (Hrsg.), BauGB, § 87 Rn. 14.

[273] Dazu *Runkel,* in: Ernst/Zinkahn/Bielenberg/Krautzberger (Hrsg.), BauGB, § 87 Rn. 59 ff.

[274] BVerfG, NJW 1999, 1176; *Runkel,* in: Ernst/Zinkahn/Bielenberg/Krautzberger (Hrsg.), BauGB, § 87 Rn. 14. So schon RGZ 136, 113 (123).

[275] Zu den einzelnen Stufen der Prüfung *Breuer,* in: Schrödter (Hrsg.), BauGB, § 85 Rn. 23 ff. sowie *Runkel,* in: Ernst/Zinkahn/Bielenberg/Krautzberger (Hrsg.), BauGB, § 85 Rn. 87 Rn. 49 ff. m.w.N. Vgl. auch BVerfGE 38, 175 (180).

[276] BVerfG, NJW 1999, 1176.

[277] *Runkel,* in: Ernst/Zinkahn/Bielenberg/Krautzberger (Hrsg.), BauGB, § 87 Rn. 56.

[278] *R. Breuer,* in: Schrödter (Hrsg.), BauGB, § 105 Rn. 4.

zen. Übertragen auf die Enteignung ausgleichsgeeigneter Flächen bedeutet dies, dass der private Poolbetreiber die Enteignung ebenso beantragen kann wie die Gemeinde, die einen kommunalen Flächenpool betreibt. Konstruierbar ist diese Enteignung als planakzessorische Enteignung nach § 85 Abs. 1 Nr. 1 BauGB, bei welcher der Poolbetreiber die Ausgleichsfestsetzungen[279] des Ausgleichsbebauungsplanes, welche die Nutzung bestimmter Grundstücke als Ausgleichsgrundstücke vorsehen,[280] durch Bevorratung von Grundstücken (Flächenpools) und Durchführung vorgezogener Naturaufwertungsmaßnahmen (Ökokonten) realisieren will. Eine solche Enteignung ausgleichsgeeigneter Flächen wirft indes einige spezielle Fragen auf.

So ist zunächst zu klären, ob eine Enteignung ausgleichsgeeigneter Flächen zu deren Bevorratung in einem Flächenpool oder Ökokonto überhaupt unter die Zulässigkeitsvoraussetzung des „Wohl[s] der Allgemeinheit" (Art. 14 Abs. 3 GG, § 87 Abs. 1 Hs. 1 BauGB) subsumiert werden kann. Problematisch erscheint dies vor allem deshalb, weil der Ausgleich von Eingriffen nach dem Verursacherprinzip, auf dem die Konzeption der Eingriffsregelung fußt, zunächst eine Pflicht des Eingriffsverursachers ist. Erst der Eingriffsausgleich ermöglicht die Realisierung des Vorhabens. Für das Bauplanungsrecht formuliert § 135a Abs. 1 BauGB diese Verpflichtung des Bauherren als Eingriffsverursachers. Erst die Erfüllung der Ausgleichsverpflichtung, die dem Bauherren nach § 36 VwVfG als Nebenbestimmung zur Baugenehmigung aufgegeben wird, berechtigt ihn zur Bebauung seines Grundstücks. Daher könnte man argumentieren, dass die Ausgleichsfestsetzungen der Gemeinde primär privatnützigen Zweck haben, weil sie den Bauherren der Eingriffsgrundstücke erst die Bebauung ihrer Grundstückes ermöglichen. Eine Enteignung wäre daher schwerwiegenden verfassungsrechtlichen Bedenken ausgesetzt. Nun sieht § 135a Abs. 2 BauGB aber ausdrücklich vor, dass bei nach § 9 Abs. 1a BauGB zugeordneten Ausgleichsflächen und -Maßnahmen die Gemeinde den Ausgleich durchführen soll und dafür auch Flächen bereitstellen soll. Durch diese Vorschrift werden die Ausgleichsmaßnahmen aus der reinen Privatnützigkeit herausgehoben und zu einer Aufgabe der Gemeinde gemacht. Die Gemeinde übernimmt durch die Festsetzung von Ausgleichsmaßnahmen an anderer Stelle als dem Eingriffsort und durch die planerische Zuordnung nach § 9 Abs. 1a BauGB die Verantwortung für die Ausgleichsmaßnahmen. Die Ausgleichsflächen erhalten dadurch den Charakter einer Fläche für öffentliche Zwecke. Dies gilt insbesondere dann, wenn die Gemeinde den Ausgleich in einem Flächenpool oder einem Ökokonto institutionalisiert. Denn diese Instrumente

---

[279] Welche Festsetzungen hierfür geeignet sind, ist oben in § 4 bei D. II. 2. b) beschrieben.

[280] Zum Ausgleichsbebauungsplan noch weiter unten bei B. II. 3. b) bb).

der Flächen- bzw. Maßnahmenbevorratung dienen dazu, die Planungen der künftigen Bebauung von Flächen zu erleichtern. Sie sind also Hilfsmittel zur leichteren Ausweisung von Bauland. Die Ausweisung von Bauland gehört aber zu den elementaren städtebaulichen Aufgaben der Gemeinden; sie ist daher eine originär öffentliche Aufgabe. Überdies können in Flächenpools und Ökokonten Naturschutz- und Erholungsprojekte realisiert werden,[281] die der Allgemeinheit zu Gute kommen; Ökokonten und Flächenpools sind primär als Instrumente des Naturschutzes konzipiert; Naturschutz aber ist eine Aufgabe, deren Erfüllung im Interesse der Allgemeinheit liegt. Wenn die Gemeinde daher Flächen zum Ausgleich festsetzt und sich aus diesen Festsetzungen unter Zuhilfenahme der Begründung ergibt, dass diese Ausgleichsfestsetzungen Bestandteil eines Flächenpool- oder Ökokonto-Konzepts sind, so dienen diese Ausgleichsfestsetzungen primär dem Wohl der Öffentlichkeit und der Allgemeinheit. Zwar profitiert auch der Bauherr zukünftiger Bauvorhaben von der durch die Nutzung von Flächen- und Maßnahmenbevorratung erleichterten Planbarkeit seiner Eingriffsvorhaben, insofern haben diese Instrumente auch privatnützigen Charakter. Der Schwerpunkt liegt aber auf der Erleichterung der Verwirklichung der städtebaulichen Aufgaben der Gemeinden durch die Erleichterung der Bauleitplanung und auf dem Schutz der Natur als Hauptfunktion eines Flächenpools oder Ökokontos, die hauptsächlich zu diesem Zweck entwickelt worden sind. Damit dient eine Enteignung ausgleichsgeeigneter Flächen zu Gunsten eines Poolbetreibers dem Wohl der Allgemeinheit und nicht lediglich oder primär dem Wohl eines privaten Einzelnen; in dieser Hinsicht bestehen daher keine verfassungsrechtlichen Bedenken bei einer solchen Enteignung wegen Art. 14 Abs. 3 S. 1 GG.

Ein zweiter Problemkreis der Enteignung speziell ausgleichsgeeigneter Flächen ist, welche Anforderungen an die planerischen Ausgleichsfestsetzungen zu stellen sind. Zum einen stellt sich die Frage, welche Bestimmtheit diese Ausgleichsfestsetzungen haben müssen. Zum anderen ist fraglich, ob eine Enteignung zwingend voraussetzt, dass eine Zuordnung der Ausgleichsfestsetzungen gemäß § 9 Abs. 1a S. 2 BauGB erfolgt ist. Hinsichtlich der Bestimmtheit der Ausgleichsfestsetzungen fragt sich, ob es für die planakzessorische Enteignung nach § 85 Abs. 1 Nr. 1 BauGB ausreicht, wenn der Bebauungsplan für bestimmte Flächen die Nutzung als „Ausgleichsflächen" vorsieht, die mit § 9 Abs. 1 Nr. 20 BauGB, aber auch mit anderen Nummern aus dem Festsetzungskatalog vorgeschrieben werden kann,[282] oder ob es vielmehr notwendig ist, die genaue Art der Nutzung als Ausgleichsfläche und die vorzunehmenden Ausgleichsmaßnahmen detail-

---

[281] Siehe dazu oben in § 2.
[282] Zu den Festsetzungsmöglichkeiten s.o. in § 4 bei D. II. 2. b).

liert vorzuschreiben.[283] Die Antwort auf diese Frage ergibt sich aus der Funktion der planakzessorischen Enteignung, den städtebaulichen Willen der Gemeinde zu verwirklichen. Um diese Verwirklichung als Enteignungszweck und damit das Wohl der Allgemeinheit zu sichern, soll der Nutzer des Grundstücks, sei es der Alteigentümer oder der enteignungsbegünstigte Neueigentümer, über die planerischen Festsetzungen des Bebauungsplanes materiell-gesetzlich an die vorgeschriebene Nutzung gebunden werden. Für die aufgeworfene Frage heißt das, dass der Enteignungsbegünstigte durch die Ausgleichsfestsetzungen dadurch verpflichtet werden muss, das Grundstück auch tatsächlich als Ausgleichsgrundstück zu sichern, damit die Voraussetzung des „Wohl[s] der Allgemeinheit" (Art. 14 Abs. 3 S. 1 GG) gewahrt bleibt. Wenn der Enteignungsbegünstigte die Öffentliche Hand ist, reicht dafür regelmäßig eine nur typenmäßige Festsetzung als Ausgleichsgrundstück aus. Denn hier besteht das Risiko, dass die Flächen realiter nicht als Ausgleichsflächen genutzt werden – und damit das „Wohl der Allgemeinheit" nicht gefördert wird –, nicht in demselben Maße wie bei einer Enteignung zu Gunsten eines Privaten. Bei letzteren Enteignungen ist daher zu fordern, dass nicht nur die Nutzungsart als Ausgleichsfläche, sondern zugleich auch die vorzunehmenden Ausgleichsmaßnahmen detailliert festgesetzt werden. Nur so kann sichergestellt werden, dass der enteignungsbegünstigte Private das Grundstück in der Realität auch so nutzt, dass die planerischen Vorstellungen der Gemeinde in die Wirklichkeit umgesetzt werden und so das Wohl der Allgemeinheit gefördert wird. Für die Bevorratung in Ökokonten und Maßnahmenpools hat dies die Konsequenz, dass bereits beim Beschluss des Ausgleichsbebauungsplanes, der die planerische Grundlage dieser Bevorratungen ist,[284] klar sein muss, welche Naturaufwertungsmaßnahmen im einzelnen vorgenommen werden müssen. Dies setzt ein durchdachtes Ausgleichskonzept als Grundlage des Ausgleichsbebauungsplanes voraus.

Ebenfalls zu diesem Problemkreis, welche Anforderungen an die planerischen Festsetzungen bei einer planakzessorischen Enteignung von Ausgleichsflächen zu stellen sind, gehört die Frage, ob diese Enteignung nur dann zulässig ist, wenn die Ausgleichsflächen gemäß § 9 Abs. 1a S. 2 BauGB im Bebauungsplan zugeordnet worden sind.[285] Dies wäre dann der Fall, wenn die Zuordnung zwingend notwendig wäre, um das „Wohl der

---

[283] Beispiel: Reicht es, eine Fläche lediglich als „Fläche zum Ausgleich von Eingriffen" nach § 9 Abs. 1 Nr. 20 BauGB zu überplanen, oder muss zusätzlich noch die Angabe, welche Naturaufwertungsmaßnahmen (etwa das Anlegen eines Feuchtbiotops) vorzunehmen sind, Planbestandteil werden?

[284] Dazu ausführlich noch unten bei B. II. 3. b) bb).

[285] So VGH Kassel, ESVGH 53, 104 (113) unter Berufung, auf *Schrödter*, in: Schrödter (Hrsg.), BauGB, 6. Auflage, § 9 Rn. 170h. Offengelassen im Revisions-

Allgemeinheit" als Rechtmäßigkeitsvoraussetzung aus Art. 14 Abs. 3 S. 1 GG zu gewährleisten. Was eine Zuordnung bewirkt, ist bereits im § 4 bei D. II. 3. b) ausführlich beschrieben worden. Die Durchführung des Ausgleichs auf Ausgleichsflächen, die im Eingriffs-Bebauungsplan gemäß § 9 Abs. 1a S. 2 BauGB zugeordnet worden sind, wird durch § 135a Abs. 2 S. 1 BauGB zu einer Aufgabe der planenden Gemeinde. Die Zuordnung verleiht dem Ausgleich also den Charakter einer öffentlichen Aufgabe, wogegen der nicht zugeordnete Ausgleich nach § 135a Abs. 1 BauGB die private Aufgabe der Bauherren bleibt. Für die Enteignung heißt das, dass erst die Zuordnung von Ausgleichsflächen dafür sorgt, dass die Aufgabe des Eingriffsausgleichs zu einer öffentlichen Aufgabe wird. Ohne Zuordnung im Eingriffsbebauungsplan würde eine Enteignung überwiegend dem privaten Wohl der Bauherren, die so ihre Ausgleichsverpflichtung erleichtert wahrnehmen könnten, aber nicht dem Wohl der Allgemeinheit dienen. Die Enteignung ausgleichsgeeigneter Flächen setzt also eine Zuordnung im Eingriffs-Bebauungsplan voraus.

Für die Bevorratung von Flächen und Maßnahmen in Ökokonten und Flächenpools ist dieser Befund zunächst einmal problematisch. Denn da bei diesen Ausgleichsmethoden die Bevorratung ja im Hinblick auf künftige, im einzelnen noch unbestimmte Eingriffe stattfindet, kann demzufolge auch noch kein Eingriffs-Bebauungsplan existieren, der eine Zuordnung nach § 9 Abs. 1a S. 2 BauGB enthält. Daher wäre nach dem oben Gesagten eine planakzessorische Enteignung von speziell für die Bevorratung geeigneten Flächen auf der Basis eines Ausgleichsbebauungsplanes unzulässig. Eine solche Auslegung würde aber dem systematischen Zusammenhang von § 135a Abs. 2 S. 2 BauGB mit dessen S. 1 nicht gerecht. § 135a Abs. 2 S. 2 BauGB ermöglicht die zeitliche Vorwegnahme von Ausgleichsmaßnahmen, mithin die Bevorratung in Ökokonten. Diese normative Etablierung des Ökokontos steht in direktem gesetzessystematischen Zusammenhang mit der Vorschrift des § 135a Abs. 2 S. 1 BauGB, welche regelt, dass der Ausgleich durch Zuordnung zu einer öffentlichen Aufgabe wird. Da die Nutzung von Flächenpools und Ökokonten darauf basiert, dass später in einem künftigen Eingriffsbebauungsplan eine Zuordnungsfestsetzung erfolgt,[286] kann davon ausgegangen werden, dass ein Ökokonto oder Flächenpool, das bzw. der auf einem Ausgleichsbebauungsplan beruht, der die bevorrateten Flächen planerisch sichert,[287] der Erfüllung einer öffentlichen Aufgabe dient, weil die Zuordnung später erfolgen wird. Dieser Ausgleichs-

---

urteil, BVerwG, NuR 2004, 167. Zur Rolle der Zuordnung bei der Nutzung von Ökokonten und Flächenpools noch ausführlich bei B. III. 3. und 4.

[286] Dazu siehe unten bei B. III. 3. und 4.

[287] Dazu gleich bei B. II. 3. b) bb).

bebauungsplan, der als planerische Grundlage für ein Ökokonto oder einen Flächenpool dient, ist gleichsam das zeitlich vorangehende Surrogat der späteren Zuordnungsfestsetzung im Eingriffsbebauungsplan; er fordert die spätere Zuordnungsfestsetzung zwingend, ergibt ohne sie gar keinen Sinn und dient durch seine planerische Sicherung der Flächenbevorratung einem öffentlichen Gemeinwohlinteresse (s. o.). Damit kann eine Enteignung ausgleichsgeeigneter Flächen zum Zwecke der Bevorratung in Flächenpools oder Ökokonten stattfinden; die fehlende Zuordnung jedenfalls steht dem nicht entgegen.

Ein weiteres Problem speziell der Enteignung ausgleichsgeeigneter Flächen ist das des zeitlichen Zusammenhangs zwischen der Enteignung und dem Erreichen des Enteignungszweckes. Im Zeitpunkt der Enteignung muss nämlich absehbar sein, wann der Zweck, bei der hier interessierenden planakzessorischen Enteignung nach § 85 Abs. 1 Nr. 1 BauGB also die plangemäße Nutzung des Grundstückes, realisiert wird (s. o.). Dies könnte bei der Enteignung ausgleichsgeeigneter Flächen zum Zwecke der Bevorratung in Flächenpools oder Ökokonten problematisch sein, weil die Eingriffe, zu deren Ausgleich die Enteignung erfolgt, im Einzelnen noch nicht absehbar sind und erst in einer unbestimmten, zukünftigen Zeit stattfinden werden. Allerdings erweist sich dieses Problem als Scheinproblem, weil nämlich hinsichtlich des Zeitpunktes auf die von der Gemeinde im Bebauungsplan vorgesehene Nutzung abzustellen ist. Und diese Nutzung ist bei den zu enteignenden Ausgleichsflächen die Nutzung als Flächen, auf denen die Natur gezielt aufgewertet wird (denn nichts anderes sind Ausgleichsflächen). Dieses Ziel der Naturaufwertung steht aber in einem engen zeitlichen Zusammenhang mit der Enteignung, denn der enteignungsbegünstigte Poolbetreiber kann direkt nach der Eigentumserlangung an den ausgleichsgeeigneten Grundstücken damit beginnen, mit der Naturaufwertung die plangemäße Nutzung vorzunehmen.

Bedeutsamer als dieses „Scheinproblem" ist die Frage, ob eine Enteignung ausgleichsgeeigneter Flächen zur Bevorratung in Flächenpools oder Ökokonten stets als unmittelbar zweckerreichende Enteignung geschehen muss oder ob auch eine transitorische, nur mittelbar zweckerreichende Enteignung zulässig ist. Problematisch dabei ist, dass im BauGB eine Vorschrift fehlt, die die Erreichung des endgültigen Allgemeinwohl-Enteignungszwecks, also die plangemäße Nutzung, bei anderen als baulichen Nutzungen sichert. Für bauliche Nutzungen sieht § 87 Abs. 3 S. 1 BauGB vor, dass transitorisch nur zu Gunsten von Personen enteignet werden kann, die eine Gewähr dafür bieten, dass der Enteignungszweck erreicht wird. § 89 Abs. 1 Nr. 2 BauGB stellt dies noch zusätzlich sicher. Ausgleichsfestsetzungen gehören aber nicht zu den „baulichen Nutzungen" im Sinne dieser Vorschriften. Eine entsprechende Vorschrift für andere als „bauliche Nutzungen" fehlt im BauGB, was transitorische Enteignungen für diese sonstigen Nutzungen verfassungsrechtlich problematisch macht, weil nicht sichergestellt ist, dass der Allgemeinwohl-Enteignungszweck erreicht wird. Gelöst werden kann dieses Problem dadurch, dass die §§ 87 Abs. 3 S. 1; 89 Abs. 1 Nr. 2 BauGB so ausgelegt werden, dass sie nicht nur bauliche Nutzungen im eigentlichen Sinne, sondern auch andere Nutzungen als die Bebauung von Grundstücken erfassen, solange diese anderen Nutzungen bebauungsplanerisch festgelegt sind.[288] Die Wortlautgrenze ist hier noch nicht überschritten, weil als „bauliche Nutzung" auch die städtebaulich beabsichtigte Nutzung von Grundstücken verstanden werden kann. Wenn auf diese Weise sichergestellt ist, dass auch Ausgleichsgrundstücke nach der Durchgangsenteignung an einen Poolbetreiber als Dritten veräußert werden, so wird der Enteignungs-Allgemeinwohlzweck der plangemäßen Nutzung der Ausgleichsgrundstücke erreicht und es spricht zumindest rechtlich nichts gegen die transitorische Enteignung von Ausgleichsgrundstücken. In der Praxis freilich ist es nicht recht einzusehen, wieso ein Poolbetreiber erst auf diese umständliche Weise Eigentum erhalten soll. Bei Ausgleichsflächen scheint es schwer vorstellbar, inwiefern die Gemeinde als unmittelbar Enteignungsbegünstigte diese Flächen zur Nutzung vorbereiten könnte. Das kann regelmäßig der Poolbetreiber selbst erledigen, so dass eine transitorische Enteignung zwar grundsätzlich rechtlich möglich, gleichwohl aber meistens unzweckmäßig sein wird. In diesen Fällen ist dann dem Kriterium der Erforderlichkeit besonderes Gewicht beizumessen, weil transitorische Enteignungen wie schon oben dargestellt nur zulässig sind, wenn zweckerreichende Enteignungen den Enteignungszweck der plangemäßen Nutzung nicht genauso gut erreichen können. Bei Ausgleichsflächen dürfte dies regelmäßig zu einer Unzulässigkeit der transitorischen Enteignung führen.

(4) Bewertung der Praktikabilität einer Enteignung als Instrument der Flächenbeschaffung

Die Untersuchung hat ergeben, dass eine Enteignung durchaus als Instrument der Beschaffung ausgleichsgeeigneter Flächen in Betracht kommt. Gleichwohl ist der Einsatz dieses Instruments gesetzlich an sehr hohe Hürden geknüpft. Vor allem das ultima-ratio-Prinzip und der Erforderlichkeitsgrundsatz dürften regelmäßig einem Einsatz zur Flächenbeschaffung entgegenstehen. Denn nach diesen Prinzipien ist eine Enteignung nur dann zulässig, wenn es keine Alternative zu der Beschaffung eines be-

---

[288] So der Vorschlag der Literatur, *Runkel*, in: Ernst/Zinkahn/Bielenberg/Krautzberger (Hrsg.), BauGB, § 85 Rn. 110 und § 87 Rn. 119; *R. Breuer*, in: Schrödter (Hrsg.), BauGB, § 87 Rn. 42.

stimmten Grundstückes gibt. Die Möglichkeiten der räumlichen und funktionalen Entkopplung des Ausgleichs lassen eine solche Alternativenlosigkeit aber unwahrscheinlich werden, weil der Kreis der potenziell als Ausgleichsflächen geeigneten Flächen sehr groß ist und nicht nur Flächen der eigenen Gemeindegemarkung, sondern auch Flächen anderer, benachbarter Gemeinden und sogar Flächen im regionalen Kontext umfasst. Dass es angesichts dieser Fülle von möglichen Ausgleichsgrundstücken gerade auf ein einziges Grundstück ankommt, lässt sich nur dann rechtfertigen, wenn dieses Grundstück von seiner Lage oder Beschaffenheit her einzigartig in seinem Ausgleichspotenzial ist. Nur in diesen Fällen der Einzigartigkeit des Ausgleichsgrundstücks kann von einer Alternativenlosigkeit ausgegangen werden und nur dann ist eine Enteignung zulässig. In den anderen Fällen führt das Erforderlichkeitsprinzip in Verbindung mit den Entkopplungsmöglichkeiten des Ausgleichs dazu, dass Enteignungen meist unzulässig sein werden.[289] Der Erforderlichkeitsgrundsatz ist auch in einer weiteren Hinsicht neben diesen Entkopplungsmöglichkeiten, die dazu führen, dass auch andere Grundstücke in Betracht kommen, problematisch. Denn auch wenn es um eine konkrete, einzigartige Ausgleichsfläche geht, wird der Enteignungszweck meist auch durch andere zumutbare und für die betroffenen Eigentümer weniger belastende Maßnahmen erreichbar sein, namentlich eine Baulandumlegung.

Zudem erfordert eine rechtmäßige Enteignung eine Vielzahl komplexer Rechtsanwendungs- und Beurteilungsvorgänge, was die Fehleranfälligkeit und die Chance einer gerichtlichen Angreifbarkeit der Enteignungsentscheidung erhöht. Außerdem sind Enteignungen als schärfstes Schwert des hoheitlichen Zugriffs auf das Eigentum in der Bevölkerung sehr unpopulär und führen meist zu großen Konflikten. Oben wurde aber dargestellt, dass die Etablierung eines Flächenpools oder Ökokontos in hohem Maße auf Kooperation und vertrauensvoller Zusammenarbeit beruht. Eine Beschaffung der zur Bevorratung notwendigen Flächen über eine Enteignung würde Unwillen in der Bevölkerung erzeugen und wäre ein denkbar schlechter Start für ein dermaßen kooperationsintensives Projekt, weil das Image des Flächenpools oder Ökokontos als positives, naturschützendes und städtebaulich sinnvolles Projekt gefährdet wäre.

Von der Nutzung der Enteignung als Instrument der Flächenbeschaffung muss also angesichts der damit einhergehenden rechtlichen und tatsächlichen Schwierigkeiten im Grundsatz abgeraten werden. Nur in begründeten Ausnahmefällen, die dann noch den hohen rechtlichen Anforderungen genügen müssen, wird dieses Instrument eine praktikable Methode der Flächenbeschaffung sein.

---

[289] Vgl. dazu *Brohm*, in: FS Hoppe, S. 511 (520).

## c) Zusammenfassung und Empfehlungen zu den Beschaffungsinstrumenten

Wie gezeigt, stehen einem öffentlich-rechtlich verfassten Poolbetreiber hoheitliche und nichthoheitliche Instrumente der Beschaffung zur Verfügung; zivilrechtlich organisierte Pools sind auf letzteres beschränkt. Öffentlich-rechtlich organisierte Ökokonten/Flächenpools können zwischen beiden Beschaffungsformen wählen. Bei den hoheitlichen Beschaffungsinstrumenten ist vom Einsatz der Flurbereinigung, Baulandumlegung und Enteignung abzuraten. Lediglich das gemeindliche Vorkaufsrecht ist, verglichen mit den anderen hoheitlichen Instrumenten, relativ praktikabel einzusetzen und daher zur Bevorratung ausgleichsgeeigneter Flächen geeignet. Weil der Einsatz des Vorkaufsrechts aber an den Abschluss eines privaten Grundstückskaufvertrages über eine ausgleichsgeeignete Fläche geknüpft ist, ist es auch nur bedingt zur Flächenbeschaffung geeignet, weil es keine Eigeninitiative des Poolbetreibers ermöglicht, sondern auf andere Kaufinteressenten angewiesen ist. Wählt der öffentlich-rechtlich organisierte Pool die hoheitlichen Beschaffungsformen, unterliegt er den üblichen öffentlich-rechtlichen Bindungen, insbesondere dem Verhältnismäßigkeitsprinzip und den Grundrechten. Kommunalpolitisch sind konsensuale, nicht-hoheitliche Mittel regelmäßig opportuner als hoheitliche Zwangsmittel. Wie oben dargestellt[290] (§ 2) ist der Betrieb eines Flächenpools oder Ökokontos in hohem Maße auf die Kooperation der Betroffenen angewiesen, weshalb der Poolbetreiber stets einvernehmliche Lösungen bei der Flächenbeschaffung anstreben und den Einsatz hoheitlicher Zwangsmittel vermeiden sollte.

Von daher muss zum überwiegenden Einsatz der nicht-hoheitlichen Beschaffungsinstrumente geraten werden, von denen zunächst der freihändige Erwerb von Grundstücken oder der Grundstückstausch im Vordergrund stehen sollten. Ist ein Eigentumserwerb der ausgleichsgeeigneten Flächen nicht möglich, so ist eine beschränkt persönliche Dienstbarkeit nach § 1090 BGB der empfehlenswerte Weg, die Naturaufwertung zu Ausgleichszwecken im Wege dinglicher Bewirtschaftungsbindungen des Grundstückseigentümers sicherzustellen.

### 3. Die planerische Absicherung der bevorrateten Flächen und Maßnahmen gegen konkurrierende Nutzungen

Nach der Flächenauswahl als erstem und nach der Flächenbeschaffung als zweitem Schritt ist der dritte Schritt des „Einbuchungs"-Vorgangs bei der Nutzung eines Flächenpools oder Ökokontos die planerische Sicherung

---

[290] Vgl. dazu auch *Bunzel/Böhme,* Interkommunales Kompensationsmanagement, S. 229 ff. und 263 ff.

der tatsächlichen Nutzung der bevorrateten Flächen als Ausgleichsflächen. Mit dem Instrumentarium des Planungsrechts muss verhindert werden, dass auf diesen Flächen andere Nutzungen als die Ausgleichsnutzung stattfinden können. In den Einbuchungsvorgang gehört diese planerische Sicherung deshalb, weil bereits beim Einbuchungsvorgang feststehen muss, dass später auf diese Fläche zurückgegriffen werden kann, wenn es um den konkret anstehenden Eingriffsausgleich geht.[291] Ohne eine planerische Sicherung der Ausgleichsnutzung hat der Poolbetreiber keine Gewähr dafür, dass seine mit viel Aufwand bevorrateten Flächen später in der planerischen Abwägung eines Eingriffsbebauungsplanes auch tatsächlich als Ausgleichsflächen einsetzbar sind. Wie eine solche planerische Absicherung der Ausgleichsnutzung geschehen kann, wird bei b) beschrieben.

In diesen Zusammenhang gehört aber auch die Frage der „Widmung" der Ausgleichsflächen. Oben ist bereits dargelegt worden (B. I. 2. a) cc)), dass es der Projektbezug der Eingriffsregelung erfordert, bereits bei Vornahme der Naturaufwertungsmaßnahmen klarzustellen, dass diese Aufwertung speziell im Hinblick auf den Ausgleich späterer Eingriffe geschieht und nicht nur irgendeine allgemeine ökologische Maßnahme darstellt. Diese Klarstellung kann am praktikabelsten uno actu durch die weiter unten beschriebene planerische Sicherung erfolgen (wodurch sich die Behandlung an dieser Stelle der Arbeit rechtfertigt), sie kann aber auch selbständig geschehen. Möglichkeiten dazu sind bei a) dargestellt.

### a) Die „Widmung" der Ausgleichsflächen

*aa) Der Begriff der „Widmung"*

Der Begriff der Widmung ist eigentlich ein anerkannter dogmatischer Terminus des öffentlichen Sachenrechts. Er beschreibt die rechtsförmliche Unterstellung einer Sache unter eine besondere, öffentlich-rechtliche Nutzungsordnung.[292] Diese eingeführte dogmatische Bedeutung ist im hier interessierenden Kontext der Flächenpools und Ökokonten nicht gemeint, daher wird der Begriff zur Vermeidung von Missverständnissen auch nur in Anführungszeichen verwendet. Er beschreibt im vorliegenden Fall vielmehr die durch denjenigen, der eine Naturaufwertungsmaßnahme vornimmt, erfolgende Klarstellung beziehungsweise Willensäußerung, dass diese Aufwertung ausschließlich anlässlich eines späteren Eingriffsausgleichs erfolgen soll und nur aus diesem Zweck heraus erfolgt. Diese „Widmung" einer Aufwertungsmaßnahme hat mit der Widmung des öffentlichen Sachenrechts

---

[291] Siehe bei B. II. 3.
[292] Vgl. nur *Papier,* in: Erichsen (Hrsg.), Allg. VerwR, § 42 Rn. 1 ff. m. w. N.

gemeinsam, dass beide Akte, so unterschiedlich sie sonst auch sein mögen, einem Gegenstand eine bestimmte Eigenschaft zuschreiben und so Rechtswirkungen erzeugen. Bei der Widmung im öffentlichen Sachenrecht wird ein besonderes Rechtsregime begründet; bei der hier interessierenden „Widmung" einer Naturaufwertungsmaßnahme als vorweggenommener Ausgleich zur Bevorratung in Ökokonten wird eine Zulässigkeitsvoraussetzung der späteren Anrechnung in der Abwägung eines zukünftigen Eingriffsbebauungsplanes geschaffen. Auf Grund dieser strukturellen Ähnlichkeit ist auch die terminologische Ähnlichkeit gerechtfertigt, obwohl es sich ansonsten um grundlegend verschiedene rechtliche Phänomene handelt.

Oben ist bereits hergeleitet worden, warum eine solche ausdrückliche Klarstellung oder Willensäußerung als „Widmung" einer Ausgleichsfläche notwendig ist (bei B. I. 2. a) cc)). Der Projektbezug der Eingriffsregelung verlangt, dass nicht irgendwelche allgemeinen Naturaufwertungen, die irgendwann einmal in der Vergangenheit stattgefunden haben, plötzlich bei der Abwägung eines Eingriffsbebauungsplanes wiederentdeckt werden und zu einer vorweggenommenen Ausgleichsmaßnahme umfunktioniert werden. Im Gegenteil: es muss schon vor der Vornahme der vorweggenommenen Naturaufwertungsmaßnahme klar sein, dass diese Maßnahme dazu dient, später entstehende Naturbeeinträchtigungen auszugleichen. Der konkrete, eingriffsbezogene Projektbezug der Eingriffsregelung wandelt sich durch die zeitliche Entkopplung des Ausgleichs zu einem abstrakten, lediglich eingriffsregelungs- oder ausgleichsbezogenen Projektbezug (dazu im § 3 bei C. I. und B. II. 2. b) cc) und im § 4 bei C. III. 2. b) cc) a. E.).

### bb) Möglichkeiten einer „Widmung" vorgezogener Naturaufwertungsmaßnahmen

Gerade ist dargestellt worden, dass diese „Widmung" eine Willensäußerung ist, dass gerade keine beliebige, allgemeine ökologisch vorteilhafte Maßnahme durchgeführt werden soll. Es muss klar zum Ausdruck kommen, dass die Maßnahmen in Hinblick auf den Eingriffsausgleich vorgenommen werden. Diese Klarstellung, dass die vorgenommene Aufwertung später angerechnet werden soll, kann auf verschiedene Weise geschehen, je nach dem, wie die Bevorratung der Flächen erfolgt. Wird das Ökokonto wie weiter unten ausführlich beschrieben auf der Grundlage eines Ausgleichsbebauungsplanes eingerichtet, so kann die Klarstellung, die „Widmung", als Ausgleichsfläche etwa in dem Eingriffs-/Ausgleichskonzept, das Planbestandteil werden kann, oder aber in der Planbegründung erfolgen. Wichtig ist lediglich, dass klar erkennbar wird, dass diese Flächen als Ausgleichsflächen zur Verrechnung mit späteren Eingriffen genutzt werden sollen. Existiert kein solcher Ausgleichsbebauungsplan und bevorratet der Betreiber des Ökokontos selbständig in eigener Verantwortung und stellt er die bevorrateten Flächen über städtebauliche Verträge zur Verfügung (§ 1a Abs. 3 S. 4 Alt. 1 BauGB), so muss genau wie beim Betrieb eines Ökokontos nach § 1a Abs. 3 S. 4 Alt. 2 BauGB eine andere Lösung gefunden werden. Denn hier gibt es kein formalisiertes Verfahren, in dem eine entsprechende Klarstellung möglich wäre. Die Lösung für dieses Problem – die sich im übrigen auch bei der Nutzung eines Ausgleichsbebauungsplanes anbietet, weil sie später bei der Abwägung des Eingriffsbebauungsplans die Suche nach den jeweils funktional geeigneten zu verrechnenden Ausgleichsflächen enorm erleichtert – ist die Errichtung eines Ausgleichsflächenkatasters oder -verzeichnisses durch die Gemeinde. In dieses Kataster trägt die Gemeinde im Laufe der Zeit alle diejenigen Flächen ein, auf die sie später bei der Abwägung etwaiger Eingriffsbebauungspläne zurückgreifen will und die durch den Poolbetreiber bevorratet werden. Falls sie den Pool oder das Ökokonto nicht selbst betreibt, so ist hierfür eine enge Kooperation mit den Poolbetreibern notwendig. Umgekehrt dürften die Poolbetreiber ein großes Interesse an dieser Kooperation haben, weil dieses Ausgleichskataster nämlich sicherstellt, dass die von ihnen bevorrateten Flächen später auch rechtlich zur Verrechnung geeignet sind, also eine Zulässigkeitsvoraussetzung der Verrechnung schafft. Existiert ein solches Ausgleichskataster oder -verzeichnis, das alle Flächen enthält, die in Flächenpools oder Ökokonten bevorratet werden, so stellt der abstrakte, ausgleichsbezogene Projektbezug der vorweggenommenen Naturaufwertungsmaßnahmen später bei der Verrechnung in künftigen Eingriffsbebauungsplanverfahren kein Problem mehr dar, weil auf diese Weise sichergestellt ist, dass es sich nicht um beliebige, ohne Bezug zur städtebaulichen Eingriffsregelung vorgenommene Naturaufwertungen handelt. Soll also von einem Ökokonto Gebrauch gemacht werden, empfiehlt sich die Erstellung eines Ausgleichsflächenkatasters, das als „Widmung", als Klarstellung der Ausgleichsbezogenheit der vorzunehmenden Naturaufwertungen fungiert.

### b) Die planerische Sicherung der Ausgleichsmaßnahmen

Der letzte Schritt der Einbuchung ist die planerische Sicherung der vorgesehenen Nutzung der beschafften Flächen als Ausgleichsflächen. Diese planerische Sicherung der Ausgleichsnutzung hat den Zweck, dafür zu sorgen, dass die durch Beschaffung und Vornahme vorgezogener Naturaufwertungen vom Poolbetreiber vorgeleisteten Investitionen tatsächlich auch solange Bestand haben, bis die Refinanzierung dieser Investitionen beim Bauherrn nach Beschluss des Eingriffsbebauungsplanes möglich ist. Für die Gemeinde hat die planerische Sicherung der Ausgleichsmaßnahmen den Vorteil, dass sie sich sicher sein kann, dass die vom Poolbetreiber bevorrateten Flächen später beim Beschluss des Eingriffsbebauungsplanes auch tatsächlich zur Verfügung stehen. Die planerische Sicherung verhindert, dass Grundstückseigentümer oder der Poolbetreiber die als Ausgleichsflächen vorgesehenen Flächen zu anderen Zwecken benutzen; sie macht die vom Gemeinderat informell oder als Bestandteil des jeweiligen Planes beschlossene Ausgleichskonzeption für Dritte verbindlich. Die planerische Sicherung ist konstruktiv auf zwei Ebenen denkbar: der vorbereitenden und der verbindlichen Bauleitplanung.

*aa) Sicherung durch den Flächennutzungsplan*

Zum einen kann die Sicherung der Ausgleichsnutzung im Flächennutzungsplan geschehen. Dies wird außer in den Fällen, in denen der Flächennutzungsplan bisher fehlte und komplett neu aufgestellt werden muss, regelmäßig nur im Wege der Ergänzung der bereits bestehenden Flächennutzungspläne möglich sein. Für diese planerischen Ergänzungen stehen der Gemeinde die oben aufgezeigten[293] ausgleichsgeeigneten Darstellungen des § 5 Abs. 2 BauGB zur Verfügung. Eine solche Darstellung von Ausgleichsflächen ist der erste Schritt einer planerischen Sicherung. Er ist notwendig, weil er für die Entwicklung von Ausgleichsbebauungsplänen zwingend erforderlich ist (Entwicklungsgebot, § 8 Abs. 2 BauGB). Wird auf einen solchen Ausgleichsbebauungsplan aber verzichtet, so reicht der Flächennutzungsplan zur planerischen Sicherung der Ausgleichsnutzung nicht aus. Denn bis auf ganz wenige, hier nicht einschlägige Ausnahmen,[294] entfaltet der Flächennutzungsplan keine Wirkungen, die es dem Bürger verbieten würden, ein Grundstück in bestimmter Weise zu nutzen.[295] Die Darstellung von Ausgleichsflächen im Flächennutzungsplan legt den Grundstein für eine spätere Sicherung durch einen Bebauungsplan, sie wirkt aber nicht direkt zu Lasten eines Eigentümers eines im Ausgleichsdarstellungsgebiet gelegenen Grundstückes.[296] Die Darstellung von Ausgleichsflächen ist mit Bedacht vorzunehmen. Denn einerseits ist sie notwendig, um im Rahmen des Entwicklungsgebots einen Ausgleichsbebauungsplan als planerische Grundlage eines Ökokontos oder Flächenpools aufzustellen, andererseits zeigt sie dem Bodenmarkt deutlich, auf welchen Flächen in absehbarer Zeit nicht mit einer Bebauung zu rechnen ist und welche Flächen die Gemeinde in der nächsten Zeit verstärkt für Ausgleichszwecke in Anspruch nehmen wird.[297] Beides wirkt sich auf die Preisentwicklung im Grundstücksmarkt

---

[293] Oben im § 4 bei D. I. 2.

[294] Insbesondere § 35 Abs. 3 S. 1 Nr. 1, Abs. 3 S. 3 BauGB.

[295] Zu pauschal daher *Bruns/Herberg/Köppel,* UVP-Report 2001, 9 (10).

[296] *Bunzel/Böhme,* Interkommunales Kompensationsmanagement, S. 125 f.

[297] *Bruns/Herberg/Köppel,* UVP-Report 2001, 9 (10).

aus. Die Gemeinde muss hier darauf achten, dass sie sich selbst nicht zu sehr planerisch auf bestimmte Ausgleichsgebiete festlegt und so durch flächennutzungsplanerisch selbst erzeugte mangelnde Flexibilität die Position der Grundstücksverkäufer stärkt. Es empfiehlt sich für die Gemeinde daher, unter Berufung auf ihre städtebaulichen Vorstellungen und ihre Planungshoheit weit mehr Ausgleichsflächen darzustellen, als sie voraussichtlich tatsächlich benötigt[298] und vor allem auf die Zuordnungsmöglichkeit nach § 5 Abs. 2a BauGB zu verzichten, um eine planerische Bindung der Gemeinde durch das Entwicklungsgebot bei der Planung der Ausgleichsbebauungspläne zu vermeiden.[299]

Nach alledem ist der Flächennutzungsplan zwar eine Voraussetzung dafür, die Ausgleichsnutzung planerisch zu sichern; er alleine reicht indes nicht dafür aus. Erst der aus einem im Vorfeld beschlossenen, Ausgleichsdarstellungen enthaltenden Flächennutzungsplan entwickelte Ausgleichsbebauungsplan bietet eine hinreichend sichere Gewähr dafür, dass die Ausgleichsflächen nicht zu anderen Zwecken als dem Ausgleich genutzt werden.

*bb) Sicherung durch einen Bebauungsplan: Der Ausgleichsbebauungsplan*

Grundstücke können nur dann in einer bestimmten Art und Weise genutzt werden, wenn dies der Bebauungsplan in seinen planerischen Festsetzungen erlaubt. Bebauungspläne enthalten nicht nur Bauvorschriften, sondern legen darüber hinaus ganz allgemein die Nutzung des Gemeindegebiets detailliert fest. Diese Eigenschaft der Bebauungspläne kann dazu genutzt werden, die Nutzung eines Grundstückes zu verhindern, die mit der angestrebten Nutzung als Ausgleichsgrundstück nicht im Einklang steht. Rechtstechnisch geschieht dies dadurch, dass ein Bebauungsplan beschlossen wird, der Festsetzungen nach § 9 Abs. 1 BauGB enthält, welche als mögliche Bewirtschaftungsart eines Grundstückes nur die Ausgleichsnutzung, also eine Naturaufwertung, vorsehen. Auf diese Weise sind andere Grundstücksnutzungen ausgeschlossen; hält sich ein Grundstückseigentümer nicht daran, so kann die Baubehörde auf Grund der landesbauordnungsrechtlichen Untersagungsermächtigungen gegen ihn vorgehen und die bebauungsplanwidrige Nutzung verbieten. Enthält ein Bebauungsplan ganz überwiegend oder ausschließlich Festsetzungen, die sich mit dem Ausgleich von Eingriffen beschäftigen, so kann dieser Bebauungsplan als „Ausgleichsbebauungsplan" bezeichnet werden. Diese Konstruktion findet ihre planerische Grundlage in § 9 Abs. 1a S. 1 Hs. 2 Alt. 2 BauGB.

---

[298] So zu Recht *Bunzel/Böhme,* Interkommunales Kompensationsmanagement, S. 125 f.; *Bunzel,* Bauleitplanung und Flächenmanagement bei Eingriffen in Natur und Landschaft, S. 93.

[299] Siehe dazu schon oben in § 4 bei D. I. 2. b).

Problematisch ist hier indes die Planrechtfertigung. Bauleitpläne und damit auch Bebauungspläne, die sich nur dem Ausgleich widmen, müssen städtebaulich erforderlich sein, § 1 Abs. 3 S. 1 BauGB.[300] Bei reinen Ausgleichsbebauungsplänen könnte diese Planrechtfertigung beziehungsweise die städtebauliche Rechtfertigung des Plans fraglich sein, weil diese Pläne gar keine bauliche Nutzung vorschreiben, sondern lediglich umweltschützerische Maßnahmen vorsehen oder Flächen zur umweltschützerischen Nutzung, nämlich zur Aufwertung im Rahmen des Ausgleichs reservieren. Allerdings sieht bereits das BauGB in § 1a Abs. 3 S. 2 vor, dass Ausgleichsfestsetzungen in einem Bebauungsplan getroffen werden können. Der Wortlaut dieser Vorschrift spricht zumindest nicht dagegen, dass ein Bebauungsplan ausschließlich solche im Grundsatz von der Architektur der städtebaulichen Eingriffsregelung gerade geforderten Ausgleichsfestsetzungen enthält. Freilich meint § 1a Abs. 3 S. 2 BauGB wohl eher den Fall, dass in einem Eingriffsbebauungsplan zusätzlich zu den Eingriffsfestsetzungen noch Ausgleichsfestsetzungen getroffen werden; ein selbständiger Ausgleichsbebauungsplan ist jedoch durch den Wortlaut der Vorschrift nicht ausgeschlossen. Die städtebauliche Erforderlichkeit ersteren Vorgehens ist bereits bejaht worden.[301] Dieselben Erwägungen, die schon dort eine Rolle gespielt haben, sprechen auch für eine städtebauliche Erforderlichkeit eines Ausgleichsbebauungsplanes. Die Entscheidung über den Ausgleich von Eingriffen ist durch die Integration der Eingriffsregelung in die planerische Abwägung ein städtebaulicher Belang geworden, der mit anderen städtebaulichen Belangen planerisch abgewogen und zu einem gerechten Ausgleich gebracht werden muss. Indem die Gemeinde einen reinen Ausgleichsbebauungsplan beschließt, gießt sie ihr Ausgleichskonzept in eine rechtliche Form. Dieses meist informell oder in Landschaftsplänen formulierte Ausgleichskonzept ist durch die Normierung der Eingriffsregelung in § 1a Abs. 3 BauGB und die Berücksichtigungspflicht der Landschaftspläne in § 1 Abs. 6 Nr. 7g) BauGB vom BauGB selbst zum städtebaulichen Belang gemacht worden. Die Frage, wie künftige Eingriffe in die Natur gemäß den Vorgaben der städtebaulichen Eingriffsregelung auszugleichen sind, ist seit dem BauROG 1998 ein originär städtebaulicher Belang, weil ihre Beantwortung elementar für die Konzeption und Planung der weiteren städtebaulichen Entwicklung und Positionierung der Gemeinde ist. Entscheidet sich eine Gemeinde dafür, als Antwort die Form eines reinen Ausgleichsbebauungsplans zu wählen, so ist dies unter Berufung auf die städtebauliche Erforderlichkeit dieses Ausgleichsbebauungsplans nicht zu beanstanden. Der durch einen Ausgleichsbebauungsplan erfolgende Ausschluss anderer Nut-

---

[300] Allgemein zu den Voraussetzungen einer städtebaulichen Erforderlichkeit *Söfker,* in: Ernst/Zinkahn/Bielenberg/Krautzberger (Hrsg.), BauGB, § 1 Rn. 30 ff.
[301] Oben in § 4 bei D. I. 2. a) bb).

zungen wirkt zwar negativ hinsichtlich anderer Nutzungen, stellt aber gleichwohl keine unzulässige Negativplanung dar, weil die Gemeinde damit positiv die Planungsabsicht verfolgt, auf den reservierten Flächen den städtebaulichen Ausgleich vorzunehmen.

Die so stattfindende Reservierung von Flächen zur Ausgleichsnutzung stellt die planerische Grundlage für den Aufbau eines Ökokontos oder eines Flächenpools dar. Der Betreiber dieser Ausgleichsmodelle ist darauf angewiesen, dass er in Ruhe planungssicher die von ihm beschafften Flächen bevorraten und Naturaufwertungsmaßnahmen vornehmen kann. Idealerweise sind alle von ihm beschafften Flächen von der Gemeinde nach § 9 Abs. 1 Nr. 20 und Nr. 25 BauGB überplant. Ist dies noch nicht der Fall, so muss der Poolbetreiber darauf hinwirken, dass die Gemeinde entsprechende planerische Festsetzungen trifft. Eine entsprechende Planergänzung eines die Grundlage für ein Ökokonto oder ein Flächenpool darstellenden Ausgleichsbebauungsplanes ist auch bei vom Poolbetreiber neu erworbenen Flächen notwendig, damit auch diese Flächen gesichert sind. In den Fällen, in denen die Gemeinde mit dem Poolbetreiber identisch ist, den Pool also als kommunalen Flächen- oder Maßnahmenpool betreibt, ist dies vergleichsweise unproblematisch. Denn auf Grund ihrer Planungshoheit kann die Gemeinde diese Planaufstellung oder -ergänzung jederzeit vornehmen, meist sogar im erleichterten Verfahren nach § 13 BauGB, weil die Grundkonzeption der Flächen- und Maßnahmenbevorratung als wesentlicher Grundzug der Planung des städtebaulichen Ausgleichs unberührt bleibt. Problematisch sind indes die Fälle, in denen der Poolbetreiber nicht mit der Gemeinde identisch ist, welche die Planungshoheit inne hat. Hier muss der Poolbetreiber sicherstellen, dass die Gemeinde die von ihm beschafften Flächen auch tatsächlich mit einem Ausgleichsbebauungsplan überplant. Rechtlich stehen ihm dafür aber kaum Möglichkeiten zur Verfügung, weil § 1 Abs. 3 S. 2 BauGB die Verpflichtung der Gemeinde zum Erlass von Bebauungsplänen, etwa durch einen städtebaulichen Vertrag der Gemeinde und des Poolbetreibers, stark einschränkt. Allerdings wird die Gemeinde regelmäßig ein entsprechendes informelles Ausgleichskonzept aufgestellt haben, das die Nutzung eines Ökokontos oder Flächenpools vorsieht. In diesen Fällen kann eine Planungspflicht mit § 1 Abs. 3 BauGB begründet werden, weil die Gemeinde dazu verpflichtet ist, sich konzeptgemäß zu verhalten.[302] Ein widersprüchliches Vorgehen der Gemeinde ist unzulässig. Hat sie ihre Ausgleichskonzeption auf die Nutzung des Ökokontos eines bestimmten Betreibers ausgerichtet und mit diesem schon ein Ausgleichskonzept erarbeitet, so darf sie sich nicht dadurch in Widerspruch zu ihrem vorangegangenen Verhalten setzen,

---

[302] *Söfker,* in: Ernst/Zinkahn/Bielenberg/Krautzberger (Hrsg.), BauGB, § 1 Rn. 39 und 41.

dass sie sich später weigert, das Ökokonto oder den Flächenpool des Betreibers planerisch durch einen Ausgleichsbebauungsplan zu sichern.

Der Ausschluss anderer Nutzungen als Ausgleichsnutzungen auf den Grundstücken im Geltungsbereich des Ausgleichsbebauungsplanes wirft zwei weitere Probleme auf. Oben ist dargestellt worden, dass die Baubehörde dem Grundstücksnutzer ein bebauungsplanwidriges Nutzungsverhalten nach den landesrechtlichen Eingriffsermächtigungen der Landesbauordnungen untersagen kann. Es stellt sich nun die Frage, ob die Gemeinde, die nicht selbst Baubehörde ist, einen Anspruch auf Einschreiten der Baubehörde hat, wenn ein Grundstück, das planerisch eigentlich über einen Ausgleichsbebauungsplan für eine spätere Ausgleichsnutzung gesichert ist, nun doch entgegen dieser Festsetzungen des Ausgleichsbebauungsplanes vom Grundstücksbesitzer genutzt und so das Ausgleichskonzept der Gemeinde durchkreuzt wird. Bei Gemeinden lässt sich diese Frage unter Rückgriff auf die dazu entwickelten Grundsätze des Nachbarschutzes lösen, die bei der Verletzung einer drittschützenden Norm und erheblicher Betroffenheit des Inhabers des subjektiv-öffentlichen Rechts eine Ermessensreduzierung der Baubehörde vorsehen.[303] Das subjektiv-öffentliche Recht ergibt sich bei der Gemeinde aus der verfassungsrechtlich garantierten Planungshoheit, Art. 28 Abs. 2 GG. Näher als ein bauordnungsrechtliches Nutzungsverbot liegt jedoch eine Verpflichtung des Grundstückseigentümers nach § 179 Abs. 1 S. 1 Nr. 1 oder Abs. 1 S. 2 BauGB. Diese Norm formuliert ein strikt planakzessorisches Rückbau- beziehungsweise Entsiegelungsgebot für Flächen, die im Widerspruch zu den Festsetzungen eines Bebauungsplanes genutzt werden. Ausgestaltet ist dieses Gebot nicht als Verpflichtung des Eigentümers zur Durchführung des Rückbaus, sondern lediglich als Duldungsgebot; die Gemeinde muss den Rückbau auf ihre Kosten durchführen[304] und den belasteten Eigentümer unter Umständen entschädigen, § 179 Abs. 3 BauGB. Der Vorteil eines solchen Rückbaugebotes liegt aber darin, dass die Gemeinde dies selbst anordnen kann und nicht der Ermessensausübung der Baubehörde ausgeliefert ist. Welches Instrument die Gemeinde wählt, landesrechtliche Nutzungsuntersagung nach dem Bauordnungsrecht oder ein städtebauliches Rückbau-Duldungsgebot, dürfte sich in den angesprochenen Fällen danach richten, ob die Gemeinde selbst Baubehörde ist oder nicht und ob eine gemeindefreundliche Ermessensausübung der Baubehörde zu erwarten ist; ferner danach, ob eine Anlage Bestandsschutz genießt oder nicht (weil § 179 BauGB auch den Abbruch bestandsgeschützter Bauwerke erlaubt[305]).

---

[303] Vgl. zur sehr streitigen Problematik zusammenfassend *Oldiges,* in: Steiner (Hrsg.), Besonderes Verwaltungsrecht, Kap. IV Rn. 332 ff. und insb. 356 ff.; *Brohm,* Öffentliches Baurecht, § 30 Rn. 20 und 24 ff., jeweils m.w.N.

[304] *Bielenberg/Stock,* in: Ernst/Zinkahn/Bielenberg/Krautzberger (Hrsg.), BauGB, § 179 Rn. 16.

Beim Beschluss eines Ausgleichsbebauungsplanes als Grundlage eines Ökokontos oder Flächenpools sollte deren Betreiber die zu überplanenden Flächen möglichst schon beschafft haben. Ist ihm dies nicht vollständig gelungen, so kann es passieren, dass Grundstückseigentümer durch die Ausgleichsfestsetzungen massiv an der wirtschaftlichen Nutzung ihrer Grundstücke gehindert werden. Soll ein Ausgleichsbebauungsplan beschlossen werden, ist daher stets an die Vorschriften über die Planentschädigung, §§ 39 ff. BauGB, zu denken. § 39 S. 1 oder § 42 Abs. 1 BauGB kann hier einschlägig sein, wenn zu Gunsten des Ausgleichsbebauungsplanes ein anderer Bebauungsplan geändert oder aufgehoben wird; häufiger jedoch wird eine Schadensausgleichpflicht der planenden Gemeinde nach § 40 Abs. 1 S. 1 BauGB oder § 41 Abs. 2 BauGB eintreten. § 40 Abs. 1 S. 1 BauGB nennt in den Nrn. 1, 4, 8, 13 und vor allem in Nr. 14 ausgleichsgeeignete Festsetzungen, welche eine Schadensausgleichpflicht auslösen können; S. 2 der Vorschrift ist freilich zu berücksichtigen. Eine ebenfalls für den Ausgleichsbebauungsplan relevante Festsetzungsart sind Bepflanzungsbindungen nach § 9 Abs. 1 Nr. 25 BauGB. § 41 Abs. 2 BauGB sieht dafür ebenfalls eine Entschädigungspflicht vor.

### III. Die Integration von Flächenpools und Ökokonten in den Vollzug der städtebaulichen Eingriffsregelung im Aufstellungsverfahren des Eingriffsbebauungsplans („Abbuchung" von Flächenpools/Ökokonten)

Vorstehend sind vornehmlich die *materiellrechtlichen* Anforderungen an Flächenbevorratung in Ökokonten und Flächenpools und die Nutzung der bevorrateten Flächen und Maßnahmen als Ausgleich besprochen worden. Für die Gemeinde hauptsächlich interessant ist aber die Frage, wie sie diese modernen Ausgleichsmethoden im Planaufstellungsverfahren eines konkreten Eingriffsbauleitplans abwägungsfehlerfrei einsetzen kann. Es geht also um die *verfahrensrechtliche* Frage, wie die Gemeinde früher nach der oben beschriebenen Vorgehensweise vorgenommene – eigene oder fremde – „Einzahlungen" auf das Ökokonto wieder von diesem „abbuchen" kann. Es geht also um die Frage, wie sich der landschaftsplanerische, konzeptionelle Begriff des „Flächenpools" oder „Ökokontos" in etablierte bauplanungsrechtliche Begrifflichkeiten übersetzen und mit den Handlungsinstrumenten des BauGB im Planaufstellungsverfahren verwirklichen lässt.

Methodisch hilft bei der Beantwortung dieser Frage die Betrachtung der Ausgangslage, mit der die Gemeinde beim Vollzug der städtebaulichen Eingriffsregelung nach § 1a Abs. 3 BauGB konfrontiert ist (1.) und die Be-

---

[305] *Köhler*, in: Schrödter (Hrsg.), BauGB, § 179 Rn. 1 f.

trachtung der herkömmlichen Mittel zum Vollzug der städtebaulichen Eingriffsregelung (2.). Beim Einsatz der modernen Ausgleichsinstrumente im Planaufstellungsverfahren ist zwischen Flächenpools (3.) und Ökokonten (4.) zu unterscheiden.

### 1. Die Ausgangslage beim Vollzug der städtebaulichen Eingriffsregelung

Für die Gemeinden entsteht die Problematik des Vollzugs der städtebaulichen Eingriffsregelung stets bei der Aufstellung eines Bauleitplanes, weil nach § 2 Abs. 4 S. 1 BauGB bei jedem Bauleitplan eine Umweltprüfung durchzuführen ist, in deren Rahmen auch die städtebauliche Eingriffsregelung abzuarbeiten ist.[306] Die Ausgangslage stellt sich regelmäßig so dar, dass die Gemeinde einen Bauleitplan neu aufstellen oder ändern will, der bestimmte Flächennutzungen oder Bebauungsfestsetzungen enthält. Die künftige Realisierung dieser planerischen Nutzungs- und Bebauungsausweisungen durch die jeweiligen Bauherren wird in der Zukunft als Eingriff nach § 18 Abs. 1 BNatSchG zu bewerten sein. § 1a Abs. 3 S. 1 BauGB verlangt nun von der Gemeinde, spätestens in der selben planerischen Abwägung, die auch die Eingriffsausweisungen festlegt, auch Ausgleichsmaßnahmen zu entwickeln, welche die durch die zukünftige Bebauung später einmal beeinträchtigten Naturfunktionen ausgleichen können. Diese Ausgleichsmaßnahmen müssen in die planerische Abwägung Eingang finden und werden angesichts des hohen Ranges der Eingriffsregelung in der Abwägung[307] kaum einmal durch überwiegende andere Belange überwunden werden können. Die Gemeinde steht also vor der Aufgabe, die beeinträchtigenden Wirkungen ihrer Bauleitplanung zu prognostizieren und gleichzeitig Ausgleichsmaßnahmen für diese Beeinträchtigungen zu entwickeln.

### 2. Der herkömmliche Vollzug der Eingriffsregelung im Planaufstellungsverfahren ohne Einsatz von Flächenpools und Ökokonten

Diese dergestalt entwickelten Ausgleichsmaßnahmen müssen spätestens mit dem Beschluss des Eingriffsbebauungsplanes realisiert werden können. Dazu stehen der Gemeinde die in § 1a Abs. 2 S. 2–4 BauGB genannten und oben bereits besprochenen Instrumente zur Verfügung.[308] Ohne den Einsatz der Konzepte zur Flächen- und Maßnahmenbevorratung wird sich die Kommune dem Ausgleich regelmäßig ohne größeren zeitlichen Vorlauf

---

[306] Siehe zum Verfahren ausführlich oben in § 4 bei C. I. 6. b).
[307] Siehe dazu oben in § 4 C. II. 4. b).
[308] Ausführlich bei § 4 D.

widmen. Entsprechende Überlegungen zu geeigneten Ausgleichsflächen und -maßnahmen erfolgen meist erst im Planaufstellungsverfahren des Eingriffsbauleitplans, wodurch die oben beschriebenen Probleme[309], insbesondere das der Flächenbeschaffung, resultieren.

### 3. Der Einsatz von Flächenpools beim Vollzug der Eingriffsregelung im Planaufstellungsverfahren des Eingriffsbebauungsplans

Die Flächenbevorratung, die in Flächenpools stattfindet, setzt demgegenüber bereits viel früher an. In einem idealen Pool sind Flächen jedweder naturschutzfachlicher Eignung, Funktionalität und Aufwertbarkeit angesammelt, so dass die Gemeinde aus diesem Vorrat an Flächen im Planaufstellungsverfahren grundsätzlich nur noch die für das jeweilige Eingriffsgebiet und die von diesem hervorgerufenen Beeinträchtigungen passenden Flächen zur Wiederherstellung dieser Beeinträchtigungen heraussuchen muss.

Zur Umsetzung dieser an sich simplen Grundidee im Planaufstellungsverfahren sind die Prognosen von maßgeblicher Bedeutung, welche die Gemeinde bei ihrer bauleitplanerischen Abwägung hinsichtlich der Eingriffsregelung anstellen muss. Zunächst hat die Gemeinde festzustellen, ob die Ausweisungen in den Bauleitplänen überhaupt zu Eingriffen führen können. Ist dies der Fall, so muss sie ermitteln, wie sich die künftigen Eingriffe auf Grund der Ausweisungen in den Bauleitplänen auf die Funktionen von Natur und Landschaft auswirken werden und die beeinträchtigten Naturfunktionen benennen.[310] Dabei können existierende Ausgleichskonzepte eine wertvolle Hilfestellung leisten, wenn sie das Gemeindegebiet bereits nach seiner ökologischen Wertigkeit kategorisiert haben.[311] Auf der Grundlage dieser Prognose ist der Vermeidungsgrundsatz zu prüfen und – wenn dieser in der Abwägung überwunden wird – ein Ausgleichskonzept zu erarbeiten. Dazu muss die Gemeinde ausgehend von den beeinträchtigten Funktionen Ziel, Art, Umfang, die räumliche Lage und die funktionalen Bezüge eines erforderlichen Ausgleichs ermitteln. Ist auf diese Art und Weise Klarheit darüber gewonnen, wie der erforderliche Eingriffsausgleich auszusehen hat, wählt die Gemeinde aus den bevorrateten Flächen im Flächenpool diejenigen Flächen aus, welche diesen soeben ermittelten Ausgleichsanforderungen gerecht werden und die eine Wiederherstellung der beeinträchtigten Naturfunktionen als möglich erscheinen lassen. Dazu ist wiederum eine Prognose anzustellen. Enthält der Flächenpool aber keine geeigneten Flächen,[312] so

---

[309] Ausführlich in § 2 beschrieben.
[310] Siehe oben bei § 4 C. I. 6. b) und II. 3.
[311] Siehe schon oben bei § 4 C. I. 6. a) cc).
[312] Ausführlich zur Eignung bei B. I.

muss die Gemeinde nach den herkömmlichen Methoden, die gerade bei 2. beschrieben worden sind, ausgleichen.

All diese Prognosen erfolgen in der bauleitplanerischen Abwägung. Der Einsatz eines Flächenpools zur Kompensation stellt sich daher im Vollzug der städtebaulichen Eingriffsregelung als Teil der Ausgleichsprognose dar, die ihrerseits dem Abwägungsbelang des § 1a Abs. 3 BauGB zuzuordnen ist. Dementsprechend gelten die oben bereits beschriebenen Anforderungen an die Dokumentation der gemeindlichen Ausgleichsüberlegungen und der Beschreibung der Entscheidungsgründe, die für die endgültige Ausgleichsentscheidung letztendlich maßgeblich waren. Diese Dokumentation und Beschreibung hat in der Begründung des Bauleitplans und dort im Umweltbericht (§ 2a S. 2 Nr. 2, S. 3 BauGB) stattzufinden. Der Einsatz eines Flächenpools entbindet nicht von den Anforderungen einer adäquaten Abwägung dieses speziellen Abwägungsbelangs der Eingriffsregelung und der Dokumentationspflicht.

Der Einsatz des Flächenpools als Ausgleichshilfe erschöpft sich indes nicht in dieser dogmatischen Verortung in der bauleitplanerischen Abwägung. Denn beim Flächenpool findet keine Maßnahmenbevorratung statt, es werden – anders als beim Ökokonto – lediglich naturschutzfachlich nicht entwickelte oder aufgewertete Flächen angesammelt und bereitgestellt. Daher muss noch sichergestellt werden, dass eine naturschutzfachliche Aufwertung der bevorrateten Flächen stattfindet. Dazu kann die Gemeinde auf die planungstechnischen Instrumente zurückgreifen, die § 1a Abs. 3 S. 2–4 BauGB nennen. Entweder sie setzt Aufwertungsmaßnahmen mit planerischen Festsetzungen oder Darstellungen fest oder sie vereinbart vertraglich mit den Eigentümern der Flächen entsprechende Maßnahmen.[313] Da der Flächeneigentümer beim Konzept der Flächenbevorratung der Poolbetreiber ist, muss der städtebauliche Vertrag nach § 1a Abs. 3 S. 4 Alt. 1 BauGB; § 11 Abs. 1 S. 2 Nr. 2 BauGB mit diesem abgeschlossen werden. Dies gilt aber nur, wenn der Betreiber des Flächenpools nicht mit der Gemeinde identisch ist. Betreibt die Gemeinde den Flächenpool selbst, so kann sie nach § 1a Abs. 3 S. 4 Alt. 2 BauGB mit „sonstigen Maßnahmen" die Aufwertung der bevorrateten Flächen und die Wiederherstellung der Naturfunktionen übernehmen, weil sie als Poolbetreiberin zugleich auch Eigentümerin der bevorrateten Flächen ist und damit eine wesentliche Voraussetzung des § 1a Abs. 3 S. 4 Alt. 2 BauGB erfüllt.[314]

Ein wichtiges weiteres Vollzugsinstrument ist die Zuordnung nach § 9 Abs. 1a BauGB.[315] Mit ihrer Hilfe können die Eingriffsflächen den bereits früher bevorrateten Flächen, die jetzt zum Ausgleich herangezogen werden,

---

[313] Siehe dazu oben im § 4 bei D.
[314] Vgl. oben in § 4 bei D. IV.

zugeordnet werden. Diese planerische Festsetzung ermöglicht es der planenden Stelle (Gemeinde, Planungsverband oder Planungszweckverband), die Kosten des Ausgleichs beim Eingriffsverursacher (künftiger Bauherr) gemäß § 135a Abs. 2 S. 1 BauGB zu refinanzieren. Allerdings bezieht sich diese Refinanzierungsmöglichkeit nur auf den Planungsbetreiber, der den Eingriffsbebauungsplan beschließt, weil es ja um den Ausgleich der dort festgelegten Eingriffe geht. Ist der Poolbetreiber mit der planenden Stelle (Gemeinde, Planungszweckverband) identisch, so entsteht hier kein Problem. Problematisch wird die Zuordnung indes dann, wenn der Poolträger ein Privater ist, der das hoheitliche Mittel des § 135a Abs. 2 S. 1 BauGB nicht einsetzen kann. In diesen Fällen sollte der private Flächenpoolbetreiber der Gemeinde die bevorrateten Flächen nur gegen ein Entgelt zur Verfügung stellen, so dass die Gemeinde, um dieses Entgelt zu refinanzieren, zum Einsatz der Zuordnungsfestsetzung und der Refinanzierungsmöglichkeit nach §§ 135a–135c BauGB gezwungen wird.

Das bisher Gesagte bezieht sich auf den Eingriffsbebauungsplan. In diesem wird, um dessen Abwägung hinsichtlich des Abwägungsbelangs der Eingriffsregelung zu erleichtern, auf in Flächenpools bevorratete Flächen zurückgegriffen. Wie genau diese Bevorratung aber planerisch vor sich geht und welche planerischen Instrumente zur Bevorratung eingesetzt werden können, hat zunächst mit dem Eingriffsbebauungsplan nichts zu tun. Diese Frage wurde daher bereits bei B. II. 2. behandelt. Sie hängt aber insofern mit dem Eingriffsbebauungsplan zusammen, als die Grundprinzipien der Eingriffsregelung fordern, dass Naturbeeinträchtigungen tatsächlich auch ausgeglichen werden, da sonst der Eingriff unzulässig ist. Die Gemeinde muss also, wenn sie zum Vollzug der städtebaulichen Eingriffsregelung auf Flächenpools zurückgreift, sicherstellen, dass auf den bevorrateten Flächen tatsächlich auch Naturaufwertungsmaßnahmen stattfinden können, da andernfalls der Eingriff unzulässig ist. Möglichkeiten dazu wurden bereits beschrieben.[316] Bei Ökokonten stellt sich dieses Problem nicht, weil dort die Naturaufwertungsmaßnahmen bereits vorgenommen worden sind, so dass das Hauptanliegen der Eingriffsregelung bereits erreicht worden ist. Damit bedarf es keiner planerischen Absicherung einer beabsichtigten ökologischen Aufwertung gegenüber konkurrierenden Nutzungsinteressen mehr. Bei Flächenpools muss aber in der Abwägung des Eingriffsbauleitplans berücksichtigt werden, dass der Ausgleich tatsächlich noch stattzufinden hat, woraus gegebenenfalls planerische Konsequenzen zu ziehen sind, die von entsprechenden planerischen Festsetzungen bis hin zur Modifikation oder

---

[315] Zu den Festsetzungsmöglichkeiten oben in § 4 bei D. II. 2. b); zum städtebaulichen Vertrag dort bei D. III.

[316] Bei B. II. 3.

Aufgabe der Planung, wenn die Durchführung der Ausgleichsmaßnahmen auf den bevorrateten Flächen nicht ausreichend sichergestellt ist, reichen können.

Zusammenfassend lässt sich feststellen, dass der Ausgleich unter Nutzung eines Flächenpools im Recht der Bauleitplanung dogmatisch bei der bauleitplanerischen Abwägung nach §§ 1 Abs. 7; 1a Abs. 3 BauGB im Rahmen der Ausgleichsprognose zu verorten ist. Da keine Maßnahmenbevorratung, sondern nur eine Flächenbevorratung stattfindet, gelten zur tatsächlichen Ausführung und Umsetzung des in der Abwägung für nötig befundenen Ausgleichs die Instrumente aus § 1a Abs. 3 S. 2–4 BauGB.

### 4. Der Einsatz von Ökokonten beim Vollzug im Planaufstellungsverfahren – „Abbuchung" vom Ökokonto im Eingriffsbebauungsplan

Im Grundsatz ähnlich funktioniert die Einbindung eines Ökokontos in den Vollzug der städtebaulichen Eingriffsregelung im Planaufstellungsverfahren. Auch hier spielt die Ausgleichsprognose in der Abwägung die zentrale Rolle. Zur genaueren dogmatischen Verortung ist es hilfreich, noch einmal den Unterschied zwischen Flächenpools und Ökokonten herauszustellen. In Flächenpools werden keine Maßnahmen bevorratet, sondern lediglich Flächen gesammelt, auf denen dann die Ausgleichsmaßnahmen nach § 1a Abs. 3 S. 2–4 BauGB nach dem Beschluss des Eingriffsbebauungsplanes durchgeführt werden müssen. Erst der Eingriffsbebauungsplan löst also die planungsrechtliche Notwendigkeit aus, die Ausgleichsmaßnahmen auf bevorrateten Flächen vorzunehmen. Demgegenüber wurden bei Ökokonten diese Ausgleichsmaßnahmen bereits in der Vergangenheit vorgenommen, indem Teile der Natur gezielt ökologisch aufgewertet worden sind. Freilich sind sie – solange noch kein Eingriffsbebauungsplan beschlossen worden ist, in dem sie als städtebaulicher Ausgleich dienen sollen – keine Ausgleichsmaßnahmen, sondern lediglich Naturaufwertungsmaßnahmen, da der konkrete Bezug zu einem Eingriffsbebauungsplan fehlt.

Die Ausgangslage ist aber dieselbe wie beim Flächenpool: Die Gemeinde möchte einen Eingriffsbebauungsplan beschließen. Sie stellt wie beschrieben in ihrer planerischen Abwägung eine Eingriffsprognose an, ermittelt also die voraussichtlich beeinträchtigten Naturfunktionen. Das Ergebnis dieser Ermittlung ist eine Aufstellung wiederherzustellender Naturfunktionen.[317] Hier setzt nun das Ökokonto an. Denn in diesem Ökokonto sind Naturfunktionen bereits früher aufgewertet worden. Die Gemeinde muss nun

---

[317] Methoden für diese Prognosen beschreiben detailliert *Reinke*, NuL 2004, 37 ff. und das *Bundesamt für Naturschutz* (Hrsg.), Umsetzung der Eingriffsregelung, S. 61–67 und 150–181.

in ihrer Abwägung prüfen, inwieweit die früher bereits aufgewerteten Naturfunktionen geeignet sind, die durch den auszugleichenden Eingriffsbebauungsplan zu erwartenden Naturbeeinträchtigungen auszugleichen. Eine Eignung ist dabei nur anzunehmen, wenn die beschriebenen[318] materiellen Anforderungen des städtebaulichen Ausgleichs, insbesondere in funktionaler Hinsicht, gewahrt sind. Die Gemeinde muss also prüfen, inwieweit sich die beeinträchtigten, auszugleichenden Naturfunktionen mit den früher vorgenommenen Verbesserungen gewisser Naturfunktionen decken. Hier sind insbesondere das Ziel, der Umfang, die Art und die räumliche Lage der früher vorgenommenen Aufwertungsmaßnahmen zu berücksichtigen. Wenn die Anforderungen an den städtebaulichen Ausgleich gewahrt sind, so können die früher bereits vorgenommenen Naturaufwertungen als Ausgleichsmaßnahmen im Eingriffsbebauungsplan genutzt werden. Die Überlegungen der Gemeinde, insbesondere die Prüfung der Anforderungen des städtebaulichen Ausgleichs und hier vor allem die Prüfung des funktionalen Zusammenhangs zwischen den in der Eingriffsprognose vorausgesagten Naturbeeinträchtigungen und den früher vorgenommenen Verbesserungen von Naturfunktionen, müssen im Umweltbericht nach § 2a S. 2 Nr. 2, S. 3 BauGB begründet und dokumentiert werden.[319]

Bei diesem Teil der Abwägung stellt sich das Problem eines Flächenpools, die tatsächliche Durchführung der Ausgleichsmaßnahmen sicherzustellen, nicht. Denn die Natur ist bereits aufgewertet worden; die Maßnahmen sind bereits durchgeführt worden und ein ökologischer Erfolg ist eingetreten. Eine planerische Sicherung dieser Maßnahmen ist daher nicht notwendig. Während beim Einsatz eines Flächenpools in der Abwägung berücksichtigt werden muss, dass die Maßnahmen noch durchgeführt werden müssen und daraus gegebenenfalls planerische Konsequenzen im Eingriffsbebauungsplan zu ziehen sind, fällt dieser Punkt beim Einsatz eines Ökokontos in der Abwägung weg. Die Trägerschaft eines Ökokontos ist daher – im Gegensatz zum Flächenpool – für die Abwägung irrelevant und nur für Fragen der Refinanzierung der Kosten der Durchführung der bevorrateten Maßnahmen von Bedeutung. Das Hauptproblem der Nutzung eines Ökokontos im Planaufstellungsverfahren ist vielmehr die Frage, ob dieser früher eingetretene ökologische Erfolg in seinen Wirkungen die durch den Eingriffsbebauungsplan hervorgerufenen Naturbeeinträchtigungen gleichwertig ersetzt. Die wichtigste Frage ist daher, ob die Anforderungen an den städtebaulichen Ausgleich gewahrt sind. Dieses Problem tritt hier deshalb in besonderer Weise zu Tage, weil bei der Konzeption und Vornahme der vorgezogenen Naturaufwertung in aller Regel nicht bekannt ist, welche Na-

---

[318] Siehe bei B. I.
[319] Siehe dazu schon oben bei § 4 C. I. 6. b) bb).

turfunktionen später einmal durch etwaige Eingriffe beeinträchtigt sein werden. Bei der Vornahme der Aufwertungsmaßnahmen, die später als Ausgleich fungieren sollen, kann allenfalls vermutet werden, welche Naturfunktionen später ausgeglichen, also gleichwertig ersetzt werden sollen. Die Gemeinde muss diesem Problem daher in der Abwägung ihre Hauptaufmerksamkeit widmen, wenn sie ein Ökokonto zum Ausgleich einsetzen will, und sich mit den Anforderungen an den Ausgleich insbesondere in funktionaler Hinsicht sehr genau auseinandersetzen. Wenn die bevorrateten Maßnahmen diesen Anforderungen nicht genügen, so kann die vorgezogene Naturaufwertung nicht als Ausgleich genutzt werden; es muss mit den herkömmlichen Mitteln nach § 1a Abs. 3 S. 2–4 BauGB ausgeglichen werden.

Der Einsatz des Ökokontos ist also primär ebenfalls eine Frage der bauplanerischen Abwägung, und zwar der Ausgleichsprognose, in deren Rahmen das Hauptproblem, die Eignung der bevorrateten Maßnahmen als Ausgleichsmaßnahmen geprüft wird. Die planungspraktische Umsetzung der Nutzung der bevorrateten Maßnahmen im Eingriffsbebauungsplan als Ausgleich erfolgt durch die Zuordnung nach § 9 Abs. 1a S. 1 Hs. 2 BauGB. Da diese Zuordnung eine bebauungsplanerische Festsetzung ist[320], erfolgt die planungspraktische Umsetzung gemäß § 1a Abs. 3 S. 2 BauGB, also mit der in der Aufzählung des gemeindlichen Handlungsinstrumentariums in § 1a Abs. 3 S. 2–4 BauGB zuerst genannten Möglichkeit. Dass eine Zuordnung bereits vorgenommener Aufwertungsmaßnahmen zulässig ist, legt wie beschrieben[321] die etwas versteckte Norm § 135a Abs. 2 S. 2 BauGB fest. Nicht einschlägig hingegen ist § 1a Abs. 3 S. 4 Alt. 2. BauGB Zwar handelt es sich um „sonstige geeignete Maßnahmen", allerdings bezieht sich diese Handlungsmöglichkeit ausweislich des Wortlauts der Vorschrift nicht auf bereits bevorratete Maßnahmen. Dies ergibt sich aus der Formulierung „sonstige geeignete Maßnahmen ... können getroffen werden", die sich nicht in die Vergangenheit, sondern in die Gegenwart oder die Zukunft orientiert. Ein Rückgriff auf § 1a Abs. 3 S. 4 Alt. 2 BauGB ist darüber hinaus auch nicht notwendig, da bereits die Zuordnungsfestsetzung nach §§ 1a Abs. 3 S. 2; 9 Abs. 1a S. 2 BauGB die Refinanzierungsmöglichkeiten der §§ 135a–135c BauGB eröffnet. Speziell für gemeindlich organisierte Ökokonten geeignet ist die Regelung des § 9 Abs. 1a S. 2 Hs. 2 BauGB.

Wichtig ist in diesem Zusammenhang auch festzuhalten, dass auf Grund der Einbettung in die Abwägung alleine die Gemeinde beziehungsweise die planende Stelle (Planungsverband oder Planungszweckverband nach §§ 205 BauGB) für die Entscheidung über den Einsatz eines Ökokontos und die

---

[320] Siehe bei § 4 D. II. 3. b) aa).
[321] Oben im § 4 bei C. III. 2. b) bb).

Vereinbarkeit mit den rechtlichen Voraussetzungen des Ausgleichs verantwortlich ist. Auf Grund ihrer Planungshoheit hat sie und nicht etwa die Naturschutzbehörde die letzte Entscheidungsbefugnis über das „ob" und das „wie" des Einsatzes dieser Instrumente. Im Bauplanungsrecht hat die Naturschutzbehörde im Planaufstellungsverfahren des Eingriffsbebauungsplanes lediglich ein Beteiligungsrecht gemäß § 4 BauGB, in dessen Rahmen sie ihre Bedenken zur naturschutzfachlichen Vorgehensweise beziehungsweise ökologischen Sinnhaftigkeit des Ausgleichs durch Maßnahmenbevorratung darlegen kann. Die Letztentscheidungskompetenz und damit auch die Verantwortlichkeit für ein fehlerhaftes Vorgehen liegt indes alleine bei der Gemeinde als Trägerin der durch Art. 28 Abs. 2 GG gewährten Planungshoheit.[322]

Zusammengefasst lässt sich also konstatieren, dass auch der Einsatz eines Ökokontos bei der Aufstellung eines Eingriffsbebauungsplans zum Ausgleich der Eingriffe, welche jener vorbereitet, genauso wie der Einsatz eines Flächenpools eine Frage der planerischen Abwägung ist. Der Schwerpunkt der Auseinandersetzung muss hier jedoch darauf liegen zu prüfen, ob die bevorrateten Maßnahmen vereinbar sind mit den Anforderungen an den städtebaulichen Ausgleich. Ist dies der Fall, so erfolgt die planungspraktische Umsetzung des Ausgleichs durch ein Ökokonto durch eine Zuordnungsfestsetzung nach § 9 Abs. 1a S. 2 BauGB. Die *Zuordnung* ist der *dogmatische Schlüssel* zur Nutzung dieses modernen Ausgleichsinstruments.

Schlagwortartig lässt sich der notwendige Ablauf der Prüfung der Eingriffsregelung wie folgt darstellen:

- Zunächst ist festzustellen, ob die Ausweisungen des Bebauungsplans bei ihrer Realisierung die Naturfunktionen beeinträchtigen. Die beeinträchtigten Naturfunktionen sind exakt zu ermitteln.

- Wenn dies der Fall ist, so muss das Vermeidegebot geprüft werden; es sind also Wege zu suchen, diese Naturbeeinträchtigungen zu umgehen.

- Können sie nicht vermieden werden oder sprechen gewichtige Belange gegen eine Umsetzung des Vermeidegebots, so müssen ausgehend von den festgestellten beeinträchtigten Naturfunktionen Ziel, Umfang, räumliche Lage und funktionale Bezüge des notwendigen Ausgleichs ermittelt werden.

---

[322] Daher geht der Vorschlag von *Wilke,* UVP-Report 2001, 5 (8) fehl, die Anerkennung bevorrateter Maßnahmen im Planaufstellungsverfahren von der Zustimmung der Naturschutzbehörde abhängig zu machen. Dies widerspricht der Abwägungsbezogenheit der städtebaulichen Eingriffsregelung.

- Anhand dieser Ermittlung ist zu überprüfen, inwieweit die bevorrateten Maßnahmen sich mit diesen ermittelten Anforderungen decken und ob sie die bei B. I. 1. und 2. beschriebenen Anforderungen an den städtebaulichen Ausgleich erfüllen.

- Sind die bevorrateten Maßnahmen als Ausgleich geeignet, so wird als Teil der Abwägung entschieden, dass der Ausgleich mit den bevorrateten Maßnahmen erfolgt. In der Begründung des Bebauungsplanes muss dies ebenso wie die angestellten Überlegungen der Gemeinde (Eingriffs- und Ausgleichsprognosen) hinreichend dokumentiert werden.

- Im Eingriffsbebauungsplan wird der Ausgleich umgesetzt, indem den Eingriffsflächen die bevorrateten Maßnahmen als Ausgleichsmaßnahmen gemäß § 9 Abs. 1a S. 2 BauGB zugeordnet werden. Sind die Ausgleichsflächen nicht Teil eines Ausgleichsbebauungsplanes, sondern wird nach § 1a Abs. 3 S. 4 BauGB ausgeglichen, so ist in der Begründung des Eingriffsbebauungsplanes im Umweltbericht detailliert darauf einzugehen, inwiefern mit städtebaulichen Verträgen oder sonstigen Maßnahmen ausgeglichen werden soll.

### IV. Besonderheiten interkommunaler Flächenpools und Ökokonten

Im Grunde können interkommunal eingerichtete und betriebene Flächenpools und Ökokonten nach denselben Prinzipien wie bisher beschrieben für den Ausgleich im Rahmen der städtebaulichen Eingriffsregelung genutzt werden. Der Begriff des Ausgleichs „an anderer Stelle" in der zentralen Leitnorm der Eingriffsregelung, § 1a Abs. 3 S. 3 BauGB, ist räumlich nicht auf das Gemeindegebiet beschränkt, sondern auch offen für den Ausgleich in der Gemarkung benachbarter Gemeinden. Die oben beschriebenen Anforderungen an den räumlichen und funktionalen Zusammenhang des Ausgleichsorts mit dem Eingriffsort müssen allerdings gewahrt bleiben. Eine Besonderheit des beschriebenen Einbuchungsverfahrens ist die Erweiterung des Suchraums auf die Gemarkungen der beteiligten Gemeinden. Weitere Abweichungen ergeben sich bei der planerischen Sicherung, weil hier die Bauleitplanung mehrerer Gemeinden koordiniert werden muss. Diese Koordination kann entweder institutionalisiert über die vollständige oder nur teilweise Übertragung der Planungskompetenzen auf einen Planungsverband oder einen Planungszweckverband geschehen, der dann für den übertragenen sachlichen Teilbereich die Planungen für alle Gemeinden verbindlich vornimmt.[323] Oder aber die beteiligten Gemeinden verzichten auf diese Rechtsformen und stimmen sich in ihren Planungen entsprechend ab. Dies

---

[323] Siehe zum Planungszweckverband und zum Planungsverband schon oben bei A. V. 3. d) und e).

kann informell geschehen, was aber bei Flächenpools und Ökokonten wegen der gewünschten Planungssicherheit für Poolbetreiber und Gemeinden und Verbindlichkeit der Planung wenig sinnvoll sein dürfte, oder die Abstimmung erfolgt rechtsförmlich mit einem gemeinsamen Flächennutzungsplan[324] nach § 204 Abs. 1 S. 1 BauGB oder, weil die Ausgleichsplanung nur ein Ausschnitt aus den planerischen Aufgaben darstellt, über Vereinbarungen gemäß § 204 Abs. 1 S. 4 BauGB. Zwar sieht das BauGB keine entsprechenden Regelungen über gemeinsame Bebauungspläne vor, gleichwohl bewirkt bereits der Flächennutzungsplan über das Entwicklungsgebot (§ 8 Abs. 2 BauGB) eine gewisse Bindung der beteiligten Gemeinden an die gemeinsam beschlossene oder entwickelte Flächennutzungsplanung. Bereits im Vorfeld dieser Planungen müssen die beteiligten Gemeinden ein regionales Ausgleichskonzept erstellen, das dann Bestandteil des gemeinsamen Flächennutzungsplanes werden kann, und ein regionales Ausgleichskataster einrichten. Im Übrigen verläuft das Verfahren der Abwägung der Ausgleichs- und Eingriffsbebauungspläne parallel zu dem oben Beschriebenen. Bei der Abwägung der Eingriffsbebauungspläne ist besonders darauf zu achten, dass die ausgewählten Ausgleichsflächen in den Gemarkungen anderer Gemeinden auch tatsächlich zur Nutzung für den Ausgleich der gemeindlichen Eingriffe zur Verfügung stehen. Wenn die Flächen aber wie beschrieben in einen Flächenpool eingebucht, also auch durch die Gemeinde, in deren Gebiet die anvisierte Ausgleichsfläche liegt, planerisch gesichert worden sind, sollte dies kein Problem darstellen. In diesen Fällen muss der Betreiber des interkommunalen Pools dazu verpflichtet werden, die gemeindeexternen eingebuchten Flächen auch tatsächlich der Eingriffe planenden Gemeinde für ihren Eingriffsbebauungsplan zur Verfügung zu stellen. Diese Verpflichtung erfolgt am besten durch einen öffentlich-rechtlichen Vertrag zwischen der einen Eingriffsbebauungsplan aufstellenden Gemeinde und dem Poolbetreiber.

### V. Die Rechtsbeziehungen zwischen Betreiber, Eingriffsverursacher und Gemeinde

Damit ist das Innenverhältnis zwischen dem Poolbetreiber und den Eingriffsverursachern angesprochen. Die Gemeinde selbst verursacht den Eingriff zwar nicht, gleichwohl ist sie nach § 1a Abs. 3 BauGB dazu verpflichtet, sich bei der Planung ihrer städtebaulichen Entwicklung mit der Vermeidung und dem Ausgleich der hierdurch zu erwartenden Eingriffe zu befassen. Die Eingriffe selbst verursachen die Bauherren, welche die bebau-

---

[324] Ausführlich zum gemeinsamen Flächennutzungsplan nach § 204 BauGB *Schmidt-Eichstaedt,* NVwZ 1997, 846 ff.

ungsplanerischen Festsetzungen mit ihren Bauvorhaben realisieren. Demgemäß obliegt ihnen die Pflicht zum Eingriffsausgleich, § 135a Abs. 1 BauGB. Wenn die Gemeinde jedoch bei der Planung dieser Eingriffe den Eingriffsgebieten Ausgleichsflächen nach § 9 Abs. 1a S. 2 BauGB zugeordnet hat, so soll die Gemeinde anstelle der Eingriffsverursacher die Ausgleichsmaßnahmen durchführen. Die Durchführungsverantwortung des Eingriffsverursachers wandelt sich zur Finanzierungsverantwortung.[325] Für den Eingriffsverursacher bedeutet dies: Wenn die Gemeinde Flächenpools oder Ökokonten zur Erfüllung der ihr solchermaßen übertragenen Durchführungsverantwortung nutzt, beschränkt sich sein Beitrag zum Ausgleich der von ihm hervorgerufenen Naturbeeinträchtigungen darauf, der Gemeinde diesen Ausgleich zu finanzieren. Mit dem Ökokonto oder dem Flächenpool selbst und dessen Betreiber hat der Bauherr nichts zu tun. Seine Pflicht beschränkt sich auf eine Finanzierungspflicht, § 135a Abs. 2 S. 1 BauGB. Es entstehen nur Rechtsbeziehungen zwischen Bauherr und Gemeinde, nicht aber zwischen Bauherr und Poolbetreiber. Nur in den Fällen, in denen die Gemeinde den Pool selbst betreibt, existiert eine Rechtsbeziehung zwischen Betreiber und Bauherr als Eingriffsverursacher, weil hier die refinanzierende Gemeinde (§ 135a Abs. 2 S. 1 BauGB) mit dem Poolbetreiber identisch ist und so der Poolbetreiber direkt auf § 135a Abs. 2 S. 1 BauGB zurückgreifen kann.

In den anderen Fällen, in denen die Gemeinde den Pool nicht selbst betreibt, kann sich der Poolbetreiber nicht direkt an den Eingriffsverursacher wenden. Sämtliche Rechtsbeziehungen, die mit dem Ausgleich eines bestimmten Eingriffs auf Grund eines Bebauungsplanes zu tun haben, existieren nur zwischen dem Poolbetreiber und der Gemeinde, die den Eingriffsbebauungsplan aufgestellt hat. Sowohl die Durchführung des Ausgleichs als auch die Frage der Finanzierung der Flächenbevorratung und der Durchführung vorweggenommener Naturaufwertungsmaßnahmen betreffen nur das Innenverhältnis zwischen Gemeinde und Poolbetreiber, nicht aber das Außenverhältnis zwischen Vorhabenträger/Bauherr und Poolbetreiber. Ansprechpartner für den Poolbetreiber in allen Fragen des Ausgleichs ist stets die planende Gemeinde, nie der Eingriffsverursacher.

Für den Poolbetreiber hat dies zur Konsequenz, dass er sicherstellen muss, dass die Gemeinde, die ihn mit der Bevorratung von Flächen und der Durchführung vorweggenommener Ausgleichsmaßnahmen beauftragt hat, ihn für diese Leistung bezahlt, da er den Eingriffsverursacher selbst mangels einer Rechtsbeziehung nicht in Anspruch nehmen kann. Der Betreiber kann selbst nicht auf § 135a Abs. 2 S. 1 BauGB zur Finanzierung zurückgreifen; er muss sich an die planende Gemeinde halten. Hierfür können ent-

---

[325] Siehe oben in § 4 bei C. III. 2. b) dd).

weder öffentlich-rechtliche Verträge oder die Instrumente des Zivilrechts, am ehesten das Werkvertragsrecht nach §§ 631 ff. BGB, genutzt werden. Regelmäßig werden die Rechtsbeziehungen zwischen einem Poolbetreiber und der planenden Gemeinde in einem umfassenden Vertragswerk geregelt sein, weil die Nutzung eines Ökokontos oder Flächenpools eine enge Zusammenarbeit zwischen Betreiber und Gemeinde bei der Entwicklung eines Ausgleichskonzeptes verlangt und sich die vom Betreiber zu bevorratenden Flächen und Maßnahmen an diesem Konzept orientieren müssen, damit sie später auch tatsächlich für die Gemeinde bei dem Beschluss von Eingriffsbebauungsplänen nutzbar sind. Diese Kooperation ist zweckmäßigerweise mit den genauen Modalitäten der Flächen- und Maßnahmenbevorratung einschließlich der Pflege der bevorrateten Flächen vertraglich festzuhalten; in diesem Rahmen kann dann auch gleich die Finanzierung des Ökokontos oder des Flächenpools geregelt werden. Dieser Vertrag sollte überdies Mitbestimmungs- und Kontrollrechte für die planende Gemeinde vorsehen, damit diese sicherstellen kann, dass die Bevorratung tatsächlich auch so vorgenommen wird, wie es ihren planerischen Ausgleichsbedürfnissen entspricht, um später rechtmäßigerweise in der Abwägung der Eingriffsbebauungspläne auf die bevorrateten Flächen und Maßnahmen auch zurückgreifen zu können.

Zusammengefasst gilt demnach für die Rechtsbeziehungen zwischen Eingriffsverursacher (= Bauherr), planender Gemeinde und Poolbetreiber bei der Nutzung von Flächenpools oder Ökokonten: Der Bauherr hat keine Rechtsbeziehungen zum Poolbetreiber, sondern lediglich zur seinen Eingriff planenden oder geplant habenden Gemeinde; seine Rolle beschränkt sich auf die des Finanziers des Ausgleichs. Der Gemeinde kommt eine Scharnierfunktion zwischen Bauherrn und Poolbetreiber zu, sie rechnet im Außenverhältnis mit dem Bauherrn die Kosten des notwendigen Ausgleichs ab. Der eigentliche Ausgleich und die Kosten des Ausgleichs sind eine Sache des Innenverhältnisses zwischen Gemeinde und Poolbetreiber. Ist die Gemeinde selbst der Poolbetreiber, gilt dies nicht. In diesen Fällen tritt sie als Poolbetreiber dem Bauherrn im Außenverhältnis gegenüber.

## C. Die Finanzierung von Ökokonten und Flächenpools

Ökokonten und Flächenpools basieren auf dem Prinzip der Bevorratung von Flächen (Flächenpool) und Natur-Aufwertungsmaßnahmen (Ökokonto). Die Beschaffung von bevorratungsgeeigneten, ökologisch aufwertungsfähigen Flächen und die Durchführung vorweggenommener Aufwertungsmaßnahmen zwingen den Betreiber eines Ökokontos oder Flächenpools zu erheblichen finanziellen Investitionen; der Betreiber muss finanziell in Vorleistung gehen.[326] Um diese modernen Ausgleichsinstrumente nutzen zu können, muss der Flächenpool oder das Ökokonto fertig konzipiert und aufgebaut sein; es muss seine ökologische Wirksamkeit bereits entfaltet haben. Daher müssen die Betreiber für diesen Aufbau und die Errichtung eines Pools oder Kontos unter Umständen sehr hohe Geldbeträge aufwenden. Die Frage nach dem „ob" und dem „wie" einer Refinanzierbarkeit dieser Geldbeträge bei den Nutzern des Ökokontos oder Flächenpools durch die Abwälzung dieser Kosten auf die Eingriffsverursacher nimmt daher einen zentralen Platz bei den Überlegungen ein, ob es praktikabel ist, solche modernen Ausgleichsinstrumente zu nutzen. Das BauGB sieht für die Aufwendungen der Gemeinde zur Vornahme von Ausgleichsmaßnahmen einen allgemeinen Kostenerstattungsanspruch vor (I.). Ob dieser Kostenerstattungsanspruch uneingeschränkt auf die spezielle Ausgleichsmethodik mit Hilfe eines Flächenpools oder Ökokontos übertragen werden kann, wird bei (II.) untersucht.

## I. Die gesetzliche Konstruktion der Finanzierung des städtebaulichen Ausgleichs

Das BauGB regelt in den §§ 135 a–135 c die finanzielle Seite des in § 1a Abs. 3 BauGB programmatisch angesprochenen[327] Ausgleichs für Beeinträchtigungen der Natur. Grundsätzlich muss der Bauherr die Kosten der notwendigen Ausgleichsmaßnahmen selbst tragen, § 135a Abs. 1 BauGB (Verursacherprinzip). Dies gilt indes nur dann, wenn der Ausgleich auf dem Grundstück des Bauherrn stattfinden soll. In den anderen Fällen, in denen der Ausgleich auf anderen Flächen als dem Eingriffsgrundstück vorgenommen werden soll, also von der räumlichen Entkopplung Gebrauch gemacht wird, geht das BauGB davon aus, dass die Gemeinde besser als der Bauherr dazu in der Lage ist. Dementsprechend sieht § 135a Abs. 2 S. 1 BauGB vor, dass die Gemeinde anstelle der Vorhabenträger oder Eigentümer den Ausgleich vornehmen soll. Gleichzeitig ordnet diese Norm in Umsetzung des Verursacherprinzips in seiner Erscheinungsform der Finanzierungsverantwortung[328] an, dass Vorhabenträger oder Eigentümer die Gemeinde für diese Durchführung bezahlen müssen. Unterfüttert wird diese Verankerung der Kostenpflicht des Verursachers im Verursacherprinzip dadurch, dass § 135a Abs. 3 S. 2 BauGB die Gemeinde zur Erhebung des Kostenerstattungsbetrages verpflichtet; die Norm enthält zwar die Berechtigung, aber

---

[326] Einige Möglichkeiten der Vorfinanzierung insbesondere aus kommunaler Sicht sind bei *Böhme/Bruns/Bunzel/Herberg/Köppel,* Flächenpools in Deutschland, S. 151–155, beschrieben.

[327] Siehe dazu oben in § 4 bei C. III. 2. b) aa).

[328] Siehe dazu oben bei § 4. C. III. 2. b) dd).

gleichzeitig auch die Pflicht zur Kostenerhebung. § 135a Abs. 2 S. 1 BauGB enthält daher in Verbindung mit § 135a Abs. 3 S. 2 BauGB die Anspruchsgrundlage der Gemeinde gegen den Bauherren von Eingriffsvorhaben.

### 1. Anwendungsbereich und Rechtsnatur des gesetzlichen Kostenerstattungsanspruches

Den Anwendungsbereich des Kostenerstattungsanspruches in § 135a Abs. 2 S. 1; Abs. 3 S. 2 BauGB steckt dessen Tatbestandsmerkmal der „Zuordnung" ab. Die Norm hebt hier auf die oben beschriebene Zuordnung von Ausgleichsflächen zu einem Eingriffsvorhaben in dem dieses bauplanungsrechtlich legalisierenden Eingriffsbebauungsplan ab.

§ 135a Abs. 2 S. 1 BauGB stellt eine Refinanzierungsmöglichkeit nur für nach § 9 Abs. 1a S. 2 BauGB in einem Eingriffsbebauungsplan den Eingriffsflächen zugeordnete Maßnahmen zum Ausgleich dar. Erfasst sind damit zum einen die gemäß § 1a Abs. 3 S. 2; § 9 Abs. 1a S. 1 BauGB in Bebauungsplänen festgesetzten Ausgleichsmaßnahmen, die entweder in den Eingriffsbebauungsplänen selbst oder in separaten, selbständigen, speziell für diesen Zweck aufgestellten Ausgleichsbebauungsplänen (vgl. § 9 Abs. 1a S. 1 Alt. 2 Var. 2 BauGB) festgesetzt worden sind. Denn diese Ausgleichsfestsetzungen sind gemäß § 9 Abs. 1a S. 2 Hs. 1 BauGB einer Zuordnung im Eingriffsbebauungsplan fähig. Zum anderen erfasst § 135a Abs. 2 S. 1 BauGB mit seinem Abstellen auf die „Zuordnung" auch die „sonstige[n] ... Maßnahmen ... auf von der Gemeinde bereitgestellten Flächen" als vierte Variante[329] des Ausgleichs (§ 1a Abs. 3 S. 4 Alt. 2 BauGB), vgl. § 9 Abs. 1a S. 2 Hs. 2 BauGB.

Nicht über den gesetzlichen Anspruch aus § 135a Abs. 2 S. 1; Abs. 3 S. 2 BauGB refinanzierbar sind dagegen Ausgleichsmaßnahmen, die ausschließlich im Wege eines städtebaulichen Vertrages festgelegt worden sind. Dies folgt daraus, dass diese Maßnahmen nicht im Eingriffsbebauungsplan zugeordnet worden sind; es fehlt damit das für den Anwendungsbereich des Kostenerstattungsanspruches zentrale Tatbestandsmerkmal der Zuordnung im Eingriffsbebauungsplan. Für einen Spezialfall des städtebaulichen Vertrages, den Durchführungsvertrag beim vorhabenbezogenen Bebauungsplan gemäß § 12 BauGB, ist dies sogar spezialgesetzlich geregelt. § 12 Abs. 3 S. 2 BauGB erklärt hier die §§ 135a–135c BauGB für nicht anwendbar; es bleibt nur die vertragliche Vereinbarung einer Kostenerstattung.[330]

---

[329] Siehe oben bei § 4 D. IV.

[330] Bemerkenswert ist der rechtstatsächliche Befund von *Böhme/Bruns/Bunzel/ Herberg/Köppel*, Flächenpools in Deutschland, S. 140, die mit einer Umfrage unter Poolträgern festgestellt haben, dass städtebauliche Verträge von deutlich mehr als

Der gesetzliche Kostenerstattungsanspruch ist parallel zum Erschließungsbeitragsrecht konstruiert (vgl. die §§ 135a Abs. 3 S. 2 und 127 Abs. 1; 135a Abs. 3 und 133 Abs. 2 S. 1; 135a Abs. 3 S. 1 und 133 Abs. 1 S. 1 sowie §§ 135a Abs. 3 S. 4 und § 134 Abs. 2 BauGB), unterscheidet sich aber in seiner Rechtsnatur wesentlich von einem Erschließungsbeitrag. Während früher Streit über die Rechtsnatur des damals noch in § 8a Abs. 4 BNatSchG 1993 verankerten Kostenerstattungsanspruches herrschte,[331] hat der Gesetzgeber im BauROG 1998 durch die Einführung des § 212a Abs. 2 BauGB mittelbar entschieden, dass es sich nicht um eine öffentliche Abgabe im Sinne des § 80 Abs. 2 Nr. 2 VwGO handelt, weil die Einführung des § 212a Abs. 2 BauGB sonst überflüssig gewesen wäre. Das Gesetz selbst spricht im Gegensatz zu § 128 BauGB nicht von einem Beitrag, sondern in § 135c Nr. 6 BauGB von einem Kostenerstattungsbetrag[332], der als öffentliche Last auf dem Grundstück ruht (§ 135a Abs. 3 S. 4 BauGB), also ein im öffentlichen Recht wurzelndes Grundpfandrecht darstellt.[333] Dass dieser Betrag nicht als öffentlicher Beitrag qualifiziert wird, ist auch deshalb richtig, weil nicht der wirtschaftliche Vorteil, den der Zahlungspflichtige erhält, sondern die Verantwortlichkeit des Pflichtigen für einen Eingriff in die Natur und Landschaft charakteristisch für die Zahlung ist. Gleichwohl finden gemäß § 135a Abs. 4 BauGB die landesrechtlichen Vorschriften über Beiträge, etwa deren Stundung, Ratenzahlung, Erlass usw., entsprechende Anwendung. Die entsprechende Anwendung des Landesrechts findet ihre Grenze aber in den bundesrechtlichen Vorgaben der §§ 135a–135c BauGB, die zum Teil auch ins Erschließungsbeitragsrecht verweisen (so etwa in § 135c Nr. 3 BauGB, der abschließend die Modalitäten der Abrechnung regelt und der in diesem Rahmen keinen Spielraum für davon abweichendes Landesbeitrags- oder -abgabenrecht lässt.).

Abzugrenzen ist der gesetzliche Kostenerstattungsanspruch nach § 135a Abs. 2 S. 1; Abs. 3 S. 2 BauGB von der Erhebung von Erschließungsbeiträgen, die die Aufwendungen für den Ausgleich von Eingriffen mitumfassen, die von gemeindlichen Erschließungsmaßnahmen hervorgerufen worden sind. Diese erschließungsbedingten Eingriffe können nicht den Baugrund-

---

der Hälfte der erfassten Flächenpools (68%) zur Refinanzierung genutzt werden. Die Erhebung von Kostenerstattungsbeträgen nach § 135a ff. BauGB scheint in der Praxis nur subsidiär genutzt zu werden, vgl. *Böhme/Bruns/Bunzel/Herberg/Köppel*, a.a.O., S. 142.

[331] Vgl. dazu zusammenfassend *Bartholomäi*, NVwZ 1996, 852 f.; *Gruber*, BayVBl. 1995, 420 f. Für die Rechtsnatur als Beitrag plädierten *Schink*, NuR 1993, 365 (375); *Fischer-Hüftle*, NuR 1996, 64 (73); für einen öffentlich-rechtlichen Erstattungsanspruch *Steinfort*, VerwArch 86 (1995), 107 (144). Für eine Beitragsähnlichkeit *Gruber*, BayVBl. 1995, 420 f.

[332] Vgl. *Stüer*, NuR 2004, 11 (13).

[333] Vgl. die §§ 10 Abs. 1 Nr. 3, 7; 156 ZVG.

stücken, sondern lediglich den Grundstücken, auf denen die Erschließungsanlagen hergestellt werden, zugeordnet werden.[334] Die Finanzierung des
erschließungsbedingten Ausgleichs ist daher Bestandteil der Erschließung;
sie kann im Rahmen des Erschließungsbeitrags nach Abzug des Gemeinde-
anteils (§ 129 Abs. 1 S. 3 BauGB) auf die Grundstückseigentümer umgelegt
werden. Sie kann aber nicht über § 135 a–c BauGB erfolgen.[335]

### 2. Voraussetzungen und Zeitpunkt der Entstehung einer Kostentragungspflicht

Die für das Entstehen eines Kostenerstattungsanspruches aus § 135 a
Abs. 2 S. 1; Abs. 3 S. 2 BauGB konstitutive Tatbestandsvoraussetzung ist
die Zuordnungsfestsetzung in einem Eingriffsbebauungsplan. Die Ausgleichsflächen, die im Eingriffsbebauungsplan nach § 9 Abs. 1a S. 2
BauGB zugeordnet werden, müssen nicht zwingend mit einem Ausgleichsbebauungsplan überplant sein (§ 1a Abs. 3 S. 2 Alt. 2 BauGB); auch die
Zuordnung sonstiger Ausgleichsmaßnahmen (§ 1a Abs. 3 S. 4 Alt. 2
BauGB) ist möglich. Weiter muss die Ausgleichsmaßnahme auf einer Ausgleichsfläche an anderer Stelle als dem Eingriffsort stattfinden; es muss
also von der Möglichkeit des räumlich entkoppelten Ausgleichs Gebrauch
gemacht werden. Außerdem muss die Gemeinde eine Satzung nach § 135 c
BauGB erlassen haben, die die Geltendmachung des Anspruches bezogen
auf die örtlichen Verhältnisse konkretisiert hat.[336]

Die Kostenerstattungspflicht entsteht erst, wenn die Ausgleichsmaßnahmen durch die Gemeinde hergestellt worden sind (§ 135a Abs. 3 S. 3

---

[334] Vgl. *Bunzel,* Bauleitplanung und Flächenmanagement bei Eingriffen in Natur
und Landschaft, S. 153 f.

[335] Zum Ganzen siehe *Birk,* VBlBW 1998, 81 (83); *Steinfort,* KStZ 1995, 81 (89).

[336] Das Gesetz sieht in § 135c BauGB zwar lediglich eine kann-Regelung vor;
gleichwohl dürfte die Gemeinde auf Grund der rechtsstaatlich gebotenen Bestimmtheit einer Abgabennorm regelmäßig zum Satzungserlass verpflichtet sein. Überdies
entlastet diese Satzung die Zuordnungsfestsetzungen im Eingriffsbebauungsplan.
Ohne eine Satzung nach § 135c BauGB müssten die Fragen, die für die Einzelfall-
gerechtigkeit der Kostenerhebung maßgeblich sind, stets detailliert in den Zuordnungsfestsetzungen geregelt sein. Das Planungsverfahren würde so erheblich komplexer werden. Vgl. insgesamt dazu *Krautzberger,* in: Ernst/Zinkahn/Bielenberg/
Krautzberger (Hrsg.), BauGB, § 135c Rn. 1 und *Schrödter,* in: Schrödter (Hrsg.),
BauGB, § 135c Rn. 1, *Stich,* in: Schlichter/Stich (Hrsg.), Berliner Kommentar zum
BauGB, § 135c Rn. 1, *ders.,* BauR 2003, 1309 (1315) und *Bunzel,* Bauleitplanung
und Flächenmanagement bei Eingriffen in Natur und Landschaft, S. 146. Ein Verzicht auf eine Kostenerstattungssatzung nach § 135c BauGB ist nur denkbar, wenn
dafür auf Grund lokaler Besonderheiten gar kein Bedarf besteht, also keine Kostenerstattung nach § 135a Abs. 2 S. 1 BauGB stattfindet (etwa weil der Ausgleich über
städtebauliche Verträge geregelt ist).

BauGB) und wenn die Eingriffsgrundstücke baulich oder gewerblich nutzbar sind (§ 135a Abs. 3 S. 1 BauGB), das heißt, wenn ihre Nutzung planungsrechtlich nach § 30 Abs. 1 BauGB oder § 33 BauGB zulässig ist und ihre Erschließung gesichert ist.[337] Weil die Vorschrift in Anlehnung an die erschließungsbeitragsrechtliche Norm des § 133 Abs. 1 BauGB konstruiert worden ist, kann auf die dazu entwickelten Grundsätze zurückgegriffen werden.[338] Es kommt daher nicht auf die tatsächliche, sondern lediglich auf die rechtliche Nutzbarkeit des Grundstückes an. Welche Rolle § 135a Abs. 2 S. 2 BauGB für den Zeitpunkt des Entstehens der Kostenerstattungspflicht bei der Nutzung eines Ökokontos spielt, wird weiter unten erläutert.

### 3. Inhalt und Umfang der Kostentragungspflicht

Anders als im Erschließungsbeitragsrecht gibt es bei der Kostenerstattungspflicht nach § 135a Abs. 2 S. 1; Abs. 3 S. 2 BauGB keine abschließende Festlegung der erstattungsfähigen Ausgleichsmaßnahmen. Es sind alle diejenigen Ausgleichsmaßnahmen erstattungsfähig, die in einem Eingriffsbebauungsplan rechtmäßig abwägungsfehlerfrei durch eine Zuordnung festgesetzt worden sind. Der Eingriffsbebauungsplan entscheidet damit durch seine Festlegung der notwendigen Ausgleichsmaßnahmen gleichzeitig im Grundsatz über den Umfang der Kostenpflicht. Die Gemeinde kann den Inhalt der Zahlungspflicht in Abstimmung mit den lokalen Gegebenheiten durch den Erlass einer Satzung nach § 135c Nr. 1–3 BauGB genauer konkretisieren. Eine Konkretisierung in der gesetzlichen Regelung der Zahlungspflicht in § 135a Abs. 3 S. 2 BauGB erfolgt nur dahingehend, dass die Kosten des Flächenerwerbs erstattungsfähig sind. Die Kosten der Realisierung der Ausgleichsmaßnahmen dürfen nur insoweit auf den Eingriffsverursacher umgelegt werden, als sie bis zum Zeitpunkt der Fertigstellung der Ausgleichsmaßnahmen entstanden sind.[339] Maßgeblich für die Ermittlung dieses Zeitpunkts ist aber nicht die technische Beendigung der Maßnahmen, sondern der Zeitpunkt ihres ökologischen Wirksamwerdens, also der Zeitpunkt, ab dem die Ausgleichsmaßnahmen die ihnen zugedachte Funktion im Naturhaushalt übernehmen können.

Die Höhe der Zahlungspflicht des Eingriffsverursachers bestimmt sich ausschließlich nach den Kosten, die die Gemeinde für die Realisierung des Ausgleichs aufwenden musste. Sie kann diese Kosten in voller Höhe auf den Eingriffsverursacher abwälzen. Wegen des Verursacherprinzips in Form

---

[337] Vgl. *Stich,* in: Schlichter/Stich (Hrsg.), Berliner Kommentar zum BauGB, § 135a Rn. 14.

[338] *Schrödter,* in: Schrödter (Hrsg.), BauGB, § 135a Rn. 19.

[339] *Birk,* VBlBW 1998, 81 (82).

der Finanzierungsverantwortung ergibt sich die Grenze der Zahlungspflicht anders als im Erschließungsbeitragsrecht[340] nicht aus dem wirtschaftlichen Nutzen, den der Eingriffsverursacher aus seinem Eingriff ziehen kann, sondern vielmehr daraus, welche Maßnahmen notwendig sind, die Leistungsfähigkeit des Naturhaushaltes wiederherzustellen. Wegen der Einbettung der städtebaulichen Eingriffsregelung in das Geflecht aus Raum-, Flächennutzungs- und Bauleitplanung, die eine planerische und damit konzeptionelle und auf verschiedenste Nutzungsansprüche abgestimmte Bewältigung der Eingriffsregelung auf Gemeindeebene ermöglichen will,[341] hat die Gemeinde bei ihrer Festlegung, welche Maßnahmen zum Ausgleich des Eingriffs notwendig sind, einen letztlich in ihrer Planungshoheit wurzelnden planerischen Gestaltungsspielraum, der durch die Grundsätze der Rücknahme der gerichtlichen Kontrolle bei planerischen Abwägungsentscheidungen nur sehr eingeschränkt justiziabel ist. Die Grenzen der kommunalen planerischen Entscheidungsfreiheit bei der Ausgleichsplanung ergeben sich aus den oben dargelegten[342] materiellen Anforderungen an den Ausgleich.

Wesentliche Konsequenz daraus ist, dass die Gemeinde keine automatisch bestehende Verpflichtung hat, sich planerisch stets für die Ausgleichsmöglichkeit zu entscheiden, welche den Eingriffsverursacher am wenigsten belastet. Freilich muss die Gemeinde die Mehrbelastungen des Eingriffsverursachers als Abwägungsbelange in ihre Abwägung des planerischen Ausgleichs beim Beschluss eines Eingriffsbebauungsplans beachten und sich damit planerisch auseinandersetzen. Andernfalls riskiert sie die (Abwägungs-)Fehlerhaftigkeit ihrer Planung. Ist ihre Planung, das heißt ihre planerischen Aussagen über den Ausgleich von Eingriffen in einem Eingriffsbebauungsplan durch Zuordnung von Ausgleichsflächen, rechtmäßig und abwägungsfehlerfrei, so bestimmt alleine diese Zuordnung die Höhe und den Umfang der Kostenerstattungspflicht, gegebenenfalls im Zusammenspiel mit einer Satzung nach § 135c BauGB. Es existiert gerade kein Erforderlichkeitskriterium wie im Erschließungsbeitragsrecht (vgl. § 129 Abs. 1 S. 1 BauGB).

### 4. Die Verteilung der Kosten auf die Bauherren/Vorhabenträger

Die Erstattungspflicht trifft nach der gesetzlichen Regelung die Vorhabenträger, also die Bauherren des Eingriffs, oder die Eigentümer, § 135a Abs. 2 S. 1 BauGB. Der Gesetzestext sieht keine prioritäre Zahlungspflicht

---

[340] Zum wirtschaftlichen Vorteil als Maßstab im Erschließungsbeitragsrecht *Ernst,* in: Ernst/Zinkahn/Bielenberg/Krautzberger (Hrsg.), BauGB, § 129 Rn. 1 und § 127 Rn. 2a.

[341] Siehe dazu oben in § 4 bei A., B. und C. III. 5.

[342] Bei B. I.

eines dieser beiden Zahlungspflichtigen vor. Dies ist in den meisten Fällen unproblematisch, weil regelmäßig der Eigentümer zugleich der Vorhabenträger sein wird. In den anderen Fällen, in denen keine Personenidentität besteht, ist aber fraglich, wer von den beiden Personen zur Zahlung herangezogen werden soll. Weil § 135a BauGB Ausfluss des Verursacherprinzips in Form der Finanzierungsverantwortung ist, muss bei der Auswahl eines Zahlungspflichtigen primär auf den Verursacher des Eingriffs abgestellt werden, und das wird meist der Vorhabenträger als Bauherr des Eingriffs sein. Der Grundstückseigentümer darf erst dann in Anspruch genommen werden, wenn die Durchsetzung des Kostenerstattungsanspruchs gegenüber dem Vorhabenträger auf Schwierigkeiten stößt.

Unkompliziert sind die Fälle, in denen lediglich ein Bauherr ein Eingriffsvorhaben realisieren will (dazu sogleich unter II. 2. a)) Schwieriger sind die Konstellationen, in denen mehrere Bauherren verschiedene selbständige Eingriffe vorhaben wollen, also mehrere Erstattungsschuldner existieren (etwa bei der Ausweisung eines Neubaugebiets mit Einfamilienhäusern). Denn hier muss wegen Art. 3 GG ein Weg gefunden werden, die von der Gemeinde aufgewendeten Kosten für den Ausgleich der durch die einzelnen Bauvorhaben entstehenden Naturbeeinträchtigungen gerecht auf die verschiedenen beteiligten Bauherren zu verteilen (näher unter II. 2. b)). Das Gesetz sieht in § 135b S. 1 und 2 BauGB Abrechnungsmaßstäbe vor, die auch miteinander verbunden werden können (S. 3). Die Gemeinde kann diese Maßstäbe durch ihre Kostenerstattungssatzung nach § 135c Nr. 4 BauGB weiter konkretisieren.

### 5. Die Rolle der Satzung nach § 135c BauGB

Die Kostenerstattungssatzung nach § 135c BauGB, von der vorstehend bereits öfter die Rede war, bietet der Gemeinde die Gelegenheit, die abstrakten Grundsätze der §§ 135a Abs. 2 und 3; 135b BauGB näher zu konkretisieren und auf die lokalen Gegebenheiten und Gepflogenheiten der Gemeinde hin abzustimmen.[343] Dies betrifft die Art der Ausgleichsmaßnahmen (die freilich im Grundsatz bereits im Eingriffsbebauungsplan festgelegt wird), § 135c Nr. 1 BauGB, und vor allem die Modalitäten der Abrechnung der Kosten, § 135c Nr. 2–6 BauGB.

Allerdings darf sich das kommunale Satzungsrecht hier nicht in Widerspruch zum Bundesbaurecht setzen. Die in §§ 135a; 135b aufgestellten

---

[343] Die Bundesvereinigung der kommunalen Spitzenverbände hat dazu eine Mustersatzung als Vorlage für die Gemeinden veröffentlicht (abgedruckt beispielsweise bei *Krautzberger,* in: Ernst/Zinkahn/Bielenberg/Krautzberger (Hrsg.), BauGB, § 135c Rn. 2).

Grundsätze dürfen nicht durch die Kostenerstattungssatzung nach § 135 c BauGB derogiert werden. Die Gemeinde darf insbesondere keine Regelung treffen, welche die Geltendmachung des Kostenerstattungsbetrages ins Ermessen der Gemeindeverwaltung stellt. Der Wortlaut des § 135 a Abs. 2 S. 2 BauGB und vor allem das Verursacherprinzip als Grundpfeiler der naturschutzrechtlichen und städtebaulichen Eingriffsregelung verbieten jegliche Ermessensbetätigung der Gemeinde in dieser Frage; sie sind zur Kostenerhebung verpflichtet. Auch das kommunale Haushaltsrecht und die diese prägenden Grundsätze der Einnahmebeschaffung und der Nachrangigkeit der Einnahmebeschaffung aus Steuern[344] zwingen die Gemeinde zur Erhebung des Beitrags.

## II. Anwendung der §§ 135 a–135 c BauGB auf die Ausgleichsmethoden Ökokonto und Flächenpool

Da Ökokonten und Flächenpools eine Weiterentwicklung des städtebaulichen Ausgleichs beziehungsweise Methoden zu dessen erleichterter Realisierung darstellen, liegt es nahe, die mit der Errichtung und dem Betrieb verbundenen finanziellen Fragen unter Rückgriff auf diejenigen Regelungen zu lösen, die eigens für den städtebaulichen Ausgleich vorgesehen sind, also die §§ 135 a–c BauGB. Dabei sind die gerade dargestellten Grundsätze und Voraussetzungen der städtebaulichen Kostenerstattungsregelung zu berücksichtigen. Aus der Eigenart der Flächenbevorratung in Flächenpools und der Flächen- und Maßnahmenbevorratung in Ökokonten ergeben sich hier indes einige Besonderheiten, die dazu führen, dass der gesetzliche Kostenerstattungsanspruch nicht unbesehen auf den mit Hilfe dieser modernen Ausgleichsmethoden durchgeführten Ausgleich angewendet werden kann.

### 1. Umfang und Inhalt des Kostenerstattungsanspruches

Welche Kosten mit den Beitragsbescheiden nach § 135 a–c BauGB für die Gemeinde refinanzierbar sind, beschreibt § 135 a Abs. 3 S. 2 BauGB mit der Formulierung von der „Deckung ihres Aufwands für Maßnahmen zum Ausgleich". Dazu gehören zum einen die Kosten der Durchführung der Naturaufwertungsmaßnahmen bis zu dem Zeitpunkt, bis diese Maßnahmen als abgeschlossen betrachtet werden können. Dies ist erst dann der Fall, wenn sich die jeweilige Naturaufwertungsmaßnahme soweit entwickelt hat, dass sie die ihr zugedachte Funktion im Naturhaushalt vollständig erfüllen kann. Zum anderen können nach der Norm auch die Kosten der Be-

---

[344] Vgl. dazu etwa *Kunze/Bronner/Katz,* GemO BW, § 78 Rn. 11 zweiter Spiegelstrich.

reitstellung der Ausgleichsflächen, die sich aus den Kosten des Erwerbs oder im Falle der Nutzung gemeindeeigener Flächen dem Verkehrswert der Flächen berechnen, erhoben werden.

Beim Betrieb eines Flächenpools oder Ökokontos entstehen beide Arten von Kosten. Es müssen Flächen zur Bevorratung beschafft werden und im Falle des Ökokontos müssen auch vorweggnommene Naturaufwertungsmaßnahmen durchgeführt werden. Dieser Teil der Betriebskosten eines Ökokontos oder Flächenpools kann problemlos mit einem Kostenerstattungsbescheid nach §§ 135a–c BauGB geltend gemacht werden.

Problematisch ist hingegen die Refinanzierung derjenigen Kosten des Betriebs eines Flächenpools oder Ökokontos, die nicht unmittelbar zur Vornahme einer Ausgleichsmaßnahme dienen, sondern die nur vorbereitend entstehen, die also Ergebnis von Handlungen sind, welche die Durchführung der Flächen- oder Maßnahmenbevorratung institutionell erst ermöglichen. Solche vorgelagerten Kosten, die nicht unmittelbar etwas mit dem Ausgleich von Eingriffen zu tun haben, sind die Kosten der institutionellen, rechtsförmlichen Errichtung des Ökokontos oder des Flächenpools (etwa notarielle Beurkundungskosten von Gesellschafts- oder Kooperationsverträgen der beteiligten Poolbetreiber und entsprechende Rechtsberatungskosten), außerdem die Kosten für die planerische Konzeption des Pools/Kontos, welche die Gemeinde entweder – kostenneutral – selbst im Rahmen ihrer Landschaftsplanung erstellen oder durch externe Planungsbüros oder Landschaftsarchitekten erstellen lassen kann. Weiter zählen dazu die laufenden Kosten des Betriebs wie beispielsweise die Miete von Geschäftsräumen oder die Personal- und Sachausstattung des Ökokontos/Flächenpools. Insgesamt gehört hierzu alles, was sich unter dem Begriff der „Managementkosten" zusammenfassen lässt. Außerdem obliegt dem Betreiber des Flächenpools beziehungsweise des Ökokontos noch die zukünftige Pflege der fertiggestellten Naturaufwertungsmaßnahmen, die Kosten verursacht. Als Kostenfaktor besonders relevant sind schließlich die dem Poolbetreiber entstehenden Kreditzinsen von Darlehen, die er bei ungenügender Finanzausstattung aufnehmen muss, um die Flächenbeschaffung und vorgezogene Maßnahmendurchführung bezahlen zu können; der Poolbetreiber geht in finanzielle Vorleistung.

Alle diese Kosten sollen nach einigen Stimmen der Literatur nicht über die Kostenerstattungsregelung des § 135a Abs. 2 S. 1; Abs. 3 S. 2 BauGB refinanzierbar sein.[345] § 135a Abs. 3 S. 2 BauGB erlaube nur die Abrechnung derjenigen Kosten, welche durch die eigentliche Durchführung der Ausgleichsmaßnahmen verursacht werden. Hinsichtlich der Pflegemaß-

---

[345] So *Bunzel*, Bauleitplanung und Flächenmanagement bei Eingriffen in Natur und Landschaft, S. 147 ff.; *ders.*, NuR 2004, 15 (17 f.); *Stüer*, NuR 2004, 11 (13).

nahmen, die nach der Fertigstellung der Ausgleichsmaßnahme, also nach ihrem vollständigen ökologischen Wirksamwerden entstehen, ist dem zuzustimmen. Kritischer ist diese Ansicht jedoch hinsichtlich der vorbereitenden Kosten zu betrachten. § 135a Abs. 3 S. 2 BauGB spricht lediglich von der Deckung des Aufwands der Ausgleichsmaßnahmen. Der Wortlaut der Norm schließt eine Einbeziehung dieser Kosten in der Kostenerstattungsbetrag nicht aus, weil letztlich auch die Kosten zur Vorbereitung einer Ausgleichsmaßnahme zum finanziellen Gesamtaufwand einer Ausgleichsmaßnahme gehören. Die Gesetzesmaterialien[346] des BauROG, mit dem die §§ 135a–135c BauGB eingeführt worden sind, geben zur Lösung dieses Problems nichts her. Weiter führt möglicherweise die systematische Auslegung der Vorschrift. Die §§ 135a–c BauGB wurden parallel zum Erschließungsbeitragsrecht konstruiert (s. o.) und demgemäß im Anschluss an diesen Normenkomplex im BauGB plaziert. Im Erschließungsbeitragsrecht zählt § 128 BauGB abschließend[347] auf, was zum Erschließungsaufwand gehört. Verwaltungskosten, die dadurch entstehen, dass Personal besonders für die Vornahme der Erschließung eingestellt wird, gehören dazu. Maßgeblich ist hier für die Beitragsfähigkeit, ob die Herstellungskosten als zusätzliche Kosten aus dem Rahmen der allgemeinen Verwaltungskosten herausfallen und sich ausschließlich der Erschließung zuordnen lassen.[348] Zu den beitragsfähigen Kosten gehören dort auch die banküblichen Zinsen für Darlehen, welche die Gemeinde für Erschließungszwecke aufgenommen hat.[349] Generell sind im Erschließungsbeitragsrecht „wirtschaftliche Kosten" beitragsfähig, sofern sie tatsächlich entstanden sind und deutlich von den laufenden Kosten der Gemeinde abgrenzbar sind.[350] Überträgt man diese Grundsätze des Erschließungsbeitragsrechts auf die §§ 135a–c BauGB, so ergibt sich, dass diejenigen Finanzaufwendungen, gleich ob Zins-, Personal-, Konzeptions- und Managementkosten der Gemeinde refinanzierbar sind, die eindeutig und nachweisbar dem Betrieb eines Flächenpools oder Ökokontos zuzuordnen sind und ausschließlich für diesen Zweck verwendet werden. Allerdings darf nicht vergessen werden, dass im Erschließungsbeitragsrecht ein Missbrauch weitgehend durch das Erforderlichkeitskriterium in § 129 Abs. 1 S. 1 BauGB verhindert wird. Dieses Kriterium begrenzt die Höhe der Zahlungspflicht. Ein entsprechendes Erforderlichkeitskriterium ist

---

[346] Vgl. BT-Drs. 13/6392, S. 37 und S. 44.

[347] *Ernst,* in: Ernst/Zinkahn/Bielenberg/Krautzberger (Hrsg.), BauGB, § 128 Rn. 2.

[348] *Ernst,* in: Ernst/Zinkahn/Bielenberg/Krautzberger (Hrsg.), BauGB, § 128 Rn. 2b unter Verweis auf BVerwGE 34, 19. So sind die Honorarzahlungen an eine Bauträgergesellschaft beitragsfähig.

[349] BVerwG, NJW 1974, 2147; BVerwG, DVBl. 1974, 783.

[350] *Ernst,* in: Ernst/Zinkahn/Bielenberg/Krautzberger (Hrsg.), BauGB, § 128, Rn. 2c.

in §§ 135a–c BauGB nicht enthalten. Wenn schon die Grundsätze des Erschließungsbeitragsrechts bei der Frage der Erstattung der ausgleichsvorbereitenden Herstellungs- und Betriebskosten auf §§ 135a–c BauGB übertragen werden, so muss auch das Erforderlichkeitskriterium aus § 129 Abs. 1 S. 1 BauGB übertragen werden. Damit sind nur diejenigen dieser Kosten auf den Zahlungspflichtigen umlagefähig, die erforderlich waren, um das Ökokonto oder den Flächenpool herzustellen. Dieses Erforderlichkeitskriterium findet aber nur auf den Teil der Kosten Anwendung, der die Vorbereitung und Herstellung des Ökokontos/Flächenpools betrifft. Der andere Teil, die Kosten der Herstellung der konkreten Ausgleichsmaßnahme, unterliegt wegen des Verursacherprinzips gerade nicht dem Erforderlichkeitsgrundsatz (s. o. bei C. I. 3. a. E.).

Auch aus teleologischen Erwägungen heraus sollten diese Herstellungs- und Betriebskosten auf den Zahlungspflichtigen umgelegt werden können. Die Einrichtung eines Ökokontos oder Flächenpools als Mittel des Ausgleichs liegt im Planungsermessen der Gemeinde, die so die gesetzlich gewollte Vernetzung des Ausgleichs im regionalen Raum realisieren kann. Mit ihrer Entscheidung über den Ausgleich entscheidet die Gemeinde gleichzeitig über die Kosten des Ausgleichs, weil die Ausgleichszuordnung im Eingriffsbebauungsplan die grundsätzlichen Weichen für die Kostenerhebung stellt. Weil die Entscheidung über den Ausgleich im Planungsermessen der Gemeinde liegt, hat sie auch bei der Entscheidung über die Kosten einen gewissen planerischen Spielraum. Entscheidet sie sich für die Nutzung eines Ökokontos oder Flächenpools bei der Planung von Eingriffen, so entscheidet sie sich damit gleichzeitig für ein langfristiges Kompensationskonzept für ihr Gemeindegebiet, das die oben aufgezeigten[351] ökologischen Vorteile mit sich bringt. Aus ökologischen Gesichtspunkten heraus ist es sinnvoll, den Eingriffsverursacher auch an den Kosten des Aufbaus eines Flächenpools oder Ökokontos zu beteiligen, das er später nutzen kann. Nicht nur die Ökologie, auch der Eingriffsverursacher zieht aus einem Ökokonto Nutzen.[352] Insofern ist es auch nicht unbillig, dem Eingriffsverursacher die Einrichtungskosten wenigstens teilweise über die Kostenerstattungsregelung des § 135a Abs. 2 S. 1; Abs. 3 S. 2 BauGB aufzuerlegen.

Eine Gesamtschau dieser Argumente ergibt daher, dass nicht nur die konkreten Kosten einer bestimmten Aufwertungsmaßnahme, sondern auch die Einrichtungs- und Managementkosten eines Flächenpools oder Ökokontos über § 135a Abs. 2 S. 1; Abs. 3 S. 2 BauGB auf die Eingriffsverursacher umgelegt werden können. Freilich sind hierbei einige Voraussetzungen zu beachten. Aufgrund der Parallelen zum Erschließungsbeitragsrecht sind die

---

[351] Siehe bei § 2 A. II. und B. II.
[352] Siehe oben bei § 2 A. II. 2.

dort entwickelten, dargestellten Maßstäbe zu beachten. Die geltend gemachten Kosten müssen eindeutig dem Ökokonto oder dem Flächenpool zuzuordnen sein, und zwar ausschließlich. Sie dürfen keiner anderen gemeindlichen Aufgabe zugehörig sein. Es muss stets davon ausgegangen werden können, dass die Kosten auch, wie es der Wortlaut des § 135a Abs. 3 S. 2 BauGB fordert, ausschließlich der Deckung des Ausgleichsaufwandes dienen. Schließlich ist der – auf § 135a Abs. 3 S. 2 BauGB übertragene – Erforderlichkeitsgrundsatz des § 129 Abs. 1 S. 1 BauGB zu beachten, der für den Teil der Kosten, die die vorbereitenden Kosten der Herstellung und des Betrieb betreffen, uneingeschränkt gilt, so dass hier die gesamten Vorteile des Eingriffsverursachers zu betrachten sind, die dieser durch die Nutzung des Ökokontos erhält. Freilich muss die Gemeinde hier beachten, dass sie durch die Umlage dieser Kosten unattraktiv für potenzielle Investoren und Vorhabenträger wird und sich so die (Standort-)Vorteile eines Ökokontos/ Flächenpools relativieren können. Festzuhalten bleibt aber, dass die Umlage dieser Kosten über § 135a Abs. 2 S. 1; Abs. 3 S. 2 BauGB rechtlich möglich ist. Gleichwohl dürfte eine derartige Umlage über die gesetzlich vorgeschriebene Geltendmachung der tatsächlich angefallenen Kosten für die Realisierung des Ausgleichs (§ 135a Abs. 3 S. 2 BauGB als „muss"-Regelung) hinaus investitionspolitisch wegen der Abschreckung potenzieller Investoren eher unklug sein.

Eine weitere wichtige Maxime der §§ 135a–c BauGB ist es, dass die Gemeinde mit dieser Vorschrift keinen Gewinn erwirtschaften darf, sondern lediglich ihre real entstanden Kosten auf die Eingriffsverursacher umlegen kann. Das Ökokonto oder der Flächenpool darf daher einen eventuellen wirtschaftlichen Gewinn seines Betriebs nicht auf solche Kostenerstattungsbeiträge stützen. Die Kostenerstattungsbeiträge dürfen lediglich die realen Kosten des Betriebs widerspiegeln und keiner Gewinnkalkulation entspringen.

### 2. Das Problem der Kostenverteilung – Die Gleichbehandlung der das Ökokonto oder den Flächenpool nutzenden Eingriffsverursacher

Bei der Nutzung von Ökokonten oder Flächenpools für den städtebaulichen Ausgleich stellt sich die Frage nach einem gerechten Maßstab für die Verteilung der Ausgleichskosten in ganz besonderem Maße. Denn durch die Nutzung der räumlichen und funktionalen Entkopplung innerhalb der beschriebenen Grenzen[353] verliert der Ausgleich den Bezug zum Eingriff, wodurch auch die Ermittlung der vom Eingriffsverursacher zu bezahlenden Beträge nicht mehr so klar und unmittelbar einleuchtend ist wie in den Standardfällen des städtebaulichen Eingriffs, bei denen sich die Zahlungs-

---

[353] Siehe bei § 4 C. III. 2. b) ee) und § 5 B. I.

pflicht nach den durch den Eingriff hervorgerufenen Naturbeeinträchtigungen und den Kosten zu deren Reparatur bemisst. Problematisch ist beim Ökokonto beziehungsweise Flächenpool vor allem der Pool-Aspekt, also die Tatsache, dass im Voraus noch ohne Bezug zu konkreten Eingriffsverursachern Flächen angesammelt oder Maßnahmen durchgeführt werden, die dann später nach dem Eingriff refinanziert werden sollen. Der Klärung bedarf hier die Frage, wie hoch der Anteil des jeweiligen Eingriffsverursachers an den Gesamtkosten des Flächen- oder Maßnahmenpools sein soll.

### a) Ein einziger Eingriffsverursacher im Eingriffsbebauungsplan

Unproblematisch ist diese Frage, wenn der Eingriffsbebauungsplan durch seine Festsetzungen den Eingriff nur eines einzigen Verursachers ermöglicht. Denn hier stellt sich die Frage nach der Verteilung der Ausgleichskosten auf mehrere Eingriffsverursacher nicht. Daher kann diese Frage beim *Flächenpool* vergleichsweise einfach beantwortet werden. Das Konzept des Flächenpools basiert darauf, dass Flächen lediglich bevorratet werden, aber keine vorweggenommenen Naturaufwertungen stattfinden. Soll im Eingriffsfall der Flächenpool zum Ausgleich genutzt werden, so werden dem Eingriff eine oder mehrere der bevorrateten Flächen zugeordnet. Durch diese Zuordnung im Eingriffsbebauungsplan[354] wird klar, welche der bevorrateten Flächen vom Eingriffsverursacher in Anspruch genommen werden. Damit ist auch klar, welche Kosten dem Eingriffsverursacher in Rechnung gestellt werden können, nämlich die Kosten, die notwendig waren, um diese Fläche zu bevorraten, die er jetzt durch die Zuordnungsfestsetzung im Eingriffsbebauungsplan zum Ausgleich seines Eingriffes benutzt. Die Gemeinde kann diese Erwerbskosten also direkt über § 135a Abs. 2 S. 1; Abs. 3 S. 2 BauGB vom Eingriffsverursacher refinanzieren.[355] Dass § 135b BauGB die Verteilungsmaßstäbe der Ausgleichskosten abschließend festlegt,[356] steht diesem Abrechnungsmodus nicht entgegen. Denn da es sich hier nicht um Ausgleichsmaßnahmen handelt und sich zudem die Frage nach der Verteilung gar nicht stellt, greift § 135b BauGB tatbestandlich nicht ein. Die oben angesprochenen Herstellungs- und Betriebskosten (Managementkosten) des Flächenpools können anteilig auf den Eingriffsverursacher umgelegt werden, freilich unter Beachtung des entsprechend geltenden Erforderlichkeitsgrundsatzes aus § 129 BauGB (s.o.). Als Maßstab der Be-

---

[354] Siehe dazu oben in § 4 bei D. II. 3. b).

[355] Wenn sie den Pool nicht selbst betreibt, kann die Gemeinde freilich vertraglich dazu verpflichtet sein, diese auf diese Weise als refinanzierte Ausgleichskosten eingenommenen Beträge an den eigentlichen Poolbetreiber weiterzugeben.

[356] Siehe oben, vgl. außerdem *Krautzberger,* in: Ernst/Zinkahn/Bielenberg/Krautzberger (Hrsg.), BauGB, § 135b Rn. 2.

teiligung an diesen Kosten bietet sich der Anteil der als Ausgleichsflächen genutzten Poolflächen an der Gesamtfläche der bevorrateten Flächen im Flächenpool an.[357] Ist die Nutzung eines Flächenpools zur Umsetzung des städtebaulichen Ausgleich beabsichtigt, empfiehlt es sich für die Gemeinde, diesen Abrechnungsmodus in ihrer Ausgleichssatzung nach § 135c BauGB festzuschreiben.

Beim Ökokonto kann die Frage parallel zum gerade Gesagten gelöst werden. Im Eingriffsbebauungsplan legt die Zuordnungsfestsetzung dieses Plans endgültig fest, welche der vorweggenommenen Ausgleichsmaßnahmen den Eingriff ausgleichen sollen. Tritt nur ein einziger Eingriffsverursacher aus, so muss dieser sämtliche Ausgleichskosten tragen, die entstanden sind bei der Vornahme genau derjenigen vorgezogenen Naturaufwertungsmaßnahmen, die seinem Eingriffsvorhaben zugeordnet worden sind. Diese Kosten setzen sich zusammen aus den Kosten des Flächenerwerbs und den Kosten der Herstellung der Aufwertungsmaßnahme. Durch die Zuordnung lassen sich diese Kosten genau ermitteln. Die Herstellungs-, Betriebs- und Managementkosten lassen sich – wiederum unter Geltung des Erforderlichkeitsgrundsatzes, § 129 BauGB – anteilig entsprechend dem für den Flächenpool Gesagten auf den Eingriffsverursacher umlegen.[358] Wurden von seiner speziellen Ausgleichsmaßnahme besondere, von den regelmäßig entstehenden Betriebskosten abweichende Betriebskosten verursacht, so können auch diese refinanziert werden, sofern diese Kosten nicht ohnehin schon unter die Herstellungskosten der Aufwertungsmaßnahme fallen. Zwar ist hier § 135b BauGB tatbestandlich anwendbar, weil Maßnahmen zum Ausgleich zugeordnet worden sind, aber da es sich nur um einen einzigen Eingriffsverursacher handelt, stellt sich das Verteilungsproblem ebenfalls nicht. Auch hier bietet sich eine Regelung in der Satzung nach § 135c BauGB an.

### b) Mehrere Eingriffsverursacher im Eingriffsbebauungsplan

Verkompliziert wird die Abrechnung der Ausgleichskosten beim Flächenpool oder Ökokonto dadurch, dass sich oft der Kostenerstattungsanspruch nicht nur an einen einzigen Verursacher wendet, sondern an mehrere Eingriffsverursacher. Typisches Beispiel ist ein Neubaugebiet, das 40 Bauherren

---

[357] Beispiel: Nutzt ein Investor 15% der insgesamt bevorrateten Flächen als Ausgleichsfläche und sind diese Flächen im Eingriffsbebauungsplan entsprechend zugeordnet, so kann dieser Investor an den bisher aufgelaufenen Herstellungs-, Betriebs- und Managementkosten zu 15% beteiligt werden, sofern diese Kosten nach § 129 BauGB erforderlich gewesen sind, den Flächenpool herzustellen und zu betreiben.

[358] Nutzt also der Eingriffsverursacher insgesamt zum Beispiel 10% der im Ökokonto bevorrateten vorgenommenen Aufwertungsmaßnahmen, so können diese Kosten zu 10% auf ihn umgelegt werden.

Baugrundstücke bereitstellt und als Ausgleich im Eingriffsbebauungsplan pauschal diesen 40 Baugrundstücken eine bestimmte, zusammenhängende Fläche, die im Flächenpool oder Ökokonto bevorratet worden ist, zuweist (sog. Sammelzuordnung nach § 9 Abs. 1a S. 2, „ganz ... zugeordnet")[359]. Hier stellt sich die Frage, nach welchen Kriterien die Kosten der Ausgleichsflächen oder -maßnahmen auf die verschiedenen Eingriffsverursacher umgelegt werden können.

Hier gilt für die Berechnung der Kosten im Verhältnis Gemeinde – Gesamtheit der Eingriffsverursacher dasselbe wie oben bei a) dargestellt. Im Rahmen der Abwägung des Eingriffsbebauungsplan ist ermittelt worden, wie hoch der Ausgleichsbedarf im Eingriffsgebiet ist und in welchem Maße bestimmte bevorratete Flächen und Maßnahmen genutzt werden sollen (Prozess der Abbuchung, s. o. bei B. III.). Auf diese Weise nutzt die Gemeinde einen gewissen, in seinen Erwerbs- und Herstellungskosten genau bezifferbaren Teil des Vorrats an Flächen und Maßnahmen aus dem Ökokonto oder Flächenpool. Es lassen sich also die Gesamtkosten der Sammelausgleichszuordnung leicht ermitteln. Das Problem bezieht sich vielmehr darauf, wie sich die ermittelten Gesamtkosten des Ausgleichs auf die einzelnen Bauherren verteilen. Relevant ist diese Aufteilung der Gesamtkosten auf die einzelnen Bauherren für die Gemeinde deshalb, weil sich die Kostenerstattungsbescheide an den einzelnen Bauherren richten müssen und nicht an die Gesamtheit der Bauherren gerichtet werden können. Hier werden die gesetzlichen Verteilungsmaßstäbe in § 135b BauGB relevant. Die Gemeinde muss in ihrer Kostenerstattungssatzung die Verteilung der Kosten entsprechend diesen Maßstäben regeln; dabei kann sie grundsätzlich im Rahmen ihres Satzungsermessens bestimmten Maßstäben den Vorrang zuweisen.[360] Weisen Eingriffsgrundstücke im Eingriffsgebiet eine auffällige, vom sonstigen ökologischen Standard des Eingriffsgebiets abweichende ökologische Wertigkeit auf, so muss dies wegen des Verursacherprinzips bei der Kostenfestsetzung zwingend berücksichtigt werden.[361] Bei der Nutzung eines Flächenpools geschieht also die Aufteilung der für die Flächenbevorratung notwendigen Kosten grundsätzlich wegen Art. 3 Abs. 1 GG gleichmäßig. Unterschiedliche Kostenbelastungen können durch die Satzung nach § 135c Nr. 4 i. V. m. § 135b BauGB begründet werden, müssen aber gerechtfertigt sein. Dies kann insbesondere bei einer ungleichmäßigen ökologischen Wertigkeit der Eingriffsflächen der Fall sein (zum Beispiel: Maisfeld neben

---

[359] Vgl. zur Sammelzuordnung oben bei D. II. 3. b) aa).

[360] *Krautzberger,* in: Ernst/Zinkahn/Bielenberg/Krautzberger (Hrsg.), BauGB, § 135b Rn. 2.

[361] So zu Recht *Birk,* VBlBW 1998, 81 (82 f.). Beispiel: Das Eingriffsgebiet liegt auf einem ökologisch weitgehend wertlosen großen Acker, in dessen Mitte sich aber ein wertvolles Feuchtbiotop (Teich o. ä.) befindet.

Feuchtbiotop). Bei der Nutzung eines Ökokontos gilt im Prinzip dasselbe: die Kosten des Flächenerwerbs und derjenigen vorweggenommenen Naturaufwertungsmaßnahmen, die jetzt insgesamt als Ausgleich einem Eingriffsgebiet zugeordnet worden sind, werden nach der kommunalen Kostenerstattungssatzung auf die Eingriffsverursacher umgelegt (§ 135 c Nr. 4 i. V. m. § 135 b BauGB). Auch hier muss die Gemeinde wegen des Verursacherprinzips in der Satzung vorsehen, dass unterschiedliche ökologische Wertigkeiten im Eingriffsgebiet hinsichtlich der Höhe des Kostenerstattungsbetrages zu Lasten des entsprechenden Bauherrn berücksichtigt werden können.

### III. Bewertung und Finanzierungsalternativen

Zusammenfassend kann festgehalten werden, dass die Gemeinde sowohl bei Nutzung eines Flächenpools als auch bei der Nutzung eines Ökokontos auf den gesetzlichen Kostenerstattungsanspruch aus § 135a Abs. 2 S. 1; Abs. 3 S. 2 BauGB zurückgreifen kann. Sie ist dabei aber an die gesetzlichen Vorgaben gebunden. Das heißt zum einen, dass sie an den gesetzlichen Inhalt dieses Anspruches gebunden ist (zum Inhalt siehe oben bei C. I. 1. und 3.), zum anderen, dass sie den Betrag erst erheben kann, wenn die Eingriffsgrundstücke für den Bauherren wirtschaftlich nutzbar sind; sie muss, will sie ein Ökokonto nutzen, den Betrag für die Vornahme der vorgezogenen Aufwertungsmaßnahmen solange vorstrecken. Außerdem können nach der gesetzlichen Vorgabe nur diejenigen Kosten refinanziert werden, die bis zur Fertigstellung der Aufwertungsmaßnahme und der Entfaltung ihrer ökologischen Funktion angefallen sind. Das bedeutet insbesondere, dass die – oft ökologisch sinnvolle und notwendige – laufende Pflege der aufgewerteten Natur nicht über § 135a Abs. 2 S. 1; Abs. 3 S. 2 BauGB finanziert werden kann, weil diese Kosten erst nach der vollständigen Fertigstellung des Ausgleichs anfallen.[362] Es liegt nahe, dass diese Pflege auf Grund mangelnder Refinanzierungsfähigkeit dann oft nicht mehr durchgeführt werden wird und der langfristige ökologische Erfolg der Maßnahmen gefährdet ist.[363] Neben diese ökologische Problematik tritt diejenige des hoheitlichen Charakters der Kostenerstattungsbeitragsbescheide. Es kann durchaus sein, dass der imperativ-hoheitliche Charakter dieser Bescheide die Bauherren, die der Eingriffsregelung wegen der für sie damit verbundenen Kosten meist ohnehin negativ gegenüberstehen werden, dazu veranlasst, Rechtsmittel gegen diese Bescheide gemäß § 212a BauGB einzulegen. Hier ist eine möglichst kooperative Vorgehensweise angebracht, die nicht zu Konflikten führt und keine Schwierigkeiten auf dem Weg zur vollständigen Refinanzierung bereitet. Denn die Kostenerstattungsbeträge rechtsmittelfest zu ma-

---

[362] Vgl. *Bunzel/Böhme,* Interkommunales Kompensationsmanagement, S. 224.
[363] Ausführlich zum Problem der Erhaltungspflege *Stüer,* NuR 2004, 11 ff.

chen, ist für den kommunalen Satzungsgeber angesichts der erwähnten
schwierigen Verteilungsfragen, zu deren Lösung § 135b BauGB nur abstrakte Vorgaben macht, eine große Herausforderung. Es besteht, insbesondere
bei kleineren Gemeinden ohne spezialisierte Rechtsberatung, die Gefahr,
dass diese Fragen im Abwägungsvorgang sowohl des Eingriffsbebauungsplanes und der Kostenerstattungssatzung nach § 135c BauGB unzureichend
gelöst werden; die erfolgreiche Refinanzierung der von der Gemeinde vor-
gestreckten Kosten könnte daher oft auf tönernen Füßen stehen.

Die Gemeinde kann bei der Nutzung von Ökokonten und Flächenpools
aber gänzlich auf das Instrument des gesetzlichen Kostenerstattungsanspruches aus § 135a Abs. 2 S. 1; Abs. 3 S. 2 BauGB verzichten und den Weg
über städtebauliche Verträge wählen. Städtebauliche Verträge sind ein taugliches Mittel zur Durchführung des Ausgleichs.[364] Sie können gemäß § 11
Abs. 1 S. 2 Nr. 3 BauGB auch zur Finanzierung des Ausgleichs genutzt
werden und bieten hier den Vorteil, dass der Inhalt des Kostenerstattungsanspruches frei geregelt werden kann. Eine Grenze bilden lediglich die Angemessenheit nach § 11 Abs. 2 S. 1 BauGB und das Koppelungsverbot aus
§ 59 Abs. 2 Nr. 4 VwVfG, nach dem durch Vertrag nichts verknüpft werden darf, was nicht ohnehin in Zusammenhang steht, und nach dem ferner
eine hoheitliche Entscheidung nicht von wirtschaftlichen Gegenleistungen
abhängig gemacht werden darf; es dürfen keine Hoheitsrechte verkauft werden.[365] Ein städtebaulicher Vertrag ist nur zulässig, wenn die Kostenverein-
barung in diesem Vertrag die Gemeinde von Kosten entlastet, zu denen der
Erlass eines Bebauungsplanes geführt hat oder zu denen die Erteilung einer
Baugenehmigung führen wird;[366] es ist also eine Kausalität zwischen dem
Bauvorhaben und der im Vertrag zu finanzierenden Maßnahme erforderlich.
Die vereinbarten Beträge müssen in bestimmter Höhe bestimmten Folge-
maßnahmen zugeordnet werden können. Bei Ausgleichsmaßnahmen ist
diese Kausalität abstrakt gesetzlich durch die städtebauliche Eingriffsregelung hergestellt; für den konkreten Vertrag ergibt sie sich jeweils aus der
konkreten Eingriffs-/Ausgleichsbilanzierung im Eingriffsbebauungsplan und
den daraus resultierenden Aussagen über den Ausgleich der Eingriffe. Hinsichtlich der zweiten Grenze, des Angemessenheitskriteriums, ist bei gleich-
berechtigt ausgehandelten Verträgen regelmäßig von einer Angemessenheit
der vereinbarten Zahlungspflicht auszugehen.[367] Kriterien für eine Ange-

---

[364] Siehe oben im § 4 bei D. III.

[365] Zum Inhalt des Koppelungsverbots bei städtebaulichen Verträgen schon oben
bei § 4 D. III. 3.; vgl. auch die kompakte Darstellung bei *Quaas/Kukk,* in: Schrödter
(Hrsg.), BauGB, § 11 Rn. 46 ff. und *Stüer/König,* ZfBR 2000, 528 (532 ff.).

[366] BVerwGE 42, 331 (340); BVerwG, DVBl. 1993, 263.

[367] *Bunzel,* Bauleitplanung und Flächenmanagement bei Eingriffen in Natur und
Landschaft, S. 165 f.

messenheitsprüfung können etwa die Relation der Kosten des Ausgleichs zum Gesamtinvestitionsvolumen oder der Rentabilität des Eingriffsvorhabens sein.[368] Zu beachten ist bei dieser Prüfung aber die gesetzliche Wertung in § 135a Abs. 1 BauGB, dass der Vorhabenträger als Konsequenz seiner Finanzierungsverantwortung als Erscheinungsform des Verursacherprinzips die gesamten Kosten des Vorhabens übernehmen muss.

Der individuell frei verhandelbare Inhalt eines vertraglichen Kostenerstattungsanspruches ermöglicht es der Gemeinde, sämtliche mit dem Ausgleich verbundenen Kosten, etwa Planung und gartenbauliche Herstellung des Ausgleichs sowie der Flächenerwerb, auf den Vertragspartner, den Vorhabenträger als Eingriffsverursacher, abzuwälzen. Damit können auch Aufwendungen zur Erhaltungspflege der aufgewerteten Natur beim Eingriffsverursacher refinanziert werden. Bei verwaltungsinternen Kosten, die ohnehin, auch ohne Nutzung des Ökokontos oder des Flächenpools entstanden wären und die über den ordentlichen Gemeindehaushalt finanziert werden (etwa für Sachmittel und Personal), besteht die erforderliche Kausalität zwischen Kostenübernahme des Vorhabenträgers und städtebaulicher Maßnahme nicht. Die Refinanzierung ist nur bei Kosten möglich, die alleine auf die Ausgleichstätigkeit der Gemeinde im speziellen Eingriffsfall zurückzuführen ist. Bei der Nutzung von Ökokonten und Flächenpools ist von dem Vorliegen der Kausalität regelmäßig auszugehen, sofern die entstandenen Kosten eindeutig dem Flächenpool oder dem Ökokonto zuzuordnen sind und ausschließlich aus Ausgleichszwecken für das konkrete Eingriffsvorhaben heraus entstanden sind. Dem steht nicht entgegen, dass bei Ökokonten infolge der zeitlichen Entkopplung bei der Durchführung der Naturaufwertung noch nicht bekannt ist, für welches konkrete Vorhaben die Naturaufwertung später einmal als Ausgleichsmaßnahme zugeordnet werden wird. Denn der Wortlaut von § 11 Abs. 1 S. 2 Nr. 3 BauGB schließt die Refinanzierung bereits realisierter Maßnahmen nicht aus („… der Gemeinde für städtebauliche Maßnahmen … entstanden sind"). Der Gesetzgeber wollte bei der Schaffung des § 11 BauGB im BauROG 1998 Ökokonto-Modelle nicht verhindern, sondern auch deren Finanzierung über städtebauliche Verträge ermöglichen.[369] Außerdem kann der Vorhabenträger auf die durch die zeitliche Entkopplung entstehenden Vorteile eines Ökokontos zurückgreifen (Verfahrensbeschleunigung, ökologische Verzinsung), so dass es nicht sinnvoll wäre, ihm diese Finanzierungsmöglichkeit durch eine zu enge Auslegung des Kausalitätskriteriums zu verwehren. Wichtig ist überdies festzuhalten, dass der Eingriffsverursacher wegen des Kausalitätserfordernisses nur diejenigen Na-

---

[368] *Bunzel,* ebenda.

[369] Vgl. *Bunzel,* Bauleitplanung und Flächenmanagement bei Eingriffen in Natur und Landschaft, S. 163 f.

turaufwertungsmaßnahmen bezahlen muss, die sein konkretes Eingriffsvorhaben ausgleichen sollen. Welche der in ein Ökokonto eingestellten Aufwertungsmaßnahmen das sind, ergibt sich aus der Zuordnung im Eingriffsbebauungsplan. Er muss also nicht die Kosten des gesamten Ökokontos tragen, sondern lediglich anteilig diejenigen Kosten, die einen – räumlich-funktionalen, s. o. bei B. I. 1. und 2. bb) – Bezug zu den durch sein Eingriffsvorhaben beeinträchtigten Naturfunktionen haben und die für seinen konkreten Eingriff aus dem Ökokonto abgebucht worden sind.

Vertraglich ausgehandelte Kostenerstattungen sind durch ihren kooperativen, ausgehandelten Charakter regelmäßig nicht Gegenstand rechtlicher Auseinandersetzungen, so dass sich die Gemeinde durch eine vertragliche Kostenerstattung gerichtliche Auseinandersetzungen über die Rechtmäßigkeit der Kostenerstattungsbescheide ersparen kann. Bei den Vertragsverhandlungen mit den Eingriffsverursachern hat die Gemeinde insofern eine relativ gute Verhandlungsposition, als sie notfalls, beim Scheitern der Gespräche, auf den gesetzlichen Kostenerstattungsanspruch zurückgreifen kann und die Möglichkeit eines solchen Zurückgreifens auf imperative Handlungsmöglichkeiten durchaus zu ihren Gunsten in ihre Verhandlungsargumentation miteinfließen lassen kann.

Es spricht daher viel für eine vertragliche Regelung der Gemeinde mit dem Bauherrn über die Kostenerstattung, sollen ein Flächenpool oder ein Ökokonto zum Ausgleich der von einem Vorhabenträger hervorgerufenen Naturbeeinträchtigungen benutzt werden. Lassen sich die Eingriffsverursacher aber nicht auf einen Vertragsschluss ein, kann die Gemeinde zur Refinanzierung der Kosten des vorweggenommenen Ausgleichs auf den gesetzlichen Kostenerstattungsanspruch mit seinen beschriebenen Einschränkungen und Risiken zurückgreifen. Diese Möglichkeit besteht aber nur bei gemeindlich-hoheitlich betriebenen Pools. Ein privatrechtlich organisierter Poolbetreiber kann das Instrument des § 135a Abs. 2 S. 1; Abs. 3 S. 2 BauGB nicht nutzen. Er kann seine Kosten nur über privatrechtliche Verträge mit den Eingriffsverursachern oder der Gemeinde, je nach gewählter Poolkonstruktion, refinanzieren.

## D. Möglichkeiten der rechtlichen Kontrolle eines mit Hilfe eines Ökokontos oder Flächenpools durchgeführten städtebaulichen Ausgleichs

Ökokonten und Flächenpools dienen als Hilfsmittel für den erleichterten Vollzug der städtebaulichen Eingriffsregelung aus § 1a Abs. 3 BauGB. Dieser Vollzug der Eingriffsregelung geschieht planerisch, im Rahmen der Aufstellung eines Eingriffsbebauungsplanes, der durch seine Festsetzungen ein

Vorhaben planungsrechtlich ermöglicht, das die Natur- und Landschafts-funktionen beeinträchtigen kann. Fraglich ist, ob und auf welche Art und Weise die planende Gemeinde, welche die Eingriffsregelung im Eingriffs-bebauungsplan abarbeitet und damit vollzieht, bei diesem Vollzug rechtlich kontrolliert werden kann. Da die Nutzung von Ökokonten und Flächenpools komplexe Rechtsfragen aufwirft, ist hier das Problem der Kontrolle der Ein-haltung der Vorschriften des BauGB von besonderer Bedeutung.

Diese rechtliche Kontrolle der Ausgleichstätigkeit lässt sich nach vier Aspekten strukturieren: zunächst ist zu überlegen, an Hand welcher Vor-schriften überhaupt kontrolliert wird. Klärungsbedürftig ist also der Maß-stab einer rechtlichen Kontrolle (I.). Sodann ist zu fragen, wo die Kontrolle ansetzen soll. Dies ist bei Ökokonten und Flächenpools deshalb problema-tisch, weil diese Ausgleichsformen mehrere Ansatzpunkte für eine Kon-trolle bieten (II.). Zu fragen ist ferner nach den möglichen Initiatoren einer Kontrolle (III.) und den möglichen Instrumenten dieser Kontrolle (IV.).

## I. Der Maßstab einer rechtlichen Kontrolle

Als Hilfsmittel zur Bewältigung des städtebaulichen Ausgleichs muss die Nutzung von Ökokonten oder Flächenpools den Vorschriften des BauGB entsprechen. Diese Vorschriften lassen sich in drei Kategorien einteilen.

### 1. Materielle Anforderungen an den Ausgleich

Zunächst muss der Ausgleich mit Ökokonten oder Flächenpools den materiellen Anforderungen der städtebaulichen Eingriffsregelung genügen. Diese materiellen Anforderungen finden sich teilweise in §§ 1a Abs. 3 S. 3; 200a BauGB wieder; sie wurden oben bereits ausführlich dargestellt. Zu ihnen gehören vor allem der räumliche, zeitliche und funktionale Zusam-menhang als Spezifika der städtebaulichen Eingriffsregelung; ferner die letztlich im BNatSchG wurzelnden allgemeinen Grundsätze des Ausgleichs, etwa, dass eine reale Aufwertung von Funktionen der Natur oder der Land-schaft stattfinden muss.[370] Der ein Ökokonto oder einen Flächenpool nut-zende Ausgleich muss diesen materiellen Anforderungen entsprechen. Ver-stößt er gegen diese speziell ausgleichsrechtlichen Vorgaben des BauGB, so ist der Ausgleich in dem jeweiligen Eingriffsbebauungsplan rechtswidrig. Die Konsequenzen dieser Rechtswidrigkeit und ihr Zusammenhang mit den Planerhaltungsvorschriften werden weiter unten bei V. erläutert.

---

[370] Ausführlich oben in § 3 bei B. II. 2. b) dd).

## 2. Das Verfahren der Eingriffsprüfung in der Umweltprüfung nach § 2 Abs. 4 BauGB

Die materiellen Vorgaben für den Ausgleich sind im Rahmen des Vollzugs der Eingriffsregelung zu beachten, der seinerseits in die Umweltprüfung nach § 2 Abs. 4 BauGB eingebettet ist. Das BauGB enthält also durch die Vorschriften über die Durchführung der Umweltprüfung auch formale Voraussetzungen des Ausgleichs. Da die Nutzung von Ökokonten und Flächenpools für den Vollzug der Eingriffsregelung im Rahmen der Aufstellung eines Eingriffsbebauungsplans genutzt werden sollen, sind hier auch diese formalen Verfahrensvorschriften zu beachten. Auch hier spielt die Planerhaltung bei einem Verstoß gegen diese Verfahrensvorschriften eine Rolle (unten bei V.).

## 3. Von § 1a BauGB unabhängige Aspekte des Eingriffsbebauungsplans

Neben formalen und materiellen Anforderungen der städtebaulichen Eingriffsregelung, also den spezifisch ausgleichsrechtlichen Rechtmäßigkeitsvoraussetzungen des Ausgleichs, müssen selbstverständlich auch die übrigen Rechtmäßigkeitsvoraussetzungen, die das BauGB für einen Bebauungsplan vorsieht, beachtet werden. Denn der Eingriffsbebauungsplan ist – abgesehen von den Aussagen, die auf dem speziellen Prüfprogramm des § 1a Abs. 3 BauGB beruhen – ein ganz normaler Bebauungsplan. Die Anforderungen der Eingriffsregelung treten nur zusätzlich neben die üblichen, ohnehin von der Gemeinde als Grenze ihres Planungsermessens zu beachtenden Rechtmäßigkeitsvoraussetzungen eines Bebauungsplanes, die nicht speziell in der Eingriffsregelung wurzeln.[371] Daher sind diese nicht ausgleichsspezifischen Rechtmäßigkeitsvoraussetzungen ohne weiteres zu beachten.

## II. Ansatzpunkte und Ebenen der Kontrolle

Die Kontrolle der Ausgleichstätigkeit der Gemeinde und damit auch der Nutzung eines Ökokontos oder Flächenpools kann auf verschiedenen Ebenen erfolgen. Denn die Nutzung dieser modernen Ausgleichsformen basiert auf einem Zusammenwirken verschiedener einzelner Rechtsakte, die jeder für sich einen möglichen Ansatzpunkt der Kontrolle der Ausgleichstätigkeit darstellen.

---

[371] Exemplarisch seien hier nur genannt der Erforderlichkeitsgrundsatz, § 1 Abs. 3 S. 1 BauGB oder die Anpassungspflicht aus § 1 Abs. 4 BauGB. Kompakt zu den allgemeinen Rechtmäßigkeitsvoraussetzungen eines Bebauungsplanes statt vieler *Brohm*, Öffentliches Baurecht, §§ 12 und 13.

### 1. Eingriffsbebauungsplan

Im Eingriffsbebauungsplan muss die Gemeinde Aussagen darüber treffen, wie die durch diesen Plan ermöglichten Naturbeeinträchtigungen wiederhergestellt werden sollen. Werden Ökokonto oder Flächenpool genutzt, so bucht die Gemeinde im Rahmen der Abwägung des Eingriffsbebauungsplans Flächen oder Maßnahmen aus der Bevorratung ab (siehe oben bei B. III.). Der erste Ansatzpunkt einer rechtlichen Kontrolle dieser Ausgleichsformen ist dieser Vorgang des „Abbuchens". Kontrolliert wird hier die bauplanerische Abwägung der Gemeinde im Hinblick auf die beschriebenen materiellen und formellen Voraussetzungen des städtebaulichen Ausgleichs.

### 2. Flächennutzungsplan mit Aussagen zum Ausgleich, § 1a Abs. 3 S. 2 BauGB

Der zweite Ansatzpunkt der Kontrolle der Ausgleichstätigkeit der Gemeinde und damit auch der Nutzung eines Ökokontos oder eines Flächenpools ist der gemeindliche Flächennutzungsplan. Ökokonto und Flächenpool setzen wegen ihrer materiellen Rechtmäßigkeitsvoraussetzung der „Vereinbarkeit mit der städtebaulichen Entwicklung", die gemäß § 1a Abs. 3 S. 3 BauGB für die räumliche Entkopplung als konstituierendes Wesensmerkmal dieser Ausgleichsformen gilt, voraus, dass die Gemeinde in ihrem Flächennutzungsplan Aussagen über den Ausgleich künftiger Eingriffe getroffen hat.[372] Meist sind das Ökokonto und der Flächenpool planerisch im Flächennutzungsplan gesichert. Diese planerische Sicherung erfolgt über Darstellungen nach § 5 Abs. 2 BauGB.[373] Demgemäß könnten diese Darstellungen im Flächennutzungsplan ein Ansatzpunkt für die rechtliche Kontrolle sein.

Freilich ist hier zu beachten, dass der Flächennutzungsplan grundsätzlich wegen seiner fehlenden Rechtsqualität nicht im Wege einer prinzipalen Normenkontrolle, sondern lediglich im Rahmen von Anfechtungs- und Verpflichtungsklagen inzidenter gerichtlich angreifbar ist.[374] Die Aussagen des

---

[372] Siehe dazu insgesamt schon oben bei B. I. 2. a) aa) (2) und in § 4 bei C. III. 4.

[373] Siehe oben bei B. II. 3. b) aa) und in § 4 bei D. I. 2. a).

[374] BVerwGE 68, 311 ff. und 319 ff.; BVerwG, DVBl. 1990, 1352 ff.; *Stüer,* Handbuch des Bau- und Fachplanungsrechts, Rn. 4130 (Kap. F); *Kraft,* in: Spannowsky/Mitschang (Hrsg.), Flächennutzungsplanung im Umbruch, S. 154 f. m.w.N. Freilich gerät dieses Dogma angesichts der unmittelbaren Relevanz des Flächennutzungsplans bei § 35 Abs. 3 S. 3 BauGB zunehmend ins Wanken, vgl. BVerwGE 117, 287 m. Anm. *Kment,* NVwZ 2004, 314 ff. und BVerwGE 119, 217; jüngst BVerwG, NVwZ 2005, 211; außerdem *Hendler,* NuR 2004, 485 ff.

Flächennutzungsplanes über den Ausgleich können also, sollen sie gerichtlich angegriffen werden, lediglich inzidenter überprüft werden. Die gerichtliche Kontrolle der ausgleichsbezogenen Aussagen eines Flächennutzungsplans ist also nur sehr eingeschränkt möglich. Die rechtliche Kontrolle eines Flächennutzungsplans kann aber nicht nur gerichtlich, sondern auch aufsichtsbehördlich im Genehmigungsverfahren nach § 6 Abs. 1 BauGB stattfinden. Die Versagungsgründe des § 6 Abs. 2 BauGB sind bei materieller oder formeller Rechtswidrigkeit der ausgleichsbezogenen Darstellungen einschlägig.

### 3. Bebauungsplan mit Aussagen zum Ausgleich, § 1a Abs. 3 S. 2 BauGB

Ein weiterer Ansatzpunkt der rechtlichen Kontrolle ist der Bebauungsplan, der Aussagen über den Ausgleich enthält. Dies kann zum einen der Eingriffsbebauungsplan sein. Bei der Nutzung von Ökokonten oder Flächenpools wird aber regelmäßig zusätzlich ein selbständiger Ausgleichsbebauungsplan existieren, der ausschließlich Festsetzungen von Ausgleichsflächen und -maßnahmen enthält und das Ökokonto/den Flächenpool so planerisch sichert (siehe oben bei B. II. 3. b) bb)). Im Eingriffsbebauungsplan werden die Eingriffsflächen den Ausgleichsflächen in diesem Ausgleichsbebauungsplan zugeordnet. Dieser selbständige Ausgleichsbebauungsplan, der im Falle des Ökokontos zeitlich vor dem Eingriffsbebauungsplan aufgestellt wird, kann Ansatzpunkt einer eigenständigen, vom Eingriffsbebauungsplan unabhängigen rechtlichen Kontrolle sein.[375]

Bei dieser separaten Kontrolle eines vorgezogenen Ausgleichsbebauungsplans können allerdings nur die allgemeinen Rechtmäßigkeitsvoraussetzungen eines Bebauungsplans geprüft werden. Die spezifisch ausgleichsbezogenen materiellen Rechtmäßigkeitsvoraussetzungen des Ausgleichs existieren nämlich noch gar nicht. Denn zum Ausgleich werden die Flächen und Maßnahmen, die im Ausgleichsbebauungsplan vorgesehen sind, erst im Moment der Zuordnung dieser Flächen und Maßnahmen im Eingriffsbebauungsplan. Vorher ist ja noch gar nicht klar, welche Eingriffe in welchem Umfang ausgeglichen werden sollen. Demgemäß kann vor der Zuordnung auch noch nicht beurteilt werden, ob der räumliche und funktionale Zusammenhang des Ausgleichs mit dem Eingriff gewahrt ist, weil die für diese Prüfung notwendige Bezugsgröße des Eingriffs fehlt. Die spezifisch ausgleichsbezogenen, materiellen Rechtmäßigkeitsvoraussetzungen des Ausgleichs können

---

[375] Zur Frage der Verbindung beider Pläne, wenn der Ausgleichsbebauungsplan gleichzeitig mit dem Eingriffsbebauungsplan aufgestellt wird und nicht vorgezogen, ausführlich *Tophoven*, Die naturschutzrechtliche Eingriffs- und Ausgleichsregelung im Bauplanungsrecht, S. 155 und S. 176 ff.

nur bei der Prüfung des Eingriffsbebauungsplanes (genauer: der Zuordnungsfestsetzung in diesem Eingriffsbebauungsplan) geprüft werden. Die Kontrolle eines Ausgleichsbebauungsplanes verläuft daher nach dem allgemeinen Muster der Rechtmäßigkeitsprüfung eines Bebauungsplanes. Besonderes Augenmerk ist hier auf die städtebauliche Erforderlichkeit des Planes zu richten.[376]

### 4. Vertragliche Ausgleichsmaßnahmen, § 1a Abs. 3 S. 4 Alt. 1 BauGB

Der städtebauliche Ausgleich kann auch über vertragliche Vereinbarungen mit den Eingriffsverursachern gesichert werden. In der Abwägung des Eingriffsbebauungsplanes muss die Gemeinde in diesen Fällen bei der Eingriffsprüfung darauf hinweisen und sich ausführlich damit auseinandergesetzt haben, dass der Ausgleich vertraglich erfolgt. Im Eingriffsbebauungsplan kann dann auf Ausgleichsfestsetzungen oder -zuordnungen verzichtet werden, wenngleich sich eine planerische Festsetzung des Ausgleichs zur Sicherung der vertraglichen Pflichten des Eingriffsverursachers empfiehlt. Ansatzpunkte für eine Kontrolle bei dieser Variante des Ausgleichs sind nicht die – nicht vorhandenen – Ausgleichsfestsetzungen, sondern vielmehr ist lediglich die Befassung der Gemeinde mit dem vertraglichen Ausgleich in ihrer bauplanerischen Abwägung der Ansatzpunkt der Kontrolle. Die materiellen Anforderungen an den städtebaulichen Ausgleich müssen von der Gemeinde eingehalten werden, das heißt, die Gemeinde darf vertraglich nur solche Flächen und Maßnahmen mit dem Eingriffsverursacher vereinbaren, die den beschriebenen materiellen Anforderungen an den Ausgleich des Eingriffs entsprechen. Dies erfordert eine entsprechende Darlegung dieser Überlegungen der Gemeinde in der Planbegründung im Umweltbericht.[377]

Für das Ökokonto oder einen Flächenpool werden vertragliche Vereinbarungen nach § 1a Abs. 3 S. 4 Alt. 1 BauGB insofern relevant, als bei der Abwägung eines Eingriffsbebauungsplans darauf verwiesen werden kann, dass der Eingriffsverursacher mit der Gemeinde einen Vertrag darüber abgeschlossen hat, dass eine bevorratete Fläche oder bevorratete Maßnahme aus dem Pool oder Konto zum Ausgleich des Eingriffs genutzt werden wird. Wenn das Ökokonto oder der Flächenpool direkt von der Gemeinde betrieben wird, ist kein weiterer Vertrag zwischen Gemeinde und Pool/Konto-Betreiber nötig; nutzt die Gemeinde ein externes Ökokonto oder einen externen Flächenpool, so muss sie im Innenverhältnis mit dem Betreiber vertraglich sicherstellen, dass sie ihren Verpflichtungen dem Eingriffsverursacher gegenüber, nämlich den Ausgleich durchzuführen, nachkommen kann. Ist

---

[376] Dazu schon oben im § 4 bei D. II. 2. a) bb).
[377] Siehe oben bei § 4 C. I. 6. b) bb).

dies im Innenverhältnis Gemeinde-Poolbetreiber nicht hinreichend sichergestellt, so ist die Abwägung des Eingriffsbebauungsplanes hinsichtlich der Behandlung der Eingriffsregelung defizitär, wenn der Weg des vertraglichen Ausgleichs nach § 1a Abs. 3 S. 4 Alt. 1 BauGB gewählt worden ist.

Festzuhalten ist also: Erfolgt der Ausgleich über vertragliche Regelungen, so werden zwar diese Regelungen mittelbar kontrolliert, ob sie den materiellen Anforderungen an den Ausgleich entsprechen. Gegenstand einer unmittelbaren rechtlichen Kontrolle ist aber lediglich die Abwägung des Eingriffsbebauungsplanes, die auf die Einhaltung der materiellen und formalen Anforderungen der Eingriffsregelung hin überprüft wird. In diesem Rahmen erfolgt die mittelbare Kontrolle der dem Ausgleich zu Grunde liegenden Verträge des Eingriffsverursachers mit der Gemeinde und dem Betreiber des Ökokontos.

### 5. Sonstige Ausgleichsmaßnahmen
### nach § 1a Abs. 3 S. 4 Alt. 2 BauGB

Ähnliches gilt für den Weg der sonstigen Ausgleichsmaßnahmen, den die Gemeinde gemäß § 1a Abs. 3 S. 4 Alt. 2 BauGB gehen kann.[378] Auch hier werden nicht die Ausgleichsmaßnahmen als solche isoliert, losgelöst vom Eingriffsbebauungsplan, kontrolliert. Gegenstand und Ansatzpunkt der rechtlichen Kontrolle ist vielmehr wieder der Eingriffsbebauungsplan und dessen planerische Abwägung. Denn in dieser Abwägung muss die Gemeinde, will sie diese Ausgleichsvariante anwenden, darlegen, welche sonstigen Ausgleichsmaßnahmen sie zum Ausgleich der prognostizierten Eingriffe benutzen möchte und inwiefern diese Ausgleichsmaßnahmen den materiellen Anforderungen an den konkreten Ausgleich dieser Eingriffe gerecht werden. Besonders problematisch ist bei dieser Ausgleichsvariante die Sicherung dieser Maßnahmen. Die Befassung mit diesen Fragen muss den formellen Anforderungen der Eingriffsprüfung, also ihrer Einbettung in die Umweltprüfung gemäß, entsprechen.

### 6. Zusammenfassung: Ansatzpunkte der Kontrolle
### der Ausgleichstätigkeit

Soll die Nutzung von Ökokonten oder Flächenpools als Instrumente des städtebaulichen Ausgleichs rechtlich überprüft werden, so gibt es dazu im Grundsatz nur eine Möglichkeit, nämlich die Prüfung der planerischen Abwägung des Eingriffsbebauungsplans. Hier kann die gemeindliche Abwägung daraufhin überprüft werden, ob die materiellen Anforderungen an den städtebaulichen Ausgleich des konkreten Eingriffs eingehalten worden sind

---

[378] Siehe dazu schon oben in § 4 bei D. IV.

und ob die formellen Vorgaben der Umweltprüfung, in die die Eingriffsprüfung eingebettet worden ist, eingehalten worden sind.

Die bei Flächenpools und Ökokonten notwendigen Bevorratungen von Flächen oder Maßnahmen können hingegen grundsätzlich nicht isoliert, also losgelöst von einem konkreten Eingriff, auf ihre Vereinbarkeit mit den Vorgaben für den städtebaulichen Ausgleich überprüft werden, weil es an einem konkreten Ansatzpunkt für diese Prüfung fehlt, da der Eingriff mit seinen Naturbeeinträchtigungen im Einzelnen noch nicht feststeht. Eine Ausnahme gilt hier nur für Bevorratungen, die mit Hilfe eines selbständigen Ausgleichsbebauungsplans vorgenommen werden, etwa, um ein Ökokonto oder einen Flächenpool gegen andere Nutzungsinteressen planerisch zu sichern. Weil die Gemeinde die Bevorratung hier in die rechtliche Handlungsform eines Bebauungsplans kleidet, kann dieser Bebauungsplan auch kontrolliert werden.

Im Übrigen ist die Kontrolle der Gemeinde bei Aufbau, Betrieb und Nutzung von Ökokonten und Flächenpools im Rahmen der Bauleitplanung nicht spezifisch als Kontrolle der Ausgleichstätigkeit, sondern nur im Rahmen der üblichen, alle Aufgabenbereiche umfassenden kommunalrechtlichen Rechtsaufsicht möglich, weil die städtebauliche Ausgleichstätigkeit zur Planungshoheit der Gemeinde und damit zu ihrer grundgesetzlich garantierten Selbstverwaltungsautonomie gehört. Das darin wurzelnde Recht auf eigenverantwortliche Aufgabenwahrnehmung beschränkt die Kontrollmöglichkeiten der Kommunalaufsicht auf Rechtsverstöße, nicht aber auf Fragen politischer Opportunität oder fachlicher Zweckmäßigkeiten.[379]

### III. Zur Kontrolle des Ausgleichs Berechtigte

Geklärt worden ist, dass im Rahmen der Prüfung des Eingriffsbebauungsplans[380] eine Rechtskontrolle des Ausgleichs hinsichtlich dessen materieller Anforderungen und der formellen Einbettung in das Verfahren der Umwelt-

---

[379] Vgl. zu dieser Beschränkung im Rahmen der Rechtsaufsicht im Selbstverantwortungsbereich (eigenem Wirkungskreis) statt vieler VGH Mannheim, ESVGH 20, 141 ff.; *Seewald,* in: Steiner (Hrsg.), Besonderes Verwaltungsrecht, Kap. I Rn. 351 f.; *Gern,* Deutsches Kommunalrecht, Rn. 806; *Wolff/Bachof/Stober,* VerwR, § 94 III 1 Rn. 126 und 134 ff.

[380] Noch einmal: ein selbständiger Ausgleichsbebauungsplan kann zwar kontrolliert werden, allerdings nur auf die Einhaltung der allgemeinen Rechtmäßigkeitsanforderungen, nicht jedoch auf die spezifisch ausgleichsbezogenen Rechtmäßigkeitsvoraussetzungen, weil diese als Prüfungsmaßstab erst klar werden, wenn das Eingriffsvorhaben mit seinen Naturbeeinträchtigungen prognostizierbar ist. Dies ist bei einem isolierten Ausgleichsbebauungsplan, der losgelöst von einem konkreten Eingriff beschlossen wird, nicht der Fall.

prüfung möglich ist. Eine solche Kontrolle kann behördlich (1.) oder gerichtlich (2.) stattfinden.

### 1. Behördliche Kontrolle durch die Aufsichtsbehörden

Eine aufsichtsbehördliche Kontrolle der Ausgleichspläne der Gemeinden und ihrer Absichten, ein Ökokonto oder einen Flächenpool als Ausgleichsinstrumente zu nutzen, kann auf zwei Ebenen erfolgen.

### a) Aufsichtsbehördliche Kontrolle des Flächennutzungsplans

Zum einen muss das Ökokonto oder der Flächenpool als Teil eines umfassend abgewogenen, gemeindeweiten Ausgleichskonzepts[381] und wegen der materiellen Voraussetzung der Vereinbarkeit des räumlich entkoppelten Ausgleichs als Spezifikum eines Ökokontos/Flächenpools] mit der städtebaulichen Entwicklung (§§ 1a Abs. 3 S. 3 BauGB, s.o. bei B. I. 2. a) aa) (2) und im § 4 bei C. III. 4.) Gegenstand des Flächennutzungsplans sein und dort durch entsprechende Darstellungen und Aussagen über den Ausgleich berücksichtigt sein. Flächennutzungspläne unterliegen gemäß § 6 Abs. 1 BauGB einer reinen Rechtskontrolle (§ 6 Abs. 2 BauGB) der Rechtsaufsichtsbehörden. Demnach könnte eine den materiellen Anforderungen von Ausgleichsmaßnahmen nicht gerecht werdende Nutzung eines Ökokontos oder Flächenpools bereits im Rahmen der aufsichtsbehördlichen Kontrolle eines Flächennutzungsplans stattfinden. Allerdings ist hier wieder zu beachten, dass die in Flächenpools bevorrateten Flächen und die in Ökokonten bevorrateten Maßnahmen erst durch die Abwägung des Eingriffsbebauungsplans zu Maßnahmen zum konkreten Ausgleich eines konkreten Eingriffs werden. Demnach kann auf der Ebene des Flächennutzungsplanes die Eignung einer Naturaufwertungsmaßnahme als Ausgleichsmaßnahme noch nicht im Einzelnen beurteilt werden. Daher muss sich die aufsichtsbehördliche Kontrolle eines Flächennutzungsplanes darauf beschränken, gemäß den dazu entwickelten Grundsätzen der Abwägungskontrolle zu überprüfen, ob die bauplanerische Abwägung dieses Flächennutzungsplanes und die Darstellung der Ausgleichsflächen den Grundsätzen des § 1 Abs. 7 und Abs. 6 BauGB entsprechend erfolgt ist.

### b) Aufsichtsbehördliche Kontrolle eines selbständigen Ausgleichsbebauungsplans

Bebauungspläne im Allgemeinen und damit auch der Ausgleichsbebauungsplan im Speziellen, der die bevorrateten Flächen und vorgenommenen

---

[381] Vgl. oben im § 4 bei C. II. 4. c).

Maßnahmen planerisch gegen andere Nutzungen absichern soll, unterliegen der präventiven aufsichtsbehördlichen Kontrolle, wenn die Voraussetzungen des § 10 Abs. 2 BauGB erfüllt sind.[382] Umgekehrt entfällt nach der Vorschrift diese präventive Kontrolle durch die Aufsichtsbehörde, wenn dem Entwicklungsgebot ausreichend Rechnung getragen wird und der Ausgleichsbebauungsplan ohne Änderung oder Aufstellung des Flächennutzungsplans beschlossen wird. Da für die Nutzung eines Ökokontos oder eines Flächenpools zwingend ein Flächennutzungsplan erforderlich ist,[383] ist davon auszugehen, dass ein selbständiger Ausgleichsbebauungsplan stets auf ausgleichsrelevanten Darstellungen des Flächennutzungsplanes beruht. Damit ist das Entwicklungsgebot erfüllt und die Genehmigungstatbestände des § 10 Abs. 2 BauGB greifen nicht ein. Eine präventive aufsichtsbehördliche Kontrolle des Ausgleichsbebauungsplanes findet demgemäß regelmäßig nicht statt; die Möglichkeit einer (repressiven) Kontrolle im Rahmen der Kommunalaufsicht, etwa durch eine formelle Beanstandung, wird dadurch freilich nicht ausgeschlossen (vgl. dazu bei 4.). Die planerische Sicherung eines Ökokontos oder eines Flächenpools ist daher nicht Gegenstand einer speziell bauplanungsrechtlichen oder bebauungsplanerischen Kontrolle, sondern erfolgt nur im Rahmen der üblichen kommunalen Rechtsaufsicht über die Gesetzmäßigkeit des Handelns der Kommunen.

### c) Aufsichtsbehördliche Kontrolle des Eingriffsbebauungsplans

Etwas anderes gilt für den Eingriffsbebauungsplan. Im Gegensatz zum selbständigen Ausgleichsbebauungsplan, der stets aus den Ausgleichsdarstellungen des Flächennutzungsplans entwickelt werden muss, setzt der Eingriffsbebauungsplan nicht zwingend einen Flächennutzungsplan voraus. Bei diesem Bebauungsplan handelt es sich um einen ganz normalen Bebauungsplan, der ohne weiteres auch nach § 8 Abs. 2 S. 2; Abs. 3 oder Abs. 4 BauGB ohne einen Flächennutzungsplan oder im Parallelverfahren oder als vorzeitiger Bebauungsplan beschlossen werden kann. Macht die Gemeinde von den Möglichkeiten, die ihr diese Vorschriften bieten, Gebrauch, so ist dieser Eingriffsbebauungsplan auch genehmigungspflichtig, § 10 Abs. 2 BauGB.

Im Rahmen dieser rechtsaufsichtlichen Kontrolle kann nun auch die Einhaltung der materiellen Voraussetzungen des Ausgleichs überprüft werden.

---

[382] Hinzuweisen ist hier auf die den Ländern in § 246 Abs. 1a BauGB eröffnete Möglichkeit, durch Landesrecht eine Anzeigepflicht für Bebauungspläne einzuführen. Derzeit hat aber kein Land von dieser Möglichkeit Gebrauch gemacht, vgl. *Krautzberger,* in: Ernst/Zinkahn/Bielenberg/Krautzberger (Hrsg.), BauGB, § 246 Rn. 28.

[383] Siehe oben bei B. I. 2. a) aa) (2) und im § 4 bei C. III. 2. b) ee) (1).

Denn der Eingriffsbebauungsplan ermöglicht eine Prognose darüber, welche Naturbeeinträchtigungen die geplanten Vorhaben hervorrufen werden. Die Eignung der gewählten Ausgleichsmaßnahmen, insbesondere räumlicher und funktionaler Zusammenhang zwischen Eingriff und Ausgleich, und damit auch der Einsatz von Ökokonto oder Flächenpool zum Ausgleich, kann durch diese Konkretisierung im Bebauungsplan nun an Hand der aufgezeigten Voraussetzungen[384] überprüft werden.

### 2. Gerichtliche Kontrolle

Es stellt sich die Frage, inwiefern der städtebauliche Ausgleich außer durch die Aufsichtsbehörde auch gerichtlich kontrolliert werden kann. Da die Ausgleichsmaßnahmen Bestandteil der planerischen Abwägung des Eingriffsbebauungsplanes sind, kann der Ausgleich mit Hilfe der üblichen Möglichkeiten der gerichtlichen Kontrolle eines Bebauungsplanes kontrolliert werden, nämlich der prinzipalen Normenkontrolle nach § 47 Abs. 1 S. 1 Nr. 1 VwGO und der inzidenten Normenkontrolle im Rahmen einer Anfechtungs- oder Verpflichtungsklage. Hier ist vor allem relevant, wer die gerichtliche Kontrolle initiiert. Denn davon ist abhängig, ob das Gericht überhaupt in eine Sachprüfung eintritt. § 47 Abs. 2 S. 1 Alt. 1 VwGO sieht für die prinzipale Normenkontrolle das Sachurteilserfordernis der Antragsbefugnis vor, das den Kreis der Antragsberechtigten auf diejenigen Personen einschränkt, bei denen – analog zur Klagebefugnis bei § 42 Abs. 2 VwGO – die Verletzung eines ihrer subjektiv-öffentlichen Rechte möglich erscheint.[385] Nur die mit der Anwendung des Bebauungsplans befassten Behörden können auf die plausible Darlegung einer Rechtsverletzung verzichten, weil sie ohne Geltendmachung einer solchen Verletzung eine Normenkontrolle einleiten können, § 47 Abs. 2 S. 1 Alt. 2 VwGO.[386] Eine inzidente Normenkontrolle im Rahmen einer Verpflichtungs- oder Anfechtungsklage kann ohnehin nur bei Vorliegen eines möglicherweise verletzten subjektiv-öffentlichen Rechtes durchgeführt werden (vgl. § 42 Abs. 2 VwGO).

Das entscheidende Problem der gerichtlichen Kontrolle der Nutzung von Ökokonten und Flächenpools liegt folglich darin, ob der Antragsteller ein subjektiv-öffentliches Recht besitzt, das durch die Nutzung dieser modernen Ausgleichsformen verletzt sein könnte. Wenn dies nicht der Fall ist, so ist diese Nutzung gerichtlich nicht angreifbar. Oben ist bereits dargelegt

---

[384] Siehe oben bei B. I.

[385] Zur Antragsbefugnis bei § 47 VwGO ausführlich *D. Lorenz*, Verwaltungsprozessrecht, § 26 Rn. 51 ff.; *Kopp/Schenke*, § 47 Rn. 46.

[386] *D. Lorenz*, Verwaltungsprozessrecht, § 26 Rn. 59 f.; *Kopp/Schenke*, § 47 Rn. 82.

worden, wie die Nutzung eines Ökokontos oder Flächenpools erfolgt (bei B. III.), nämlich als „Abbuchung" vom Konto, die im Rahmen der Abwägung des Eingriffsbebauungsplans und dort im Rahmen der abwägerischen Abarbeitung der Eingriffsregelung erfolgt. Die Nutzung eines Ökokontos oder Flächenpools geschieht, um den durch den (Eingriffs-)Bebauungsplan prognostizierten Eingriff eines Eingriffsverursachers auszugleichen. Konkret erfolgt die „Abbuchung" vom Ökokonto oder Flächenpool durch Aussagen des Eingriffsbebauungsplanes zum Ausgleich, meist durch die Zuordnungsfestsetzung oder durch Ausgleichsfestsetzungen.

Soll gegen diese Nutzung vorgegangen werden, muss es daher möglich erscheinen, dass bei dieser Abarbeitung des Programms der Eingriffsregelung und der abschließenden Festlegung der Ausgleichsmethodik im Eingriffsbebauungsplan, das heißt der Festsetzung der Vorgehensweise zum Ausgleich der prognostizierten Eingriffe, ein subjektiv-öffentliches Recht des Antragsstellers verletzt worden ist. Diese Frage des Vorliegens subjektiv-öffentlicher Rechte, die notwendige Bedingung einer gerichtlichen Angreifbarkeit eines Bebauungsplans sind (a)), ist getrennt nach möglichen Antragstellern zu untersuchen, die eine gerichtliche Kontrolle anstreben könnten. Zum einen sind dies die Eingriffsverursacher (b)), zum anderen sonstige Bürger und Privatpersonen (c)) und Naturschutzverbände (d)).

### a) Die Grundsätze der gerichtlichen Angreifbarkeit von Bebauungsplänen bei einer prinzipalen Normenkontrolle

Wie soeben dargelegt muss der Antragsteller einer verwaltungsgerichtlichen Normenkontrolle gegen einen Bebauungsplan im Rahmen der Antragsbefugnis darlegen, dass dieser Plan ihn möglicherweise in einem ihm zustehenden subjektiv-öffentlichen Recht verletzt. Dieses subjektiv-öffentliche Recht ergibt sich zwanglos aus Art. 14 GG, wenn die Eigentümer eines Grundstücks oder eigentumsähnlich Berechtigte unmittelbar durch die Festsetzungen des Bebauungsplans in der baulichen Nutzbarkeit dieses Grundstücks beschränkt werden.[387] Es genügt hier die Erwartung, dass die Rechtsverletzung durch die Festsetzungen oder deren Anwendung in absehbarer Zeit denkbar ist.[388] In allen Fällen, in denen der Bebauungsplan direkt ein subjektiv-öffentliches Recht des Antragsstellers betrifft, kann die Antragsbefugnis der Normenkontrolle darauf gestützt werden.

Wenn der Bebauungsplan das Grundstück des Antragsstellers nicht direkt überplant und auf diese Weise als Inhalts- und Schrankenbestimmung grund-

---

[387] St. Rspr., vgl. BVerwGE 91, 318; BVerwG, NVwZ 1998, 732; BVerwG, NVwZ-RR 2001, 200; vgl. auch *Kopp/Schenke*, § 47 Rn. 68.

[388] *Fricke*, in: Hoppenberg/De Witt (Hrsg.), HdbÖffBauR, Kap. K IV Rn. 13.

rechtsrelevante Regelungen trifft, oder wenn der Antragssteller kein sons-
tiges subjektiv-öffentliches Recht geltend machen kann, sondern nur ein
privater, bei der Aufstellung des Bebauungsplans zu berücksichtigender Belang vorliegt, so ist der Anknüpfungspunkt für eine gerichtliche Normenkontrolle bei § 1 Abs. 7 BauGB zu suchen. Diese Vorschrift gewährt das
subjektiv-öffentliche Recht, dass schutzwürdige Belange Privater bei der
von der Gemeinde zu treffenden planerischen Entscheidung in rechtlich
fehlerfreier Weise zu berücksichtigen sind.[389] Das in dieser Norm enthaltene Abwägungsgebot hat drittschützenden Charakter hinsichtlich der privaten Belange, die für die Abwägung erheblich sind. Diese Belange müssen
nicht zwingend Rechte sein, sondern es kann sich auch lediglich um Interessen handeln, die so als Abwägungsbelange versubjektiviert und damit
gerichtlich rügefähig werden.[390] Diese Interessen müssen aber einen städtebaulich relevanten Bezug haben.[391] Gleichwohl kann der Private nicht die
Durchsetzung seines abwägungsrelevanten Belangs in der Abwägung, sondern lediglich verlangen, dass sein Belang seinem Gewicht entsprechend in
der Abwägung behandelt wird. Der Antragssteller, der sich auf § 1 Abs. 7
BauGB beruft, kann nur verlangen, dass sein eigenes Interesse gerecht
abgewogen wird, nicht aber, dass die Interessen anderer Privater oder gar
öffentliche Interessen gerecht abgewogen werden.[392] Das Grundstück des
Antragsstellers muss nicht zwingend innerhalb des Plangebiets betroffen
sein. Maßgeblich ist nur, ob seine Interessen in die Abwägung einzustellen
sind.[393] Keinen privaten Belang im Sinne von § 1 Abs. 7 BauGB stellen
diejenigen Belange dar, die durch den Bebauungsplan nur geringfügig betroffen werden[394] oder nicht schutzwürdig sind.[395] Letztlich hat sich zu diesem Problem, welche Belange über § 1 Abs. 7 BauGB gerichtlich rügefähig
versubjektiviert werden, eine umfangreiche Kasuistik gebildet.[396]

---

[389] So die h.M., vgl. BVerwGE 107, 215 und die bei *Krautzberger,* in: Ernst/
Zinkahn/Bielenberg/Krautzberger (Hrsg.), BauGB, § 1 Rn. 184 sowie bei *Kopp/
Schenke,* § 48 Rn. 72 in Fn. 123 Genannten. Zur Gegenansicht *Kopp/Schenke,*
ebenda, Fn. 122; vgl. ferner die Gesamtübersicht über den Meinungsstand bei *Stüer,*
Handbuch des Bau- und Fachplanungsrechts, Rn. 4148.

[390] BVerwG, NVwZ 2000, 1413; *Fricke,* in: Hoppenberg/De Witt (Hrsg.),
HdbÖffBauR, Kap. K IV Rn. 15 a.E.

[391] *Fricke,* ebenda, Rn. 16; *Stüer,* Handbuch des Bau- und Fachplanungsrechts,
Rn. 4150; jeweils m.w.N. aus der Rspr.

[392] BVerwGE 48, 56. Freilich steht die Abwägung der Belange eines Planbetrof-
fenen in Zusammenhang mit den Belangen anderer Privater oder öffentlicher Belange. Insofern kann dies nicht scharf voneinander getrennt werden.

[393] BVerwGE 59, 87.

[394] BVerwG, NVwZ 1993, 468; BVerwG, NVwZ 1995, 896; ebenso *Kopp/
Schenke,* § 47 Rn. 71.

[395] BVerwGE 59, 87; E 81, 138; VGH Mannheim, VBlBW 1999, 460.

Im Folgenden wird an Hand dieser gerade dargestellten Grundsätze untersucht, ob verschiedene Antragssteller subjektiv-öffentliche Rechte gegenüber einem Eingriffsbebauungsplan, der die Nutzung von Ökokonten oder Flächenpools vorschreibt, oder einem selbständigen Ausgleichsbebauungsplan, der diese Ausgleichsformen planerisch absichert, geltend machen können.

### b) Kontrolle der Ausgleichstätigkeit durch prinzipale Normenkontrolle auf Antrag des Eingriffsverursachers

Der Eingriffsbebauungsplan ermöglicht dem Eingriffsverursacher durch seine entsprechenden Festsetzungen die Realisierung seines naturbeeinträchtigenden Vorhabens; der Eingriff wird planungsrechtlich zulässig und der Eingriffsverursacher erhält einen Anspruch auf Genehmigung seines Vorhabens. Die städtebauliche Eingriffsregelung verlangt jedoch die Verknüpfung dieses Vorhabens mit Ausgleichsflächen im Rahmen der gemeindlichen planerischen Abwägung. Diese Verknüpfung kann direkt durch Ausgleichsfestsetzungen im Eingriffsbebauungsplan oder eine Zuordnung von Ausgleichsflächen geschehen. Es besteht grundsätzlich eine – freilich in der Abwägung überwindbare – Pflicht der Gemeinde, ein planerisches Junktim zwischen Eingriff und Ausgleich herzustellen. Daraus folgt, dass ein Eingriffsvorhaben in den meisten Fällen nur dann rechtmäßig festgesetzt werden kann, wenn die Gemeinde zugleich auch Ausgleichsflächen und -maßnahmen festsetzt oder zuordnet.[397] Da der Eingriffsverursacher wegen § 135a Abs. 1 BauGB zur Durchführung dieses Ausgleichs oder zumindest zur Finanzierung seiner Durchführung verpflichtet ist (§ 135a Abs. 2 BauGB), kann der Eingriffsverursacher sein Vorhaben ohne die Verwirklichung der gemeindlichen Ausgleichsfestsetzungen nicht durchführen; diese betreffen ihn unmittelbar in der baulichen Nutzung seines Eigentums. Daher belasten diese Ausgleichsfestsetzungen im Eingriffsbebauungsplan den Eingriffsverursacher in seinem Eigentumsrecht. Will die Gemeinde ein Ökokonto oder einen Flächenpool nutzen, so ist dies eine spezielle Form dieses belastenden Ausgleichs. Es kommt für die gerichtliche Überprüfung des Ausgleichs in einer Normenkontrolle nicht darauf an, dass diese modernen Ausgleichsformen – unter Umständen wegen Verstößen gegen die formellen oder materiellen Voraussetzungen des Ausgleichs fehlerhaft – genutzt werden. Vielmehr kommt es für das Vorliegen der Antragsbefugnis darauf an, dass der Eingriffsverursacher generell durch Ausgleichsfestsetzungen als solche belastet wird, gleichviel, mit welchen Methoden diese Ausgleichs-

---

[396] Vgl. dazu nur statt vieler die Übersicht und die Beispiele bei *Kopp/Schenke,* § 47 Rn. 73.

[397] Zum Ganzen siehe oben in § 4 bei C. III.

festsetzungen umgesetzt werden. Der Eingriffsverursacher ist daher bei einer Normenkontrolle gegen den Eingriffsbebauungsplan, der eine Nutzung von Ökokonten oder Flächenpools vorsieht, stets antragsbefugt. In der Begründetheit der Normenkontrolle findet dann eine umfassende Rechtmäßigkeitskontrolle des Ausgleichs statt, weil diese Prüfung nicht auf die als verletzt gerügten subjektiven Rechte beschränkt ist.[398]

### c) Prinzipale Normenkontrolle auf Antrag eines anderen, nicht betroffenen Bürgers

Der Eingriffsbebauungsplan kann nicht nur vom Eingriffsverursacher, sondern auch von Bürgern der Gemeinde angegriffen werden, die nichts mit dem Eingriff zu tun haben. Die Antragsbefugnis eines Bürgers, dessen Grundstück im Eingriffsbebauungsplan mit einer Ausgleichsmaßnahme überplant wird, ist unproblematisch gegeben. Denn durch die Überplanung mit einer – im Grunde fremdnützigen – Ausgleichsmaßnahme wird der Grundstückseigentümer in der Nutzbarkeit seines Grundstückes beschränkt. Die Antragsbefugnis folgt daher aus Art. 14 GG. Freilich wird diese Konstellation bei der Nutzung von Ökokonten oder Flächenpools weniger relevant werden. Denn hier erfolgt regelmäßig eine planerische Sicherung dieser Ausgleichsformen mit einem selbständigen Ausgleichsbebauungsplan, der zeitlich bereits vor dem Eingriffsbebauungsplan die Eigentümer von ausgleichsgeeigneten Flächen in ihrer Nutzungsbefugnis ihres Eigentums beschränkt. Diese Grundstückseigentümer werden daher, wenn sie mit der Überplanung als Ausgleichsfläche nicht einverstanden sind, bereits den zeitlich vorausgehenden Ausgleichsbebauungsplan mit einer Normenkontrolle angreifen, zu der sie wegen Art. 14 GG auch antragsbefugt sind.

Problematisch ist die Konstellation, in der diejenigen Bürger der Gemeinde mit der Nutzung eines Ökokontos nicht einverstanden sind, deren Grundstücke weder durch den Ausgleichs- noch durch den Eingriffsbebauungsplan überplant werden, es sich also weder um den Eingriffsverursacher noch um die Eigentümer von Ausgleichsgrundstücken handelt. Nach dem oben Dargestellten können sich diese Bürger nicht auf Art. 14 GG berufen, sondern lediglich auf § 1 Abs. 7 BauGB, der ihnen das subjektiv-öffentliche Recht auf die gerechte Abwägung ihrer schützenswerten Belange gewährt. Für die gerichtliche Kontrolle durch einen Bürger in dieser Konstellation muss die Nutzung eines Ökokontos oder eines Flächenpools als Ausgleich aber überhaupt einen schützenswerter Abwägungsbelang eines Gemeindebürgers betreffen. Mögliche schützenswerte Abwägungsbelange in diesem

---

[398] Statt vieler *Gerhardt/Bier,* in: Schoch/Schmidt-Aßmann/Pietzner (Hrsg.), VwGO, § 47 Rn. 87 f.

Sinne sind allgemein die Belange des Umweltschutzes, wie sie § 1 Abs. 6 Nr. 7 BauGB aufzählt und speziell das Interesse an einer intakten Natur und der Erholungswert der Landschaft. Allerdings erfolgt die Planung des Ausgleichs durch die Gemeinde im öffentlichen Interesse. § 1a BauGB lässt sich ein objektiv-rechtlicher Regelungsgehalt gegenüber der Gemeinde als Staatsorgan entnehmen, nämlich für einen adäquaten Eingriffsausgleich im Sinne des Verursacherprinzips zu sorgen. Der Umweltschutz ist nach Art. 20a GG eine Staatsaufgabe, die für das Städtebaurecht in § 1a BauGB konkretisiert wird. Der Vorschrift lässt sich aber nichts entnehmen, was dafür spricht, dass sich einzelne Gemeindebürger auf sie berufen können sollen; sie existiert, um den Umweltschutz im öffentlichen Interesse aller Gemeindebürger zu berücksichtigen. Wenn Ökokonten und Flächenpools Gemeindebürger betreffen, dann gehen sie alle Gemeindebürger etwas an, weil sie die landschaftliche und naturbezogene Entwicklung des Gemeindegebiets betreffen. Eine individuell zurechenbare Wirkung für einzelne Gemeindebürger entfalten sie in ihrer Funktion als Instrumente des Landschafts- und Naturschutzes nicht; es fehlt an einem individuell zurechenbaren Nachteil für den einzelnen Bürger. Der Landschafts- und Naturschutz ist daher für den einzelnen Gemeindebürger kein schutzwürdiger privater Abwägungsbelang, der in der planerischen Abwägung des Eingriffsbebauungsplans oder des Ausgleichsbebauungsplans gemäß § 1 Abs. 7 BauGB berücksichtigt werden müsste.[399]

Daraus folgt für die Kontrolle der gemeindlichen Ausgleichstätigkeit mit Hilfe von Ökokonten oder Flächenpools: Der Bürger, der nicht mit dem Eingriffsverursacher identisch ist und auch kein Grundstück besitzt, das mit dem Ausgleichs- oder dem Eingriffsbebauungsplan überplant worden und so durch diesen Plan nicht betroffen ist, kann die Nutzung von Ökokonten oder Flächenpools gerichtlich nicht mit einer Normenkontrolle angreifen, da es ihm an einem rügefähigen subjektiv-öffentlichen Recht fehlt.

### d) Prinzipale Normenkontrolle auf Antrag von Naturschutzverbänden

Das oben Gesagte gilt auch für Naturschutzverbände: ein Naturschutzverband muss für eine prinzipale Normenkontrolle antragsbefugt sein, also die Verletzung eines subjektiv-öffentliches Recht rügen. § 47 Abs. 2 S. 1 VwGO kennt keine Öffnungsklausel, wie sie § 42 Abs. 2 Hs. 1 VwGO vorsieht, die den Weg für eine altruistische Verbandsklage, etwa nach § 61 BNatSchG

---

[399] So auch ohne Bezug auf Ökokonten und Flächenpools allgemein zum Landschaftsschutz die Rechtsprechung, BVerwGE 59, 87; VGH München, BayVBl. 1999, 82; VGH Mannheim, NuR 1994, 136; VGH München, BayVBl. 1999; vgl. aus der Literatur *Dürr*, NVwZ 1996, 105 (107); *Stüer*, Handbuch des Bau- und Fachplanungsrechts, Rn. 4153; *Hoppe/Bönker/Grotefels*, ÖffBauR, § 17 Rn. 22.

bereiten könnte.[400] Bei der Novellierung des BNatSchG 2002 hat sich der Gesetzgeber bewusst gegen die Einführung einer Verbandsklage gegen Bebauungspläne entschieden.[401] Somit bleibt es bei der oben beschriebenen Ausgangslage, dass der Antragssteller antragsbefugt sein muss, also die Verletzung eines subjektiv-öffentlichen Rechts rügen muss. Ein Naturschutzverein, der sonst nach § 61 BNatSchG gegen Planfeststellungsbeschlüsse eine Klage erheben könnte, kann damit gegen einen Eingriffsbebauungsplan nur dann im Wege der prinzipalen Normenkontrolle vorgehen, wenn er in einem eigenen subjektiv-öffentlichen Recht verletzt ist, etwa wenn er Eigentümer eines Grundstückes im Plangebiet ist.[402] Er kann die objektiv-rechtlichen Normen der städtebaulichen Eingriffsregelung (§ 1a Abs. 3 BauGB) nicht als verletzt rügen,[403] sondern lediglich verlangen, dass er entsprechend den gesetzlichen Anhörungsvorschriften beteiligt wird.[404] Die Ausgleichstätigkeit von Gemeinden mit Hilfe eines Ökokontos oder eines Flächenpools ist durch Naturschutzverbände mit einer prinzipalen Normenkontrolle gegen den Eingriffsbebauungsplan gerichtlich nicht kontrollierbar.

e) Kontrolle der Ausgleichstätigkeit durch eine inzidente Normenkontrolle

Neben der Möglichkeit einer prinzipalen Normenkontrolle des Eingriffsbebauungsplans gibt es noch die Möglichkeit, diesen inzidenter auf seine Rechtmäßigkeit zu kontrollieren. Dies kann im Rahmen einer Anfechtungs- oder Verpflichtungsklage geschehen, bei der die Wirksamkeit eines Bebauungsplans eine Entscheidungsgrundlage des Gerichts ist, etwa als Tatbestandsvoraussetzung einer Norm. Regelmäßig wird die Rechtmäßigkeit eines Bebauungsplans im Rahmen der Prüfung von Baugenehmigungen relevant. Für die Kontrolle der Ausgleichstätigkeit mit Ökokonten oder Flächenpools kann eine Verpflichtungsklage auf Baugenehmigung außer Betracht bleiben, weil es hier nicht um die Rechtmäßigkeit des „wie" des Ausgleichs geht, also um die Einhaltung der materiellen Voraussetzung des Ausgleichs. Wichtig ist hingegen die Möglichkeit, einen Beitragsbescheid nach § 135a Abs. 2 S. 1; Abs. 3 S. 2 BauGB, der auf einer Satzung nach § 135c BauGB

---

[400] Vgl. auch OVG Bautzen, NVwZ-RR 1995, 514 (zweiter Leitsatz); *Hoppe/Bönker/Grotefels,* ÖffBauR, § 17 Rn. 22.

[401] Vgl. die Gesetzesfassung vom 25.3.2002, BGBl. I S. 1993 und die abweichende Beschlussempfehlung des Ausschusses für Umwelt, Naturschutz und Reaktorsicherheit zu § 61 BNatSchG in BT-Drs. 14/7469.

[402] Zur Problematik der sogenannten Sperrgrundstücke bei einer Normenkontrolle vgl. BVerwG, NVwZ 1985, 736 und neuerdings weit restriktiver BVerwGE 112, 135 ff. m. Besprechung *Murswiek,* DV 38 (2005), 243 (272 ff.).

[403] So auch *Fricke,* in: Hoppenberg/De Witt (Hrsg.), HdbÖffBauR, Kap. K IV Rn. 32.

[404] OVG Lüneburg, NVwZ 1999, 1241.

beruht, mit einer Anfechtungsklage anzugreifen. Denn dieser Beitragsbescheid ist die Konsequenz aus dem „wie" des Ausgleichs. Für einen solchen Beitragsbescheid ist die Rechtmäßigkeit des Eingriffsbebauungsplanes und damit auch die Rechtmäßigkeit der Ausgleichsfestsetzungen, wozu die Einhaltung der materiellen Voraussetzungen des Ausgleichs gehört, eine Tatbestandsvoraussetzung (siehe oben bei C. I. 2.). Die Antragsbefugnis eines Eingriffsverursachers für eine Anfechtungsklage (vgl. § 42 Abs. 2 VwGO) folgt hier unproblematisch aus der Adressatentheorie.[405]

### 3. Sonstige Rechtsbehelfe

Die oben beschriebenen gerichtlichen Vorgehensweisen der prinzipalen und inzidenten Normenkontrolle beschreiben die Hauptangriffsmöglichkeiten der Ausgleichsplanung der Gemeinde. Ergänzend kann ein Bürger, der den Ausgleich kontrollieren lassen möchte, bei der Rechtsaufsichtsbehörde der Gemeinde einen Antrag auf Einschreiten im Rahmen der Kommunalaufsicht stellen, der auch auf die Erhebung eines behördlichen Normenkontrollantrags nach § 47 Abs. 2 S. 1 2. Alt. VwGO gerichtet sein kann.[406] Freilich hat der Bürger hier kein Recht auf eine bestimmte behördliche Entscheidung, sondern nur auf eine ermessensfehlerfreie Entscheidung über das Einschreiten oder die Einleitung eines Normenkontrollverfahrens (§ 40 VwVfG)[407]; außerdem ist ein tatsächliches Einschreiten der Kommunalaufsicht zum einen angesichts der Rechtsprechung des BVerwG und der h.M. in der Literatur, die ein kommunalaufsichtliches Einschreiten aus Gründen der Rechtssicherheit für unzulässig halten,[408] und zum anderen wegen ihrer fehlenden Antragsbefugnis im Normenkontrollverfahren[409] nicht zu erwarten.

Ergänzend sind auch diejenigen Rechtsbehelfe gegen die Ausgleichstätigkeit zu nennen, die gegen die vorbereitenden Maßnahmen der Flächen- und Maßnahmenbevorratung statthaft sind, beispielsweise Rechtsmittel gegen

---

[405] Zur Adressatentheorie statt vieler m.w.N. *Wahl/Schütz,* in: Schoch/Schmidt-Aßmann/Pietzner (Hrsg.), § 42 Abs. 2 Rn. 48.

[406] Vgl. dazu *Kalb,* in: Ernst/Zinkahn/Bielenberg/Krautzberger (Hrsg.), BauGB, § 10 Rn. 316. Zur streitigen Problematik der Aufhebung eines Bebauungsplans durch die Kommunalaufsichtsbehörde *Schrödter,* in: Schrödter (Hrsg.), BauGB, § 10 Rn. 55.

[407] OVG Koblenz, DÖV 1986, 152.

[408] BVerwGE 75, 142 ff.; *Kalb,* ebenda, m.w.N.

[409] Die Aufsichtsbehörde selbst ist nicht mit der Anwendung des Bebauungsplanes befasst, so dass sie bei § 47 Abs. 2 Alt. 2 VwGO nicht antragsberechtigt ist. Sie müsste darauf hinwirken, dass die Baurechtsbehörden, die den Plan anwenden müssen, einen entsprechenden Antrag stellen, vgl. *Schrödter,* in: Schrödter (Hrsg.), BauGB, § 10 Rn. 56.

Umlegungen oder Enteignungen. Im Einzelnen kommt es hier darauf an, wie die Gemeinde die Bevorratungen im konkreten Fall realisiert.

### 4. Zusammenfassung: Rechtsschutz gegen die Ausgleichstätigkeit der Gemeinde

Der Rechtsschutz des Bürgers gegen die Nutzung von Ökokonten oder Flächenpools im Rahmen der städtebaulichen Eingriffsregelung kann im Wege der prinzipalen oder der inzidenten Normenkontrolle erfolgen. Bei der prinzipalen Normenkontrolle nach § 47 VwGO ist nur der Eingriffsverursacher sowie ein Eigentümer eines im Eingriffs- oder einem selbständigen Ausgleichsbebauungsplan überplanten Grundstücks antragsbefugt. Im Übrigen kann die Ausgleichstätigkeit gerichtlich vom Bürger nicht kontrolliert werden, weil § 1a Abs. 3 BauGB den Bürgern kein subjektiv-öffentliches Recht gewährt. Die Rechtmäßigkeit des Ausgleichs kann auch vom Eingriffsverursachern durch eine inzidente Normenkontrolle des Eingriffsbebauungsplans im Rahmen einer Anfechtungsklage gegen einen Beitragsbescheid nach § 135a Abs. 2 S. 1; Abs. 3 S. 2 BauGB überprüft werden. Davon abgesehen kann der Bürger gegen vorbereitende Maßnahmen, welche die Durchführung der Bevorratung mit sich bringt, die dagegen statthaften Rechtsmittel ergreifen.

### IV. Planerhaltung bei rechtswidrigem Ausgleich

Der Komplex der Planerhaltungsvorschriften in §§ 214, 215 BauGB, den das EAG Bau 2004 gegenüber der alten Rechtslage stark modifiziert hat, erklärt bestimmte Fehler im Bauleitplanverfahren und dem Abwägungsergebnis unter bestimmten Voraussetzungen für unbeachtlich. Wenn der Gemeinde bei der Nutzung von Ökokonten oder Flächenpools Fehler unterlaufen, ist fraglich, ob diese Fehler überhaupt beachtlich sind oder ob nicht Planerhaltungsvorschriften eingreifen, welche die Fehler im Ergebnis bedeutungslos werden lassen, so dass der Eingriffsbebauungsplan, der die Nutzung von Ökokonten oder Flächenpools vorsieht, zwar möglicherweise rechtswidrig ist, gleichwohl aber wirksam bleibt, weil er gerichtlich nicht aufgehoben werden kann.

### 1. Mögliche Fehler bei der Nutzung von Ökokonten und Flächenpools

Zur Beantwortung dieser Frage ist es hilfreich, sich die verschiedenen möglichen Fehler bei der Nutzung eines Ökokontos oder eines Flächenpools zu vergegenwärtigen.

### a) Fehler im Aufstellungsverfahren und Mängel der Abwägung des Eingriffsbebauungsplans

Die Nutzung dieser Instrumente erfolgt im Rahmen der Abwägung des Eingriffsbebauungsplans, und zwar bei der Prüfung der städtebaulichen Eingriffsregelung, die nunmehr in die Umweltprüfung nach § 2 Abs. 4 BauGB eingebettet ist und deren Ergebnisse nach § 2 Abs. 4 S. 4 BauGB in der Abwägung zu berücksichtigen sind. Zum einen können hier verfahrensbezogene Fehler geschehen. In der Umweltprüfung sind die erheblichen Umweltauswirkungen des Vorhabens zu ermitteln und in einem Umweltbericht zu beschreiben und zu bewerten (§ 2 Abs. 4 S. 1 BauGB).[410] Der Gemeinde können bei dieser umweltspezifischen Ermittlung, Beschreibung oder Bewertung Fehler unterlaufen, etwa dass nicht alle relevanten Umweltfaktoren ermittelt worden sind, dass falsche oder ungenügende Ermittlungsmethoden angewandt wurden oder dass Umweltfaktoren in ihrer Bedeutung falsch eingeordnet worden sind. Denkbar sind auch Fehler bei der Prognose in Form eines Prognoseermittlungsausfalls, eines Prognoseermittlungsdefizits oder einer Unschlüssigkeit der Prognose.[411] Außerdem können der Umweltbericht oder die umweltrelevanten Teile der Planbegründung fehlerhaft sein. Diese Fehler haben noch nichts mit der spezifischen Nutzung von Ökokonten oder Flächenpools als Ausgleichsmethoden zu tun, sondern können bei jeder Abarbeitung der Eingriffsregelung auftreten. Oben wurden diese Verfahrensanforderungen „formelle Voraussetzungen" der Eingriffsregelung genannt. Außerdem kann noch die endgültige Abwägungsentscheidung der Gemeinde, also das Abwägungsergebnis, dadurch fehlerhaft sein, dass den in der Umweltprüfung ermittelten und bewerteten Umweltbelangen im Abwägungsergebnis nicht der Stellenwert zukommt, der ihnen gebührt (Abwägungsfehleinschätzung, Abwägungsdisproportionalität[412]).

### b) Fehlerhafte Beachtung der materiellen Anforderungen an den Ausgleich

Relevanter für Ökokonten und Flächenpools sind dagegen die – oben so genannten – materiellen Anforderungen an den Ausgleich, die insbesondere § 1a Abs. 3 BauGB formuliert, die sich aber auch als unbenannte Anforderungen aus den Grundsätzen der Eingriffsregelung ableiten lassen.[413] Denn diese materiellen Anforderungen betreffen unmittelbar die Nutzung eines

---

[410] Siehe dazu ausführlich oben bei § 4 C. I. 6. b).

[411] Ausführlich zu den verschiedenen möglichen Fehlern des Abwägungsvorganges *Hoppe/Bönker/Grotefels*, ÖffBauR, § 5 Rn. 94 ff.

[412] Näher zu diesen Fehlern *Hoppe/Bönker/Grotefels*, ebenda.

[413] Siehe oben bei B. I. und im § 4 bei C. 2.

Ökokontos oder Flächenpools, insbesondere im Hinblick auf den räumlichen und funktionalen Zusammenhang des Ausgleichs. Diese Anforderungen an einen rechtmäßigen Ausgleich sind speziell bei der Nutzung dieser modernen Ausgleichsformen besonders problematisch, so dass hier stets genau zu prüfen ist, ob in den gemeindlichen Aussagen die Voraussetzungen der räumlichen, zeitlichen und funktionalen Entkopplung des Ausgleichs gewahrt sind.

### 2. Wirksamkeit des Eingriffsbebauungsplans trotz dieser Fehler?

Die Mechanik der Planerhaltung erklärt zwar in § 214 Abs. 1 S. 1 alle Verfahrens- und Formfehler (zu beachten sind aber die Ausnahmen der Nrn. 1–4 und die dort beschriebenen jeweiligen Rückausnahmen), und diejenigen Fehler, die in § 214 Abs. 2 BauGB genannt sind, für unbeachtlich. Für andere, dort nicht aufgeführte Fehler aber bleibt es bei dem für Rechtsnormen allgemein geltenden Nichtigkeitsdogma.[414] Sonstige materiellrechtliche Rechtsverstöße des Bebauungsplanes fallen nicht in den Anwendungsbereich der Planerhaltungsvorschriften. Die Planerhaltungsvorschriften ändern an den verfahrens- und materiellrechtlichen Anforderungen an einen Bebauungsplan nichts;[415] sie regeln nur die Beachtlichkeit dort enumerativ aufgezählter Fehler. Daher sind die gerade aufgezählten möglichen Fehler bei der Nutzung von Ökokonten oder Flächenpools nur dann für die Wirksamkeit des Bebauungsplanes unbeachtlich, wenn § 214 BauGB dies ausdrücklich anordnet.

§ 214 Abs. 1 S. 1 BauGB gilt nur für eine Verletzung von Verfahrens- und Formvorschriften. Im Gegensatz zu materiell-rechtlichen Vorschriften handelt es sich hier um diejenigen Normen, die sich auf den äußeren Ablauf des Satzungsgebungsverfahrens beziehen.[416] Damit lassen sich erste Weichen für die Beurteilung der Beachtlichkeit der genannten Fehler stellen. Denn sowohl die in § 1a BauGB genannten materiellen Anforderungen als auch die unbenannten materiellen Anforderungen an den Ausgleich betreffen den Inhalt des Bebauungsplans. Sie geben Vorgaben dafür, wie die Gemeinde inhaltlich bei der Ausgestaltung ihrer Planung vorzugehen hat; sie wirken ähnlich den Vorschriften über die Erforderlichkeit (§ 1 Abs. 3 S. 1 BauGB) oder über die Anpassungspflicht (§ 1 Abs. 4 BauGB). Es handelt sich daher bei § 1a BauGB und den ungenannten Anforderungen nicht um Verfahrens- oder Formvorschriften, die damit auch nicht unter § 214

---

[414] *Stock,* in: Ernst/Zinkahn/Bielenberg/Krautzberger (Hrsg.), BauGB, § 214 Rn. 6.
[415] Vgl. *Hoppe/Bönker/Grotefels,* ÖffBauR, § 5 Rn. 101; *Battis,* in: Battis/Krautzberger/Löhr, BauGB, Vor § 214–216 Rn. 1.
[416] BVerwGE 74, 47.

Abs. 1 S. 1 Hs. 1 BauGB fallen.[417] Damit ist auch klar, dass Verstöße gegen die materiellen Anforderungen des Ausgleichs nicht unbeachtlich sind und auch nicht mit Hilfe der Planerhaltungsvorschriften geheilt werden können; der Eingriffsbebauungsplan ist in diesen Fällen nichtig.

Die Planerhaltungsvorschriften erfassen damit von den für die Nutzung von Ökokonten relevanten Fehlern nur die Verfahrensregelungen des § 2 Abs. 4 BauGB für die Umweltprüfung und ihrer Berücksichtigung in der Abwägung. Wichtig ist hier zunächst § 214 Abs. 1 S. 1 Nr. 1 BauGB, der sich mit den Ermittlungs- und Bewertungsfehlern befasst. Diese durch das EAG Bau novellierte Norm begreift den Abwägungsvorgang nunmehr teilweise als Teil des Verfahrens, wie auch § 2 Abs. 3 BauGB zeigt. Die planerische Abwägung wird in einen verfahrensrechtlichen Teil, das Ermitteln und Bewerten des Abwägungsmaterials, und in die eigentliche Abwägung andererseits aufgespalten.[418] Gemäß § 214 Abs. 1 S. 1 Nr. 1 BauGB sind Ermittlungsfehler im Rahmen der Umweltprüfung nur dann beachtlich, wenn die Umweltbelange in wesentlichen Punkten nicht ermittelt oder bewertet worden sind; dies muss offensichtlich und auf das Verfahren von Einfluss gewesen sein. Zunächst ist also danach zu fragen, ob die fehlerhaft ermittelten Belange des Schutzes von Natur und Landschaft der Gemeinde bekannt waren oder hätten bekannt sein müssen. Bei Belangen wie dem Schutz der Funktionsfähigkeit von Natur und Landschaft, die durch die Behandlung in einem besonderen Verfahren, der in die Umweltprüfung eingebetteten Eingriffsregelung, verfahrensrechtlich privilegiert sind, ist davon stets auszugehen, dass sie zumindest hätten bekannt sein müssen. Die Offensichtlichkeit der fehlerhaften Behandlung bemisst sich danach, ob sich der Ermittlungsfehler aus Akten, Protokollen, der Begründung oder sonstigen Unterlagen ergibt.[419] Der Einfluss auf das Verfahren muss nicht positiv nachweisbar sein; es reicht aus, dass nach den Umständen des Falles die konkrete Möglichkeit besteht, dass ohne den Mangel das Ergebnis der Ab-

---

[417] Für § 1a BauGB und die Voraussetzungen der Planung zu Recht *Quaas/Kukk*, in: Schrödter (Hrsg.), BauGB, § 214 Rn. 14.

[418] Ausführlich zu dieser Neubewertung des Abwägungsvorganges durch den Gesetzgeber *Hoppe*, NVwZ 2004, 903 ff. m.w.N. und *Hoppe/Bönker/Grotefels*, ÖffBauR, § 5 Rn. 137. Hoppe konstatiert zu Recht, dass sich substanziell dadurch nichts geändert hat und es bei der etablierten Abwägungsfehlerlehre und der Trennung zwischen Abwägungsvorgang und -ergebnis bleibt; eine Aussage, die der Gesetzgeber selbst in § 214 Abs. 3 S. 2 Hs. 1 und Hs. 2 BauGB mit den Formulierungen vom „Abwägungsvorgang" und dem „Abwägungsergebnis" stützt. Die ursprünglich vom Gesetzgeber gewollte Prozeduralisierung der Abwägung durch Einfügung des § 2 Abs. 3 BauGB (vgl. BT-Drs. 15/2250, S. 182) wird damit ad absurdum geführt.

[419] *Quaas/Kukk*, in: Schrödter (Hrsg.), BauGB, § 214 Rn. 17 und 48 unter Verweis auf BVerwGE 64, 33.

wägung anders ausgefallen wäre.[420] Davon ist bei einem Fehler im Rahmen der Eingriffsregelung auszugehen. Denn die Eingriffsregelung fordert von der Gemeinde eine umfassende Behandlung möglicher Planungsalternativen, von denen letztlich diejenige ausgewählt werden soll, welche Natur und Landschaft am wenigsten belastet. Gerade weil die Eingriffsregelung durch ihr hohes faktisches Gewicht in der Abwägung[421] nur bei besonders gewichtigen konfligierenden Belangen weggewogen werden kann, ist es besonders wichtig, im Rahmen der Eingriffsprüfung eine umfassende Datenbasis als Grundlage dieser Entscheidung über das „Wegwägen" des Ergebnisses der Eingriffsregelung zu haben. Hat die Gemeinde hier die Datenbasis unzureichend ermittelt, wird sie dem hohen faktischen Gewicht der Eingriffsregelung nicht gerecht. Es spricht daher viel für einen wesentlichen Ermittlungsfehler. Letztlich ist es aber eine Frage des konkreten planerischen Einzelfalles, wie schwer dieser Ermittlungsfehler wiegt und ob wesentliche Aspekte der Situation des Naturhaushalts und des Landschaftsbildes übersehen worden sind. Hier ist aber im Zweifel davon auszugehen, dass ein wesentlicher Fehler vorliegt. Wegen des hohen faktischen Gewichts der Eingriffsregelung ist auch davon auszugehen, dass sich die Gemeinde im Falle einer vollständigen Ermittlung der Wertigkeit des Naturhaushalts und des Landschaftsbilds dieser aus dem hohen faktischen Gewicht der Eingriffsregelung folgenden hohen Wertigkeit dieses Belanges bewusst gewesen wäre und ihre Planung daran ausgerichtet hätte. Insofern ist bei Fehlern bei der Ermittlung der Funktionsfähigkeit des Landschaftsbildes und des Naturhaushalts davon auszugehen, dass ein wesentlicher Fehler vorliegt, der durchaus bei seiner korrekten Behandlung zu einem anderen Abwägungsergebnis hätte führen können. Daher sind solche Fehler grundsätzlich beachtlich im Sinne von § 214 Abs. 1 S. 1 Nr. 1 BauGB. Ausnahmen können sich aber aus der konkreten planerischen Einzelfallsituation heraus ergeben.

Die für Fehler in der Umweltprüfung zweite wichtige Planerhaltungsvorschrift ist § 214 Abs. 1 S. 1 Nr. 3 BauGB, der sich mit der Begründung des Bebauungsplans befasst. Die Norm erklärt in Hs. 2 Begründungsfehler für unbeachtlich, macht aber in Hs. 3 davon eine Ausnahme für den Umweltbericht, der ein Teil der Begründung ist. Fehler im Umweltbericht sind nur dann unbeachtlich, wenn sie unwesentlich sind. Was im Einzelnen im Umweltbericht zu formulieren ist, regelt detailliert die Anlage zu § 2 Abs. 4 und § 2a BauGB.[422] Hier gilt dasselbe wie gerade eben gesagt: Angesichts des hohen faktischen Ranges, welcher der Eingriffsregelung zukommt, sind die Fehler des Umweltberichts, welche die Behandlung der Eingriffsrege-

---

[420] BVerwGE 64, 33 (39).
[421] Vgl. dazu oben im § 4 bei C. II. 4. b).
[422] Siehe dazu auch oben im § 4 bei C. I. 6. b) bb).

lung und damit auch die Nutzung von Ökokonten oder Flächenpools betreffen, regelmäßig nicht unwesentlich, damit also beachtlich. Wiederum kann dies in Ausnahmefällen nicht so sein, wenn der planerische Einzelfall es nahe legt.

Schließlich ist noch § 214 Abs. 3 S. 2 Hs. 2 BauGB für die fehlerhafte Behandlung des Belangs „Funktionsfähigkeit von Naturhaushalt und Landschaftsbild" bedeutsam. Denn die Ergebnisse der Eingriffsprüfung und damit die Entscheidung über das „ob" und das „wie" des Ausgleichs, also auch die Entscheidung über die Nutzung von Ökokonten oder Flächenpools, geht als Teil der Umweltprüfung in die letzte Phase der Abwägung ein. In dieser letzten Phase ist darüber zu befinden, welchem Vor- und Nachrang die in der Umweltprüfung ermittelten, beschriebenen und bewerteten Belange im Verhältnis zu anderen städtebaulichen Belangen einnehmen. Hier besteht für die Gemeinde die Gefahr, das besondere faktische Gewicht der Eingriffsregelung zu verkennen, also eine Fehlgewichtung oder disproportionale Einschätzung des Belangs „Schutz von Naturhaushalt und Landschaftsbild" vorzunehmen. Unterläuft der Gemeinde eine solche Fehlgewichtung, so ist diese angesichts des beschriebenen hohen faktischen Ranges der Eingriffsregelung regelmäßig auf das Abwägungsergebnis von Einfluss gewesen, wie es § 214 Abs. 3 S. 2 Hs. 2 a. E. BauGB fordert. Damit handelt es sich um einen erheblichen Mangel des Abwägungsvorgangs, der sich auf das Abwägungsergebnis (die Begründung der planungsrechtlichen Zulässigkeit eines Eingriffsvorhabens) ausgewirkt hat. Die Planerhaltungsvorschrift des § 214 Abs. 3 S. 2 Hs. 2 BauGB greift daher nicht ein.

Zusammengefasst folgt daraus: Fehler bei der Behandlung der Eingriffsregelung im Abwägungsvorgang sind angesichts des hohen faktischen Ranges der Eingriffsregelung regelmäßig erheblich und werden nicht durch die Planerhaltungsvorschriften des § 214 Abs. 1 S. 1 Nr. 3, Nr. 3 und Abs. 3 S. 2 Hs. 2 BauGB ausgeschlossen. Dass sich ein der Gemeinde hier unterlaufener Fehler nicht auf das Abwägungsergebnis ausgewirkt hat, ist lediglich der Ausnahmefall.

# § 6 Zusammenfassung in Thesen

1. Das Naturschutzrecht stellt mit dem Rechtsinstitut der Eingriffsregelung (§§ 18–21 BNatSchG) ein flächenbezogenes Instrument des Naturschutzes bereit, das in Genehmigungsverfahren durch ein abgestuftes Rechtsfolgenprogramm (Vermeidung, Ausgleich, Ersatz) Naturbeeinträchtigungen vermeiden oder kompensieren soll. Die naturschutzrechtliche Eingriffsregelung ist streng konditional programmiert und bietet der Genehmigungsbehörde in der Entscheidung, ob Vermeidung oder Kompensation erfolgen soll, keinen planerischen Spielraum.

2. In diesem gestuften Rechtsfolgenprogramm hat die Vermeidung Vorrang gegenüber dem Ausgleich, der seinerseits den Ersatzmaßnahmen vorrangig ist. Ausgleich und Ersatz lassen sich unter dem Oberbegriff der Kompensation zusammenfassen.

3. Ausgleichsmaßnahmen müssen die Funktionen der Natur oder der Landschaft gleichartig wiederherstellen, während bei Ersatzmaßnahmen eine gleichwertige Wiederherstellung ausreicht.

4. Diese Begriffe der „Gleichartigkeit" bzw. „Gleichwertigkeit" werden durch einen Zusammenhang zwischen den beeinträchtigten Naturfunktionen und den wiederhergestellten Naturfunktionen charakterisiert. Dieser Zusammenhang besteht in örtlicher, zeitlicher und funktionaler Hinsicht.

5. Bei Ausgleichsmaßnahmen ist dieser Zusammenhang wesentlich strenger als bei Ersatzmaßnahmen. Letztere lockern diesen Zusammenhang dadurch, dass lediglich ein gleichwertiger Ersatz im Sinne einer ausgeglichenen ökologischen Gesamtbilanz erfolgen soll, was in einer wertenden Gesamtbetrachtung festzustellen ist. Der Ersatz fordert nicht, konkrete Naturphänomene wiederherzustellen, sondern vielmehr die Gesamtsumme der Naturfunktionen.

6. Trotz dieser Lockerung des Zusammenhangs zwischen beeinträchtigten und wiederhergestellten Naturfunktionen bei Ersatzmaßnahmen dürfen diese Ersatzmaßnahmen nicht willkürlich und beliebig durchgeführt werden. Weil der besondere Wert der Natur auch in der Vielfalt ihrer Funktionen liegt, kann es nicht nur auf die schwarze Null unter Strich der ökologischen Gesamtbilanz ankommen, sondern auch die einzelnen Bilanzposten sind relevant. Der Zusammenhang ist daher in räumlicher,

funktionaler und zeitlicher Hinsicht zwar stark gelockert; er ist aber nicht aufgehoben.

7. Der zeitliche Zusammenhang zwischen Ausgleich und Ersatz steht der Vorwegnahme von Ersatzmaßnahmen nicht entgegen.

8. Ausgleich und Ersatz kann nur auf Flächen stattfinden, die ökologisch aufwertungsfähig und aufwertungsbedürftig sind. Je schlechter der ökologische Ausgangszustand einer Fläche ist, desto besser ist sie als Kompensationsfläche geeignet.

9. Aus dem Regelungskomplex und der Regelungssystematik der §§ 18–21 BNatSchG lassen sich einige grundlegende Prinzipien ableiten, welche die Auslegung der Eingriffsregelung im Naturschutzrecht und im Städtebaurecht maßgeblich steuern und vor allem bei der städtebaulichen Eingriffsregelung zur Ausfüllung der Lücken der gesetzlichen Regelungen herangezogen werden können.

10. § 21 BNatSchG bettet die Eingriffsregelung bei den praktisch besonders relevanten Eingriffen durch städtebauliche Vorhaben in das Baugesetzbuch ein und ordnet als Gelenknorm zwischen BNatSchG und BauGB an, dass die naturschutzrechtliche Eingriffsregelung nur bei Vorhaben nach § 35 BauGB gilt. In allen anderen Fällen findet eine Eingriffsprüfung nur im Rahmen der Aufstellung, Änderung, Ergänzung oder Aufhebung eines Bauleitplans statt. Das Anliegen der Eingriffsregelung, Naturbeeinträchtigungen zu vermeiden und zu kompensieren, wird so Teil des in der planerischen Abwägung zu berücksichtigenden Abwägungsmaterials.

11. Dieses Abwägungsmaterial wird im Rahmen der Umweltprüfung nach § 2 Abs. 4 BauGB ermittelt. Die Eingriffsregelung geht formell in dieser Umweltprüfung auf. Bei der Ermittlung und Bewertung der für die Eingriffsregelung relevanten Tatsachen darf sich die Gemeinde nicht ausschließlich rechnerische, rein quantitative Verfahren anwenden, sondern muss zusätzlich konkret beschreibend-qualitativ auf den Zustand der Natur im Plangebiet eingehen. Die Landschaftsplanung kann dabei hilfreich sein.

12. § 1a Abs. 3 BauGB verweist auf das Naturschutzrecht und gibt damit zu erkennen, dass die Tatbestandsseite der Eingriffsregelung auch im Städtebaurecht unverändert bleibt.

13. Das BauGB ändert aber die Rechtsfolgen, die eintreten, wenn ein Eingriff vorliegt, so stark, dass der Begriff einer eigenständigen „städtebaulichen Eingriffsregelung" gerechtfertigt ist.

14. Denn durch die Einbettung in das Planungsverfahren wird die strikt konditionale Programmierung der Eingriffsregelung aufgelöst. Die An-

liegen der Eingriffsregelung werden Teil des planerischen Finalprogrammes und unterliegen der planerischen Abwägung; sie können also auch „weggewogen" werden. Hier ist allerdings das besondere „faktische" Gewicht zu beachten, welches das BVerwG der Eingriffsregelung zumisst. Es bewirkt, dass die Gemeinde in ihrer Abwägung die Anliegen der Eingriffsregelung nur dann in der Abwägung überwinden kann, wenn dafür besonders gute Gründe vorliegen.

15. Eine weitere Modifikation der Rechtsfolgeseite der Eingriffsregelung betrifft den Begriff des Ausgleichs. Das BauGB fasst durch § 200a S. 1 die naturschutzrechtlichen Begriffe „Ausgleich" und „Ersatz" zu einem städtebaurechtlichen Begriff des „Ausgleichs" zusammen, der inhaltlich dem naturschutzrechtlichen Begriff der „Kompensation" entspricht.

16. Dadurch wird die strenge naturschutzrechtliche Stufenfolge zwischen Ausgleich und Ersatz im Städtebaurecht aufgehoben.

17. Diese Zusammenfassung hat weiter zur Konsequenz, dass die im Naturschutzrecht hinsichtlich des Ersatzes geltenden Lockerungen des Zusammenhangs zwischen Eingriff und Ersatz nun auch für den städtebaulichen Ausgleich gelten.

18. Hinsichtlich des räumlichen Zusammenhangs ist dies ausdrücklich – deklaratorisch – in §§ 1a Abs. 3 S. 3; 9a Abs. 1a S. 1; 200a S. 2 BauGB geregelt. Die Lockerung des zeitlichen Zusammenhangs regelt § 135a Abs. 2 S. 2 BauGB. Für die Lockerung des funktionalen Zusammenhang existiert keine ausdrückliche Regelung im BauGB; sie ergibt sich aber aus dem Verweis auf den naturschutzrechtlichen Ersatzbegriff in § 200a S. 1 BauGB.

19. Der funktionale Zusammenhang ist beim städtebaurechtlichen Ausgleich entgegen einer vertretenen Ansicht nicht vollständig aufgehoben, sondern nur – entsprechend den im Naturschutzrecht zum Ersatz entwickelten Grundsätzen – gelockert.

20. Zur räumlichen, zeitlichen und funktionalen Lockerung des Zusammenhangs zwischen Eingriff und Ausgleich tritt im Städtebaurecht die Lockerung des Verursacherzusammenhangs, der Konsequenz des Verursacherprinzips als grundlegendem Konstruktionsprinzip der naturschutzrechtlichen Eingriffsregelung ist. § 135a Abs. 2 S. 1 BauGB verpflichtet die Gemeinde, anstelle des Eingriffsverursachers den Ausgleich in den Fällen auf dessen Kosten durchzuführen, in denen von der räumlichen Entkopplung Gebrauch gemacht wird. Die ursprünglich bestehende Durchführungsverantwortung des Verursachers für die Ausgleichsmaßnahmen wandelt sich im Städtebaurecht dann zu einer Finanzierungsverantwortung.

21. Das BauGB stellt in §§ 1a Abs. 3 S. 3; 200a S. 2 BauGB für die räumliche Entkopplung Grenzen, nämlich die Vereinbarkeit eines so entkoppelten Ausgleichs mit den Raumordnungs-, den Flächennutzungs- und den Landschaftsplänen auf.

22. Diese Grenzen gelten auch für die funktionale Lockerung des Zusammenhangs zwischen Eingriff und Ausgleich.

23. Die zeitliche Lockerung des Zusammenhangs wird dadurch begrenzt, dass bei der Nutzung der Möglichkeit einer Flächen- oder Maßnahmenbevorratung eine „Widmung" dieser Flächen zu Ausgleichszwecken nötig ist.

24. Die Lockerung der Verursacherverantwortlichkeit ist dadurch begrenzt, dass der Eingriffsverursacher stets mit den Kosten der für den Ausgleich seines Eingriffs notwendigen Maßnahmen belastet wird.

25. Die Flächennutzungsplanung und die Landschaftsplanung spielen für die Bestimmung der Grenzen der Lockerung des Zusammenhangs zwischen Eingriff und Ausgleich und damit für den Vollzug der Eingriffsregelung im Planaufstellungsverfahren eine überragende Rolle.

26. Die städtebauliche Eingriffsregelung ist in ein Netz lokaler und regionaler Planungen eingebunden, welche Kriterien für die materielle Rechtmäßigkeit des Ausgleich aufstellen. Daher ist der Begriff einer „planifizierten" Eingriffsregelung gerechtfertigt.

27. § 1a Abs. 3 S. 2–4 BauGB gibt der Gemeinde die Instrumente vor, mit denen sie die notwendigen Ausgleichsmaßnahmen umsetzen kann. Eine besondere Rolle spielen dabei die in § 9 Abs. 1a S. 1 BauGB genannten Möglichkeiten, den Ausgleich räumlich umzusetzen.

28. Eine besondere Rolle spielt dabei die Zuordnung nach § 9 Abs. 1a S. 2 Hs. 1 BauGB.

29. Die Gemeinde muss bei der Nutzung dieser Instrumente die dafür jeweils geltenden spezifischen Anforderungen der Eingriffsregelung (z. B. Erwähnung in der Planbegründung bei sonstigen Ausgleichsmaßnahmen nach § 1a Abs. 3 S. 4 Alt. 2 BauGB) und die allgemeinen Anforderungen (städtebauliche Erforderlichkeit und Bestimmtheit bei planerischen Festsetzungen; Koppelungsverbot bei städtebaulichen Verträgen usw.) beachten.

30. Ökokonten und Flächenpools sind moderne Kompensationsinstrumente, die auf dem Prinzip der Flächenbevorratung aufbauen. Bei Ökokonten werden zusätzlich zu den Flächen noch Naturaufwertungsmaßnahmen bevorratet.

31. Im Baugesetzbuch sind Ökokonten durch § 135a Abs. 2 S. 2 BauGB, der das Prinzip der Maßnahmebevorratung durch die zeitliche Entkopplung ermöglicht, ansatzweise geregelt. Das Prinzip der Flächenbevorratung, auf dem Ökokonten und Flächenpools aufbauen, ist nicht ausdrücklich geregelt, sondern basiert auf den verschiedenen Möglichkeiten einer räumlichen und funktionalen Entkopplung, die das BauGB vorsieht.

32. Flächenpools und Ökokonten können sowohl vom Staat als auch von Privaten eingerichtet werden. Privaten stehen dafür nur privatrechtliche Betriebsformen zur Verfügung. Betreibt der Staat einen Flächenpool oder ein Ökokonto, so ist sind verschiedene Träger des Pools/Kontos denkbar, denen sowohl öffentlich-rechtliche als auch privatrechtliche Betriebsformen zur Verfügung stehen. Im Regelfall, in dem die Gemeinde ein Ökokonto oder einen Flächenpool zur Erleichterung des Vollzugs der Eingriffsregelung im Planverfahren betreibt, empfiehlt sich entweder der kommunal-hoheitliche Betrieb, etwa als kommunale Anstalt, oder aber der privatrechtliche Betrieb als organisationsprivatisierte GmbH.

33. Sollen Flächenpools und Ökokonten interkommunal eingerichtet werden, stehen dafür eine Reihe verschiedener Trägerschafts- und Betriebsmodelle zur Verfügung, von denen regelmäßig der Planungszweckverband die praktikabelste Lösung ist, wenn bereits ein Zweckverband existiert, dessen Aufgabenkreis um den Betrieb der Pools/Konten erweitert werden kann. Gibt es keinen solchen Zweckverband, bietet sich in der Regel eine interkommunale GmbH als Betriebsmodell an.

34. Materielle Anforderungen an Ökokonten und Flächenpools: Ökokonten und Flächenpools sind Hilfsmittel zum leichteren Vollzug der städtebaulichen Eingriffsregelung im Planaufstellungsverfahren. Sie können daher nicht völlig frei eingerichtet und zum Ausgleich benutzt werden, sondern sie sind in das gesetzliche System der städtebaulichen Eingriffsregelung, das die §§ 1a Abs. 3; 9 Abs. 1a; 135a–c und 200a BauGB konstituieren, eingebunden. Diese Vorschriften formulieren den rechtlichen Rahmen für Ausgleichsmaßnahmen, in dem sich auch Flächenpools und Ökokonten als moderne städtebauliche Methoden des Ausgleichs bewegen und an dem sie sich messen lassen müssen. Ihre Grenzen ergeben sich deshalb gemäß §§ 1a Abs. 3 S. 3; 200a S. 2 BauGB aus den Raumordnungs-, den Flächennutzungs- und den Landschaftsplänen. Der Betreiber eines Flächenpools muss daher bei der Bevorratung von Flächen berücksichtigen, dass die Aussagen dieser Planwerke durch ihre Steuerung der räumlichen und funktionalen Entkopplung von maßgeblicher Bedeutung für die Nutzung der Flächen als

Ausgleichsflächen sind. Wird ein Ökokonto genutzt, ist zusätzlich eine „Widmung" der vorweggenommenen Naturaufwertungsmaßnahmen für Ausgleichszwecke erforderlich.

35. Die Nutzung eines Ökokontos oder Flächenpools gliedert sich in zwei Schritte. Zunächst müssen Flächen in den Pool oder das Konto „eingebucht" werden. Später können diese „eingebuchten" Flächen wieder im Rahmen der Aufstellung eines Bebauungsplans, der die bauplanungsrechtliche Zulässigkeit eines Vorhabens begründet (Eingriffsbebauungsplan), wieder „ausgebucht" werden.

36. Der Prozess der Einbuchung verläuft in drei Phasen. Zuerst müssen Flächen und Maßnahmen ausgewählt und konzeptioniert werden (1. Phase). Sodann müssen die ausgewählten Flächen beschafft werden (2. Phase). Schließlich müssen die so ausgewählten und beschafften Flächen gegen konkurrierende Nutzungsinteressen geschützt werden und der Ausgleichszweck planerisch gesichert werden (3. Phase).

37. Zur Flächenbeschaffung (2. Phase der Einbuchung) stehen verschiedene nicht-hoheitliche und – dem öffentlich-rechtlich betriebenen Pool – hoheitliche Vorgehensweisen zur Verfügung. Vorzugswürdig sind der freihändige privatrechtliche Flächenerwerb, der Flächentausch und die Bestellung einer beschränkt persönlichen Dienstbarkeit.

38. Die planerische Sicherung (3. Phase der Einbuchung) kann über einen Flächennutzungsplan oder einen Bebauungsplan erfolgen. Es ist zulässig, insbesondere unter dem Aspekt der Planrechtfertigung, einen selbständigen Ausgleichsbebauungsplan aufzustellen, der ausschließlich Festsetzungen enthält, welche den Ausgleichszweck bestimmter Flächen planerisch absichern und andere Nutzungen ausschließen.

39. Die Abbuchung vom Ökokonto/aus dem Flächenpool geschieht im Rahmen des Vollzugs der Eingriffsregelung im Aufstellungsverfahren eines Eingriffsbebauungsplans. Sie hat also einen verfahrensbezogenen Charakter.

40. Die Gemeinde muss hierfür gemäß ihrer im Rahmen der Umweltprüfung angestellten Eingriffsprognose aus dem Vorrat an Flächen und Maßnahmen im Pool/Konto nur noch die für das jeweilige Eingriffsgebiet und die von diesem hervorgerufenen Beeinträchtigungen passenden Flächen zur Wiederherstellung dieser Beeinträchtigungen heraussuchen muss. Dies geschieht in der gemeindlichen planerischen Abwägung und muss entsprechend im Umweltbericht in der Begründung des Eingriffsbebauungsplans dokumentiert werden.

41. Der Ausgleich unter Nutzung eines Flächenpools im Recht der Bauleitplanung ist damit dogmatisch bei der bauleitplanerischen Abwägung

nach §§ 1 Abs. 7; 1a Abs. 3 BauGB im Rahmen der Ausgleichsprognose zu verorten.

42. Der Einsatz eines Ökokontos bei der Aufstellung eines Eingriffsbebauungsplans ist genauso wie der Einsatz eines Flächenpools eine Frage der planerischen Abwägung nach § 1 Abs. 7 BauGB. Der Schwerpunkt liegt hier aber darin, zu prüfen, ob die bevorrateten Maßnahmen vereinbar sind mit den materiellen Anforderungen an den städtebaulichen Ausgleich, die der Ausgleich des konkret anstehenden Eingriffs aufstellt. Die planungspraktische Umsetzung des Ausgleichs erfolgt dann durch eine Zuordnungsfestsetzung nach § 9 Abs. 1a S. 2 BauGB. Die Zuordnung ist der dogmatische Schlüssel zur Nutzung dieses modernen Ausgleichsinstruments.

43. Im Dreiecksverhältnis zwischen Poolbetreiber, Eingriffsverursacher und planender Gemeinde existieren keine Rechtsbeziehungen zwischen Poolbetreiber und Eingriffsverursacher, wenn diese personenverschieden sind. Die Nutzung eines Ökokontos oder Flächenpools geschieht nur im Innenverhältnis zwischen Gemeinde und Poolbetreiber.

44. Ein Ökokonto oder Flächenpool kann, wenn es öffentlich-rechtlich von der Gemeinde betrieben wird, entweder durch städtebauliche Verträge oder die gesetzliche Kostenerstattungsregelung in § 135a Abs. 2 S. 1; Abs. 3 S. 2 BauGB finanziert werden. Die erste Alternative ist vorzugswürdig. Wird der Pool/das Konto privatrechtlich oder öffentlich-rechtlich von einer anderen Person als der planenden Gemeinde betrieben, ist die Finanzierung nur über städtebauliche Verträge möglich.

45. Soll die gemeindliche Ausgleichstätigkeit unter Nutzung eines Ökokontos oder Flächenpools kontrolliert werden, so kann dies hinsichtlich der materiellen Anforderungen des Ausgleichs, hinsichtlich der formellen Einbettung in das Planaufstellungsverfahren oder hinsichtlich sonstiger, von der Eingriffsregelung unabhängiger Rechtmäßigkeitsanforderungen geschehen. Ansatzpunkt ist dafür stets die Überprüfung der Abwägung des Eingriffsbebauungsplans. Die Kontrolle kann in bestimmten Fällen behördlich durch die Aufsichtsbehörde oder aber gerichtlich über § 47 VwGO geschehen.

46. Der Eingriffsverursacher ist stets zu einer Normenkontrolle des Eingriffsbebauungsplans und damit zur Kontrolle des Vollzugs der Eingriffsregelung unter Nutzung von Ökokonten und Flächenpools im Rahmen der Abwägung befugt. Ebenso ist der Eigentümer eines vom Ausgleichsbebauungsplan als Ausgleichsfläche überplanten Grundstücks zur Normenkontrolle des Ausgleichsbebauungsplans antragsbefugt. Sonstige Bürger, deren Grundstücke weder durch Ausgleichs- noch durch den

Eingriffsbebauungsplan überplant werden, es sich also weder um Eingriffsverursacher noch um die Eigentümer von Ausgleichsgrundstücken handelt, sind nicht antragsbefugt. Ebensowenig sind anerkannte Naturschutzverbände antragsbefugt.

47. Fehler bei der Behandlung der Eingriffsregelung im Abwägungsvorgang sind angesichts des hohen faktischen Ranges der Eingriffsregelung regelmäßig erheblich und werden nicht durch die Planerhaltungsvorschriften des § 214 Abs. 1 S. 1 Nr. 3, Nr. 3 und Abs. 3 S. 2 Hs. 2 BauGB ausgeschlossen. Dass sich ein der Gemeinde hier unterlaufener Fehler nicht auf das Abwägungsergebnis ausgewirkt hat, ist lediglich der Ausnahmefall.

# Literaturverzeichnis

*Aichele,* Klaus-Dieter/*Bitz,* Andreas: Das Ökokonto als Instrument zur Entwicklung der Landschaft in Rheinland-Pfalz, UVP-Report 2001, 25 ff.

*Anger,* Christoph: Naturschutzrechtliche Eingriffsregelung und Kompensationspools. Rechtliche Grundlagen und Grenzen eines Vollzugsmodells, UPR 2004, 7 ff.

Arbeitskreis Eingriffsregelung und Umweltverträglichkeitsprüfung der TU Berlin (Hrsg.): Flexibilisierung der Eingriffsregelung – Modetrend oder Notwendigkeit, Schriftenreihe „Landschaftsentwicklung und Umweltforschung" der TU Berlin, Heft Nr. 115, 2000, Berlin, *zitiert:* Arbeitskreis Eingriffsregelung TU Berlin (Hrsg.), Flexibilisierung der Eingriffsregelung.

*Bachof,* Otto: Teilrechtsfähige Verbände des öffentlichen Rechts, AöR 83 (1958), 208 ff.

*Balla,* Stefan/*Brauns,* Franziska/*Herberg,* Alfred/*Pufahl,* Andrea/*Schkade,* Michael: Die Umsetzung von Kompensationsmaßnahmen der Eingriffsregelung in der Bauleitplanung, NuL 2000, 137 ff.

*Bartholomäi,* Eberhard: Die überschätzte Kostenerstattung nach § 8 a BNatSchG, NVwZ 1996, 852 ff.

*Battefeld,* Klaus-Ulrich: Ökokonto und Ausgleich – (k)ein Widerspruch?!, UVP-Report 2001, 21.

*Battis,* Ulrich/*Krautzberger,* Michael/*Löhr,* Rolf-Peter: Die Neuregelungen des Baugesetzbuches zum 1.1.1998, NVwZ 1997, 1145 ff.

– Baugesetzbuch. Kommentar, 9. Auflage 2005, München, zitiert: *Bearbeiter,* in: Battis/Krautzberger/Löhr (Hrsg.), BauGB.

*Bauer,* Hartmut: Privatisierung von Verwaltungsaufgaben, VVDStRL 54 (1995), 245 ff.

*Bauer,* Joachim/*Schink,* Alexander: Die naturschutzrechtliche Eingriffsregelung in der Bauleitplanung, 1996, Köln.

*Baumeister,* Hubertus: Die Integration der Landschaftsplanung in die Bauleitplanung, 1992, Taunusstein.

*Beckmann,* Martin: Die Ausgleichsregelung des § 1 a Abs. 3 BauGB, in: Erbguth, Wilfried/Oebbecke, Janbernd/Rengeling, Hans-Werner/Schulte, Martin (Hrsg.), Planung. Festschrift für Werner Hoppe zum 70. Geburtstag, 2000, München, S. 531 ff., zitiert: *Beckmann,* FS Hoppe.

*Berkemann,* Jörg: Rechtliche Instrumente gegenüber Eingriffen in Natur und Landschaft, in: Landschaftsschutz und Landschaftspflege im Wandel. Tagungsband zum 8. Trierer Kolloquium zum Umwelt- und Technikrecht, UTR 20 (1993), S. 93 ff.

– Rechtliche Instrumente gegenüber Eingriffen in Natur und Landschaft (§ 8 BNatSchG), NuR 1993, 97 ff.

*Bickel,* Christian: Der Eingriffstatbestand in § 8 Bundesnaturschutzgesetz, DÖV 1989, 937 ff.

*Bielenberg,* Walter/*Runkel,* Peter/*Spannowsky,* Willy: Raumordnungs- und Landesplanungsrecht des Bundes und der Länder, Loseblattwerk, Stand: 3. Lieferung 2004 (September 2004), Bielefeld.

*Bier,* Sascha: Gültigkeit von Bebauungsplänen im Hinblick auf die Frage eines „Außer-Kraft-Tretens wegen Funktionslosigkeit", UPR 2004, 335 ff.

*Birk,* Hans-Jörg: Die Kostenerstattung bei naturschutzrechtlichen Eingriffsregelungen unter besonderer Berücksichtigung des Erschließungsbeitragsrechts, VBlBW 1998, 81 ff.

– (Hrsg.): Der naturschutzrechtliche Ausgleich nach § 1a BauGB, Forum für Stadtentwicklungs- und Kommunalpraxis Band 16, 1999, Stuttgart, zitiert: *Bearbeiter,* in: Birk (Hrsg.), Der naturschutzrechtliche Ausgleich nach § 1a BauGB.

– Die städtebaulichen Verträge nach dem BauGB 98. Inhalte und Leistungsstörungen, 3. Auflage, 1999, Stuttgart.

*Blume,* Eckehart: Das Verhältnis von Baurecht und Naturschutzrecht nach dem Investitionserleichterungs- und Wohnbaulandgesetz, NVwZ 1993, 941 ff.

– § 8a BNatSchG und die Rechtsprechung, NuR 1996, 384 ff.

*Boeschen,* Ulrich: Eingriffsregelung und Ökokonto. Ausgleich gespart?, UVP-Report 2001, 4 ff.

*Böhme,* Christa/*Bruns,* Elke/*Bunzel,* Arno/*Herberg,* Alfred/*Köppel,* Johann: Flächen- und Maßnahmenpools in Deutschland. Ergebnisse aus dem F+E Vorhaben 802 82 120 „Naturschutzfachliches Flächenmanagement als Beitrag für eine nachhaltige Flächenhaushaltspolitik" des Bundesamtes für Naturschutz, 2005, Bonn-Bad Godesberg.

*Böhme,* Christa/*Bunzel,* Arno/*Deiwick,* Britta/*Herberg,* Alfred/*Köppel,* Johann (Hrsg.): Statuskonferenz Flächen- und Maßnahmenpools. Teil B Statuskonferenz, TU Berlin, abrufbar unter http://www.tu-berlin.de/~lbp/dbu/dbutd.htm (letzter Aufruf am 8.6.2006).

*Bonk,* Heinz-Joachim: Strukturelle Änderungen des Verwaltungsverfahrens durch das Genehmigungsverfahrensbeschleunigungsgesetz, NVwZ 1997, 320 ff.

*Brenner,* Michael: Das Grundeigentum in der städtebaulichen Umlegung, DVBl. 1993, 291 ff.

*Breuer,* Rüdiger: Direkte und indirekte Rezeption technischer Regeln durch die Rechtsordnung, AöR 101 (1976), 46 ff.

– Die Bedeutung des § 8 BNatSchG für Planfeststellungen und qualifizierte Genehmigungen nach anderen Fachgesetzen, NuR 1980, 89 ff.

*Breuer,* Wilhelm: Ökokonto – Chance oder Gefahr? Die Eingriffsregelung ist kein Flächen- und Mittelbeschaffer des Naturschutzes, NuL 2001, 113 ff.

*Britz,* Gabriele: Umweltrecht im Spannungsverhältnis von ökonomischer Effizienz und Verfassungsrecht, Die Verwaltung 30 (1997), 184 ff.

– „Ökokonto" im Naturschutzrecht, UPR 1999, 205 ff.

*Brohm,* Winfried: Die naturschutzrechtliche Eingriffs- und Ausgleichsregelung im Bauplanungsrecht, in: Erbguth, Wilfried/Oebbecke, Janbernd/Rengeling, Hans-Werner/Schulte, Martin (Hrsg.), Planung. Festschrift für Werner Hoppe zum 70. Geburtstag, 2000, München, S. 511 ff., zitiert: *Brohm,* FS Hoppe.

– Städtebauliche Verträge zwischen Privat- und Öffentlichem Recht, JZ 2000, 321 ff.

– Öffentliches Baurecht, 3. Auflage 2002, München.

*Broß,* Siegfried: Ausgewählte Probleme des Baurechts. Grunddienstbarkeit und Baulast, VerwArch 86 (1995), 483 ff.

*Brügelmann,* Hermann (Hrsg.): Baugesetzbuch. Kommentar. Loseblattsammlung, Stand: 59. Lieferung, Dezember 2005, Stuttgart, zitiert: *Bearbeiter,* in: Brügelmann (Hrsg.), BauGB.

*Bruns,* Elke/*Herberg,* Alfred/*Köppel,* Johann: Ökokonten und Flächenpools – neue Flexibilität und Praktikabilität im Naturschutz?, in: Gruehn, Dietwald/Herberg, Alfred/Roesrath, Christoph (Hrsg.), Naturschutz und Landschaftsplanung. Festschrift für Hartmut Kenneweg, 2000, Berlin, S. 57 ff, zitiert: FS Kenneweg.

– Konstruktiver Einsatz von naturschutzrechtlichen Kompensationsmaßnahmen im Kontext der Regionalparkentwicklung durch interkommunale Pool-Modelle, Schriftenreihe Landschaftsentwicklung und Umweltforschung im Fachbereich Umwelt und Gesellschaft der TU Berlin, Heft 114, 2000, Berlin, zitiert: Konstruktiver Einsatz von naturschutzrechtlichen Kompensationsmaßnahmen.

– Typisierung und kritische Würdigung von Flächenpools und Ökokonten, UVP-Report 2001, 9 ff.

*Bryde,* Brun-Otto: „Rückenteignung" bei zweckverfehlter Umlegung – BVerwGE 85, 96, JuS 1993, 283 ff.

*Buchreiter-Schulz,* Monika/*Kreitmayer,* Christina: Die Stadtbiotopkartierung – eine Herausforderung für die Bauleitplanung und die Baugenehmigungspraxis im Siedlungsbereich, NuR 1991, 107 ff.

*Bull,* Hans-Peter: Über Formenwahl, Formwahrheit und Verantwortungsklarheit in der Verwaltungsorganisation, in: Geis, Max-Emanuel/Lorenz, Dieter (Hrsg.), Staat – Kirche – Verwaltung. Festschrift für Hartmut Maurer zum 70. Geburtstag, 2001, München, S. 545 ff., zitiert: *Bull,* FS Maurer.

Bundesamt für Naturschutz (Hrsg.): Möglichkeiten der Umsetzung der Eingriffs-regelung in der Bauleitplanung. Zusammenwirken von Landschaftsplanung, naturschutzrechtlicher Eingriffsregelung und Bauleitplanung, Schriftenreihe Angewandte Landschaftsökologie Heft 26, 1999, Bonn-Bad Godesberg, zitiert: *Bundesamt für Naturschutz,* Umsetzung der Eingriffsregelung.

*Bunzel,* Arno: Wohin mit den Ausgleichs- und Ersatzmaßnahmen bei der verbind-lichen Bauleitplanung?, NVwZ 1994, 960 ff.

– (Hrsg.): Planspiel BauGB-Novelle. Ergebnisse des Praxistests und Text des Regierungsentwurfs, 1997, Berlin.

– Nachhaltigkeit – ein neues Leitbild für die kommunale Flächennutzungsplanung. Was bringt das novellierte Baugesetzbuch?, NuR 1997, 583 ff.

– Anforderungen an die Art des Ausgleichs – artgleich, wertgleich oder in sonstiger Weise, ZfBR 1998, 226 ff.

– Kostengerechtigkeit bei der Zuordnung von Flächen und Maßnahmen zum Ausgleich im Bebauungsplan, BauR 1999, 3 ff.

– Bauleitplanung und Flächenmanagement bei Eingriffen in Natur und Landschaft, 1999, Berlin.

– Kompensationsverpflichtung und Pflegemaßnahmen bei Eingriffen in Natur und Landschaft – Empirische Erfahrungen und rechtliche Bewertung, NuR 2004, 15 ff.

– Umweltprüfung in der Bauleitplanung, 2005, Berlin.

*Bunzel,* Arno/*Böhme,* Christa: Interkommunales Kompensationsmanagement. Ergebnisse aus dem F+E Vorhaben 89982410 „Interkommunale Zusammenarbeit bei der Planung und Durchführung von Maßnahmen zum Ausgleich" des Bundesamtes für Naturschutz, Schriftenreihe Angewandte Landschaftsökologie, Heft 49, 2002, Bonn-Bad Godesberg.

*Bunzel,* Arno/*Coulmas,* Diana/*Schmidt-Eichstaedt,* Gerd: Städtebauliche Verträge. Ein Handbuch, 2. Auflage 1999, Berlin.

*Bunzel,* Arno/*Hinzen,* Ajo/*Ohligschläger,* Gerd: Umweltschutz in der Bebauungspla-nung, 1997, Wiesbaden.

*Bunzel,* Arno/*Meyer,* Ulrike: Die Flächennutzungsplanung – Bestandsaufnahmen und Perspektiven für die kommunale Praxis, 1996, Berlin.

*Bunzel,* Arno/*Reitzig,* Frank: Bereitstellung von Flächen zum Ausgleich im übergemeindlichen Maßstab, DÖV 1998, 995 ff.

*Bunzel,* Arno/*Reitzig,* Frank/*Sander,* Robert: Interkommunale Kooperation im Städtebau, Difu-Beiträge zur Stadtforschung. Band 34, 2002, Berlin.

*Burgi,* Martin: Funktionale Privatisierung und Verwaltungshilfe. Staatsaufgabendogmatik – Phänomenologie – Verfassungsrecht, 1999, Tübingen.

– Kommunales Privatisierungsfolgenrecht: Vergabe, Regulierung und Finanzierung, NVwZ 2001, 601 ff.

*Burmeister,* Joachim: Der Schutz von Natur und Landschaft vor Zerstörung, 1988, Düsseldorf.

– Verträge und Absprachen zwischen der Verwaltung und Privaten, VVDStRL 52 (1993), S. 190 ff.

*Burmeister,* Thomas/*Megerle,* Andreas: Bestandsaufnahme des Naturhaushalts im Bebauungsplanverfahren, NVwZ 1995, 868 ff.

*Busse,* Jürgen/*Dirnberger,* Franz/*Pröbstl,* Ulrike/*Schmid,* Werner: Die naturschutzrechtliche Eingriffsregelung in der Bauleitplanung – mit Erläuterungen zum Ökokonto. Ein Handbuch, 2001, München, zitiert: *Busse/Dirnberger/Pröbstl/ Schmid,* Handbuch.

*Bydlinski,* Franz: Juristische Methodenlehre und Rechtsbegriff, 2. Auflage 1991, Wien/New York.

*Carlsen,* Claus: Die Umweltverträglichkeitsprüfung (UVP) in Naturschutz und Landschaftspflege, NuR 1984, 48 ff.

– (Hrsg.): Naturschutz und Bauen. Eingriffe in Natur und Landschaft und ihr Ausgleich, 1995, Berlin.

*Czybulka,* Detlef: Die Eingriffsregelung im Naturschutzgesetz Baden-Württembergs (§ 11 BNatSchG), VBlBW 1991, 85 ff.

*Danwitz,* Thomas von: Vom Verwaltungsprivatrecht zum Verwaltungsgesellschaftsrecht – Zu Begründung und Reichweite öffentlich-rechtlicher Ingerenzen in der mittelbaren Kommunalverwaltung, AöR 120 (1995), 595 ff.

*Dechsling,* Rainer: Das Verhältnismäßigkeitsgebot. Eine Bestandsaufnahme der Literatur zur Verhältnismäßigkeit staatlichen Handelns, 1989, München.

*Degenhart,* Christoph: Geltungsverlust „funktionsloser" Bebauungspläne?, BayVBl. 1990, 71 ff.

*Di Fabio,* Udo: Freiwillige Baulastübernahme und hoheitliche Durchsetzung, BauR 1990, 25 ff.

– Gefahr, Vorsorge, Risiko: Die Gefahrenabwehr unter dem Einfluss des Vorsorgeprinzips, Jura 1996, 566 ff.

– Voraussetzungen und Grenzen des umweltrechtlichen Vorsorgeprinzips, in: Kley, Max-Dietrich (Hrsg.), Festschrift für Wolfgang Ritter, 1997, Köln, S. 807 ff., zitiert: *Di Fabio,* FS Ritter.

*Dierßen,* Klaus/*Reck,* Heinrich: Konzeptionelle Mängel und Ausführungsdefizite bei der Umsetzung der Eingriffsregelung im kommunalen Bereich, NuL 1998, 341 ff. und 373 ff.

*Dolde,* Klaus-Peter: Städtebauliche Enteignung und planerische Abwägung, in: Franßen, Eberhard (Hrsg.), Bürger – Richter – Staat, Festschrift für Horst Sendler, 1991, München, S. 225 ff., zitiert: *Dolde,* FS Sendler.

– Bebauungsplan und naturschutzrechtliche Eingriffsregelung, in: Driehaus, Hans-Joachim/Birk, Hans-Jörg (Hrsg.), Baurecht – aktuell. Festschrift für Felix Weyreuther, 1993, Köln, S. 195 ff., zitiert: *Dolde,* FS Weyreuther.

*Durner,* Wolfgang: Kompensation für Eingriffe in Natur und Landschaft nach deutschem und europäischem Recht, NuR 2001, 601 ff.

*Dürr,* Hansjochen: Das Verhältnis des Naturschutzrechts zum Baurecht und Fachplanungsrecht in der Rechtsprechung der Verwaltungsgerichte, UPR 1991, 81 ff.

– Die Auswirkungen der §§ 8a–c BNatSchG auf das öffentliche Baurecht, BauR 1994, 460 ff.

– Die Entwicklung der Rechtsprechung zur Antragsbefugnis bei der Normenkontrolle von Bebauungsplänen, NVwZ 1996, 105 ff.

*Eberhard,* Klaus/*Schettler,* Wolfgang: Das inhaltliche und methodische Vorgehen bei der Bewältigung der naturschutzrechtlichen Eingriffsregelung, BWGZ 1997, 88 ff.

*Ecker,* Michaela/*Engel,* Rüdiger/*Schäfer,* Bärbel: Neue Anforderungen an die Bauleitplanung durch die naturschutzrechtliche Eingriffsregelung nach §§ 8a–c BNatSchG, VBlBW 1994, 217 ff.

*Eggert,* Manfred: Die deutsche ultra-vires-Lehre. Versuch einer Darstellung am Beispiel der Außenvertretung der Gemeinden, 1977, München.

*Ehlers,* Dirk: Verwaltung in Privatrechtsform, 1984, Berlin.

– Entscheidungen der Kommunen für eine öffentlich-rechtliche Organisation ihrer Einrichtungen und Unternehmen, DÖV 1986, 897 ff.

– Interkommunale Zusammenarbeit in Gesellschaftsform, DVBl. 1997, 137 ff.

*Ehrlein,* Matthias: Die naturschutzrechtliche Eingriffsregelung (§ 8 BNatSchG), VBlBW 1990, 121 ff.

*Eissing,* Hildegard/*Louis,* Hans Walter: Rechtliche und fachliche Anforderungen an die Bewertung von Eingriffen, NuR 1996, 485 ff.

*Ekardt,* Felix: Effektivierende Steuerungsoptionen im allgemeinen Flächenschutz, ZUR 2001, 249 ff.

*Ellinghoven,* Gabriele/*Brandenfels,* Annette: Rechtliche Anforderungen an die Eingriffsbilanzierung und deren naturschutzfachliche Umsetzung am Beispiel von Abgrabungsvorhaben, NuR 2004, 564 ff.

*Epiney,* Astrid: Umweltrecht in der Europäischen Union, 1. Auflage 1997, Köln.

*Erbguth,* Wilfried: Verfassungsrechtliche Fragen im Verhältnis Landesplanung und Braunkohlenplanung, DVBl. 1982, 1 ff.

– Bauleitplanung und private Investitionen. Städtebauliche Verträge, Vorhaben- und Erschließungsplan, BauROG 1998, VerwArch 89 (1998), 189 ff.

– Eignungsgebiete als Ziele der Raumordnung?, DVBl. 1998, 209 ff.

– Umweltverträglichkeitsprüfung – Bauleitplanung – Eingriffsregelung, VerwArch 81 (1990), 327 ff.

*Erbguth,* Wilfried/*Müller,* Chris: Bebauungsplanung und wasserrechtliche Planfeststellung – Die Bewältigung der naturschutzrechtlichen Eingriffsregelung, BauR 1997, 568 ff.

*Erbguth,* Wilfried/*Wagner,* Jörg: Bauplanungsrecht, 3. Auflage 1998, München.

*Erichsen,* Hans-Uwe: Die sogenannten unbestimmten Rechtsbegriffe als Steuerungs-
und Kontrollmaßgaben im Verhältnis von Gesetzgebung, Verwaltung und Rechtsprechung, DVBl. 1985, 22 ff.

– (Hrsg.): Allgemeines Verwaltungsrecht, 12. Auflage 2002, Berlin, zitiert: *Bearbeiter,* in: Erichsen (Hrsg.), Allg. VerwR.

*Ernst,* Werner/*Zinkahn,* Willy/*Bielenberg,* Walter/*Krautzberger,* Michael: BauGB.
Kommentar. Loseblattsammlung, Stand: 75. Ergänzungslieferung, September
2004, München, zitiert: *Bearbeiter,* in: Ernst/Zinkahn/Bielenberg/Krautzberger
(Hrsg.), BauGB.

*Erz,* Wolfgang: Grundsätzliche Probleme der Ausgleichbarkeit von Eingriffen, in:
Ausgleichbarkeit von Eingriffen in den Naturhaushalt., in: Laufener Seminarbei-
träge 9/1983, hrsg. von der Akademie für Naturschutz und Landschaftspflege
Laufen/Salzach, S. 14 ff.

*Felder,* Winfried: Naturschutzrechtliche Eingriffsregelung im Bauplanungsrecht gemäß § 8a Abs. 1 S. 1 BNatSchG, NuR 1994, 53 ff.

*Fickert,* Hans Carl: Der Verkehrswegebau im Lichte des neuen Naturschutz- und
Landschaftspflegerechts, BayVBl. 1978, 681 ff.

– Zum novellierten Baugesetzbuch, insbesondere zur Erforderlichkeit der Änderung von Grundsatzvorschriften des § 1 des Baugesetzbuches aus der Sicht der
Bauleitplanung, BauR 1997, 954 ff.

*Fickert,* Hans Carl/*Fieseler,* Herbert: Der Umweltschutz im Städtebau, 2002, Bonn.

*Finkelnburg,* Klaus: Das Verhältnis zwischen Bebauungsplan und Flächennutzungs-
plan nach § 8 Abs. 2 bis 4 BauGB, in: Driehaus, Hans-Joachim/Birk, Hans-Jörg
(Hrsg.), Baurecht – aktuell. Festschrift für Felix Weyreuther, 1993, Köln,
S. 111 ff., zitiert: *Finkelnburg,* FS Weyreuther.

– Die Änderungen des Baugesetzbuchs durch das Europarechtsanpassungsgesetz
Bau, NVwZ 2004, 897 ff.

*Fischer-Hüftle,* Peter: Eingriffsregelung und Bauleitplanung (§ 8a BNatSchG), NuR
1996, 64 ff.

*Fleury,* Roland: Das Vorsorgeprinzip im Umweltrecht, 1995, Köln.

*Folkerts,* Uwe: Raumordnungsziele im Ländervergleich – eine rechtliche Untersuchung anhand von Raumordnungsplänen in Bayern, Nordrhein-Westfalen und
Schleswig-Holstein, 1988, Münster, zitiert: *Folkerts,* Raumordnungsziele.

*Franckenstein,* Georg: Der naturschutzrechtliche Ausgleich im Bebauungsplan – Das
bayerische Ausgleichskonzept, BayVBl. 2001, 65 ff.

*Frenz,* Walter: Das Verursacherprinzip im Öffentlichen Recht. Zur Verteilung von
individueller und staatlicher Verantwortung, 1997, Berlin.

*Fuchs,* Gerhard: Allgemeine Erfahrung mit der praktischen Handhabung des Ausgleichs von Eingriffen, in: Ausgleichbarkeit von Eingriffen in den Naturhaushalt. Laufener Seminarbeiträge 9/1983, hrsg. von der Akademie für Naturschutz und Landschaftspflege Laufen/Salzach, S. 19 ff.

*Fuchs,* Werner: Bauleitplanung und Naturschutz – Naturschutz am Scheideweg?, NuR 1997, 338 ff.

*Gaentzsch,* Günter: Die naturschutzrechtliche Eingriffsregelung – Das Verhältnis zwischen Fachrecht und Naturschutzrecht, NuR 1986, 89 ff.

– Bauleitplanung und Baugenehmigungspraxis unter den Anforderungen des Naturschutzes und der Umweltverträglichkeit, NuR 1990, 1 ff.

– Zur Entwicklung des Bauplanungsrechts in der Rechtsprechung des BVerwG, NVwZ 2000, 993 ff.

*Garbe,* Thorsten: Die naturschutzrechtliche Eingriffsregelung und ihre Bedeutung im Bauplanungsrecht, 1996, Berlin.

*Gassner,* Erich: Naturschutz im neuen Baugesetzbuch, UPR 1987, 249 ff.

– Zur Verwirklichung des Integritätsinteresses in der naturschutzrechtlichen Eingriffsregelung, NuR 1988, 67 ff.

– Zur Ökologisierung des Bauplanungsrechtes, NuR 1989, 120 ff.

– Zum Zusammenwirken von Naturschutz und Baurecht, NVwZ 1991, 26 ff.

– Rechtliche und methodische Aspekte der Landschaftsplanung, NuR 1993, 118 ff.

– Naturschutzrechtliche Eingriffsregelung im Bauleitplanungsrecht – Aktuelle Fragen aufgrund des Investitionserleichterungs- und Wohnbaulandgesetzes, NuR 1993, 252 ff.

– Das Recht der Landschaft. Gesamtdarstellung für Bund und Länder, Radebeul 1995.

– Möglichkeiten und Grenzen einer rechtlichen Stärkung der Landschaftplanung, NuL 1996, 469 ff.

– Aktuelle Fragen der naturschutzrechtlichen Eingriffsregelung, NuR 1999, 79 ff.

– Die Zulassung von Eingriffen trotz artenschutzrechtlicher Verbote, NuR 2004, 560 ff.

*Gassner,* Erich/*Bendomir-Kahlo,* Gabriele/*Schmidt-Räntsch,* Annette und Jürgen: Bundesnaturschutzgesetz. Kommentar, 2. Auflage 2003, München.

*Gaßner,* Hartmut/*Siederer,* Wolfgang: Eingriffe in Natur und Landschaft. Erläuterungen zum Berliner Naturschutzgesetz, 1987, Berlin.

*Gellermann,* Martin: Das modernisierte Naturschutzrecht – Anmerkungen zur Novelle des Bundesnaturschutzgesetzes, NVwZ 2002, 1025 ff.

– Natura 2000. Europäisches Habitatschutzrecht und seine Durchführung in der Bundesrepublik Deutschland, 2. Auflage 2001, Berlin/Wien.

*Gelzer,* Konrad/*Bracher,* Christian-Dietrich/*Reidt,* Olaf: Bauplanungsrecht, 7. Auflage 2004, Köln.

*Gerhards,* Ivo: Naturschutzfachliche Handlungsempfehlungen zur Eingriffsregelung in der Bauleitplanung, hrsg. vom Bundesamt für Naturschutz, 2002, Bonn-Bad Godesberg.

*Gern,* Alfons: Deutsches Kommunalrecht, 3. Auflage, 2003, Baden-Baden.

– Kommunalrecht Baden-Württemberg, 9. Auflage 2005, Baden-Baden.

*Gernhuber,* Joachim: Gläubiger, Schuldner und Dritte, JZ 1962, 553 ff.

*Goppel,* Konrad: Ziele der Raumordnung, BayVBl. 1998, 289 ff.

*Gruber,* Meinhard: Die Kostenerstattungsbetragssatzung nach § 8a BNatSchG, BayVBl. 1996, 420 ff.

*Gruehn,* Dietwald/*Kenneweg,* Hartmut: Berücksichtigung der Belange von Naturschutz und Landschaftspflege in der Flächennutzungsplanung. Ergebnisse aus dem F+E-Vorhaben 808 06 011 des Bundesamtes für Naturschutz, Schriftenreihe Angewandte Landschaftsökologie des Bundesamts für Naturschutz, Heft 17, 1998, Bonn-Bad Godesberg.

*Grziwotz,* Herbert: Zur „Doppelsicherung" baurechtlicher Genehmigungsvoraussetzungen, BauR 1990, 20 ff.

*Gusy,* Christoph (Hrsg.): Privatisierung von Staatsaufgaben: Kriterien – Grenzen – Folgen, 1998, Baden-Baden.

*Haas,* Evelyn: Die Baulandumlegung – Inhalts- und Schrankenbestimmung des Eigentums, NVwZ 2002, 272 ff.

*Haber,* Wolfgang/*Lang,* Ruth/*Jessel,* Beate/*Spandau,* Lutz/*Köppel,* Johann/*Schaller,* Jörg: Entwicklung von Methoden zur Beurteilung von Eingriffen nach § 8 Bundesnaturschutzgesetz, 1993, Baden-Baden.

*Halama,* Günter: Durchsetzung und Abwehr von Zielen der Raumordnung und Landesplanung auf Gemeindeebene, in: Berkemann, Jörg/Gaentzsch, Günter/Halama, Günter/Heeren, Petra/Hien, Eckart/Lemmel, Hans-Peter (Hrsg.), Planung und Plankontrolle. Entwicklungen im Bau- und Fachplanungsrecht. Otto Schlichter zum 65. Geburtstag, 1995, Köln, S. 201 ff., zitiert: *Halama,* FS Schlichter.

– Fachrechtliche Zulässigkeitsprüfung und naturschutzrechtliche Eingriffsregelung, NuR 1998, 633 ff.

*Hauser,* Werner: Die Wahl der Organisationsform kommunaler Einrichtungen, 1987 Köln.

*Heidtmann,* Enno: Landschaftsplanung und Eingriffsregelung. Die wesentlichen Planungsinstrumente des Naturschutzes und der Landschaftspflege, NuR 1993, 68 ff.

*Heinke,* Stephan: Eingriff, Vermeidung, Ausgleich und Untersagung – Zur Auslegung der wesentlichen Begriffe des § 8 Bundesnaturschutzgesetz, Diss.iur. Bonn, 1997

*Hendler,* Reinhard: Verwaltungsgerichtliche Normenkontrolle Privater gegen Raumordnungs- und Flächennutzungspläne, NuR 2004, 485 ff.

*Henke,* Horst-Eberhard: Die sogenannte Relativität des Schuldverhältnisses, 1989, Berlin.

*Hermanns,* Caspar David/*Hönig,* Dietmar: Das Verhältnis von naturschutzrechtlichen Schutzgebietsausweisungen zur kommunalen Bauleitplanung, NuR 2001, 27 ff.

*Hien,* Eckart: Bemerkungen zum städtebaulichen Vertrag, in: Berkemann, Jörg/ Gaentzsch, Günter/Halama, Günter/Heeren, Petra/Hien, Eckart/Lemmel, Hans-Peter (Hrsg.), Planung und Plankontrolle. Entwicklungen im Bau- und Fachplanungsrecht. Otto Schlichter zum 65. Geburtstag, 1995, Köln, S. 129 ff., zitiert: *Hien,* FS Schlichter.

*Hoffmann,* Roland: Verfahrensgerechtigkeit. Studien zu einer Theorie prozeduraler Gerechtigkeit, 1992, Paderborn/Zürich.

*Holz,* Heinrich-Peter: Die bauplanungsrechtliche Privilegiertheit raumbedeutsamer Windkraftanlagen – räumliche Steuerung durch Regionalplanung?, NWVBl 1998, 81 ff.

*Hoppe,* Werner: Die Bedeutung von Optimierungsgeboten im Planungsrecht, DVBl. 1992, 853 ff.

– „Ziele der Raumordnung und Landesplanung" und „Grundsätze der Raumordnung und Landesplanung" in normtheoretischer Sicht, DVBl. 1993, 681 ff.

– Das Abwägungsgebot in der Novellierung des Baugesetzbuches, DVBl. 1994, 1033 ff.

– Die Abwägung im EAG Bau nach Maßgabe des § 1 VII BauGB 2004. Unter Berücksichtigung von § 2 III, IV BauGB 2004, NVwZ 2004, 903 ff.

*Hoppe,* Werner/*Bönker,* Christian/*Grotefels,* Susan: Öffentliches Baurecht, 3. Auflage 2004, München, zitiert: *Hoppe/Bönker/Grotefels,* ÖffBauR.

*Hoppenberg,* Michael/*De Witt,* Siegfried (Hrsg.): Handbuch des öffentlichen Baurechts, Loseblattsammlung, Stand: 18. Ergänzungslieferung, Januar 2006, München, zitiert: *Bearbeiter,* in: Hoppenberg/De Witt (Hrsg.), HdbÖffBauR.

*Hoppenstedt,* Adrian/*Runge,* Holger: Wirksamkeit der Eingriffsregelung in der Bauleitplanung – Auswirkungen des neuen Bau- und Raumordnungsgesetzes, NuL 1998, 75 ff.

*Hösch,* Ulrich: Vom generellen Vorrang des Straßenbaus vor dem Naturschutz in der Rechtsprechung. Anmerkungen zum Urteil des Bundesverwaltungsgerichts vom 15.1.2004 – 4 A 11.02 – A 73, NuR 2004, 572 ff.

*Huber,* Peter M.: Rechtliche Grenzen von Planungswertausgleich und städtebaulichen Verträgen, DÖV 1999, 173 ff.

*Ibler,* Martin: Kommentierung zu Art. 19 Abs. 4 GG, in: Friauf, Karl Heinrich/Höfling, Wolfram (Hrsg.), Berliner Kommentar zum Grundgesetz, Loseblattsammlung, Stand: 14. Ergänzungslieferung Februar 2006, Berlin.

*Jäde,* Henning: Die neue Überörtlichkeit – Zur Auslegung des § 38 Satz 2 BBauG/ BauGB, BayVBl. 1989, 459 ff.

– Nachruf auf eine Baurechtsnovelle. Zu den städtebaulichen Regelungen des Entwurfs eines Investitionserleichterungs- und Wohnbaulandgesetzes, UPR 1993, 48 ff.

*Jarass,* Hans-Dieter (Hrsg.): Raumordnungsgebiete (Vorbehalts-, Vorrang- und Eignungsgebiete) nach dem neuen Raumordnungsgesetz, 1998, Münster.

*Jessel,* Beate: Wie „zukunftsfähig" ist die Eingriffsregelung?, NuL 1998, 219 ff.

– Perspektiven einer Weiterentwicklung der Eingriffsregelung, in: Bayerische Akademie für Naturschutz und Landschaftspflege (Hrsg.): Ausgleich und Ersatz – Planung ja, Umsetzung vielleicht, Kontrolle nein? Laufener Seminarbeiträge 1/99. Laufen/Salzach 1999, S. 5 ff.

– Die Eingriffsregelung im neuen Bundesnaturschutzgesetz – Auswirkungen auf Vollzug und Planungspraxis, UVP-report 2002, 13 ff.

– Die Integration von Umweltbelangen in die Entscheidungsfindung in der Bauleitplanung, UPR 2004, 408 ff.

*Jordan,* Ronald: Flächenpool-Projekte in Brandenburg; Internet-Veröffentlichung in: Landschaftsplanung.NET, Ausgabe 01/2000, ISSN 1439-9954, http://www.laplanet.de/texte/01_00/jordan/jordan.pdf.

*Kahl,* Wolfgang: Umweltprinzip und Gemeinschaftsrecht. Eine Untersuchung zur Rechtsidee des „bestmöglichen Umweltschutzes" im EWG-Vertrag, 1993, Heidelberg.

*Kämmerer,* Jörn Axel: Verfassungsstaat auf Diät?, JZ 1996, 1042 ff.

*Kaule,* Giselher: Ökologische Gesichtspunkte bei der Abgrenzung der Reichweite der Eingriffe nach Raum und Zeit, in: Laufener Seminarbeiträge 9/1983, hrsg. von der Akademie für Naturschutz und Landschaftspflege Laufen/Salzach, S. 24.

*Kaule,* Giselher/*Schober,* Michael: Ausgleichbarkeit von Eingriffen in Natur und Landschaft. Möglichkeiten und Grenzen des Ausgleichs von Eingriffen in Natur und Landschaft. Schriftenreihe des BML, Reihe A, Angewandte Wissenschaft. Heft 314, 1985, Münster, zitiert: *Kaule/Schober,* Ausgleichbarkeit von Eingriffen.

*Kempen,* Bernhard: Die Formenwahlfreiheit der Verwaltung. Die öffentliche Verwaltung zwischen öffentlichem und privatem Recht, 1989, München.

*Kiemstedt,* Hans: Zur Notwendigkeit von Konventionen für den Vollzug der Eingriffsregelung, in: Laufener Seminarbeiträge 2/1996, hrsg. von der Akademie für Naturschutz und Landschaftspflege Laufen/Salzach, S. 93.

*Kiemstedt,* Hans/*Wirtz,* Stefan: Leitfaden zur Landschaftsplanung in der vorbereitenden Planung, 1993, Hannover.

*Kimminich,* Otto/*Lersner,* Heinrich von/*Storm,* Peter-Christoph: Handwörterbuch des Umweltrechts. Band 1. 1. Auflage 1986, Berlin, zitiert: *Bearbeiter,* in: Kimminich/v. Lersner/Storm (Hrsg.), Handwörterbuch des UmweltR.

*Kirste,* Stephan: Das Zusammenwirken von Raum- und Bauleitplanungsrecht dargestellt am Beispiel der Zulässigkeit von Windenergieanlagen, DVBl. 2005, 993 ff.

*Klinge,* Werner: Zum Stand der Diskussion über die naturschutzrechtliche Eingriffsregelung in der Bauleitplanung, BauR 1995, 289 ff.

*Kloepfer,* Michael: Umweltrecht, 3. Auflage 2004, München.

*Kment,* Martin: Die unmittelbare Außenwirkung des Flächennutzungsplans, NVwZ 2004, 314 ff.

*Koch,* Hans-Joachim: Umweltrecht, 2002, Neuwied.

*Kochenburger,* Christoph/*Estler,* Kerstin: Die Berücksichtigung von Vorbelastungen im Bereich der naturschutzrechtlichen Eingriffsregelung und der Verträglichkeitsprüfung nach der FFH-Richtlinie, UPR 2001, 50 ff.

*Köck,* Wolfgang: Die städtebauliche Eingriffsregelung. Ausgewählte Probleme unter besonderer Berücksichtigung der Auswahl und Sicherung von Ausgleichsflächen und -maßnahmen, NuR 2004, 1 ff.

*Köhl,* Werner: Die Abwägungsentscheidung unter besonderer Berücksichtigung naturschutzrechtlicher Belange im Rahmen der Bauleitplanung, BWGZ 1997, 76 ff.

*Kolodziejcok,* Karl-Günther: Die naturschutzrechtlichen Eingriffs- und Ausgleichsregelungen, ihre Zielsetzungen und Systematik, NuR 1992, 309 ff.

*Kopp,* Ferdinand O./*Ramsauer,* Ulrich: Verwaltungsverfahrensgesetz. Kommentar, 8. Auflage 2003, München.

*Kopp,* Ferdinand O./*Schenke,* Wolf-Rüdiger: Verwaltungsgerichtsordnung. Kommentar, 14. Auflage 2005, München.

*Köppel,* Johann/*Feickert,* Uwe/*Spandau,* Lutz/*Straßer,* Helmut: Praxis der Eingriffsregelung. Schadensersatz an Natur und Landschaft?, 1998, Stuttgart, zitiert: Eingriffsregelung.

*Krämer,* Britta: Besonderheiten der hessischen Öko-Konto-Regelung und ihre Umsetzung, UVP-Report 2001, 18 ff.

*Krautzberger,* Michael: Die Berücksichtigung der Belange des Naturschutzes und der Landschaftspflege bei der Bereitstellung von Bauland für Wohnen, Gewerbe und Industrie, WiVerw 1992, 131 ff.

– Die städtebauliche Entwicklungsmaßnahme – ein wichtiges baulandpolitisches Instrument der Gemeinden, LKV 1992, 84 ff.

– Das Investitionserleichterungs- und Wohnbaulandgesetz. Zu den Änderungen im Städtebau- und Raumordnungsrecht, NVwZ 1993, 520 ff.

– Naturschutzrechtliche Eingriffsregelung und Städtebaurecht. Zur Neuregelung im Bau- und Raumordnungsgesetz 1998, NuR 1998, 455 ff.

– Schwerpunkte der Städtebaurechtsnovelle 1998, NVwZ 1996, 1047 ff.

– Europarechtsanpassungsgesetz Bau – EAG Bau 2004: Die Neuregelungen im Überblick, UPR 2004, 241 ff.

*Krautzberger,* Michael/*Runkel,* Peter: Die städtebaurechtlichen Vorschriften des Investitionserleichterungs- und Wohnbaulandgesetzes vom 22. April 1993 (BGBl I S. 466), DVBl. 1993, 453 ff.

*Krautzberger,* Michael/*Stüer,* Bernhard: Städtebaurecht 2004: Umweltprüfung und Abwägung. Vom schlichten Wegwägen zum Grundsatz der nachhaltigen Trauerarbeit, DVBl. 2004, 914 ff.

– Städtebaurecht 2004: Was hat sich geändert?, DVBl. 2004, 781 ff.

*Kube,* Hanno: Planung in die materielle Befreiungslage – Vorausschauender Ausgleich zwischen Bauleitplanung und Naturschutz?, NVwZ 2005, 515 ff.

*Kuchler,* Ferdinand: Das Verhältnis von Bauplanungsrecht und Naturschutzrecht, DVBl. 1989, 973 ff.

– Naturschutzrechtliche Eingriffsregelung und Bauplanungsrecht, 1989, Berlin, zitiert: *Kuchler,* Eingriffsregelung.

– Die Rechtsfolgen der naturschutzrechtlichen Eingriffsregelung, NuR 1991, 465 ff.

– Der Bebauungsplan mit geteiltem Geltungsbereich, LKV 1994, 101 ff.

*Kukk,* Alexander: Naturschutzrechtliche Eingriffs- und Ausgleichsprüfung beim innerstädtischen „Flächenrecycling". Fragen zur Anwendung des § 1a Abs. 3 Satz 4 BauGB, UPR 2001, 180 ff.

*Kunze,* Richard/*Bronner,* Otto/*Katz,* Alfred: Gemeindeordnung für Baden-Württemberg. Kommentar, 4. Auflage, Loseblattsammlung, Stand: 13. Lieferung/Januar 2004, Stuttgart, zitiert: *Kunze/Bronner/Katz,* GemO BW.

*Küpfer,* Christian: Ökokonto und Eingriffsregelung in Baden-Württemberg – ein gemeinsames Projekt der Landesanstalt für Umweltschutz und der kommunalen Landesverbände, BWGZ 2004, 167 ff.

*Kuschnerus,* Ulrich: Die naturschutzrechtliche Eingriffsregelung, NVwZ 1996, 235 ff.

– Die Belange von Natur und Landschaft in der Abwägung nach § 1 Abs. 6 BauGB. Zur praktischen Anwendung der naturschutzrechtlichen Eingriffsregelung in der Bauleitplanung, BauR 1998, 1 ff.

– Der sachgerechte Bebauungsplan, 3. Auflage 2004, Bonn.

*Laepple,* Ulrich: Anforderungen an biologische Fachbeiträge zu Eingriffsplanungen aus der Sicht einer Naturschutzbehörde, in: Laufener Seminarbeiträge 3/1996, hrsg. von der Akademie für Naturschutz und Landschaftspflege Laufen/Salzach, S. 105 ff.

*Lambrecht,* Heiner: Standardisierungen bei der Eingriffsregelung im Straßenbau, in: Laufener Seminarbeiträge 2/1996, hrsg. von der Akademie für Naturschutz und Landschaftspflege Laufen/Salzach, S. 99 ff.

Länderarbeitsgemeinschaft für Naturschutz, Landschaftspflege und Erholung (Hrsg.): Methodik der Eingriffsregelung. Gutachten zur Methodik der Ermittlung, Beschreibung und Bewertung von Eingriffen in Natur und Landschaft, zur Bemessung von Ausgleichs- und Ersatzmaßnahmen sowie von Ausgleichszahlungen, erstattet durch das Institut für Landschaftspflege und Naturschutz der Universität Hannover. Im Auftrag der Länderarbeitsgemeinschaft Naturschutz, Landschaftspflege und Erholung (LANA), Teil I, 1994, Stuttgart.

*Landmann,* Robert von/*Rohmer,* Gustav: Umweltrecht. Kommentar, Loseblattsammlung in vier Bänden, Stand: 46. Lieferung, 1.9.2005, zitiert: *Bearbeiter,* in: Landmann/Rohmer (Hrsg.).

*Laubinger,* Hans-Werner: Die nutzbare Anstalt des öffentlichen Rechts – ein Fabelwesen – zu einigen Grundbegriffen des Rechts der öffentlichen Sachen und Einrichtungen, in: Geis, Max-Emanuel/Lorenz, Dieter (Hrsg.), Staat – Kirche – Verwaltung. Festschrift für Hartmut Maurer zum 70. Geburtstag, 2001, München, S. 641 ff., zitiert: *Laubinger,* FS Maurer.

*Lehners,* Andreas: Raumordnungsgebiete nach dem Raumordnungsgesetz 1998. Zugleich eine hypothetische Zuordnung von Festlegungen in nordrhein-westfälischen Raumordnungsplänen, 1998, Münster.

*Lerche,* Peter: Übermaß und Verfassungsrecht, 1961, Köln.

*Löhr,* Rolf-Peter: Die kommunale Flächennutzungsplanung, 1977, Siegburg.

– Das neue Baugesetzbuch – Bauleitplanung, NVwZ 1987, 361 ff.

– Der geteilte Himmel über Städtebauern und Naturschützern. Nochmals zum Bebauungsplan mit geteiltem Geltungsbereich, LKV 1994, 324 ff.

*Loibl,* Helmut: Naturschutzrechtliche Eingriffsregelung und Baurecht im Wandel der Zeit, ZUR 1997, 243 ff.

*Lorenz,* Annegret: Vollzugsdefizite im Umweltrecht, UPR 1991, 253 ff.

*Lorenz,* Arndt: Zu den privatrechtlichen Folgen der nachbarrelevanten Baulast, NJW 1996, 2612 ff.

*Lorenz,* Dieter: Verwaltungsprozessrecht, 2000, Heidelberg.

*Lorz,* Albert/*Müller,* Markus/*Stöckel,* Heinz: Naturschutzrecht. Kommentar, 2. Auflage 2003, München.

*Louis,* Hans Walter: Naturschutz und Baurecht. Zur Bedeutung der §§ 8a und 8c für die Berücksichtigung der Belange des Naturschutzrechts im Baurecht, ZUR 1993, 146 ff.

– Rechtliche Anforderungen an die Bewertung von Eingriffen, in: Bauer, Joachim/ Schink, Alexander (Hrsg.), Die naturschutzrechtliche Eingriffsregelung in der Bauleitplanung. Schriftenreihe des Landkreistages Nordrhein-Westfalen Band 9, 1996, Köln, S. 34 ff.

– Das Verhältnis zwischen Baurecht und Naturschutz unter Berücksichtigung der Neuregelung durch das BauROG, NuR 1998, 113 ff.

– Das Gesetz zur Neuregelung des Recht des Naturschutzes und der Landschaftspflege, NuR 2002, 385 ff.

– Rechtliche Grenzen der räumlichen, funktionalen und zeitlichen Entkoppelung von Eingriff und Kompensation (Flächenpool und Ökokonto), NuR 2004, 714 ff.

*Louis,* Hans Walter/*Wolf,* Verena: Naturschutz und Baurecht, NuR 2002, 455 ff.

*Lüers,* Hartwig: Invesitionserleichterungs- und Wohnbaulandgesetz, ZfBR 1993, 106 ff.

– Bauleitplanung und Naturschutz – zur vorgesehenen Fortentwicklung der planerischen Eingriffsregelung im Baugesetzbuch, UPR 1996, 401 ff.

– Die Änderungen des Baugesetzbuches durch das Bau- und Raumordnungsgesetz 1998 – BauROG, ZfBR 1997, 231 ff.

– Der Bedeutungszuwachs für die Flächennutzungsplanung durch das Bau- und Raumordnungsgesetz 1998, UPR 1997, 348 ff.

– Die Bauleitplanung nach dem BauROG, DVBl. 1998, 433 ff.

*Luhmann,* Niklas: Legitimation durch Verfahren, 1983, Frankfurt.

*Luppert,* Jürgen: Der kommunale Zweckverband, 2000, Kandel.

*Lütkes,* Stefan: Die Novelle des Bundesnaturschutzgesetzes (BNatSchG), BauR 2003, 983 ff.

*Manssen,* Gerrit: Die Aufnahme von auf Landesrecht beruhenden Regelungen in den Bebauungsplan (§ 9 Abs. 4 BauGB), BauR 1991, 697 ff.

– Differenzierung vertikaler Verwaltungsstrukturen durch Raum- und Regionalplanung, in: Wallerath, Maximilian (Hrsg.), Administrative Strukturen und Verwaltungseffizienz, 1998, S. 31 ff.

*Marburger,* Peter: Ausbau des Individualschutzes gegen Umweltbelastungen als Aufgabe des bürgerlichen und des öffentlichen Rechts, Gutachten C für den 56. Deutschen Juristentag, 1986, Berlin.

*Maurer,* Hartmut: Allgemeines Verwaltungsrecht, 14. Auflage 2002, München, *zitiert:* Allg. VerwR.

*Mayer,* Otto: Deutsches Verwaltungsrecht, Band 2, 3. Auflage 1924, München/Leipzig, zitiert: *Otto Mayer,* VwR II.

*Mehde,* Veith: Vertragliche Absprachen im Baurecht – rechtliche Perspektiven eines privat-öffentlichen Interessenausgleichs, BauR 2002, 877 ff.

*Meßerschmidt,* Klaus: Umweltabgaben als Rechtsproblem, 1986, Berlin.

– Bundesnaturschutzrecht. Kommentar, Loseblattsammlung, Stand Gesamtwerk: 75. Lieferung, Oktober 2005, Heidelberg, zitiert: *Meßerschmidt,* BNatSchG.

*Meyer,* Hubert: Nichtwirtschaftliche Betätigung der Kommunen: Spiel ohne Grenzen?, LKV 2000, 321 ff.

*Meyhöfer,* Thomas: Umsetzungsdefizite bei Kompensationsmaßnahmen in Bebauungsplänen. Ursachen und Lösungswege, Diplomarbeit Hochschule Anhalt FH (Bernburg), 2000, zitiert: *Meyhöfer,* Umsetzungsdefizite.

*Mitschang,* Stephan: Die Bedeutung der Landschaftsplanung für die Landes-, Regional- und Bauleitplanung – unter Berücksichtigung aller Landesnaturschutzgesetze, UPR 1993, 366 ff.

- Stadtökologische Festsetzungen in Bebauungsplänen zum Ausgleich von Eingriffen in Natur und Landschaft sowie ihre Umsetzung und Finanzierung, ZfBR 1994, 57 ff.

- Bauleitplanung, Eingriffsregelung und „Öko-Konto", ZfBR 1995, 240 ff.

- Die Belange von Natur und Landschaft in der kommunalen Bauleitplanung, 2. Auflage 1996, Berlin.

- Die neuen Eingriffs- und Ausgleichsregelungen und ihre Bedeutung für die städtebaulichen Planungen, WiVerw 1998, 20 ff.

- Eingriffsbewältigung und nachhaltige Flächennutzungsplanung, ZfBR 1999, 125 ff.

- Die Kompensation von Eingriffen in Natur und Landschaft durch städtebauliche Verträge, BauR 2003, 183 ff. und 337 ff.

*Moench,* Christoph: Die Planungspflicht der Gemeinde, DVBl. 2005, 676 ff.

*Morgenroth,* Andreas: Das Ökokonto. Zur Eingriffs-Ausgleichs-Regelung nach dem novellierten BauGB, NuL 1998, 60 ff.

*Müller,* Chris/*Mahlburg,* Stefan: Der Ausgleich nach § 200a BauGB, UPR 1999, 259 ff.

*Müller-Pfannenstiel,* Klaus/*Brunken-Winkler,* Heike/*Köppel,* Johann/*Straßer,* Helmut: Kompensationsflächenpools zum Vollzug der Eingriffsregelung. Chancen und Anforderungen, NuL 1998, 182 ff.

*Müller-Pfannenstiel,* Klaus/*Pieck,* Sonja/*Stein,* Wolfgang: Kooperation mit der Landwirtschaft in der Eingriffsregelung. Vorschläge für eine Flexibilisierung der Maßnahmeplanung, NuL 2004, 304 ff.

*Müller-Pfannenstiel,* Klaus/*Rößling,* Holger: Konzeptionelle Vorbereitung der Eingriffsregelung. Neue Aufgaben für die Landschafts- und Regionalplanung?, NuL 2000, 106 ff.

*Murswiek,* Dietrich: Ausgewählte Probleme des allgemeinen Umweltrechts, DV 38 (2005), 243 ff.

*Oebbecke,* Janbernd: Die örtliche Begrenzung kommunaler Wirtschaftstätigkeit, ZHR 164 (2000), 375 ff.

*Ohms,* Martin: Städtebaulicher Vertrag statt planerischer Festsetzung – Vorrang konsensualer Instrumente in der Bauleitplanung, BauR 2000, 983 ff.

*Oldiges,* Martin: Die Verbandskompetenz, DÖV 1989, 873 ff.

- Rechtsgutachten zur Bedeutung der naturschutzrechtlichen Eingriffsregelung in der Bauleitplanung. Erstattet im Auftrag des Bundesministeriums für Raumordnung, Bauwesen und Städtebau, 1996, Bonn.

*Ossenbühl,* Fritz: Die richterliche Kontrolle von Prognoseentscheidungen der Verwaltung, in: Erichsen, Hans-Uwe (Hrsg.), System des verwaltungsgerichtlichen Rechtsschutzes. Festschrift für Christian-Friedrich Menger zum 70. Geburtstag, 1985, Köln/Berlin/Bonn/München, S. 731 ff., zitiert: *Ossenbühl,* FS Menger.

*Osterloh,* Lerke: Privatisierung von Verwaltungsaufgaben, VVDStRL 54 (1995), 204 ff.

*Ott,* Stefan: Bevorratung von Flächen und Maßnahmen zum Ausgleich im Rahmen der Anwendung der Eingriffsregelung. Beispiele – Erfahrungen – Empfehlungen, Reihe BfN-Skripten, Heft 14, Bundesamt für Naturschutz, 1999, Bonn-Bad Godesberg, zitiert: *Ott,* Bevorratung von Flächen.

*Paetow,* Stefan: Die gerichtliche Überprüfbarkeit der Entscheidung über die Zulassung von Eingriffen in Natur und Landschaft, NuR 1986, 144 ff.

*Palandt,* Otto (Hrsg.): Bürgerliches Gesetzbuch. Kommentar, 62. Auflage 2003, München.

*Paßlick,* Hermann: Die Ziele der Raumordnung und Landesplanung. Rechtsfragen von Begriff, Wirksamkeit insbesondere im Außenbereich gemäß § 35 Abs. 1 BBauG und Darstellungsprivileg, 1986, Münster.

*Peine,* Franz-Joseph: Das Verhältnis der naturschutzrechtlichen Eingriffsregelung zu § 38 Satz 1 BauGB, NuR 1996, 1 ff.

*Penski,* Ulrich: Rechtsgrundsätze und Rechtsregeln, JZ 1989, 105 ff.

*Peters,* Wolfgang/*Ranneberg,* Thomas: Umweltwirksamkeit von Ausgleichs- und Ersatzmaßnahmen nach § 8 Bundesnaturschutzgesetz, 1993, Berlin.

*Pfeifer,* Marten: Landschaftsplanung und Bauleitplanung, 1989, Münster.

– Regeln und Prinzipien im Bauplanungsrecht, DVBl. 1989, 337 ff.

*Pielow,* Ludger: Verursacherhaftung nach dem Bundesnaturschutzgesetz, NuR 1979, 15 ff.

*Pietzcker,* Jost: Verwaltungsverfahren zwischen Verwaltungseffizienz und Rechtsschutzauftrag, VVDStRL 41 (1983), 193 ff.

*Poppe,* Werner: Verursacherprinzip und Umweltschutz. Rechtliche Probleme des Verursachungsprinzips im verwaltungsrechtlichen Immissionsschutz, Diss.iur. Marburg 1975.

*Preisler-Holl,* Luise et al.: Planerische Vorsorge für Ausgleich und Ersatz in Bauleitplänen. Difu-Beiträge zur Stadtforschung Heft 19, 1996, Berlin, zitiert: Planerische Vorsorge.

*Püttner,* Günter: Privatisierung, LKV 1994, 193 ff.

*Quaas,* Michael: Städtebauliche Verträge zur Umsetzung der naturschutzrechtlichen Eingriffsregelung, NVwZ 1995, 840 ff.

*Quadflieg,* Friedrich: Recht der Flurbereinigung. Kommentar zum Flurbereinigungsgesetz mit weiteren Vorschriften zur ländlichen Bodenordnung, Loseblattsammlung, Stand: 12. Lieferung/April 1989, Stuttgart.

*Ramsauer,* Ulrich: Strukturprobleme der Landschaftsplanung – Eine kritische Bestandsaufnahme, NuR 1993, 108 ff.

– (Hrsg.): Die naturschutzrechtliche Eingriffsregelung. Die Neuregelungen durch das Investitionserleichterungs- und Wohnbaulandgesetz, 1995, Baden-Baden, zitiert: *Bearbeiter,* in: Ramsauer (Hrsg.), Die naturschutzrechtliche Eingriffsregelung.

– Die Bedeutung der naturschutzrechtlichen Eingriffsregelung für die Planfeststellung am Beispiel der Transrapid-Planung, NuR 1997, 419 ff.

Rat der Sachverständigen für Umweltfragen (Hrsg.): Umweltgutachten 1987, Bonn 1987.

– Schritte ins nächste Jahrtausend. Umweltgutachten 2000, 2000, Stuttgart, online abrufbar unter www.umweltrat.de, http://www.umweltrat.de/02gutach/downlo02/umweltg/UG_2000.pdf, letzter Zugriff am 11.11.2005; inhaltsidentisch mit der BT-Drs. 14/3363.

*Rautenberg,* Thomas: Monitoring im Baugesetzbuch, NVwZ 2005, 1009 ff.

*Reese,* Moritz: Eingriff und Ausgleich bei der städtebaulichen Beplanung von Innenbereichen und Konversionsflächen, UPR 2000, 292 ff.

*Rehbinder,* Eckart: Politische und rechtliche Probleme des Verursacherprinzips, 1973, Berlin.

*Riecken,* Uwe: Planungsbezogene Bioindikation durch Tierarten und Tiergruppen. Grundlagen und Anwendung. Schriftenreihe für Landschaftspflege und Naturschutz Heft 36, 1992, Bonn-Bad Godesberg.

*Roller,* Gerhard/*Gebers,* Betty: Umweltschutz durch Bebauungspläne, 1995, Freiburg.

*Ronellenfitsch,* Michael: Eingriffe in Natur und Landschaft bei der wasserwirtschaftlichen Planfeststellung, VerwArch 77 (1986), 177 ff.

– Rechts- und Verwaltungsaspekte der naturschutzrechtlichen Eingriffsregelungen, NuR 1986, 284 ff.

*Runkel,* Peter: Naturschutz- und Landschaftsrecht bei der Bauleitplanung, DVBl. 1992, 1402 ff.

– Das Verhältnis der naturschutzrechtlichen Eingriffsregelung zum Baurecht nach dem Investitionserleichterungs- und Wohnbaulandgesetz, UPR 1993, 203 ff.

– Die naturschutzrechtliche Eingriffsregelung in der Bauleitplanung, NVwZ 1993, 1136 ff.

– Steuerung von Voraben der Windenergienutzung im Außenbereich durch Raumordnungspläne, DVBl. 1997, 275 ff.

– Zur geplanten Neuregelung des Rechts der Raumordnung, UPR 1997, 1 ff.

– Das neue Raumordnungsgesetz, WiVerw 1997, 267 ff.

*Rüthers,* Bernd: Rechtstheorie, 2. Auflage 2005, München.

*Sachs,* Michael (Hrsg.): Grundgesetz. Kommentar. 3. Auflage 2003, München, zitiert: *Bearbeiter,* in: Sachs (Hrsg.), GG.

*Salzwedel,* Jürgen (Hrsg.): Grundzüge des Umweltrechts, 1982, Berlin, zitiert: Grundzüge.

*Sauer,* Stefan: Rechtsnatur und Bindungswirkung von Zielen der Raumordnung und Landesplanung – Rechtsschutz gegen Planungen, VBlBW 1995, 465 ff.

*Schäfer,* Rudolf: Forschungsvorhaben des Bundesministeriums für Bauen und Wohnen „Implementierung ökologischer Standards im Städtebau". Endbericht der Forschungsgruppe Stadt und Dorf, 1996, Bonn, zitiert: *Schäfer,* Forschungsvorhaben Städtebau.

*Scharmer,* Eckart: Städtebauliche Verträge nach § 6 BauGB-Maßnahmengesetz, NVwZ 1995, 219 ff.

*Schillhorn,* Kerrin: Naturschutz in der Bauleitplanung – nach der Novelle des Bundesnaturschutzgesetzes 2002, BauR 2002, 1800 ff.

*Schimanke,* Dieter: Funktionen der Flächennutzungsplanung, DVBl. 1979, 616 ff.

*Schink,* Alexander: Die Eingriffsregelung im Naturschutz- und Landschaftsrecht, DVBl. 1992, 1390 ff.

– Der Baurechtskompromiss, NuR 1993, 365 ff.

– Der Baurechtskompromiss und seine Folgen, UPR 1995, 281 ff.

– Reformbedarf im Naturschutzrecht – eine kommunale Betrachtung, UPR 1996, 81 ff.

– Die Berücksichtigung von Umweltbelangen in der Bauleitplanung, BauR 1998, 1163 ff.

– Neuerungen zum Baurechtskompromiß – Neuregelungen des Städtebaurechts 1998 zur Berücksichtigung der naturschutzrechtlichen Eingriffsregelung in der Bauleitplanung, DVBl. 1998, 609 ff.

– Der Einfluß der FFH-Richtlinie auf die Bauleitplanung, in: Erbguth, Wilfried/ Oebbecke, Janbernd/Rengeling, Hans-Werner/Schulte, Martin (Hrsg.), Planung. Festschrift für Werner Hoppe zum 70. Geburtstag, 2000, München, S. 589 ff., zitiert: *Schink,* FS Hoppe.

*Schink,* Alexander/*Matthes-Bredelin,* Susanne: Die Belange des Naturschutzes in der Bauleitplanung, ZfBR 2001, 155 ff.

*Schlichter,* Otto/*Stich,* Rudolf (Hrsg.): Berliner Schwerpunkte-Kommentar zum Baugesetzbuch 1998, 1998, Köln/Berlin/Bonn/München, zitiert: *Bearbeiter,* in: Schlichter/Stich (Hrsg.), Berliner Kommentar zum BauGB.

*Schliepkorte,* Jörg: Umweltschützende Belange in der Bauleitplanung – Auswirkungen des geänderten Bundesnaturschutzgesetzes, ZfBR 1999, 66 ff.

*Schliesky,* Utz: Kommunale Organisationshoheit unter Reformdruck, DV 2005, 339 ff.

*Schmidt,* Albert: Die Eingriffsregelung nach dem Naturschutzrecht, in: Schenkel, Werner/Storm, Peter-Christoph (Hrsg.), Umwelt-Politik-Technik-Recht. Festschrift für Heinrich von Lersner zum 60. Geburtstag, 1990, Berlin, S. 345, zitiert: *A. Schmidt,* FS v. Lersner.

*Schmidt,* Ingo: Wirkung von Raumordnungszielen auf die Zulässigkeit privilegierter Außenbereichsvorhaben, 1997, Münster, zitiert: *I. Schmidt,* Wirkung von Raumordnungszielen.

*Schmidt,* Jörg: Die Bedeutung der naturschutzrechtlichen Eingriffsregelung für die Aufstellung von Bebauungsplänen, UPR 1992, 361 ff.

– Die Rechtsprechung zum Naturschutzrecht 1990–1992, NVwZ 1993, 539 ff.

– Die Neuregelung des Verhältnisses zwischen Baurecht und Naturschutz, NVwZ 1998, 337 ff.

– Neues aus der Gesetzgebung und der obergerichtlichen Rechtsprechung zum Bauplanungsrecht, VBlBW 2004, 452 ff.

*Schmidt,* Karsten: Ultra-Vires-Doktrin: tot oder lebendig?, AcP 184 (1984), S. 529 ff.

– Die BGB-Außengesellschaft: rechts- und parteifähig – Besprechung des Grundlagenurteils II ZR 331/00 vom 29.1.2001, NJW 2001, 993 ff.

*Schmidt,* Thorsten Ingo: Kommunale Kooperation. Der Zweckverband als Nukleus des öffentlich-rechtlichen Gesellschaftsrechts, 2005, Tübingen.

*Schmidt-Eichstaedt,* Gerd: Inhalt und Grenzen der Rechtspflichten zu Ausgleichs- und Ersatzmaßnahmen im Zusammenhang mit der Errichtung baulicher Anlagen, DVBl 1994, 1165 ff.

– In welchem Umfang ist die Eingriffsregelung des § 8a BNatSchG bei der Überplanung von Gebieten mit vorhandenen Baurechten nach §§ 30 und 34 BauGB anzuwenden?, LKV 1994, 345 ff.

– Gemeinsame Flächennutzungsplanung nach Bundes- und Landesrecht, NVwZ 1997, 846 ff.

*Schmidt-Preuß,* Matthias: Beschleunigung gewerblicher Bauvorhaben nach dem Investitionserleichterungs- und Wohnbaulandgesetz vom 22.4.1993 unter besonderer Berücksichtigung der neuen Bundesländer, DV 26 (1993), 489 ff.

– Gegenwart und Zukunft des Verfahrensrechts, NVwZ 2005, 489 ff.

*Schneider,* Jens-Peter: Die naturschutzrechtliche Eingriffsregelung nach der Novellierung durch das Investitionserleichterungs- und Wohnbaulandgesetz, DVBl. 1994, 685 ff.

*Schneider,* Uwe H./*Burgard,* Ulrich: Die Ultra-Vires-Lehre: Grenze der Rechtsfähigkeit oder der Organvertretungsmacht bei öffentlich-rechtlichen Kreditinstituten, in: Festschrift für Carsten-Peter Claussen, 1997, Köln, S. 499 ff., zitiert: *Schneider/Burgard,* FS Claussen.

*Schnug-Bögerding,* Carola: Flächenmanagement und Ökokonto, GuL 1998, 23 ff.

*Schoch,* Friedrich: Privatisierung von Verwaltungsaufgaben, DVBl. 1994, 962 ff.

*Schoch,* Friedrich/*Schmidt-Aßmann,* Eberhard/*Pietzner,* Rainer: Verwaltungsgerichtsordnung. Kommentar, Loseblattsammlung, Stand: 11. Ergänzungslieferung, Juli 2005, München.

*Scholz,* Kai-Steffen: Die BGB-Gesellschaft nach dem Grundsatzurteil des BGH vom 29.1.2001, NZG 2002, 153 ff.

*Schrage,* Christel: Zielabweichungsverfahren bei Raumordnungsplänen, 1998, Münster.

*Schrödter,* Hans (Hrsg.): Baugesetzbuch. Kommentar, 7. Auflage 2006, München, zitiert: *Bearbeiter,* in: Schrödter (Hrsg.), BauGB.

*Schroeter,* Hans-Wolfgang: Die Bedeutung des Bundesnaturschutzgesetzes für die fernstraßenrechtliche Planung, DVBl. 1979, 14 ff.

*Schulte,* Hans: Raumplanung und Genehmigung bei der Bodenschätzegewinnung, 1996, München.

*Schütze,* Bernd: Aufgabe und rechtliche Stellung der Landschaftsplanung im räumlichen Planungssystem, 1994, Berlin.

*Schwarz,* Bernd: Baulasten im öffentlichen Recht und im Privatrecht, 1995, Wiesbaden.

*Schwoon,* Gesa: Sicherung, Pflege und Kontrolle von Kompensationsmaßnahmen am Beispiel von Straßenbauvorhaben des Bundes und des Landes Niedersachsen, Diplomarbeit an der Universität Hannover 1996.

*Seehusen,* August-Wilhelm/*Schwede,* Thomas Claus (Hrsg.): Flurbereinigungsgesetz. Kommentar, 6. Auflage 1992, Münster, zitiert: *Bearbeiter,* in: Seehusen/Schwede, FlurBerG.

*Spannowsky,* Willy: Gewichtsverschiebungen im Verhältnis zwischen der örtlichen Bauleitplanung und der überörtlichen Landes- und Regionalplanung, DÖV 1998, 757 ff.

*Spannowsky,* Willi/*Mitschang,* Stephan (Hrsg.): Flächennutzungsplanung im Umbruch, 1999, Köln.

*Sparwasser,* Reinhard/*Engel,* Rüdiger/*Voßkuhle,* Andreas: Umweltrecht. Grundzüge des öffentlichen Umweltschutzrechts, 5. Auflage 2003, Heidelberg.

*Sparwasser,* Reinhard/*Wöckel,* Holger: Einzelmaßnahmen der Eingriffskompensation: Möglichkeiten und Grenzen der landesrechtlichen Umsetzung, UPR 2004, 246 ff.

Stadt Friedrichshafen (Hrsg.): Konzeption zur Umsetzung der Eingriffsregelung in der Stadt Friedrichshafen. Amt für Umwelt und Naturschutz, 2002, Friedrichshafen.

*Steiner,* Udo (Hrsg.): Besonderes Verwaltungsrecht, 7. Auflage, 2003, Heidelberg, zitiert: *Bearbeiter,* in: Steiner (Hrsg.), Bes. VerwR.

*Steinfort,* Frank: Die Umsetzung der naturschutzrechtlichen Eingriffsregelung, VerwArch 86 (1995), 107 ff.

– Die Erhebung von Kostenerstattungsbeträgen nach dem Bundesnaturschutzgesetz – Gemeinsamkeiten und Unterschiede zur Erhebung von Erschließungsbeiträgen nach dem Baugesetzbuch, KStZ 1995, 81 ff.

*Steinkemper,* Ursula: Neuregelungen des BauGB durch das Europarechtsanpassungsgesetz Bau (EAG Bau), VBlBW 2004, 401 ff.

*Stelkens,* Paul/*Bonk,* Heinz-Joachim/*Sachs,* Michael: Verwaltungsverfahrensgesetz. Kommentar, 6. Auflage 2001, München.

*Stephany,* Ralf: Ökokonten- und Flächenpoolmodelle – Eine steuerliche Betrachtung des Ausgleichsinstrumentariums, in: Agrar- und Umweltrecht. Zeitschrift für das gesamte Recht der Landwirtschaft, der Agrarmärkte und des ländlichen Raumes (ZfAUR), 361 ff.

*Stich,* Rudolf: Der heutige Stand des Rechts der Landschaft und seines Vollzugs, in: Schneider, Hans (Hrsg.), Im Dienst an Recht und Staat: Festschrift für Werner Weber zum 70. Geburtstag, 1974, Berlin, S. 681 ff., zitiert: *Stich,* FS Weber.

– (Hrsg.): Stadtökologie in Bebauungsplänen, 1992, Wiesbaden.

– Bedeutung der neuen bundesnaturschutzrechtlichen Eingriffs- und Ausgleichsvorschriften für die Bebauungsplanung und die Zulässigkeit von Bauvorhaben, BauR 1994, 205 ff.

– Zum Wirtschaftsstandort Deutschland – Notwendigkeit des Abbaus von Hemmnissen aus dem Planungs-, Bau- und Umweltrecht und seinem praktischen Vollzug, WiVerw 1994, 83 ff.

– Offene Rechts- und Fachfragen der für städtebauliche Planungen geltenden Eingriffsregelung in § 8a BNatSchG, in: Berkemann, Jörg/Gaentzsch, Günter/ Halama, Günter/Heeren, Petra/Hien, Eckart/Lemmel, Hans-Peter (Hrsg.), Planung und Plankontrolle. Entwicklungen im Bau- und Fachplanungsrecht. Festschrift für Otto Schlichter zum 65. Geburtstag, 1995, Köln, S. 277 ff., zitiert: *Stich,* FS Schlichter.

– Die Neuregelungen im Recht der Bauleitplanung, WiVerw 1998, 1 ff.

– Möglichkeiten und Grenzen der Beschaffung von Flächen für naturschutzbezogene Ausgleichsmaßnahmen in der gemeindlichen Bauleitplanung, ZfBR 2001, 80 ff.

– Die Anforderungen der naturschutzbezogenen Eingriffsregelung an die gemeindliche Bauleitplanung und ihr Vollzug, 2001, Bonn.

– Aufhellung wichtiger Vollzugsprobleme der naturschutzbezogenen Eingriffsregelung durch die Rechtsprechung, DVBl. 2002, 1588 ff.

– Rechts- und Fachprobleme der Bewertung von Eingriffen in Natur und Landschaft und der Ermittlung der erforderlichen Ausgleichsmaßnahmen in der Bauleitplanung, UPR 2002, 10 ff.

– Die Auswirkungen der Neufassung des Bundesnaturschutzgesetzes auf die Bauleitplanung der Gemeinden, ZfBR 2002, 542 ff.

– Die Rechtsgrundlagen von sog. Ökokonten bzw. von Ausgleichsmaßnahmen auf Vorrat für die Bauleitplanung der Gemeinden, BauR 2003, 1308 ff.

– Die Rechtsentwicklung von der bebauungsbezogenen zur umweltschutzbestimmten städtebaulichen Planung – Betrachtungen zu einer ständigen Vorschriftenvermehrung im Städtebaurecht, ZfBR 2003, 643 ff.

*Stober,* Rolf: Neuregelung des Rechts der öffentlichen Unternehmen?, NJW 2002, 2357 ff.

*Stollmann,* Frank: Zur praktischen Umsetzung des Baurechtskompromisses, UPR 1994, 170 ff.

*Stolz,* Katja: Stiftungen für den Naturschutz. Ergebnisse einer Umfrage in Niedersachsen, NuL 2001, 301 ff.

*Straßer,* Helmut/*Gutsmiedl,* Irmhild: Kompensationsflächenpool Stepenitzniederung Perleberg, UVP-Report 2001, 15 ff.

*Stüer,* Bernhard: Novellierung des BauGB, DVBl. 1996, 177 ff.

– Städtebaurecht 1998, DVBl. 1997, 1201 ff.

– Der Bebauungsplan. Städtebaurecht in der Praxis, 2. Auflage 2001, München.

– Refinanzierung von Ausgleichsmaßnahmen unter besonderer Berücksichtigung von Pflegemaßnahmen, NuR 2004, 11 ff.

– Handbuch des Bau- und Fachplanungsrechts. Planung – Genehmigung – Rechtsschutz. 3. Auflage 2005, München.

*Stüer,* Bernhard/*König,* Claas-Dietrich: Städtebauliche Verträge – Strikter Gesetzesvollzug oder grenzenlose Vertragsfreiheit?, ZfBR 2000, 528 ff.

*Tegethoff,* Carsten: Die Vollzugsverantwortung für die naturschutzrechtliche Eingriffsregelung, NuR 2002, 654 ff.

*Teßmer,* Dirk: Rahmenrechtliche Vorgaben des neuen BNatSchG für die Landesnaturschutzgesetze, NuR 2002, 714 ff.

*Thum,* Randi: Abschied vom „funktionellen Zusammenhang" zwischen Eingriffen in Natur und Landschaft und ihrer Kompensation im Rahmen der Bauleitplanung?, ZUR 2005, 63 ff.

*Tophoven,* Christof: Die naturschutzrechtliche Eingriffs- und Ausgleichsregelung im Bauplanungsrecht. Zur konditionalen Verknüpfung von Eingriffs- und Ausgleichsbebauungsplan, 2003, Berlin.

TU Berlin (Hrsg.): Flexibilisierung der Eingriffsregelung – Modetrend oder Notwendigkeit?, 2000, Berlin, *zitiert:* Flexibilisierung der Eingriffsregelung.

*Uechtritz,* Michael: Die naturschutzrechtliche Eingriffsregelung in der Bauleitplanung: Klarstellungen, NVwZ 1997, 1182 ff.

– Die naturschutzrechtliche Eingriffsregelung bei der Überplanung von bebaubaren Flächen nach §§ 30, 34 BauGB. Zugleich eine Anmerkung zu BVerwG, Urt. v. 31.8.2000 (NuR 2001, 150), NuR 2001, 374 ff.

– Umweltprüfung für Pläne und Programme – Raumordnung und Bauleitplanung, in: Gesellschaft für Umweltrecht (Hrsg.), Risikoregulierung und Risikokommunikation. Umweltprüfung für Pläne und Programme. Dokumentation zur 28. wissenschaftlichen Fachtagung der Gesellschaft für Umweltrecht e.V. in Leipzig 2004, 2005, Berlin, S. 169 ff., zitiert: *Uechtritz,* in: Gesellschaft für Umweltrecht (Hrsg.), Umweltprüfung für Pläne und Programme.

*Uppenbrink,* Martin/*Gelbrich,* Helmut: Von der Zukunft der Landschaftsplanung, NuL 1996, 465 ff.

*Uppenbrink,* Martin/*Riecken,* Uwe: Besonderer Novellierungsbedarf des BNatSchG aus der Sicht der Naturschutzverwaltung. Anforderungen im Zusammenhang mit der Konzipierung eines überregionalen Biotopverbundsystems, ZUR 1996, 17 ff.

*Viertel,* Berthold: Vorsorge im Abwasserrecht. Zur Funktion der Mindestanforderungen nach § 7a WHG, 1995, Berlin.

*Voßkuhle,* Andreas: Das Kompensationsprinzip, 1999, Tübingen.

*Wagner,* Jörg: Privilegierung von Windkraftanlagen im Außenbereich und ihre planerische Steuerung durch die Gemeinde, UPR 1996, 370 ff.

– Der Entwurf der Novelle des Baugesetzbuches, DVBl. 1996, 704 ff.

– Das neue Bauplanungsrecht – zu seiner Verknüpfung mit dem Bauordnungs-, Fach- und Umweltplanungsrecht, UPR 1997, 387 ff.

*Wagner,* Jörg/*Mitschang,* Stephan: Novelle des BauGB 1998: Neue Aufgaben für die Bauleitplanung und die Landschaftsplanung, DVBl. 1997, 1137 ff.

*Wagner,* Klaus/*Engel,* Thomas: Neuerungen im Städtebaurecht durch das Europarechtsanpassungsgesetz Bau (EAG Bau), BayVBl. 2005, 33 ff.

*Wagner,* Simon: Das Ökokonto als Kompensationsmodell in Baden-Württemberg. Eine Bestandsaufnahme unter besonderer Berücksichtigung des Entwurfs des neuen Landesnaturschutzgesetzes, VBlBW 2006, 50 ff.

*Wahl,* Rainer: Aktuelle Probleme im Verhältnis der Landesplanung zu den Gemeinden, DÖV 1981, 597 ff.

*Wahl,* Rainer/*Hönig,* Dietmar: Entwicklung des Fachplanungsrechts, NVwZ 2006, 161 ff.

*Wallerath,* Maximilian (Hrsg.): Administrative Strukturen und Verwaltungseffizienz. Verwaltungsstrukturreform in Mecklenburg-Vorpommern, 1998, Baden-Baden, zitiert: Administrative Strukturen und Verwaltungseffizienz.

*Walter,* Alexander: Vom statischen zum dynamischen Naturschutz. Möglichkeiten und Mißverständnisse der naturschutzrechtlichen Eingriffsregelung, 2000, Berlin.

*Wernick,* Martina: Erfolgskontrolle zu Ausgleich und Ersatz nach § 8 BNatSchG bei Straßenbauvorhaben. Arbeitsmaterialien, Heft 33, Schriftenreihe des ILN am Fachbereich für Landschaftsarchitektur und Umweltentwicklung der Universität Hannover, 1996, Hannover.

*Weyreuther,* Felix: Einflussnahme durch Anhörung, in: Franßen, Everhardt/Redeker, Konrad/Schlichter, Otto/Wilke, Dieter (Hrsg.), Bürger – Richter – Staat. Festschrift für Horst Sendler zum Abschied aus seinem Amt, 1991, München, S. 183 ff., zitiert: *Weyreuther,* FS Sendler.

*Wiese-Evert,* Björn: Bewertung externer Kompensationsflächen für Eingriffe nach § 8 BNatSchG, NuL 1997, 328 ff.

*Wiesner,* Helmut: Ökokonto – neues Schlagwort oder praktikables Instrument für eine nachhaltige Raumplanung?, UVP-Report 1998, 118 ff.

*Wilke,* Torsten: Naturschutzfachliche Anforderungen an die Bevorratung von Flächen und Maßnahmen im Rahmen der Eingriffsregelung, UVP-Report 2001, 5 ff.

*Winter,* Gerd: Brauchen wir das? Von der Risikominimierung zur Bedarfsprüfung, KJ 1992, 389 ff.

*Wolf,* Rainer: Perspektiven der naturschutzrechtlichen Eingriffsregelung. Vom ökologischen Substanzschutz zum Flächenpool, ZUR 1998, 183 ff.

– Zur Flexibilisierung des Kompensationsinstrumentariums der naturschutzrechtlichen Eingriffsregelung, NuR 2001, 481 ff.

– Entwicklungslinien der Eingriffsregelung, NuR 2004, 6 ff.

*Wolff,* Hans J./*Bachof,* Otto/*Stober,* Rolf: Verwaltungsrecht. Band 1, 11. Auflage 1999; Band 3, 5. Auflage 2004, München, zitiert: *Wolff/Bachof/Stober,* VerwR I bzw. VerwR III.

# Stichwortverzeichnis